"十二五"职业教育国家规划教材

经全国职业教育教材审定委员会审定

高等职业院校技能型紧缺人才培养培训工程配套教材·汽车运用与维修专业

汽车机械基础

（第4版）

朱秀琳　主　编

叶　钢　侯子平　李成清　副主编

电子工业出版社·

Publishing House of Electronics Industry

北京·BEIJING

内 容 简 介

本书是根据高等职业教育汽车运用与维修专业技能型紧缺人才培养方案，紧密结合汽车运用与维修领域的职业需求进行内容组织和编写的，第3版入选"十二五"职业教育国家规划教材。

本书共分为五篇：互换性与测量技术，汽车工程材料，汽车机构分析，汽车常用传动机构及零件的强度计算，液压传动。具体介绍尺寸公差与配合、几何公差、表面粗糙度、检测技术基础，工程材料的性能与热处理方法、汽车上常用的金属和非金属材料，汽车中用到的静力学、运动学、动力学知识，常用机械与汽车机构的工作原理、受力与运动分析，汽车常用零件及结构的认识，液压传动的基本元件、基本回路与典型汽车液压系统。

本书可作为高职院校汽车运用与维修类专业的技术基础课教材，也可作为汽车从业人员的技术参考书。

图书在版编目（CIP）数据

汽车机械基础 / 朱秀琳主编. —4 版. —北京：电子工业出版社，2017.8

"十二五"职业教育国家规划教材

ISBN 978-7-121-30629-7

Ⅰ. ①汽… Ⅱ. ①朱… Ⅲ. ①汽车—机械学—高等职业教育—教材 Ⅳ. ①U463

中国版本图书馆 CIP 数据核字（2016）第 305951 号

策划编辑：程超群
责任编辑：裴　杰
印　　刷：三河市华成印务有限公司
装　　订：三河市华成印务有限公司
出版发行：电子工业出版社
　　　　　北京市海淀区万寿路 173 信箱　邮编　100036
开　　本：787×1 092　1/16　印张：22.5　字数：620 千字
版　　次：2004 年 11 月第 1 版
　　　　　2017 年 8 月第 4 版
印　　次：2021 年 7 月第 7 次印刷
定　　价：49.00 元

凡所购买电子工业出版社图书有缺损问题，请向购买书店调换。若书店售缺，请与本社发行部联系，联系及邮购电话：（010）88254888，88258888。

质量投诉请发邮件至 zlts@phei.com.cn，盗版侵权举报请发邮件至 dbqq@phei.com.cn。

本书咨询联系方式：（010）88254577，ccq@phei.com.cn。

前　　言

本书自 2004 年出版以来，已经陆续重印十几次，总计 5 万余册，得到了广泛认可。2007 年荣获首届中国电子教育学会职业教育优秀教材三等奖，2008 年根据读者反馈做了第 2 版修订。几年前创建国家示范性高职院校建设工作蓬勃开展，编者所在学院作为国家首批 28 所示范高职院校已验收合格。在几年的示范校建设过程中，编者积累了一些经验，对"汽车机械基础"这门课程有了进一步的认识，从而对该教材的内容编写有了新的体会，再次修订为第 3 版。2014 年申报获批"十二五"职业教育国家规划教材，在申报过程中对全部内容、结构做了重新审视与梳理以及进一步完善，由此产生了第 4 版。

本书在编写之初，就是从高职高专教育培养应用型人才的总目标出发，以强化应用、培养技能为重点，与工程实际紧密结合。本次修订时继续保持以上特色，并重点做了以下工作：

（1）应一些汽车专业教师的强烈要求，增加了"尺寸链"一节；

（2）液压部分做了较大改进与完善；

（3）其余部分在结构及排序上没有做根本性变动，保持第 3 版的大框架不变，保持其体系的连续性；

（4）全面贯彻国家最新标准，如材料的标准、名词术语、符号及单位等，所有内容按照最新国家标准进行了更新；

（5）再次更正了前三版中存在的错误，全书做了进一步的完善和调整。

本书有着广泛的适用性，主要面向高职高专院校，可作为汽车运用与维修类专业的技术基础课教材，也可作为机电、模具、近机类专业技术基础课参考教材，同时也适合作为继续教育教学以及机械类尤其是汽车从业人员的技术参考书。

本书修订工作具体分工为：第 2 章和第 3 章由南京交通职业技术学院侯子平老师修订；第 1 章、第 4 章～第 6 章和第 10 章由南京工业职业技术学院朱秀琳老师修订；第 7 章～第 9 章、第 11 章～第 13 章由云南交通职业技术学院叶钢老师修订；第 14 章～第 16 章由南京工业职业技术学院李成清老师修订。全书由朱秀琳老师担任主编并统稿。

在本书编写、修订过程中，我们参考了大量资料和文献，在此对原作者一并表示诚挚的谢意！

由于编者水平所限，书中不妥之处仍在所难免，恳请广大读者批评指正。

编　者

目　录

第一篇　互换性与测量技术

第 1 章　尺寸公差与配合

1.1　互换性及其作用

（1）互换性定义。现代机械制造工业产品除少数单件生产外，都要求零部件具有互换性，也就是说：从一批相同规格的零件（或部件）中任意拿出一个，不需任何修配就能装到所属的部件（或机器）中去，达到预定的配合要求，并能满足技术要求及保证良好的使用性能，这就是互换性。例如，机器或仪器上掉了一个螺钉，按相同规格买一个装上就行了；灯泡坏了，买一个装上就行了；汽车中某个零部件磨损，换上一个新的，便能满足使用要求。显然，互换性应同时具备两个条件：一是不需挑选、不经修理就能进行装配；二是装配以后能满足使用要求。

（2）互换性的作用。现代化的机械工业，首先要求机械零件具有互换性，从而才有可能将一台机器中的成千上万个零部件分散进行高效率的专业化生产，然后又集中起来进行装配。因此，零、部件的互换性为生产的专业化创造了条件，促进了自动化生产的发展，有利于降低产品成本，缩短设计和生产周期，从而提高生产率，提高产品质量，保证机器工作的连续性和持久性，同时给机器的维修带来极大的方便。在机械工业中，互换性是产品设计最基本的原则。

（3）互换性生产的实现。任何机械装置都是由若干最基本的零件构成的。这些具有一定尺寸、形状和相互位置几何参数的零件，可以通过各种不同的连接形式而装配成为一个整体。由于任何零件都要经过加工的过程，无论设备的精度和操作工人的技术水平多么高，要使加工零件的尺寸、形状和位置做得绝对准确，不但不可能，也是没有必要的。只要将零件加工后各几何参数（尺寸、形状和位置）所产生的误差控制在一定的范围内，就可以保证零件的使用功能，同时还能实现互换性。

零件几何参数这种允许的变动量称为公差。它包括尺寸公差、形状公差、位置公差等。公差用来控制加工中的误差，以保证互换性的实现。因此，建立各种几何参数的公差标准是实现对零件误差的控制和保证互换性的基础。完工后的零件是否满足公差要求，要通过检测来评定产品质量，而且用于分析产生不合格品的原因，及时调整生产，监督工艺过程，预防废品产生。因此，合理确定公差与正确进行检测，是保证产品质量、实现互换性生产的两个必不可少的条件和手段。

1.2　公差与配合的基本术语及定义

为使零件具有互换性，必须保证零件的尺寸、几何形状和相互位置，以及表面特征技术要求的一致性。就尺寸而言，互换性要求尺寸的一致性，但并不是要求零件都准确地制成一个指定的尺寸，而只要求尺寸在某一合理的范围内；对于相互结合的零件，这个范围既要保证相互结合的尺寸之间形成一定的关系，以满足不同的使用要求，又要在制造上是经济合理的，这样就形成了"公差与配合"的概念。由此可见，"公差"用于协调机器零件使用要求与制造经济性之间的矛盾，

"配合"则是反映零件组合时相互之间的关系。

1.2.1 孔和轴

在公差与配合标准中，孔和轴这两个术语有其特定含义，它关系到公差标准的应用范围。

（1）孔：主要指工件的圆柱形内表面，也包括其他内表面中由单一尺寸确定的部分。

（2）轴：主要指工件的圆柱形外表面，也包括其他外表面中由单一尺寸确定的部分。

从装配关系来讲，孔是包容面，轴是被包容面。可见，在公差与配合标准中，孔、轴的概念是广义的，而且是由单一的尺寸构成。

在图 1.1 中 d_1、d_2、d_3 均为轴，D_1 为孔。在图 1.2 中，滑块槽宽 D_2、D_3、D_4 为孔，而滑块槽厚度 d_4 为轴。

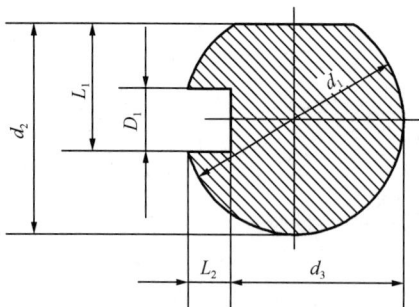

图 1.1　孔和轴定义示意图（1）　　　　图 1.2　孔和轴定义示意图（2）

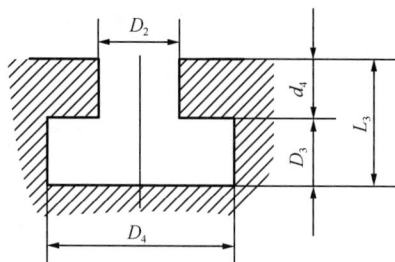

1.2.2 尺寸

（1）尺寸：用特定单位表示线性尺寸值的数字，如直径、半径、深度、宽度、中心距等。在技术图纸中和在一定范围内，已注明或按习惯已明确共同单位时（如在尺寸标注中，以 mm 为通用单位），均可写数字，不写单位。

为避免混淆，将角度量称为角度尺寸，而通常所讲尺寸均指长度量。

（2）公称尺寸：公称尺寸是由图样规范确定的理想形状要素的尺寸。它是由设计者通过计算、试验或根据经验决定的，其数值应按 GB/T 2822–2005《标准尺寸》国家标准中的基本系列选取。它是计算极限尺寸和极限偏差的起始尺寸。孔、轴配合时的公称尺寸相同。孔、轴的公称尺寸分别用 D 和 d 表示。

（3）提取组成要素的局部尺寸（提取组成要素是指按规定方法，由工件实际表面提取有限数目的点所形成的实际表面的近似替代）：是指一切提取组成要素上两对应点之间的距离，简称提取要素的局部尺寸。一般是在工件的任意正截面上，用两点接触法（常用千分尺、游标卡尺）测得，由于测量误差难以避免，所以提取要素的局部尺寸并非工件尺寸的真值。例如，测得轴的尺寸为 24.965mm，测量的误差为±0.001mm，则工件尺寸的真值在 24.965mm±0.001mm 范围内。真值是客观存在的，但又是不知道的，因此只能以测得的尺寸作为工件提取要素的局部尺寸。同时工件表面存在形状误差，同一表面不同部位的提取要素的局部尺寸往往不同。孔、轴的提取要素的局部尺寸分别用 D_a 和 d_a 表示。提取组成要素示意图如图 1.3 所示。

（4）极限尺寸：极限尺寸是指允许尺寸变化的两个界限值，由使用上的要求确定。其中，较大的一个界限值称为上极限尺寸，用 D_{max}（孔）或 d_{max}（轴）表示；较小的一个界限值称为下极限尺寸，用 D_{min}（孔）或 d_{min}（轴）表示，如图 1.4 所示。

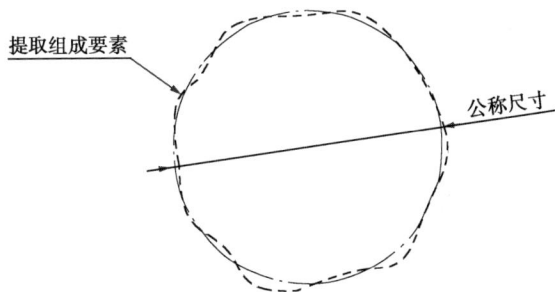

图 1.3　提取组成要素

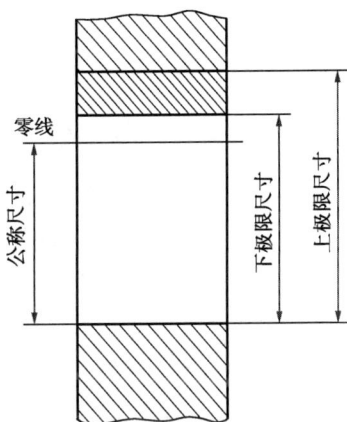

图 1.4　公称尺寸、极限尺寸

1.2.3　偏差、尺寸公差及公差带

（1）偏差：偏差是指某一尺寸减其公称尺寸所得的代数差。偏差分为极限偏差和实际偏差，而极限偏差又分为上极限偏差和下极限偏差，如图 1.5 所示。上极限偏差是上极限尺寸减其公称尺寸所得的代数差，孔、轴上极限偏差分别用代号 ES 和 es 表示；下极限偏差是下极限尺寸减其公称尺寸所得的代数差，孔、轴下极限偏差分别用代号 EI 和 ei 表示。实际偏差是提取要素的局部尺寸减其公称尺寸所得的代数差，孔、轴的实际偏差用代号 EA 和 ea 表示。偏差可以为正、负或零值。

合格零件的实际偏差应在规定的极限偏差范围内。即：

对于轴：$d_{min} < d_a < d_{max}$ 或 $ei < ea < es$

对于孔：$D_{min} < D_a < D_{max}$ 或 $EI < EA < ES$

（2）尺寸公差（简称公差）：尺寸公差是指允许尺寸的变动量。公差等于上极限尺寸与下极限尺寸之差，也等于上极限偏差与下极限偏差之差。公差是一个无正、负号的数值，且不能为零，即：

孔公差　　　　　　　　　　$T_D = D_{max} - D_{min} = ES - EI$

轴公差　　　　　　　　　　$T_d = d_{max} - d_{min} = es - ei$

（3）公差带：公差或偏差的数值与公称尺寸相比要小得多，为了简化说明，实用中一般以公差带图表示。在公差带图中，公差、偏差与公称尺寸的数值不便用同一比例表示，因此，不画出孔、轴的结构，只画出放大的孔、轴公差区域和位置。确定偏差的一条基准直线，称为零偏差线（零线），通常零线表示公称尺寸。正偏差位于零线之上，负偏差位于零线之下。代表上、下极限偏差的两条直线所限定的一个区域称为公差带，如图 1.5（b）所示。

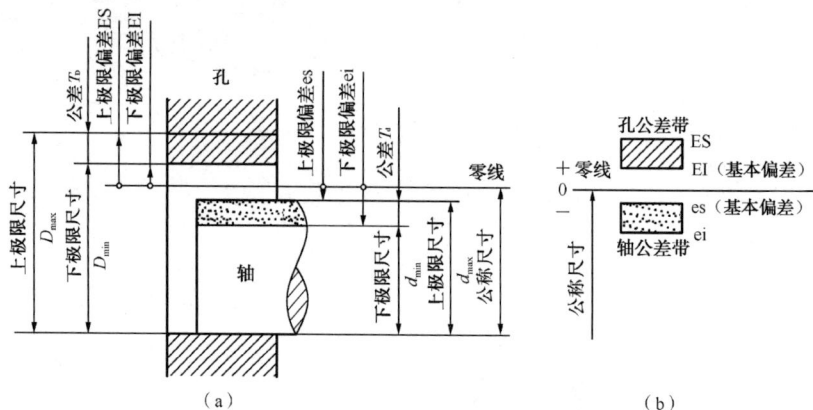

图 1.5　极限尺寸、极限偏差及公差带

（4）基本偏差：基本偏差是用来确定公差带相对零线位置的上极限偏差或下极限偏差，一般指靠近零线的那个偏差。当公差带位于零线上方时，其基本偏差为下极限偏差；位于零线下方时，其基本偏差为上极限偏差；当公差带对称于零线时，两者皆可。

例 1.1　零件图上孔的标注尺寸为 $\phi 30^{+0.033}_{0}$，轴的标注尺寸为 $\phi 30^{+0.013}_{-0.008}$；试确定孔和轴的极限偏差、极限尺寸、公差、基本偏差，并画出公差带图。

解： 由孔、轴的标注尺寸可知：

孔和轴的公称尺寸：　　　　$D=d=30\text{mm}$

孔和轴的极限偏差：　　　　$\text{ES}=+0.033\text{mm}$，$\text{EI}=0$；$\text{es}=+0.013\text{mm}$，$\text{ei}=-0.008\text{mm}$

孔的上极限尺寸：　　　　　$D_{\max}=D+\text{ES}=30+0.033=30.033\text{mm}$

孔的下极限尺寸：　　　　　$D_{\min}=D+\text{EI}=30+0=30\text{mm}$

轴的上极限尺寸：　　　　　$d_{\max}=d+\text{es}=30+0.013=30.013\text{mm}$

轴的下极限尺寸：　　　　　$d_{\min}=d+\text{ei}=30+(-0.008)=29.992\text{mm}$

孔公差：　　　　　　　　　$T_{D}=D_{\max}-D_{\min}=\text{ES}-\text{EI}\ 0.033-0=0.033\text{mm}$

轴公差：　　　　　　　　　$T_{d}=d_{\max}-d_{\min}=\text{es}-\text{ei}=0.013-(-0.008)=0.021\text{mm}$

孔的基本偏差：　　　　　　$\text{EI}=0$

轴的基本偏差：　　　　　　$\text{ei}=-0.008\text{mm}$

公差带图：如图 1.6 所示。

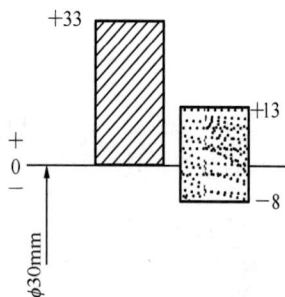

图 1.6　例 1.1 公差带图

1.2.4　配合

（1）配合：公称尺寸相同的、相互结合的孔和轴公差带之间的关系。由于配合是指一批孔、轴的装配关系，而不是指单个孔与轴的装配关系，所以用公差带关系来反映配合比较确切。

（2）间隙或过盈：孔的尺寸减去与其相配合的轴的尺寸所得的代数差。此差值为正时是间隙，用 X 表示；为负是过盈，用 Y 表示。

（3）间隙配合：具有间隙（包括最小间隙等于零）的配合，如图 1.7 所示。此时，孔的公差带在轴的公差带之上，其极限值为最大间隙和最小间隙。间隙配合主要用于孔、轴间的活动连接，如曲轴轴颈与连杆孔的连接。间隙的作用在于储藏润滑油，补偿温度引起的变化，补偿弹性变形及制造与安装误差等。间隙的大小影响孔、轴相对运动的活动程度。最大（小）间隙用 X_{max}（X_{min}）表示。由图 1.7 可知：

$$X_{max} = D_{max} - d_{min} = ES - ei \qquad X_{min} = D_{min} - d_{max} = EI - es$$

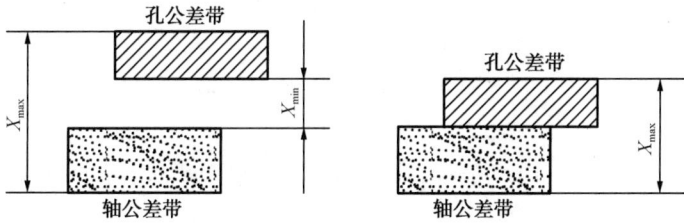

图 1.7　间隙配合

（4）过盈配合：具有过盈（包括最小过盈等于零）的配合，如图 1.8 所示。此时，孔的公差带在轴的公差带之下，其极限值为最大过盈和最小过盈。过盈配合用于孔、轴间的紧密连接，不允许两者有相对运动。最大（小）过盈用 Y_{max}（Y_{min}）表示。由图 1.8 可知：

$$Y_{max} = D_{min} - d_{max} = EI - es \qquad Y_{min} = D_{max} - d_{min} = ES - ei$$

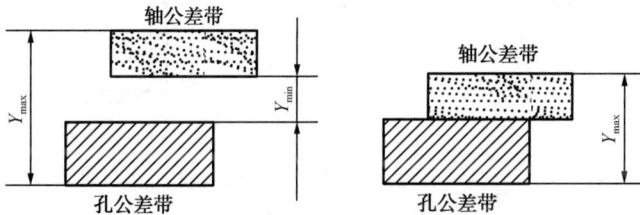

图 1.8　过盈配合

（5）过渡配合：可能具有间隙或过盈的配合。此时，孔的公差带与轴的公差带相互交叠，其极限值为最大间隙和最大过盈，如图 1.9 所示。过渡配合主要用于孔、轴的定位连接。标准中规定的过渡配合的间隙或过盈一般都较小，因此可以保证结合零件具有很好的同轴度，并且便于拆卸和装配。由图 1.9 可知：

$$X_{max} = D_{max} - d_{min} = ES - ei \qquad Y_{max} = D_{min} - d_{max} = EI - es$$

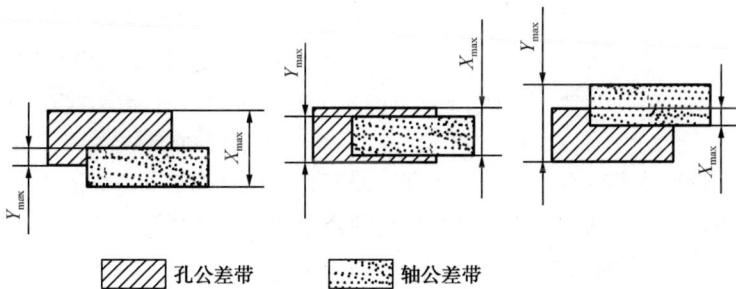

孔公差带　　　　轴公差带

图 1.9　过渡配合

（6）配合公差 T_f：允许间隙或过盈的变动量，即：

对间隙配合　　$T_f = X_{max} - X_{min}$

对过盈配合　　$T_f = Y_{min} - Y_{max}$

对过渡配合　　$T_f = X_{max} - Y_{max}$

当公称尺寸一定时，配合公差 T_f 表示配合的精确程度，反映了设计使用要求；而孔公差 T_D 和轴公差 T_d 则分别表示孔、轴加工的精确程度，反映了工艺制造要求，即加工的难易程度。通过

关系式 $T_f = T_D + T_d$，将这两方面的要求联系在一起。若使用要求或设计要求提高，即 T_f 减小，则 $T_D + T_d$ 也要减小，则加工将更困难，成本也将提高。因此，这个关系式正好说明公差的实质：反映机器使用要求与制造要求的矛盾，或设计与工艺的矛盾。

（7）配合公差带：配合公差带的大小表示配合的精度。对间隙配合为最大间隙与最小间隙之间的公差带；对过盈配合为最大过盈与最小过盈之间的公差带；对过渡配合为最大间隙与最大过盈之间的公差带。

也可用配合公差带图来直观地表达配合性质，即配合松紧及其变动情况的图。在配合公差带图中，横坐标为零线，表示间隙或过盈为零；零线上方的纵坐标为正值，代表间隙 X，零线下方的纵坐标为负值，代表过盈 Y。配合公差带两端的坐标值代表极限间隙 X_{max} 或极限过盈 Y_{max}，它反映配合的松紧程度；上下两端间的距离为配合公差 T_f，它反映配合的松紧变化程度，如图 1.10 所示。

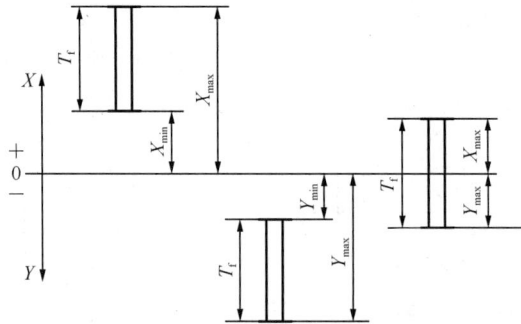

图 1.10　配合公差带图

1.2.5　配合制

同一极限制的孔和轴组成的一种配合制度。即以孔和轴相配零件中的一个为基准件，并选定公差带，然后按使用要求的最小间隙或最小过盈，确定非基准件公差带位置，从而形成各种配合的一种制度。工程上，需要各种不同的孔、轴公差带来实现不同的配合。为了以尽可能少的公差带形成最多种类的配合，把其中孔的公差带（或轴的公差带）位置固定，用改变轴的公差带（或孔的公差带）位置来形成所需要的各种配合。即国标规定的两种配合制——基孔制配合与基轴制配合。

（1）基孔制配合：它是基本偏差为一定的孔公差带，与不同基本偏差的轴公差带形成各种配合的一种制度，如图 1.11（a）所示。基孔制中配合的孔，称为基准孔，它是配合的基准件。标准规定，基准孔的基本偏差（下极限偏差）为零，即 EI＝0，而上极限偏差为正值，即公差带在零线上方。

基孔制配合中的轴为非基准件，当轴的基本偏差为上极限偏差且为负值或零值时，是间隙配合；基本偏差为下极限偏差且为正值时，若孔与轴公差带相互交叠为过渡配合，相互错开为过盈配合。另外，轴的另一极限偏差用一条虚线段画出，以表示其位置由公差带大小来确定。而孔的另一极限偏差用两条虚线段画出，以示意其位置随公差带大小而变化的范围，如图 1.11（a）所示。这样，随着孔与轴的另一极限偏差线位置之间的关系不同，在过渡配合与过盈配合之间，出现了配合类别不确定的"过渡配合或过盈配合"区。

（2）基轴制配合：它是基本偏差为一定的轴的公差带，与不同基本偏差的孔形成各种配合的一种制度，如图 1.11（b）所示。

基轴制配合中的轴称为基准轴，是配合的基准件，而孔为非基准件。标准规定，基准轴的基本偏差（上极限偏差）为零，即 es＝0，而下极限偏差为负值，即公差带在零线下方。与基孔制相似，随着基准轴与相配孔公差带之间相互关系不同，可形成不同松紧程度的间隙配合、过渡配合和过盈配合。

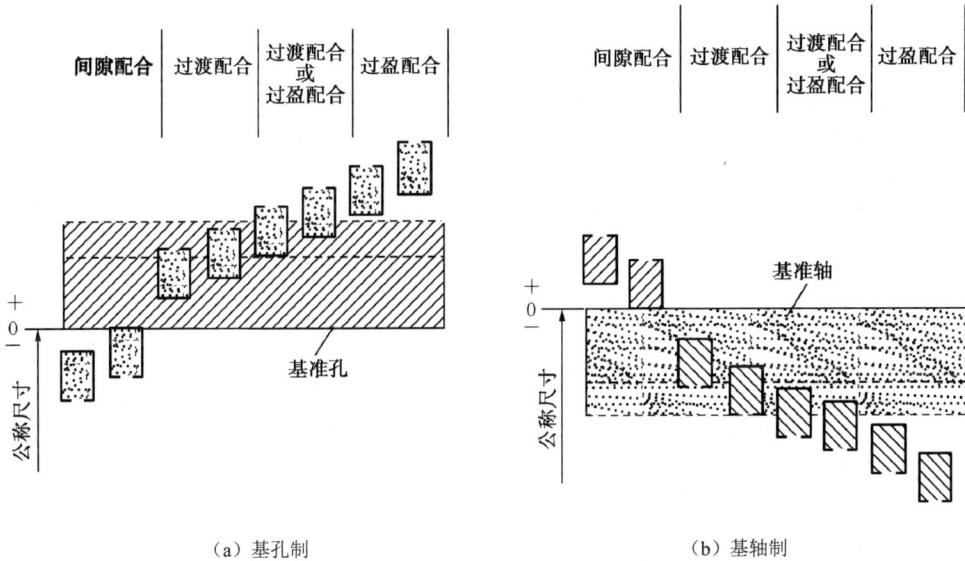

（a）基孔制　　　　　　　　　　　（b）基轴制

图 1.11　基孔制与基轴制

例 1.2　试确定例 1.1 中孔和轴相配合时的基准制、配合性质、极限间隙或极限过盈及配合公差。

解：由例 1.1 中已知：$ES = +0.033mm$，$EI = 0$；$es = +0.013mm$，$ei = -0.008mm$

孔的下极限偏差 $EI = 0$ 可知孔为一基准孔，故为基孔制配合。

由图 1.6 可知孔的公差带与轴的公差带相互交叠，故为过渡配合。

配合时的最大间隙：　$X_{max} = ES - ei = +0.033 - (-0.008) = 0.041mm$

配合时的最大过盈：　$Y_{max} = EI - es = 0 - 0.013 = -0.013mm$

配合公差：　　　　　$T_f = X_{max} - Y_{max} = 0.041 - (-0.013) = 0.054mm$

或：　　　　　　　　$T_f = T_D + T_d = 0.033 + 0.021 = 0.054mm$

1.3　公差与配合标准

为了实现互换性和满足各种使用要求，GB/T 1800.1—2009《产品几何技术规范（GPS）极限与配合第 1 部分：公差、偏差和配合的基础》国家标准对不同的公称尺寸，规定了一系列的标准公差（决定尺寸公差带的大小）和基本偏差（决定尺寸公差带的位置），组合构成各种公差带，然后由不同的孔、轴公差带结合，形成各种配合。

1.3.1　标准公差系列

标准公差是国标规定的用以确定公差带大小的任一公差值。标准公差系列是由标准公差等级和公称尺寸决定的标准公差值构成的。

1. 标准公差因子

机械零件的加工误差不仅与加工方法有关，而且与零件的公称尺寸有关。因而，为了评定零件的精度等级的高低，合理地规定公差数值，需要建立标准公差因子。

标准公差因子是计算公差的基本单位，是制定标准公差系列表的基础。生产实践以及专门的科学试验和统计分析表明，标准公差因子与公称尺寸成一定的函数关系。

对尺寸≤500mm，IT5 至 IT18 的标准公差因子计算式为：

$$i=0.45\sqrt[3]{D}+0.001D$$

式中，i——标准公差因子（μm）；D——零件的公称尺寸（mm）。

第一项主要反映加工误差的影响，成立方抛物线关系；第二项是由于测量时温度等因素引起的误差，成直线关系。实际上，当尺寸很小时，第二项所占的比例很小。但当直径很大时，公差单位随直径增加较快。

IT01 至 IT1 的标准公差的计算公式采用与直径成线性关系，如表 1.1 所示。主要考虑测量误差，因为高精度零件的加工误差很小，主要取决于测量水平。

2．标准公差等级

确定尺寸精确程度的等级，称为标准公差等级。规定和划分标准公差等级的目的，是为了简化和统一对公差的要求，使规定的标准公差等级既能满足广泛的不同使用要求，又能大致代表各种加工方法的精度。这样，既有利于设计，也有利于制造。

在国标中，标准公差值 T 是用标准公差等级系数 a 与标准公差因子 i 的乘积来表示，即：

$$T=ai$$

对于公称尺寸相同的零件，标准公差等级系数 a 是决定标准公差大小的唯一参数，它不随配合改变，而且对孔、轴都一样。a 的大小在一定程度上反映了加工的难易程度，所以说 a 是标准公差分级的依据。

国标的标准公差共分 20 个等级，用 IT 和阿拉伯数字表示，即 IT01、IT0、IT1、…、IT18，其中 IT01 最高，IT18 最低，公差值依次增大，公差等级、加工难度依次降低。

在尺寸为 500mm 的常用尺寸段范围内，各级标准公差的计算公式如表 1.1 所示。

表 1.1　公称尺寸≤500mm 的标准公差的计算公式　　　　　　　　　　　μm

公差等级	公　式	公差等级	公　式	公差等级	公　式
IT01	$0.3+0.008D$	IT6	$10i$	IT13	$250i$
IT0	$0.5+0.012D$	IT7	$16i$	IT14	$400i$
IT1	$0.8+0.020D$	IT8	$25i$	IT15	$640i$
IT2	$(IT1)\,(IT5/IT1)^{1/4}$	IT9	$40i$	IT16	$1\,000i$
IT3	$(IT1)\,(IT5/IT1)^{2/4}$	IT10	$64i$	IT17	$1\,600i$
IT4	$(IT1)\,(IT5/IT1)^{3/4}$	IT11	$100i$	IT18	$2\,500i$
IT5	$7i$	IT12	$160i$		

注：表中 $i=0.45\sqrt[3]{D}+0.001D$ 。

式中：i 的单位为微米（μm）；D 是公称尺寸段的几何平均值，单位为毫米（mm）。

从表中可以看出，自 IT6 开始的标准公差等级是按一定规律增加的，即各级间公比 $q=\sqrt[5]{10}\approx1.6$，每隔 5 个等级，公差值增加 10 倍。对 IT01、IT0、IT1 三个高精度的等级，主要考虑测量误差，标准公差因子宜采用线性关系式，但在标准中未列出其标准公差因子的计算公式，而是直接用公称尺寸的线性关系来表示标准公差。IT2、IT3、IT4 三个等级的标准公差，大体在 IT1 至 IT5 之间，按几何级数分布，其公比为 $(IT5/IT1)^{1/4}$。

3．公称尺寸分段

从标准公差的计算公式可知，在同一标准公差等级中，每相应一个公称尺寸，就会有一个公差值，既不实用也无必要。为了减少标准公差数目、统一公差值、简化公差表格以及便于生产实际应用，要进行公称尺寸分段。

公称尺寸分段后，对同一公称尺寸段内的所有公称尺寸，在相同标准公差等级情况下，规定相同的标准公差。公称尺寸的分段如表 1.2 所示。

表 1.2　尺寸≤500mm 的公称尺寸分段（摘自 GB/T 1800.1—2009）

主　段　落		中　间　段　落		主　段　落		中　间　段　落		主　段　落		中　间　段　落	
大于	至	大于	至	大于	至	大于	至	大于	至	大于	至
	3			50	80	50	65	180	250	180	200
3	6					65	80			200	225
6	10			80	120	80	100			225	250
10	18	10	14			100	120	250	315	250	280
		14	18	120	180	120	140			280	315
18	30	18	24			140	160	315	400	315	355
		24	30			160	180			355	400
30	50	30	40					400	500	400	450
		40	50							450	500

在标准公差的计算公式中，公称尺寸一律以所属尺寸段内首、尾两个尺寸的几何平均值来进行计算。例如，30～50mm 公称尺寸分段的计算尺寸为 $\sqrt{30\times50}\approx38.73\text{mm}$，只要属于这一尺寸段内的公称尺寸，标准公差一律以 38.73mm 进行计算。这样做的结果势必不够精确，即对同一尺寸段内的大尺寸，公差值计算小了，而对小尺寸则计算大了。经过生产实践证明，这一误差对生产影响不大，然而对于公差值的标准化却非常有利。标准公差值如表 1.3 所示。

表 1.3　标准公差数值（摘自 GB/T 1800.1—2009）

公称尺寸 /mm	标准公差等级																	
	IT1	IT2	IT3	IT4	IT5	IT6	IT7	IT8	IT9	IT10	IT11	IT12	IT13	IT14	IT15	IT16	IT17	IT18
	µm											mm						
≤3	0.8	1.2	2	3	4	6	10	14	25	40	60	0.10	0.14	0.25	0.40	0.60	1.0	1.4
>3~6	1.0	1.5	2.5	4	5	8	12	18	30	48	75	0.12	0.18	0.30	0.48	0.75	1.2	1.8
>6~10	1.0	1.5	2.5	4	6	9	15	22	36	58	90	0.15	0.22	0.36	0.58	0.90	1.5	2.2
>10~18	1.2	2	3	5	8	11	18	27	43	70	110	0.18	0.27	0.43	0.70	1.10	1.8	2.7
>18~30	1.5	2.5	4	6	9	13	21	33	52	84	130	0.20	0.33	0.52	0.84	1.30	2.1	3.3
>30~50	1.5	2.5	4	7	11	16	25	39	62	100	160	0.25	0.39	0.62	1.00	1.60	2.5	3.9
>50~80	2	3	5	8	13	19	30	46	74	120	190	0.30	0.46	0.74	1.20	1.90	3.0	4.6
>80~120	2.5	4	6	10	15	22	35	54	87	140	220	0.35	0.54	0.87	1.40	2.20	3.5	5.4
>120~180	3.5	5	8	12	18	25	40	63	100	160	250	0.40	0.63	1.00	1.60	2.50	4.0	6.3
>180~250	4.5	7	10	14	20	29	46	72	115	185	290	0.46	0.72	1.15	1.85	2.90	4.6	7.2
>250~315	6	8	12	16	23	32	52	81	130	210	320	0.52	0.81	1.30	2.10	3.20	5.2	8.1
>315~400	7	9	13	18	25	36	57	89	140	230	360	0.54	0.89	1.40	2.30	3.60	5.7	8.9
>400~500	8	10	15	20	27	40	63	97	155	250	400	0.63	0.97	1.55	2.50	4.00	6.3	9.7
>500~630	9	11	16	22	32	44	70	110	175	280	440	0.70	1.00	1.75	2.80	4.40	7.0	11.0
>630~800	10	13	18	25	36	50	80	125	200	320	500	0.80	1.25	2.00	3.20	5.00	8.0	12.5
>800~1000	11	15	21	28	40	56	90	140	230	360	560	0.90	1.40	2.30	3.60	5.60	9.0	14.0
>1 000~1 250	13	18	24	33	47	66	105	165	260	420	660	1.05	0.65	2.60	4.20	6.60	10.5	16.5
>1 250~1 600	15	21	29	39	55	78	125	195	310	500	780	1.25	1.95	3.10	5.00	7.80	12.5	19.5
>1 600~2 000	18	25	35	46	65	92	150	230	370	600	920	1.50	2.30	3.70	6.00	9.20	15.0	23.0
>2 000~2 500	22	30	41	55	78	110	175	280	440	700	1 100	1.75	2.80	4.40	7.00	11.0	17.5	28.0
>2 500~3 150	26	36	50	68	96	135	210	330	540	860	1 350	2.10	3.30	5.40	8.60	13.5	21.0	33.0

注：公称尺寸>500mm 的 IT1 至 IT5 的标准公差数值为试行的。公称尺寸≤1mm 时，无 IT4 至 IT18。

例 1.3　公称尺寸为 45mm，计算 IT6 及 IT8 的标准公差。

解　45mm 在 >30～50mm 尺寸段内。

几何平均尺寸 $D = \sqrt{30 \times 50} = 38.73 \text{mm}$

$$i = 0.45\sqrt[3]{D} + 0.001D = 0.45\sqrt[3]{38.73} + 0.001 \times 38.73 = 1.56 \, \mu\text{m}$$

查表 1.1：IT6 $= 10i = 15.6\mu\text{m} \approx 16\mu\text{m}$

IT8 $= 25i = 39\mu\text{m}$

1.3.2　基本偏差系列

1．基本偏差的特点

前面已经讲过，基本偏差是根据设计要求来确定公差带位置的上极限偏差或下极限偏差，除了 J（Js）和 j（js）以外，均指靠近零线的、偏差绝对值较小的那个极限偏差。

基本偏差系列如图 1.12 所示，基本偏差的代号用拉丁字母表示，大写字母代表孔，小写字母代表轴。在 26 个字母中，除去易与其他含义混淆的 I、L、O、Q、W（i、l、o、q、w）5 个字母外，采用 21 个，再加上用双字母 CD、EF、FG、ZA，ZB、ZC、JS、（cd、ef、fg、za、zb、zc、js）表示的 7 个，共有 28 个，即孔和轴各有 28 个基本偏差。

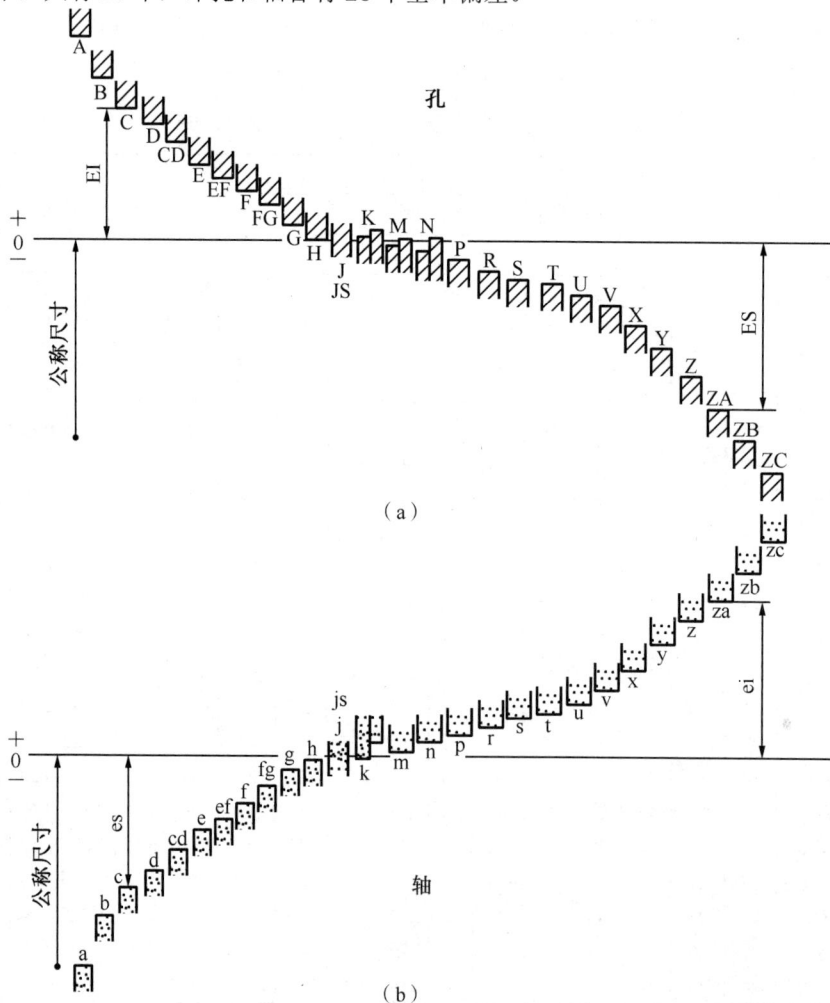

图 1.12　基本偏差系列

由图 1.12 可知，这些基本偏差的主要特点如下。

（1）对于轴的基本偏差：从 a～h 为上极限偏差 es（为负值或零）；从 k～zc 为下极限偏差 ei（多为正值）。对于孔的基本偏差：从 A～H 为下极限偏差 EI，（为正值或零）；从 K～ZC 为上极限偏差 ES（多为负值）。

（2）H 和 h 的基本偏差均为零，即 H 的下极限偏差 EI＝0，h 的上极限偏差 es＝0。由前述可知，H 和 h 分别为基准孔和基准轴的基本偏差代号。

（3）以 JS 和 js 为基本偏差组成的公差带完全对称于零线，其基本偏差可为上极限偏差（＋IT/2），也可为下极限偏差（－IT/2）。以 J 和 j 为基本偏差组成的公差带跨在零线上，成不对称分布，它们的基本偏差不一定是靠近零线的那个偏差。JS 和 js 将逐渐取代近似对称的偏差 J 和 j，故在新的国家标准中，孔仅保留了 J6、J7、J8，轴仅保留了 j5、j6、j7 和 j8 等几种。因此，在基本偏差系列中将 J 和 j 放在 JS 和 js 的位置上。

（4）K、M、N 的基本偏差为上极限偏差；k 的基本偏差为下极限偏差，但精度等级不同，其基本偏差数值不同，故同一代号有两个位置。

（5）在基本偏差系列图中，仅绘出了公差带的一端，对公差带的另一端未绘出，因为它取决于公差等级（公差带的大小）和这个基本偏差的组合。

2．公差带代号、配合代号及其标注

（1）公差带代号：由于公差带相对于零线的位置由基本偏差确定，公差带的大小由标准公差确定，因此公差带的代号由基本偏差代号与标准公差等级数组成。如 30h7、25g6 为轴的公差带代号（基本偏差代号字母小写），50H8、30F7 为孔的公差带代号（基本偏差代号字母大写）。在零件图上，一般标注公称尺寸与极限偏差值。如 $\phi 55^{+0.046}_{0}$ 或 $\phi 55H8(^{+0.046}_{0})$、$\phi 30^{+0.041}_{+0.020}$ 或 $\phi 30F7(^{+0.041}_{+0.020})$、$\phi 55^{0}_{-0.030}$ 或 $\phi 55h7(^{0}_{-0.030})$、$\phi 25\pm 0.016$ 或 $\phi 25js8(\pm 0.016)$。

（2）配合代号：标准规定，用孔和轴的公差带代号以分数形式组成配合代号，其中，分子为孔的公差带代号，分母为轴的公差带代号。如 20H8/f7 表示基孔制的间隙配合；50JS7/h6 表示基轴制的过渡配合。孔、轴尺寸及配合尺寸的标注如图 1.13 所示。

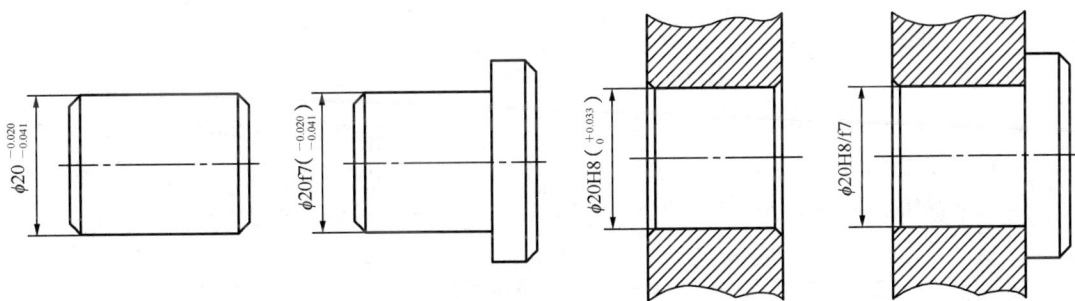

图 1.13　孔、轴尺寸及配合尺寸的标注

3．轴和孔的基本偏差系列

（1）轴的基本偏差的确定。轴的各种基本偏差是在基孔制的基础上制定的。根据生产实践经验和科学试验，对于轴的各种基本偏差整理为一系列的计算公式计算得到，为了方便使用，标准将各公称尺寸段的基本偏差按计算公式进行计算，并按一定规则圆整尾数后，列成轴的基本偏差数值表，具体数值列于表 1.4 中。

轴的基本偏差确定后，在已知标准公差等级的情况下，即可确定轴的另一个极限偏差。例如，轴的基本偏差为上极限偏差 es，标准公差为 IT，则按下式即可算出另一极限偏差 ei 为：

$$ei = es - IT$$

同样，已知轴的基本偏差为下极限偏差 ei，标准公差为 IT，则按下式即可算出另一极限偏差 es 为：

$$es = ei + IT$$

（2）孔的基本偏差的确定。孔的基本偏差是在基轴制基础上制定的。由于基轴制与基孔制是两种平行等效的配合制度，所以孔的基本偏差不需要另外制定一套计算公式，而是根据同一字母的轴的基本偏差，按一定规则换算得到。

换算的原则是：应保证同名代号的孔、轴（如 F 和 f，R 和 r）的基本偏差，在孔、轴同一公差等级或孔比轴低一级的配合条件下，构成基孔制与基轴制的同名配合（如 H8/f8 和 F8/h8，H7/r6 和 R7/h6）的配合性质相同。也就是说，对于间隙配合，其极限间隙的数值应相同；对于过盈配合，其极限过盈的数值应相同；对于过渡配合，其最大间隙或最大过盈的数值应相同，如图 1.14 所示。

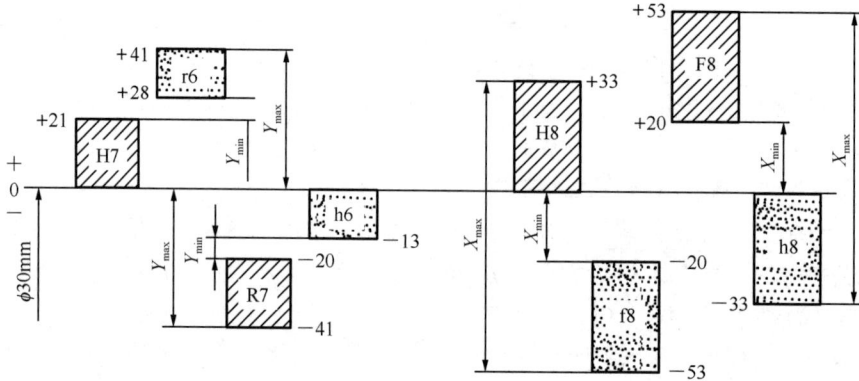

图 1.14 同名配合（H7/r6 和 R7/h6，H8/f8 和 F8/h8）的孔、轴公差带及配合性质比较

在实际应用中，不论选择同级公差的孔、轴，还是不同级公差的孔、轴，也不论选用哪一种代号的配合，均可直接从表格中查出基本偏差值，不必另行计算。表 1.4 为国标规定的轴的基本偏差数值，表 1.5 为孔的基本偏差数值。

4．应用举例

例 1.4 确定 $\phi25H7/f6$ 及 $\phi25H7/h6$ 配合中孔与轴的极限偏差。

解 孔、轴的公差等级分别为 7 级和 6 级，由表 1.3 可知 $\phi25$ 在 >18～30mm 尺寸段内，查得 IT7=21μm，IT6=13μm；由表 1.4 查得 f 的基本偏差 es=−20μm

则 $\phi25H7$：H 表示基准孔，所以 EI=0，ES=EI+IT7=0+21=+21μm

   $\phi25f6$：es=−20μm，ei=es−IT6=−20−13=−33μm

由此可得：$\phi25H7$ 的极限偏差为 $\phi25^{+0.021}_{0}$，$\phi25f6$ 的极限偏差为 $\phi25^{-0.020}_{-0.033}$

查表 1.5 得 F 的基本偏差 EI=+20μm

故 $\phi25F7$：ES=EI+IT7=+20+21=+41μm，EI=+20μm

   $\phi25h6$：h 表示基准轴，es=0，ei=es−IT6=0−13=−13μm

由此可得：$\phi25F7$ 的极限偏差为 $\phi25^{-0.041}_{-0.020}$，$\phi25h6$ 的极限偏差为 $\phi25^{0}_{-0.013}$

因而两对孔、轴配合可以表示为如图 1.15（a）所示。

从图中可以看到 $\phi25H7/f6$ 和 $\phi25H7/h6$ 两对配合（同名配合）的最大间隙与最小间隙均相等，即配合性质相同。

例 1.5 确定 $\phi25H7/p6$ 及 $\phi25P7/h6$ 配合中孔与轴的极限偏差。

解 从例 1.2 可知，孔 $\phi25H7$ 的上、下极限偏差各为 +21μm 及 0，查表 1.4 查得 $\phi25p6$ 的基

本偏差 ei＝＋22μm

则　　　$\phi25h6$：es＝ei＋IT6＝＋22＋13＝＋35μm

由此可得：$\phi25P7$ 的极限偏差为 $\phi25^{+0.021}_{0}$，$\phi25p6$ 的极限偏差为 $\phi25^{+0.035}_{+0.022}$

轴 $\phi25h6$：es＝0，ei＝－13μm，查表 1.5 得 $\phi25P7$ 的上极限偏差 ES＝－22＋8＝－14μm，其下极限偏差为 EI＝ES－IT7＝－14－21＝－35μm

由此可得：$\phi25P7$ 的极限偏差为 $\phi25^{-0.014}_{-0.035}$，$\phi25h6$ 的极限偏差为 $\phi25^{0}_{-0.013}$

因而两对孔、轴配合可以表示为如图 1.15（b）所示，从图中可以看到两对配合（同名配合）的最大过盈与最小过盈均相等，即配合性质相同。

表 1.4　轴的基本偏差数值

公称尺寸/mm	上极限偏差 es												下极限偏差 ei			
	所有标准公差等级											js	IT5 IT6	IT7	IT8	IT4 至 IT7
	A	b	c	cd	d	e	ef	F	fg	G	h		J			k
≤3	－270	－140	－60	－34	－20	－14	－10	－6	－4	－2	0		－2	－4	－6	0
>3~6	－270	－140	－70	－46	－30	－20	－14	－10	－6	－4	0		－2	－4	—	＋1
>6~10	－280	－150	－80	－56	－40	－25	－18	－13	－8	－5	0		－2	－5	—	＋1
>10~14	－290	－150	－95	—	－50	－32	—	－16	—	－6	0		－3	－6	—	＋1
>14~18	－290	－150	－95	—	－50	－32	—	－16	—	－6	0		－3	－6	—	＋1
>18~24	－300	－160	－110	—	－65	－40	—	－20	—	－7	0		－4	－8	—	＋2
>24~30	－300	－160	－110	—	－65	－40	—	－20	—	－7	0		－4	－8	—	＋2
>30~40	－310	－170	－120	—	－80	－50	—	－25	—	－9	0		－5	－10	—	＋2
>40~50	－320	－180	－130	—	－80	－50	—	－25	—	－9	0		－5	－10	—	＋2
>50~65	－340	－190	－140	—	－100	－60	—	－30	—	－10	0		－7	－12	—	＋2
>65~80	－360	－200	－150	—	－100	－60	—	－30	—	－10	0		－7	－12	—	＋2
>80~100	－380	－220	－170	—	－120	－72	—	－36	—	－12	0		－9	－15	—	＋3
>100~120	－410	－240	－180	—	－120	－72	—	－36	—	－12	0		－9	－15	—	＋3
>120~140	－460	－260	－200	—	－145	－85	—	－43	—	－14	0		－11	－18	—	＋3
>140~160	－520	－280	－210	—	－145	－85	—	－43	—	－14	0		－11	－18	—	＋3
>160~180	－580	－310	－230	—	－145	－85	—	－43	—	－14	0		－11	－18	—	＋3
>180~200	－660	－340	－240	—	－170	－100	—	－50	—	－15	0		－13	－21	—	＋4
>200~225	－740	－380	－260	—	－170	－100	—	－50	—	－15	0		－13	－21	—	＋4
>225~250	－820	－420	－280	—	－170	－100	—	－50	—	－15	0		－13	－21	—	＋4
>250~280	－920	－480	－300	—	－190	－110	—	－56	—	－17	0		－16	－26	—	＋4
>280~315	－1050	－540	－330	—	－190	－110	—	－56	—	－17	0		－16	－26	—	＋4
>315~355	－1200	－600	－360	—	－210	－125	—	－62	—	－18	0		－18	－28	—	＋4
>355~400	－1350	－680	－400	—	－210	－125	—	－62	—	－18	0		－18	－28	—	＋4
>400~450	－1500	－760	－440	—	－230	－135	—	－68	—	－20	0		－20	－32	—	＋5
>450~500	－1650	－840	－480	—	－230	－135	—	－68	—	－20	0		－20	－32	—	＋5
>500~560	—	—	—	—	－260	－145	—	－76	—	－22	0		—	—	—	0
>560~630	—	—	—	—	－260	－145	—	－76	—	－22	0		—	—	—	0
>630~710	—	—	—	—	－290	－160	—	－80	—	－24	0		—	—	—	0
>710~800	—	—	—	—	－290	－160	—	－80	—	－24	0		—	—	—	0
>800~900	—	—	—	—	－320	－170	—	－86	—	－26	0		—	—	—	0

js 列：偏差等于 $\pm\dfrac{IT_n}{2}$

公称尺寸/mm	上极限偏差 es												下极限偏差 ei			
---	---	---	---	---	---	---	---	---	---	---	---	---	IT5 IT6	IT7	IT8	IT4 至 IT7
	所有标准公差等级															
	A	b	c	cd	d	e	ef	F	fg	G	h	js	J			k
>900~1 000	—	—	—	—	−320	−170	—	−86	—	−26	0		—	—	—	0
>1 000~1 120	—	—	—	—	−350	−195	—	−98	—	−28	0		—	—	—	0
>1 120~1 250	—	—	—	—	−350	−195	—	−98	—	−28	0		—	—	—	0
>1 250~1 400	—	—	—	—	−390	−220	—	−110	—	−30	0		—	—	—	0
>1 400~1 600	—	—	—	—	−390	−220	—	−110	—	−30	0		—	—	—	0
>1 600~1 800	—	—	—	—	−430	−240	—	−120	—	−32	0		—	—	—	0
>1 800~2 000	—	—	—	—	−430	−240	—	−120	—	−32	0		—	—	—	0
>2 000~2 240	—	—	—	—	−480	−260	—	−130	—	−34	0		—	—	—	0
>2 240~2 500	—	—	—	—	−480	−260	—	−130	—	−34	0		—	—	—	0
>2 500~2 800	—	—	—	—	−520	−290	—	−145	—	−38	0		—	—	—	0
>2 800~3 150	—	—	—	—	−520	−290	—	−145	—	−38	0		—	—	—	0

注：公称尺寸≤1mm 时，基本偏差 a 和 b 均不采用。公差带 js7 至 js11 的 IT_n 值若是奇数，则取偏差＝±（IT_n－1）/2。

（摘自 GB/T1800.1—2009）
μm

下极限偏差 ei														
≤IT3 >IT7	所有标准公差等级													
k	m	n	p	r	s	t	U	v	x	Y	z	za	Zb	zc
0	+2	+4	+6	+10	+14	—	+18	—	+20	—	+26	+32	+40	+60
0	+4	+8	+12	+15	+19	—	+23	—	+28	—	+35	+42	+50	+80
0	+6	+10	+15	+19	+23	—	+28	—	+34	—	+42	+52	+67	+97
0	+7	+12	+18	+23	+28	—	+33	—	+40	—	+50	+64	+90	+130
0	+7	+12	+18	+23	+28	—	+33	+39	+45	—	+60	+77	+108	+150
0	+8	+15	+22	+28	+35	—	+41	+47	+54	+63	+73	+98	+136	+188
0	+8	+15	+22	+28	+35	+41	+48	+55	+64	+75	+88	+118	+160	+218
0	+9	+17	+26	+34	+43	+48	+60	+68	+80	+94	+112	+148	+200	+274
0	+9	+17	+26	+34	+43	+54	+70	+81	+97	+114	+136	+180	+242	+325
0	+11	+20	+32	+41	+53	+66	+87	+102	+122	+144	+172	+226	+300	+405
0	+11	+20	+32	+43	+59	+75	+102	+120	+146	+174	+210	+274	+360	+480
0	+13	+23	+37	+51	+71	+91	+124	+146	+178	+214	+258	+335	+445	+585
0	+13	+23	+37	+54	+79	+104	+144	+172	+210	+254	+310	+400	+525	+690
0	+15	+27	+43	+63	+92	+122	+170	+202	+248	+300	+365	+470	+620	+800
0	+15	+27	+43	+65	+100	+134	+190	+228	+280	+340	+415	+535	+700	+900
0	+15	+27	+43	+68	+108	+146	+215	+252	+310	+380	+465	+600	+780	+1 000
0	+17	+31	+50	+77	+122	+166	+236	+284	+350	+425	+520	+670	+880	+1 150
0	+17	+31	+50	+80	+130	+180	+258	+310	+385	+470	+575	+740	+960	+1 250
0	+17	+31	+50	+84	+140	+196	+284	+340	+425	+520	+640	+820	+1 050	+1 350
0	+20	+34	+56	+94	+158	+218	+315	+385	+475	+580	+710	+920	+1 200	+1 550
0	+20	+34	+56	+98	+170	+240	+350	+425	+525	+650	+790	+1 000	+1 300	+1 700
0	+21	+37	+62	+108	+190	+268	+390	+475	+590	+730	+900	+1 150	+1 500	+1 900
0	+21	+37	+62	+114	+208	+294	+435	+530	+660	+820	+1 000	+1 300	+1 650	+2 100
0	+23	+40	+68	+126	+232	+330	+490	+595	+740	+920	+1 100	+1 450	+1 850	+2 400
0	+23	+40	+68	+132	+252	+360	+540	+660	+820	+1 000	+1 250	+1 600	+2 100	+2 600

						下极限偏差 ei							
≤IT3 >IT7						所有标准公差等级							
k	m	n	p	r	s	t	U	v	x	Y	z	za	Zb	zc
0	+26	+44	+78	+150	+280	+400	+600	—	—	—	—	—	—	—
0	+26	+44	+78	+155	+310	+450	+660	—	—	—	—	—	—	—
0	+30	+50	+88	+175	+340	+500	+740	—	—	—	—	—	—	—
0	+30	+50	+88	+185	+380	+560	+840	—	—	—	—	—	—	—
0	+34	+56	+100	+210	+430	+620	+940	—	—	—	—	—	—	—
0	+34	+56	+100	+220	+470	+680	+1 050	—	—	—	—	—	—	—
0	+40	+66	+120	+250	+520	+780	+1 150	—	—	—	—	—	—	—
0	+40	+66	+120	+260	+580	+840	+1 300	—	—	—	—	—	—	—
0	+48	+78	+140	+300	+640	+960	+1 450	—	—	—	—	—	—	—
0	+48	+78	+140	+330	+720	+1 050	+1 600	—	—	—	—	—	—	—
0	+58	+92	+170	+370	+820	+1 200	+1 850	—	—	—	—	—	—	—
0	+58	+92	+170	+400	+920	+1 350	+2 000	—	—	—	—	—	—	—
0	+68	+110	+195	+440	+1 000	+1 500	+2 300	—	—	—	—	—	—	—
0	+68	+110	+195	+460	+1 100	+1 650	+2 500	—	—	—	—	—	—	—
0	+76	+135	+240	+550	+1 250	+1 900	+2 900	—	—	—	—	—	—	—
0	+76	+135	+240	+580	+1 400	+2 100	+3 200	—	—	—	—	—	—	—

表 1.5 孔的基本偏差数值

公称尺寸/mm	下极限偏差 EI 所有标准公差等级											JS	上极限偏差 ES							
													IT6	IT7	IT8	≤IT8	>IT8	≤IT8	>IT8	≤IT8	>IT8
	A	B	C	CD	D	E	EF	F	FG	G	H		J	J	J	K	K	M	M	N	N
≤3	+270	+140	+60	+20	+20	+14	+10	+6	+4	+2	0	偏差等于 ±IT_n/2	+2	+4	+6	0	0	-2	-2	-4	-4
>3~6	+270	+140	+70	+46	+30	+20	+14	+10	+6	+4	0		+5	+6	+10	-1+Δ	—	-4+Δ	-4	-8+Δ	0
>6~10	+280	+150	+80	+56	+40	+25	+18	+13	+8	+5	0		+5	+8	+12	-1+Δ	—	-6+Δ	-6	-10+Δ	0
>10~14	+290	+150	+95	—	+50	+32	—	+16	—	+6	0		+6	+10	+15	-1+Δ	—	-7+Δ	-7	-12+Δ	0
>14~18	+290	+150	+95	—	+50	+32	—	+16	—	+6	0		+6	+10	+15	-1+Δ	—	-7+Δ	-7	-12+Δ	0
>18~24	+300	+160	+110	—	+65	+40	—	+20	—	+7	0		+8	+12	+20	-2+Δ	—	-8+Δ	-8	-15+Δ	0
>24~30	+300	+160	+110	—	+65	+40	—	+20	—	+7	0		+8	+12	+20	-2+Δ	—	-8+Δ	-8	-15+Δ	0
>30~40	+310	+170	+120	—	+80	+50	—	+25	—	+9	0		+10	+14	+24	-2+Δ	—	-9+Δ	-9	-17+Δ	0
>40~50	+320	+180	+130	—	+80	+50	—	+25	—	+9	0		+10	+14	+24	-2+Δ	—	-9+Δ	-9	-17+Δ	0
>50~65	+340	+190	+140	—	+100	+60	—	+30	—	+10	0		+13	+18	+28	-2+Δ	—	-11+Δ	-11	-20+Δ	0
>65~80	+360	+200	+150	—	+100	+60	—	+30	—	+10	0		+13	+18	+28	-2+Δ	—	-11+Δ	-11	-20+Δ	0
>80~100	+380	+220	+170	—	+120	+72	—	+36	—	+12	0		+16	+22	+34	-3+Δ	—	-13+Δ	-13	-23+Δ	0
>100~120	+410	+240	+180	—	+120	+72	—	+36	—	+12	0		+16	+22	+34	-3+Δ	—	-13+Δ	-13	-23+Δ	0
>120~140	+460	+260	+200	—	+145	+85	—	+43	—	+14	0		+18	+26	+41	-3+Δ	—	-15+Δ	-15	-27+Δ	0
>140~160	+520	+280	+210	—	+145	+85	—	+43	—	+14	0		+18	+26	+41	-3+Δ	—	-15+Δ	-15	-27+Δ	0
>160~180	+580	+310	+230	—	+145	+85	—	+43	—	+14	0		+18	+26	+41	-3+Δ	—	-15+Δ	-15	-27+Δ	0
>180~200	+660	+340	+240	—	+170	+100	—	+50	—	+15	0		+22	+30	+47	-4+Δ	—	-17+Δ	-17	-31+Δ	0
>200~225	+740	+380	+260	—	+170	+100	—	+50	—	+15	0		+22	+30	+47	-4+Δ	—	-17+Δ	-17	-31+Δ	0
>225~250	+820	+420	+280	—	+170	+100	—	+50	—	+15	0		+22	+30	+47	-4+Δ	—	-17+Δ	-17	-31+Δ	0
>250~280	+920	+480	+300	—	+190	+110	—	+56	—	+17	0		+25	+36	+55	-4+Δ	—	-20+Δ	-20	-34+Δ	0

公称尺寸/mm	下极限偏差 EI												上极限偏差 ES								
	所有标准公差等级												IT6	IT7	IT8	≤IT8	>IT8	≤IT8	>IT8	≤IT8	>IT8
	A	B	C	CD	D	E	EF	F	FG	G	H	JS	J			K		M		N	
>280～315	+1050	+540	+330	—	+190	+110	—	+56	—	+17	0	偏差等于 $\pm\dfrac{IT_n}{2}$	+25	+36	+55	−4+Δ	—	−20+Δ	−20	−34+Δ	0
>315～335	+1200	+600	+360	—	+210	+125	—	+62	—	+18	0		+29	+39	+60	−4+Δ	—	−21+Δ	−21	−37+Δ	0
>355～400	+1350	+680	+400	—	+210	+125	—	+62	—	+18	0		+29	+39	+60	−4+Δ	—	−21+Δ	−21	−37+Δ	0
>400～450	+1500	+760	+440	—	+230	+135	—	+68	—	+20	0		+33	+43	+66	−5+Δ	—	−23+Δ	−23	−40+Δ	0
>450～500	+1650	+840	+480	—	+230	+135	—	+68	—	+20	0		+33	+43	+66	−5+Δ	—	−23+Δ	−23	−40+Δ	0
>500～560	—	—	—		+260	+140		+76		+22	0		—	—	—	0		−26		−44	
>560～630	—	—	—		+260	+140		+76		+22	0		—	—	—	0		−26		−44	
>630～710	—	—	—		+290	+160		+80		+24	0		—	—	—	0		−30		−50	
>710～800	—	—	—		+290	+160		+80		+24	0		—	—	—	0		−30		−50	
>800～900	—	—	—		+320	+170		+86		+26	0		—	—	—	0		−34		−56	
>900～1 000	—	—	—		+320	+170		+86		+26	0		—	—	—	0		−34		−56	
>1 000～1 120					+350	+195		+98		+28	0					0		−40		−65	
>1 120～1 250					+350	+195		+98		+28	0					0		−40		−65	
>1 250～1 400					+390	+220		+110		+30	0					0		−48		−78	
>1 400～1 600					+390	+220		+110		+30	0					0		−48		−78	
>1 600～1 800					+430	+240		+120		+32	0					0		−58		−92	
>1 800～2 000					+430	+240		+120		+32	0					0		−58		−92	
>2 000～2 240					+480	+260		+130		+34	0					0		−68		−110	
>2 240～2 500					+480	+260		+130		+34	0					0		−68		−110	
>2 500～2 800					+520	+290		+145		+38	0					0		−76		−135	
>2 800～3 150					+520	+290		+145		+38	0					0		−76		−135	

注：1. 公称尺寸≤1mm 时，基本偏差 A 和 B 级及>IT8 的 N 均不采用。

2. 公差带 JS7 至 JS11 的 IT_n 值若是奇数，则取偏差＝±（IT_n−1）/2。≤IT8 的 K、M、N 和≤IT7 的 P 至 ZC，所需 Δ 值从表内右侧选取。

例如：18～30mm 段的 K7；Δ＝8μm，所以 ES＝−2＋8＝＋6μm；18～30mm 段的 S6；Δ＝4μm，所以 ES＝−35＋4＝−31μm。

3. 特殊情况：250～315mm 段的 M6，ES＝−9μm（代替−11μm）。

（摘自 GB/T1800.1—2009）　　　　　　　　　　　　　　　　　　　　　　　　　　　μm

上极限偏差 ES													值					
≤IT7	标准公差等级>IT7												标准公差等级					
P 至 ZC	P	R	S	T	U	V	X	Y	Z	ZA	ZB	ZC	IT3	IT4	IT5	IT6	IT7	IT8
在大于 IT7 的相应数值上增加一个值	−6	−10	−14	—	−18	—	−20	—	−26	−32	−40	−60	0	0	0	0	0	0
	−12	−15	−19	—	−23	—	−28	—	−35	−42	−50	−80	1	1.5	1	3	4	6
	−15	−19	−23	—	−28	—	−34	—	−42	−52	−67	−97	1	1.5	2	3	6	7
	−18	−23	−28	—	−33	—	−40	—	−50	−64	−90	−130	1	2	3	3	7	9
	−18	−23	−28	—	−33	−39	−45	—	−60	−77	−108	−150	1	2	3	3	7	9
	−22	−28	−35	—	−41	−47	−54	−63	−73	−98	−136	−188	1.5	2	3	4	8	12
	−22	−28	−35	−41	−48	−55	−64	−75	−88	−118	−160	−218	1.5	2	3	4	8	12
	−26	−34	−43	−48	−60	−68	−80	−94	−112	−148	−200	−274	1.5	3	4	5	9	14
	−26	−34	−43	−54	−70	−81	−97	−114	−136	−180	−242	−325	1.5	3	4	5	9	14
	−32	−41	−53	−66	−87	−102	−122	−144	−172	−226	−300	−405	2	3	5	6	11	16
	−32	−43	−59	−75	−102	−120	−146	−174	−210	−274	−360	−480	2	3	5	6	11	16
	−37	−51	−71	−91	−124	−146	−178	−214	−258	−335	−445	−585	2	4	5	7	13	19
	−37	−54	−79	−104	−144	−172	−210	−254	−310	−400	−525	−690	2	4	5	7	13	19
	−43	−63	−92	−122	−170	−202	−248	−300	−365	−470	−620	−800	3	4	6	7	15	23
	−43	−65	−100	−134	−190	−228	−280	−340	−415	−535	−700	−900	3	4	6	7	15	23

上极限偏差 ES													值					
≤IT7	标准公差等级＞IT7												标准公差等级					
P 至 ZC	P	R	S	T	U	V	X	Y	Z	ZA	ZB	ZC	IT3	IT4	IT5	IT6	IT7	IT8
在大于IT7的相应数值上增加一个值	−43	−68	−108	−146	−210	−252	−310	−380	−465	−600	−780	−1 000	3	4	6	7	15	23
	−50	−77	−122	−166	−236	−284	−350	−425	−520	−670	−880	−1 150	3	4	6	9	17	26
	−50	−80	−130	−180	−258	−310	−385	−470	−575	−740	−960	−1 250	3	4	6	9	17	26
	−50	−84	−140	−196	−284	−340	−425	−520	−640	−820	−1 050	−1 350	4	4	6	9	17	26
	−56	−94	−158	−218	−315	−385	−475	−580	−710	−920	−1 200	−1 550	4	4	7	9	20	29
	−56	−98	−170	−240	−350	−425	−525	−650	−790	−1 000	−1 300	−1 700	4	4	7	9	20	29
	−62	−108	−190	−268	−390	−475	−590	−730	−900	−1 150	−1 500	−1 900	4	4	7	9	20	32
	−62	−114	−208	−294	−435	−530	−660	−820	−1 000	−1 300	−1 650	−2 100	4	5	7	11	21	32
	−68	−126	−232	−330	−490	−595	−740	−920	−1 100	−1 450	−1 850	−2 400	5	5	7	13	23	34
	−68	−132	−252	−360	−540	−660	−820	−1 000	−1 250	−1 600	−2 100	−2 600	5	5	7	13	23	34
	−78	−150	−280	−400	−600	—	—	—	—	—	—	—	—	—	—	—	—	—
	−78	−155	−310	−450	−660	—	—	—	—	—	—	—	—	—	—	—	—	—
	−88	−175	−340	−500	−740	—	—	—	—	—	—	—	—	—	—	—	—	—
	−88	−185	−380	−560	−840	—	—	—	—	—	—	—	—	—	—	—	—	—
	−100	−210	−430	−620	−940	—	—	—	—	—	—	—	—	—	—	—	—	—
	−100	−220	−470	−680	−1 050	—	—	—	—	—	—	—	—	—	—	—	—	—
	−120	−250	−520	−780	−1 150	—	—	—	—	—	—	—	—	—	—	—	—	—
	−120	−260	−580	−840	−1 300	—	—	—	—	—	—	—	—	—	—	—	—	—
	−140	−300	−640	−960	−1 450	—	—	—	—	—	—	—	—	—	—	—	—	—
	−140	−330	−720	−1 050	−1 600	—	—	—	—	—	—	—	—	—	—	—	—	—
	−170	−370	−820	−1 200	−1 850	—	—	—	—	—	—	—	—	—	—	—	—	—
	−170	−400	−920	−1 350	−2 010	—	—	—	—	—	—	—	—	—	—	—	—	—
	−195	−440	−1 000	−1 500	−2 300	—	—	—	—	—	—	—	—	—	—	—	—	—
	−195	−460	−1 100	−1 650	−2 500	—	—	—	—	—	—	—	—	—	—	—	—	—
	−240	−550	−1 250	−1 900	−2 900	—	—	—	—	—	—	—	—	—	—	—	—	—
	−240	−580	−1 400	−2 100	−3 200	—	—	—	—	—	—	—	—	—	—	—	—	—

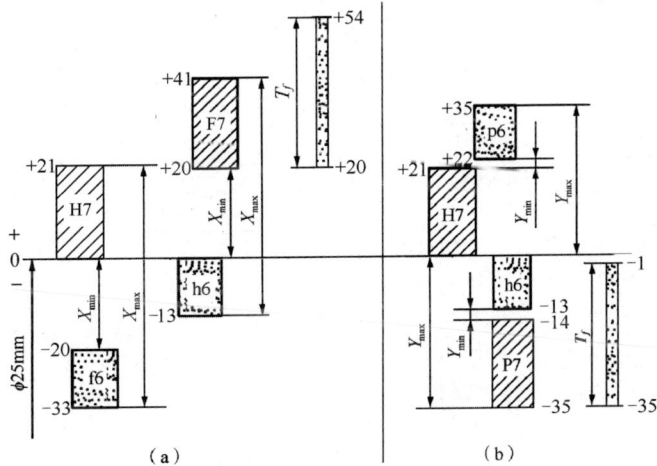

图 1.15 孔轴公差带、配合公差带

1.4 国标规定的公差带与配合

1. 孔、轴公差带的确定

根据国标提供的标准公差和基本偏差，可以组成大量的、不同大小与位置的孔、轴公差带（孔有 543 种，轴有 544 种）。由不同的孔、轴又可以组成多种多样的配合。如果如此多的公差与配合全都投入使用，显然是不经济的，并使标准繁杂，不利于生产。因而国标在考虑我国生产实际需要和今后发展的前提下，为尽量减少定值刀具、量具和工艺装备的品种和规格，并参考了国际标准和其他国家标准，对公差带与配合的选择加以限制，规定了一般用途、常用和优先的孔、轴公差带，并推荐了优先和常用配合。

图 1.16 和图 1.17 为国标规定的优先、常用和一般用途的孔、轴公差带。带黑圈的是优先公差带，孔、轴各有 13 种；线框内的常用公差带，孔、轴分别是 44 和 59 种；一般用途的公差带，孔、轴分别是 105 和 119 种。由于工程实践中常常需要在图纸上标注零件尺寸的极限偏差，为了使用方便，国标对所有的优先、常用和一般用途的孔、轴公差带的极限偏差制定了表格，供设计时选用。

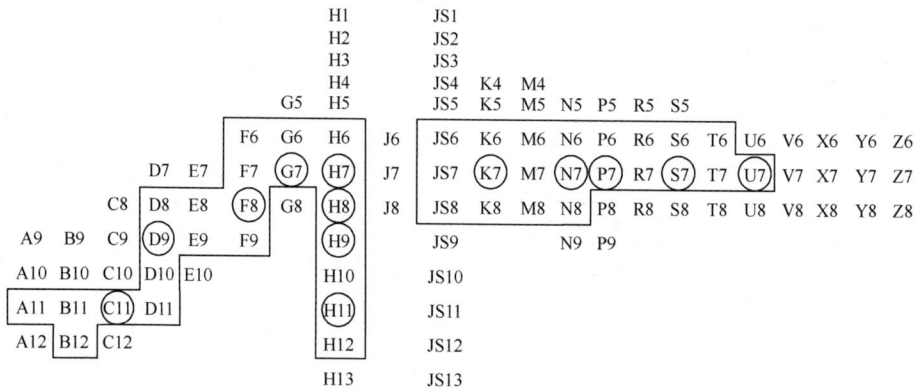

```
                              H1        JS1
                              H2        JS2
                              H3        JS3
                              H4        JS4  K4  M4
                   G5    H5   JS5  K5   M5  N5  P5  R5  S5
              F6   G6    H6  J6  JS6  K6  M6  N6  P6  R6  S6  T6  U6 V6 X6 Y6 Z6
     D7  E7   F7  (G7)  (H7) J7  JS7  (K7) M7 (N7)(P7) R7 (S7) T7 (U7) V7 X7 Y7 Z7
 C8  D8  E8  (F8)  G8   (H8) J8  JS8  K8  M8  N8  P8  R8  S8  T8  U8 V8 X8 Y8 Z8
 A9  B9  C9 (D9) E9  F9       (H9)     JS9        N9 P9
A10 B10 C10 D10 E10          H10      JS10
A11 B11 (C11) D11           (H11)     JS11
A12 B12 C12                  H12      JS12
                             H13      JS13
```

图 1.16　一般、常用和优先孔公差带

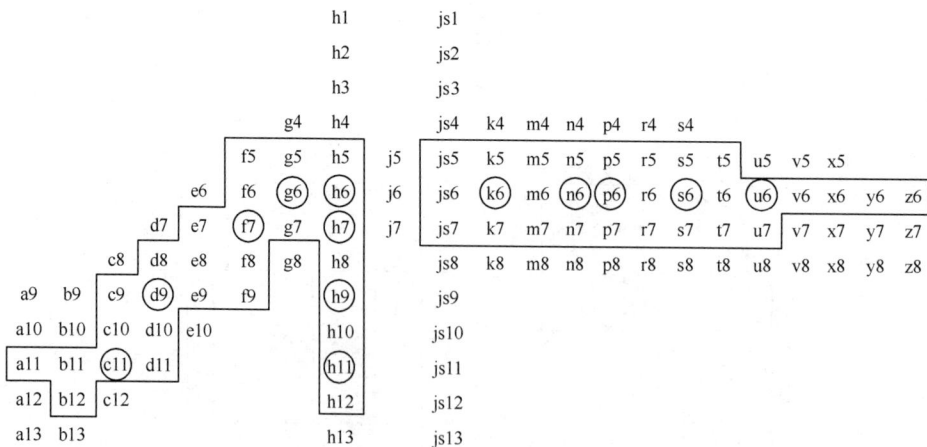

```
                              h1        js1
                              h2        js2
                              h3        js3
                    g4   h4   js4  k4   m4  n4  p4  r4  s4
              f5   g5    h5  j5  js5  k5  m5  n5  p5  r5  s5  t5  u5 v5 x5
         e6   f6  (g6)  (h6) j6  js6  (k6) m6 (n6)(p6) r6 (s6) t6 (u6) v6 x6 y6 z6
     d7  e7  (f7)  g7   (h7) j7  js7  k7  m7  n7  p7  r7  s7  t7  u7 v7 x7 y7 z7
 c8  d8  e8   f8   g8   h8        js8  k8  m8  n8  p8  r8  s8  t8  u8 v8 x8 y8 z8
 a9  b9  c9 (d9) e9  f9       (h9)     js9
a10 b10 c10 d10 e10          h10      js10
a11 b11 (c11) d11           (h11)     js11
a12 b12 c12                  h12      js12
a13 b13                      h13      js13
```

图 1.17　一般、常用和优先轴公差带

2. 孔、轴的优先和常用配合

国标在规定孔、轴公差带选用的基础上还规定了孔、轴公差带的组合。表 1.6 为基孔制常用配合 59 种，优先配合 13 种。表 1.7 为基轴制常用配合 47 种，优先配合 13 种。

需要注意的是，国标规定的孔、轴公差带和配合均属推荐性质，如果情况允许，在生产中尽量在此范围内选取。当有特殊需要时，可以根据生产和使用的要求自行选用公差带并组成配合。

表 1.6　基孔制优先、常用配合（摘自 GB/T1801—2009）

基准孔	a	b	c	d	e	f	g	h	js	k	m	n	p	r	s	t	u	v	x	y	z
	间隙配合								过渡配合				过盈配合								
H6						H6/f5	H6/g5	H6/h5	H6/js5	H6/k5	H6/m5	H6/n5	H6/p5	H6/r5	H6/s5	H6/t5					
H7						H7/f6	▼H7/g6	▼H7/h6	H7/js6	▼H7/k6	H7/m6	▼H7/n6	▼H7/p6	H7/r6	▼H7/s6	H7/t6	▼H7/u6	H7/v6	H7/x6	H7/y6	H7/z6
H8					H8/e7	▼H8/f7	H8/g7	▼H8/h7	H8/js7	H8/k7	H8/m7	H8/n7	H8/p7	H8/r7	H8/s7	H8/t7	H8/u7				
H8				H8/d8	H8/e8	H8/f8		▼H8/h8													
H9			▼H9/c9	H9/d9	H9/e9	H9/f9		H9/h9													
H10			H10/c10	H10/d10				H10/h10													
H11	H11/a11	H11/b11	▼H11/c11	H11/d11				▼H11/h11													
H12		H12/b12						H12/h12													

注：1. $\frac{H6}{n5}$、$\frac{H7}{p6}$ 在公称尺寸≤3mm 和 $\frac{H8}{r7}$ 在公称尺寸≤100mm 时，为过渡配合。

2. 带 ▼ 的配合为优先配合。

表 1.7　基轴制优先、常用配合（摘自 GB/T1801—2009）

基准轴	A	B	C	D	E	F	G	H	JS	K	M	N	P	R	S	T	U	V	X	Y	Z
	间隙配合								过渡配合				过盈配合								
h5						F6/h5	G6/h5	H6/h5	JS6/h5	K6/h5	M6/h5	N6/h5	P6/h5	R6/h5	S6/h5	H6/h5					
h6						F7/h6	▼G7/h6	▼H7/h6	JS7/h6	▼K7/h6	M7/h6	▼N7/h6	▼P7/h6	R7/h6	▼S7/h6	T7/h6	▼U7/h6				
h7					E8/h7	▼F8/h7		▼H8/h7	JS8/h7	K8/h7	M8/h7	N8/h7									
h8				D8/h8	E8/h8	F8/h8		H8/h8													

基准轴	孔																				
	A	B	C	D	E	F	G	H	JS	K	M	N	P	R	S	T	U	V	X	Y	Z
	间隙配合								过渡配合			过盈配合										
h9				▼ $\frac{D9}{h9}$	$\frac{E9}{h9}$	$\frac{F9}{h9}$		▼ $\frac{H9}{h9}$													
h10				$\frac{D10}{h10}$				$\frac{H10}{h10}$													
h11	$\frac{A11}{h11}$	$\frac{B11}{h11}$	▼ $\frac{C11}{h11}$	$\frac{D11}{h11}$				▼ $\frac{H11}{h11}$													
H12		$\frac{B12}{h12}$						$\frac{H12}{h12}$													

注：带▼的配合为优先配合。

1.5　尺寸公差与配合的选用

合理地选用公差与配合，是机械设计中的一项重要工作，它对产品质量、互换性和经济效益都有重要影响。选用原则是要保证机械产品的性能优良，同时兼顾制造上经济可行。

1.5.1　基准制的选择

基准制的选择应从结构、工艺和经济性等方面综合考虑，并遵循以下原则。

1．一般情况下应优先选用基孔制

因为一般孔比轴难加工，并且通常用定值刀具和定值量具（如钻头、铰刀、塞规等）。例如，加工 $\phi30H7/f6$、$\phi30H7/k6$ 及 $\phi30H7/t6$ 三种配合件，由于孔的公差带相同，只需一种规格的刀、量具；若采用基轴制，如 $\phi30F7/h6$、$\phi30K7/h6$ 及 $\phi30T7/h6$，因三种配合的孔的公差带不相同，则需三种不同规格的刀、量具。因此，优先采用基孔制可减少定值刀具、量具规格与数量，减少企业及部门的储备，提高国民综合经济效益。

2．特殊情况选用基轴制

（1）在农业机械和纺织机械中，有时直接采用 IT9～IT11 的冷拉圆钢做轴（不经切削加工），此时采用基轴制可避免冷拉圆钢的尺寸规格过多。

（2）加工尺寸小于 1mm 的精密轴比同级孔要困难，因此在仪器制造、钟表生产、无线电工程中常使用经过光轧成型的钢丝直接做轴，这时采用基轴制较经济。

（3）当同一轴与公称尺寸相同的几个孔相配合，且配合性质不同的情况下，应考虑采用基轴制。如图 1.18（a）所示发动机活塞部件，活塞销与活塞孔及连杆衬套孔分别配合，根据使用要求，活塞销和活塞孔应为过渡配合，活塞销与连杆衬套孔应为间隙配合。如果采用基孔制，三个孔的公差带一样，活塞销要制成中间小的阶梯形，阶梯处容易产生应力集中，同时给加工、装配带来困难，如图 1.18（b）所示。如采用基轴制，活塞销上为一种公差带，可制成一根光轴，如图 1.18（c）所示，完全克服了由于采用基孔制时带来的不利影响。

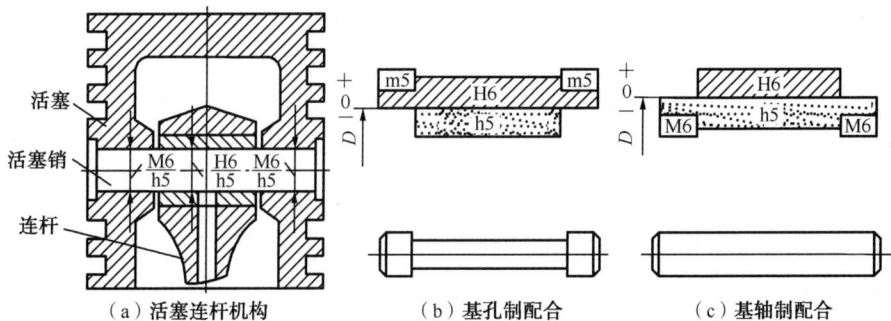

图 1.18　活塞连杆机构

3．若与标准件配合，应以标准件为基准件来确定采用基孔制还是基轴制

例如，滚动轴承内圈与轴的配合应采用基孔制，滚动轴承外圈与外壳孔的配合应采用基轴制。如图 1.19 所示为滚动轴承与轴和外壳孔的配合情况，轴颈应按 ϕ40k5 制造，外壳孔应按 ϕ90J7 制造。

4．为满足配合的特殊要求，允许采用任一孔、轴公差带组成的非基准配合

例如，在图 1.19 中，轴承端盖与外壳孔的配合为 ϕ90J7/f9，隔圈孔与轴颈的配合为 ϕ40D11/k5，都属于任意孔、轴公差带组成的配合。

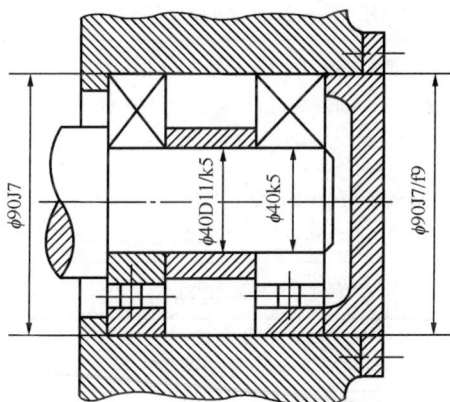

图 1.19　滚动轴承与轴和外壳孔的配合情况

1.5.2　标准公差等级的选用

标准公差等级的选择是一项重要又比较困难的工作，因为标准公差等级的高低直接影响产品使用性能和加工的经济性，标准公差等级过低，产品质量得不到保证；标准公差等级过高，将使制造成本增加，所以，必须综合考虑这两方面的因素。

选用标准公差等级的原则是：在充分满足使用要求的前提下，考虑工艺的可能性和加工成本，尽量选用精度较低的标准公差等级。

对于公称尺寸小于等于 500 mm 时，国家标准推荐采用常用配合的标准公差等级，即 6、7、8 级的孔与 5、6、7 级的轴配合。这是考虑孔的加工比同级轴的加工困难，差一级配合使孔、轴工艺等价。但对标准公差等级大于 8 级或公称尺寸大于 500 mm 的配合，由于孔的测量精度比轴容易保证，推荐采用同级孔、轴配合。

选用标准公差等级时，应从工艺、配合及有关零部件或机构等的特点，并参考已被实践证明合理的实例来考虑。表1.8为20个公差等级的应用范围，表1.9为各种加工方法能达到的标准公差等级范围，可供选用时参考。

如果某些配合有可能根据使用要求确定其间隙或过盈的允许变化范围时，可利用计算公式和标准公差数值表确定其公差等级。

表1.8 标准公差等级的应用范围

标准公差等级	应用范围	应用举例
IT01～IT1	配合尺寸	用于精密的尺寸传递基准，高精度测量工具，极个别特别重要的精密配合尺寸，精密尺寸标准块公差，个别特别重要的精密机械零件尺寸
IT2～IT5		用于很高精密和重要配合处。例如，精密机床主轴颈与高精度滚动轴承的配合，车床尾架座体与顶尖套配合，活塞销与活塞销孔的配合
IT6（孔至IT7）		用于要求精密配合处，在机械制造中广泛应用。例如，机床中一般传动与轴承的配合，齿轮、皮带轮与轴的配合，精密仪器、光学仪器中的精密轴，电子计算机外围设备中的重要尺寸，手表、缝纫机中重要的轴
IT7～IT8		用于精度要求一般的场合，在机械制造中属于中等精度。例如，一般机械中速度不高的皮带轮，重型机械、农用机械中的重要配合处，精密仪器、光学仪器中精密配合的孔，手表中离合杆压簧，缝纫机重要配合的孔
IT9～IT10		用于只有一般要求的圆柱配合。例如，机床制造中轴套外径与孔配合；操纵系统的轴与轴承配合，空转皮带轮与轴，光学仪器中的一般配合，发动机中机油泵体内孔，键宽与键槽宽的配合，纺织机械中的一般配合零件
IT11～IT12		用于不重要配合处。例如，机床中法兰盘止口与孔，滑块与滑移齿轮凹槽，钟表中不重要的工件，手表制造中所用的工具及设备中的未注公差尺寸，纺织机械中低精度的间隙配合
IT12～IT18	非配合尺寸	用于非配合尺寸及不重要的粗糙连接的尺寸公差（包括未注公差的尺寸）、工序间尺寸等

表1.9 各种加工方法可能达到的标准公差等级

加工方法	标准公差等级（IT）																			
	01	0	1	2	3	4	5	6	7	8	9	10	11	12	13	14	15	16	17	18
研磨	√	√	√	√	√	√	√													
珩磨					√	√	√	√												
圆磨						√	√	√	√											
平磨						√	√	√	√											
金刚石车							√	√	√											
金刚石磨							√	√	√											
拉削							√	√	√	√										
铰孔								√	√	√	√	√								
车									√	√	√	√	√							
镗									√	√	√	√	√							
铣										√	√	√	√							
刨、插												√	√							
钻												√	√	√	√					

加 工 方 法	标准公差等级（IT）																			
	01	0	1	2	3	4	5	6	7	8	9	10	11	12	13	14	15	16	17	18
滚压、挤压												√	√							
冲压												√	√	√	√	√				
压铸													√	√	√	√				
粉末冶金成型							√	√	√											
粉末冶金烧结								√	√	√	√									
砂型铸造、气割																		√	√	√
锻造																		√	√	

1.5.3　配合的选用

选择配合主要是为了解决配合零件在机器工作时的相互关系，以保证机器中各个零件能协调动作，实现预定的任务。正确地选择配合，可以提高机器的性能、质量和使用寿命，并使加工经济合理。

选择配合时，应首先考虑选用标准中规定的优先配合，其次是常用配合，再次采用一般用途的孔、轴公差带组成的配合，必要时可选用任意孔、轴公差带组成的配合。

基准制和标准公差等级确定后，配合的选择就是根据使用要求（即给定的极限间隙或过盈），确定非基准件的基本偏差代号。

例 1.6　有一对公称尺寸为$\phi50$mm 孔、轴配合，要求间隙为 80～210μm，试确定合适的配合。

解　（1）选定基准制。因无特殊要求，故选用基孔制。

（2）确定标准公差等级。

因为

$$T_f = X_{max} - X_{min} = 210 - 80 = 130\mu m$$

由表 1.3 查得 IT9＝62μm

$$T_f = T_D + T_d = 62 + 62 = 124\mu m < [T_f] = 130\mu m$$

故确定孔、轴都为 IT9 级（公差等级大于 IT8）。

（3）确定配合种类。

因已选定基孔制，故孔的公差带为 H9，EI＝0，ES＝EI＋IT9＝＋62μm。由表 1.4 查得 d 的基本偏差 es＝－80μm，故选择轴的公差带为 d9，则

$$ei = es - IT9 = -80 - 62 = -142\mu m$$

（4）检验。

$$X_{min} = EI - es = 0 - (-80) = +80\mu m$$

$$X_{max} = ES - ei = +62 - (-142) = +204\mu m < +210\mu m$$

故$\phi50$H9/d9 满足使用要求。

配合的选择一般有以下三种方法。

（1）计算法。根据理论分析所建立的公式，计算配合所需的间隙或过盈。对间隙配合的滑动轴承，其理论基础是流体力学，计算出保证液体摩擦应具有的间隙；对于过盈配合，则可按弹塑变形理论，计算出必需的最小过盈，然后根据计算所得的间隙或过盈，选择合适的配合。

由于计算法比较复杂，同时在实际应用中影响配合间隙和过盈的因素较多，而且这些理论计算也是近似值，应用时还要根据实际工作条件进行必要的修正。因此，除特别重要的配合作验证分析外，一般不采用。

（2）试验法。根据多次试验结果，找出最合理的间隙或过盈，以此为依据确定配合。按试验法确定的配合最为可靠，由于需要做大量实验，成本高、时间长，因此只用于对产品质量有较大影响的重要配合。

（3）类比法。根据机器的使用要求与工作条件，参考经过生产验证的同类机械选用的配合，分析对比选择。这种方法就是凭经验，在生产实践中广泛应用。

掌握这种方法的要点如下：

① 深入分析零件在机器中应起的作用和使用要求。首先确定配合的类别。如孔、轴间有相对运动时（转动或移动），应选用间隙配合；若要求靠配合传递扭矩，且又不要求拆卸时，一般应选过盈配合；孔、轴配合后有定位精度要求（同轴度要求较高），但又要能够经常拆卸的情况下，应选过渡配合，也可按具体情况选用小间隙或小过盈配合；若要求同轴度不高，只是为了装配方便，这样应选用间隙较大的间隙配合。可参照表 1.10 对设计的间隙或过盈进行适当的修正。

表 1.10　按具体情况考虑间隙或过盈量的修正

具体情况	过盈量	间隙量	具体情况	过盈量	间隙量
材料许用应力小	减		装配时可能歪斜	减	增
经常拆卸	减		旋转速度较高	增	增
有冲击负荷	增	减	有轴向运动		增
工作时孔温高于轴温	增	减	润滑油黏度大		增
工作时轴温高于孔温	减	增	表面粗糙	增	减
配合长度较长	减	增	装配精度高	减	减
形位误差大	减	增			

② 掌握各类配合（各种基本偏差）的特性及应用场合。

a～h（或 A～H）11 种基本偏差与基准孔（或基准轴）形成间隙配合，主要用于有相对运动的配合，或用于常拆卸而定心精度要求不高的定位配合。其中由 a（或 A）形成的间隙最大，然后逐渐依次减小，由 h（或 H）形成的间隙最小，其配合的最小间隙为零。

js～n（或 JS～N）5 种基本偏差与基准孔（或基准轴）形成过渡配合，主要用于定心精度要求较高并需要拆装的配合，公差等级多用 IT4～IT7 级范围。

p～zc（或 P～ZC）12 种基本偏差与基准孔（或基准轴）形成过盈配合，主要用于没有相对运动的配合，使孔、轴结合为一整体传递扭矩，公差等级多用≤IT7 级范围。其中由 p（或 P）形成的过盈最小，当公差等级较低时如 H8/p7 则形成过渡配合，此后过盈依次增大，而至 zc（或 ZC）形成的过盈最大。

表 1.11 列出了基孔制轴的各种基本偏差应用说明，表 1.12 列出了 13 种优先配合的选用说明，供选择时参考。

表 1.11　基孔制轴的基本偏差选用说明

配合种类	基本偏差	特性及应用
间隙配合	a，b	可得到特别大的间隙，应用很少
	c	可得到很大的间隙，一般用于缓慢、松弛的转动配合。用于工作条件较差（农业机械）、受力变形或为了便于装配而必须有较大的间隙时。推荐配合为 H11/c11，其较高等级的配合，如 H8/c7，适用于轴在高温工作的紧密配合，如内燃机排气阀和导管

配合种类	基本偏差	特性及应用
间隙配合	d	一般用于 IT7~IT11 级，适用于松弛的转动配合，如密封盖、滑轮、空转皮带轮等与轴的配合，也适用于大直径滑动轴承配合，如透平机、球磨机、轧滚成型和重开弯曲机，以及其他重型机械中的一些滑动轴承
	e	多用于 IT7~IT9 级，通常用于要求有明显间隙、易于转动的支撑配合，如大跨距支撑、多支点支撑等配合。高等级时 e 适用于大的、高速、重载支撑，如涡轮发电机、电动机的支撑及内燃机主要轴承、凸轮轴支撑、摇臂支撑等配合
	f	多用于 IT6~IT8 级的一般转动配合。当温度影响不大时，广泛用于普通润滑油（或润滑脂）润滑的支撑，如齿轮箱、小电动机、泵等的转轴与滑动支撑的配合
	g	配合间隙很小，制造成本高，除很轻负荷的装置外，不推荐用于转动配合。多用于 IT5~IT7 级，最适合于不回转的精密滑动配合，也用于插销等定位配合，如精密连杆轴承、活塞及滑阀、连杆销等
	h	多用于 IT4~IT11 级。广泛用于无相对转动的零件，作为一般的定位配合。若没有温度、变形影响，也用于精密滑动配合
过渡配合	js	为完全对称偏差（±IT/2），平均起来，为稍有间隙的配合。适用于 IT4~IT7 级，要求间隙比 h 小并允许略有过盈的定位配合，如联轴节。可用手或木锤装配
	k	平均起没有间隙的配合，适用于 IT4~IT7 级。推荐用于稍有过盈的定位配合。例如，为了消除振动的定位配合。一般用木锤装配
	m	平均起来具有不大过盈的过渡配合。适用于 IT4~IT7 级，一般可用木锤装配，但在最大过盈时，要求有相当的压入力
	n	平均过盈比 m 稍大，很少得到间隙，适用于 IT4~IT7 级，用锤或压力机装配，通常推荐用于紧密的组件配合。H6/n5 配合时为过盈配合
过盈配合	p	与 H6 或 H7 配合时是过盈配合，与 H8 孔配合时则为过渡配合。对非铁类零件，为较轻的压入配合，当需要时易于拆卸。对钢、铸铁或铜、钢组件装配是标准压入配合
	r	对铁类零件为中等打入配合，对非铁类零件为轻打入配合。当需要时可拆卸。与 H8 孔配合，直径在 100mm 以上时为过盈配合，直径小时为过渡配合
	s	用于钢或铁制零件永久性和半永久性装配，可产生相当大的结合力。当用弹性材料，如轻合金时，配合性质与铁类零件的 p 相当，如套环压装在轴上、阀座等的配合。尺寸较大时，为了避免损伤配合表面，需用热胀或冷缩法装配
	t	是过盈较大的配合，对于钢和铸铁件适于做永久性结合，不用键可传递力矩，需用热胀或冷缩法装配，如联轴节与轴的配合
	u	这种配合过盈大，一般应验算在最大过盈时工件材料是否会损坏。要用热胀或冷缩法装配，如火车轮毂和轴的配合
	v，x，y，z	这些基本偏差所组成的配合过盈量更大，目前使用的经验和资料较少，须经试验后应用。一般不推荐

表 1.12 优先配合使用说明

优先配合		说　明
基孔制	基轴制	
$\dfrac{\text{H11}}{\text{c11}}$	$\dfrac{\text{C11}}{\text{h11}}$	间隙非常大，用于很松的、转动很慢的配合，要求大公差与大间隙的外露组件，以及要求装配方便

优先配合		说　明
基孔制	基轴制	
$\dfrac{H9}{d9}$	$\dfrac{D9}{h9}$	是间隙很大的配合，用于精度非主要要求时，或有大的温度变化、高转速或大的轴颈压力时
$\dfrac{H8}{f7}$	$\dfrac{F8}{h7}$	是间隙不大的配合，用于中等转速与中等轴颈压力的精确转动
$\dfrac{H7}{g6}$	$\dfrac{G7}{h6}$	是间隙很小的配合，用于不希望自由转动，但可摆动或滑动的配合，或用于精密定位
$\dfrac{H7}{h6}$	$\dfrac{H7}{h6}$	均为间隙配合，零件可自由装拆，而工作时一般相对静止。在最大实体条件下的间隙为 0，在最小实体条件下的间隙由公差等级决定
$\dfrac{H8}{h7}$	$\dfrac{H8}{h7}$	
$\dfrac{H9}{h9}$	$\dfrac{H9}{h9}$	
$\dfrac{H11}{h11}$	$\dfrac{H11}{h11}$	
$\dfrac{H7}{k6}$	$\dfrac{K7}{h6}$	是过渡配合，用于精密定位
$\dfrac{H7}{n6}$	$\dfrac{N7}{h6}$	是过渡配合，允许有较大过盈的精密定位
$\dfrac{H7}{p6}$	$\dfrac{P7}{h6}$	是过盈配合，即小过盈配合，用于定位精度特别重要时，能以最好的定位精度达到部件的刚性及对中的性能要求，而对内孔承受压力无特殊要求，不依靠配合的紧固性传递摩擦负荷
$\dfrac{H7}{s6}$	$\dfrac{S7}{h6}$	是中等过盈配合，适用于薄壁件用冷缩法获得的配合，用于铸铁件可得到最紧的配合
$\dfrac{H7}{u6}$	$\dfrac{U7}{h6}$	是大的过盈配合，适用于可以承受高压力的零件或不宜承受大压力而用冷缩法获得的配合

1.5.4　一般公差线性尺寸的未注公差

（1）线性尺寸的一般公差的概念：线性尺寸的一般公差是指在车间普通工艺条件下，机床设备一般加工能力可保证的公差。在正常维护和操作情况下，它代表车间的一般加工的经济加工精度。线性尺寸的一般公差主要用于低精度的非配合尺寸。采用一般公差的尺寸在正常车间精度保证的条件下，一般可不检验。

采用一般公差，图样上该尺寸后不需注出其极限偏差数值。可简化图样，使图样清晰易读；突出了图样上注出公差的尺寸，从而使人们在对这些注出公差的尺寸进行加工和检验时给予应有的重视。

（2）国家标准 GB/T 1804－2000《一般公差　未注出公差的线性和角度尺寸的公差》标准中有关线性尺寸一般公差的规定有 4 个公差等级。从高到低依次为精密级、中等级、粗糙级和最粗级，分别用字母 f、m、c 和 v 表示。而对尺寸也采用了大的分段。线性尺寸的极限偏差值如表 1.13 所示。这 4 个公差等级相当于 IT12、IT14、IT16 和 IT17。

表 1.13　线性尺寸的未注极限偏差的数值　　　　　　　　　　　　　　（mm）

公差等级	公称尺寸分段							
	0.5～3	>3～6	>6～30	>30～120	>120～400	>400～1 000	>1 000～3 000	>2 000～4 000
精密 f	±0.05	±0.05	±0.1	±0.15	±0.2	±0.3	±0.5	—
中等 m	±0.1	±0.1	±0.2	±0.3	±0.5	±0.8	±1.2	±2
粗糙 c	±0.2	±0.3	±0.5	±0.8	±1.2	±2	±3	±4
最粗 v	—	±0.5	±1	±1.5	±2.5	±4	±6	±8

由表 1.13 可见，不论孔和轴还是长度尺寸，其极限偏差的取值都采用对称分布的公差带，因而与旧国标相比，使用更方便，概念更清晰。标准同时也对倒圆半径与倒角高度尺寸的极限偏差的数值做了规定，如表 1.14 所示。

表 1.14　倒圆半径与倒角高度尺寸的极限偏差的数值　　　　　　　　（mm）

公差等级	公称尺寸分段			
	0.5～3	>3～6	>6～30	>30
精密 f	±0.2	±0.5	±1	±2
中等 m				
粗糙 c	±0.4	±1	±2	±4
最粗 v				

注：倒圆半径和倒角高度的含义参见 GB/T 6403.4。

（3）线性尺寸的一般公差的表示方法。线性尺寸的一般公差主要用于较低精度的非配合尺寸。当功能上允许的公差等于或大于一般公差时，均应采用一般公差。

采用国标规定的一般公差，在图样上的尺寸后不注出极限偏差，而是在图样的技术要求或有关文件中，用标准号和公差等级代号做出总的表示。

例如，选用中等级时，表示为 GB/T1804－m；选用粗糙级时，表示为 GB/T1804－c。

1.6　常用测量器具及使用

为了保证产品质量，机器中的每一个零件，都必须根据图纸上规定的尺寸要求来制造。为了度量零件尺寸的大小，仅仅依靠人的感觉器官或简单的测量是很不够的，必须借助于有一定精度的测量工具来测量。正确地使用精密量具是保证产品质量、实现互换性的重要条件之一。所以必须学会正确地选择和使用常用的量具。

1.6.1　游标示值量具

1．游标卡尺

游标卡尺是一种通用量具，具有结构简单、使用方便、精度中等和测量的尺寸范围大等特点，可以用它来测量零件精度为 IT9～IT16 的外径、内径、长度、宽度、厚度、深度和孔距等，应用范围很广。

游标卡尺的测量范围有 0～150mm、0～200mm、0～300mm、0～500mm 等多种。

测量范围为 0～150mm 的游标卡尺的结构，如图 1.20 所示。主尺 5 和固定卡脚 1、2 是一整体，活动卡脚 3、8 和游标 7、深度尺 6 连成一体，可沿主尺 5 移动，紧固螺钉 4 可将游标 7 固定在主尺 5 的任一位置上，卡脚 1 和 8 用来测量零件的外部尺寸，卡脚 2 和 3 用来测量零件的内部尺寸。固定在游标 7 背面的深度尺 6，可随游标在主尺背面的导向凹槽内移动，把主尺尾部端面紧贴在零件的测量基准平面上，就可测量零件的深度。

游标卡尺的示值机构是由主尺 5 和游标 7 两部分组成的。主尺上的刻度间距为 1mm，游标刻度值有 0.1mm、0.05mm、0.02mm 三种。

现将 0.02mm 游标卡尺的示值原理和方法介绍如下。

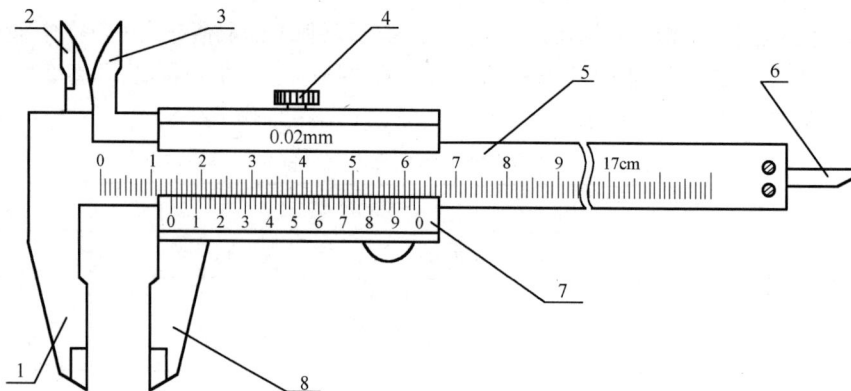

图 1.20　150mm 游标卡尺构造图

1、2—固定卡脚；3、8—活动卡脚；4—紧固螺钉；5—主尺；6—深度尺；7—游标

如图 1.21 所示，当游标卡尺的活动卡脚与固定卡脚贴合时，游标上的 0 线对准主尺上的 0 线时，游标上最后一根刻线与主尺上 49mm 刻线也对准，即表示游标 50 格的长度为 49mm，主尺与游标的最小刻度间距差值为 1 减 0.98 等于 0.02mm，也就是该游标的刻度值为 0.02mm。当游标向右移动 0.02mm 时，则游标 0 线后的第一根刻线与主尺刻线对准，若游标向右移动 0.04mm 时，则游标上第二根刻线与主尺刻线对准，以此类推。由此可知，游标向右移动不足 1mm 的距离，其数值可以从游标上读出。

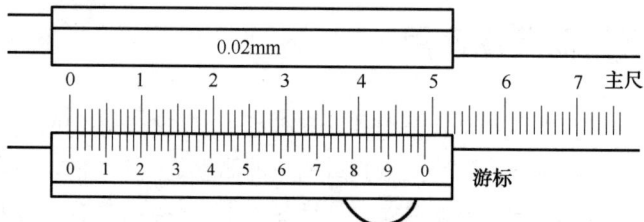

图 1.21　0.02mm 游标卡尺刻线原理

游标卡尺的读数方法：首先在主尺上读出游标 0 线所对的尺寸整数值，其次找出游标上与主尺刻线对得最准的那一根刻线，读出尺寸的小数值，整数与小数之和，就是被测零件尺寸。图 1.22 为 0.02mm 刻度值的游标卡尺读数示例。首先在主尺上读出游标零线所对的尺寸整数值为 17mm，再找出游标上与主尺刻线对得最准的那一根刻线为游标 0 线右边第 18 根，尺寸的小数值为 18×0.02 =0.36mm。示值为 17+0.36=17.36mm。实际上，游标卡尺的游标上常标有数值，小数部分可以直接由游标上读出。

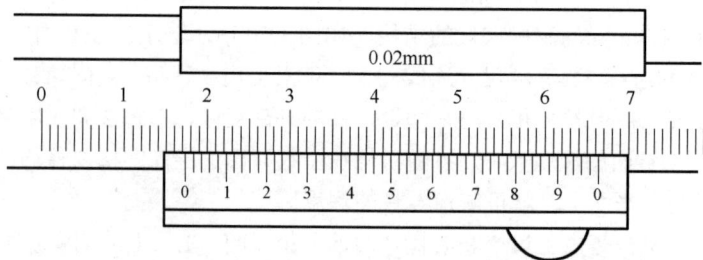

图 1.22　0.02mm 刻度值的游标卡尺读数示例（示值为 17.36mm）

刻度值为 0.1mm 和 0.05mm 的游标卡尺，刻线原理及读数方法与 0.02mm 的游标卡尺完全相

同。只是它们的主尺刻度间距与游标刻度间距的差值分别为 0.1mm 和 0.05mm，故测量精度比 0.02mm 的游标卡尺低。

图 1.23 为示值精度 0.1mm 游标卡尺的读数示例。由图 1.23 可知，0.1mm 刻度值的游标卡尺实际上是将游标刻线的间距增大至 3.9mm，使主尺刻度四格的间距与游标刻度一格的间距差值为 0.1mm。其示值原理不变，因为增大了游标刻度间距，使示值更加清楚。

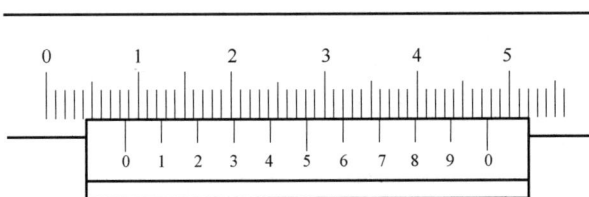

图 1.23　0.1mm 刻度值的游标卡尺读数示例（示值为 8.6mm）

由图 1.24 可知，0.05mm 刻度值的游标卡尺是将游标刻线的间距增大至 1.95mm，使主尺刻度两格的间距与游标刻度一格的间距差值为 0.05mm。图 1.24 所示的 0.05mm 刻度值的游标卡尺示值为 $16+0.85=16.85$mm。

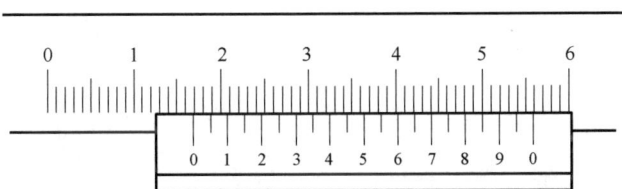

图 1.24　0.05mm 刻度值的游标卡尺读数示例（示值为 16.85mm）

使用游标卡尺测量零件尺寸时，必须注意下列几点。

（1）测量前应把卡尺揩干净，检查卡尺的两个测量面和测量刃口是否平直无损，把两个量爪紧密贴合时，应无明显的间隙，同时游标和主尺的零位刻线要相互对准。这个过程称为校对游标卡尺的零位。

（2）移动尺框时，活动要自如，不应有过松或过紧，更不能有晃动现象。用紧固螺钉固定尺框时，卡尺的示值不应有所改变。在移动尺框时，不要忘记松开紧固螺钉，亦不宜过松以免掉了。

（3）当测量零件的外尺寸时，卡尺两测量面的连线应垂直于被测量表面，不能歪斜。测量时，可以轻轻摇动卡尺，放正垂直位置，如图 1.25（a）所示。否则，量爪若在如图 1.25（b）所示的错误位置上，将使测量结果 a 比提取要素的局部尺寸 b 要大；先把卡尺的活动量爪张开，使量爪能自由地卡进工件，把零件贴靠在固定量爪上，然后移动尺框，用轻微的压力使活动量爪接触零件。如卡尺带有微动装置，此时可拧紧微动装置上的固定螺钉，再转动调节螺母，使量爪接触零件并读取尺寸。决不可把卡尺的两个量爪调节到接近甚至小于所测尺寸，把卡尺强制的卡到零件上去。这样做会使量爪变形或使测量面过早磨损，使卡尺失去应有的精度。

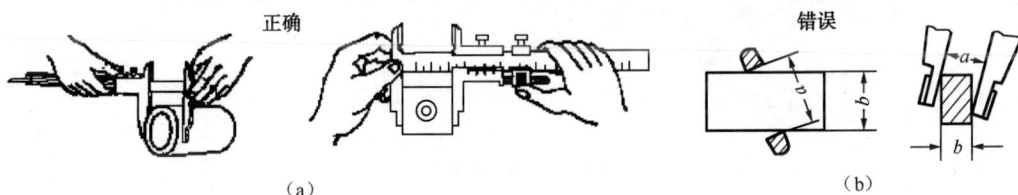

图 1.25　测量外尺寸时正确与错误的位置

（4）用游标卡尺测量零件时，不允许过分地施加压力，所用压力应使两个量爪刚好接触零件表面。如果测量压力过大，不但会使量爪弯曲或磨损，且量爪在压力作用下产生弹性变形，使测量的尺寸不准确（外尺寸小于提取要素的局部尺寸，内尺寸大于提取要素的局部尺寸）。

在游标卡尺上读数时，应把卡尺水平拿着，朝着亮光的方向，使人的视线尽可能和卡尺的刻线表面垂直，以免由于视线的歪斜造成读数误差。

（5）为了获得正确的测量结果，可以多测量几次。即在零件的同一截面上的不同方向进行测量。对于较长零件，则应当在全长的各个部位进行测量，以便获得一个比较正确的测量结果。

2．齿厚游标卡尺

齿厚游标卡尺（图 1.26）是用来测量齿轮（或蜗杆）的弦齿厚和弦齿顶。这种游标卡尺由两个互相垂直的主尺组成，因此它就有两个游标。A 的尺寸由垂直主尺上的游标调整；B 的尺寸由水平主尺上的游标调整。刻线原理和读法与一般游标卡尺相同。

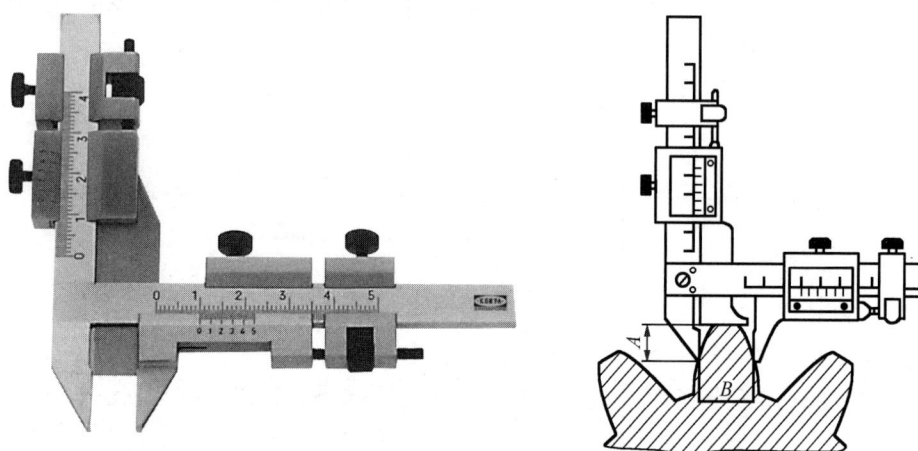

图 1.26　齿厚游标卡尺测量齿轮

以上所介绍的游标卡尺都存在一个共同的问题，就是示值不很清晰，容易读错，有时不得不借放大镜将示值部分放大。现有游标卡尺采用无视差结构，使游标刻线与主尺刻线处在同一平面上，消除了在读数时因视线倾斜而产生的视差；有的卡尺装有测微表成为带表卡尺（图 1.27），示值准确，提高了测量精度；更有一种带有数字显示装置的游标卡尺（图 1.28），这种游标卡尺在零件表面上量得尺寸时，就直接用数字显示出来，其使用极为方便。

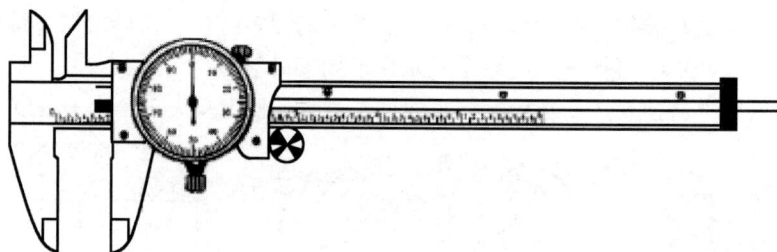

图 1.27　带表卡尺

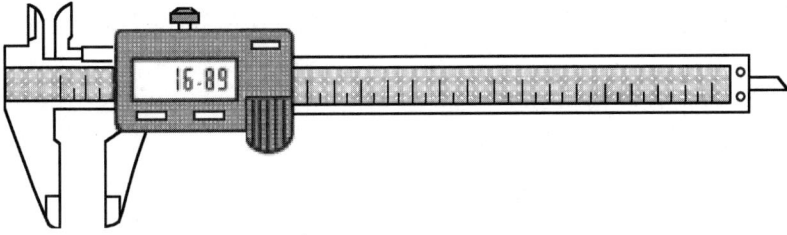

图 1.28　数字显示游标卡尺

1.6.2　螺旋测微量具

1. 外径千分尺

千分尺是比游标卡尺更为精确的测量工具，其测量准确度为 0.01mm。有外径千分尺、内径千分尺、深度千分尺、螺纹千分尺和公法线千分尺等，并分别测量或检验零件的外径、内径、深度、厚度、螺纹的中径和齿轮的公法线长度等。千分尺按其测量范围有 0～25mm、25～50mm、50～75mm、75～100mm、100～125mm 等多种规格。本节仅介绍外径千分尺。

各种千分尺的结构大同小异，常用外径千分尺是用以测量或检验零件的外径、凸肩厚度以及板厚或壁厚等（测量孔壁厚度的千分尺，其量面呈球弧形）。千分尺由尺架、测微头、测力装置和制动器等组成。图 1.29 是测量范围为 0～25mm 的外径千分尺。尺架 1 的一端装着固定测砧 2，另一端装着测微头。固定测砧和测微螺杆的测量面上都镶有硬质合金，以提高测量面的使用寿命。尺架的两侧面覆盖着绝热板 12，使用千分尺时，手拿在绝热板上，防止人体的热量影响千分尺的测量精度。

该量具的核心部分主要由测微螺杆 3 和螺母套管 4 所组成，是利用螺旋推进原理而设计的。测微螺杆的后端连着圆周上刻有 N 分格的微分筒 6，测微螺杆可随微分筒的转动而进、退。螺母套管的螺距一般取 0.5mm，当微分筒相对于螺母套管转一周时，测微螺杆就沿轴线方向前进或后退 0.5mm；当微分筒转过一小格时，测微螺杆则相应地移动 $\dfrac{0.5}{N}$ mm 距离。可见，测量时沿轴线的微小长度均能在微分筒圆周上准确地反映出来。

例如，$N=50$，则能准确读到 0.5/50＝0.01mm，再估读一位，则可读到 0.001mm，这正是螺旋测微计称为千分尺的缘故。

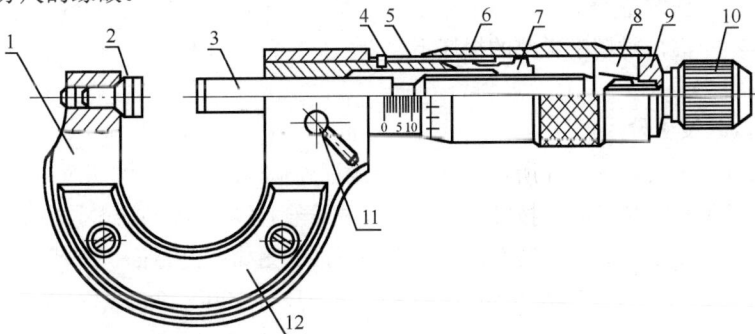

图 1.29　0～25mm 外径千分尺

1—尺架；2—固定测砧；3—测微螺杆；4—螺母套管；5—固定刻度套筒；6—微分筒；
7—调节螺母；8—接头；9—垫片；10—测力装置；11—锁紧螺钉；12—绝热板

读数时，先在螺母套管的标尺上读出 0.5mm 以上的示值，再由微分筒圆周上与螺母套管横线对齐的位置上读出不足 0.5mm 的示值，再估读一位，则三者之和即为待测物的长度。如图 1.30 所示。

图 1.30（a）中：$L = 8 + 0.270 = 8.270$ mm

图 1.30（b）中：$L = 8 + 0.5 + 0.270 = 8.770$ mm

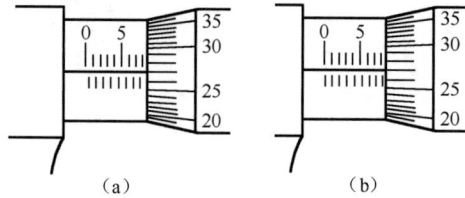

图 1.30　外径千分尺的示值

千分尺的使用方法：

千分尺使用得是否正确，对保持精密量具的精度和保证产品质量的影响很大，必须重视量具的正确使用，使测量技术精益求精，务使获得正确的测量结果，确保产品质量。使用千分尺测量零件尺寸时，必须注意下列几点。

（1）使用前，应把千分尺的两个测砧面揩干净，转动测力装置，使两测砧面接触（若测量上限大于 25mm 时，在两测砧面之间放入校对量杆或相应尺寸的量块），接触面上应没有间隙和漏光现象，同时微分筒和固定套筒要对准零位。

（2）用千分尺测量零件时，最好在零件上进行读数，放松后取出千分尺，这样可减少测砧面的磨损。如果必须取下读数时，应用制动器锁紧测微螺杆后，再轻轻滑出零件，把千分尺当卡规使用是错误的，因这样做不但易使测量面过早磨损，甚至会使测微螺杆或尺架发生变形而失去精度。

（3）为了获得正确的测量结果，可在同一位置上再测量一次。尤其是测量圆柱形零件时，应在同一圆周的不同方向测量几次，检查零件外圆有没有圆度误差，再在全长的各个部位测量几次，检查零件外圆有没有圆柱度误差等。

（4）用千分尺测量零件时，应当手握测力装置的转帽来转动测微螺杆，使测砧表面保持标准的测量压力，即听到嘎嘎的声音，表示压力合适，并可开始读数。要避免因测量压力不等而产生测量误差。绝对不允许用力旋转微分筒来增加测量压力，使测微螺杆过分压紧零件表面，致使精密螺纹因受力过大而发生变形，损坏千分尺的精度。有时用力旋转微分筒后，虽因微分筒与测微螺杆间的连接不牢固，对精密螺纹的损坏不严重，但是微分筒打滑后，千分尺的零位走动了，就会造成质量事故。

2. 公法线长度千分尺

公法线长度千分尺如图 1.31 所示。主要用于测量外啮合圆柱齿轮的两个不同齿面公法线长度，也可以在检验切齿机床精度时，按被切齿轮的公法线检查其原始外形尺寸。它的结构与外径千分尺相同，所不同的是在测量面上装有两个带精确平面的量钳（测量面）来代替原来的测砧面。

测量范围（mm）：0～25，25～50，50～75，75～100，100～125，125～150。示值为 0.01mm。测量模数 $m \geqslant 1$mm。

近来，我国有数字外径千分尺（图 1.32），用数字表示示值，使用更为方便。还有在固定套筒上刻有游标，利用游标可准确读出 0.002mm 或 0.001mm 的示值值。

（a）

（b）

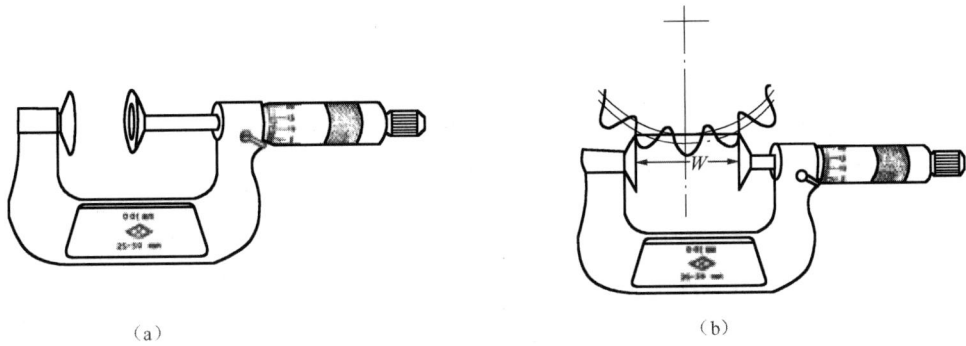

图 1.31　公法线长度测量

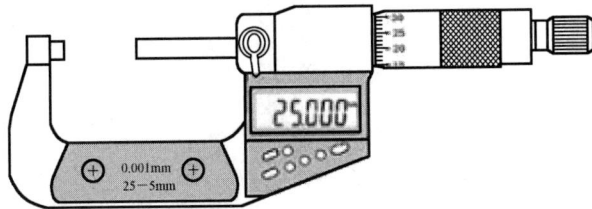

图 1.32　数字外径百分尺

1.6.3　指示式量具

1．百分表

百分表主要用于检测机械零件各平面间的相互位置和形状误差值大小。百分表的外观如图 1.33 所示。表盘上每一格刻度值为 0.01mm，整个圆周上有 100 格刻线；还有一种是表盘上每一格刻线值为 0.001mm，这种表为千分表。百分表的测量尺寸范围有 0～3mm、0～5mm 和 0～10mm 三种，常用为 0～3mm。千分表测量尺寸范围为 0～1mm。

小指针每转一格读数为 1mm。小指针处的刻度范围为百分表的测量范围。测量的大小指针示值之和即为测量尺寸的变动量。刻度盘可以转动，供测量时大指针对零用。

图 1.33　0～3mm 百分表

2．内径百分表

内径百分表是内量杠杆式测量架和百分表的组合，如图 1.34 所示。用以测量或检验零件的内孔、深孔直径及其形状精度。

内径百分表测量架的内部结构，由图 1.34 可见。在三通管 3 的一端装着活动测量头 1，另一端装着可换测量头 2，垂直管口一端，通过连杆 4 装有百分表 5。活动测量头 1 的移动，使传动杠杆 7 回转，通过活动杆 6，推动百分表的测量杆，使百分表指针产生回转。由于杠杆 7 的两侧触点是等距离的，当活动测头移动 1mm 时，活动杆也移动 1mm，推动百分表指针回转一圈。所以，活动测头的移动量，可以在百分表上读出来。

两触点量具在测量内径时，不容易找正孔的直径方向，定心护桥 8 和弹簧 9 就起了一个帮助找正直径位置的作用，使内径百分表的两个测量头正好在内孔直径的两端。活动测头的测量压力由活动杆 6 上的弹簧控制，保证测量压力一致。

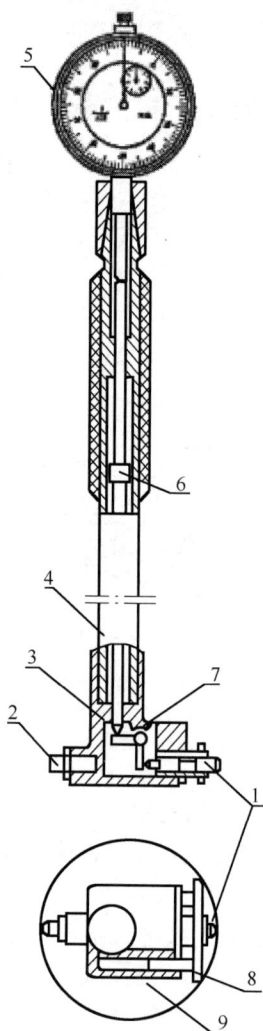

图 1.34　内径百分表

1—活动测量头；2—可换测量头；3—三通管；4—连杆；5—百分表；6—活动杆；7—杠杆；8—定心护桥；9—弹簧

用内径百分表测量内径是一种比较量法，测量前应根据被测孔径的大小，在专用的环规或百分尺上调整好尺寸后才能使用。调整内径百分尺的尺寸时，选用可换测头的长度及其伸出的距离（大尺寸内径百分表的可换测头，是用螺纹旋上去的，故可调整伸出的距离，小尺寸的不能调整），应使被测尺寸在活动测头总移动量的中间位置。

百分表测量应注意事项：

（1）使用前，应检查测量杆活动的灵活性。即轻轻推动测量杆时，测量杆在套筒内的移动要灵活，没有任何轧卡现象，且每次放松后，指针能回复到原来的刻度位置。

（2）使用百分表时，必须把它固定在可靠的夹持架上（如固定在万能表架或磁性表座上，如图 1.35 所示），夹持架要安放平稳，避免使测量结果不准确或摔坏百分表。

用夹持百分表的套筒来固定百分表时，夹紧力不要过大，以免因套筒变形而使测量杆活动不灵活。

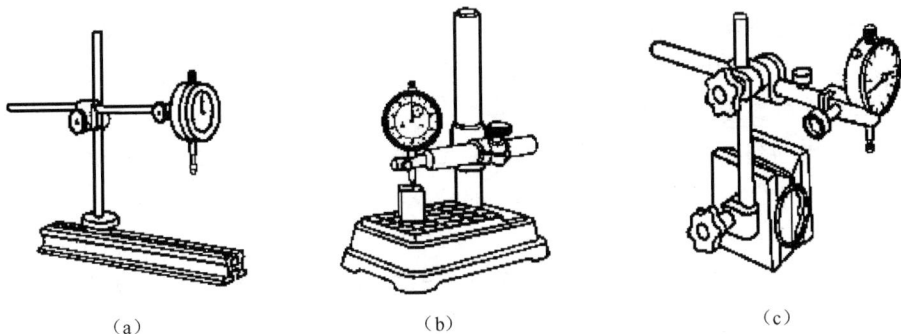

（a）   （b）   （c）

图 1.35 安装在专用夹持架上的百分表

（3）测量时注意百分表的测量杆中心线与被测件平面要垂直，以避免出现测量误差。

（4）用内径百分表（图 1.36）时，应按被测件的尺寸调换相适应的测量杆，然后用外径千分尺校正百分表指针为零位后再测量（图 1.37）。测量时测量杆要在被测表面间缓慢摆动（图 1.38），以指针的最小值为被测件的提取要素的局部尺寸值。

 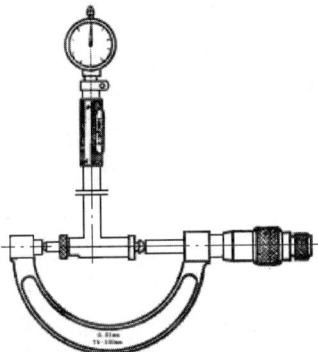 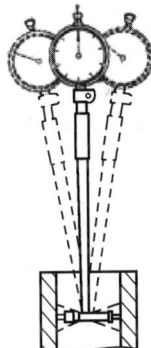

图 1.36 内径百分表 图 1.37 用外径百分尺调整尺寸 图 1.38 内径百分表的使用方法

（5）检查工件平整度或平行度时，如图 1.39 所示。将工件放在平台上，使测量头与工件表面接触，调整指针使摆动 1/3～1/2 转，然后把刻度盘零位对准指针，跟着慢慢地移动表座或工件，当指针顺时针摆动时，说明工件偏高了；反时针摆动，则说明工件偏低了。

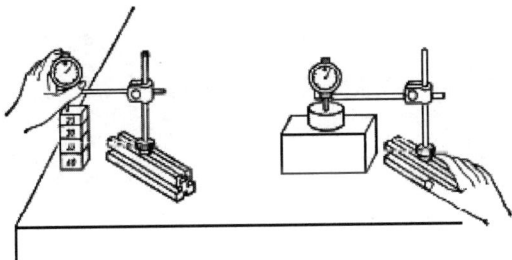 

（a）   （b）

图 1.39 百分表尺寸校正与检验方法

1.6.4 工件尺寸检验的验收方法

在机械加工车间环境的条件下，使用通用计量器具测量零件尺寸时，通常采用两点法测量，测得的值为轴、孔的提取要素的局部尺寸。由于计量器具存在测量误差（测量不确定度）、轴或孔存在形状误差、测量条件偏离标准规定范围等原因，使得测量结果偏离被测真值。因此，当测得值在工件上、下极限尺寸附近时，就有可能将本来处在公差带之内的合格品判为废品（误废），或将本来在公差带之外的废品判为合格品（误收）。

为了保证足够的测量精度，实现零件的互换性，必须按国家标准 GB/T3177—2009《产品几何技术规范（GPS）光滑工件尺寸的检验》规定的验收原则及要求验收工件，并正确、合理地选择计量器具。

国家标准通过安全裕度来防止因测量不确定度的影响而造成工件"误收"和"误废"，即设置验收极限，以执行标准规定的"验收原则"。

（1）验收原则——所用验收方法应只接收位于规定的极限尺寸之内的工件，即允许有误废而不允许有误收。

（2）安全裕度（A）——测量不确定度的允许值。它由被测工件的尺寸公差值确定，一般取工件尺寸公差值的10%左右。

（3）验收极限——检验工件尺寸时判断合格与否的尺寸界限。

验收极限的确定有以下两种方法。

方法1：上验收极限＝上极限尺寸－安全裕度A，下验收极限＝下极限尺寸＋安全裕度A。

由于验收极限向工件的公差之内移动，为了保证验收时合格，在生产时工件不能按原有的极限尺寸加工，应按由验收极限所确定的范围生产，这个范围称为"生产公差"，如图 1.40 所示。

对偏态分布的尺寸，其验收极限可以仅对尺寸偏向的一边采用内缩一个安全裕度作为验收极限。

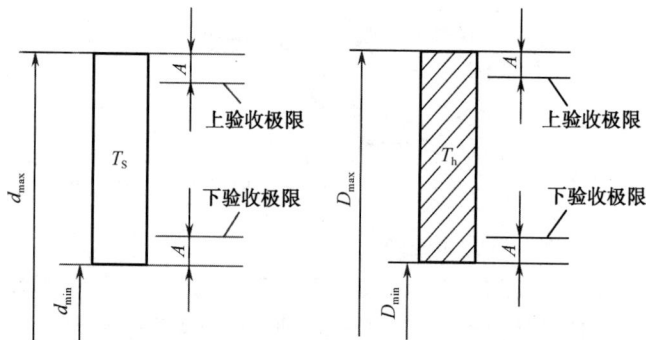

图 1.40 安全裕度和验收极限

方法2：上验收极限＝上极限尺寸，下验收极限＝下极限尺寸。安全裕度A值等于零。适用非配合尺寸和一般公差的尺寸验收。

*1.7 尺寸链

任何机械产品都是由许多相互关联的零部件按一定要求组合而成的，产品使用性能往往取决于这些零部件的装配精度，而这个装配精度又是由这些零部件的几何参数误差决定的。因此，在设计机器时，根据使用要求确定装配精度后，就必须由装配精度来推算相关零部件的几何参数公差。解决这个问题需要用到尺寸链。

1.7.1 尺寸链的基本概念

1．尺寸链的定义

在零件设计、制造和装配过程中，由相互联系的一组尺寸（或角度）所形成的封闭图形称为尺寸链。由零件图上的一组设计尺寸组成的尺寸链称为设计尺寸链，由零件制造过程中的工艺尺寸组成的尺寸链称为工艺尺寸链，由装配图上的装配精度及一组相关零件的设计尺寸组成的尺寸链称为装配尺寸链。

如图 1.41（a）所示，零件图上标注设计尺寸为 A_1 和 A_2，说明这两个尺寸比较重要；而 A_0 并未标注，说明它比较次要，由 A_1 和 A_2 间接保证，则 A_1、A_2 和 A_0 这些相互联系的尺寸就形成一个封闭尺寸图形，如图 1.41b（b）所示。由此可以看出，尺寸链的主要特征是封闭性和关联性。

封闭性——尺寸链中各个尺寸首尾相连，呈一封闭形式。

关联性——任何一个直接保证的尺寸变化，必将影响间接保证的尺寸随之变化。如图 1.41 中的 A_1 或 A_2 变化，都将引起 A_0 的变化。

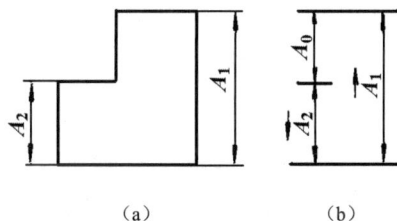

（a）　　　　　（b）

图 1.41　尺寸链示例

2．尺寸链的组成

组成工艺尺寸链的每一个尺寸称为环。如图 1.41（b）中的 A_1、A_2 和 A_0 都是尺寸链的环。环又可分为封闭环和组成环。

（1）封闭环——在设计、制造或装配过程中，间接获得、最后保证的尺寸，用 A_0 表示。如图 1.41 中的 A_0 就是封闭环。每个尺寸链有且仅有一个封闭环。

（2）组成环——设计、制造或装配过程中直接获得的尺寸，用 A_i（i=1、2、3…）表示。按其对封闭环的影响不同又可分为增环和减环。

① 增环——当该环变化引起封闭环同向变化时，称为增环。如图 1.41（b）中的 A_1 即为增环，简记为 $\vec{A}_1$。

② 减环——当该环变化引起封闭环反向变化时称为减环。如图 1.41（b）中的 A_2 即为减环，简记为 $\overleftarrow{A}_2$。

3．尺寸链计算的基本公式

如表 1.15 所示规定了尺寸链计算中所用符号的含义。

表 1.15　尺寸链计算使用符号　　　　　　（mm）

环　名	符　号　名　称					
	公称尺寸	最大极限尺寸	最小极限尺寸	上极限偏差	下极限偏差	公差
封闭环	A_0	$A_{0\max}$	$A_{0\min}$	ES_0	EI_0	T_0
增　环	$\vec{A}_i$	$\vec{A}_{i\max}$	$\vec{A}_{i\min}$	$\overrightarrow{ES}_i$	$\overrightarrow{EI}_i$	$\vec{T}_i$
减　环	$\overleftarrow{A}_j$	$\overleftarrow{A}_{j\max}$	$\overleftarrow{A}_{j\min}$	$\overleftarrow{ES}_j$	$\overleftarrow{EI}_j$	$\overleftarrow{T}_j$

极值法计算尺寸链的基本公式如下

（1）封闭环的公称尺寸计算：

$$A_0 = \sum_{i=1}^{n} \vec{A}_i - \sum_{j=n+1}^{m} \vec{A}_j \qquad (1.1)$$

式中　　n——增环的环数；

　　　　m——组成环的总环数。

（2）封闭环的极限尺寸计算：

$$A_{0\max} = \sum_{i=1}^{n} \vec{A}_{i\max} - \sum_{j=n+1}^{m} \vec{A}_{j\min} \qquad (1.2)$$

$$A_{0\min} = \sum_{i=1}^{n} \vec{A}_{i\min} - \sum_{j=n+1}^{m} \vec{A}_{j\max} \qquad (1.3)$$

（3）封闭环的上、下极限偏差计算：

$$ES_0 = \sum_{i=1}^{n} \overrightarrow{ES}_i - \sum_{j=n+1}^{m} \overrightarrow{EI}_j \qquad (1.4)$$

$$EI_0 = \sum_{i=1}^{n} \overrightarrow{EI}_i - \sum_{j=n+1}^{m} \overrightarrow{ES}_j \qquad (1.5)$$

（4）封闭环的公差计算：

$$T_0 = \sum_{i=1}^{m} T_i \qquad (1.6)$$

由公式（1.6）可见，封闭环的公差比任何一个组成环的公差都大。为了减小封闭环的公差，应尽量减少尺寸链中组成环的环数，这就是尺寸链的"最短路线原则"。

1.7.2　尺寸链的建立

利用尺寸链进行零件尺寸及其公差的计算，关键在于正确建立尺寸链，确定封闭环和增、减环。下面以装配尺寸链为例进行说明。

装配尺寸链是全部组成环为不同零件设计尺寸所形成的尺寸链。查找哪些零件的设计尺寸对某装配精度有影响，就是建立装配尺寸链。

1．确定封闭环

正确确定封闭环是解算尺寸链最关键的一步。要认准封闭环是"间接、最后"获得的尺寸，是"自然而然"形成的尺寸。对装配尺寸链，封闭环一般是一项装配精度，而装配精度只有机械产品装配后才能测量，因此，封闭环只有在装配后才能形成，不具有独立性；对设计尺寸链，封闭环则是设计图上未标注的那个尺寸（即开环）。

2．查找组成环

从封闭环某一端开始，按照零件组装的顺序，向前查找相邻的零件，直至到达封闭环另一端，所经过的零件尺寸或角度都为该尺寸链的组成环。注意：组成环的查找应该遵循"路线最短、环数最少"原则，这样更容易满足封闭环的精度要求或者使各组成环的加工更简便、更经济。

3．判断增减环

对于环数少的尺寸链，可以根据增、减环的定义直接判别。而多环尺寸链定义判别不够直观和方便，可以采用箭头法：即从 A_0 开始，沿着各环顺时针或逆时针依次画箭头，凡箭头方向与封闭环 A_0 相同者为减环，相反者为增环。如图 1.42 所示，A_1、A_2、A_4、A_6、A_9、A_{11} 为增环，其余为减环。

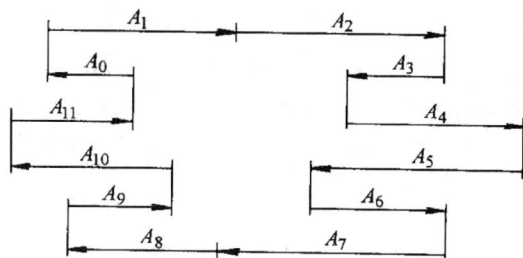

图 1.42　增减环的判断

4. 画尺寸链图

例 1.7　如图 1.43 所示为某减速器的齿轮轴部件装配示意图。要求齿轮轴与轴承端面的间隙为 0.2mm～0.7mm。试建立装配尺寸链。

解　①确定封闭环：就是装配精度 $A_0 = 0^{+0.7}_{+0.2}$ mm。

②查找组成环：封闭环 A_0 两端所依的零件分别是齿轮轴和左滑动轴承；左滑动轴承的装配基准是左箱体。齿轮轴右端装在右滑动轴承中，右滑动轴承装在右箱体的孔中。左、右箱体通过接合止口封闭。因此，相关零件是齿轮轴、左滑动轴承、左箱体、右箱体和右滑动轴承。

为遵守"尺寸链环数最少"原则，可知每个零件上仅有一个尺寸作为相关尺寸，它就是零件装配基准间的距离尺寸。本例中的尺寸 A_1、A_2、A_3、A_4、A_5 都是相关尺寸，即都是组成环。

③画尺寸链图并确定组成环的性质：尺寸链图如图 1.43（b）所示。图中 A_1、A_2 和 A_5 是减环；A_3 和 A_4 是增环。

上述尺寸链的组成环都是长度尺寸。当装配精度要求较高时，长度尺寸链中还应考虑端面的平面度、端面和轴线的垂直度、端面间的平行度等形位公差环和配合间隙环。

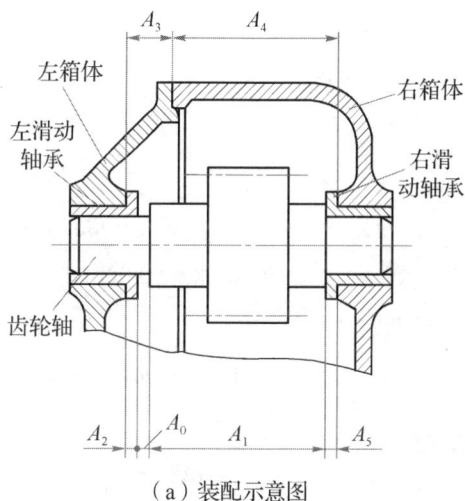

（a）装配示意图

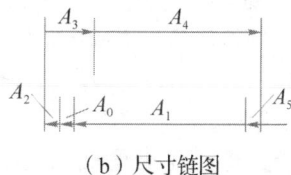

（b）尺寸链图

图 1.43　齿轮轴部件的装配尺寸链

1.7.3　尺寸链的解算

尺寸链的解算大致分为两种类型：

（1）正计算：已知全部组成环的极限尺寸，求封闭环的极限尺寸。零件图上对设计尺寸链的分析和验算常属于此类情况。

（2）反计算：已知封闭环的极限尺寸，求某一个或几个组成环的极限尺寸。装配图设计时根据装配精度要求具体确定相关各零件的尺寸公差就属于这类计算。

尺寸链的解算方法有：极值法（完全互换法）、大数互换法、分组法、修配法和调整法。对于装配尺寸链，须根据生产批量、互换性要求来选择其中一种进行计算；对于零件尺寸链，一般采用极值法解算。

1. 极值法（完全互换法）

合格的零件在进入装配后，不经任何选择、调整和修配就可以达到装配精度的装配方法，称为完全互换法。常用于高精度的少环尺寸链或低精度多环尺寸链的大批量生产装配中。

极值法在已知封闭环（装配精度）的公差，分配有关零件（各组成环）公差时，可按"等公差"原则预确定组成环的平均公差 T_{av}，即 $T_{av} = \dfrac{T_0}{m}$，其中 T_0 为封闭环公差，m 为组成环数。然后根据其公称尺寸大小和加工的难易程度进行适当调整，最后经检验须满足 $\sum\limits_{i=1}^{m} T_i \leqslant T_0$。

例 1.8　如图 1.44 所示为齿轮轴组件装配图。要求齿轮与挡圈的轴向间隙为 0.1mm～0.35mm。已知：轴端面距离 $A_1 = 43\text{mm}$，挡圈 $A_2 = A_5 = 5\text{mm}$，齿轮厚度 $A_3 = 30\text{mm}$，弹性挡圈 $A_4 = 3^{0}_{-0.05}\text{mm}$（标准件）。现采用完全互换法装配，试确定各组成环的公差和极限偏差。

解　① 画装配尺寸链，如图 1.44（b）所示，其中 A_1 为增环，其余为减环。

② 确定各组成环的公差。

首先预计算各组成环的平均公差：

$$T_{av} = \frac{T_0}{m} = \frac{0.35 - 0.1}{5} = 0.05\,\text{mm}$$

已知 $T_4 = 0.05\,\text{mm}$，其余各组成环根据其尺寸和加工难易程度调整公差为：$T_1 = 0.06\text{mm}$，$T_2 = T_5 = 0.04\text{mm}$，$T_3 = 0.06\text{mm}$，各组成环公差等级约为 IT9。

$$\sum_{i=1}^{m} T_i = 0.06 + 0.04*2 + 0.06 + 0.05 = 0.25 = T_0$$

故公差值调整合适。

③ 确定各组成环的极限偏差。

选择一个零件作为"协调环"，其余组成环按照"入体原则"写极限偏差。选择协调环时应注意：不能选择标准件、几个尺寸链的公共组成环或者该部件中有几个相同零件中的一个作为协调环。

已知 $A_0 = 0^{+0.35}_{+0.1}$，这里取 A_1 作为协调环，则直接写出：$A_2 = A_5 = 5^{0}_{-0.05}\,\text{mm}$，$A_3 = 30^{0}_{-0.06}\,\text{mm}$。

计算 A_1 的极限偏差值：

$$ES(A_0) = ES\overrightarrow{A_1} - (EI\overleftarrow{A_2} + EI\overleftarrow{A_3} + EI\overleftarrow{A_4} + EI\overleftarrow{A_5})$$

所以：

$$ES\overrightarrow{A_1} = 0.35 + (-0.05 - 0.06 - 0.05 - 0.05) = +0.14\,\text{mm}$$

$$EI\overrightarrow{A_1} = ES\overrightarrow{A_1} - T_1 = +0.14 - 0.06 = +0.08\,\text{mm}$$

$$\therefore A_1 = 43^{+0.14}_{+0.08}\,\text{mm}$$

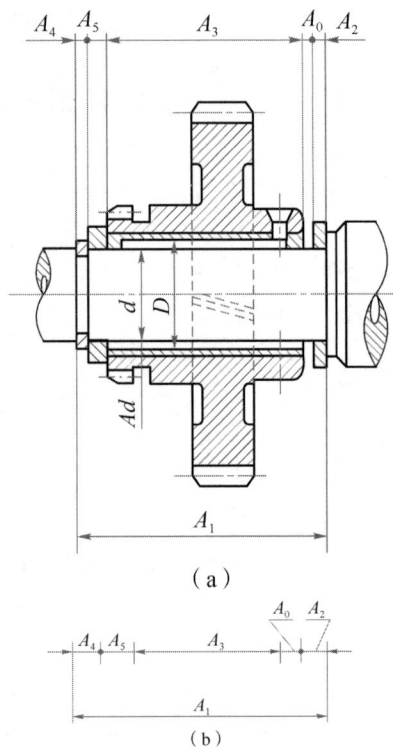

图 1.44　齿轮轴组件装配简

2. 概率法（大数互换法）

当装配精度要求较高而组成环又较多时，可以将组成环的制造公差适当放大，使零件容易加工。这可能会使极少数产品的装配精度超出规定要求，需要在装配时采取适当的工艺措施，因此只是"大多数零件可以互换"。但是根据数理统计规律，在一个稳定的工艺系统中进行大批量加工时，零件尺寸出现极值的可能性很小；而在装配时，各零件的尺寸同时为"极值组合"的可能性更小，实际上可以忽略不计。

例 1.9 已知条件与例 1.8 相同，试用大数互换法确定各组成环的公差及上、下偏差。

解 解题步骤与完全互换装配法所采用的"极值法"相同。只是在求 T_{av} 时采用符合概率统计规律的"平均平方公差"来计算。

这时 $T_{av} = \dfrac{T_0}{\sqrt{m}} = \dfrac{0.25}{\sqrt{5}} = 0.11\text{mm}$，最后仍要满足 $\sqrt{\sum_{i=1}^{m} T_i^2} \leqslant T_0$。

已知 $T_4 = 0.05$ mm，还是取 A_1 作为协调环，取 $T_3 = 0.14$mm，$T_2 = T_5 = 0.08$mm，各组成环公差等级约为 IT10，则直接写出：$A_2 = A_5 = 5^{0}_{-0.08}$ mm，$A_3 = 30^{0}_{-0.14}$mm。

计算：$T_1 = \sqrt{T_0^2 - (T_2^2 + T_3^2 + T_4^2 + T_5^2)} = \sqrt{0.25^2 - (0.14^2 + 2*0.08^2 + 0.05^2)} = 0.16$ mm

计算 A_1 的极限偏差值：$ES(A_0) = ES\overrightarrow{A_1} - (EI\overrightarrow{A_2} + EI\overrightarrow{A_3} + EI\overrightarrow{A_4} + EI\overrightarrow{A_5})$

所以：$ES\overrightarrow{A_1} = 0.35 + (-0.08 - 0.14 - 0.05 - 0.08) = 0$ mm。

$$EI\overrightarrow{A_1} = ES\overrightarrow{A_1} - T_1 = 0 - 0.16 = -0.16\text{mm}$$

$$\therefore \quad A_1 = 43^{0}_{-0.16}\text{ mm}$$

与例 1.8 的计算结果比较不难看出，大数互换法相对于完全互换法，可以放宽相关零件的制造公差，从而减小零件的制造成本。但是有可能少量零件装配后超差，须在装配时采取适当的工艺措施。

3．分组法

当封闭环精度要求很高时，采用互换法解尺寸链，组成环公差值会非常小而使得加工十分困难。这时，在零件加工时，常将各组成环的公差相对完全互换法所求数值放大数倍，使其能按经济精度加工，再按实际测量尺寸将零件分为放大倍数相同的组数，按对应组分别进行装配，以达到装配精度的要求。由于同组内零件可以互换，故这种方法又称为分组互换法。

例 1.10 如图 1.45（a）所示为某发动机活塞销 d 与活塞销孔 D 的装配关系，基本尺寸均为 28mm，在冷态装配时要有（0.0025～0.0075）mm 的过盈量。试确定 d 与 D 的公差与极限偏差。

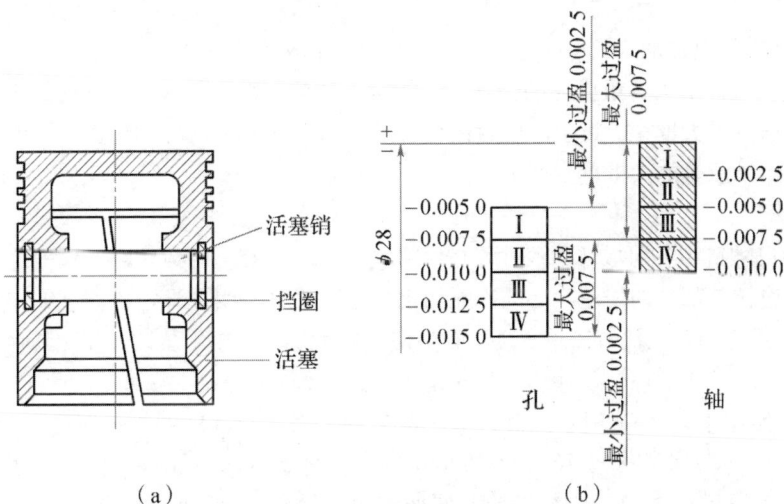

图 1.45　活塞与活塞销的装配

解 ① 首先按照"完全互换法"解算。

$T_0 = 0.0075 - 0.0025 = 0.005$mm，则 $T_d = T_D = 0.0025$mm。为便于活塞销的无心磨削加工，这里采

用基轴制配合，即 $\phi d = \phi 28^{0}_{-0.0025}$ mm。按照"完全互换法"解算得 $\phi D = \phi 28^{-0.0050}_{-0.0075}$ mm。

这样的公差要求很难制造，也不经济。生产上常采用零件制造时将公差放大，而在装配时采用分组法装配来保证上述装配精度要求。具体做法如下。

② 将制造公差"同向"放大若干倍，直至经济精度范围。这里放大 4 倍，这时活塞销与销孔的极限尺寸变为 $\phi d = \phi 28^{0}_{-0.01}$ mm，$\phi D = \phi 28^{-0.005}_{-0.015}$ mm，这样就可用高效率的无心磨加工活塞销，用金刚镗加工活塞销孔。

③ 用精密量具测量零件，按尺寸从大到小分为与放大倍数相同的组数，并涂上不同颜色的标记（对应组颜色相同）。

④ 将颜色相同的活塞与活塞销装配在一起，一定能达到上述装配精度要求。如图 1.45（b）所示为活塞销与活塞销孔的分组公差带位置，具体分组情况如表 1.16 所示。

表 1.16　活塞销与活塞销孔直径分组

组别	颜色	活塞销直径 $d = \phi 28^{0}_{-0.010}$ mm	活塞销孔直径 $D = \phi 28^{-0.005}_{-0.015}$ mm	配合情况	
				Y_{min}	Y_{max}
I	红	$d = \phi 28^{0}_{-0.0025}$ mm	$D = \phi 28^{-0.0050}_{-0.0075}$ mm	0.0025	0.0075
II	白	$d = \phi 28^{-0.0025}_{-0.0050}$ mm	$D = \phi 28^{-0.0075}_{-0.0100}$ mm	0.0025	0.0075
III	黄	$d = \phi 28^{-0.0050}_{-0.0075}$ mm	$D = \phi 28^{-0.0100}_{-0.0125}$ mm	0.0025	0.0075
IV	绿	$d = \phi 28^{-0.0075}_{-0.0100}$ mm	$D = \phi 28^{-0.0125}_{-0.0150}$ mm	0.0025	0.0075

从该表可以看出，各组的公差和配合性质均满足装配要求。

采用分组互换法装配时应注意以下几点：

① 配合件的公差须"同向放大"相同倍数，且倍数等于以后的分组数。

② 分组数不宜多，一般为 3～6 组，尺寸公差只要放大到经济加工精度即可，否则会增加零件的测量、分类、保管等工作量，使组织工作复杂化。

③ 分组后各组内相配零件的数量要相等，形成配套。否则会出现某些尺寸零件积压的浪费现象。

④ 分组互换法只能放大尺寸公差，而不能放大形位公差及表面粗糙度。

分组互换法既能扩大各组成环的公差，又能保证装配精度的要求；同组内的零件装配具有互换性的特点，适用于大批、大量生产中封闭环公差要求很严且组成环的环数不多的场合。常用于汽车、拖拉机、轴承等的大批量生产中。

4．修配法

修配法的尺寸链中各组成环的尺寸均按经济精度加工，装配时封闭环的误差会超过规定的允许范围。为补偿超差部分的误差，必须修配加工尺寸链中某一组成环，被修配的零件叫"修配环或补偿环"。一般选择形状比较简单、修配面小便于修配加工、便于装卸，并对其他尺寸链没有影响的零件作修配环。修配环在零件加工时应留有一定的修配量。

例 1.11　如图 1.46（a）所示，卧式车床前后顶尖对床身导轨的等高度要求为 0.06mm（只许尾座高），装配尺寸链如图 1.46（b）所示。已知主轴中心线与导轨的距离尺寸 $A_1 = 201$mm，尾座底板高 $A_2 = 49$mm，后顶尖中心线与其底面的距离尺寸 $A_3 = 156$mm。试用修配法解算此装配尺寸链。

解　① 选择修配环。选尾座底板为修配环，因为在装配中修刮尾座底版的下表面是比较方便的，修配面也不大。

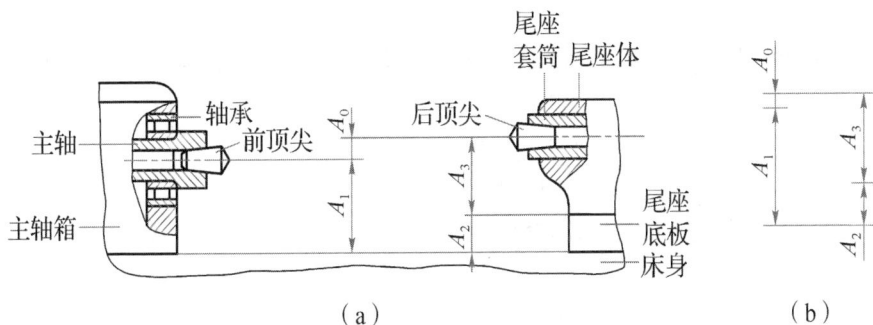

图 1.46　车床主轴箱与尾座局部结构示意图

② 各组成环按经济精度取公差，放大的公差超差量在装配时通过修配补偿环零件弥补。这里若采用完全互换法装配，则各组成环平均公差为 0.06/3=0.02mm，这样小的公差加工困难。所以要放大公差。根据用镗模镗孔的经济加工精度，取 $T_1 = T_3 = 0.1$mm，根据半精刨的经济加工精度，取 $T_2 = 0.15$mm。

③ 标注除修配环以外其余各环的极限偏差。单一尺寸按照"入体原则"写极限偏差，其余按照"对称分布"原则，则 A_1=（201±0.05）mm，A_3=（156±0.05）mm。

计算修配环极限偏差。修配环在修配时对封闭环尺寸变化的影响有两种，使封闭环尺寸变大或变小。因此，修配环公差带分布的计算也相应分为两种情况，即"越修越大"和"越修越小"。如图 1.47 所示为封闭环公差带与各组成环（含修配环）公差放大后的累积误差之间的关系。

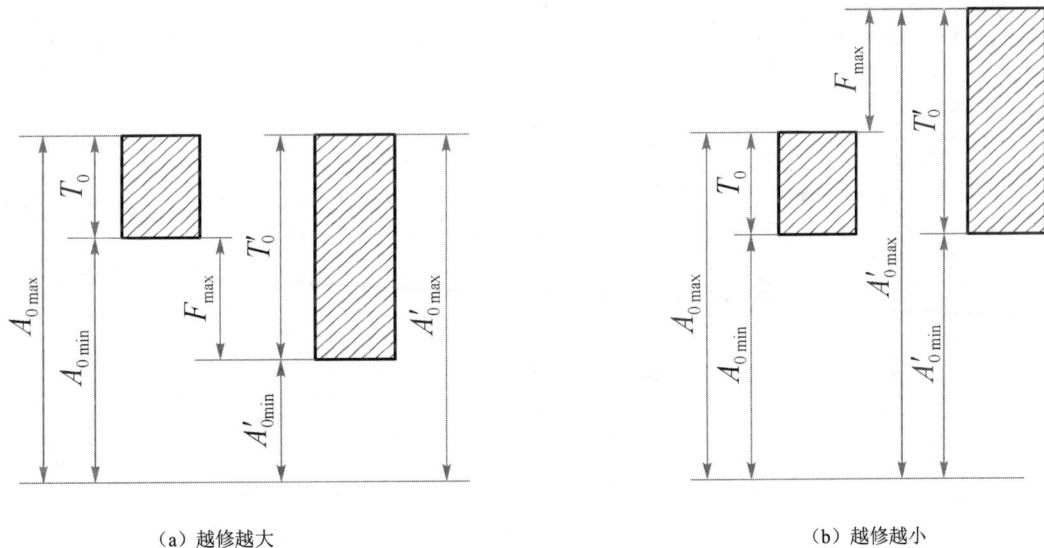

（a）越修越大　　　　　　　　　　　　　　　　　　（b）越修越小

图 1.47　封闭环公差带与组成环累计误差的关系

图中 T_0、$A_{0\max}$、$A_{0\min}$ 分别为装配精度要求的公差与极限尺寸，T_0'、$A_{0\max}'$、$A_{0\min}'$ 分别为放大公差后封闭环的公差与极限尺寸，即为各组成环的累积误差和极限尺寸；$F_{\max}$ 为最大修配量。

当修配结果使封闭环尺寸变大时，简称"越修越大"，从图 1.47（a）可知：

$$A_{0\max} = A_{0\max}' = \sum_{i=1}^{n} \overrightarrow{A'}_{i\max} - \sum_{j=n+1}^{m} \overleftarrow{A'}_{j\min} \tag{1.7}$$

当修配结果使封闭环尺寸变小时，简称"越修越小"，从图 1.47（b）可知：

$$A_{0\min} = A'_{0\min} = \sum_{i=1}^{n} \overrightarrow{A'}_{i\min} - \sum_{j=n+1}^{m} \overleftarrow{A'}_{j\max} \qquad (1.8)$$

例 1.11 中，修配尾座底板的下表面，使封闭环尺寸变小，因此按公式（1.8）计算。

$$A_{0\min} = \overrightarrow{A}_{2\min} + \overrightarrow{A}_{3\min} - \overleftarrow{A}_{1\max}$$

即：$0 = \overrightarrow{A}_{2\min} + 155.95 - 205.05$

$\therefore \quad \overrightarrow{A}_{2\min} = 49.10 \text{ mm}$

因 $T_2 = 0.15\text{mm}$，所以 $A_2 = 49^{+0.25}_{+0.10} \text{mm}$

修配加工是为了补偿组成环累积误差即封闭环公差超差部分的误差，所以最多修配量：

$$F_{\max} = T'_0 - T_0 = \sum_{i-1}^{m} T'_i - T_0 = 0.1 + 0.15 + 0.1 - 0.06 = 0.29 \text{ mm}$$

而最小修配量为 0，考虑到车床总装时，尾座底板与床身配合的导轨面还需配刮，则应预留修配量，取最小修刮量为 0.05 mm，这时 $A_2 = 49^{+0.30}_{+0.15} \text{mm}$，此时最多修配量 $F_{\max} = 0.34 \text{ mm}$。

5. 调整法

调整法也是按经济加工精度确定零件的公差。由于每一个组成环的公差扩大，结果使一部分装配件超差。为了保证装配精度，可通过更换补偿件的方法来补偿这些影响。

在装配尺寸链中，选择某一零件（如垫片、垫圈或轴套等简单零件）为调节环（补偿环），按一定尺寸间隔分级制造一套该零件。产品装配时，根据各组成环所形成累积误差的大小，通过更换调节件来实现改变调节环实际尺寸的方法，以保证装配精度，这就是调整法。

采用调整法时要注意三点：①选择调整范围；②确定调整件的分组数；③确定每组调整件的尺寸。

例 1.12 已知条件与例 1.8 相同，现采用调整法装配，试确定各组成环的尺寸偏差，并求调整件的分组数及尺寸系列。

解 ① 画尺寸链图、校核各环基本尺寸与例 1.8 相同。

② 选择调整件。A_5 为一垫圈，其加工比较容易、装卸方便，故选择 A_5 为调整件。

③ 确定各组成环公差。按经济精度确定各组成环公差：$T_1 = T_3 = 0.20\text{mm}$，$T_2 = T_5 = 0.10\text{mm}$，$A_4$ 为标准件，$T_4 = 0.05\text{mm}$。各加工件公差约为 IT11，可以经济加工。

④ 确定各组成环极限偏差。单一尺寸按照"入体原则"写极限偏差，其余按照"对称分布"原则，则有：$A_1 = 43^{+0.20}_{0} \text{mm}$，$A_2 = 5^{0}_{-0.10} \text{mm}$，$A_3 = 30^{0}_{-0.20} \text{mm}$。已知 $A_4 = 5^{0}_{-0.05} \text{mm}$。

⑤ 计算调整件 A_5 的调整量 F 与调整能力 S。

$$F = T'_0 - T_0 = \sum_{i-1}^{m} T'_i - T_0 = T_1 + T_2 + T_3 + T_4 + T_5 - T_0$$

$$= 0.20 + 0.10 + 0.20 + 0.05 + 0.10 - 0.25 = 0.40\text{mm}$$

$$S = T_0 - T_5 = 0.25 - 0.10 = 0.15\text{mm}$$

⑥ 计算调整件 A_5 的中间偏差 Δ_5 与平均尺寸 A_{5av}：

$$\Delta_0 = \sum_{i=1}^{n} \overrightarrow{\Delta_i} - \sum_{j=n+1}^{m} \overleftarrow{\Delta_j} \qquad (1.9)$$

$\because \quad \Delta_1 = +0.10$，$\Delta_2 = -0.05$，$\Delta_3 = -0.10$，$\Delta_4 = -0.025$，$\Delta_0 = 0.225$

$\therefore \quad \Delta_5 = \Delta_1 - (\Delta_2 + \Delta_3 + \Delta_4) - \Delta_0 = 0.10 - (-0.05 - 0.10 - 0.025) - 0.225 = 0.05\text{mm}$

$A_{5av} = A_5 + \Delta_5 = 5 + 0.05 = 5.05\text{mm}$

⑦ 确定调整件的分组数 Z。

$$Z = \frac{F}{S} + 1 = \frac{0.40}{0.15} + 1 = 3.66 \approx 4$$

分组数不能为小数，要向较大整数圆整，故这里取 $Z=4$。另外，分组数不宜过多，否则将给生产组织工作带来困难。一般分组数 Z 取 $3\sim4$ 为宜。

⑧ 确定各组调整件的尺寸。可根据以下原则来计算。

a. 当调整件的分组数 Z 为奇数时，所计算的调整件平均尺寸 A_{iav} 就是对称中心那组尺寸的平均尺寸，其余各组平均尺寸相应增加或减少补偿能力 S 即可。即各组平均尺寸为：$\ldots A_{iav} - S$、A_{iav}、$A_{iav} + S \ldots$。

b. 当调整件的分组数 Z 为偶数时，则以所计算的调整件平均尺寸 A_{iav} 为对称中心推算。即各组平均尺寸为：$\ldots A_{iav} - \frac{3}{2}S$、$A_{iav} - \frac{1}{2}S$、$A_{iav} + \frac{1}{2}S$、$A_{iav} + \frac{3}{2}S \ldots$。

本例中分组数 $Z=4$ 为偶数，故各组平均尺寸分别为：$A_{51av} = 4.825\text{mm}$、$A_{52av} = 4.975$、$A_{53av} = 5.125\text{mm}$、$A_{54av} = 5.275\text{mm}$。

4 组尺寸及偏差分别为：$A_{51} = (4.825 \pm 0.05)\text{mm}$、$A_{52} = (4.975 \pm 0.05)\text{mm}$、$A_{53} = (5.125 \pm 0.05)$ mm、$A_{54} = (5.275 \pm 0.05)\text{mm}$。

最后转换标注为：$A_{51} = 5_{-0.225}^{-0.125}\text{mm}$、$A_{52} = 5_{-0.075}^{+0.025}\text{mm}$、$A_{53} = 5_{+0.075}^{+0.175}\text{mm}$、$A_{54} = 5_{+0.225}^{+0.325}\text{mm}$。

调整法装配多用于大批量中。在产量大、精度要求高的装配中，固定调整件可采用多件组合的方式，比如固定调整垫可用不同厚度的薄金属片冲出，再与一定厚度的垫片组合成所需的各种不同尺寸，以满足装配精度的要求。这种调整方法比较灵活，在汽车、拖拉机生产中广泛应用。

思考与练习

1．什么叫互换性？互换性在机械制造中的作用是什么？

2．加工误差、公差、互换性三者的关系是什么？

3．公称尺寸、提取要素的局部尺寸、极限尺寸之间有何区别。

4．公差、偏差有何区别？

5．配合有几种类型？

6．判断下列说法是否正确

（1）一般来说，零件的提取要素的局部尺寸越接近公称尺寸越好。

（2）公差通常为正，在个别情况下也可以为负或零。

（3）孔和轴的加工精度越高，则其配合精度也越高。

（4）过渡配合的孔轴结合，由于有些可能得到间隙，有些可能得到过盈，因此，过渡配合可能是间隙配合，也可能是过盈配合。

（5）若某配合的最大间隙为 $\phi15\text{m}$，配合公差为 $\phi41\text{m}$，则该配合一定是过渡配合。

7．改正下列标注错误：

（1）$\phi50_{+0.025}^{0}$　（2）$\phi63_{+0.025}^{+0.034}$　（3）$\phi100^{+0.054}$　（4）$\phi60_{-0.030}^{-0.076}$　（5）$\phi40_{0}^{-0.062}$　（6）$\phi60_{-0.1}^{+0.1}$

8．试根据表 1.17 中的已知数据，填写表中各空格。

表 1.17　　　　　　　　　　　　　　　　　　　　　　mm

尺寸标注	公称尺寸	上极限尺寸	下极限尺寸	上极限偏差	下极限偏差	公　差
孔 $\phi32_{+0.009}^{+0.034}$						

续表

尺寸标注	公称尺寸	上极限尺寸	下极限尺寸	上极限偏差	下极限偏差	公差
轴 $\varphi50$				+0.059		0.016
孔			29.959			0.021
轴	$\varphi50$		49.970	+0.009		

9. 试根据 1.18 表中的已知数据，填写表中各空格。

表 1.18
mm

公称尺寸	孔			轴			$X_{\max}$ 或 $Y_{\min}$	$X_{\min}$ 或 $Y_{\max}$	T_f	配合种类
	ES	EI	T_h	es	ei	T_s				
$\phi 50$		0				0.039	+0.103		0.078	
$\phi 25$			0.021	0				−0.048	0.037	
$\phi 80$	0.007		0.025			0.016	+0.023			

10. 查出下列配合中的孔、轴极限偏差值，求出极限间隙或极限过盈、配合公差，说明该配合的基准制及配合性质，并画出公差带图、配合公差带图。

（1）$\phi50H7/g6$　（2）$\phi65G6/h5$　（3）$\phi120H7/r6$　（4）$\phi35S7/h6$　（5）$\phi45H8/js7$

（6）$\phi55JS8/h7$　（7）$\phi35H7/n6$　（8）$\phi70N7/h6$　（9）$\phi72F6/k5$　（10）$\phi30F9/k6$

11. 查表确定下列各尺寸的公差带的代号

（1）轴 $\phi18_{-0.018}^{0}$　（2）孔 $\phi180_{0}^{+0.040}$　（3）轴 $\phi30_{-0.053}^{-0.040}$　（4）孔 $\phi65_{-0.041}^{+0.005}$

12. 在下列尺寸标注中，判别哪个工件尺寸公差等级最高、加工最困难？哪个工件尺寸公差等级最低、加工最容易？

（1）$\phi50_{0}^{+0.039}$，$\phi50_{-0.039}^{0}$，$\phi50_{+0.034}^{+0.060}$，$\phi50\pm0.031$；

（2）$\phi50_{0}^{+0.039}$，$\phi10_{-0.022}^{0}$，$\phi250_{0}^{+0.046}$，$\phi6\pm0.015$；

（3）$\phi50js7$，$\phi30js8$，$\phi50f9$，$\phi10H6$。

13. 某配合的公称尺寸为 30mm，按设计要求，配合的过盈应为 −0.014～−0.048mm。试决定孔、轴公差等级，按基孔制选定适当的配合（写出代号）。

14. 如何建立和查找一个装配尺寸链？在查找装配尺寸链时应注意哪些原则？

15. 保证装配精度的方法有哪些？各有何特点？分别适用何种场合？

16. 如图 1.48 所示为车床离合器齿轮轴装配图，为保证齿轮能在轴上灵活转动，要求装配后的轴向间距为 0.05mm～0.4mm。已知各组成环的尺寸为 $L_1 = 34$ mm，$L_2 = 22$ mm，$L_3 = 12$ mm，试用完全互换法和大数互换法装配，分别确定各尺寸的公差和极限偏差。

17. 如图 1.49 所示为双联转子（摆线齿轮）泵，要求冷态下的装配间隙 $A_0 = 0.05$mm～0.15mm。各组成环的基本尺寸为：$A_1 = 41$mm，$A_2 = A_4 = 17$mm，$A_3 = 7$mm。

（1）试确定采用完全互换法装配时，各组成环尺寸及其极限偏差（选 A_1 为协调环）。

（2）试确定采用大数互换法装配时各组成环尺寸及其极限偏差（选 A_1 为协调环）。

（3）采用修配法装配时，A_2、A_4 按 IT9 公差制造，A_1 按 IT10 公差制造，选 A_3 为修配环，试确定修配环的尺寸及其极限偏差，并计算可能出现的最大修配量。

（4）采用调整法装配时，A_1、A_2、A_4 仍按上述精度制造，选 A_3 为调整环，并取 $T_3 = 0.02$mm，试计算垫片组数及尺寸系列。

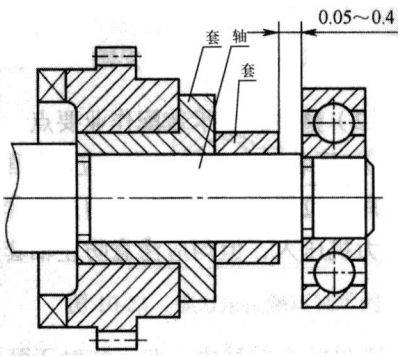

图 1.48　车床离合器齿轮轴装配图

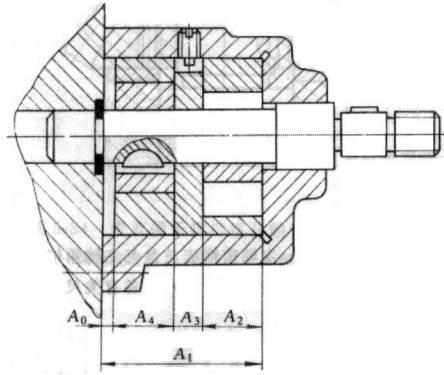

图 1.49　双联转子泵装配简图

第2章 几何公差

2.1 概述

在图样上所给出的零件都是没有误差的理想几何体，它们通常都是通过机械加工而制成的。由于机床、夹具、刀具和零件所组成的工艺系统本身具有一定的误差，以及在加工过程中出现受力变形、振动、磨损等各种干扰，致使加工后零件的实际几何体和理想几何体之间存在差异。若这种差异表现在零件的几何体线、面形状上，则为形状误差；若表现在零件的相互位置上，则为方向、位置、跳动误差，统称几何误差。

几何误差对零件性能的影响可归纳为以下三个方面。

（1）影响零件的功能要求。例如，机床导轨表面的直线度、平面度误差影响机床刀架的运动精度；齿轮箱上各轴承孔的位置误差影响齿轮齿面的接触均匀性和齿侧间隙。

（2）影响零件的配合性质。当结合孔、轴有几何误差时，对间隙配合，会使间隙分布不均，从而加剧磨损，降低结合的使用寿命，并且降低回转精度；对过盈配合，会使过盈在整个结合面上大小不一，从而降低其连接强度；对过渡配合，会降低其定位精度。

（3）影响零件的自由装配性。例如，若轴承盖上各个螺钉孔的位置不正确，在装配时可能难以自由装配。

对于精密机械以及经常在高速、高压、高温和重载条件下工作的机器，几何误差的影响更为严重。所以几何误差的大小是衡量机械产品质量的一项重要指标。

2.1.1 几何公差特征符号

为限制机械零件的几何误差，提高机械产品的精度，增加寿命，保证互换性生产，我国已制定了相关的国家标准。标准中规定了14种几何公差特征项目，各特征项目的名称、符号和附加符号如表2.1和表2.2所示。

表2.1 几何特征符号

公差类型	几何特征	符号	有或无基准
形状公差	直线度	——	无
	平面度	▱	无
	圆度	○	无
	圆柱度	⌀	无
	线轮廓度	⌒	无
	面轮廓度	⌓	无
方向公差	平行度	//	有
	垂直度	⊥	有

公差类型	几何特征	符号	有或无基准
方向公差	倾斜度	∠	有
	线轮廓度	⌒	有
	面轮廓度	◠	有
位置公差	位置度	⊕	有或无
	同轴（同心）度	◎	有
	对称度	═	有
	线轮廓度	⌒	有
	面轮廓度	◠	有
跳动公差	圆跳动	↗	有
	全跳动	↗↗	有

表 2.2　附加符号

说　明	符　号	说　明	符　号
被测要素	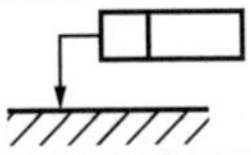	基准目标	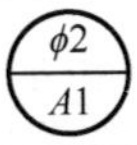 φ2/A1
基准要素	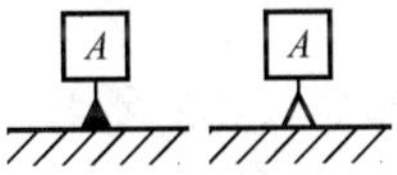 A　A	全周（轮廓）	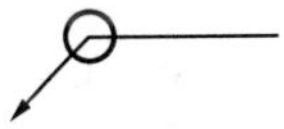
理论正确尺寸	50	自由状态条件（非刚性零件）	Ⓕ
小径	LD	延伸公差带	Ⓟ
大径	MD	最大实体要求	Ⓜ
中径、节径	PD	最小实体要求	Ⓛ
公共公差带	CZ	包容要求	Ⓔ
不凸起	NC	任意横截面	ACS
素线	LE		

2.1.2　几何要素及其分类

构成零件几何特征的点、线、面称为几何要素，简称要素，它是几何公差研究的对象。如图 2.1 所示零件的要素有：点——锥顶、球心；线——圆柱和圆锥的线素、轴线；面——端平面、球面、圆锥面及圆柱面等。

要素可以从不同的角度进行分类。

（1）按结构特征分类

组成要素（轮廓要素）：是指构成零件外形特征的线、面。如图 2.1 所示的圆柱和圆锥、端平面、球面、圆锥面及圆柱面的素线等。

导出要素（中心要素）：由一个或几个组成要素得到的中心点、中心线或中心面。如图 2.1 所示的球心、中心线、中心面等。导出要素是假想的，它依赖于相应而实际存在的组成要素。显然，没有圆柱面的存在，也就没有圆柱面的中心线。

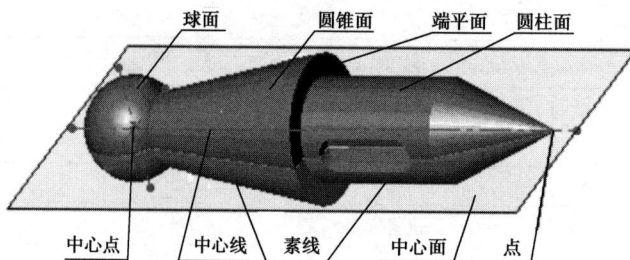

图 2.1　零件的几何要素

（2）按存在的状态分类

公称要素：是指具有几何学意义的要素，是设计图样上给出的理论正确要素。

实际要素：指零件实际表面的组成要素部分。

提取要素：按规定方法，通过零件实际表面获得的要素。通常用测量得到的要素来近似代替。

拟合要素：指具有几何学意义的要素，即几何的点、线、面，它们不存在任何误差。

（3）按在几何公差中所处的地位分类

被测要素：指图样上给出形状或（和）位置公差的要素，也就是需要研究和测量的要素，是检测的对象。

基准要素：是指用来确定被测要素方向和（或）位置的要素，基准要素简称基准。

（4）按被测要素的功能关系分类

单一要素：指仅对要素本身提出功能要求而给出形状公差的要素。

关联要素：指相对于基准要素有功能关系而给出方向、位置或跳动公差的要素。

几何要素定义间的相互关系如图 2.2 所示。

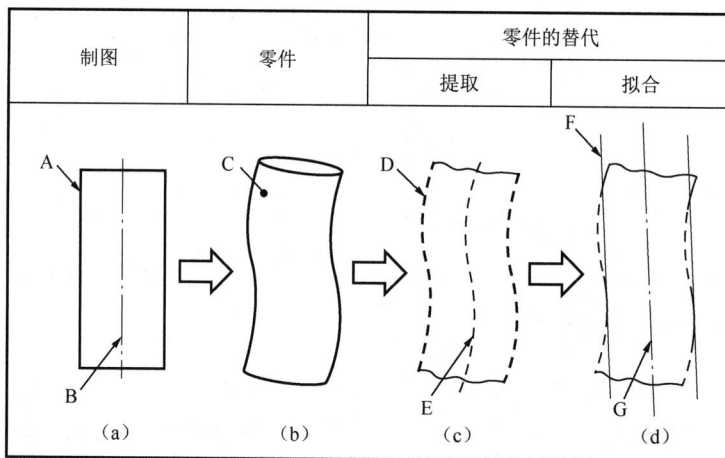

图 2.2　几何要素定义间的相互关系

A—公称组成要素；B—公称导出要素；C—实际要素；D—提取组成要素；

E—提取导出要素；F—拟合组成要素；G—拟合导出要素

2.1.3　几何公差的注法

国标 GB/T1182—2009 规定了零件几何公差（形状、方向、位置和跳动公差）标注的基本要求和方法。

1. 公差框格

（1）公差框格由框格、指引线及有关符号组成，如图 2.3 所示。各格自左至右顺序标注以下内容。

① 几何特征符号（表 2.1）。

② 公差值，以线性尺寸单位表示的量值。如果公差带为圆形或圆柱形，公差值前应加注符号"ϕ"；如果公差带为圆球形，公差值前应加注符号"$S\phi$"。

③ 基准，用一个字母表示单一基准或用几个字母表示基准体系或公共基准。

（2）如果需要限制被测提取要素在公差带内的形状，应在公差框格的下方注明，如图 2.3（b）所示。

（3）如果需要就某个要素给出几种几何特征的公差，可将一个公差框格放在另一个的下面，如图 2.3（b）所示。

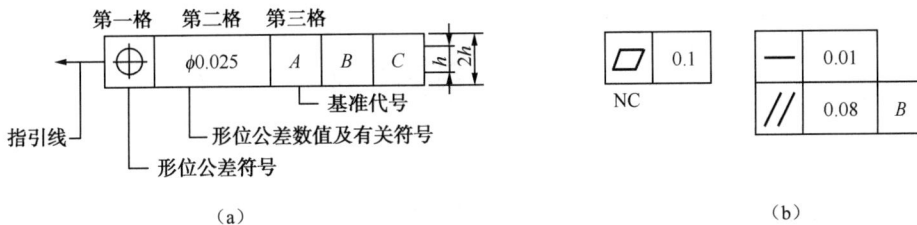

图 2.3　几何公差框格代号

2. 被测要素

用带箭头的指引线将被测要素与公差框格的一端相连。指引线箭头应指向公差带的宽度方向或直径方向，可以不转折或转折一次（通常为垂直转折）。指引线箭头按图 2.4 所示方法与被测要素相连。

（1）当被测要素为组成要素（轮廓线或轮廓面）时，指引线箭头应指在该要素的轮廓线或其延长线上，并应明显地与该要素的尺寸线错开，如图 2.4（a）所示。

（2）当被测要素为导出要素（中心线、中心面或中心点）时，指引线箭头应位于该要素尺寸线的延长线上，如图 2.4（b）所示。

（3）当被测要素的形式是线而不是面时，应在公差框格附近注明，并需要规定被测线素所在截面的方向，如图 2.4（c）所示。

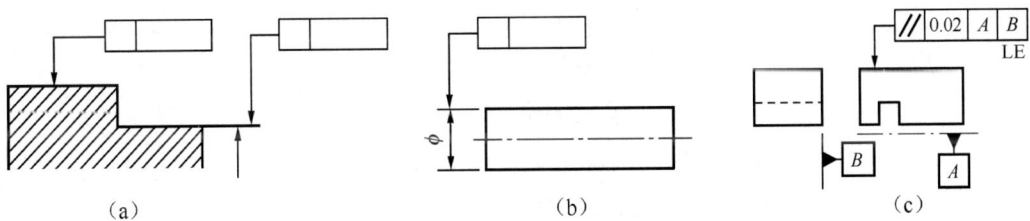

图 2.4　被测要素的注法

（4）若干个分离要素的几何特征和公差值要求相同时，可在公差框格指引线上绘制多个箭头，如图 2.5 所示。

（5）若干个分离要素给出单一公差带时，可按图 2.6 在公差框格内公差值的后面加注公共公差带的符号 CZ。

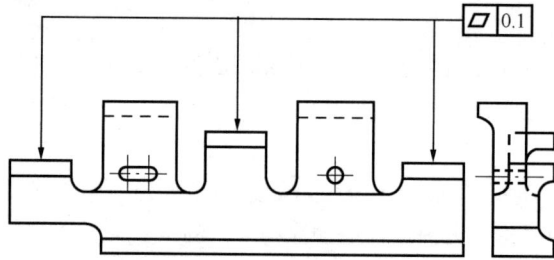

图 2.5 具有相同几何特征和公差值的若干个分离要素的注法

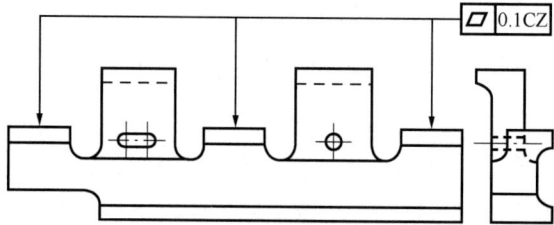

图 2.6 具有相同几何特征和单一公差带的若干个分离要素的注法

3．基准

标注几何公差的基准，要用基准代号。基准代号是矩形框内有大写字母，并用细实线与涂黑的或空白的三角形相连，涂黑的或空白的三角形含义相同。无论基准三角形在图样上的方向如何，

图 2.7 基准代号

矩形框内的字母均应水平填写，如图 2.7 所示。表示基准要素的字母要用大写的拉丁字母。

（1）当基准要素为组成要素时，基准三角形应放置在该要素的轮廓线或其延长线上，并应明显地与尺寸线错开，如图 2.8（a）所示。基准三角形也可放置在该轮廓面引出线的水平线上，如图 2.8（b）所示。

（2）当基准是尺寸要素确定的导出要素时，基准三角形应放置在该尺寸线的延长线上，如果没有足够的位置标注基准要素尺寸的两个尺寸箭头，则其中一个箭头可用基准三角形代替如图 2.8（c）所示。

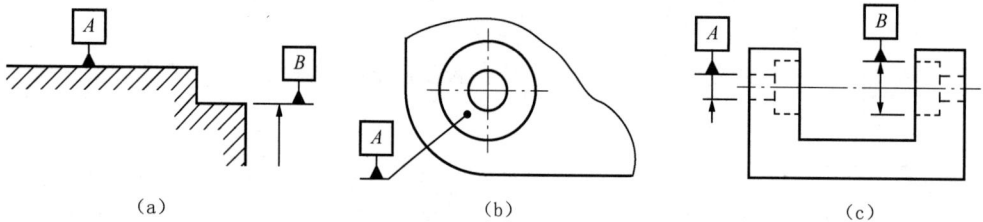

| (a) | (b) | (c) |

图 2.8 基准代号的注法

（3）图 2.9（a）所示为单一要素为基准时的标注；图 2.9（b）所示为三个要素组成的基准体系时的标注；图 2.9（c）所示为两个要素组成的公共基准时的标注。

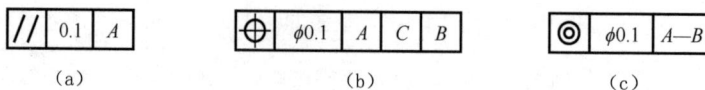

| （a） | （b） | （c） |

图 2.9 公差框格中基准的标注

4．附加标记

（1）如果轮廓度特征适用于横截面的整周轮廓或由该轮廓所示的整周表面时，应采用"全周"

符号表示。"全周"符号并不包括整个零件的所有表面，只包括由轮廓和公差标注所表示的各个表面，如图 2.10 和图 2.11 所示。

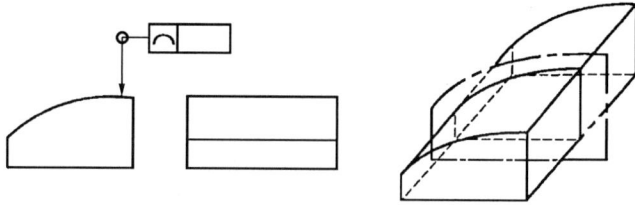

图 2.10　线轮廓度"全周"符号注法意义

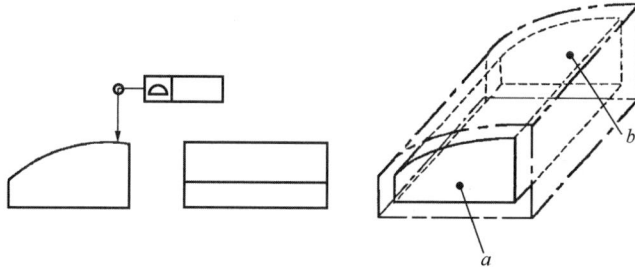

注：图中常画短画线表示所涉及的要素，不涉及图中的表面 *a* 和表面 *b*。

图 2.11　面轮廓度"全周"符号注法意义

（2）以螺纹轴线为被测要素或基准要素时，默认为螺纹中径圆柱的轴线，否则应另有说明，例如用"MD"表示大径，用"LD"表示小径，如图 2.12 所示。

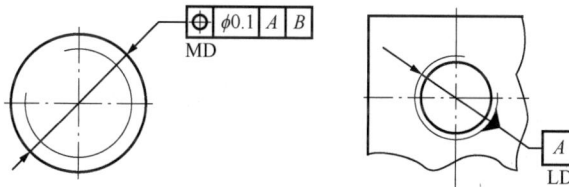

图 2.12　螺纹为被测要素或基准要素的注法

5. 理论正确尺寸

当给出一个或一组要素的位置、方向或轮廓度公差时，分别用来确定其理论正确位置、方向或轮廓的尺寸称为理论正确尺寸（TED）。

理论正确尺寸也用于确定基准体系中各基准之间的方向、位置关系。理论正确尺寸没有公差，并标注在一个方框中，如图 2.13 所示。

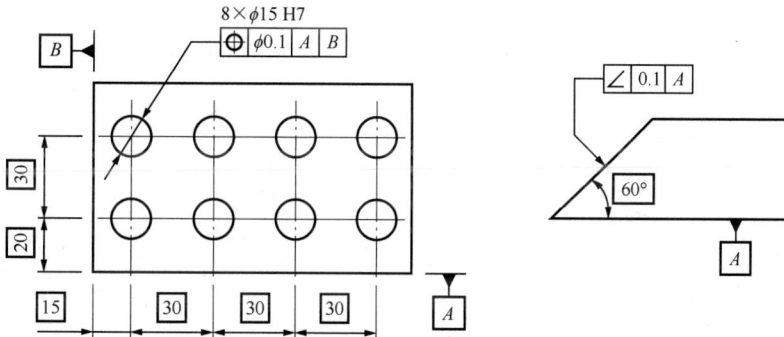

图 2.13　理论正确尺寸

6. 限制性规定

（1）需要对整个被测要素上任意限定范围标注同样几何特征的公差时，可在公差值的后面加注限定范围的线性尺寸值，并在两者间用斜线隔开。如果标注的是两项或两项以上同样几何特征的公差，可直接在整个要素公差框格的下方放置另一个公差框格，如图2.14所示。

图 2.14　限定范围公差的标注

（2）如果给出的公差仅适用于要素的某一指定局部或只以要素的某一局部作基准，则应采用粗点画线标示出该局部的范围，并加注尺寸，如图2.15所示。

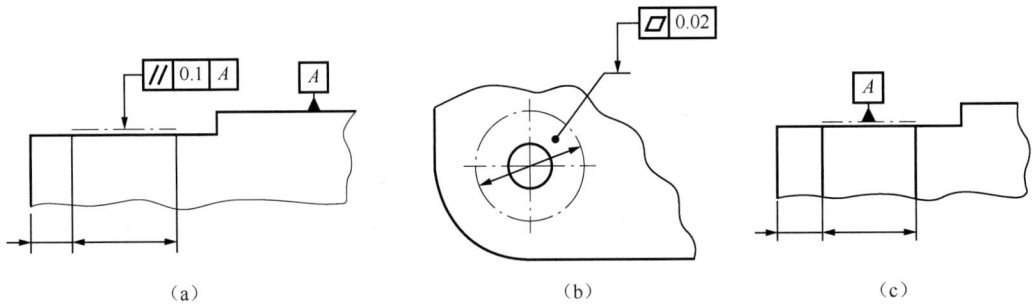

图 2.15　粗点画线标示出局部的范围

2.2　形状公差与形状误差

2.2.1　形状公差与公差带

形状公差是单一被测提取要素对其拟合要素所允许的变动全量。形状公差用形状公差带表示，零件被测提取要素在该区域内为合格。形状公差带用公差带的宽度或直径来表示，大小由形状公差值决定。典型的形状公差带如表2.3所示。

表 2.3　形状公差带定义、标注和解释（摘自 GB/T1182—2008）　　　　尺寸单位（mm）

几何特征	公差带的定义	标注及解释
直线度	公差带为在给定平面内和给定方向上，间距等于公差值 t 的两平行直线所限定的区域 	在任一平行于图示投影面的平面内，上平面的提取（实际）线应限定在间距等于 0.1 两平行直线之间
	由于公差值前加注了符号 ϕ，公差带为直径等于公差值 ϕt 的圆柱面所限定的区域 	外圆柱面的提取（实际）中心线应限定在直径等于 $\phi0.08$ 的圆柱面内

几何特征	公差带的定义	标注及解释
平面度	公差带为间距等于公差值 t 的两平行平面所限定的区域 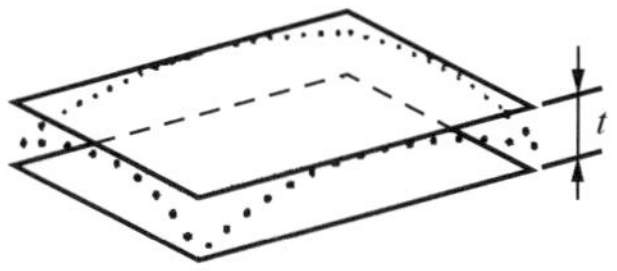	提取（实际）表面应限定在间距等于 0.08 的两平行平面之间 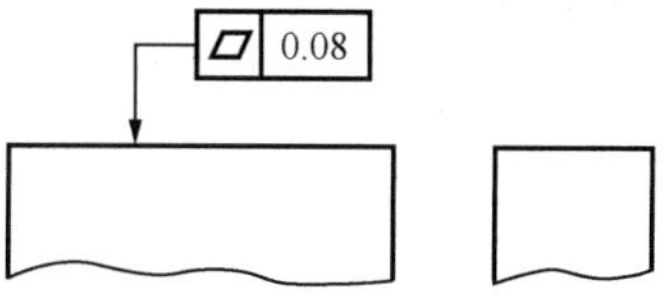 □ 0.08
圆度	公差带为在给定横截面内、半径差等于公差值 t 的两同心圆所限定的区域 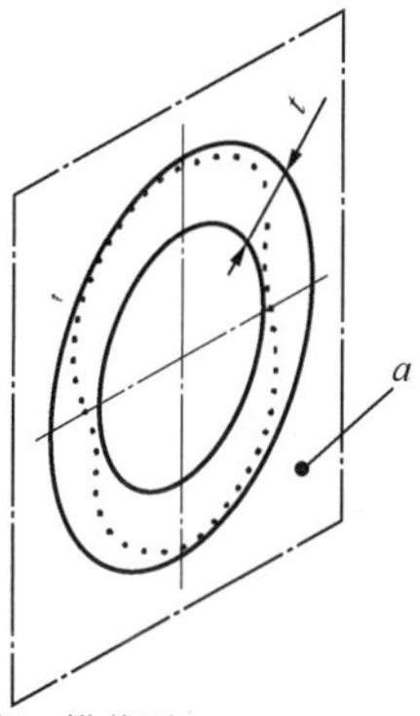 a 表示任一横截面	在圆柱面和圆锥面的任意横截面内，提取（实际）圆周应限定在半径差等于 0.03 的两共面同心圆之间 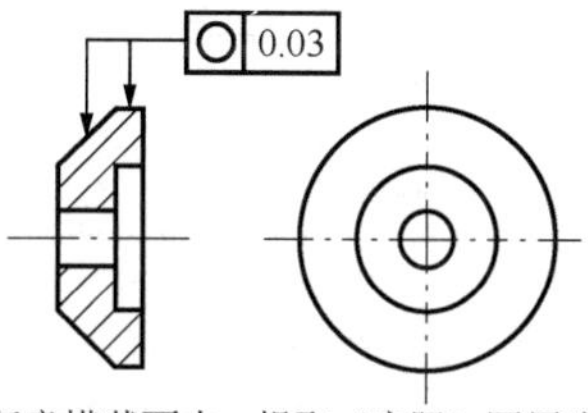 ○ 0.03 在圆锥面的任意横截面内，提取（实际）圆周应限定在半径差等于 0.1 的两同心圆之间 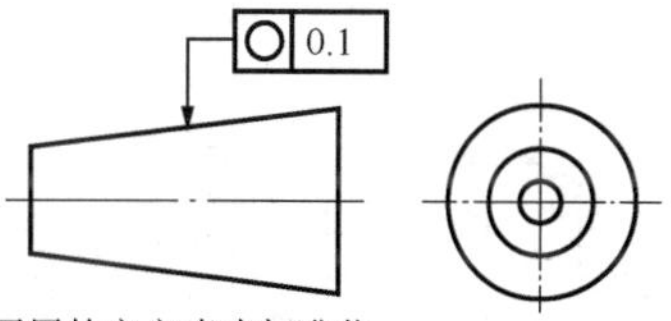 ○ 0.1 注：提取圆周的定义尚未标准化
圆柱度	公差带为半径差等于公差值 t 的两同轴圆柱面所限定的区域 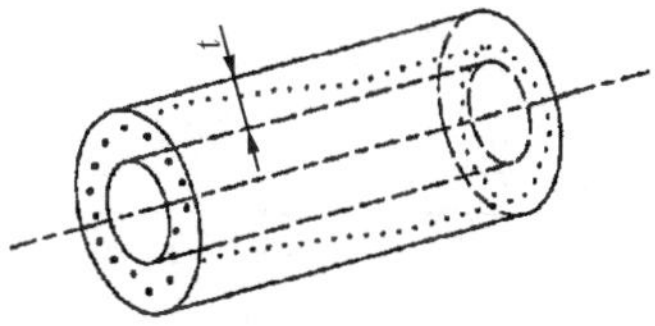	提取（实际）圆柱面应限定在半径差等于 0.1 的两同轴圆柱面之间 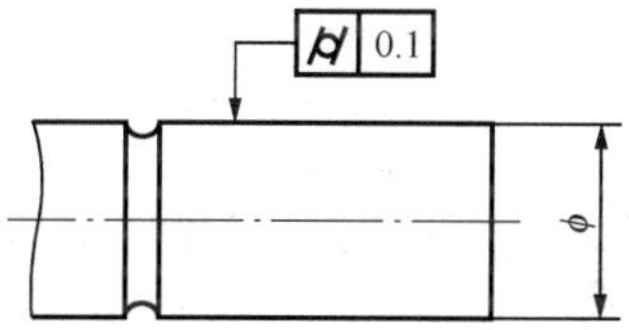 ⌀ 0.1

形状公差带具有如下特点：

（1）由表 2.3 可见，形状公差带的形状有多种形式，如两条平行直线、两个平行平面、圆柱、两个同心圆或同轴圆柱限定的区域等。公差带形状取决于被测要素的特征和功能要求。

（2）直线度、平面度、圆度和圆柱度不涉及基准，其公差带没有方向或位置的约束，可以根据被测要素不同的状态而浮动。

2.2.2 轮廓度公差与公差带

轮廓度公差特征有线轮廓度和面轮廓度两类。轮廓度无基准要求时为形状公差，有基准要求时为方向公差或位置公差。轮廓度公差带的定义、标注和解释如表 2.4 所示。

线轮廓度和面轮廓度的公差带具有如下特点。

（1）无基准要求的轮廓度，其公差带的形状只由理论正确尺寸决定。

（2）有基准要求的轮廓度，其公差带的位置需由理论正确尺寸和基准决定。

表 2.4　轮廓度公差带定义、标注和解释（摘自 GB/T1182—2008）　　尺寸单位（mm）

几何特征	公差带定义	标注和解释
线轮廓度	**无基准的线轮廓度公差** 公差带为直径等于公差值 t、圆心位于具有理论正确几何形状上的一系列圆的两包络线所限定的区域 	在任一平行于图示投影面的截面内，提取（实际）轮廓线应限定在直径等于 0.04、圆心位于被测要素理论正确几何形状上的一系列圆的两包络线之间
线轮廓度	**相对于基准体系的线轮廓度公差** 公差带为直径等于公差值 t、圆心位于由基准平面 A 和基准平面 B 确定的被测要素理论正确几何形状上的一系列圆的两包络线所限定的区域 a 表示基准平面 A；b 表示基准平面 B；c 表示平行于基准 A 的平面	在任一平行于图示投影平面的截面内，提取（实际）轮廓线应限定在直径等于 0.04、圆心位于由基准平面 A 和基准平面 B 确定的被测要素理论正确几何形状上的一系列圆的两等距包络线之间
面轮廓度	**无基准的面轮廓度公差** 公差带为直径等于公差值 t、球心位于被测要素理论正确形状上的一系列圆球的两包络面所限定的区域 	提取（实际）轮廓面应限定在直径等于 0.02、球心位于被测要素理论正确几何形状上的一系列圆球的两等距包络面之间
面轮廓度	**相对于基准体系的面轮廓度公差** 公差带为直径等于公差值 t、球心位于由基准平面 A 确定的被测要素理论正确几何形状上的一系列圆球的两包络面所限定的区域 a 表示基准平面	提取（实际）轮廓面应限定在直径等于 0.1、球心位于由基准平面 A 确定的被测要素理论正确几何形状上的一系列圆球的两等距包络面之间

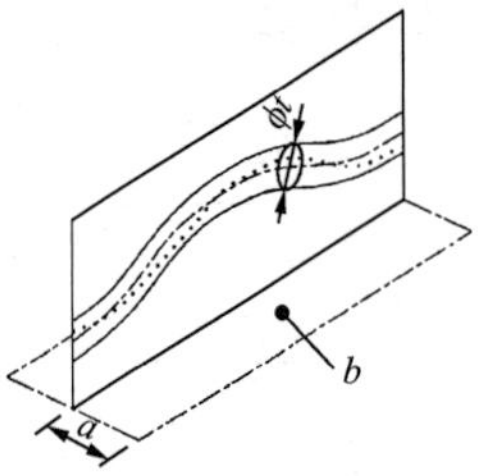

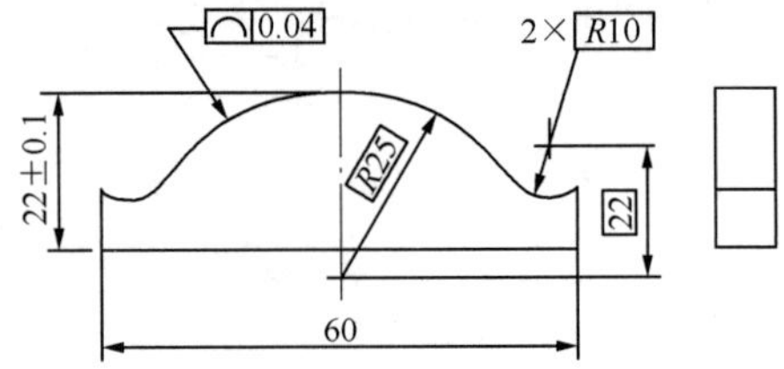

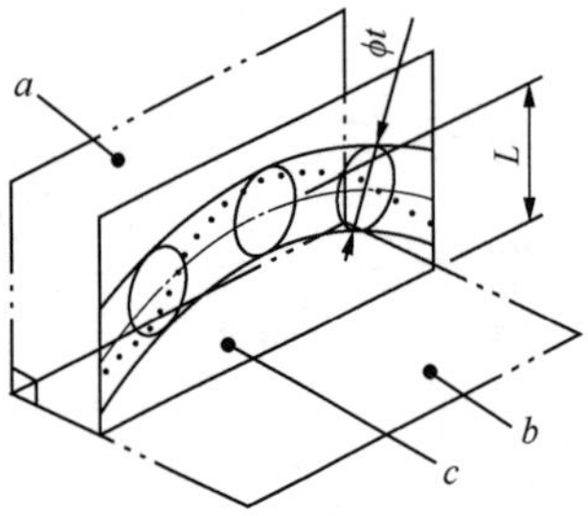

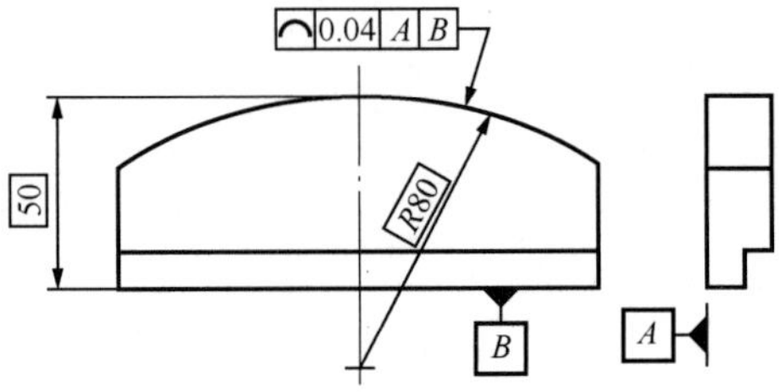

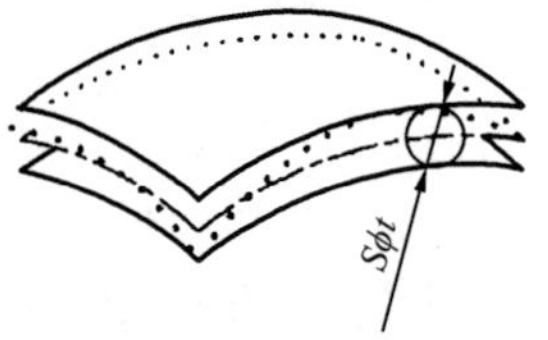

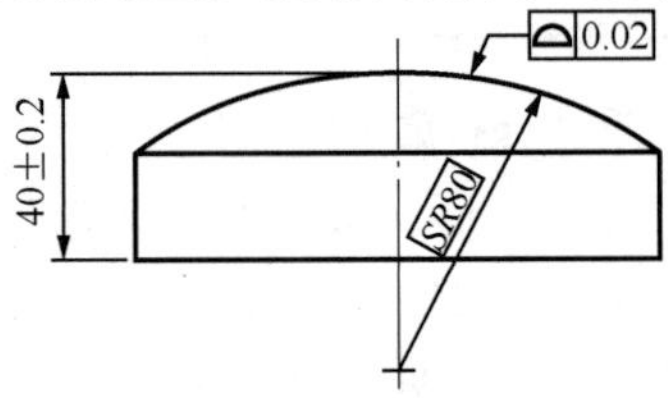

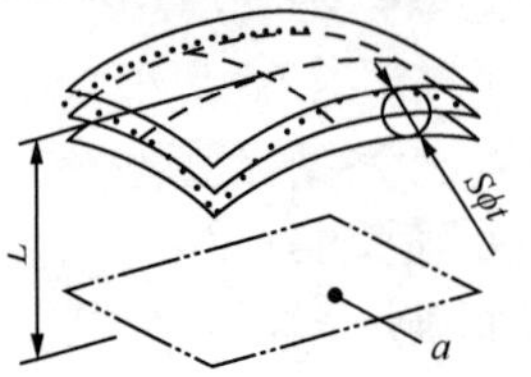

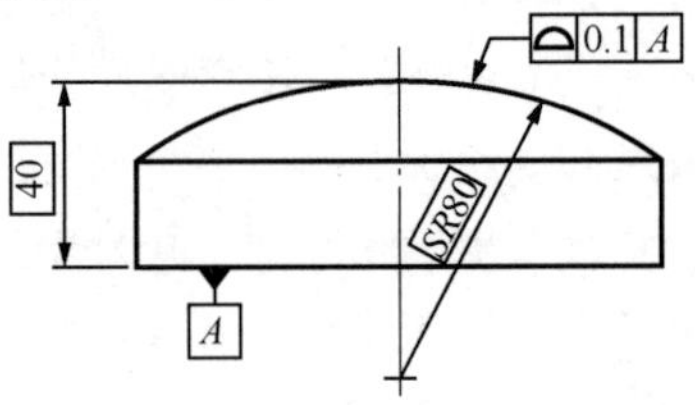

2.2.3 形状误差的检测及评定

形状误差是指被测提取要素对其拟合要素的变动量。形状误差的误差值小于或等于相应的形状公差值为合格。

1. 形状误差的检测

（1）用刀口尺、平尺测量直线度误差

将被测直线和测量基线（刀口尺、平尺）间形成的光隙与标准光隙相比较，直接评定直线度误差值。此方法属直接测量，适用于磨削或研磨加工的小平面及短圆柱（锥）面的直线度误差测量。如图 2.16（a）的图样标注，其检测方法如图 2.16（b）所示。

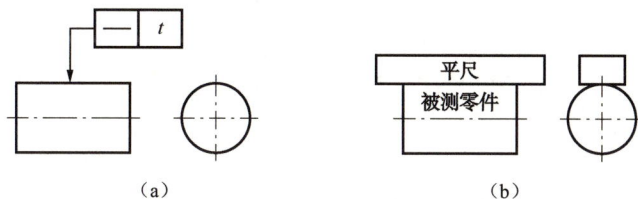

（a）　　　　　　　　　　　（b）

图 2.16　平尺测量直线度误差示意

（2）用光学自准直仪测量导轨的直线度误差

理想直线是自准直仪的光束。由光的自准原理可知（图 2.17），光源自物点 F 发出，经物镜后以平行光线射向 P 面，当反射镜对光轴有一偏转角 α 时，从反射面反射的光线就转过 2α 角，则经物镜后会聚在焦平面上的 B 点，也就是像点 B 对于物点 F 在焦平面内产生了偏离，其大小为 $BF = f\tan2\alpha$。

当用自准直仪测量导轨直线度误差时，是将被测工件的全长分成若干等份（分段长度约为全长的 1/15～1/10，或按实际需要确定），并按该分段的长度制作一专用垫铁，仪器所附反射镜固定安装在垫铁上，而后按图 2.18 所示，将装有反射镜的垫铁依次首尾相接地连续进行测量并记录仪器示值。根据记录的示值用图解法（或计算法）按最小条件（也可按两端点连线法）计算出直线度误差。

（3）用圆度仪测量圆度误差

图 2.19 为用圆度仪测量圆度误差，它是以一个精密回

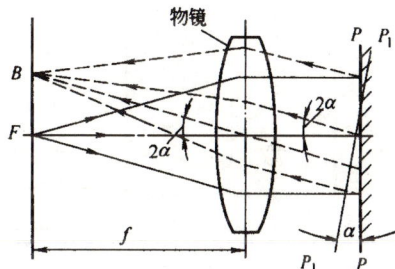

图 2.17　光的自准原理

转轴系上的一个动点（测量装置的触点）在回转中所形成的轨迹（即产生的理想圆）为拟合要素，被测圆与之比较以求得圆度误差值。

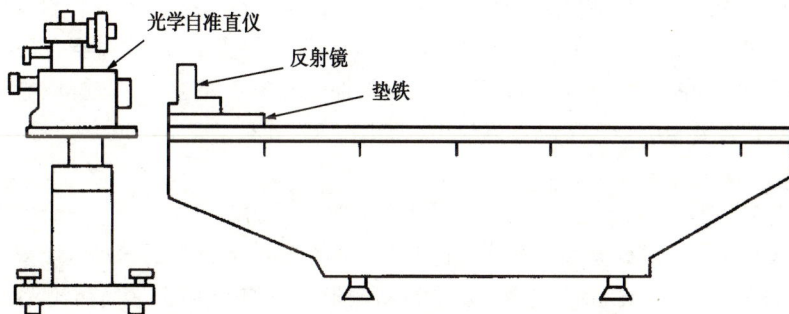

图 2.18　光学自准直仪测量导轨直线度误差示意

圆度仪有两种结构，图 2.19（a）所示为转轴式（传感器旋转式）圆度仪，主轴工作时不受被测零件重量的影响，因而比较容易保证较高的主轴回转精度；图 2.19（b）所示为转台式（工作台旋转式）圆度仪，具有能使测头很方便地调整到被测零件任一截面进行测量的优点，但是受旋转工作台承载能力的限制，只适用于测量小型零件的圆度误差。

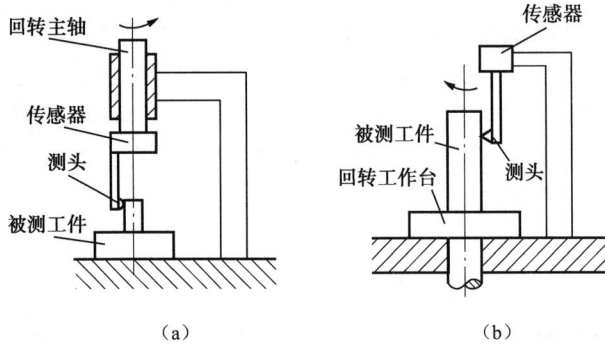

（a）　　　　　　　　　（b）

图 2.19　圆度仪测量圆度误差示意

（4）用 V 形架测量圆柱度误差

V 形架测量圆柱度误差是一般生产车间可以采用的简便易行的方法，它只需要普通的计量器具，如千分表、比较仪、平板。

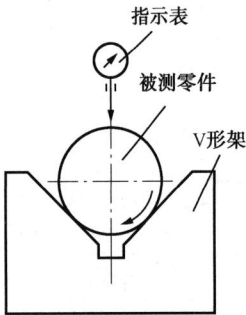

图 2.20　V 形架测量圆柱度误差示意

将被测零件放在 V 形架上，使其轴线垂直于测量平面，同时固定轴向位置，使千分表接触圆轮廓的上面，如图 2.20 所示。将被测零件旋转一周，记下其最大示值和最小示值。测量若干个截面，取各截面内所测得的所有示值中最大与最小示值的差值的一半作为零件的圆柱度误差。这种方法适用于测量轮廓圆具有奇数棱的圆柱度误差。为测量准确，通常应使用夹角 $\alpha = 90°$ 和 $\alpha = 120°$ 的两种 V 形架分别测量。

2. 形状误差的评定

在被测提取要素与拟合要素作比较以确定其变动量时，由于拟合要素所处位置的不同，得到的被测提取要素的最大变动量也会不同。因此，评定实际要素的形状误差时，拟合要素相对于被测提取要素的位置，必须有一个统一的评定准则，这个准则就是最小条件。

（1）最小条件。对于组成要素（线、面轮廓度除外），最小条件就是被测提取要素对其拟合要素的最大变动量为最小，如图 2.21 所示。图中，h_1、h_2、h_3 是对应于拟合要素处于不同位置得到的最大变动量，且 $h_1 < h_2 < h_3$，若 h_1 为最小值，则拟合要素在 $A_1 B_1$ 处符合最小条件。

对于导出要素（如轴线，中心平面等），最小条件就是拟合要素应穿过提取导出要素，并使提取导出要素对拟合要素的最大变动量为最小，如图 2.22 所示。图中，拟合要素符合最小条件，其最大变动量 f、ϕf 为最小。

（2）最小包容区域。国标规定，在评定形状误差时，形状误差值用最小包容区域的宽度或直径表示。所谓最小包容区域，是指包容被测提取要素的拟合要素具有的最小宽度或最小直径的区域，如图 2.21 和图 2.22 所示。最小包容区域的形状与形状公差带相同，按最小包容区域评定形状误差的方法称为最小区域法。

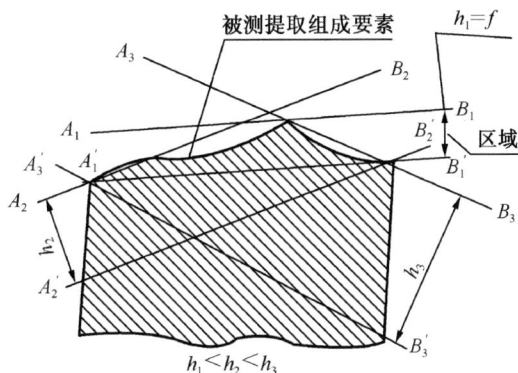

图 2.21　最小条件和最小区域

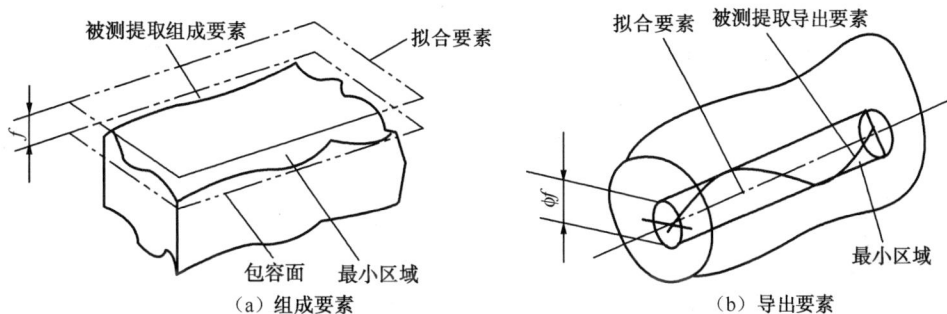

（a）组成要素　　　　　　　　　　（b）导出要素

图 2.22　最小区域

按最小区域法（或称最小条件法）评定的形状误差值为最小，并且是唯一的稳定的数值，用这个方法评定形状误差可最大限度地通过合格件。在一般生产中可用其他近似方法代替最小区域法，但仲裁时必须用最小区域法。

3. 形状误差的判断准则

最小区域根据被测提取要素与包容区域的接触状态来判别，也就是说，被测提取要素是否已为最小区域所包容，要根据接触状态来判别。

（1）直线度误差判别法。

① 在给定平面内，两平行直线与被测提取要素的接触呈高低相间接触状态，即高-低-高或低-高-低，至少 3 点接触，如图 2.23 所示。此拟合要素为符合最小条件的拟合要素，称为最小条件法。

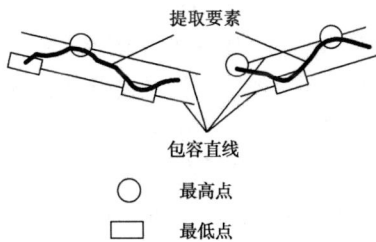

○　最高点

□　最低点

图 2.23　最小条件法

② 以测得的误差曲线首尾两点连线为拟合要素，作平行于该连线的两平行直线将被测提取要素包容，此两平行直线间的坐标距离即为直线度误差 f'，如图 2.24（a）所示。显然有 $f' > f$，只有两端点连线在误差曲线图形一侧时，$f' = f$（此时两端点连线符合最小条件），如图 2.24（b）和图 2.24（c）所示，称为二端点连线法。

③ 限制一条直线在任意方向变动的要求时，用一个理想的圆柱体去包容被测提取要素，包容时实现高低相间，至少 3 点接触，且此 3 点在同一轴剖面上，而 1、3 两点在同一条素线上时，如表 2.3 中在任意方向上的直线度所示，则包容该被测提取要素的圆柱面区域即为最小区域；若是 4、5 点等接触，判别法则复杂，只有用电算法才便于实现。

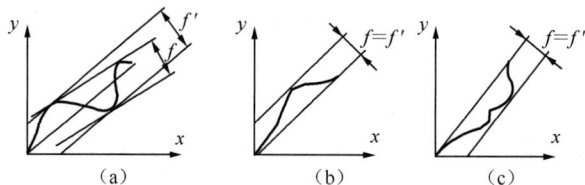

图 2.24　二端点连线法

（2）平面度误差判别法。评定平面度误差时，由两个理想平行平面包容被测提取平面，使其至少有 3 点或 4 点与理想包容平面相接触，并实现下列三种形式之一者，则该包容区即为最小包容区域。

① 1 个高点（或低点）在另一个包容平面上的投影位于 3 个低点（或高点）所形成的三角形内，称为三角形准则，如图 2.25（a）所示。

② 2 个高点的连线与 2 个低点的连线在包容平面上的投影相交，称为交叉准则，如图 2.25（b）所示。

③ 1 个高点（或低点）在另一个包容平面上的投影位于 2 个低点（或高点）的连线上，称为二直线准则，如图 2.25（c）所示。

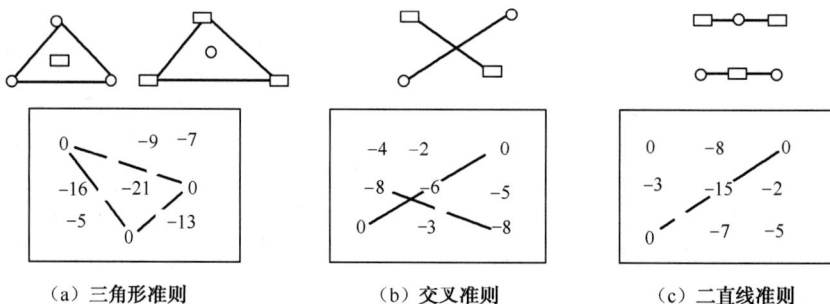

（a）三角形准则　　　　　　　（b）交叉准则　　　　　　　（c）二直线准则

图 2.25　平面度误差判别法

（3）圆度误差判别法。

① 作包容被测提取圆的显示轮廓且半径差为最小的两个理想同心圆，与被测提取圆的显示轮廓实现内外相间，至少 4 点接触，则为最小包容区域，该两同心圆的半径差即为圆度误差值，如图 2.26 所示，称为最小条件法。这里被测提取圆的显示轮廓是指经仪器显示得出的轮廓，如圆度仪测出的轨迹图形、示波器显示的图像。

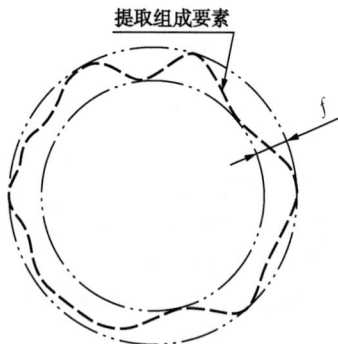

图 2.26　圆度误差最小条件判定准则

② 对被测提取圆的显示轮廓作一直径为最小的外接圆，再以此圆的圆心为圆心作一内接圆，则此二同心圆的半径差即为圆度误差值，称为最小外接圆中心法。

③ 对被测提取圆的显示轮廓作一直径为最大的内接圆，再以此圆的圆心为圆心作一外接圆，则此二同心圆的半径差即为圆度误差值，称为最大内接圆中心法。

④ 作被测提取圆的显示轮廓上各点至该圆的距离的平方和为最小的圆。以该圆的圆心为圆心，作两个包容提取圆的同心圆，该二同心圆的半径差即为圆度误差值，称为最小二乘圆中心法。

上述圆度误差的判断方法，其结果是不同的，其中②、③、④为非最小条件法，若按非最小条件法确定的误差值不超过其公差值，则可认为该项要求合格，否则不能判断其合格与否。最小条件法所得圆度误差值与公差值比较可直接得出该项要求合格与否的结论。

在生产实际中，除使用最小区域法评定形状误差外，也允许采用近似的评定方法，如直线度误差可用二端点连线法；圆度误差可用最小外接圆中心法、最大内接圆中心法和最小二乘圆中心法等方法。这些近似评定方法一般使用较简便，但误差值较大，当有争议时，以最小区域法所得误差为准。

例 2.1　用水平仪测量导轨的直线度误差，依次测得各点示值（单位为 μm）分别为 +20，−10，+40，−20，−10，−10，+20，+20，试确定其直线度误差。

解　水平仪测得值为在测量长度上各等距两点的相对差值，需计算出各点相对零点的高度差值，即各点的累计值，计算结果列入表 2.5 中。

表 2.5　例 2.1 计算结果

测量点	0	1	2	3	4	5	6	7	8
示值（μm）	0	+20	−10	+40	−20	−10	−10	+20	+20
累计值（μm）	0	+20	+10	+50	+30	+20	+10	+30	+50

直线度误差曲线图形如图 2.27 所示。两端点连线法：将 0 点和 8 点的纵坐标连线 0A，作包容且平行于 0A 的两平行直线 Ⅰ，从坐标图上得到直线度误差 $f' = 58\mu m$。最小条件法：按最小条件判断准则，作两平行直线 Ⅱ，从坐标图得到直线度误差 $f = 45\mu m$。由上述结果可知，二端点连线法所得直线度误差值较大。

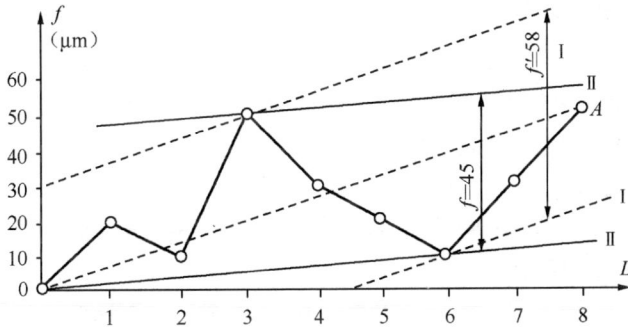

图 2.27　直线度误差曲线

例 2.2　用千分表采用布点法测量矩形平面的平面度，测量时分别按行、列等间距分 9 个点，测得 9 个点的示值（单位 μm）如图 2.28（a）所示，求该表面的平面度误差 f。

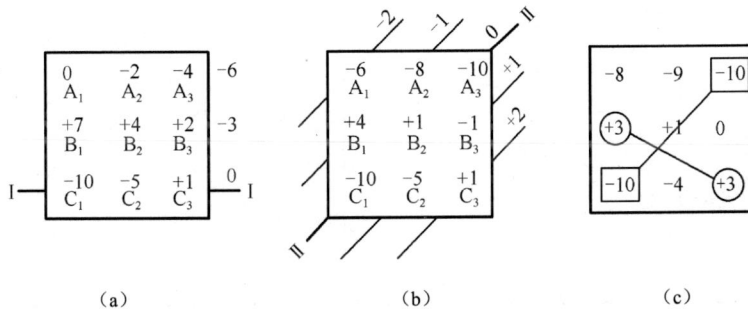

图 2.28　基面旋转法计算平面度误差的过程

解 图 2.28（a）中的示值是在同一测量基面测得的。如果将基面进行转换，例如使基面转到平行于测点 A_3 和 C_1 的连线上，即选取转轴 $I-I$，使 A_3 的偏差值与 C_1 的偏差值相等，于是得单位旋转量 q 为：

$$q = \frac{C_1\text{点偏差值}-A_3\text{点偏差值}}{\text{行距数}} = \frac{-10-(-4)}{2} = -3$$

将 B 行各偏差加一个 q 值，A 行各偏差加 $2q$ 值，经基面转换后各点的偏差值如图 2.28（b）所示。同理，选择轴 $II-II$ 进行基面转换，可得图 2.28（c）所示的各点偏差值。由图 2.28（c）中可看出符合平面度误差评定的交叉准则，故该表面的平面度误差 f 为偏差的最大值减去最小值，即：

$$f = +3-(-10) = 13(\mu m)$$

2.3 方向公差与方向误差

2.3.1 方向公差与公差带

方向公差是指被测提取要素对一具有确定方向的拟合要素的允许变动量，拟合要素的方向由基准确定。

方向公差用方向公差带表示。方向公差带是限制被测提取要素的变动区域。

按要素间的几何方向关系，方向公差包括平行度、垂直度和倾斜度，当理论正确角度为 $0°$ 时，称为平行度公差；为 $90°$ 时，称为垂直度公差；为其他任意角度时，称为倾斜度公差。此外，线轮廓度和面轮廓度在有基准要求时，也属于方向公差。

平行度、垂直度和倾斜度的被测提取要素和拟合要素有直线和平面之分，因此，这三项公差都有被测提取直线相对于拟合直线（线对线）、被测提取直线相对于拟合平面（线对面）、被测提取平面相对于拟合直线（面对线）和被测提取平面相对于拟合平面（面对面）4 种形式。表 2.6 列出了部分方向公差的公差带定义、标注示例和解释。

方向公差带的特点如下：

（1）方向公差带相对于基准有确定的方向。平行度、垂直度和倾斜度公差带分别相对于基准保持平行、垂直和倾斜的理论正确角度关系，如图 2.29 所示。并且，在相对于基准保持定向的条件下，公差带的位置可以浮动。即方向公差带相对于基准有方向的约束，没有位置的约束。

表 2.6 方向公差带定义、标注和解释（摘自 GB/T1182—2008） （mm）

几何特征		公差带定义	标注和解释
平行度	面对面	公差带为间距等于公差值 t、平行于基准平面的两平行平面所限定的区域 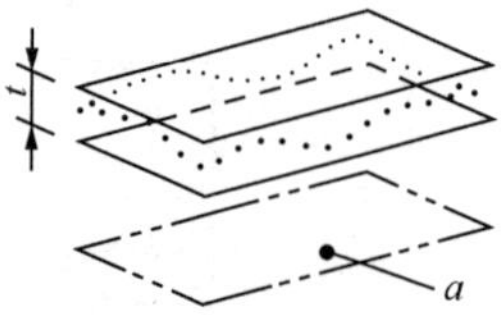 a 表示基准平面	提取（实际）表面应限定在间距等于 0.01、平行于基准 D 的两平行平面之间 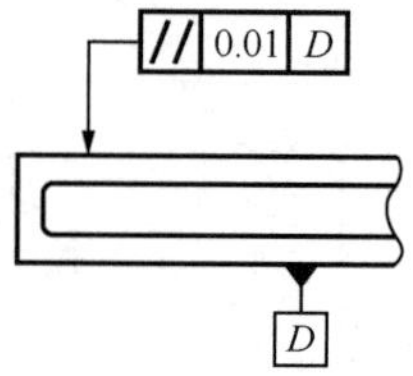

几何特征		公差带定义	标注和解释
平行度	面对线	公差带为间距等于公差值 t、平行于基准轴线的两平行平面所限定的区域 a 表示基准轴线	提取（实际）表面应限定在间距等于 0.1、平行于基准轴线 C 的两平行平面之间 $//$ 0.01 C
平行度	线对线	若公差值前加注了符号 ϕ，公差带为平行于基准轴线、直径等于公差值 ϕt 的圆柱面所限定的区域 ϕt a 表示基准轴线	提取（实际）中心线应限定在平行于基准轴线 A、直径等于 $\phi 0.03$ 的圆柱面内 $//$ $\phi 0.03$ A
平行度	线对基准体系	公差带为间距等于公差值 t 的两平行直线所限定的区域，该两平行直线平行于基准平面 A 且处于平行于基准平面 B 的平面内 b a a 表示基准平面 A； b 表示基准平面 B	提取（实际）线应限定在间距等于 0.02 的两平行直线之间。该两平行直线平行于基准平面 A 且处于平行于基准平面 B 的平面内 $//$ 0.02 A B LE B A
倾斜度	面对线	公差带为间距等于公差值 t 的两平行平面所限定的区域。该两平行平面按给定角度倾斜于基准直线 α a t a 表示基准轴线	提取（实际）表面应限定在间距等于 0.1 的两平行平面之间。该两平行平面按理论正确角度 75° 倾斜于基准轴线 A A $\angle$ 0.1 A $75°$
垂直度	面对线	公差带为间距等于公差值 t 且垂直于基准轴线的两平行平面所限定的区域 a t a 表示基准轴线	提取（实际）表面应限定在间距等于 0.08 的两平行平面之间。该两平行平面垂直于基准轴线 A A $\perp$ 0.08 A

几何特征	公差带定义	标注和解释
面对面	公差带为间距等于公差值 t 且垂直于基准平面的两平行平面所限定的区域 a 表示基准平面 A	提取（实际）表面应限定在间距等于 0.08、垂直于基准平面 A 的两平行平面之间

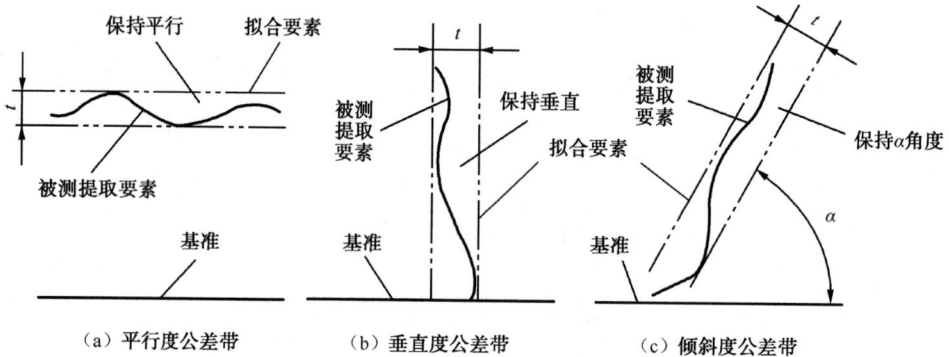

（a）平行度公差带　（b）垂直度公差带　（c）倾斜度公差带

图 2.29　方向公差带示例

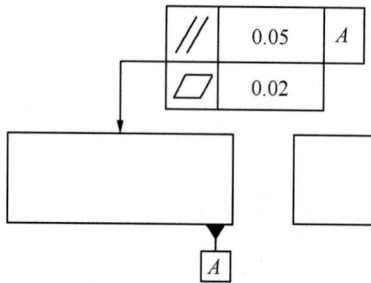

图 2.30　同时给出方向公差和形状公差示例

所以又给出了平面度公差值 0.02mm。

（2）方向公差带具有综合控制被测提取要素的方向和形状的功能。如图 2.29 所示，方向公差带一经确定，被测提取要素的方向和形状的误差也就受到约束。因此，在保证功能要求的前提下，当对某一被测提取要素给出方向公差后，通常不再对该被测提取要素给出形状公差。如果在功能上需要对形状精度有进一步要求，则可同时给出形状公差。但是，给出的形状公差值应小于已给定的方向公差值。例如，图 2.30 中已给出了平面对基准平面的平行度公差值 0.05mm，因为对被测表面有进一步的平面度要求，

2.3.2　基准

1. 基准的建立与体现

基准是确定被测提取要素方向或位置的依据。图样上给定的基准是理想的，有基准面、基准线、基准点。由基准要素建立基准时，基准为该基准要素的拟合要素。拟合要素的位置应符合最小条件。

（1）体外原则。由于基准实际要素存在形状误差（有时包括方向误差），往往难以确定被测提取要素的方位。因此，应以该基准实际要素建立基准，使其符合最小条件。基准实际要素为组

成要素时，规定以其最小包容区域的体外边界作为基准，如图 2.31 和图 2.32 所示。

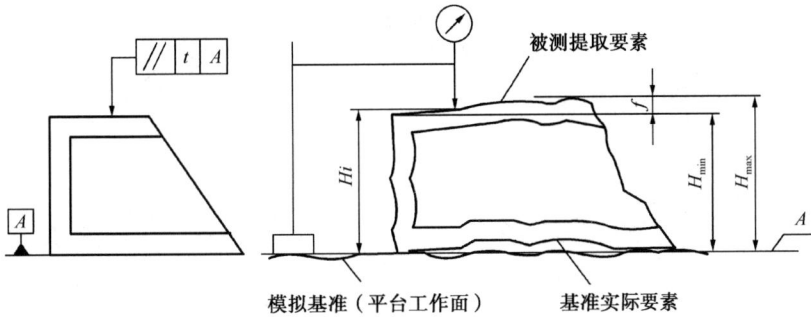

图 2.31　基准要素只存在形状误差

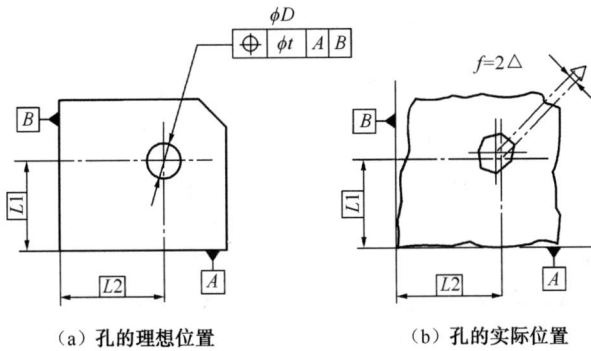

（a）孔的理想位置　　　　　　　　（b）孔的实际位置

图 2.32　基准要素存在形状和方向误差

（2）中心原则。基准实际要素为中心要素时，规定以其最小包容区域的导出要素作为基准，如图 2.33 所示。

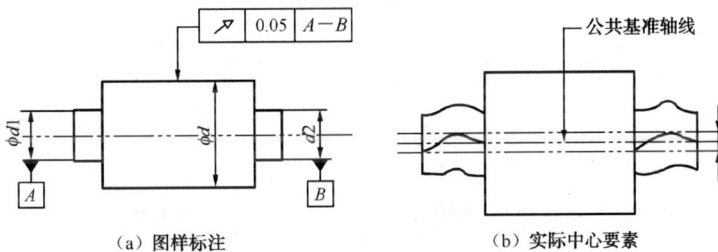

（a）图样标注　　　　　　　　　　（b）实际中心要素

图 2.33　基准要素存在形状误差

在生产实际中，通常用模拟方法体现理想基准要素。体现时应符合最小条件，当基准实际要素与模拟基准之间稳定接触时，它们之间自然形成符合最小条件的相对位置关系；当基准实际要素与模拟基准之间非稳定接触时，两者的相对位置关系一般不符合最小条件，应通过调整使基准实际要素与模拟基准之间尽可能符合最小条件的相对位置关系的状态，如图 2.34 所示。

如图 2.35 所示为用心轴模拟基准轴线的情况。

如图 2.36 所示为用 V 形架模拟公共基准轴线的情况。

如图 2.37 所示为用定位块模拟基准中心平面的情况。

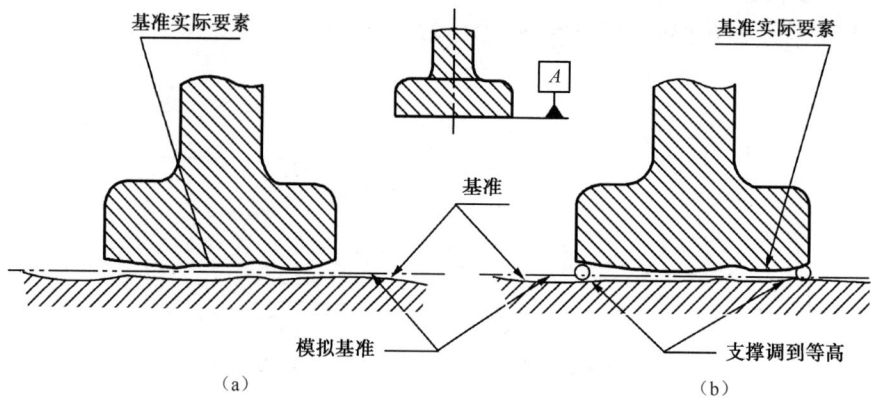

图 2.34　用平台工作面模拟基准平面

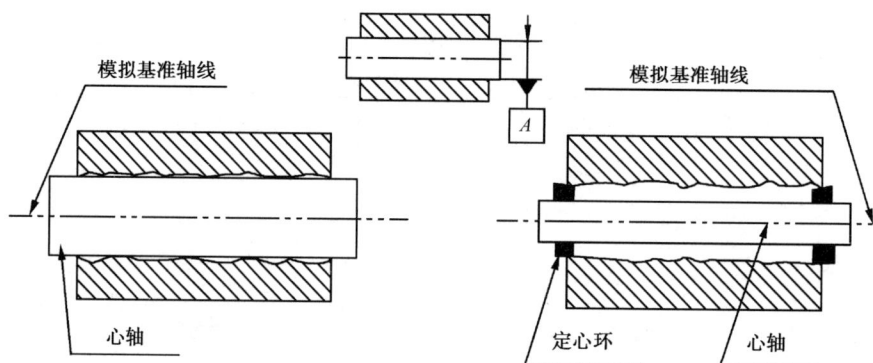

图 2.35　用心轴模拟基准轴线

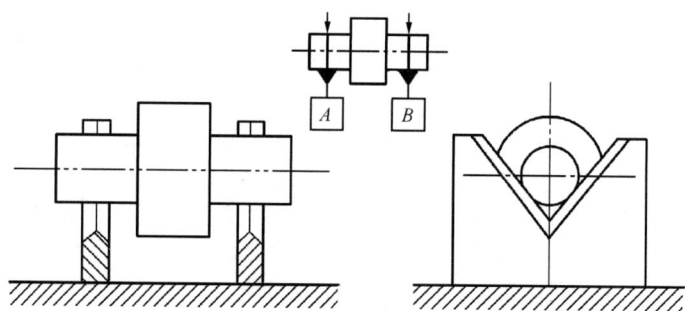

图 2.36　用 V 形架模拟公共基准轴线

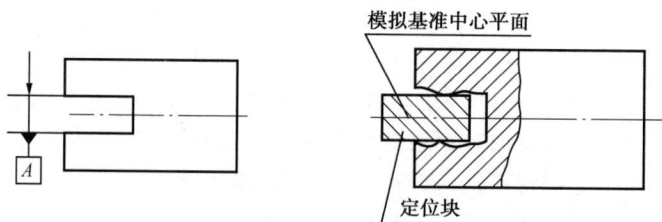

图 2.37　用定位块模拟基准中心平面

2．基准的种类

设计时，在图样上标出的基准通常分为以下 3 种。

（1）单一基准。由一个要素建立的基准称为单一基准。

（2）组合基准（公共基准）。由两个或两个以上的要素建立一个独立的基准称为组合基准或公共基准。

例如，径向圆跳动要求由两段轴线 A、B 建立起公共基准轴线 A-B。在公差框格中标注时，将各个基准字母用短横线相连在同一格内，以表示作为一个基准使用。

（3）基准体系（三基面体系）。确定某些被测提取要素的方向或位置，从功能要求出发，常常需要超过一个基准，如图 2.38 所示。

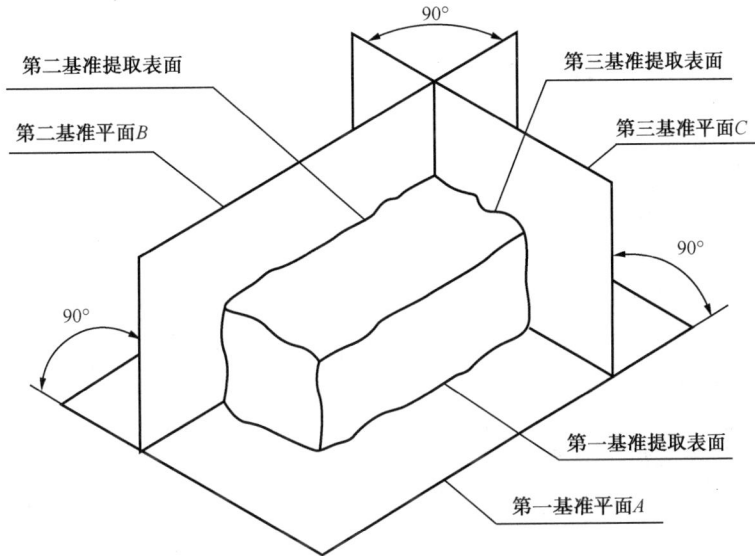

图 2.38　三基面体系

为了与空间直角坐标系相一致，规定以 3 个互相垂直的平面构成一个基准体系——三基面体系，这 3 个互相垂直的平面都是基准平面（A 为第一基准平面；B 为第二基准平面，垂直于 A；C 为第三基准平面，垂直于 A 且垂直于 B）。每两个基准平面的交线构成基准轴线，三轴线的交点构成基准点。

由此可见，上面提到的单一基准平面是三基面体系中的一个基准平面，基准轴线是三基面体系中两个基准平面的交线。

应用三基面体系时，在图样上标注基准应特别注意基准的顺序，即按第一基准平面为 A，第二基准平面为 B，第三基准平面为 C 的顺序，如图 2.38 所示。

2.3.3　方向误差的检测与评定

1．平行度误差的检测

用指示表测量直线对基准直线平行度误差。图 2.39（a）是被测零件的图样标注，图 2.39（b）为其测量方法。测量时用心轴 2 模拟基准孔的轴线，体现了基准拟合要素的位置。用心轴 1 模拟被测孔的轴线，体现被测要素的位置。如图 2.39（b）所示，将工件放在等高支撑上，将千分表装在测量架上，将心轴 1 装入连杆孔的小头孔中，将心轴 2 装入连杆孔的大头孔中；调整被测零件，使 c、d 两点指示表的示值相等；在相距 L_2 的 a、b 两个位置上（找最高点），测出指示表的示值 M_a、M_b，则 L_1 长度上被测轴线相对于基准轴线的平行度误差为：

$$f = \left| M_a - M_b \right| \times L_1 / L_2$$

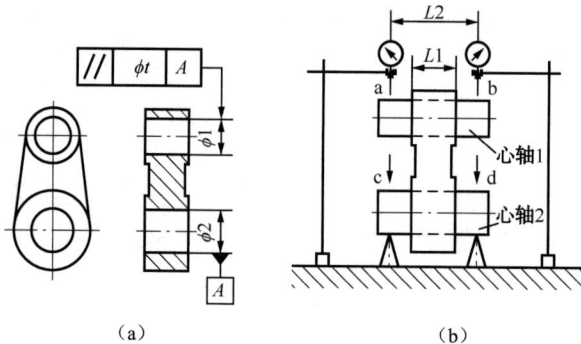

图 2.39 用指示表测量直线对基准直线平行度误差

在 $0°\sim180°$ 范围内按上述方法测量若干个不同角度位置，取各测量位置所对应的 f 值中的最大值，作为该零件的平行度误差。

说明：①测量时应选用可胀式（或与孔形成无间隙配合）心轴；
②若给定一个或两个方向时，按上述方法在给定方向进行测量。

2. 垂直度误差的检测

用指示表测量平面对基准轴线垂直度误差。图 2.40（a）是被测零件的图样标注，图 2.40（b）为其测量方法。测量时，用与平板保持垂直的导向块来模拟基准直线 A，体现了基准拟合要素的位置。如图 2.40（b）所示，将被测零件放在导向块内，并在轴向上固定。将千分表装在测量架上，并在被测表面上移动，读取千分表的最大、最小示值 M_{max}、M_{min}；则被测平面对基准直线垂直度误差 $f=M_{max}-M_{min}$。

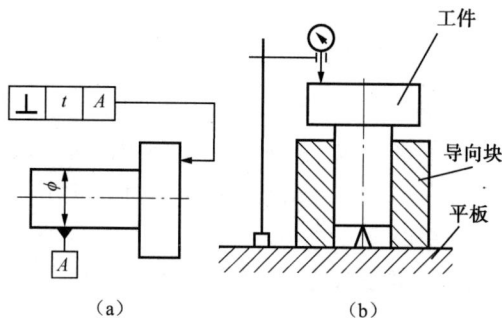

图 2.40 用指示表测量平面对基准轴线垂直度误差

3. 方向误差的评定

方向误差是指关联被测提取要素对一具有确定方向的拟合要素的变动量。拟合要素的方向由基准确定。

评定方向误差时，拟合要素相对于基准保持图样上所要求的方向关系。方向误差值是用定向最小包容区域（简称定向最小区域）的宽度或直径表示。定向最小区域是指按拟合要素的方向来包容被测提取要素时，具有最小宽度 f 或直径 ϕf 的包容区域，如图 2.41 所示。各误差项目定向最小区域的形状和各自的公差带形状一致，但宽度（或直径）由被测提取要素本身决定。

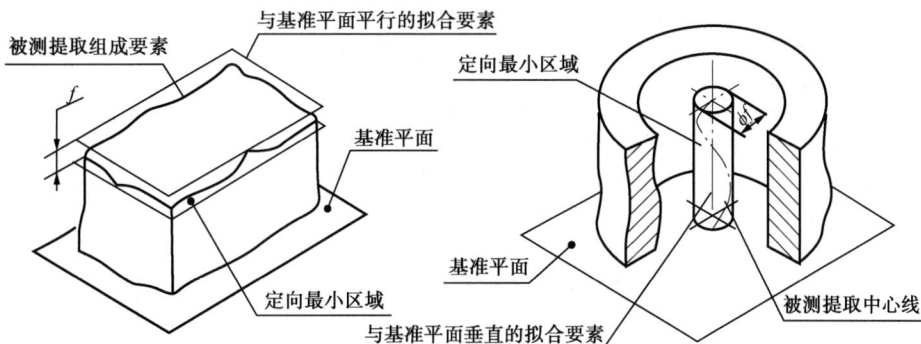

图 2.41　定向最小包容区域

2.4　位置公差与位置误差

2.4.1　位置公差与公差带

位置公差是指被测提取要素对一具有确定位置的拟合要素的允许变动量，拟合要素的位置由基准和理论正确尺寸（长度或角度）确定。当理论正确尺寸为零，且基准要素和被测提取要素均为轴线时，称为同轴度公差（若基准要素和被测要素的轴线足够短或均为中心点时，称为同心度公差）；当理论正确尺寸为零，基准要素或（和）被测提取要素为其他中心要素（中心平面）时，称为对称度公差；在其他情况下均称为位置度公差。此外，线轮廓度和面轮廓度在有基准要求时，也属于位置公差。位置公差用以控制位置误差，它是限制被测提取要素的变动区域，被测提取要素位于该区域内为合格，区域的大小由公差值决定。

位置公差带的定义、标注和解释如表 2.7 所示。

表 2.7　位置公差带定义、标注和解释（摘自 GB/T1182—2008）　　　尺寸单位（mm）

几何特征		公差带定义	标注和解释
同轴度	轴线的同轴度	公差值前标注符号 ϕ，公差带为直径等于公差值 ϕt 的圆柱面所限定的区域，该圆柱面的轴线与基准轴线重合 a 表示基准轴线	大圆柱面的提取（实际）中心线应限定在直径等于 $\phi 0.08$、以公共基准轴线 A–B 为轴线的圆柱面内
对称度	中心平面的对称度	公差带为间距等于公差值 t，对称于基准中心平面的两平行平面所限定的区域 a 表示基准平面 A	提取（实际）中心面应限定在间距等于 0.08、对称于基准中心平面 A 的两平行平面之间

几何特征		公差带定义	标注和解释
位置度	点的位置度	公差值前标注符号 $S\phi$，公差带为直径等于公差值 $S\phi t$ 的圆球面所限定的区域，该圆球面中心的理论正确位置由基准 A、B、C 和理论正确尺寸确定 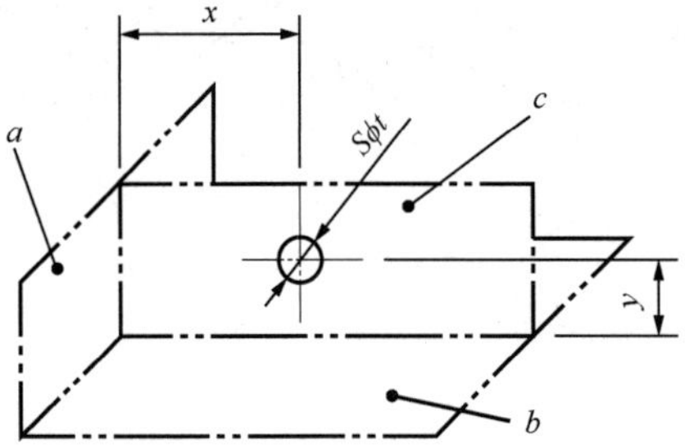 a 表示基准平面 A； b 表示基准平面 B； c 表示基准平面 C。	提取（实际）球心应限定在直径等于 $S\phi 0.3$ 的圆球面内。该圆球面的中心由基准平面 A、基准平面 B、基准中心平面 C 和理论正确尺寸 30、25 确定 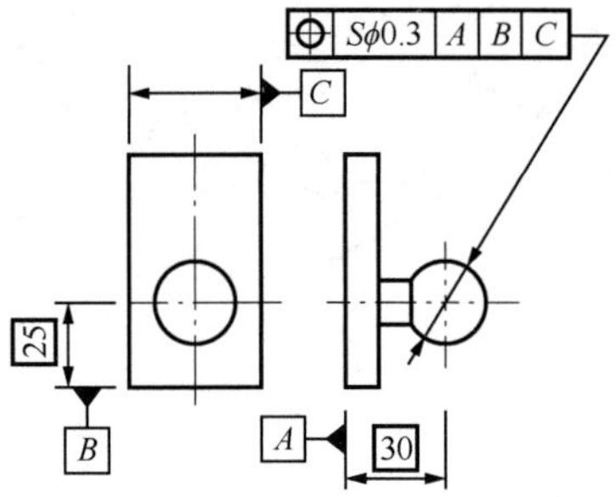
	线的位置度	公差值前加注符号 ϕ，公差带为直径等于公差值 ϕt 的圆柱面所限定的区域。该圆柱面的轴线的位置由基准平面 C、A、B 和理论正确尺寸确定 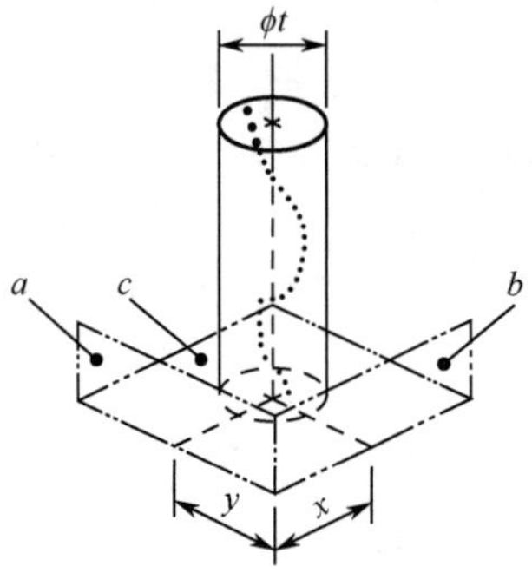 a 表示基准平面 A；b 表示基准平面 B；c 表示基准平面 C	提取（实际）中心线应限定在直径等于 $\phi 0.08$ 的圆柱面内。该圆柱面的轴线的位置应处于由基准平面 C、A、B 和理论正确尺寸 100、68 确定的理论正确位置上 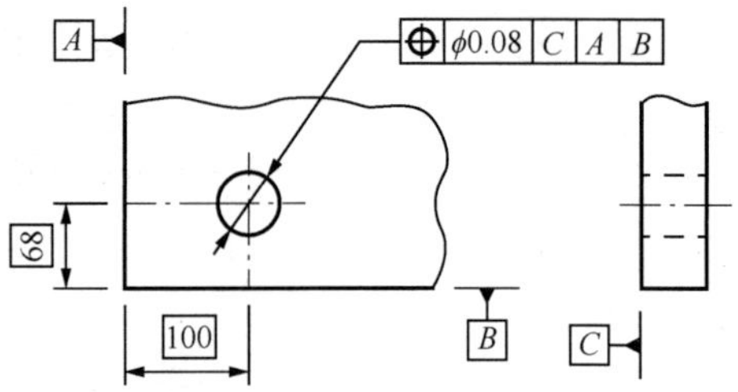

位置公差带的特点如下：

（1）位置公差带具有确定的位置，相对于基准的尺寸为理论正确尺寸。如图 2.42 所示为矩形布置和圆周布置 6 孔组的两个零件。矩形布置的 6 个孔间相对位置关系由理论正确尺寸 $\boxed{x_1}$、$\boxed{x_2}$、$\boxed{y}$ 确定；圆周布置的 6 个孔间相对位置关系是均布在直径为 ϕL 的圆周上。由上述理论正确尺寸将成组的被测提取要素联系在一起，构成一个几何图框。所谓几何图框，是指确定一组拟合要素（如理想轴线）之间和（或）它们与基准之间正确几何关系的图形。成组要素的定位问题也就是几何图框的定位问题。矩形布置的几何图框相对于基准 A、B 的位置分别由理论正确尺寸 $\boxed{L_1}$、$\boxed{L_2}$ 确定；圆周布置的几何图框的中心与基准 A 重合，定位的理论正确尺寸等于零。几何图框的定位问题也就是成组要素公差带的定位问题。

同轴度和对称度公差带的特点是被测提取要素应与基准重合。公差带相对于基准位置的理论正确尺寸为零。

（2）位置公差带具有综合控制被测提取要素位置、方向和形状的功能。由于给出了位置公差的被测提取要素总是同时存在位置、方向和形状误差，因此被测提取要素的位置、方向和形状误差总是同时受到位置公差带的约束。在保证功能要求的前提下，对被测提取要素给定了位置公差，通常对该提取要素不再给出方向和形状公差。如果对方向和形状有进一步精度要求，则另行给出方向或形状公差，或者方向和形状公差同时给出。例如，图 2.43 中，$\phi 60J6$ 的轴线相对于基准 A 和 B 已经给出了位置度公差值$\phi 0.03$mm，但是，该轴线对基准 A 的垂直度有进一步要求，因此又给出了垂直度公差值$\phi 0.012$mm。这是位置与方向公差同时给出的一个例子，因为方向公差是进一步要求，所以垂直度公差值小于位置度公差值，否则就没有意义。

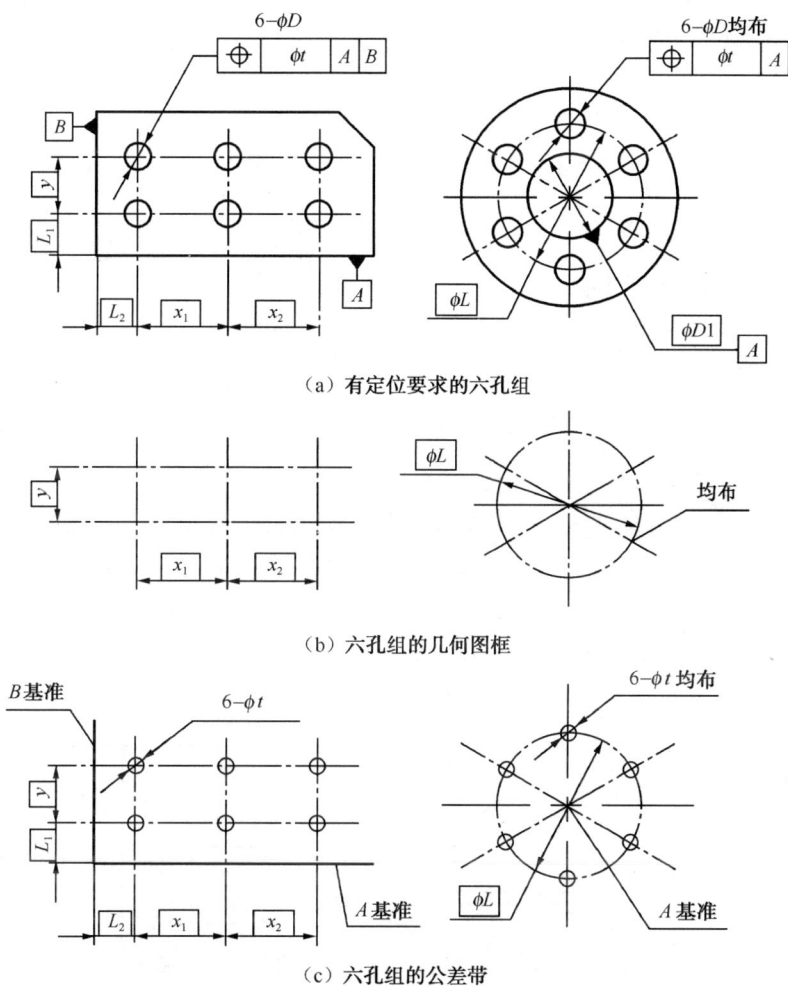

（a）有定位要求的六孔组

（b）六孔组的几何图框

（c）六孔组的公差带

图 2.42　成组要素位置公差带示例

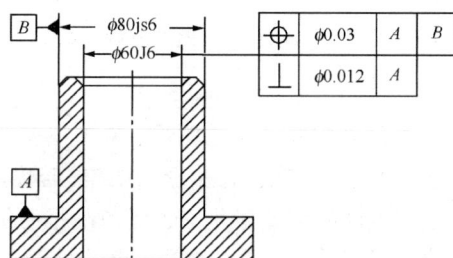

图 2.43　位置公差和方向公差同时标注示例

2.4.2　位置误差的检测与评定

1. 位置误差的检测

（1）对称度误差的测量

对称度误差是指被测对称要素对已确定位置的基准要素的变动量，因此在检测时首先应确定基准的位置。图 2.44 是将心轴插入基准孔，安装在中心架上固定。实际应用中也可安置在两等高 V 形架或专用装置上，对基准轴线定位，然后进行测量。测量时调整被测量面与平板平行，记下指示表示值。不改变指示表位置将零件转 180° 后重复上述测量，取两次指示表示值之差即为对称度误差。

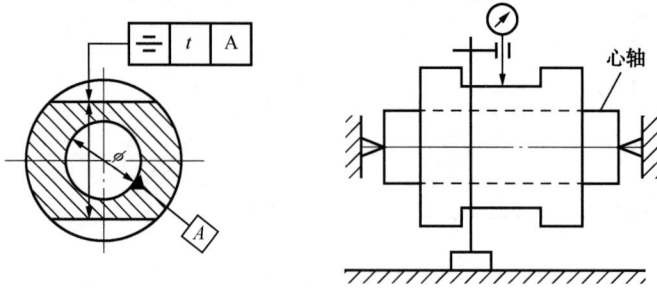

图 2.44　对称度误差的测量示意

（2）同轴度误差的测量

同轴度误差可用三坐标测量仪、V 形架或综合量规检测。图 2.45 所示为用圆度仪测量同轴度误差。测量时调整被测零件，使其基准轴线与仪器主轴的回转轴线同轴。在被测零件的基准要素和被测要素上测量若干截面并记录轮廓图形。根据图形按定义求出该零件的同轴度误差。按照零件的功能要求也可对轴类零件用最小外接圆柱面（对孔类零件用最大内接圆柱面）的轴线求出同轴度误差。

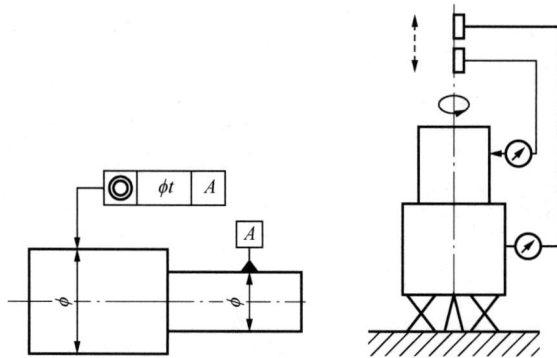

图 2.45　同轴度误差的测量示意

2. 位置误差的评定

图样上所标出的基准要素都是公称要素，它是评定位置误差的依据。然而，加工后所获得的基准要素均为基准实际要素，总是或多或少存在形状误差。若以基准实际要素直接作为基准，就会将基准实际要素的形状误差反映到位置误差中去而使测得的位置误差不准确，且不是唯一的数值。为了获得唯一正确的位置误差值，就应该排除基准实际要素形状误差的影响。如上所述，可用模拟基准代替基准实际要素并使模拟基准相对于基准实际要素的位置符合最小条件，位置误差值用定位最小包容区域的宽度 f 或直径 ϕf 表示。这就是评定位置误差时应遵守的基本原则。

评定平面上一条直线的位置度误差时，定位最小区域 S 由两条平行直线（拟合要素）构成。拟合要素的位置由理论正确尺寸 $\boxed{L}$ 决定，并保持图样上所要求的方位关系，被测提取要素上至少有一点与这两条平行直线之一接触，其宽度为位置误差 f，如图 2.46（a）所示。

评定平面上一个点 P 的位置度误差时，定位最小区域 S 由一个圆构成。该圆的圆心（拟合位置上的点）由基准 A、B 和理论正确尺寸 $\boxed{Lx}$、$\boxed{Ly}$ 确定；直径 ϕf 由 OP 确定，$\phi f=2OP$，即实际点的位置度误差，如图 2.46（b）所示。

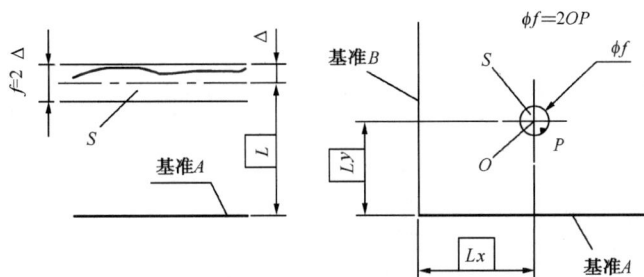

（a）由平行直线构成的定位最小区域　　（b）由圆构成的定位最小区域

图 2.46　定位最小包容区域

2.5　跳动公差与跳动误差

2.5.1　跳动公差与公差带

跳动公差是被测提取要素绕基准轴线回转一周或连续回转时所允许的最大跳动量。按测量方向及公差带相对基准轴线的不同，跳动分为圆跳动（径向圆跳动、轴向圆跳动与斜向圆跳动）和全跳动（径向全跳动、轴向全跳动）几种形式。跳动公差带的定义、标注和解释如表 2.8 所示。

表 2.8　跳动公差带定义、标注和解释（摘自 GB/T1182—2008）　　　　（mm）

几何特征		公差带定义	标注和解释
圆跳动	径向圆跳动	公差带为在任一垂直于基准轴线的横截面内、半径差等于公差值 t，圆心在基准轴线上的两同心圆所限定的区域 a 表示基准轴线；b 表示横截面	在任一垂直于基准 A 的横截面内，提取（实际）圆应限定在半径差等于 0.1，圆心在基准轴线 A 上的两同心圆之间

几何特征		公差带定义	标注和解释
圆跳动	轴向圆跳动	公差带为与基准轴线同轴的任一半径的圆柱截面上，间距等于公差值 t 的两圆所限定的圆柱面区域 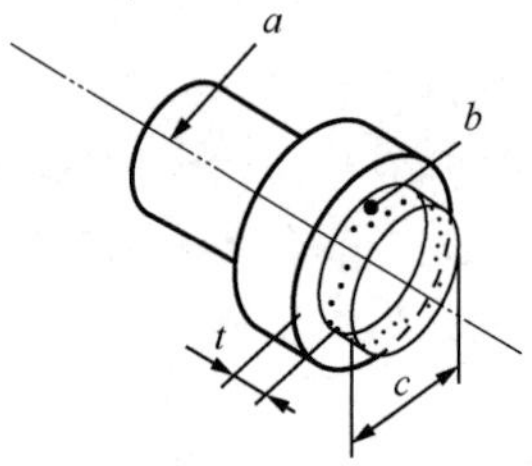 a 表示基准轴线；b 表示公差带；c 表示任意直径	在与基准轴线 D 同轴的任一圆柱形截面上，提取（实际）圆应限定在轴向距离等于 0.1 的两个等圆之间 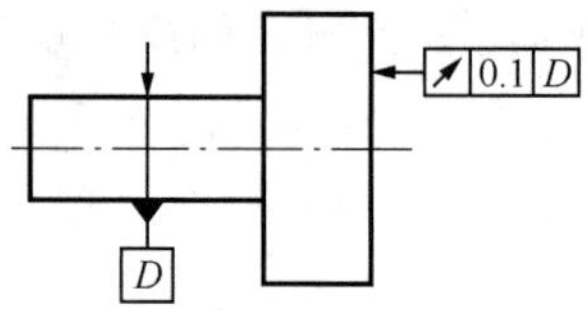
圆跳动	斜向圆跳动	公差带为与基准轴线同轴的某一圆锥截面上，间距等于公差值 t 的两圆所限定的圆锥面区域。除非另有规定，测量方向应沿被测表面的法向 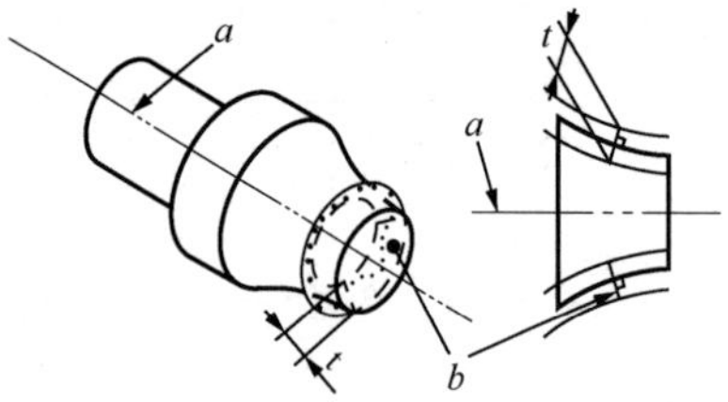 a 表示基准轴线； b 表示公差带	在与基准轴线 C 同轴的任一圆锥截面上，提取（实际）线应限定在素线方向间距等于 0.1 的两不等圆之间 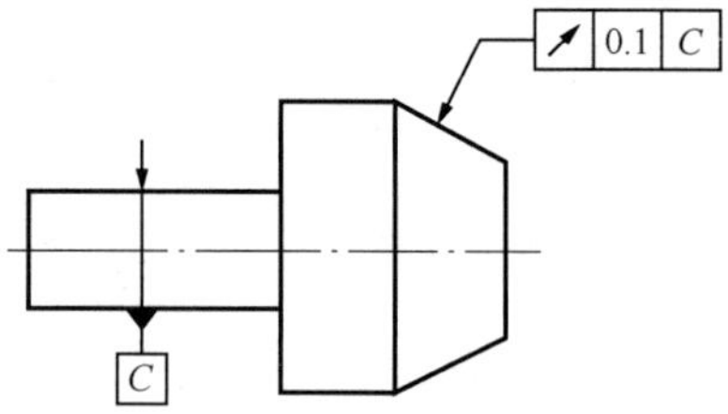
全跳动	径向全跳动	公差带为半径差等于公差值 t，与基准轴线同轴的两圆柱面所限定的区域 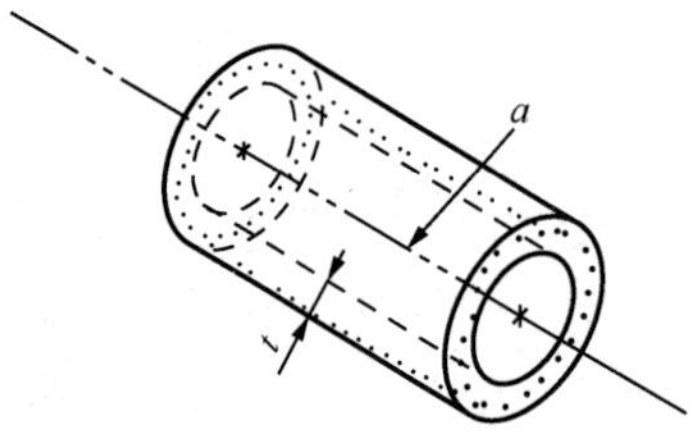 a 表示基准轴线	提取（实际）表面应限定在半径差等于 0.1，与公共基准轴线 A—B 同轴的两圆柱面之间 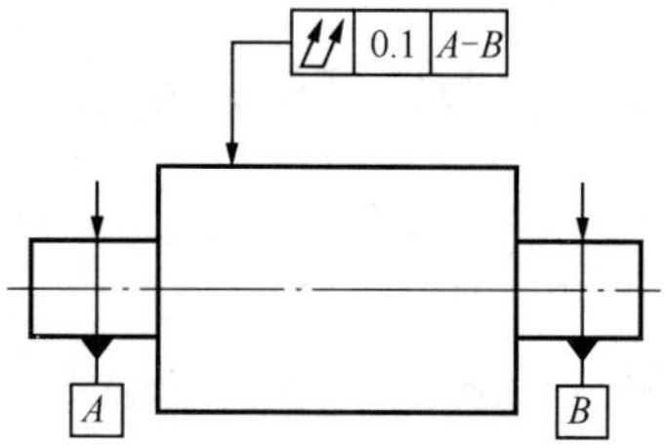
全跳动	轴向全跳动	公差带为间距等于公差值 t，垂直于基准轴线的两平行平面所限定的区域 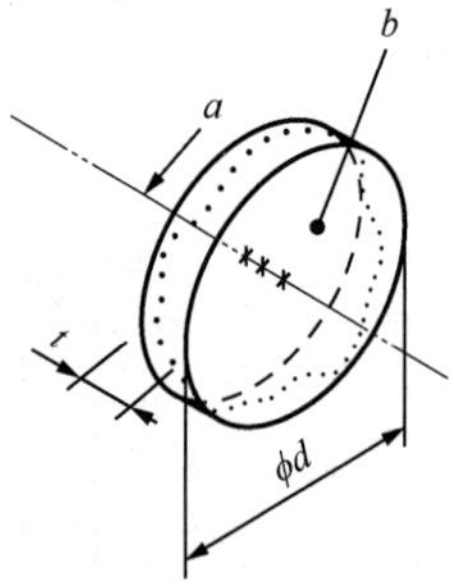 a 表示基准轴线； b 表示提取表面	提取（实际）表面应限定在间距等于 0.1、垂直于基准轴线 D 的两平行平面之间 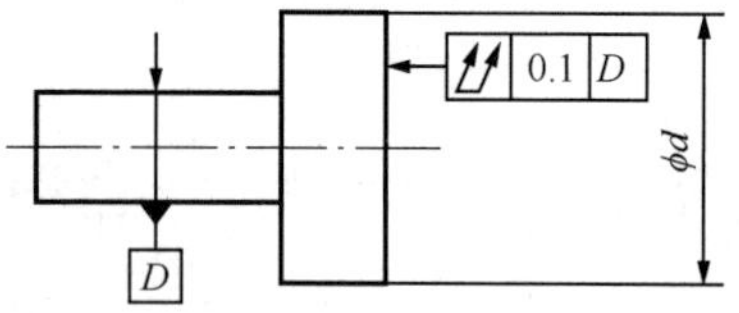

跳动公差带的特点如下：

（1）跳动公差带相对于基准轴线有确定的位置。例如，在某一横截面内，径向圆跳动公差带的圆心在基准轴线上，径向全跳动公差带的轴线与基准轴线同轴。轴向全跳动的公差带（两平行平面所围成的区域）垂直于基准轴线。

（2）跳动公差带可以综合控制被测提取要素的位置、方向和形状。例如，径向圆跳动公差带控制横截面的轮廓中心相对于基准轴线的偏离以及圆度误差。轴向圆跳动公差带控制测量圆周上轮廓对基准轴线的垂直度和形状误差。轴向全跳动公差带控制端面对基准轴线的垂直度也控制端面的平面度误差。当综合控制被测提取要素不能满足要求时，可进一步给出有关的公差。如图 2.47 所示，对 $\phi100h6$ 的圆柱面已经给出了径向圆跳动公差值 0.015mm，但对该圆柱面的圆度有进一步要求，所以又给出了圆度公差值 0.004mm。对被测提取要素给出跳动公差后，若再对该被测提取要素给出其他项目的几何公差，则其公差值必须小于跳动公差值。

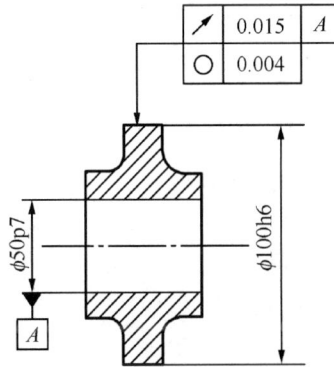

图 2.47　同时给出径向圆跳动公差和圆度公差的示例

2.5.2　跳动误差的检测与评定

1．跳动误差的检测

（1）径向圆跳动的检测

图 2.48（a）所示为径向圆跳动公差的标注，检测时，基准轴线由 V 形架模拟，被测零件支承在 V 形架上，并在轴向定位。在被测零件回转一周过程中指示计示值最大差值即为单个测量平面上的径向跳动量，如图 2.48（b）所示。按上述方法测量若干个截面，取各截面上测得的跳动量中的最大值，作为该零件的径向跳动误差。

这种测量方法受 V 形架角度和基准要素形状误差的综合影响。

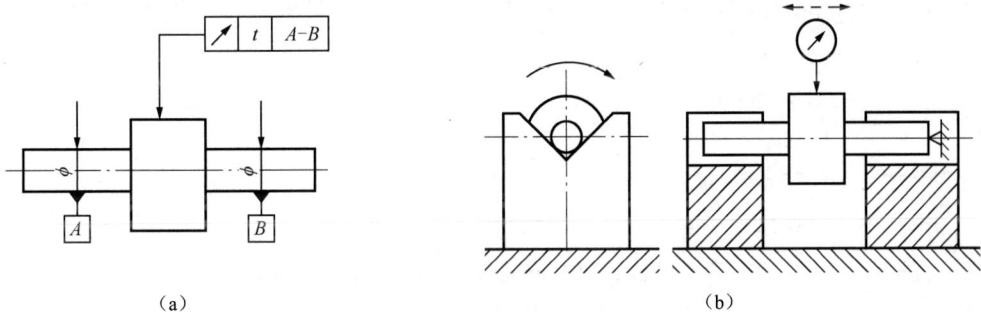

（a）　　　　　　　　　　　　　　　（b）

图 2.48　径向圆跳动误差的测量示意

（2）全跳动的检测

图 2.49 所示为轴向和径向全跳动误差的测量示意。将被测零件支承在导向套内，并在轴向上固定。导向套筒的轴线应与平板垂直。在被测零件连续回转过程中，指示计 1 沿其径向作直线移动，指示计 2 沿其轴线方向作直线移动。在整个测量过程中，指示计 1 和指示计 2 各自示值的最大差值即为该零件的轴向和径向全跳动误差。

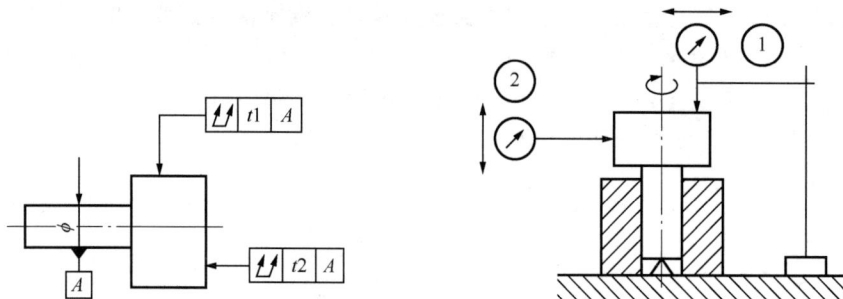

图 2.49　径向、轴向全跳动误差的测量示意

基准轴线也可以用 V 形架等简单方法来体现。

2．跳动误差的评定

圆跳动是被测提取要素绕基准轴线做无轴向移动回转一周时，由位置固定的指示器在给定方向上测得的最大与最小示值之差。所谓给定方向，对圆柱面是指径向，对圆锥面是指法线方向，对端面是指轴向。

全跳动是被测提取要素绕基准轴线做无轴向移动回转，同时指示器沿基准轴线平行或垂直地连续移动（或被测提取要素每回转一周，指示器沿基准轴线平行或垂直地做间断移动），由指示器在给定方向上测得的最大与最小示值之差。所谓给定方向，对圆柱面来说是指径向，对端面是指轴向。

*2.6　几何公差的选用

在设计零件时，对同一被测要素，除给定尺寸公差外，有时还要给定几何公差。为满足零件的使用要求，保证机器的工作性能和获得较好的经济效益，必须正确合理地规定零件的尺寸公差和几何公差要求，因此有必要研究尺寸公差与几何公差之间的关系。确定这种相互关系所遵循的原则称为公差原则。

几何公差的选用包括规定适当的公差特征项目、确定采用的公差原则、给出公差数值、基准要素的选择等内容。

2.6.1　术语及定义

（1）尺寸要素（Feature of Size）

由一定大小的线性尺寸或角度尺寸确定的几何形状。

（2）提取圆柱面的局部直径（Local Diameter of an Extracted Cylinder）

要素上两对应点之间的距离，其中：两对应点之间的连线通过拟合圆圆心；横截面垂直于由提取表面得到的拟合圆柱面的轴线。

（3）最大实体状态（Maximum Material Condition，MMC）

假定提取组成要素的局部尺寸处处位于极限尺寸且使其具有实体最大时的状态。最大实体状态对应的极限包容面称为最大实体边界（Maximum Material Boundary，MMB）。

（4）最大实体尺寸（Maximum Material Size，MMS）

确定要素最大实体状态的尺寸，即外尺寸要素的上极限尺寸，内尺寸要素的下极限尺寸。

（5）最小实体状态（Least Material Condition，LMC）

假定提取组成要素的局部尺寸处处位于极限尺寸且使其具有实体最小时的状态。最小实体状态对应的极限包容面称为最小实体边界（Least Material Boundary，LMB）。

（6）最小实体尺寸（Least Material Size，LMS）

确定要素最小实体状态的尺寸，即外尺寸要素的下极限尺寸，内尺寸要素的上极限尺寸。

（7）最大实体实效尺寸（Maximum Material Virtual Size，MMVS）

尺寸要素的最大实体尺寸与其导出要素的几何公差（形状、方向或位置）共同作用产生的尺寸。对于外尺寸要素，MMVS＝MMS＋几何公差，对于内尺寸要素，MMVS＝MMS－几何公差。

（8）最大实体实效状态（Maximum Material Virtual Condition，MMVC）

拟合要素的尺寸为其最大实体实效尺寸（MMVS）时的状态。最大实体实效状态对应的极限包容面称为最大实体实效边界（Maximum Material Virtual Boundary，MMVB）。当几何公差是方向公差时，最大实体实效状态（MMVC）和最大实体实效边界（MMVB）受其方向所约束，当几何公差是位置公差时，最大实体实效状态（MMVC）和最大实体实效边界（MMVB）受其位置所约束。

（9）最小实体实效尺寸（Least Material Virtual Size，LMVS）

尺寸要素的最小实体尺寸与其导出要素的几何公差（形状、方向或位置）共同作用产生的尺寸。对于外尺寸要素，LMVS＝LMS－几何公差，对于内尺寸要素，LMVS＝LMS＋几何公差。

（10）最小实体实效状态（Least Material Virtual Condition，LMVC）

拟合要素的尺寸为其最小实体实效尺寸（LMVS）时的状态。最小实体实效状态对应的极限包容面称为最小实体实效边界（Least Material Virtual Boundary，LMVB）。当几何公差是方向公差时，最小实体实效状态（LMVC）和最小实体实效边界（LMVB）受其方向所约束；当几何公差是位置公差时，最小实体实效状态（LMVC）和最小实体实效边界（LMVB）受其位置所约束。

2.6.2　公差原则

公差原则包括独立原则和相关要求两大类。

（1）独立原则：是指图样上给定的每一个尺寸和形状位置要求均是独立的，应分别满足要求。

（2）相关要求：是指图样上给定的尺寸公差与几何公差相互有关的公差要求。采用相关要求时，被测要素的尺寸公差和几何公差在一定条件下可以互相转化。相关要求包括最大实体要求（包括附加于最大实体要求的可逆要求）、最小实体要求（包括附加于最小实体要求的可逆要求）、包容要求。

1. 最大实体要求（MMR）

最大实体要求（MMR）在图样上用符号Ⓜ（见 GB/T 1182—2008）标注在导出要素的几何公差值之后。最大实体要求是控制被测实际（组成）要素处于其最大实体实效边界之内的一种要求，即当其实际（组成）要素偏离最大实体尺寸时，允许其形位误差值超出其给出的公差值而得到补偿的一种原则。补偿值为实际（组成）要素与最大实体尺寸的偏离值，也就是说，最大实体要求用于被测要素时，被测要素的几何公差值是在该要素处于最大实体状态时给定的。

（1）图 2.50（a）为一标注公差的轴，其预期的功能是可与一个等长的标注公差的孔形成间隙配合。

根据最大实体要求的规则和定义，可知：

① 轴的提取要素不得违反其最大实体实效状态（MMVC），其直径为 MMVS＝ϕ35.1mm；

② 轴的提取要素各处的局部直径应大于 LMS＝ϕ34.9mm 且应小于 MMS＝ϕ35.0mm；

③ MMVC 的方向和位置无约束。

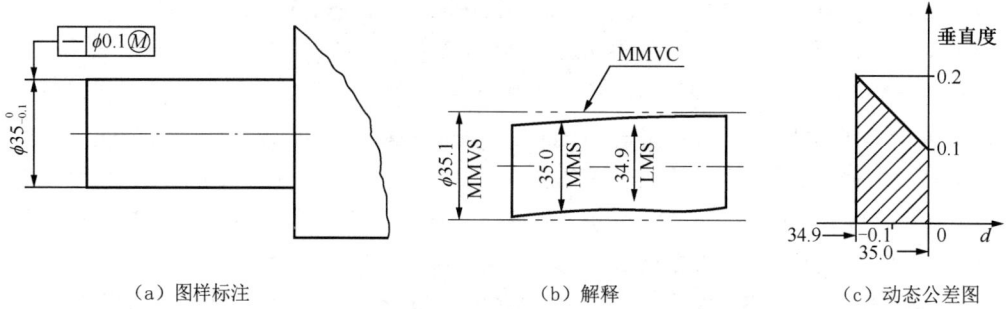

| （a）图样标注 | （b）解释 | （c）动态公差图 |

图 2.50　最大实体要求应用于单一要素

图 2.50（a）中轴线的直线度公差（ϕ0.1mm）是该轴为其最大实体状态（MMC）时给定的；若该轴为其最小实体状态（LMC）时，其轴线直线度误差允许达到的最大值可为图中给定的轴线直线度公差（ϕ0.1mm）与该轴的尺寸公差（ϕ0.1mm）之和 ϕ0.2mm；若该轴处于最大实体状态（MMC）与最小实体状态（LMC）之间，其轴线直线度公差在 ϕ0.1～ϕ0.2mm 之间变化。图 2.50（c）给出了表述上述关系的动态公差图。

（2）图 2.51 为一个外圆柱要素具有尺寸要求和对其轴线具有方向（垂直度）要求的最大实体要求 MMR 示例：

根据最大实体要求的规则和定义：

① 轴的提取要素不得违反其最大实体实效状态（MMVC），其直径为 MMVS＝ϕ35.1mm；

② 轴的提取要素各处的局部直径应大于 LMS＝34.9mm 且应小于 MMS＝35.0mm；

③ MMVC 的方向与基准垂直，但其位置无约束。

图 2.51（a）中轴线的垂直度公差（ϕ0.1mm）是该轴为其最大实体状态（MMC）时给定的；若该轴为其最小实体状态（LMC）时，其轴线垂直度误差允许达到的最大值可为图中给定的轴线直线度公差（ϕ0.1mm）与该轴的尺寸公差（ϕ0.1mm）之和 ϕ0.2mm；若该轴处于最大实体状态（MMC）与最小实体状态（LMC）之间，其轴线垂直度公差在 ϕ0.1mm～ϕ0.2mm 之间变化。图 2.51（c）给出了表述上述关系的动态公差图。

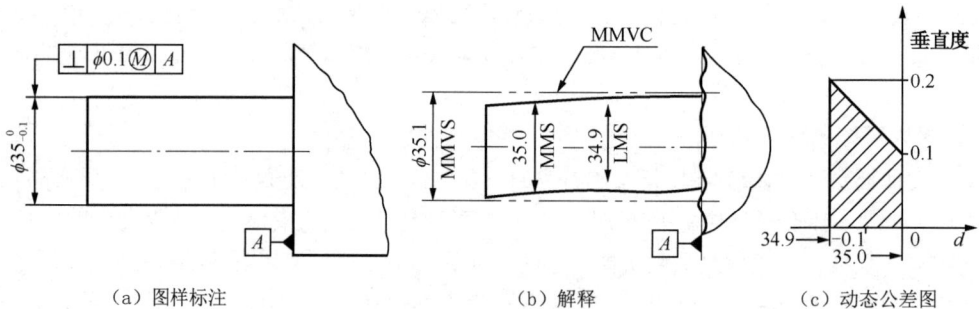

| （a）图样标注 | （b）解释 | （c）动态公差图 |

图 2.51　最大实体要求应用于外圆柱的关联要素

（3）图 2.52（a）所示零件的预期功能是与图 2.51（a）所示零件相装配，而且要求轴装入孔内时两基准平面应同时相接触。

该孔应满足下列要求：

① 孔的提取要素各处的局部直径范围为 $\phi35.20\sim\phi35.3$（mm）；

② 孔的提取要素不得违反其最大实体实效状态（MMVC），其直径为 MMVS＝35.2－0.1＝$\phi35.1$（mm），如图 2.52（b）所示。

③ MMVC 的方向与基准垂直，但其位置无约束。

图 2.52（a）中孔轴线的垂直度公差（$\phi0.1$mm）是该孔为其最大实体状态（MMC）时给定的；若该孔为其最小实体状态（LMC）时，其孔轴线垂直度误差允许达到的最大值可为图中给定的轴线垂直度公差（$\phi0.1$mm）与该孔的尺寸公差（$\phi0.1$mm）之和 $\phi0.2$mm；若该孔处于最大实体状态（MMC）与最小实体状态（LMC）之间，其孔轴线的垂直度公差在 $\phi0.1\sim\phi0.2$mm 之间变化。图 2.52（c）给出了表述上述关系的动态公差图。

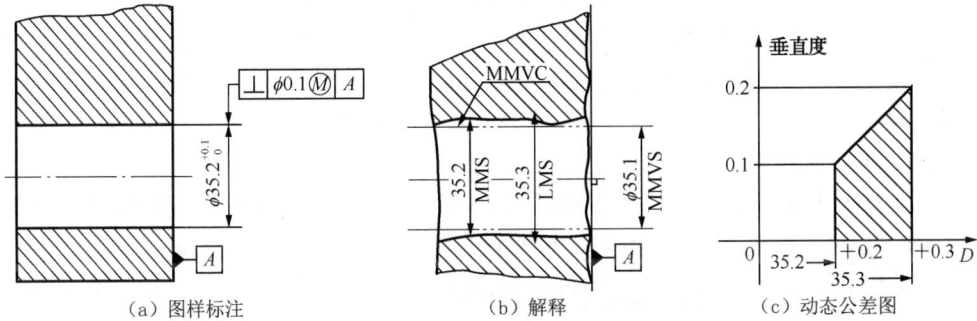

图 2.52　最大实体要求应用于内圆柱的关联要素

由于最大实体要求在几何公差与尺寸公差之间建立联系，因此，只有被测要素或基准要素为导出要素时，才能应用最大实体要求。最大实体要求一般用于主要保证可装配性，而对其他功能要求较低的零件要素，这样可以充分利用尺寸公差补偿几何公差，提高零件的合格率，从而获得显著的经济效益。

2．最小实体要求（LMR）

最小实体要求（LMR）在图样上用符号Ⓛ标注在导出要素的几何公差值之后。最小实体要求是控制被测要素的实际轮廓处于其最小实体实效边界之内的一种公差要求。当其实际（组成）要素偏离最小实体尺寸时，允许其形位误差值超出其给出的公差值。

图 2.53 为一个内孔要素具有尺寸要求和对其基准具有位置度要求的最小实体要求 LMR 示例。

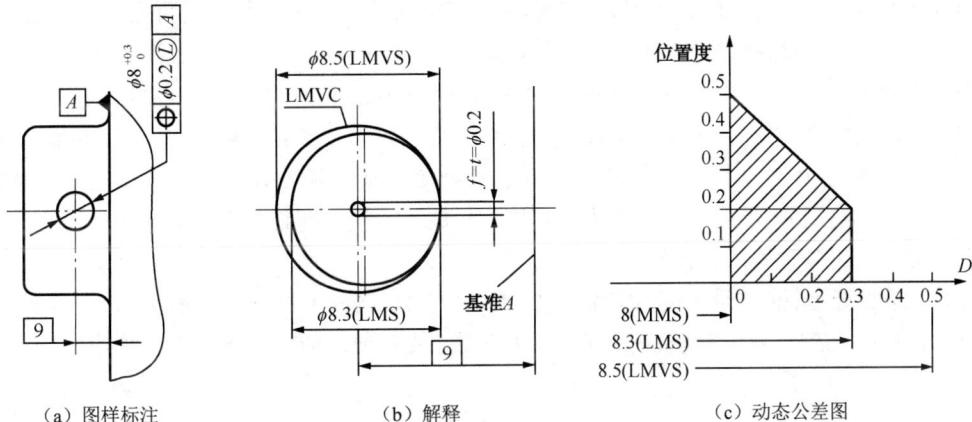

图 2.53　最小实体要求

根据最小实体要求的规则和定义，该孔应满足下列要求：

① 孔的提取要素各处的局部直径范围为$\phi 8.0 \sim \phi 8.3$（mm）；

② 孔的提取要素不得违反其最小实体实效状态（LMVC），其直径为 LMVS＝8.3＋0.2＝$\phi 8.5$（mm）；

③ 当孔为$\phi 8$mm 时，位置度公差为 0.2＋0.3＝$\phi 0.5$（mm）。

图 2.53（a）中孔$\phi 8^{+0.3}_{0}$的轴线位置度公差（$\phi 0.2$mm）是该孔为其最小实体状态（LMC）时给定的；若该孔为其最大实体状态（MMC）时，其孔轴线位置度误差允许达到的最大值可为图中给定的轴线位置度公差（$\phi 0.2$mm）与该孔的尺寸公差（$\phi 0.3$mm）之和$\phi 0.5$mm；若该孔处于最大实体状态（MMC）与最小实体状态（LMC）之间，其孔轴线的位置度公差在$\phi 0.2 \sim \phi 0.5$mm 之间变化。图 2.53（c）给出了表述上述关系的动态公差图。

3. 可逆要求（RPR）

可逆要求（RPR）是最大实体要求（MMR）或最小实体要求（LMR）的附加要求。可逆要求仅用于注有公差的要素。在最大实体要求（MMR）或最小实体要求（LMR）附加可逆要求（RPR）后，改变了尺寸要素的尺寸公差，用可逆要求（RPR）可以充分利用最大实体实效状态（MMVC）和最小实体实效状态（LMVC）的尺寸，在制造可能性的基础上，可逆要求（RPR）允许尺寸和几何公差之间相互补偿。

（1）可逆要求（RPR）用于最大实体要求（MMR）时。图样上几何公差框格中，被测要素几何公差值后的符号Ⓜ后标注Ⓡ，表示被测要素在遵守最大实体要求的同时遵守可逆要求。

可逆要求应用于最大实体要求，是指被测要素的实际轮廓应遵守其最大实体实效边界，当其实际（组成）要素偏离最大实体尺寸时，允许其形位误差值超出在最大实体状态下给出的几何公差值。当其形位误差值小于给出的几何公差值时，也允许其实际（组成）要素超出最大实体尺寸的一种要求。

图 2.54 给出了一个外圆柱要素的可逆要求应用于最大实体要求的示例。

根据可逆要求的规则和定义，该外圆柱应满足下列要求：

① 外圆柱的提取要素不得违反其最大实体实效状态（MMVC），其直径为 MMVS＝$\phi 20.2$mm；

② 外圆柱的提取要素各处的局部直径均应大于 LMS＝$\phi 19.9$mm；RPR 允许其局部直径从 MMS（$\phi 20$mm）增加至 MMVS（$\phi 20.2$mm）；

③ MMVC 的位置与基准 A 保持理论正确垂直。

图 2.54（a）外圆柱的轴线垂直度公差（$\phi 0.2$mm）是该轴为最大实体状态（MMC）时给定的，若该轴为其最小实体状态（LMC）时，其轴线垂直度误差允许达到的最大值可为图中给定的轴线垂直度公差（$\phi 0.2$mm）与圆柱的尺寸公差（$\phi 0.1$mm）之和$\phi 0.3$mm；若该轴处于最大实体状态（MMC）与最小实体状态（LMC）之间，则其轴线垂直度公差在$\phi 0.2$mm$\sim \phi 0.3$mm 之间变化。由于本例还附加了可逆要求（RPR），因此如果该轴的轴线垂直度误差小于给定的公差（$\phi 0.2$mm）时，该轴的尺寸公差允许大于 0.1mm，即其提取要素各处的局部直径可大于最大实体尺寸（MMS＝$\phi 20$mm）；如果该轴的轴线垂直度误差为零，则该轴的尺寸公差允许增大至 0.3mm。图 2.54（e）中给出了表述上述关系的动态公差图。

（2）可逆要求（RPR）用于最小实体要求（LMR）时。图样上几何公差框格中，被测要素几何公差值后的符号Ⓛ后标注Ⓡ，表示被测要素在遵守最小实体要求的同时遵守可逆要求。

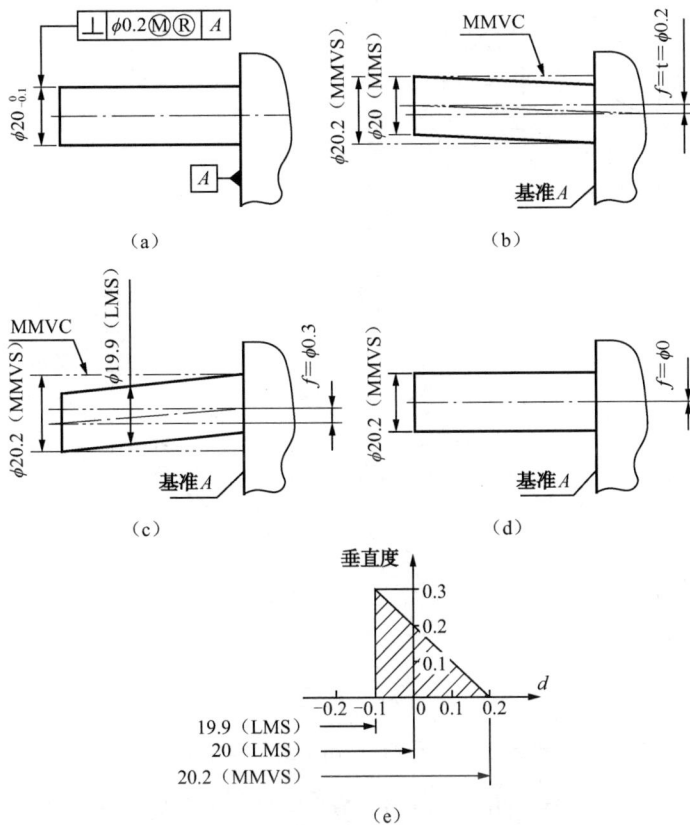

图 2.54　可逆要求应用于最大实体要求

可逆要求应用于最小实体要求，是指被测要素的实际轮廓应遵守其最小实体实效边界，当其实际（组成）要素偏离最小实体尺寸时，允许其形位误差值超出在最小实体状态下给出的几何公差值。当其形位误差值小于给出的几何公差值时，也允许其实际（组成）要素超出最小实体尺寸的一种要求。

图 2.55 为一个内孔要素的可逆要求应用于最小实体要求的示例。

根据可逆要求的规则和定义，该孔应满足下列要求：

① 孔的提取要素不得违反其最小实体实效状态（LMVC），其直径为 LMVS＝ϕ8.5mm；

② 孔的提取要素各处的局部直径均应大于 MMS＝ϕ8.0mm；RPR 允许其局部直径从 LMS（ϕ8.3mm）增加至 LMVS（ϕ8.5mm）；

③ LMVC 的位置与基准 A 保持理论正确垂直。

图 2.55（a）中孔 ϕ 8 $^{+0.3}_{0}$ 的轴线位置度公差（ϕ 0.2mm）是该孔为其最小实体状态（LMC）时给定的；若该孔为其最大实体状态（MMC）时，其孔轴线位置度误差允许达到的最大值可为图中给定的轴线位置度公差（ϕ0.2mm）与该孔的尺寸公差（ϕ0.3mm）之和ϕ0.5mm；若该孔处于最小实体状态（LMC）与最大实体状态（MMC）之间，其孔轴线的位置度公差在ϕ0.2～ϕ0.5mm 之间变化。由于本例还附加了可逆要求（RPR），因此如果该轴的轴线位置度误差小于给定的公差（ϕ0.2mm）时，该轴的尺寸公差允许大于 0.3mm，即其提取要素各处的局部直径可大于最小实体尺寸（LMS＝ϕ8.3mm）；如果该轴的轴线位置度误差为零，则该轴的尺寸公差允许增大至 0.5mm。图 2.55（e）给出了表述上述关系的动态公差图。

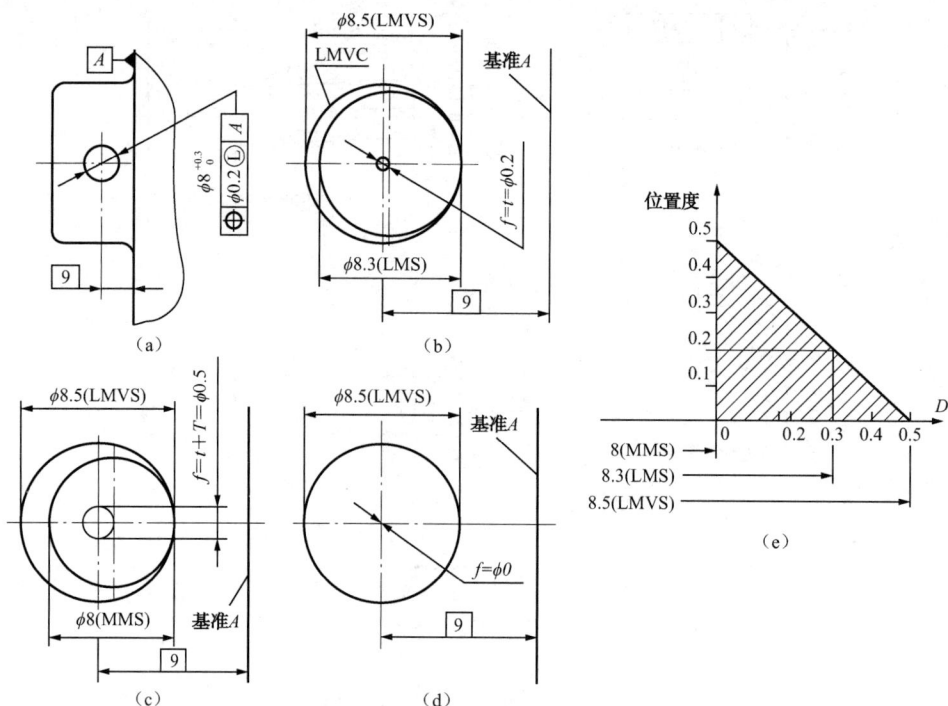

图 2.55　可逆要求应用于最小实体要求

需指出，可逆要求不能单独应用，它总是与最大实体要求或最小实体要求一起应用。在实际生产中，有些零件要素只要求将其实际轮廓限定在某一控制边界内，而无须严格区分其尺寸误差和几何误差是否在允许的范围内。换句话说，在生产中早就存在着允许几何公差与尺寸公差相互补偿的情况，如用通规检验零件就体现了尺寸公差和几何公差互补的综合。因此，凡是应用最大、最小实体要求的场合，均可考虑应用可逆要求。

4．包容要求

包容要求表示提取组成要素不得超越其最大实体状态（MMC）或最大实体边界（MMB），其局部尺寸不得超出最小实体尺寸（LMS）。即：提取组成要素处处为最大实体尺寸时，其几何公差为零；当提取组成要素偏离最大实体尺寸时，允许的几何公差可相应增加，增加量为提取组成要素与最大实体尺寸之差（绝对值）。

采用包容要求的尺寸要素应在其尺寸极限偏差或公差带代号之后加注符号 Ⓔ。

（1）包容要求用于单一要素的标注示例如图 2.56 所示。

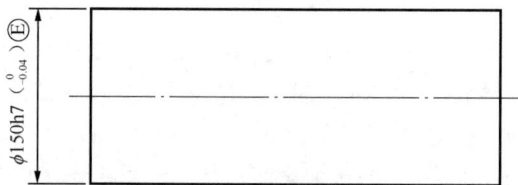

图 2.56　包容要求应用于单一要素的标注

根据包容要求的规则和定义，该轴应满足下列要求（包容要求应用于单一要素的图解如图 2.57 所示）：

① 轴的提取圆柱面不得违反其最大实体状态（MMC）或最大实体边界（MMB），其直径为 MMS＝150mm；

② 轴的提取要素各处的局部直径应大于 LMS＝149.96mm；

③ MMC 的方向与位置无约束。

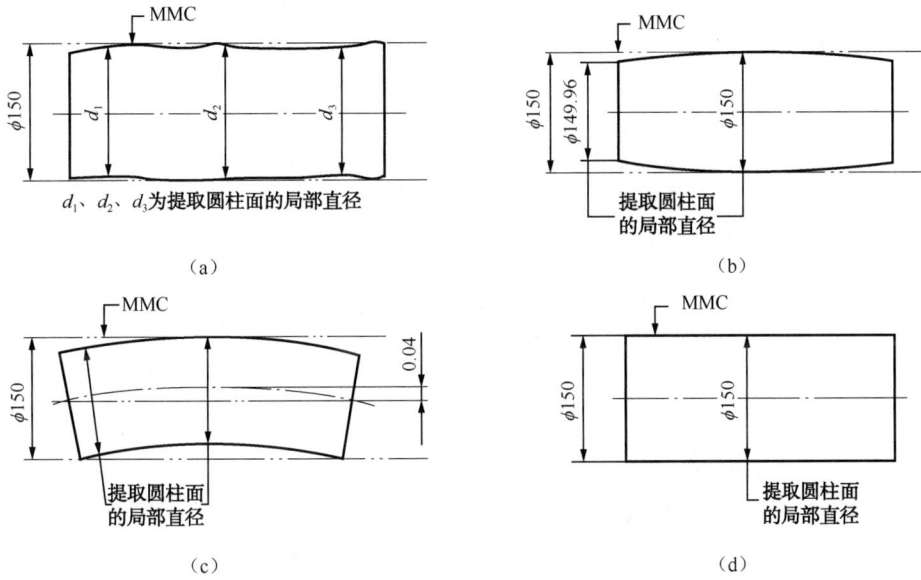

（a）

（b）

（c）

（d）

图 2.57　包容要求应用于单一要素的图解

（2）包容要求用于关联要素时，在标注的几何公差框格第二栏内用 0Ⓜ表示，如图 2.58（a）所示。根据包容要求的规则和定义，该孔应满足下列要求：

① 孔的提取要素不得违反其最大实体实效状态（MMVC），其直径为 MMVS＝35.1mm；

② 孔的提取要素各处的局部直径应小于 LMS＝35.3mm 且应大于 MMS＝35.1mm；

③ MMVC 的方向与基准垂直，但其位置无约束。

由此可见，包容要求是将尺寸和形位误差同时控制在尺寸公差范围内的一种公差要求，主要用于必须保证配合性质的要素，用最大实体边界保证必要的最小间隙或最大过盈，用最小实体尺寸防止间隙过大或过盈过小。

采用包容要求后，若对要素的几何精度有更严格的要求，还可另行给出几何公差，但几何公差值必须小于尺寸公差值。如图 2.59 所示的轴，采用包容要求的同时又给出了轴线直线度公差，这属于包容要求和独立原则同时采用。其含义是轴的提取组成要素不得超越最大实体边界，其提取圆柱面的局部直径不得小于最小实体尺寸，同时轴线直线度误差不得超过 ϕ 0.015mm。因此，即使当轴的提取圆柱面的局部直径偏离最大实体尺寸 0.04mm 时，轴线直线度公差最多也只能增大到 ϕ 0.015mm。

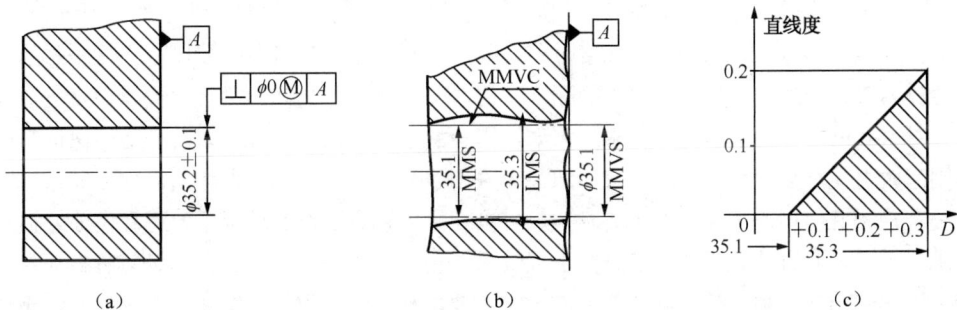

（a）

（b）

（c）

图 2.58　包容要求应用于关联要素

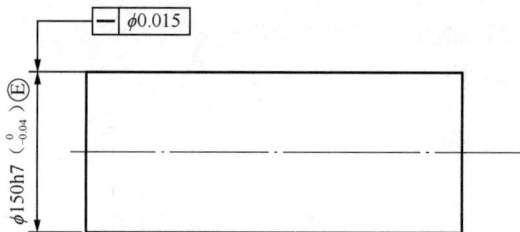

图 2.59 采用包容要求并另行给出几何公差的应用

2.6.3 几何公差的选择

在对零件规定几何公差时，主要考虑的是规定适当的公差特征项目、确定采用何种公差原则、给出公差数值、对关联要素还应给定测量基准等，这些要求最后都应该按照国家标准的规定正确地标注在图样上。

1．几何公差特征项目的选择

几何公差特征项目的选择可从以下几个方面考虑：

（1）零件的几何特征。零件几何特征不同，会产生不同的形位误差。例如，对圆柱形零件，可选择圆度、圆柱度、轴心线直线度及素线直线度等；平面零件可选择平面度；窄长平面可选直线度；槽类零件可选对称度；阶梯轴、孔可选同轴度等。

（2）零件的功能要求。根据零件不同的功能要求，给出不同的几何公差项目。例如，圆柱形零件，当仅需要顺利装配时，可选轴心线的直线度；如果孔、轴之间有相对运动，应均匀接触，或为保证密封性，应标注圆柱度公差以综合控制圆度、素线直线度和轴线直线度（如柱塞与柱塞套、阀芯及阀体等）。又如为保证机床工作台或刀架运动轨迹的精度，需要对导轨提出直线度要求；对安装齿轮轴的箱体孔，为保证齿轮的正确啮合，需要提出孔轴线的平行度要求；为使箱体、端盖等零件上的螺栓孔能顺利装配，应规定孔组的位置度公差等。

（3）检测的方便性。确定几何公差特征项目时，要考虑到检测的方便性与经济性。例如，对轴类零件，可用径向全跳动综合控制圆柱度、同轴度；用轴向全跳动代替端面对轴线的垂直度。因为跳动误差检测方便，又能较好地控制相应的形状误差。

总之，在满足功能要求的前提下，尽量减少项目，以获得较好的经济效益。设计者只有在充分地明确所设计的零件的精度要求，熟悉零件的加工工艺和有一定的检测经验的情况下，才能对零件提出合理、恰当的几何公差项目。

2．公差原则、公差要求的确定

对同一零件上同一要素，既有尺寸公差要求又有几何公差要求时，要确定它们之间的关系，即确定选用何种公差原则或公差要求。如前所述，当对零件有特殊功能要求时，采用独立原则。例如，对测量用的平板要求其工作面平面度要好，因此提出平面度公差。对检验直线度误差用的刀口直尺，要求其刃口直线度要好，因此提出直线度公差。独立原则是处理几何公差和尺寸公差关系的基本原则，应用较为普遍。为了严格保证零件的配合性质，即保证相配合件的极限间隙或极限过盈满足设计要求，对重要的配合常采用包容要求。例如，齿轮的内孔与轴的配合，如需严格地保证其配合性质时，则齿轮内孔与轴颈都应采用包容要求。当采用包容要求时，几何误差由尺寸公差来控制，若用尺寸公差控制几何误差仍满足不了要求时，可以在采用包容要求的前提下，对几何公差提出更严格的要求，当然，此时的几何公差值只能占尺寸公差值的一部分。对于仅需保证零件的可装配性，而为了便于零件的加工制造时，可以采用最大实体要求和可逆要求等。例如，法兰盘上或箱体盖上孔的位置度公差采用最大实体要求，螺钉孔与螺钉之间的间隙可以给孔间位置度公差以补偿值，从而降低了加工成本，利于装配。而应用最小实体要求的目的是保证零件的最小壁厚和设计强度、保证其相应的配合性质。

3. 基准要素的选择

由基准要素建立基准时，基准为该基准要素的拟合要素。拟合要素的位置应符合最小条件。零件上的要素都可以作为基准。选择基准时，主要应根据零件的功能和设计要求，并兼顾基准统一原则和零件结构特征，通常可以从以下几方面来考虑：

（1）从设计考虑，应根据零件形体的功能要求及要素间的几何关系来选择基准。例如，对于旋转的轴类零件，常选用与轴承配合的轴颈表面或轴两端的中心孔作基准。

（2）从加工工艺考虑，应选择零件加工时在加工夹具中定位的相应要素作基准。

（3）从测量考虑，应选择零件在测量、检验时在计量器具中定位的相应要素为基准。

（4）从装配关系考虑，应选择零件相互配合、相互接触的表面作基准，以保证零件的正确装配。

比较理想的基准是设计、加工、测量和装配基准是同一要素，也就是遵守基准统一的原则。

4. 几何公差等级和公差值的选择原则

几何公差等级的选择原则与尺寸公差等级的选择原则相同，即在满足零件使用要求的前提下，尽可能选用低的公差等级。确定公差等级的方法有类比法和计算法两种，一般多采用类比法。

几何公差值的选用原则，应根据零件的功能要求，并考虑加工的经济性和零件的结构、刚性等情况。

确定要素的公差值时，应考虑下列情况：

（1）在同一要素上给出的形状公差值应小于位置公差值。如要求平行的两个表面其平面度公差值应小于平行度公差值。

（2）圆柱形零件的形状公差值（轴线的直线度除外）一般情况下应小于其尺寸公差值。

（3）平行度公差值应小于其相应的距离公差值。

（4）对某些情况，考虑到加工的难易程度和除主参数外其他参数的影响，在满足零件功能的要求下，可适当降低 1 到 2 级选用。如孔相对于轴、细长比较大的轴或孔、距离较大的轴或孔、宽度较大（一般大于 1/2 长度）的零件表面、线对线和线对面相对于面对面的平行度、线对线和线对面相对于面对面的垂直度等。

5. 几何公差的未注公差值

图样上没有具体注明几何公差值的要求，其几何精度要求由未注几何公差来控制。为了简化制图，对一般机床加工能保证的几何精度，在技术要求中标注出下述内容，如未注几何公差按"GB/T 1184"即可。

未注几何公差等级和未注公差值应根据产品的特点和生产单位的具体工艺条件，由生产单位自行选定，并在有关的技术文件中予以明确。这样，在图样上虽然没有具体注出公差值，却明确了对形状、方向和位置有一般的精度要求。

6. 几何公差的选用和标注实例

图 2.60 为减速器的输出轴，根据对该轴的功能要求给出了有关几何公差。

两个 ϕ50k6 的轴颈，因与滚动轴承的内圈相配合，为了保证配合性质，因此采用了单一要素的包容要求；又由于该两轴颈与普通级滚动轴承的配合，要求有较高的配合质量和保证装配后轴承的几何精度，故在遵守包容要求的前提下，又进一步对轴颈表面提出圆柱度公差 0.004mm 的要求。ϕ58mm 处的两轴肩都是止推面，起一定的定位作用，故按规定给出相对基准轴线 A—B 的轴向圆跳动公差为 0.015mm。ϕ40m6 和 ϕ52r6 分别与皮带轮和齿轮内孔相配合，为了保证配合性质，也采用了包容要求。对 $\phi52r6$ 为了保证齿轮的运动精度还提出对基准 $A—B$ 径向圆跳动公差为 0.015mm 的要求。对于 $\phi52r6$ 和 $\phi40m6$ 轴颈上的键槽 16N9 和 14N9，为了保证在铣键槽时键槽的中心平面尽可能地与通过轴颈轴线的平面重合，故提出了对称度 0.040mm 的要求。

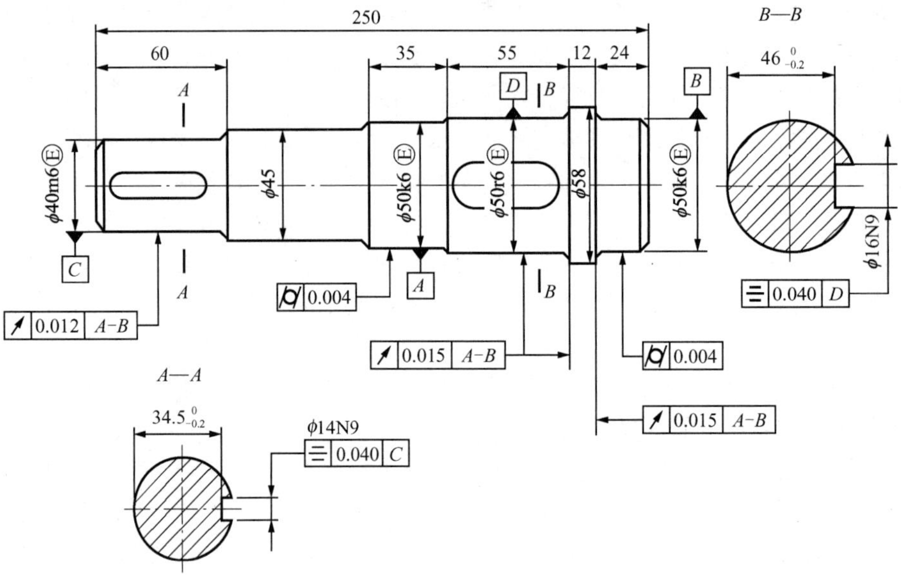

图 2.60　减速器输出轴零件图

思考与练习

1．判断题

（1）拟合要素与实际要素相接触即可符合最小条件。

（2）形状公差带不涉及基准，其公差带的位置是浮动的，与基准要素无关。

（3）形状误差数值的大小用最小包容区域的宽度或直径表示。

（4）应用最小条件评定所得出的误差值，即是最小值，但不是唯一的值。

（5）直线度公差带是距离为公差值 t 的两平行直线之间的区域。

（6）圆度公差对于圆柱是在垂直于轴线的任一正截面上量取，而对圆锥则是在法线方向测量。

（7）形状误差包含在位置误差之中。

（8）评定位置误差时，包容被测提取要素的区域与基准保持功能关系并必须符合最小条件。

（9）评定位置误差时，基准要素的拟合要素的位置应符合最小条件。

（10）建立基准的基本原则是其拟合要素的位置应符合最小条件。

（11）位置公差带具有确定的位置，但不具有控制被测提取要素的方向和形状的功能。

（12）方向公差带相对于基准有确定的方向，并具有综合控制被测提取要素的方向和形状的能力。

（13）跳动公差带不可以综合控制被测提取要素的位置、方向和形状。

（14）轴向全跳动公差带与端面对轴线的垂直度公差带相同。

（15）径向全跳动公差带与圆柱度公差带形状是相同的，所以两者控制误差的效果也是等效的。

（16）包容要求是将尺寸和形位误差同时控制在尺寸公差范围内的一种公差要求。

（17）按同一公差要求加工的同一批轴，其提取要素的局部直径完全相同。

（18）极限尺寸相等的两个零件的最小实体尺寸也相等。

（19）评定形状误差时，一定要用最小区域法。

（20）位置误差是被测提取要素的位置对基准的变动量。

2．试比较下列各项中两项公差的公差带定义、公差带的形状及基准之间的异同。

（1）圆柱的素线直线度与轴线直线度；

（2）平面度与面对面的平行度；

（3）圆度与径向圆跳动；

（4）圆度和圆柱度；

（5）端面对轴线的垂直度和轴向全跳动。

3．什么是几何公差？它们包括哪些项目？用什么符号表示？

4．什么是形状误差、方向误差和位置误差？它们应分别按什么方法来评定？

5．不同要素具有相同的公差要求，若用一个框格表示时，指引线应怎样引出？

6．何为最小条件和最小区域？评定形状误差为什么要按最小条件？评定位置误差要不要符合最小条件？

7．用水平仪测量某机床导轨的直线度误差，依次测得各点的示值为（μm）：+5，+6，0，−1.5，−0.5，+3，+2，+8。试按最小条件法和两端点连线法分别求出该机床导轨的直线度误差值。

8．对某零件实际表面均匀分布测量 9 个点，各测量点对测量基准面的坐标值如图 2.61 所示（单位：μm）。试求该表面的平面度误差。

9．用文字说明图 2.62 中所标注的各几何公差的含义。

0	+4	+6
−5	+20	−9
−10	−3	+8

图 2.61　题 8 图

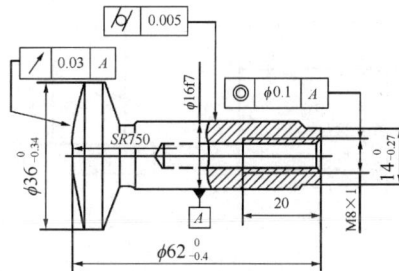

图 2.62　题 9 图

10．解释图 2.63 中单缸内燃机曲轴零件各项几何公差标注的含义，填入表 2.9 中。

表 2.9　单缸内燃机曲轴零件各项几何公差标注的含义

序号	几何特征名称	公差带形状	公差带大小	解释（被测提取要素、基准要素及要求）
①				
②				
③				
④				
⑤				
⑥				

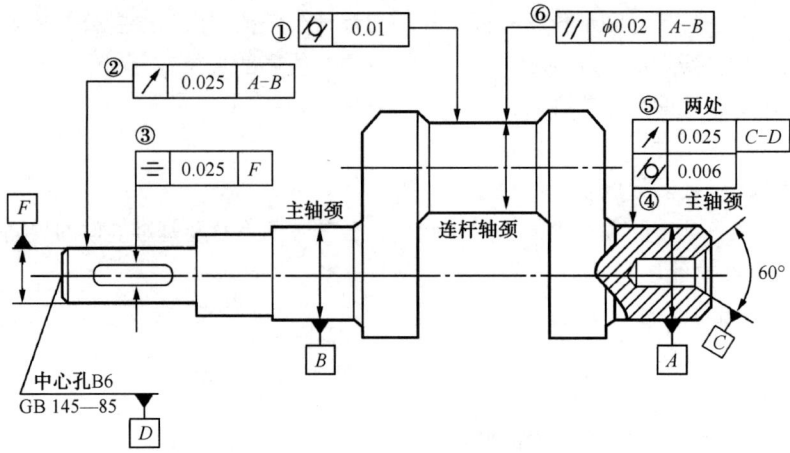

图 2.63 单缸内燃机曲轴零件

11. 根据图 2.64 的公差要求填写表 2.10，并绘出动态公差带图。

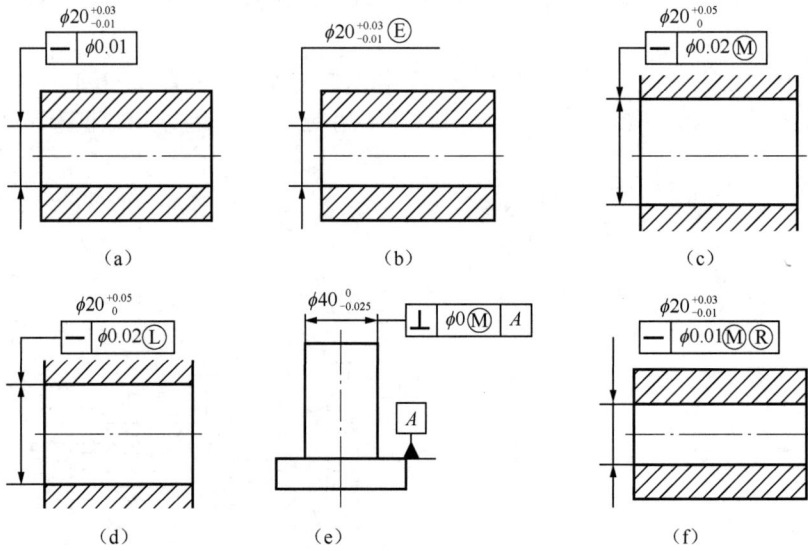

图 2.64 题 11 图

表 2.10

图序	采用的公差原则或公差要求	边界名称	MMVS 或 LMVS 尺寸（mm）	MMC 时的形位公差值（mm）	LMC 时的形位公差值（mm）
（a）					
（b）					
（c）					
（d）					
（e）					
（f）					

第 3 章 表面粗糙度

3.1 概述

在机械加工过程中，由于刀痕、切削过程中切屑分离时金属的塑性变形，工艺系统中的高频振动、刀具和被加工表面的摩擦等原因，致使被加工零件的表面产生微小的峰谷。这些微小峰谷的高低程度和间距状况就称为表面粗糙度，也称微观不平度。

实际上，一个完工零件的表面状态是极其复杂的，其实际表面一般处于非理想状态，同时存在各种几何形状误差。包含着表面粗糙度轮廓、波纹度轮廓和宏观形状轮廓等构成的几何误差，它们叠加在同一表面上。为了研究零件的表面结构，通常用垂直于零件实际表面的平面与该零件实际表面相交所得到的轮廓作为评估对象。该轮廓称为表面轮廓，它是一条轮廓曲线，如图 3.1（a）所示。一般包括表面粗糙度、表面波度和几何形状误差等。通常按波距大小（相邻两波峰或相邻两波谷之间的距离）来划分：波距小于 1mm 的属于表面粗糙度；波距在 1～10mm 的属于表面波度；波距大于 10mm 的为表面几何形状误差，如图 3.1（c）所示。表面粗糙度对零件的使用性能有着重要的影响，尤其对在高温、高速、高压条件下的机器（仪器）零件影响更大。主要表现在以下几方面。

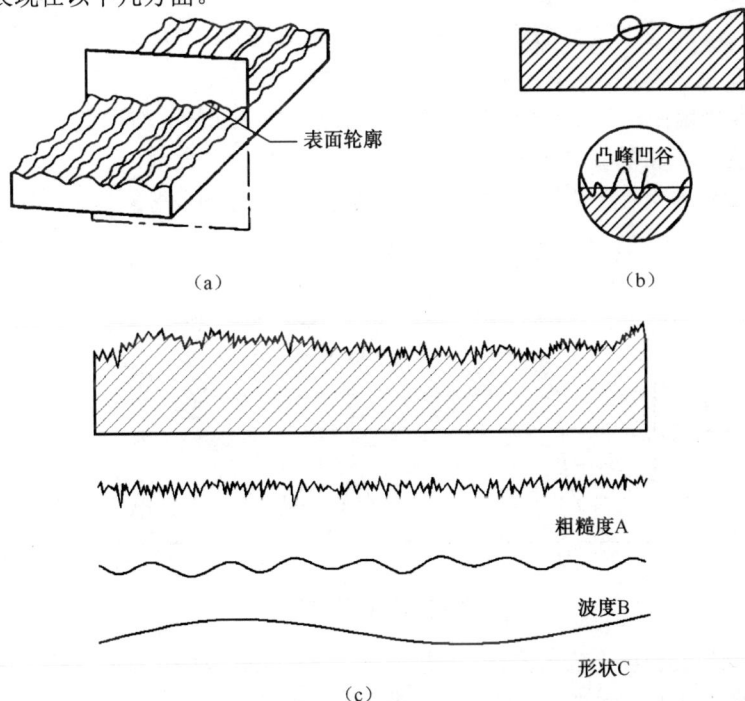

图 3.1 零件的表面轮廓

（1）表面粗糙度影响零件表面的耐磨性。当两个零件存在凸峰和凹谷并接触时，一般说来，往往是一部分峰顶接触，它比理论上的接触面积要小，单位面积上压力增大，凸峰部分容易产生塑性变形而被折断或剪切，导致磨损加快。为了提高表面的耐磨性，应对表面提出较高的加工精度要求。

（2）表面粗糙度影响零件配合性质的稳定性。对有相对运动的间隙配合而言，因粗糙表面相对运动产生磨损，实际间隙会逐渐加大。对过盈配合而言，粗糙表面在装配压入过程中，会将凸峰挤平，减小实际有效过盈，降低连接强度。

（3）表面粗糙度影响零件的抗疲劳强度。零件表面越粗糙，对应力集中越敏感。若零件受到交变应力作用，零件表面凹谷处容易产生应力集中而引起零件的损坏。

（4）表面粗糙度还对零件表面的抗腐蚀性、表面的密封性和表面外观等性能有影响。

表面粗糙度的精度要求是否恰当，不但与零件的使用要求有关，而且也会影响零件加工的经济性。因此，在设计零件时，除了要保证零件尺寸、几何的精度要求以外，对零件的不同表面也要提出适当的表面粗糙度要求。所以表面粗糙度也是评定机械零件及产品质量的重要指标之一。

3.2　表面粗糙度的术语及评定参数

为了合理评定加工后零件的表面粗糙度，GB/T 3505—2009《术语、定义及表面结构参数》、GB/T 1031—2009《表面粗糙度参数及其数值》规定了轮廓法评定表面粗糙度的术语定义、参数及其数值。下面主要介绍相关基本术语及评定参数。

3.2.1　术语及定义

1. 轮廓滤波器

滤波器是除去某些波长成分而保留所需表面成分的处理方法。轮廓滤波器是把轮廓分成长波成分和短波成分的滤波器，共有 λ_s、λ_c 和 λ_f 三种滤波器。

λ_s 滤波器：是确定存在于表面上的粗糙度与比它更短的波的成分之间相交界限的滤波器。

λ_c 滤波器：是确定粗糙度与波纹度成分之间相交界限的滤波器。

λ_f 滤波器：是确定存在于表面上的波纹度与比它更长的波的成分之间相交界限的滤波器，如图 3.2 所示。

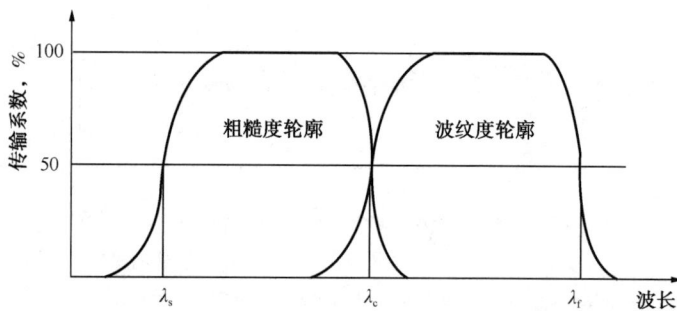

图 3.2　轮廓滤波器

它们所能抑制的波长称为截止波长。从短波截止波长至长波截止波长这两个极限值之间的波长范围称为传输带。三种滤波器的传输特性相同，截止波长不同。波长具体数值根据 GB/T 6062—2009《接触（触针）式仪器的标称特性》中的规定确定。

为了评价表面轮廓（图 3.1 所示的实际表面轮廓）上各种几何形状误差中的某一几何形状误差，可以通过轮廓滤波器来呈现这一几何形状误差，过滤掉其他的几何形状误差。加工后零件的表面轮廓通过轮廓滤波器呈现为：

① 原始轮廓对表面轮廓采用轮廓滤波器 λ_s 抑制短波后得到的总的轮廓；

② 粗糙度轮廓对原始轮廓采用 λ_c 滤波器抑制长波成分以后形成的轮廓；

③ 波纹度轮廓对原始轮廓连续采用 λ_f 和 λ_c 两个滤波器分别抑制长波成分和短波成分以后形成的轮廓。

粗糙度轮廓和波纹度轮廓均是经过人为修正的轮廓，粗糙度轮廓是评定粗糙度轮廓参数（R 参数）的基础，波纹度轮廓是评定波纹度轮廓参数（W 参数）的基础。本章只讨论粗糙度轮廓参数，波纹度轮廓参数有关内容可参考相关书籍及标准。零件表面宏观形状误差相关内容见第 2 章。

2. 取样长度 l_r

用于判别具有表面粗糙度特征的一段基准线长度。它在轮廓总的走向上量取，是为了限制和削弱其他几何形状误差，尤其是表面波度对测量结果的影响。l_r 过长，表面粗糙度的测量值中可能包含有表面波纹度的成分；过短，则不能客观地反映表面粗糙度的实际情况，使测得结果有很大的随机性。取样长度应包括 5 个以上的峰和谷，否则就不能反映表面粗糙度的真实情况，表面越粗糙，则取样长度 l_r 就应越大。评定粗糙度轮廓的取样长度 l_r 在数值上与轮廓滤波器 λ_c 的截止波长相等，如图 3.3 所示。

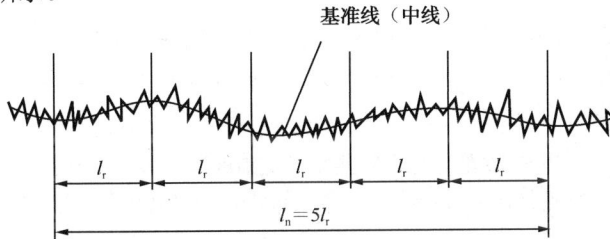

图 3.3 取样长度和评定长度

3. 评定长度 l_n

评定轮廓所必需的一段表面长度，如图 3.3 所示。规定评定长度是因为零件表面各部分的表面粗糙度不一定很均匀，在一个取样长度上往往不能合理地反映某一表面的粗糙度特征，故需要在表面上取几个取样长度来评定表面粗糙度，评定长度可以只包含一个取样长度或包含连续的几个取样长度。一般推荐取 $l_n = 5l_r$。对均匀性好的表面，可选 $l_n < 5l_r$；对均匀性较差的表面，可选 $l_n > 5l_r$。取样长度和评定长度的标准值如表 3.1 所示。

表 3.1 取样长度和评定长度标准值（摘自 GB/T10610—2009）

$R_a/\mu m$	$R_z/\mu m$	R_{sm}/mm	标准取样长度 l_r/mm	标准评定长度 l_n/mm
≥0.006~0.02	≥0.025~0.1	≥0.013~0.04	0.08	0.4
>0.02~0.1	>0.1~0.5	>0.04~0.13	0.25	1.25
>0.1~2	>0.5~10	>0.13~0.4	0.8	4
>2~10	>10~50	>0.4~1.3	2.5	12.5
>10~80	>50~200	>1.3~4	8	40

4. 中线 m

（1）轮廓的算术平均中线。在取样长度范围内，划分实际轮廓为上、下两部分，且使上、下面积相等的线，如图 3.4（a）所示。即：

$$\sum_{i=1}^{n} F_i = \sum_{i=1}^{n} F_i^{'}$$

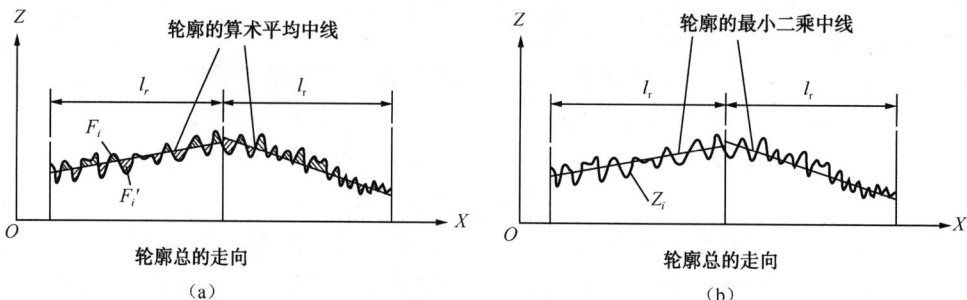

图 3.4 轮廓的算术平均中线和最小二乘中线

（2）轮廓的最小二乘中线（简称中线）。具有几何轮廓形状并划分轮廓的基准线，在取样长度内使轮廓线上各点的轮廓偏距 z_i 的平方和为最小，即 $\sum_{i=1}^{n} z_i^2$ 为最小，如图 3.4（b）所示。

从理论上讲，当轮廓不具有明显的周期时，其总方向在某一范围内就不确定，因而其算术平均中线就不是唯一的。在一簇算术平均中线中只有一条与最小二乘中线重合，实际工作中由于两者相差很少，故可用算术平均中线代替最小二乘中线。轮廓的最小二乘中线和算术平均中线是测量或评定表面粗糙度的基准，通常称为基准线。

在现代表面粗糙度测量仪器中，借助于计算机，容易精确确定最小二乘中线的位置。当采用光学仪器测量时，常用目测估计来确定轮廓的算术平均中线。

5. 轮廓峰与轮廓谷

轮廓峰表示被评定轮廓上连接轮廓与 X 轴两相邻交点的向外（从材料到周围介质）的轮廓部分；轮廓谷表示被评定轮廓上连接轮廓与 X 轴两相邻交点的向内（从周围介质到材料）的轮廓部分。

6. 轮廓单元

轮廓单元是指一个轮廓峰与相邻的一个轮廓谷的组合。轮廓峰的最高点距 X 轴的距离，称为轮廓峰高 z_p，轮廓谷的最低点与 X 轴的距离，称为轮廓谷深 z_v，一个轮廓单元的轮廓峰高 z_p 与轮廓谷深 z_v 之和，称为轮廓单元高度，用 z_t 表示；一个轮廓单元与 X 轴相交线段的长度，称为轮廓单元宽度，用 X_s 表示，如图 3.5 所示。

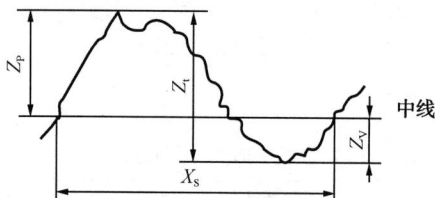

图 3.5 轮廓单元

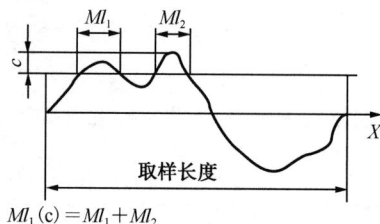

$$Ml_1(c) = Ml_1 + Ml_2$$

图 3.6 轮廓实体材料长度

7. 轮廓实体材料长度 Ml（c）

轮廓的实体材料长度是指在一个给定水平截面高度 c 上用一条平行于 X 轴的线与轮廓单元相截所获得的各段截线长度之和，用 Ml（c）表示，如图 3.6 所示。

$$Ml(c) = Ml_1 + Ml_2$$

3.2.2　表面粗糙度的评定参数

为了定量地评定表面粗糙度轮廓，国家标准从表面微观几何形状的高度、间距和形状三方面的特征，相应规定了有关参数。因此在评定表面粗糙度轮廓时，采用幅度参数、间距参数和混合参数。其中幅度参数是基本参数，间距参数和混合参数是附加评定参数。

1. 幅度参数

GB/T 3505—2009 规定的表面粗糙度评定参数，在实际中根据需要选用，但幅度特征参数 R_a 或（和）R_z 是必须标注的。

（1）轮廓的算术平均偏差 R_a

在一个取样长度内，被测轮廓上各点至轮廓中线偏距绝对值的算术平均值，如图 3.7 所示。

$$R_a = \frac{1}{l_r} \int_0^{lr} |z(x)| dx \text{ 或近似值：} R_a = \frac{1}{n} \sum_{i=1}^n |z_i|$$

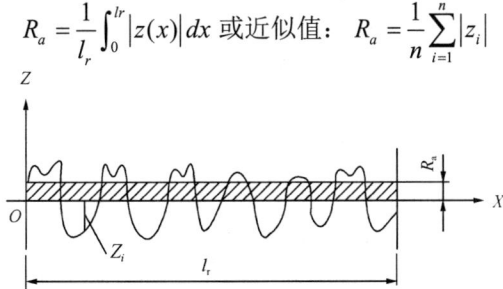

图 3.7　轮廓算术平均偏差

（2）轮廓最大高度 R_z

在一个取样长度内，轮廓峰高的最大值称为最大轮廓峰高，用 R_p 表示，轮廓谷深的最大值称为最大轮廓谷深，用 R_v 表示。

轮廓的最大高度 R_z 是指在一个取样长度内，被评定轮廓的最大轮廓峰高 R_p 与最大轮廓谷深 R_v 之和，即 $R_z = R_p + R_v$，如图 3.8 所示。

显然，评定粗糙度轮廓的幅度参数 R_a、R_z 的数值越大，则零件表面越粗糙。R_a 参数能客观地反映表面微观几何形状误差，是通常采用的评定参数。一般用触针式电动轮廓仪进行测量。R_z 测量相对简单，但不如 R_a 值能准确反映表面几何特性。

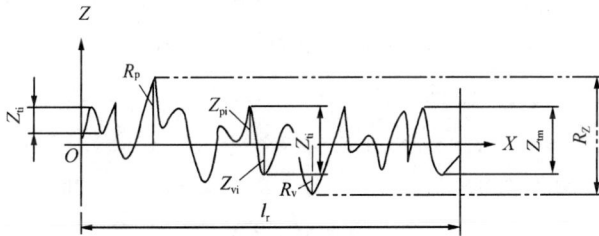

图 3.8　轮廓最大高度 R_z

从 R_a 和 R_z 的定义可以看出，R_a 所反映的轮廓信息量比 R_z 要多，所以 R_a 参数是首选。

2. 间距参数

轮廓单元的平均宽度 R_{sm} 是指在一个取样长度内轮廓单元宽度的平均值，如图 3.9 所示。R_{sm} 的值可以反映被测表面加工痕迹的细密程度。

$$R_{sm} = \frac{1}{m} \sum_{i=1}^m X_{si}$$

3. 混合参数

轮廓的支承长度率 $R_{mr}(c)$ 是指在评定长度范围内在给定水平截面高度 c 上轮廓的实体材料长度 $Ml(c)$ 与评定长度的比率。

$$R_{mr}(c) = \frac{Ml(c)}{l_n}$$

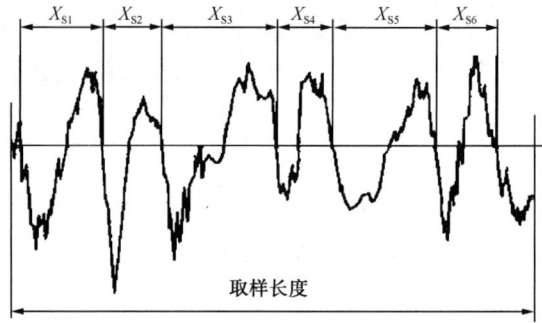

图 3.9　轮廓单元的宽度

表示轮廓支承长度率随水平截面高度 c 变化关系的曲线称为轮廓支承长度率曲线，如图 3.10 所示，显然不同的 c 位置有不同的轮廓支承长度率。

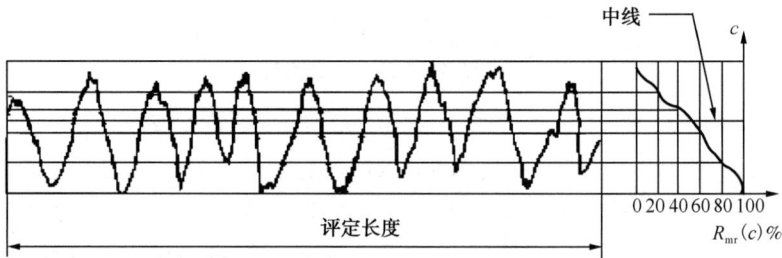

图 3.10　轮廓支承长度率曲线

轮廓支承长度率与零件的实际轮廓形状有关，能直观反映实际接触面积的大小，是反映零件表面耐磨性能的指标。对于不同的实际轮廓形状，在相同的评定长度内对于相同的水平截距，轮廓支承长度率越大，则表示零件表面凸起的实体部分就越大，承载面积就越大，因而接触刚度就越高，耐磨性能就越好。如图 3.11（a）表面的耐磨性能较好，图 3.11（b）的耐磨性能较差。

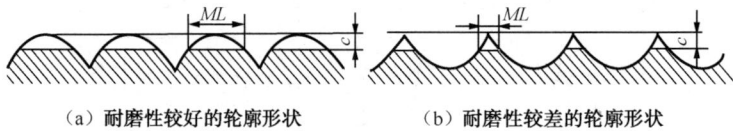

（a）耐磨性较好的轮廓形状　　　　　　（b）耐磨性较差的轮廓形状

图 3.11　不同轮廓形状的实体材料长度

3.3　表面粗糙度选用与标注

3.3.1　表面粗糙度参数的选用

幅度参数是标准规定的基本参数，是必须标注的参数，可以独立选用，在零件选用表面粗糙度参数时，绝大多数情况下，只要选用幅度参数即可。只有当幅度参数不能满足零件的使用要求时，才附加给出间距参数或混合参数。

1．基本参数（R_a、R_z）的选择

（1）在幅度参数（R_a＝0.025～6.3μm，R_z＝0.1～25μm）范围内，轮廓的算术平均偏差 R_a 能较全面客观地反映表面微观几何形状的特性，可优先选用。R_a 通常采用电动轮廓仪测量，电动轮廓仪的测量范围为 0.02～8μm。在该范围内用触针式轮廓仪测量 R_a 值比较容易，便于进行数值处理。因此，对于光滑表面和半光滑表面，表面有耐磨性要求时，普遍采用 R_a 作为评定参数。但因受触针式轮廓仪功能的限制，不宜用做于过于粗糙或太光滑表面的评定参数。当表面粗糙度要求特别高或特别低时不宜采用 R_a。

（2）对于 $R_a>6.3\mu m$ 和 $R_a<0.025\mu m$ 范围内的零件表面，多采用 R_z。在此参数范围内，零件表面过于粗糙度或过于光滑，不便采用触针式轮廓仪测量 R_a，此时选用 R_z，便于用测量 R_z 的仪器进行测量。通常用光学仪器（光切显微镜和干涉显微镜）测量 R_z，测量范围为 $0.1\sim60\mu m$，但由于测量点有限，反映出的表面轮廓信息不如 R_a 全面，有一定局限性。

（3）轮廓最大高度 R_z 测点数少，一般不单独使用，常与 R_a 连用，控制微观不平度谷深，从而控制微观裂纹的深度，防止应力集中，保证零件的抗疲劳强度和密封性，常标注于受交变应力作用的工作表面。

（4）当被测表面面积太小，难以取得一个规定的取样长度，不适宜采用 R_a 评定时，也常选用 R_z 作为评定参数。

（5）零件材料较软时，不能选用 R_a，因为 R_a 值常采用针描法进行测量，针描法用于测量软材料，可能会划伤被测表面，而且也会影响测量结果的准确性。

2．附加参数（R_{sm}、$R_{mr}(c)$）的选择

附加参数包括轮廓单元的平均宽度 R_{sm}（间距参数）和轮廓支承长度率 R_{mr}（c）（混合参数），其中，前者是反映间距特性的参数，主要用于密封性、外观质量要求较高的表面；后者是反映形状特性的参数，主要用于接触刚度或耐磨性要求较高的表面。以下情况可以考虑选择附加参数：

（1）对于密封性要求高的表面，可以规定 R_{sm}。

（2）当表面要求承受交变应力时，可以选用 R_z 和 R_{sm}。

（3）当表面着重要求外观质量和可漆性（如喷涂均匀，涂层有极好的附着性和光洁性等）时，可选用 R_a 和 R_{sm}。例如，汽车外形钢板除要控制幅度参数 R_a 外，还需进一步控制 R_{sm}，以提高钢板的可漆性。

（4）要求冲压成形后抗裂纹、抗振、抗腐蚀、减小流体流动摩擦阻力等情况下也可选用 R_{sm}。

（5）当要求轮廓实际接触面积大、接触刚度较高或耐磨性好时可以选用 R_a、R_z 和 R_{mr}（c）。

3.3.2 表面粗糙度参数值的选用

1．表面粗糙度参数值

表面粗糙度参数值，分别列于表 3.2 至表 3.5 中。根据表面功能和生产的经济合理性，当选用表 3.2～表 3.5 中的基本系列值不能满足要求时，可选取补充系列值。

表 3.2 轮廓的算术平均偏差 R_a 的数值（摘自 GB/T1031－2009） （μm）

基本系列	补充系列	基本系列	补充系列	基本系列	补充系列	基本系列	补充系列	基本系列	补充系列
	0.008		0.063	0.50			4.0		32
	0.010		0.080	0.63			5.0		40
0.012			0.100	0.80		6.3		50	
	0.016		0.125	1.00			8.0		63
	0.020		0.160	1.25			10.0		80
0.025			0.20	1.60		12.5		100	
	0.032		0.25	2.0			16.0		
	0.040		0.32	2.5			20.0		
0.050			0.40	3.2		25			

表 3.3　轮廓最大高度 R_z 的数值（摘自 GB/T1031—2009）　　　　（μm）

基本系列	补充系列	基本系列	补充系列	基本系列	补充系列	基本系列	补充系列	基本系列	补充系列
0.025			0.25		2.5	25			250
	0.032		0.32	3.2			32		320
	0.040	0.40			4.0		40	400	
0.050			0.50		5.0	50			500
	0.063		0.63	6.3			63		630
	0.080	0.80			8.0		80	800	
0.100			1.0		10.0	100			1 000
	0.125		1.25	12.5			125		1250
	0.160	1.60			16.0		160	1600	
0.20			2.0		20	200			

表 3.4　轮廓单元平均宽度 R_{sm} 的数值（摘自 GB/T1031—2009）　　　　（mm）

基本系列	补充系列	基本系列	补充系列	基本系列	补充系列	基本系列	补充系列
	0.002	0.025			0.25		2.5
	0.003		0.032		0.32	3.2	
	0.004		0.040	0.4			4.0
	0.005	0.050			0.50		5.0
0.006			0.063		0.63	6.3	
	0.008		0.080	0.8			8.0
	0.010	0.1			1.00		10.0
0.0125			0.125		1.25	12.5	
	0.016		0.160	1.6			
	0.020	0.2			2.0		

表 3.5　轮廓支承长度率 $R_{mr}(c)$ 的数值（摘自 GB/T1031—2009）

$R_{mr}(c)$	10	15	20	25	30	40	50	60	70	80	90

注： 选用轮廓支承长度率 $R_{mr}(c)$ 时，应同时给出轮廓截面高度 c 值。c 值可用微米或 R_z 的百分数表示，R_z 的百分数系列为 5%、10%、15%、20%、25%、30%、40%、50%、60%、70%、80%、90%。

2. 表面粗糙度参数值的选择

应该指出的是，在国标 GB/T1031—2009 中不划分粗糙度等级，只列出评定参数的允许值的数系。在设计时需要根据具体条件选择适当的评定参数及其允许值，并将其数值按标准规定的格式标注在图样规定的位置上。

表面粗糙度参数值的选择既要满足零件的功能要求，又要考虑它的经济性，一般可参照经过验证的实例，用类比法来确定，一般选择原则如下。

（1）在满足表面功能要求的情况下，尽量选用较大的表面粗糙度参数值。

（2）同一零件上，工作表面的粗糙度参数值小于非工作表面的粗糙度参数值。

（3）摩擦表面比非摩擦表面的参数值要小；滚动摩擦表面比滑动摩擦表面的粗糙度参数值小；运动速度高，单位压力大的摩擦表面应比运动速度低，单位压力小的摩擦表面的粗糙度参数值要小。

（4）受循环载荷的表面及容易引起应力集中的部位，粗糙度参数值要小。

（5）一般情况，过盈配合表面比间隙配合表面的粗糙度数值要小，对间隙配合，间隙越小，粗糙度的参数值应越小。

（6）配合性质相同时，零件尺寸越小则表面粗糙度参数值应越小；同一精度等级，小尺寸比大尺寸、轴比孔的表面粗糙度参数值要小。

（7）要求防腐蚀、密封性能好或外表美观的表面，其粗糙度参数值应较小。

通常尺寸公差、表面形状公差小时，表面粗糙度参数值也小。但表面粗糙度参数值和尺寸公差、表面形状公差之间并不存在确定的函数关系，如手轮、手柄的尺寸公差值较大，表面粗糙度参数值却较小。一般情况下，它们之间有一定的对应关系，可参照表 3.6 所列的对应关系。

表 3.6　形状公差与表面粗糙度参数值的关系

形状公差 t 占尺寸公差 T 的百分比 /%	表面粗糙度参数值占尺寸公差的百分比	
	R_aT^{-1}/ %	R_zT^{-1}/ %
≈60	≤5.0	≤20
≈40	≤2.5	≤10
≈25	≤1.2	≤5

选用表面粗糙度参数值的方法通常采用类比法。表 3.7 给出不同表面粗糙度的表面特性、经济加工方法及应用举例，可供选用表面粗糙度参数值时参考。

根据机械零件表面的配合性质、公差等级、基本尺寸和使用功能，表 3.8 列出了推荐的常用表面粗糙度参数值。

表 3.7　表面粗糙度的表面特征、经济加工方法及应用举例

表面微观特性		R_a/μm	R_z/μm	加工方法	应用举例
粗糙表面	微见刀痕	≤20	≤80	粗车、粗刨、粗铣、钻、毛锉、锯断	半成品粗加工过的表面，非配合的加工表面，如轴端面、倒角、钻孔、齿轮皮带轮侧面、键槽底面、垫圈接触面
半光表面	微见加工痕迹	≤10	≤40	车、刨、铣、镗、钻、粗铰	轴上不安装轴承、齿轮处的非配合表面，紧固件的自由装配表面，轴和孔的退刀槽
	微见加工痕迹	≤5	≤20	车、刨、铣、镗、磨、拉、粗刮、滚压	半精加工表面，箱体、支架、盖面、套筒等和其他零件结合而无配合要求的表面，需要法兰的表面等
	看不清加工痕迹	≤2.5	≤10	车、刨、铣、镗、磨、拉、刮、压、铣齿	接近于精加工表面，箱体上安装轴承的镗孔表面，齿轮的工作面
光表面	可辨加工痕迹方向	≤1.25	≤6.3	车、镗、磨、拉、刮、精铰、磨齿、滚压	圆柱销、圆锥销，与滚动轴承配合的表面，普通车床导轨面，内、外花键定心表面
	微辨加工痕迹方向	≤0.63	≤3.2	精铰、精镗、磨、刮、滚压	要求配合性质稳定的配合表面，工作时受交变应力的零件，高精度车床的导轨面
	不可辨加工痕迹方向	≤0.32	≤1.6	精磨、珩磨、超精加工	精度机床主轴锥孔、顶尖圆锥面、发动机曲轴、凸轮轴工作表面，高精度齿轮表面
极光表面	亮光泽面	≤0.16	≤0.8	精磨、研磨、普通抛光	精密机床主轴轴颈表面，一般量规工作表面，汽缸套内表面，活塞销表面
	亮光泽面	≤0.08	≤0.4	超精磨、精抛光、镜面磨削	精密机床主轴轴颈表面，滚动轴承的滚珠，高压油泵中柱塞和柱塞配合的表面
	镜状光泽面	≤0.04	≤0.2		
	镜面	≤0.01	≤0.05	镜面磨削、超精研	高精度量仪、量块的工作表面，光学仪器中的金属镜面

表 3.8　常用表面粗糙度的参数值　　　　　　　　　　　　　　　（μm）

经常装拆的配合表面				过盈配合的配合表面					定心精度高的配合表面			滑动轴承表面		
公差等级	表面	基本尺寸/mm		公差等级	表面	基本尺寸/mm			径向跳动	轴	孔	公差等级	表面	R_a
		~50	>50~500			~50	>50~120	>120~500		R_a				
		R_a				R_a								
IT5	轴	0.2	0.4	IT5	轴	0.1~0.2	0.4	0.4	2.5	0.05	0.1	IT6~IT9	轴	0.4~0.8
	孔	0.4	0.8		孔	0.2~0.4	0.8	0.8	4	0.1	0.2		孔	0.8~1.6
IT6	轴	0.4	0.8	装配按机械压入法 IT6~IT7	轴	0.4	0.8	1.6	6	0.1	0.2	IT10~IT12	轴	0.8~3.2
	孔	0.4~0.8	0.8~1.6		孔	0.8	1.6	1.6	10	0.2	0.4		孔	1.6~3.2
IT7	轴	0.4~0.8	0.8~1.6	IT8	轴	0.8	0.8~1.6	1.6~3.2	16	0.4	0.8	流体润滑	轴	0.1~0.4
	孔	0.8	1.6		孔	1.6	1.6~3.2	1.6~3.2	20	0.8	1.6		孔	0.2~0.8
IT8	轴	0.8	1.6	热装法	轴	1.6								
	孔	0.8~1.6	1.6~3.2		孔	1.6~3.2								

3．规定表面粗糙度要求的一般规则

（1）为保证零件的表面质量，可按功能需要规定表面粗糙度参数值，否则，可不规定其参数值，也不需要检查。

（2）在规定表面粗糙度要求时，应给出表面粗糙度参数值和测定时的取样长度值两项基本要求，必要时也可规定表面纹理、加工方法或加工顺序和不同区域的粗糙度等附加要求。

（3）表面粗糙度各参数的数值应在垂直于基准面的各截面上获得。对给定的表面，如截面方向与高度参数（R_a、R_z）最大值的方向一致，则可不规定测量截面的方向，否则应在图样上标出。

（4）表面粗糙度要求不适用于表面缺陷，在评定过程中，不应把表面缺陷（如沟槽、气孔、划痕等）包含进去。必要时，应单独规定表面缺陷的要求。

3.3.3　表面粗糙度的标注

表面粗糙度在图样上的标注按国标 GB/T131—2006《技术产品文件中表面结构的表示法》的规定标注。

1．表面粗糙度的符号

GB/T131—2006 规定了一个基本图形符号、两个扩展图形符号和三个完整图形符号，如表 3.9所示。

表 3.9　表面粗糙度的图形符号

符　号	含　义
√	基本图形符号，未指定工艺方法的表面。当通过一个注释解释时可单独使用
▽	扩展图形符号，用去除材料的方法获得的表面；仅当其含义是"被加工表面"时可单独使用

符　　号	含　　义
	扩展图形符号，不去除材料的表面，也可用于表示保持上道工序形成的表面，不管这种状况是通过去除材料或不去除材料形成的

基本图形符号由两条不等长的与标注表面成 60°夹角的直线构成。基本图形符号仅用于简化标注，没有补充说明时不能单独使用。

扩展图形符号是对表面结构有指定要求的图形符号。扩展图形符号是在基本图形符号上加一短横或加一个圆圈。

完整图形符号是对基本图形符号或扩展图形符号扩充后的图形符号。

（1）扩展图形符号的长边加一横线就构成去除材料的方法（如车、铣、刨、钻、磨、抛光、电火花加工等）获得的表面，采用的完整图形符号如图 3.12（a）所示；和不去除材料的方法（如铸造、锻造、冲压、粉末冶金等）获得的表面，采用的完整图形符号如图 3.12（b）所示。

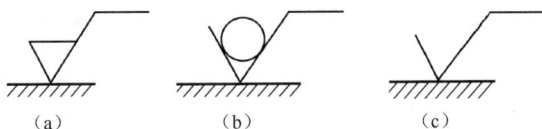

（a）　　　　　（b）　　　　　（c）

图 3.12　表面粗糙度符号

（2）基本图形符号加一横线就构成用于任何工艺方法获得的表面，采用的完整图形符号如图 3.12（c）所示。

2．表面粗糙度的代号

表面粗糙度代号是以表面粗糙度符号、参数、参数值及其他有关要求的标注组合形成的。其表面特征各项规定的注写位置如图 3.13 所示。

在完整图形符号各个指定位置上分别注写下列技术要求：

图 3.13　表面粗糙度代号

（1）位置 a：注写幅度参数符号（R_a 或 R_z）及极限值，并按以下顺序依次注写下列的各项技术要求的符号及相关数值：

上、下限值符号　传输带数值/幅度参数符号　评定长度值　极限值判断规则（空格）幅度参数极限值。必须注意：

① 传输带数值后面有一条斜线"/"，若传输带数值采用默认的标准化值而省略标注，则此斜线不予注出。

② 评定长度值是用它所包含的取样长度个数（阿拉伯数字）来表示的，如果默认为标准化值 5（即 $l_n=5×l_r$），同时极限值判断规则采用默认规则，而都省略标注，则为了避免误解，幅度参数符号与幅度参数极限值之间应插入空格，否则可能把该极限值的首位数误认为表示评定长度值的取样长度个数。

③ 倘若极限值判断规则采用默认规则而省略标注，则为了避免误解，评定长度值与幅度参数极限值之间应插入空格，否则可能把表示评定长度值的取样长度个数误认为极限值的首位数。

（2）位置 b：注写附加评定参数的符号及相关数值（如 R_{sm}，其单位为 mm）。

（3）位置 c：注写加工方法、表面处理、涂层或其他加工工艺要求，如车、磨、镀等加工表面。

（4）位置 d：注写要求的表面纹理和纹理的方向。

（5）位置 e：注写加工余量（以 mm 为单位给出数值）。

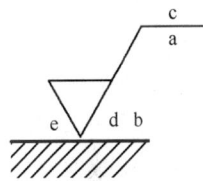

3. 表面粗糙度轮廓幅度参数的标注

在完整图形符号上，幅度参数的符号及极限值应一起标注。按 GB/T131—2006 的规定，在完整图形符号上标注极限值，其给定数值分为下列两种情况：

（1）标注极限值中的一个数值且默认为上限值

当只单向标注一个数值时，则默认为它是幅度参数的上限值。标注示例如图 3.14 所示（默认传输带，默认评定长度 $l_n=5\times l_r$，默认为 16%规则）。

（2）同时标注上、下限值

需要在完整图形符号上同时标注幅度参数上、下限值时，则应分成两行标注幅度参数符号和上、下限值。上限值标注在上方，并在传输带的前面加注符号"U"。下限值标注在下方，并在传输带的前面加注符号"L"。当传输带采用默认的标准化值而省略标注时，则在上方和下方幅度参数符号的前面分别加注符号"U"和"L"，标注示例如图 3.15 所示（去除材料，默认传输带，默认评定长度 $l_n=5\times l_r$，默认为 16%规则）。

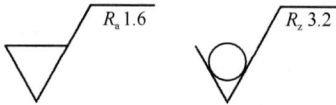

图 3.14　幅度参数值默认为上限值的标注

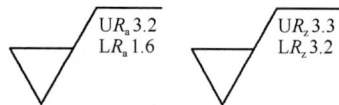

图 3.15　同时标注幅度参数上、下限值的标注

对某一表面标注幅度参数的上、下限值时，在不引起歧义的情况下，可以不加写"U"、"L"。

4. 极限值判断规则的标注

根据表面粗糙度轮廓参数代号上给定的极限值，对实际表面进行检测后判断其合格性时，按 GB/T10610—2009 的规定，可以采用下列两种判断规则。

（1）16%规则

16%规则是指在同一评定长度范围内幅度参数所有的实测值中，大于上限值的个数少于总数的 16%，小于下限值的个数少于总数的 16%，则认为合格。16%规则是表面粗糙度轮廓技术要求标注中的默认规则，如图 3.14、图 3.15 所示。

（2）最大规则

在幅度参数符号的后面增加标注一个"max"的标记，则表示检测时合格性的判断采用最大规则。它是指整个被测表面上幅度参数所有的实测值皆不大于上限值，才认为合格。标注示例如图 3.16、3.17 所示（去除材料，默认传输带，默认 $l_n=5\times l_r$）。

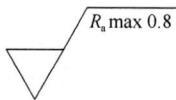

图 3.16　应用最大规则且默认
　　　　　为上限值的标注

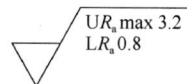

图 3.17　应用最大规则的上限值和默认 16%
　　　　　规则的下限值的标注

5. 传输带和取样长度、评定长度的标注

如果表面粗糙度轮廓完整图形符号上没有标注传输带（如图 3.14～图 3.17 所示），则表示采用默认传输带，即默认短波滤波器和长波滤波器的截止波长（λ_s 和 λ_c）皆为标准化值。

需要指定传输带时，传输带标注在幅度参数符号的前面，并用斜线"/"隔开。传输带用短波和长波滤波器的截止波长（mm）进行标注，短波滤波器 λ_s 在前，长波滤波器 λ_c 在后（$\lambda_c=l_r$），它们之间用连字号"–"隔开，标注示例如图 3.18 所示（去除材料，默认 $l_n=5\times l_r$，幅度参数值默认为上限值，默认 16%规则）。

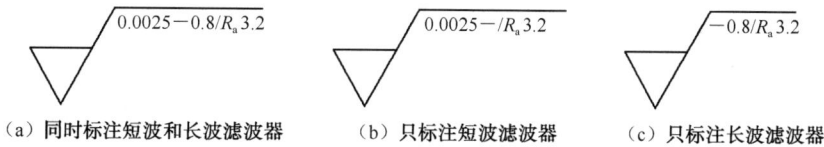

| （a）同时标注短波和长波滤波器 | （b）只标注短波滤波器 | （c）只标注长波滤波器 |

图 3.18　确认传输带的标注

图 3.18（a）的标注中，传输带 $\lambda_s=0.0025$mm，$\lambda_c=l_r=0.8$mm。在某些情况下，对传输带只标注两个滤波器中的一个，另一个滤波器则采用默认的截止波长标准化值。如只标注一个滤波器，应保留连字号"-"来区分是短波滤波器还是长波滤波器，例如图 3.18（b）的标注中，传输带 λ_s =0.0025mm，λ_c 默认为标准化值；图 3.18（c）的标注中，传输带 $\lambda_c=0.8$mm，λ_s 默认为标准化值。

设计时若采用标准评定长度，即采用默认的取样长度个数 5 可省略标注（如图 3.18 所示）。需要指定评定长度时（在评定长度范围内的取样长度个数不等于 5），则应在幅度参数符号的后面注写取样长度的个数，如图 3.19 所示（去除材料，评定长度 $l_n \neq 5 \times l_r$，幅度参数值默认为上限值）。图 3.19（a）的标注中，$l_n=3 \times l_r$，$\lambda_c=l_r=1$mm，λ_s 默认为标准化值，判断规则默认为"16%规则"。图 3.19（b）的标注中，$l_n=6 \times l_r$，传输带为 0.008～1mm，判断规则采用最大规则。

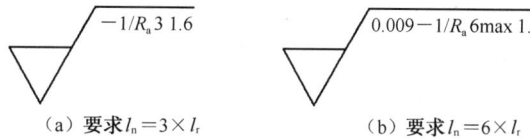

| （a）要求 $l_n=3 \times l_r$ | （b）要求 $l_n=6 \times l_r$ |

图 3.19　评定长度的标注

6．表面纹理的标注

纹理方向是指表面纹理的主要方向，通常由加工工艺决定。典型的表面纹理及其方向用规定的符号（图 3.20）标注在完整符号中（图 3.13 位置 d 处）。如果这些符号不能清楚地表示表面纹理要求，可以在零件图上加注说明。采用定义的符号标注表面纹理不适用于文本标注。

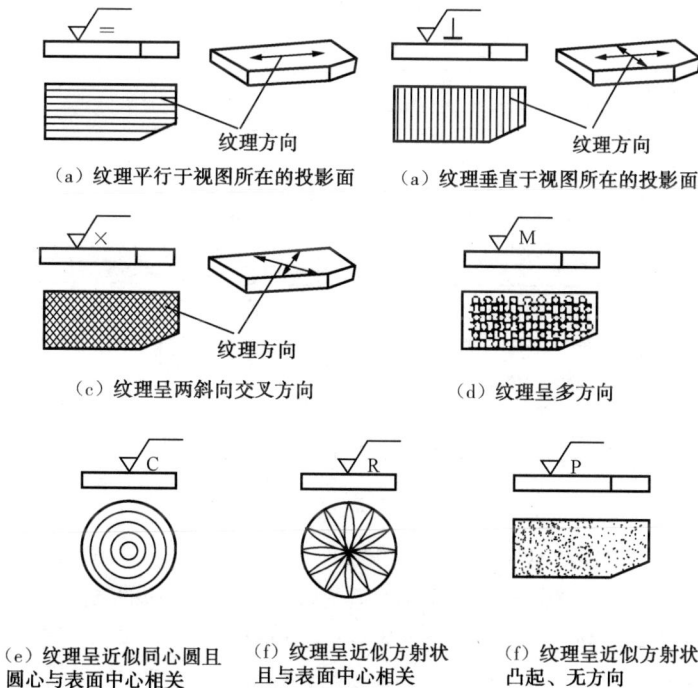

（a）纹理平行于视图所在的投影面　　　　　（a）纹理垂直于视图所在的投影面

（c）纹理呈两斜向交叉方向　　　　　（d）纹理呈多方向

（e）纹理呈近似同心圆且
圆心与表面中心相关

（f）纹理呈近似放射状
且与表面中心相关

（f）纹理呈近似放射状
凸起、无方向

图 3.20　表面纹理方向符合及标注图例

7．附加评定参数和加工方法的标注

加工工艺用文字在完整图形符号中（图 3.13 位置 c 处）注明。附加评定参数和加工方法的标注示例如图 3.21 所示。该图也为上述各项技术要求在完整图形符号上标注的示例。用磨削加工的方法获得的表面，其幅度参数 R_a 上限值为 1.6μm（采用最大规则），下限值为 0.2μm（默认 16% 规则），传输带均采用 $\lambda_s = 0.008$mm，$\lambda_c = l_r = 1$mm，评定长度值采用默认的标准化值 5；附加了间距参数 R_{sm} 为 0.05mm，加工纹理垂直于视图所在的投影面。

8．加工余量的标注

在同一图样中有多个加工工序的表面可标注加工余量，例如，图 3.22 所示车削工序的直径方向的加工余量为 0.4mm，其余技术要求皆采用默认。

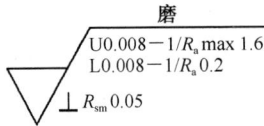

图 3.21　各项技术要求标注示例　　　　图 3.22　加工余量的标注

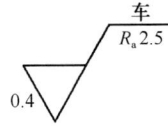

9．表面粗糙度轮廓代号及其含义

表面粗糙度轮廓代号是指在周围注写了技术要求的完整图形符号，简称粗糙度代号，其含义解释如表 3.10 所示。

表 3.10　表面粗糙度轮廓代号的含义

表面粗糙度轮廓代号	含义/解释
R_z 12.5	表示不允许去除材料，单向上限值，默认传输带，粗糙度的最大高度 12.5μm，评定长度为 5 个取样长度（默认），"16%规则"（默认）
R_z max 0.2	表示去除材料，单向上限值，默认传输带，粗糙度的最大高度 0.2μm，评定长度为 5 个取样长度（默认），"最大规则"
$0.008-0.8/R_a$ 3.2	表示去除材料，单向上限值，传输带 0.008～0.8mm，算术平均偏差 3.2μm，评定长度为 5 个取样长度（默认），"16%规则"（默认）
$-0.8/R_a$3 3.2	表示去除材料，单向上限值，传输带根据 GB/T6062，取样长度 0.8μm，算术平均偏差 3.2μm，评定长度包含 3 个取样长度，"16%规则"（默认）
UR_a max 3.2　LR_a 0.8	表示不允许去除材料，双向极限值，两极限值均使用默认传输带，上限值：算术平均偏差 3.2μm，评定长度为 5 个取样长度（默认），"最大规则"。下限值：算术平均偏差 0.8μm，评定长度为 5 个取样长度（默认），"16%规则"（默认）

3.3.4　表面粗糙度符号、代号在图样上的标注示例

1．一般规定

对零件任何一个表面的粗糙度轮廓技术要求一般只标注一次，并且用表面粗糙度轮廓代号尽可能标注在相应的尺寸及其公差的同一视图上。除非另有说明，所标注的表面粗糙度轮廓技术要求是对完工零件表面的要求。此外，粗糙度代号上的各种符号和数字的注写和读取方向应与尺寸的注写和读取方向一致，并且粗糙度代号的尖端必须从材料外指向并接触零件表面。

为了使图例简单，下述各个图例中的粗糙度代号上都只标注了幅度参数符号及上限值，其余

的技术要求皆采用默认的标准化值。

2. 表面粗糙度要求的常规标注方法

（1）标注在轮廓线上或指引线上

表面粗糙度要求可标注在轮廓线上或其延长线、尺寸界线上，其符号应从材料外指向并接触表面，如图 3.23 所示。必要时，表面结构符号也可用带黑点（它位于可见表面上）的指引线引出标注，如图 3.24 所示。

（2）标注在特征尺寸的尺寸线上

在不致引起误解时，表面粗糙度要求可以标注在给定的尺寸线上，如图 3.25 所示。

（3）标注在几何公差框格上

粗糙度要求可标注在几何公差框格的上方，如图 3.26 所示。

（4）标注在圆柱和棱柱表面上

圆柱和棱柱表面的表面粗糙度要求只标注一次（图 3.27）。如果每个棱柱表面有不同的表面粗糙度要求，则应分别单独标注（图 3.28）。

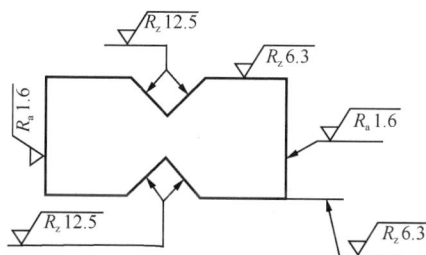

图 3.23 在轮廓线上的标注

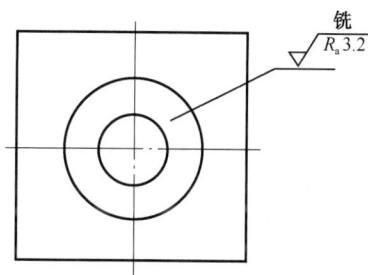

图 3.24 带黑点的指引线引出标注

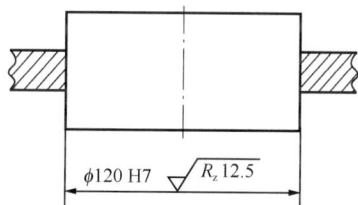

图 3.25 标注在尺寸线上

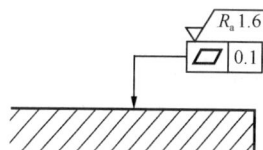

图 3.26 标注在几何公差框格上方

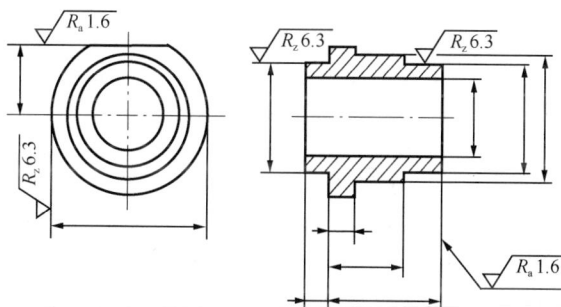

图 3.27 表面结构要求标注在圆柱特征的延长线上

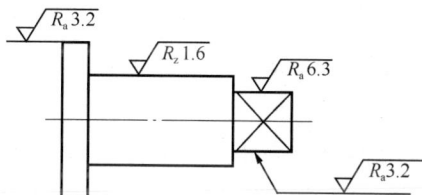

图 3.28 圆柱和棱柱的表面结构要求的注法

3. 粗糙度要求的简化标注方法

（1）有相同表面粗糙度要求的简化注法

如果在工件的多数（包括全部）表面有相同的表面粗糙度轮廓技术要求，则其相同的技术要求可统一标注在图样的标题栏附近，省略对这些表面进行分别标注。此时（除全部表面有相同要求的情况外），除了需要标注相关表面统一技术要求的粗糙度代号以外，还需要在其右侧画一个圆括号，在括号内给出一个无任何其他标注的基本图形符号。标注示例见图 3.29 的右下角标注，它表示除了两个已标注粗糙度代号的表面以外的其余表面的粗糙度要求。

（2）多个表面有共同要求或图纸空间有限的注法

当零件的多个表面具有相同的表面粗糙度技术要求或粗糙度代号直接标注在零件某表面上受到空间限制时，可以用基本图形符号、扩展图形符号或带一个字母的完整图形符号标注在零件这些表面上，而在图形或标题栏附近，以等式的形式标注相应的粗糙度代号，如图 3.30 所示。

（3）视图上构成封闭轮廓的各个表面具有相同要求时的标注

当图样某个视图上构成封闭轮廓的各个表面具有相同的表面粗糙度轮廓技术要求时，可以采用表面粗糙度轮廓特殊符号（即在完整图形符号的长边与横线的拐角处加画一个小圆），进行标注，标注示例如图 3.31 所示，特殊符号表示对视图上封闭轮廓周边的上、下、左、右 4 个表面的共同要求，不包括前表面和后表面。

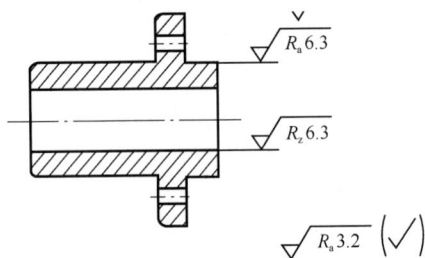

图 3.29 多数表面有相同要求的简化注法

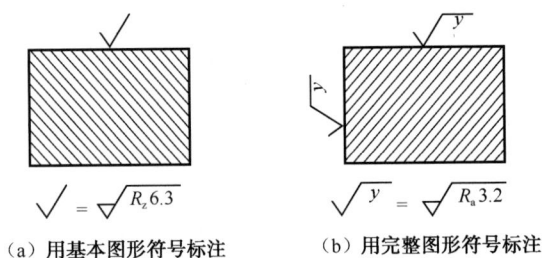

图 3.30 用等式形式简化标注的示例

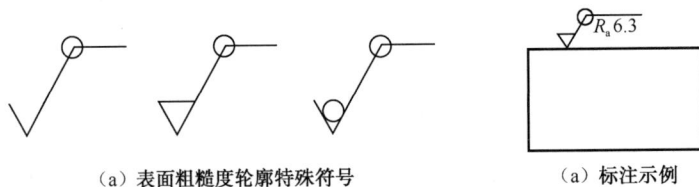

（a）用基本图形符号标注   （b）用完整图形符号标注

（a）表面粗糙度轮廓特殊符号   （a）标注示例

图 3.31 封闭轮廓各表面具有相同要求时的简化注法

*3.4 表面粗糙度轮廓参数的检测

3.4.1 表面粗糙度轮廓参数的测量方法

表面粗糙度测量是对微观几何量的评定，与一般长度测量相比较，具有被测量值小，测量精度要求高等特点。测量时，当图样上注明了表面粗糙度参数值的测量方向时，应按规定的方向测量。如未指定测量截面的方向，则应在幅度参数最大值的方向上进行测量。一般来说，也就是在垂直于表面加工纹理的方向上进行测量。对于无一定加工纹理方向的表面，如电火花加工表面等，应在几个不同的方向上测量，然后取最大值作为测量结果。测量表面粗糙度的仪器形式多种多样，从测量原理上看，常用的测量方法有比较法、光切法、干涉法和针描法等。这些方法基本上用于测量表面粗糙度的幅度参数。

测量表面粗糙度所用仪器的具体结构和测量方法可以参阅相关书籍。这里只简单介绍常用测量方法的测量原理。

1．比较法

比较法是将被测表面与已知其幅度参数值的表面粗糙度标准样块（图 3.32）直接进行比较，通过人的感官（肉眼看、手摸、指甲划动）来判断、估计被测表面的粗糙度值的一种方法。比较时，应尽可能选用与被测表面材料、形状、加工方法、纹理方向等相同的表面粗糙度样块，并注意温度、照明方式等环境因素的影响。以减少检测误差，提高判断的准确性，还可借助放大镜、比较显微镜等工具进行比较测量。当零件批量较

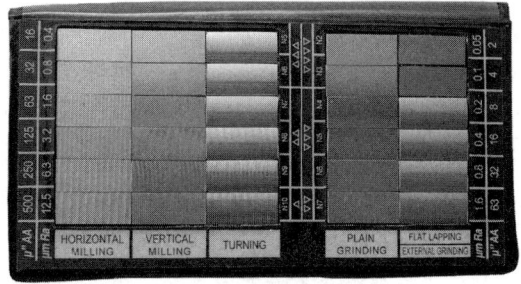

图 3.32　表面粗糙度比较样块

大时，可以从加工零件中选出样品，经过检定后作为表面粗糙度比较样板使用。

比较法测量表面粗糙度简单易行，但测量精度不高，其判断的准确性在很大程度上取决于检验人员的经验。这种方法适合在车间条件下使用，仅适用于评定表面粗糙度参数值较大、要求不严格的表面的近似评定。当有争议或进行工艺分析时，可用仪器进行测量。

2．光学测量法

光学测量法又分为光切法和干涉法两种。光学测量法通常用于测量 R_z 值。

（1）光切法。光切法是利用光切原理测量表面粗糙度的方法，属于非接触测量的方法。采用光切原理制成的表面粗糙度轮廓测量仪称为光切显微镜（或称双管显微镜），它适宜于测量轮廓最大高度 R_z 值为 $0.5\sim60\mu m$ 的平面和外圆柱面。

（2）干涉法。干涉法是指利用光波干涉原理和显微系统测量精密加工表面粗糙度轮廓的方法，属于非接触测量的方法。被测表面直接参与光路，用它与标准反射镜比较，以光波波长来度量干涉条纹的弯曲程度，从而测得该表面的粗糙度值。常用的仪器是干涉显微镜。由于这种仪器具有高的放大倍数及鉴别率，故可以测量表面粗糙度要求高的表面。通常用于测量极光滑的表面，它适宜测量 R_z 值为 $0.8\sim0.025\mu m$ 的平面、外圆柱面和球面。

3．针描法

针描法是利用触针划过被测表面，把表面粗糙度轮廓放大描绘出来，经过计算处理装置直接给出 R_a 值，是一种接触式测量方法。采用针描法的原理制成的表面粗糙度轮廓测量仪称为触针式轮廓仪，最常用的仪器是电动轮廓仪（又称表面粗糙度检查仪），该仪器可直接测量显示 R_a 值，也可用于测量 R_z 值。适合于测量 $0.02\sim6.3\mu m$ 范围内的 R_a 值和 $0.1\sim25\mu m$ 范围内的 R_z 值。通过数值处理机或记录图形，还可获得 R_{sm} 和 $R_{mr}(c)$ 值。

接触式粗糙度测量仪的缺点是：受触针圆弧半径（可小到 $1\sim2\mu m$）的限制，难以探测到表面实际轮廓的谷底，影响测量精度，且被测表面可能被触针划伤。

除上述电动轮廓仪外，还有光学触针轮廓仪，它适用于非接触测量，以防止划伤零件表面，这种仪器通常直接显示 R_a 值，其测量范围为 $0.02\sim5\mu m$。

3.4.2　表面粗糙度轮廓参数检验的简化程序

表面结构参数不能用来描述表面缺陷。因此在检验表面结构时，不应把表面缺陷，例如划痕、气孔等考虑进去。

为了判定工件表面是否符合技术要求，必须采用表面结构参数的一组测量值，其中的每组数值是在一个评定长度上测定的。

对被检表面是否符合技术要求判定的可靠性，以及由同一表面获得的表面结构参数平均值的精度取决于获得表面参数的评定长度内取样长度的个数，而且也取决于评定长度的个数，即在表面的测量次数。测量的次数越多，评定长度越长，则判定被检表面是否符合要求的可靠性越高，测量参数平均值的不确定度也越小。然而，测量次数的增加将导致测量时间和成本的增加。因此，检验方法必须考虑一个兼顾可靠性和成本的折中方案。

1. 目视检查

对于粗糙度与规定值相比明显地好或明显地不好，或者因为存在明显影响表面功能的缺陷，没必要用更精确的方法来检验的工件表面，采用目视法检查。

2. 比较检查

如果目视检查不能做出判定，可采用与粗糙度比较样块进行触觉和视觉比较的方法。

3. 测量

如果用比较法检验不能做出判定，应根据目视检查结果，在被测表面上最有可能出现极值的部位进行测量。

（1）在所标注的参数符号后面没有注明"max"（最大值）的要求时，若出现下述情况，工件是合格的并停止检测。否则，工件应判废。

① 第 1 个测得值不超过图样上规定值的 70%。

② 最初的 3 个测得值不超过规定值。

③ 最初的 6 个测得值中只有 1 个值超过规定值。

④ 最初的 12 个测得值中只有 2 个值超过规定值。

对重要零件判废前，有时可做多于 12 次的测量。如测量 25 次，允许有 4 个测得值超过规定值。

（2）在标注的参数符号后面有尾标"max"时，一般在表面可能出现最大值处（为有明显可见的深槽处）应至少进行三次测量；如果表面呈均匀痕迹，则可在均匀分布的 3 个部位测量。

（3）利用测量仪器能获得最可靠的粗糙度检验结果。因此，对于要求严格的零件，一开始就应直接使用测量仪器进行检验。

思考与练习

1. 表面粗糙度的含义是什么?对零件的使用性能有哪些影响?

2. 为什么要规定取样长度和评定长度?两者有什么关系?

3. 试述测量和评定表面粗糙度轮廓时中线的含义。

4. 评定表面粗糙度轮廓的主要参数有哪些?分别论述其名称、符号和定义。

5. 选择表面粗糙度参数值时，应考虑哪些因素?

6. 设计时如何协调尺寸公差、形状公差和表面粗糙度参数值之间的关系?

7. 常用的表面粗糙度的测量方法有哪几种?各种方法适宜于哪些评定参数?

8. 在一般情况下，$\phi40H7$ 与 $\phi6H7$ 相比，$\phi40H6/f5$ 与 $\phi40H6/s6$ 相比，$\phi65H7/d6$ 与 $\phi65H7/h6$ 相比，哪种配合应选用较小的表面粗糙度参数值?为什么?

9. 有一转轴，其尺寸为 $\phi50$，上偏差＋0.017、下偏差＋0.002，圆柱度公差为 2.5μm，试根据尺寸公差和形状公差确定该轴的表面粗糙度评定参数 R_a 和 R_z 的数值。

10. 某箱体孔尺寸为中 $\phi65H7$，若其形状公差按其尺寸公差的 60%选用，试确定该孔的表面粗糙度允许值 R_a 和 R_z。

11．比较下列每组中两孔的表面粗糙度幅度参数值的大小，并说明原因。

（1）ϕ80H7 与 ϕ40H7 中的两个 H7 孔；

（2）ϕ50H7/p6 与 ϕ50H7/g6 中的两个 H7 孔；

（3）圆柱度公差分别为 0.01mm 和 0.02mm 的两个 ϕ40H7 孔。

12．解释图 3.33 中各标注示例（表面粗糙度代号）的含义。

13．试将下列表面粗糙度要求标注在图 3.34 所示的圆锥齿轮坯上（其余技术要求均采用默认的标准化值）。

（1）圆锥面 a 的表面粗糙度参数 R_a 的上限值为 3.2μm；

（2）端面 c 和端面 b 的表面粗糙度参数 R_a 的最大值为 3.2μm；

（3）ϕ30 孔采用拉削加工，表面粗糙度参数 R_a 的最大值为 1.6μm，并标注加工纹理；

（4）8±0.018 键槽两侧面的表面粗糙度参数 R_a 的上限值为 3.2μm。

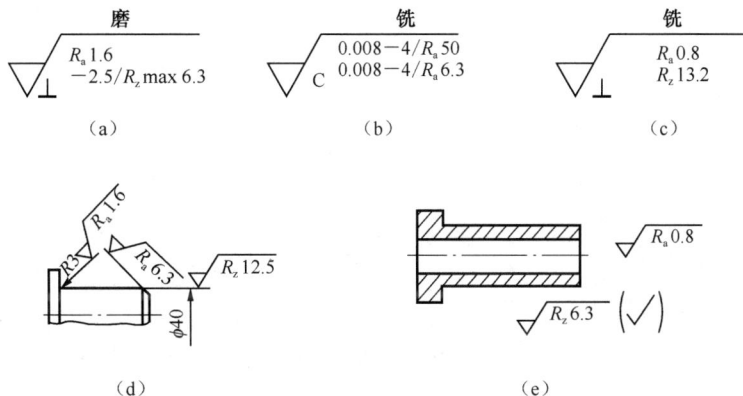

图 3.33　题 12 图

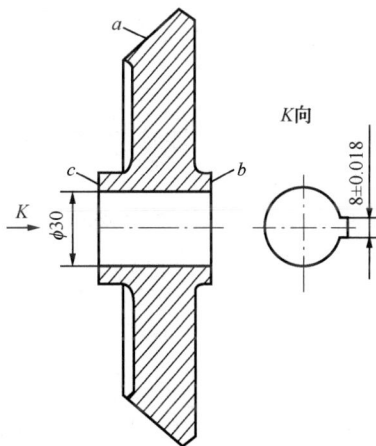

图 3.34　题 13 图

第二篇 汽车工程材料

第4章 金属材料的性能

汽车材料的发展是汽车技术发展的重要方面，是汽车质量保障的基础，在当今研制经济、安全和轻便型汽车时更是关键的一环。汽车材料与汽车制造成本和耐用程度密切相关，现代汽车的技术进步，很大程度就是依赖材料技术的进步。

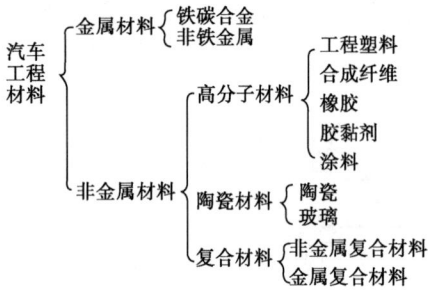

图4.1 汽车常用工程材料

工程材料主要是指用于机械、车辆、船舶、建筑、化工、能源、仪器仪表、航空航天等工程领域中的材料。它包括用于制造工程构件、机械零件，以及工具的材料和具有特殊性能的材料。汽车工程材料是指用于制造汽车零部件的材料，常用的汽车工程材料如图4.1所示。

据统计，汽车上的零部件采用了4000余种不同的材料加工制造。以现代轿车为例，钢材占汽车自重的55%~60%，铸铁占5%~12%，非铁合金占6%~10%，塑料占8%~12%，橡胶占4%，玻璃占3%，其他材料（油漆、各种液体等）占6%~12%，可见金属材料在汽车制造中占绝对主流地位，这是因为金属材料具有许多优良的使用性能和加工工艺性能且矿藏丰富，还可以通过不同成分的配制和不同工艺方法（如热处理）来改变其内部组织结构，从而改善性能，以满足不同的使用要求。

金属材料的性能主要分为使用性能和工艺性能两方面。所谓使用性能，是指材料在使用时所表现出来的性质和适应能力，如物理性能、化学性能和力学性能等。所谓工艺性能，是指金属在加工时所表现出来的适应能力和难易程度。按加工方法可分为铸造性能、压力加工性能、焊接性能、切削加工性能和热处理性能等。所有性能中，力学性能是最为基本和重要的，因为它是产品设计和材料选择的主要依据。

4.1 金属材料的力学性能

任何机器工作时都会受到外力（载荷）的作用，如行车吊运重物，钢丝绳会受到重物拉力的作用；车床导轨会受到工件、工具等重量的作用；汽车发动机曲轴会受到拉力、压力甚至交变外力和冲击力的作用等。在这些外力作用下，材料所表现出来的一系列特性和抵抗破坏的能力称为力学性能。

外力按照其作用的方式、速度、持续性等的不同，可分为静载荷、冲击载荷和交变载荷。静载荷是指大小不变或变化过程极其缓慢的载荷；冲击载荷是指瞬时快速增大的载荷；交变载荷是指大小和方向随时间作周期性变化的载荷。材料的力学性能也分为强度、塑性、硬度，冲击韧性和疲劳强度等。这些性能指标是选择机械零件材料的主要依据，也是材料性能评定的依据之一。

其中强度、刚度、弹性及塑性一般可通过金属拉伸试验来测定。拉伸试验是应用最为广泛的力学性能试验方法之一。

4.1.1 强度

金属材料抵抗塑性变形或断裂的能力称为强度。根据载荷的不同，可分为抗拉强度（σ_b）、抗压强度（σ_{bs}）、抗弯强度（σ_{bb}）、抗剪强度（τ_b）和抗扭强度（τ_t）等几种。

抗拉强度可以通过拉伸试验测定。将一截面为圆形的低碳钢拉伸试样，如图 4.2 所示，装夹在材料拉伸试验机上，然后开动试验机施以一缓慢增加的轴向拉力，材料受拉逐渐伸长直至拉断为止。测得应力-应变曲线如图 4.3 所示。

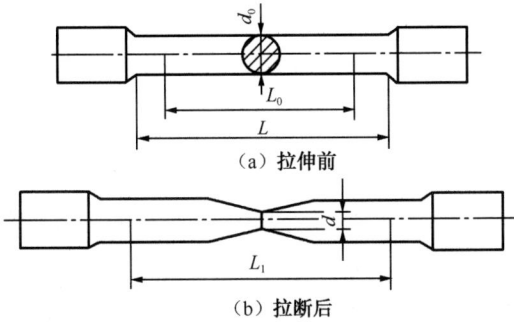

图 4.2　圆形拉伸试样

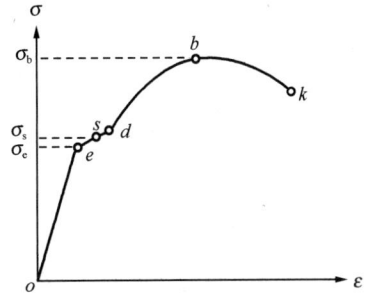

图 4.3　低碳钢拉伸的应力-应变曲线

图 4.3 中，σ 为应力：

$$\sigma = F / S_0 (\text{MPa}) \tag{4.1}$$

式中，F 为所加载荷（N）；S_0 为试样原始截面积（mm^2）。

ε 为应变：

$$\varepsilon = \frac{\Delta L}{L_0} = \frac{L_1 - L_0}{L_0} \times 100\% \tag{4.2}$$

式中，L_0 为试样的原始标距长度（mm）；L_1 为试样变形后的标距长度（mm）；ΔL 为伸长量（mm）。

图 4.3 中明显地表现出下面几个变形阶段。

oe——弹性变形阶段：试样的变形量与外加载荷成正比，载荷卸掉后，试样恢复到原来的尺寸。这种随着载荷的存在而产生、随着载荷的去除而消失的变形称为弹性变形。F_e 为试样能恢复到原始尺寸的最大拉伸力。

es——微量塑性变形阶段：此时不仅有弹性变形，还发生了塑性变形，即载荷卸掉后，一部分形变恢复，还有一部分形变不能恢复，形变不能恢复的变形称为塑性变形。

sd——屈服阶段：该阶段载荷不再增加，试样却继续变形。这种现象称为"屈服"，s 点为屈服点。F_s 称为屈服载荷。

db——强化阶段：为使试样继续变形，载荷必须不断增加。随着塑性变形增大，材料变形抗力也逐渐增加，这种现象称为形变强化（或称冷作硬化）。起重钢索、传动链条等就经常利用冷作硬化进行预拉以提高弹性承载能力。F_b 为试样拉伸试验时的最大载荷。

bk——缩颈阶段：当载荷达到最大值时，试样的直径发生局部收缩，称为"缩颈"。此时变形所需的载荷逐渐降低。

k 点——试样发生断裂。

金属材料的强度指标根据其变形特点分为下列几个。

（1）弹性极限值 σ_e：表示材料保持弹性变形，不产生永久变形的最大应力。

（2）屈服极限（屈服强度）σ_s：表示金属开始发生明显塑性变形的抗力。

$$\sigma_s = \frac{F_s}{S_0} \tag{4.3}$$

式中，σ_s 为屈服点（MPa）；F_s 为试样屈服时的载荷（N）。

有些材料（如铸铁）没有明显的屈服现象，则用条件屈服极限来表示，即产生 0.2%残余应变时的应力值，用符号 $\sigma_{0.2}$ 表示。

（3）强度极限（抗拉强度）σ_b：表示金属受拉时所能承受的最大应力。

$$\sigma_b = \frac{F_b}{S_0} \tag{4.4}$$

式中，σ_b 为抗拉强度（MPa）；F_b 为试样承受的最大载荷（N）。

零件在工作中所承受的应力，不允许超过抗拉强度，否则会产生断裂。σ_s、$\sigma_{0.2}$ 及 σ_b 是机械零件和构件设计以及选材的主要依据。在工程上把 σ_s/σ_b 的值称为屈强比，其值越高，则材料强度的有效利用率就高，但过高也不好，一般以 0.75 左右为宜。

4.1.2　刚度和弹性

由图 4.3 所示的应力-应变曲线中的弹性变形阶段可测出材料的弹性模量 E，并依此确定该材料的刚度和弹性。

弹性模量 E 是指金属材料在弹性状态下的应力与应变的比值，即：

$$E = \frac{\sigma}{\varepsilon} \tag{4.5}$$

在应力-应变曲线上，弹性模量就是试样在弹性变形阶段应力-应变线段的斜率，即引起单位弹性变形所需的应力。因此，它表示金属材料抵抗弹性变形的能力。工程上将材料抵抗弹性变形的能力称为刚度。

绝大多数的机械零件都是在弹性状态下进行工作的。工作过程中，一般不允许有过量的弹性变形，更不允许有明显的塑性变形，故对刚度都有一定的要求。零件的刚度除了与零件横截面大小、形状有关外，还主要取决于材料的性能，即材料的弹性模量 E。E 越大，刚度越大。弹性模量 E 值主要取决于各种金属材料的本性，而热处理、微量合金及塑性变形等对它的影响很小，它是一个对组织不敏感的力学性能指标。

4.1.3　塑性

断裂前金属材料产生永久变形的能力称为塑性，用延伸率和断面收缩率来表示。

（1）延伸率：试样拉断后，标距的伸长与原始标距的百分比称为延伸率，用符号 δ 表示。

$$\delta = \frac{\Delta L}{L_0} = \frac{L_1 - L_0}{L_0} \times 100\% \tag{4.6}$$

式中，L_1 为试样拉断后的标距（mm）；ΔL 为最大伸长量（mm）。

（2）断面收缩率：试样拉断后，缩颈处截面积的最大缩减量与原横断面积的百分比称为断面收缩率，用符号 ψ 表示。

$$\psi = \frac{\Delta S}{S_0} = \frac{S_0 - S_1}{S_0} \times 100\% \tag{4.7}$$

式中，S_1 为试样拉断后缩颈处最小横截面积（mm^2）；ΔS 为试样缩颈处截面积的最大缩减量（mm^2）。

金属材料的延伸率δ和断面收缩率ψ数值越大，表示材料的塑性越好。塑性好的金属可以发生较大的塑性变形而不被破坏，便于通过各种压力加工获得形状复杂的零件，例如汽车的车身，一般采用低碳钢或铝合金等材料冲压成形。另外塑性好的材料，在受力过大时，首先产生塑性变形而不致于发生突然断裂，因而安全性好。

4.1.4 硬度

材料抵抗另一硬物压入其内的能力称为硬度，即受压时抵抗局部塑性变形的能力。硬度试验设备简单，操作方便，并不破坏被测工件，因此硬度常作为各种零件的性能指标而广泛用于产品质量的检验。常用的硬度表示法有布氏硬度、洛氏硬度和维氏硬度。

1. 布氏硬度

图 4.4 为布氏硬度测试原理图。一定直径的球体（钢球或硬质合金球）在一定载荷作用下压入试样表面，保持一定时间后卸除载荷，根据测量的其压痕直径来计算硬度值。布氏硬度值是用球面压痕单位表面积上所承受的平均压力来衡量，用符号 HBS（当用淬火钢球压头时）或 HBW（当用硬质合金球时）来表示。

$$\text{HBS(HBW)} = 0.102 \frac{2F}{\pi D(D - \sqrt{D^2 - d^2})} \tag{4.8}$$

式中，F 为载荷（N）；D 为球体直径（mm）；d 为压痕平均直径（mm）。

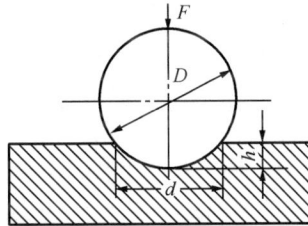

图 4.4　布氏硬度测试原理图

实际测量时，公式计算布氏硬度值太烦琐，可通过相应的压痕直径与布氏硬度对照表查得硬度值。

若布氏硬度记为200HBS10/1000/30，表示用直径为10mm的淬火钢球，在9800N（1000kgf）的载荷下保持30s时测得布氏硬度值为200。如果淬火钢球直径为10mm，载荷为29400N（3000kgf），保持10s，硬度值为200，可简单表示为200HBS。

布氏硬度试验由于压痕较大，故测得的值比较精确。但是如被试金属硬度过高，将会使钢球本身变形，影响硬度值的准确性并损坏压头。故布氏硬度主要适用于测量各种中低硬度的材料如退火或调质钢、铸铁、非铁合金等。另外正因为其试验压痕较大，故不适于测定成品零件及薄壁零件。

2. 洛氏硬度

图 4.5 为洛氏硬度测试原理图。将金刚石圆锥压头（或钢球压头），施加预载荷 F_0 压入金属表面，压入深度为 h_1（加预载荷的目的是使压头与试样表面紧密接触）。再施加总载荷 F（为预载荷 F_0 和主载荷 F_1 之和）压入深度为 h_2，卸去主载荷 F_1 后，因为金属的弹性变形恢复使得压头位置上抬，这时压入深度为 h_3。故由主载荷引起的塑性变形而产生的压痕深度增量 $h = h_3 - h_1$ 越大，表示材料硬度越低。实际测量时硬度可直接从洛氏硬度计表盘上读得。根据压头的种类和总载荷的大小，洛氏硬度常用的表示方式有 HRA、HRB、HRC 三种，如表 4.1 所示。例如，当洛氏硬度

表示为 62HRC 时，表示用金刚石圆锥压头，总载荷为 1470N 测得的洛氏硬度值。

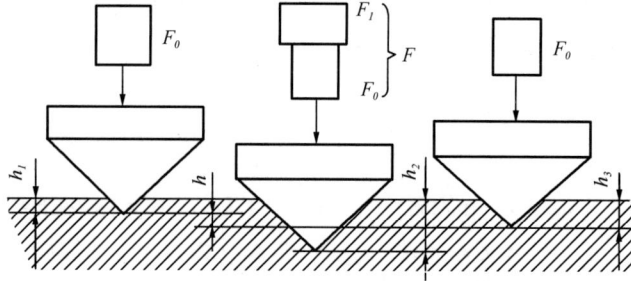

图 4.5　洛氏硬度测试原理图

表 4.1　常用洛氏硬度值的符号、试验条件及应用

硬度符号	压　头	总载荷/kgf	表盘上刻度颜色	常用硬度示值范围	应　用　举　例
HRA	金刚石圆锥	60	黑线	60～85	碳化物、硬质合金、表面硬化材料等
HRB	1/16 钢球	100	红线	25～100	软钢、退火钢、铜合金等
HRC	金刚石圆锥	150	黑线	20～67	淬火钢、调质钢等

洛氏硬度试验压痕小、直接读数、操作方便，可用于测量低、中、高硬度材料，应用最广泛。适合于测量各种钢铁原材料、非铁合金、经淬火后工件、表面热处理工件及硬质合金等。

3. 维氏硬度

维氏硬度测试原理与布氏硬度相同，但压头改用相对面夹角为 136° 的金刚石正四棱锥体。因此维氏硬度值 HV 也是用棱锥形压痕单位面积上所承受的平均压力来表示。例如，700HV30/20 表示用 30kgf 载荷保持 20s 测定的维氏硬度值为 700（载荷保持时间 10～15s 不标注）。

维氏硬度是一种较为精确的硬度测试方法，广泛用于研究领域。因为其较低的试验载荷在生产中主要用来测定不适合用布氏和洛氏法来测定的薄壁零件以及零件上极薄硬化层的硬度。

材料的硬度还可用显微硬度试验方法测定。各种不同方法测得的硬度值可通过查表的方法进行互换。

硬度实际上是强度的局部反应（抵抗局部塑性变形能力），强度高其硬度必然高。而硬度试验相对拉伸试验更为简便、迅速，可直接用零件进行测试而无须专制试样。因而在生产、科研中取得了广泛的应用，人们常将硬度作为技术要求标注在零件图上。

4.1.5　冲击韧性

以很快速度作用在工件上的载荷称为冲击载荷。许多机械零件和工具在工作中，往往要受到冲击载荷的作用，如发动机活塞销、冲模和锻模等。材料抵抗冲击载荷作用的能力称为冲击韧性，常用一次摆锤冲击试验来测定。冲击试样形状和尺寸如图 4.6 所示。在冲击试验机上，使处于一定高度的摆锤自由落下，将试样冲断。测得试样冲击吸收功，用符号 A_k 表示。用冲击吸收功除以试样缺口处截面积 S_0，即得到材料的冲击韧度 α_k（J/m^2）：

$$\alpha_k = A_k / S_0 \tag{4.9}$$

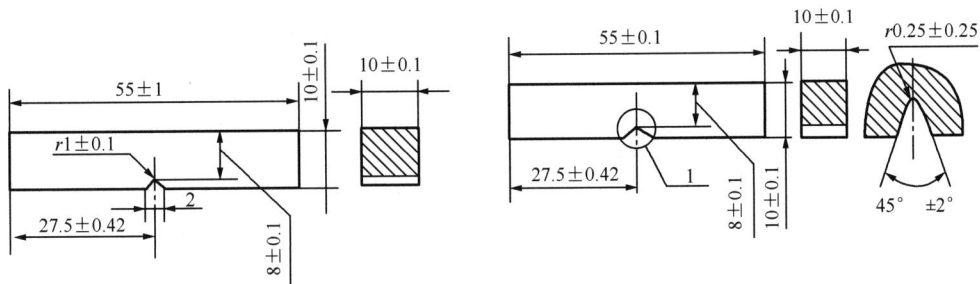

（a）U形缺口冲击试样　　　　　　　　　　　（b）V形缺口冲击试样

图 4.6　冲击试样

A_k 值越大或 α_k 值越大，则材料的韧性越好。韧性与材料组织有密切关系，如 45 钢正火后 α_k 为 500～800kJ/m^2，而调质处理后 α_k 值提高到 800～1200kJ/m^2。脆性材料如铸铁的冲击韧度很低。此外，冲击韧性还受外界温度的影响，因为塑性材料随着温度的降低也会逐渐变脆，从而使其冲击韧性降低。这一点对低温工作的零件影响较大。实践表明，零件受大冲击能量时，其主要起作用的性能为材料的塑性；而受到小能量多次冲击时，则主要取决于其强度。

4.1.6　疲劳强度

汽车中高速旋转的传动轴会发生突然断裂，使用频繁的弹簧会脆断，汽缸盖上的螺栓会断裂，变速齿轮会产生崩齿，这些现象常常是由于金属疲劳所引起的。

汽车中的轴、齿轮、轴承、弹簧等零件，在工作过程中各点所受应力随时间做周期性的变化，这种随时间做周期性变化的应力称为交变应力（也称为循环应力）。

在交变应力作用下，虽然零件工作中所承受到的应力值远低于材料的抗拉强度 σ_b，甚至小于屈服点 σ_s，但经过应力较长时间的作用也会使工件产生裂纹或发生突然断裂，这种现象称为金属的疲劳，这种断裂方式称为疲劳断裂。各种材料发生疲劳断裂时，都不会产生明显的塑性变形，断裂是突然发生的，所以具有很大的危险性。据统计，损坏的机械零件中，有80%以上是由于金属的疲劳造成的。

材料承受的交变应力 σ 与材料断裂前承受交变应力的循环次数 N 之间的关系可用疲劳曲线来表示，如图 4.7 所示。金属承受的交变应力越大，则断裂时应力循环次数 N 越少。当应力低于一定值时，试样可以经受无限周期循环而不破坏，此应力值称为材料的疲劳极限（也称为疲劳强度），用 σ_{-1} 表示。由于无数次应力循环次数的试验是无法完成的，工程上一般规定：对于铁碳合金循环次数为 10^7 所对应的应力即为 σ_{-1}；非铁合金、不锈钢则规定 $N=10^8$。

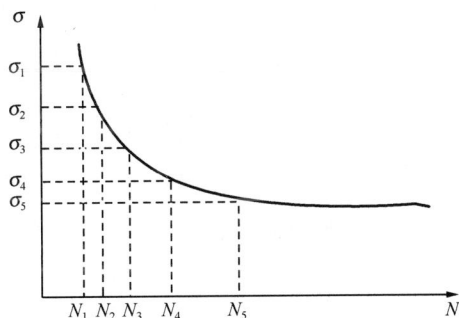

图 4.7　疲劳曲线

金属的疲劳极限受到很多因素的影响，主要有工作条件、表面状态、材质、残余内应力等。改善零件的结构形状、降低零件表面粗糙度以及采取各种表面强化的方法，都能提高零件的疲劳极限。

4.2 金属材料的工艺性能

金属材料的一般加工过程如图 4.8 所示。

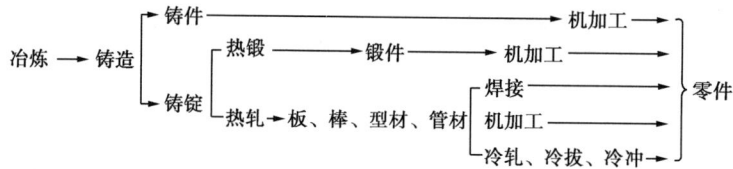

图 4.8　金属材料的一般加工过程

机械零件在制造过程中经常对其材料进行各种加工，如铸造、焊接、切削等；并且往往还要穿插不同类型的热处理。为了使工艺简单、产品质量好、成本低，必须考虑金属材料的工艺性能。所谓材料的工艺性能，就是指材料被加工的便利程度，工艺性能实际上是材料的力学性能、物理性能和化学性能，的综合表现，它是材料能否大量工业应用的一个重要因素。

工艺性能直接影响零件加工后的工艺质量，是选材和制定零件加工工艺路线时必须考虑的因素之一。它包括铸造性能、压力加工性能、焊接性能、切削加工性能和热处理性能等。

4.2.1　铸造性能

铸造是将熔化的金属或合金，注入铸型型腔内以获得相应铸件的工艺方法。

金属的铸造性能是指能否将金属材料用铸造方法制成优良铸件的性能。它取决于金属的流动性、收缩性和偏析等。生产中常根据金属的铸造性能，调整铸造工艺，以获得合格的铸件。

流动性好的金属，其充填铸型的能力较强，浇铸后的铸件轮廓清晰，无浇注不足现象。收缩率小的金属，铸件冷却后缩孔小、表面无空洞、不容易因收缩不均匀而引起开裂，尺寸比较稳定。

流动性的好坏主要与金属的性质有关，关键是化学成分。例如，铸铁与铸钢相比，由于铸铁的含碳量高、熔点低而流动性好，它可以浇铸较薄的铸件。

收缩性是指金属浇注后在铸型中凝固时铸件体积的收缩量。铸件的几种主要缺陷如裂纹、疏松、变形等，都与金属的收缩率有关。因此，要获得性能良好的铸件，应选用收缩率小的金属。

偏析即金属凝固后其化学成分的不均匀性，严重的偏析将影响到铸件的力学性能及化学性能。

铸造能生产其他工艺方法难以获得的箱体、壳体等形状复杂、大小不等的零件的毛坯。

铸铁、钢、非铁合金是常用的铸造材料，其中灰铸铁和青铜铸造性能较好。

4.2.2　焊接性能

焊接是将两部分金属，通过加热或加压借助原子间的结合力，使它们牢固地连接成整体的工艺方法。可分为熔化焊、压力焊、钎焊三种，以熔化焊使用最广泛，其中又以电弧焊和气焊应用最普遍。

所谓焊接性能，是指能否将金属用一定的焊接方法，焊成优良接头的性能。它可以通过焊接试验来评定，其主要标准是产生裂缝的可能性和裂纹的多少，以及有无气孔产生。焊接性能好的金属易于用一般的焊接方法与工艺进行焊接，焊接时不易形成裂纹、气孔、夹渣等缺陷，接头的强度与母材相近。焊接性能差的材料，必须使用特殊工艺和方法进行焊接。

焊接后金属产生裂纹的可能性与金属本身的化学成分和性能有关。例如，碳钢的焊接性能比合金钢好；合金元素含量低的焊接性能就比合金元素高的好；含碳量低的碳钢焊接性能比含碳量高的好。铸铁由于组织中存在石墨，所以焊接性能较差。

焊接的优点：减轻零件或结构件的重量，生产周期短，效率高，成本低；焊接结构的强度高，气密性好；能节约金属，减少切削加工量，并能制造锻造、铸造等加工工艺无法生产的大型容器和框架结构件等。例如，汽车车身、车架一般是焊接而成的。

4.2.3 切削加工性能

所谓金属的切削加工性能，是指用刀具进行金属零件加工的难易与经济程度。

某种金属的切削加工性能好，是指它经过切削加工成为合格产品的难度小；反之就说其切削性能差。金属的切削性能包括几个方面：允许的切削速度、经切削后能达到的表面粗糙度等级、切削时的动力消耗以及对刀具的磨损程度等。

金属切削性能主要依据金属的硬度、韧性来判定，硬度过大、过小或韧性过大则切削加工性能差。灰口铸铁及硬度在（150～250）HBS 的钢切削性能较好。太软的钢切削时不易断屑，容易黏刀，从而影响加工质量，并影响切削速度的提高；而太硬的钢则难以切削，会使得刀具寿命过短，甚至无法进行切削加工。

4.2.4 压力加工与锻压性能

所谓压力加工性能，是指能否用压力加工方法将金属加工成优良工件的性能。金属压力加工性能的好坏，主要取决于金属本身塑性的好坏和变形抗力的大小。

压力加工是使金属在体积不变的前提下，经外力作用产生塑性变形而成形，并改善组织和性能。所以塑性越好，金属产生的塑性变形量越多，成形越方便；变形抗力越小，金属越容易变形，所用的压力就可以减小，设备的动力可以减小。

金属的压力加工方法很多，有自由锻、模锻、轧制、拉制、挤压、冲压等。它们可以生产金属的原材料（如各类型材），也可以生产零件或毛坯。机械工业中，使用普遍的是锻造，包括自由锻和模锻。

锻造是使加热后的工件坯料利用静压力或冲击力作用而产生塑性变形，从而获得一定形状工件的工艺方法。常以生产零件毛坯为主，精密锻造也可以直接制成零件。

金属的锻压性能是指金属锻压的难易程度。若金属在锻压时塑性好，变形抗力小则说明该金属锻压性能好，它取决于金属的化学成分、组织结构及变形条件。

常用金属中低碳钢、中碳钢及部分非铁合金和合金锻压性能良好，脆性材料例如铸铁不能锻造。有些金属在加热状态下可以锻造，但在常温下不能锻造。

4.2.5 金属的热处理性能

金属的热处理性能是指金属能否通过热处理工艺来改善或提高金属的力学性能。非铁合金一般不易进行热处理。通常碳钢、合金钢可以用热处理来改变其内部组织结构，甚至改变金属表面一定厚度材料的化学成分，以达到改善材料力学性能的目的。中碳钢、高碳钢及中碳合金钢、高碳合金钢具有较好的热处理工艺性。

思考与练习

1. 什么是金属的力学性能？根据载荷形式的不同，力学性能主要包括哪些指标？

2．什么是弹性变形？什么是塑性变形？

3．什么是强度？什么是塑性？衡量这两种性能的指标有哪些？各用什么符号表示？

4．什么是硬度？HBS、HBW、HRA、HRB、HRC 各代表什么方法测出的硬度？

5．下列硬度的写法是否正确？

HBS150、HRC140、HRC70、HRB10、HRA79、474HBW

6．下列各种工件一般应采用何种硬度试验方法来测定其硬度值？

（1）锉刀；　　（2）黄铜轴套；　　（3）硬质合金刀片；　　（4）渗碳合金钢；

（5）供应状态的各种碳钢钢材。

7．什么是冲击韧性？用什么符号表示？

8．什么是疲劳现象？什么是疲劳强度？

9．为什么金属的疲劳破坏具有很大的危险性？如何提高金属的疲劳强度？

10．长期工作的弹簧突然断裂，属于哪类问题？与材料的哪些性能有关？

11．大能量冲击和小能量多次冲击的冲击韧性各取决于金属材料的哪些力学性能指标？

12．什么是材料的工艺性能？常指哪些项目？

13．有一直径为 1×10^{-2}m 的碳钢合金试样（试样长径比为 5∶1），在拉伸试验时，当载荷增加到 21 980N 时出现屈服现象，载荷达到 36110N 时产生缩颈，随后试样被拉断。其断后标距长度是 6.15×10^{-2}m。求此钢的屈服点、抗拉强度、伸长率及断面收缩率。

第 5 章 铁 碳 合 金

金属材料是目前汽车上应用最广泛的工程材料。工业上，通常把金属材料分为两大类：铁碳合金和非铁合金。铁碳合金是指钢铁材料，也称为黑色金属；非铁合金是指除钢铁材料以外的其他所有金属材料，如铝、铜、镁及其合金，也称为有色金属。

钢铁材料在我国汽车工业中仍占主流地位。一辆中型载货汽车上钢铁材料约占汽车总重量的3/4，轿车上约占2/3。钢铁材料最大的特点是价格低廉，比强度（强度/密度）高，便于加工，因而得到广泛的应用。汽车用钢铁材料有钢板、结构钢、特殊用途钢、钢管、烧结合金、铸铁及部分复合材料等，主要用于制造车架、车轴、车身、齿轮、发动机曲轴、缸体、罩板、外壳等零件。

5.1 金属及合金的构造与结晶

材料的性能取决于其化学成分与内部的组织结构。材料的化学成分不同，性能当然不同；然而化学成分相同的材料，通过热处理改变其组织结构，性能也会有很大差别。所以，首先应该了解金属及合金的组织结构。

5.1.1 纯金属的构造与结晶

固态物质按其内部微粒（原子、离子或分子）的构成，可分为晶体与非晶体两类。微粒呈无规则排列的固态物质称为非晶体，如玻璃、塑料、松香等；微粒呈规则排列的固态物质称为晶体，如盐、冰、所有固态金属及其合金等。晶体有一定的熔点，其性能随结构的改变而改变；非晶体没有一定的熔点，具有各向同性。

1. 晶体结构与类型

金属晶体中原子或离子按一定规则排列而成的空间几何图形，称为晶格，如图 5.1 所示。不同的金属具有不同的晶格。常见金属的晶格种类很多，但是占 85%的绝大多数金属属于体心立方晶格、面心立方晶格或密排六方晶格，如图 5.2 所示。

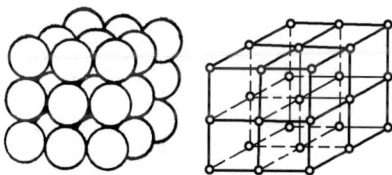

（a）晶体　　　（b）晶格

图 5.1　晶体和晶格

体心立方晶格是一个立方体，在晶胞的 8 个结点上各有一个原子，晶胞中心也有一个原子。具有体心立方晶格的金属有铬、钨、钒、钼、α 铁等。

面心立方晶格也是一个立方体，8 个结点和 6 个面上各有一个原子。具有面心立方晶格的金属有铜、铝、银、镍、γ 铁等。

密排六方晶格是个正六棱柱体，十二个角上各有一个原子，上、下面中心各有一个原子，整个正六方体中间还均匀分布着三个原子。具有这种晶格类型的金属有 Mg、Zn、Be 等。

金属的晶格类型并非一成不变。某些金属，如铁、锰、锡、钛等，凝固后随温度变化还会发生晶格类型的改变，这种现象称为同素异构转变。如纯铁液体冷却到1538℃时，凝固成具有体心立方晶格的固体，称为δ-Fe；当冷却到 1 394℃时即发生晶的转变，由体心立方晶格转变为面心立方晶格，称为γ-Fe；当继续冷却到 912℃时，又由面心立方晶格转变成体心立方晶格，这时称为α-Fe。以上两次晶格转变都称为同素异构转变。

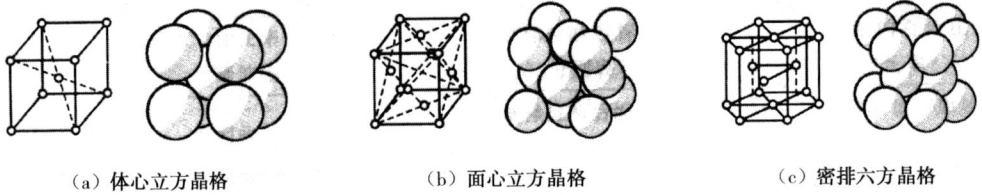

（a）体心立方晶格　　　　　　　（b）面心立方晶格　　　　　　（c）密排六方晶格

图 5.2　晶胞

同素异构转变是可逆的，它是材料能否进行热处理的重要依据之一。金属的同素异构转变与液态金属的结晶过程有许多相似之处：有一定的转变温度，转变时有过冷现象，放出和吸收潜热，转变过程也是一个形核和晶核长大的过程。

另一方面，同素异构转变属于固态相变，又具有其本身的特点，例如：同素异构转变时，新晶格的晶核优先在原来晶粒的晶界处形核；转变需要较大的过冷度；晶格的变化伴随着金属体积的变化，转变时会产生较大的内应力。例如，γ-Fe 转变成α-Fe 时，铁的体积会膨胀约 1%，这是钢热处理时引起应力，导致工件变形和开裂的重要原因。

纯铁的同素异构转变过程也可以用其冷却曲线表示，如图 5.3 所示。

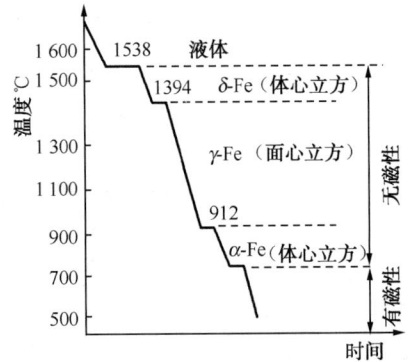

图 5.3　纯铁的冷却曲线

2．多晶体

金属内部的原子完全是整齐规则排列时，称为单晶体，如图 5.4（a）所示。工业生产中，单晶体的金属材料除专门制作外，基本上是不存在的。实际的金属结构包含着许多小单晶体，每个小单晶体内部的晶格方位是一致的，而各小单晶体之间的晶格方位不一致，这种外形、大小、晶格方位都不一致的小单晶体称为晶粒。晶粒之间的分界面称为晶界。这种由多晶粒组成的晶体结构称为多晶体，如图 5.4（b）所示。

晶粒的尺寸很小，如钢铁材料的晶粒一般为（$10^{-1}\sim10^{-3}$）mm，必须在金相显微镜下才能看到。在金相显微镜下看到的组成多晶体的各种晶粒组织，称为显微组织。

实际应用的金属材料，其晶粒内原子的排列也只是大体上一致，其中不一致的原子排列称为晶体缺陷。按几何特征，晶体缺陷可分为以下三种。

（1）点缺陷：是指在晶格结点处无原子存在，而在晶格结点间有原子。前者称为晶格空位，后者称为间隙原子，如图 5.5 所示。这两种点缺陷均能引起晶格歪扭畸变，从而引起金属材料性能发生变化，如硬度、强度提高，电阻率增大等。

（2）线缺陷：是指晶粒内部呈线状分布的缺陷，表现为各种形式的位错，主要有刃型位错和螺型位错两种基本形式，如图 5.6（a）和图 5.6（b）所示。线缺陷周围会引起晶格歪扭畸变，从而极大地影响着材料的力学性能，如强度、塑性、耐疲劳、耐腐蚀特性等变化明显。

（3）面缺陷：是指晶粒内部的晶面由许多"碎晶块"组成，主要指晶界、亚晶界，如图 5.7（a）和图 5.7（b）所示。晶界处原子处于畸变状态，表现出与晶粒内部不一样的特性：即常温下强度、硬度较高，高温下则较低；晶界容易被腐蚀，熔点较低等。

3．金属的结晶

物质由液态转变为固态的过程称为凝固。晶体材料的凝固过程也称为结晶，其实质就是液态自由原子在冷却过程中规则排列成为晶体。通常把金属从液态转变为固态的过程称为一次结晶，而金属从一种固体晶态转变为另一种固体晶态的过程称为二次结晶或重结晶。

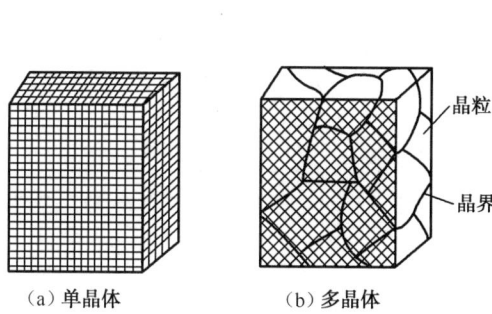

图 5.4　单晶体与多晶体

（a）单晶体　　（b）多晶体

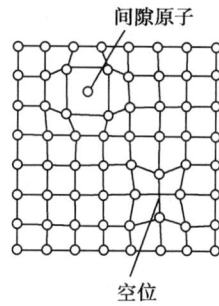

图 5.5　点缺陷

间隙原子

空位

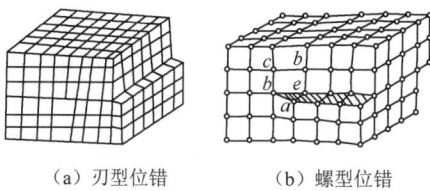

（a）刃型位错　　（b）螺型位错

图 5.6　线缺陷

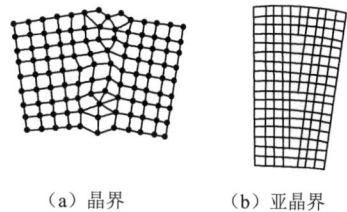

（a）晶界　　（b）亚晶界

图 5.7　面缺陷

晶粒

晶界

金属的结晶过程是不断形成晶核和晶核不断长大的过程。金属结晶时，首先在液态金属中形成一些极微小的晶体，称为晶核，晶核吸收周围原子而长大。同时在液体中又会产生新的晶核并长大，直到晶体彼此接触，液态金属全部消失成为固态为止。每个晶核长成一个晶粒，由于晶核原子排列方位是随机的，不可能完全一致，因此金属结晶后便成为由许多晶格方位不一致的晶粒组成的多晶体 [图 5.4（b）]。

细化晶粒是使金属材料强韧化的有效途径。因为晶粒越细小，材料的变形可以分散在较多的晶粒内，使塑性变形均匀；同时晶界越多越曲折，越不利于裂纹延伸。所以晶粒越细小，金属的强度和硬度越高，塑性和韧性也越好。

金属结晶时，一个晶核长成一个晶粒，显然在单位体积内形成的晶核数目越多，则结晶后的晶粒就越细小；另外冷却速度越快，越能抑制晶粒的长大速度，金属结晶时的晶粒也越细小。

工业生产中，为了获得细晶粒组织，结晶时常采用以下方法。

（1）提高液态金属凝固时的冷却速度，如采用金属模代替砂型铸模。

（2）进行变质处理。变质处理也称为孕育处理。在浇铸之前，向金属熔液中加入一些细小的形核剂（也称为变质剂或孕育剂），使它们分散在液态金属中作为人工晶核，以增加晶核数量。例如，在铸铁中加入硅铁、硅钙，在钢中加入钛、硼、铝，在铝合金中加入钛、硼等，都能起到细化晶粒的作用。

（3）采用机械振动、超声波振动、电磁振动等方法，以破坏生长中的晶枝，碎晶枝成为新的晶核从而增加晶核数目，以细化晶粒。

5.1.2　合金的构造与结晶

纯金属一般具有良好的塑性、导电性、导热性，但强度、硬度较低且价格较高，种类有限，故生产中大量使用的是各种不同成分的合金，如铁碳合金、铝合金、铜合金等。

合金是由两种或两种以上的金属元素或由金属与非金属元素构成的具有金属特性的物质。例如，钢和生铁就是铁和碳的合金，黄铜就是铜和锌的合金。

1. 合金的构造

组成合金的独立的最基本单元称为组元。组元可以是金属元素（如 Fe）、非金属元素（如 C、Si）或稳定的化合物（如 Fe_3C）等。由两个组元组成的合金称为二元合金；由三个组元组成的合金称为三元合金；由三个以上组元组成的合金称为多元合金。

组成合金的组元，在液态下多半是相互融合扩散成为均匀物体，在凝固时则按组元间相互作用的不同而形成不同的晶体结构，所以合金的结构比纯金属复杂得多。由于构成合金的元素相互作用不同，合金的构造常可分为固溶体、金属化合物和机械混合物三种。

（1）固溶体。固溶体是以一种金属元素的晶格为溶剂，其他元素的原子为溶质，溶质原子溶入溶剂晶格而形成的均匀固体，如钢中的铁素体就是碳原子溶入铁的晶格而构成的固溶体。固溶体保持了溶剂的晶格。

根据溶质原子在溶剂中所处位置不同，固溶体可分为间隙固溶体和置换固溶体两大类：

① 间隙固溶体：是指当黑色溶质原子分布于溶剂晶格间隙之中而形成的固溶体，如图 5.8（a）所示。一般只有当溶质与溶剂原子半径之比小于 0.59 时，才能形成。所以间隙固溶体中的溶质原子尺寸都比较小，通常都是一些原子半径小于 1Å 的非金属元素，如碳、氧、硼等。

② 置换固溶体：是指黑色溶质原子置换了溶剂晶格中某些结点位置上的白色溶剂原子而形成的固溶体，如图 5.8（b）所示。一般来说，若溶质与溶剂原子直径接近、在元素周期表中的位置相互靠近且晶格类型相同，则这些组元能以任意比例互相溶解，这种固溶体称为无限固溶体。反之，则溶质在溶剂中的溶解度是有限的，这种固溶体称为有限固溶体。有限固溶体的溶解度与温度有密切关系，温度越高，则溶解度越大。

（2）金属化合物。金属化合物是构成合金的元素相互化合而生成的新物质。它的晶格类型和性能完全不同于组成它的任一元素的晶格和性能。它具有一定的化学成分及新的晶格，如钢中的渗碳体就是铁和碳的金属化合物。金属化合物一般性能硬而脆，熔点高。合金中含有金属化合物时，可提高合金的强度、硬度和耐磨性，但塑性降低。

（3）机械混合物。机械混合物是两种或两种以上的金属晶体相互混合而成的组织。它可以由纯金属、固溶体、金属化合物等晶体相互任意混合而成，如钢中珠光体就是由固溶体和金属化合物组成的机械混合物。机械混合物的性能取决于构成物本身的性能以及它们的相对数量和分布状态。

2. 合金的结晶

合金的结晶过程同样包括形成晶核和晶核长大，但是合金的结晶过程中经常会发生固相转变，即由一种固相转变为另一种固相。因此，合金的结晶过程有两个相变点（所谓相变点，是指金属或合金在加热或冷却过程中，发生相变的温度）。在大多数情况下，合金结晶时往往形成两种不同的固相组成的多相组织。

合金的结晶过程，是合金的组织结构随温度、成分的变化而变化的过程，常用合金相图来反映。合金相图又称为合金状态图，它表明了在平衡状态下（即在极缓慢的加热或冷却的条件下），合金的相结构随温度、成分发生变化的情况，故也称为平衡图。

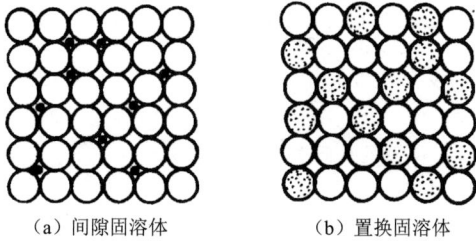

（a）间隙固溶体　　　　（b）置换固溶体

图 5.8　固溶体

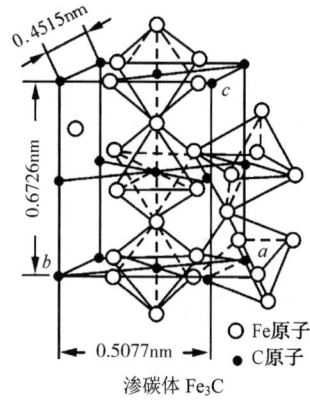

0.4515nm

0.6726nm

0.5077nm

○ Fe原子
● C原子

渗碳体 Fe₃C

图 5.9　金属化合物

5.2　铁碳合金相图

钢和铸铁是工业中应用最广泛的金属材料。虽然其种类和牌号很多，性能和用途各异，但都是以铁和碳为主要元素组成的合金，统称为铁碳合金。不同成分的铁碳合金在不同温度下具有不同的组织，因而表现出不同的性能。铁碳合金状态图是研究铁碳合金的成分、温度和组织三者之间关系的图形。

5.2.1　铁碳合金的基本组织

纯铁有良好的塑性，但强度较低，一般不用其制造机械零件。在纯铁中加入少量碳，强度和硬度便可得到提高，因为铁和碳互相结合，形成了合金组织。在固态铁碳合金中，铁和碳的结合方式有两种：一种是碳原子溶解到铁的晶格中形成固溶体；另一种是铁和碳原子按一定比例相互化合形成化合物。

铁碳合金的基本组织有铁素体、奥氏体、渗碳体三种。

1. 铁素体

如图 5.10 所示，碳溶解在 α-Fe 中形成的固溶体，称为铁素体，又名纯铁体、α 固溶体。通常用符号"F"表示。因碳在 α-Fe 中的溶解量很少（含 C 量<0.0218%），所以碳的强化作用很小，其力学性能近似纯铁，即强度、硬度低，而塑性、韧性好。铁素体在 770℃以下具有铁磁性，在770℃以上则失去铁磁性。

2. 奥氏体

如图 5.11 所示，碳溶解在 γ-Fe 中形成的固溶体，称为奥氏体，也称 γ 固溶体，通常用符号"A"表示。

奥氏体中的铁原子仍保持着面心立方晶格。由于 γ-Fe 中的间隙尺寸比 α-Fe 大，因此前者的溶碳能力较高。在 727℃时，奥氏体的溶碳量为 0.77%；随着温度的升高，奥氏体的溶碳能力提高，当温度为 1 148℃时，奥氏体的溶碳量可达 2.11%。

由于 γ-Fe 通常在高温条件下存在，所以在一般情况下奥氏体也只能在高温下存在，因此它的重要物理性能之一是没有铁磁性。

奥氏体具有很好的塑性，δ＝40%～50%；有较低的变形抗力，是绝大多数钢种在高温下进行压力加工时所需的组织。

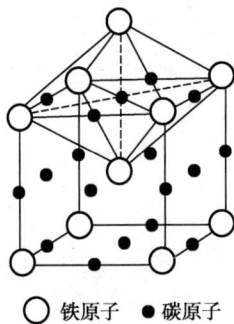
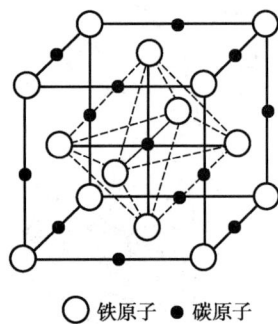

铁原子 ○ 碳原子 ● 　　　　　　铁原子 ○ 碳原子 ●

图 5.10　铁素体　　　　　　　图 5.11　奥氏体

3. 渗碳体

如图 5.9 所示，铁与碳形成的化合物（Fe_3C）称为渗碳体。渗碳体的含碳量为 6.69%，硬度很高，约为 800HBW，但强度很低，$\sigma_b = 35MPa$，塑性和韧性几乎为零。渗碳体在钢中主要起强化作用，其数量、形状、大小及其分布状况对钢的性能有很大影响。通过不同的热处理方法，可以改变渗碳体在铁碳合金中的形态大小多少及分布，从而改变材料的性能。这正是热处理的重要原理之一。另外渗碳体在 230℃ 以下具有弱铁磁性，而在 230℃ 以上则失去铁磁性。

5.2.2　铁碳合金相图（状态图）

铁碳合金相图是研究钢和铸铁的组织及性能的基础。它是通过实验建立的，含碳量只到 6.69% 为止（即形成全部 Fe_3C 的含碳量），因为含碳量大于 6.69% 的铁碳合金，工业上没有实用价值。铁碳合金相图实际上是以 $Fe-Fe_3C$ 为组元的状态图，如图 5.12 所示。

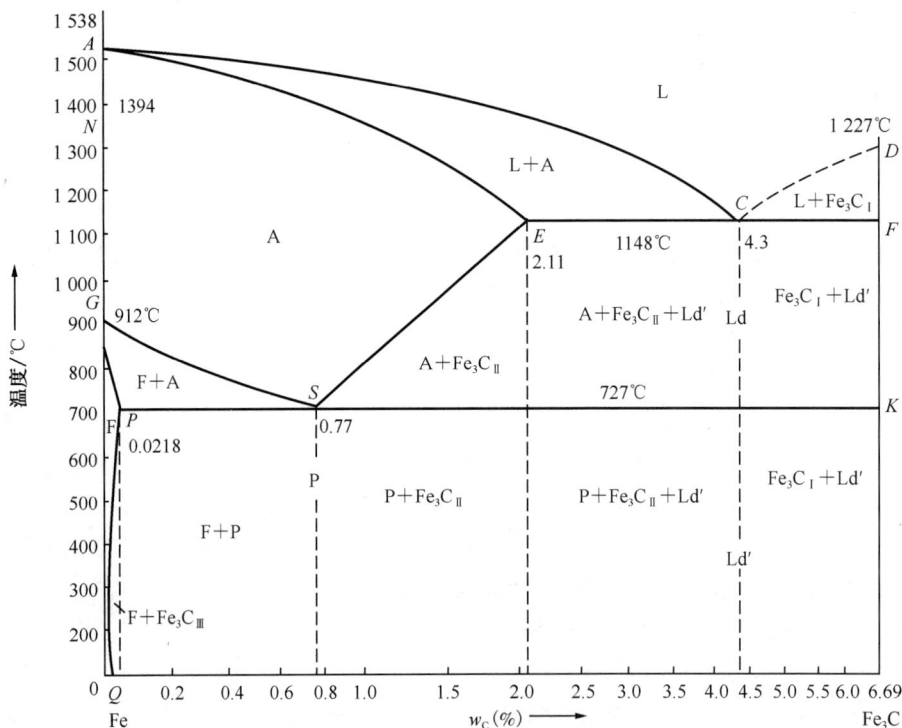

图 5.12　铁碳合金相图

1. 铁碳合金相图

（1）铁碳合金相图中主要点、线的意义。

ACD——液相线。此线以上全部为液态金属 L。冷却到此线时开始结晶凝固。含碳量在 AC 线范围结晶出奥氏体；在 CD 线范围结晶出渗碳体，称为一次渗碳体，用符号 Fe_3C_1 表示。

$AECF$——固相线。合金冷却到此线时完全凝固，加热到此线时开始熔解。

C——共晶点。含碳量 4.3% 的液态合金冷却到此点 1148℃ 时，发生共晶转变，即共同结晶出奥氏体和渗碳体的机械混合物，称为高温莱氏体 Ld。继续冷却到 727℃ 时发生共析转变，形成珠光体与渗碳体的机械混合物称作低温莱氏体 Ld′。

ECF——共晶线。液态铁碳合金冷却到此线时发生共晶转变。

GS——也称 A_3 线。奥氏体冷却到此线时，开始析出铁素体。

ES——也称 A_{cm} 线，是碳在奥氏体中的溶解度曲线。奥氏体冷却到此线时，碳以渗碳体形式开始析出，称为二次渗碳体（Fe_3C_{II}）。

S——共析点。含碳量 0.77% 的奥氏体冷却到此点时，就同时析出铁素体和渗碳体组成的机械混合物，称为珠光体 P。

PSK——也称 A_1 线。各种成分的液态铁碳合金冷却到此线时，其中奥氏体的含碳量都成为 0.77% 而发生共析反应形成珠光体，所以此线也称共析线。

GP——奥氏体冷却到此线时，全部转变成铁素体。

PQ——碳在铁素体中的溶解度曲线。铁素体冷却到此线时析出渗碳体，称为三次渗碳体 Fe_3C_{III}。

（2）铁碳合金的分类。在铁碳合金相图中，按照组织和性能，可分为工业纯铁、钢和白口铸铁三类。

① 工业纯铁：成分在 P 点左面，是含碳量小于 0.02% 的铁碳合金。其组织全部由铁素体构成，工业上应用较少。

② 钢：成分在 P 点与 E 点之间，是含碳量为 0.02%～2.11% 的铁碳合金。根据室温下组织的不同，可以 S 点为界划分为：

共析钢：含碳量为 0.77%，组织全部由珠光体构成；

亚共析钢：含碳量为 0.02%～0.77%，组织由铁素体和珠光体构成；

过共析钢：含碳量为 0.77%～2.11%，组织由二次渗碳体和珠光体构成。

③ 白口铸铁：成分在 E 点和 F 点之间，是含碳量为 2.11%～6.69% 的铁碳合金。白口铸铁中均有莱氏体组织。

2. 铁碳合金相图的应用

（1）判断铁碳合金的力学性能。合金的性能取决于组织成分。随着铁碳合金的碳含量增大，其室温组织按 F→F＋P→P→P＋Fe_3C_{II}→P＋Fe_3C_{II}＋Ld′→Ld′→Ld′＋Fe_3C_{II}→Fe_3C 的顺序变化。而 P 和 Ld′ 都是 F 和 Fe_3C 的机械混合物。所以，可以认为铁碳合金组织是随着碳含量增大从 F→F＋Fe_3C→Fe_3C 变化，并且两者相对量的变化规律也呈直线关系。

铁素体强度、硬度低，但塑性、韧性好，起基体相作用；渗碳体则很硬脆，是强化相。因此，随着碳含量的增加，铁碳合金的硬度越来越高，而塑性、韧性越来越低。图 5.13 为实验测得的碳含量 w_C 与力学性能之间的关系曲线，可见韧性曲线 α_k 值下降的幅度比塑性指标 δ 和 ψ 要快，这说明韧性指标对渗碳体量的增加更敏感。硬度的变化基本上是随碳含量的增加呈直线上升。而强度是一个对组织形态很敏感的力学性能，在亚共析区，因为只有铁素体和渗碳体两种组织的相对量变化，强度基本上是随碳含量增加而直线上升；当碳含量超过 0.77% 而进入过共析区时，其组织为珠光体和渗碳体，由于有游离渗碳体的存在，使强度的增加趋缓；另外，二次渗碳体是在原先奥氏体的晶界处析出的，当 w_C 超过 0.9% 后，随着碳含量增加，渗碳体含量增多，逐渐形成网状，大大削弱了晶粒间的结合力，使强度急剧降低。因此此在 w_C 为 0.9% 处出现强度最大值，随后强度则不断下降。

（2）作为选用钢铁材料的依据。由铁碳合金相图可以明显看出，纯铁、钢和铸铁之所以性能不同，是因为含碳量不同，从而冷却后的组织不同。因此，如需要塑性、韧性高的材料，则可选用含碳量较低的钢种；需要强度、塑性及韧性都较好的材料，可选用含碳量适中的钢种；如需要硬度高、耐磨性好的材料，则应选用含碳量高的钢种。纯铁的强度低，不适于制作机器零件，但它的磁导率高，可作为软磁材料使用。白口铸铁硬而脆，但经石墨化后可转变为灰铸铁，灰铸铁的流动性好，可用于制造铸件。

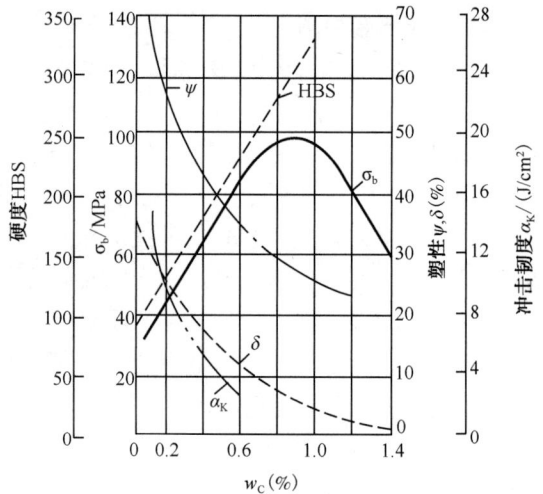

图 5.13　碳钢的力学性能与碳含量的关系

（3）制定铸、锻和热处理等热加工工艺的依据。需要指出的是，为了发挥材料的性能潜力，还需要进行恰当的热处理及采用合理的加工工艺与之相配合。热处理的加热温度都是以相图上的临界点为依据，退火、正火、淬火等加热温度的选择，都需要参照铁碳合金相图。

5.3　碳素钢

碳素钢是工业上用量最多的金属材料。碳素钢的冶炼简便，价格低廉，在一般情况下，均能满足使用要求。因此，它广泛地应用于建筑、交通运输及机械制造工业中。例如，汽车的外壳、车架、车桥、转向系等，其中的零部件材料很多采用的都是碳素钢。

5.3.1　碳素钢的分类

碳钢的分类主要有以下三种方法。

（1）按含碳量分类：低碳钢 $w_C \leqslant 0.25\%$；中碳钢 $w_C = 0.25\% \sim 0.6\%$；高碳钢 $w_C > 0.60\%$。

（2）按质量分类（主要根据含有害杂质硫、磷的多少）：

① 普通碳素钢——$w_S \leqslant 0.055\%$，$w_P \leqslant 0.045\%$。

② 优质碳素钢——w_S、$w_P \leqslant 0.04\%$。

③ 高级优质碳素钢——$w_S \leqslant 0.03\%$，$w_P \leqslant 0.035\%$。

（3）按用途分类：

① 碳素结构钢：主要用做各种工程构件、桥梁、建筑构件和机器零部件等，一般为中低碳钢。

② 碳素工具钢：主要用于制作各种刃具、量具、模具，一般为高碳钢。

5.3.2　碳素钢的牌号、性能及主要用途

1. 普通碳素结构钢

这一类钢碳含量较低，而硫、磷等有害杂质的含量较高，故强度不高，但塑性、韧性较好，焊接性能好，价格低廉，大多数在供应状态下使用，不做专门的热处理。

常见的有热轧钢板、钢带、钢棒和型钢。可用于制造焊、铆、螺栓连接的一般工程构件和不重要的一般机械零件，如货车车架、发动机支架、后视镜支杆等。

其牌号表示方法，由代表屈服点的字母"Q"、屈服点值（单位 MPa）、质量等级符号（A、B、C、D）及脱氧方法符号（F 为沸腾钢，B 为半镇静钢，Z 为镇静钢）按顺序排列组成。其中 A 级的硫、磷等杂质的含量最高，但性能最差。

碳素结构钢的规定牌号有 Q195、Q215、Q235、Q255、Q275 五类。例如，Q235 AF，表示屈服强度为 235MPa 的 A 级沸腾钢。

2. 优质碳素结构钢

优质碳素结构钢含碳量为 0.05%～0.9%，有害杂质含量很少，通常经过热处理后可提高力学性能。由于其性能比普通碳素结构钢好，所以应用广泛，常用于制造各种较重要的机械零件，如汽车底盘中的大部分零件。

优质碳素结构钢的牌号用两位数字表示，这两位数字表示该钢的平均碳质量分数 w_C 的万分之几。若钢中锰质量分数较高（w_{Mn}=0.70%～1.20%），则在钢牌号后面标出元素符号"Mn"。例如，45 表示碳质量分数 w_C 为 0.45% 的优质碳素结构钢，50Mn 表示含碳量 0.5% 的有较高含锰量的优质碳素结构钢。

常用普通碳素结构钢及优质碳素结构钢的牌号、性能及用途如表 5.1 所示。

表 5.1　常用碳素结构钢的牌号、性能及用途

类别	钢号	抗拉强度 σ_b/MPa	布氏硬度/HBS	工 艺 性	淬火硬度范围/HRC	汽车中应用举例
普通碳素钢	Q235A	235（屈服强度）	—	焊接性好，切削加工性不好，良好的韧性和锻造性	—	车厢板件、拉杆、销、键、法兰轴、螺钉等
优质碳素钢	08	327	131	焊接性好，切削加工性差，良好的韧性和冷冲性	—	驾驶室、油箱、离合器等
	15	372	143		56～62（渗碳）	离合器分离杠杆、风扇叶片、驻车制动杆等
	35	529	187	切削加工性好	30～40 调质	凸轮轴、曲轴、转向节主销等
	45	597	197		45～55 淬火	
	65Mn	735	229	焊接性不好，切削性稍差，冷变形塑性低	42～50 等温淬火 55～60 快速油淬	汽车弹簧、板簧和螺旋弹簧等弹性元件及耐磨件

*3. 碳素工具钢

这类钢常用于制造刃具、量具、模具等，在使用时应经淬火加低温回火热处理，使其具有高的硬度和耐磨性。工具钢的碳质量分数 w_C 都在 0.70% 以上，都是优质钢或高级优质钢。其牌号在"T"后标出平均含碳量的千分数，若是高级优质钢，则在牌号后面标以字母"A"。例如，T8 表示碳质量分数 w_C 为 0.8% 的优质碳素工具钢；而 T12A 则表示碳质量分数 w_C 为 1.2% 的高级优质碳素工具钢。常用碳素工具钢牌号、性能及用途如表 5.2 所示。

表 5.2　常用碳素工具钢的牌号、性能及用途

牌　　号	布氏硬度/HBS	淬火硬度/HRC	特性与应用
T10、T10A	197	62	有一定的韧性和较高硬度，用做不受突然冲击并且刃口有韧性要求的刀具，如丝锥、冷冲模等
T12、T12A	207	62	韧性较小，具有较高的耐磨性，用做不受振动的高硬度工具，如钻头、铰刀、量规等

5.4 合金钢

碳钢能满足生产的一般需求，但是一些重要工作场合的零件，或有耐热、耐蚀、高磁性或无磁性、高耐磨性等特殊要求的零件，这时就无法满足需要。

为了改善钢的性能，炼钢时有目的地加入一些合金元素所形成的钢称为合金钢。合金钢通过热处理能获得优良的综合力学性能及一些特殊的物理、化学性能。常加入的合金元素有钛 Ti、钒 V、铌 Nb、钨 W、钼 Mo、铬 Cr、锰 Mn、铝 Al、钴 Co、硅 Si、硼 B、氮 N 及稀土元素。但是合金钢的冶炼、加工困难，价格较贵，所以应合理选用。

合金钢品种繁多，为便于生产和管理，必须对合金钢进行分类与编号。一般地，按合金元素含量可分为低合金钢（$w_{Mc}<5\%$）、中合金钢（$5\%<w_{Mc}<10\%$）、高合金钢（$w_{Mc}>10\%$）；按用途可分为合金结构钢、合金工具钢、特殊性能钢等；按正火后的组织可分为珠光体钢、马氏体钢、奥氏体钢等；按合金元素的种类可分为铬钢、锰钢、铬镍钢、硅锰钢等。

5.4.1 合金结构钢

合金结构钢是在碳素结构钢的基础上加入一种或几种合金元素的钢，主要用来制造各种重要工程构件和各种重要机械零件，主要包括低合金结构钢、合金渗碳钢、合金调质钢、合金弹簧钢、滚动轴承钢及其他结构钢等。

合金结构钢都是优质钢、高级优质钢（牌号后加 A）或特级优质钢（牌号后加 E）。

1. 低合金结构钢

低合金结构钢也称"普低钢"，强度比普通碳素钢高 30%～50%，所以又称低合金高强度钢。含碳量<0.20%，所以具有良好的塑性、韧性和焊接性能；合金含量<3%，主添加元素为锰，辅以钒、铌、钛、硅、磷、铜等。广泛应用于船舶、桥梁、汽车纵横梁、车辆、压力容器、管道、井架等。一般在供应状态下使用，不再进行热处理。

常用低合金结构钢的牌号、性能及用途如表 5.3 所示。

2. 合金渗碳钢

含碳量低（$w_c<0.25\%$），所以心部具有良好的塑性和韧性，而渗碳层具有高的硬度、优良的耐磨性及抗疲劳性。主添加元素为铬、锰、镍、硼等，可以提高淬透性，保证心部强度；辅加元素为钼、钨、钒、钛等。适用于承受冲击载荷及磨损条件下工作的重要渗碳零件，如汽车后桥齿轮和变速箱齿轮等。

表 5.3　常用低合金结构钢的牌号、性能及用途

牌　　号	σ_s/MPa	σ_b/MPa	δ（%）	应　　用
09MnV	295	430～580	22	建筑结构、螺旋焊管、冷弯型钢等
09Mn2	295	490～590	22	机车车辆、油槽、油罐、游船
16Mn	295	510～600	22	汽车保险杠、角撑、横梁、纵横梁前加强板等
15MnV	390	530～680	18	压力容器、船舶、车辆、起重机等
15MnTi	390	530～680	20	造船钢板、压力容器、电站设备等

牌号：由两位数字＋合金元素符号＋数字表示。前两位数字表示钢中碳的平均含量。后面的数字为该合金元素含量，当含量<1.5%时，不标数字，含量>1.5%时，按整数标出，如 20Mn2B 等。

合金渗碳钢有以下三类。

（1）低淬透性合金渗碳钢，如 20Cr、20Mn2、20CrMn 等，用于制造承受载荷不大、强度要求不高的小型耐磨零件，如小齿轮、活塞销、凸轮、气门挺杆等。

（2）中淬透性合金渗碳钢，如 20CrMnTi、20Mn2TiB、20MnVB 等，常用于制造承受中等载荷的耐磨零件，如汽车转向轴、调整螺栓、汽车后桥主动齿轮、万向节、十字轴、行星齿轮等。

（3）高淬透性合金渗碳钢，如 20Cr2Ni4A、18Cr2NiWA 等，由于 Cr、Ni 含量较多，增加了钢的淬透性。可用于制造承受重载荷及强烈磨损的重要大型零件，如大截面的齿轮、曲轴、凸轮轴等。

3．合金调质钢

含碳量适中（w_C＝0.25%～0.50%），主要添加元素为铬、镍、钨、钒、钛、铝等，以防止第二类回火脆性，细化晶粒，增加回火稳定性，因而具有良好的综合力学性能，主要用来制造在多种载荷下工作的重要零件。

合金调质钢有以下几个常见品种。

（1）低淬透性合金调质钢，如 35SiMn、40Cr、40MnB、40MnVB 等，主要用于中等截面受变动载荷的重要零件，如进气门、曲轴、齿轮、半轴、转向轴、活塞杆、连杆等。

（2）中淬透性合金调质钢，如 30CrMo、40CrMn、40CrNi、38CrMoAlA 等，主要用于截面大、承受较重载荷的重要零件，如精密机床、主轴、汽车曲轴、齿轮轴、减速器主动齿轮、从动齿轮等。

（3）高淬透性合金调质钢，如 37CrNi3、40CrNiMo、40CrMnMo、25Cr2Ni4WA 等，强度高、韧性好，主要用于大截面、重载荷的重要零件，如汽车后桥半轴、曲轴、连杆、齿轮、齿轮轴等。

4．合金弹簧钢

含碳量中等偏高（w_C＝0.50%～0.70%），因零件受动载荷，所以必须具有高的抗拉强度、屈强比（σ_s/σ_b）、疲劳强度，足够的塑性和韧性，良好的表面质量，高的淬透性和低的脱碳敏感性。主加元素以硅、锰为主，辅加元素有铬、钨、钒等。主要用于制造各种弹性零件，如减振板簧、螺旋弹簧、缓冲弹簧等。

合金弹簧钢有以下几个常见牌号。

（1）55Si2Mn、60Si2Mn、55SiVB 等，广泛用于制造汽车、拖拉机、铁路机车用螺旋弹簧和板弹簧及其他重要弹簧等。

（2）50CrVA、30W4Cr2VA 等，用于制造承受应力较高或工作温度较高的重要弹性零件，如气门弹簧、阀门弹簧等。

5．滚动轴承钢

滚动轴承钢是主要用来制造滚动轴承中的内外套圈、滚动体（滚珠、滚柱、滚针）等的专用钢，也可用于制造形状复杂的精密量具等。

含碳量高（w_C＝0.95%～1.10%），属过共析钢，添加元素以铬为主，w_{Cr}＝0.5%～1.65%，辅以硅、锰等，可以提高淬透性，使其具有极高的硬度和耐磨性、良好的接触疲劳强度和抗压强度，较高的弹性极限和一定的冲击韧度及抗蚀性等。

钢号用"GCr＋数字"表示，其中"G"为滚字的汉语拼音字首，数字为铬的千分含量，其他合金元素的表示与合金结构钢相同，如 GCr15 等。

常用滚动轴承钢牌号有 GCr9、GCr15、GCr15SiMn 等，广泛用于汽车、拖拉机、内燃机等各种机械的轴承。

5.4.2　特殊性能钢

特殊性能钢是指具有某些特殊的物理、化学性能或力学性能如耐高温、高压，耐酸、碱、盐的腐蚀，或很高的耐磨性等。常用特殊性能钢包括不锈钢、耐磨钢、耐热钢等。

1．不锈钢

在空气中和某些侵蚀性介质中耐腐蚀不易生锈的钢，称为不锈钢。

腐蚀分为化学腐蚀和电化学腐蚀两种。化学腐蚀指金属与周边物质发生化学反应从而使金属损坏。不锈钢最基本的合金元素是铬，铬在氧化性介质中能形成致密而完整的氧化膜（Cr_2O_3），可阻止氧或减缓腐蚀介质向金属内层侵蚀从而抵御化学腐蚀。

电化学腐蚀是指金属与酸、碱、盐等电解质溶液接触时伴有微电流产生，即所谓微电池作用而引起的金属破坏。电化学腐蚀危害性大，涉及面广，是腐蚀的主要形式。不锈钢中含铬量较高（一般大于 13%），具有较高的电极电位，可以抵抗电化学腐蚀；另外由于大量铬、镍的作用，使钢能形成单一均匀的铁素体或奥氏体组织，没有电位差不能形成微电池，不至于引起电化学腐蚀。

常用不锈钢按化学成分分为铬不锈钢和铬镍不锈钢两种；按金相组织分为马氏体不锈钢、奥氏体不锈钢、铁素体不锈钢 5 种。

（1）铬不锈钢（Cr13 型）牌号有 12Cr13、20Cr13、30Cr13、40Cr13 等，其含碳量分别为 0.12%、0.20%、0.30%、0.4%左右，而铬的含量均在 12%～14%。这类钢由于淬火后为马氏体组织，故又称为马氏体不锈钢。常用于弱腐蚀性介质如空气、水汽等场合工作的零件，能耐 30℃ 以下的海水腐蚀。其中 12Crl3 和 20Crl3 经淬火加高温回火后，具有良好的综合力学性能，宜制造要求塑性较好与受冲击载荷作用的零件，如汽轮机叶片、水压机阀、日常生活用具等。30Cr13 和 40Cr13 经淬火和低温回火后，得到回火马氏体组织，硬度可达到 50HRC 左右，适用于需高硬度的耐蚀零件和器件，如热油泵轴、柱塞、弹簧、滚动轴承配件、医疗器械等。

（2）铬镍不锈钢属单相奥氏体不锈钢，含碳量低于 0.2%，铬含量一般大于 18%，镍含量大于 9%，典型钢号有 06Cr19Ni10、12Cr18Ni9 等。其强度和硬度较低，塑性和韧性较好，无磁性。

由于铬镍不锈钢中铬镍的含量高，且为单相组织，故耐蚀性高于其他不锈钢，在温度不太高的情况下，还可作为耐热钢使用。铬镍不锈钢常用于制造耐硝酸、有机酸、盐、碱等溶液腐蚀的设备及抗磁仪表、医疗器械、日常生活器具等。

还有一类高铬的铁素体不锈钢，如 10Cr17、008Cr27Mo、10Cr17Mo 等，其用途范围与铬镍不锈钢近似，俗称"不锈铁"。

2．耐磨钢

耐磨性是金属抵抗磨损的能力。虽然用淬火和表面热处理的方法可以提高钢的耐磨性，但由于淬硬层比较薄而且脆性大，所以不能在强烈的冲击和严重磨损条件下工作，这时必须采用耐磨钢。耐磨钢是指在巨大压力和强烈冲击作用下才能产生硬化从而具有良好耐磨性的钢。

最常用的耐磨钢是高锰钢，牌号为 ZGMn13，含碳量很高，大于 1%，锰含量大于 13%。经水韧处理后（即将钢加热到 1 000～1 100℃，保温后入水中急冷，可获得单相奥氏体组织），硬度不高，但塑性韧性良好。当受强烈冲击和摩擦时，表面产生塑性变形，从而产生加工硬化，硬度、耐磨性大大提高（HRC＞50）。而且即使表面磨损，其内部由于继续加工硬化而使硬度、耐磨性不减。

高锰钢难以切削加工，一般采用铸造方法成形，因此，高锰钢的牌号用铸钢的汉语拼音字首"ZG"、锰元素符号及其百分含量、序号表示。

耐磨钢主要用于制造在严重磨损和强烈冲击条件下工作的零件，如坦克、拖拉机上使用的履带，破碎机上腭板，挖掘机上的铲齿，铁路上的道叉等。

3．耐热钢

金属材料的耐热性包含高温抗氧化性和高温强度两方面。具有抗高温介质腐蚀能力的钢称为抗氧化钢，在高温下仍具有足够力学性能的钢称为热强钢。耐热钢是两者的总称。

金属的高温抗氧化性是指金属在高温时表层不发生氧化的能力。为了提高钢的抗氧化性能，通常可在钢中加入合金元素铬、硅、铝等，它们的氧化性能强，优先与氧形成一层致密稳定、高熔点并牢固覆盖于零件表面的氧化膜 Cr_2O_3、SiO_2、Al_2O_3 等，避免钢被进一步氧化。

常用抗氧化钢如 06Cr13Al、16Cr25N 等，多用于制造炉用零件和热交换器，如燃气轮机燃料室、锅炉吊钩、加热炉底板、炉管等。

金属的高温强度与材料的化学成分及组织有关。金属在高温和外力长期作用下，将发生极为缓慢的变形，这种现象称为"蠕变"。温度越高，蠕变越严重。

为了提高钢的高温强度，通常可在钢中加入铬、钼、钛、铌、钒及钨等合金元素，以提高钢的再结晶温度，增加钢的抗蠕变能力，使钢的结晶晶粒粗化。

常用耐热钢如 12Cr13、12Cr5Mo、15Cr12WMoV 等，主要用于制造高温下工作的汽轮机、燃气轮机的叶片和转子，锅炉过热器，高温下工作的螺栓和弹簧，内燃机进、排气阀等。

5.5　铸铁

含碳量为 2.11%～6.69% 的铁碳合金称为铸铁。工业铸铁中，碳含量 2.5%～4.0%，锰 0.5%～1.5%，硅 1.0%～3.5%，硫 <0.15%，磷 <0.2%。有时为了进一步提高铸铁的力学性能或得到某些特殊性能，常加入铬、钼、铜、钒、铝等合金元素或提高硅、锰、磷等元素的质量分数，这种铸铁称为合金铸铁。

铸铁的强度、塑性等力学性能不如钢材，但它具有良好的铸造性能、切削加工性能、耐磨性、减振性，且价格低廉。因此，铸铁仍然是工业生产中最重要的金属材料之一，广泛应用于汽车制造业。一些力学性能要求不高、形状复杂、锻造困难的零件如发动机缸体、缸盖、活塞环、飞轮、后桥壳等都是由铸铁制造。特别是经过球化和孕育处理后，铸铁的力学性能已不亚于结构钢，可取代碳钢、合金钢制造一些重要的结构零件，如曲轴、连杆、齿轮等。

5.5.1　铸铁的石墨化

铸铁组织中的碳以石墨的形式析出的过程，称为石墨化。在铁碳合金中碳的存在形式有两种，一种是渗碳体（Fe_3C），另一种是石墨（C）。铁水以较快的速度冷却时，碳将以渗碳体的形式析出；铁水以较慢的速度冷却时，碳则以石墨的形式析出。渗碳体在高温下保温，还可进一步析出石墨。

由于石墨化程度的不同，铸铁的组织常见有以下几种。

石墨化非常充分时，铸铁的最终组织为铁素体基体上分布着石墨；石墨化比较充分时，最终组织为珠光体基体上分布着石墨或铁素体与珠光体基体上分布着石墨；石墨化不太充分时，最终组织为莱氏体与珠光体基体上分布着石墨；石墨化未进行时，最终组织为莱氏体，这种铸铁称为白口铸铁。

5.5.2　铸铁种类

按铸铁中碳的存在形式不同，铸铁常分为白口铸铁、灰铸铁、蠕墨铸铁、球墨铸铁和可锻铸铁。

1. 白口铸铁

白口铸铁中的碳几乎全部以渗碳体的形式存在，其性能特点是硬而脆，切削加工非常困难，一般不用于制造零件。一些具有高硬度和耐磨性要求的零件，如轧辊、球磨机的磨球等，以及可锻铸铁的毛坯件，其组织为白口组织。

2. 灰铸铁

灰铸铁中碳全部或大部分以片状石墨形态存在，其断口呈暗灰色，故称灰铸铁。它的力学性能虽不如钢，但因有石墨存在而带来一些优点，例如，有吸振性；石墨能起润滑作用，能提高耐磨性和可切削性；有良好的铸造性能，收缩小，不易产生铸造缺陷等，是应用最广的铸造金属。

灰铸铁的牌号以灰铁两字的汉语拼音字首"HT"与一组数字表示，数字表示最小抗拉强度，如 HT200 表示最小抗拉强度为 200MPa 的灰铸铁。

灰铸铁广泛用于制造形状复杂但力学性能要求不高的箱体、叉架、壳体类零件，如缸盖、缸体、变速拨叉、变速器壳等；还用于承受压应力且有减振要求的零件，如床身、机架、立柱等。灰铸铁的牌号、性能、用途如表 5.4 所示。

表 5.4　灰铸铁的牌号、性能、用途

牌号	最小抗拉强度 σ_b（MPa）	应　　　用
HT100	100	端盖、油盘、支架、手轮、重锤、外罩、小手柄
HT150	150	机座、床身、曲轴、带轮、轴承座、飞轮、进排气歧管、缸盖、变速器壳、制动盘、法兰
HT200	200	缸体、缸盖、液压缸、齿轮、阀体、联轴器、飞轮、齿轮箱、床身、机座
HT250	250	
HT300	300	大型发动机曲轴、缸体、缸盖、缸套、阀体、凸轮、齿轮、高压液压缸、机座、机架
HT350	350	

影响灰铸铁力学性能的主要因素是片状石墨对基体的破坏程度，而热处理只能改变基体组织，不能改变石墨的形态、大小和分布，所以通过热处理来提高灰铸铁力学性能的效果不大。灰铸铁热处理的主要目的是消除铸造内应力和白口组织。常用热处理方法有去应力退火、石墨化退火、表面淬火等。

3. 球墨铸铁

石墨的力学性能极低。从力学性能的角度来看，可以将铸铁看成是布满了许多裂缝的钢。铸铁中石墨数量越多，对金属基体的分裂越严重，则铸铁的力学性能便越低。

灰铸铁中的石墨是片状的。如果在铁水浇注之前加入球化剂，进行球化处理，则可使石墨呈球状，这就是球墨铸铁。

在球墨铸铁中，由于石墨呈球状，使石墨削弱金属基体的强度大为减轻。因为面积相同的石墨在其呈球状时表面积最小，即分割面最小。另外当石墨为球状时，因尖锐缺口而造成的应力集中现象也大为减少，其基体强度的利用率可达 70%～90%。因此，球墨铸铁具有较高的力学性能，与钢相接近。同时球墨铸铁又基本具有灰铸铁的一系列优良性能，使得"以铸代锻，以铁代钢"成为现实。

球墨铸铁的牌号由"球铁"两字的汉语拼音字首"QT"加两组数字表示，两组数字分别表示最低抗拉强度和最小伸长率，如 QT400-18 表示最低抗拉强度为 400MPa 和最小伸长率为 18%的球墨铸铁。

球墨铸铁的牌号、性能、用途如表 5.5 所示。

表 5.5　球墨铸铁的牌号、性能、用途

牌　　号	σ_b（MPa）	δ（%）	HB	汽车中的应用
QT400-18	400	18	130～180	汽车轮毂、驱动桥壳、差速器壳、离合器壳、拨叉、辅助钢板弹簧支架、齿轮箱等
QT400-15	400	15	130～180	
QT400-10	400	10	160～210	
QT500-7	500	7	170～230	机油泵齿轮、飞轮、传动轴、铁路车辆轴瓦等
QT600-3	600	3	190～270	柴油机曲轴、连杆、缸套、凸轮轴、缸体、进排气阀座、摇臂、后牵引支撑座等
QT700-2	700	2	225～305	
QT800-2	800	2	245～335	
QT900-2	900	2	280～360	汽车后桥弧齿锥齿轮、转向节、传动轴、曲轴、凸轮轴等

4. 可锻铸铁

可锻铸铁是将白口铸铁件在高温下经长时间的石墨化退火后得到的。由于采用的可锻化退火工艺不同，可分为黑心可锻铸铁（又称铁素体可锻铸铁），牌号用"可铁黑"三字的汉语拼音字首"KTH"与两组数字表示。两组数字分别表示抗拉强度和伸长率的最小值，如 KTH300-06；白口可锻铸铁（又称珠光体可锻铸铁），牌号用"可铁珠"三字的汉语拼音字首"KTZ"表示，其后两组数字的含义与铁素体可锻铸铁相同，如 KTZ550-04。

可锻铸铁是由软松的团絮状石墨均匀分布在钢的铁素体或珠光体基体中所构成的组织。因团絮状石墨对基体割裂作用小，不像片状石墨有尖端会引起应力集中，能较大限度地发挥钢的强度和韧性。因此，可锻铸铁的韧性比灰铸铁好，但并不可锻造。

由于可锻铸铁生产周期长，成本较高，其应用已逐渐为球墨铸铁所替代，而仅对形状复杂、批量很大的薄壁小件，因不宜用球墨铸铁，才采用可锻铸铁。

常用可锻铸铁中，KTH350-10 和 KTH370-12 强度较高，能承受一定的冲击力，用于制造汽车、拖拉机的前后轮壳、轴壳、差速器壳、弹簧钢板支座、支架、电机外壳、底座等。

KTZ450-06、KTZ550-04、KTZ650-02、KTZ700-02 均为珠光体基体，强度较高，有良好的耐磨性和一定的冲击韧性。可以部分替代低碳钢，制造如汽车曲轴、连杆、凸轮轴、齿轮等零件。

5. 蠕墨铸铁

蠕墨铸铁是具有形似蠕虫状石墨的铸铁。在灰铸铁浇注时，向铁液中加入蠕化剂（镁钛合金、稀土镁合金等）即可获得。蠕墨铸铁的性能介于灰铸铁和球墨铸铁之间，强度接近于球墨铸铁，具有一定的韧性，较高的耐磨性，同时又具有灰铸铁所具有的良好性能。

蠕墨铸铁的牌号用"RuT"代表"蠕铁"两字，后面的数字代表最低抗拉强度，如 RuT380 表示最低抗拉强度为 380MPa 的蠕墨铸铁。

蠕墨铸铁已开始在生产中广泛应用，如 RuT380、RuT420 主要用于制造汽车刹车鼓、活塞环、汽缸套、制动盘等；RuT340 可用于制造汽车刹车鼓、飞轮、汽缸盖等；RuT260 可制造汽车、拖拉机的某些底盘零件等。

6. 合金铸铁

为了提高铸铁的某些特殊性能如耐磨、耐热、耐蚀性等，在熔化时加入合金元素的铸铁称为合金铸铁。与合金钢相比，合金铸铁熔炼简单、成本低，但力学性能较差。常见的有以下几种。

（1）耐磨铸铁：指在灰铸铁中加入铬、铜、钼、磷、锰、钛等合金元素的铸铁。分为高磷铸铁、磷铜钛铸铁、铬钼铜铸铁等几种。合金元素能细化组织，提高强度和耐磨性。耐磨铸铁主要应用在汽车、拖拉机、精密机床等机器中，如发动机缸套、活塞环等零件。

（2）耐热铸铁：在普通铸铁中加入铬、铝、硅等合金元素，使其表面形成一层牢固而致密的氧化膜 SiO_2、Al_2O_3、Cr_2O_3 等，保护内层不被继续氧化，从而提高铸件的耐热性。同时，合金元素还可提高铸铁的相变点，使铸铁在工作温度范围内不发生相变，并促使铸铁获得单相铁素体组织，使铸铁在高温下不会因渗碳体分解而析出石墨。

耐热铸铁的种类较多，我国大致分为硅系、铬系、铝系、铝硅系等。其中铬系价格较贵、铝系力学性能较差从而使应用受限。国内主要发展硅系、铝硅系耐热铸铁，它们的应用比较广泛，如用于制造炉条、加热炉中间架，高温下工作的排气阀、进气阀座，加热炉炉底板、烟道挡板等零件。

（3）耐蚀铸铁：在普通铸铁中加入硅、铝、铬、镍、钼、铜等合金元素，不仅提高铸铁的力学性能，还使其具有在腐蚀介质中工作时具有抗蚀能力，这种铸铁称为耐蚀铸铁。

合金元素使铸铁表面形成一层致密的保护性氧化膜，还可以提高铸铁基体组织的电极电位，硅还能促使形成单相基体，从而提高了铸铁的耐腐蚀性能。耐蚀铸铁广泛应用于化工部门，制作管道、阀门、泵类、反应釜、盛储器等。

5.6　金属材料的热处理

金属材料的热处理是指金属材料在固态下，采用适当的方式进行加热、保温和冷却，以改变其内部组织结构，从而获得所需性能的一种工艺方法。

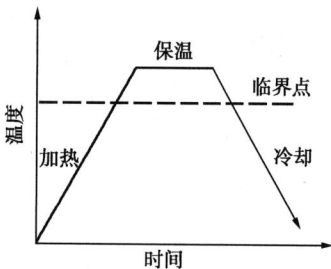

图 5.14　热处理工艺曲线

通过适当的热处理，可以充分发挥材料的潜力，显著提高材料的力学性能，延长零件的使用寿命，还可以消除铸、锻、焊等加工所引起的内应力和各种缺陷，为以后工序做好准备。例如，汽车后桥的主动齿轮经热处理后使用寿命可达 6 000h 以上，而未经热处理的使用寿命仅为 1500h。80% 左右的汽车零件需进行热处理，所有的刀具、模具、量具、滚动轴承等均需进行热处理。因此，热处理在机械制造工业中占十分重要的地位。

热处理应用的主要对象是钢。钢的热处理方法有退火、正火、淬火、回火及各种表面热处理等。热处理工艺曲线如图 5.14 所示。

*5.6.1　钢在加热、冷却时的组织转变

钢的组织转变是热处理的核心问题。了解钢在加热、保温、冷却过程中组织的转变规律是理解各种热处理方法的基础。

1. 钢的加热

对钢进行加热，其目的是改变钢的原始组织，获得成分均匀、晶粒细小的奥氏体组织，并为冷却时的转变做好准备，使钢最终获得所需的组织和性能。

根据铁碳合金相图，亚共析钢、共析钢和过共析钢分别被加热到 GS（A_3）、PSK（A_1）、ES（A_{cm}）线以上温度时才能获得单相奥氏体组织，因为 A_3、A_1 和 A_{cm} 线都是平衡态的相变点。然而实际生产中加热和冷却速度都很快，因此实际相变点加热时温度略高于平衡相变点，冷却时却略低于平衡相变点，且速度越快偏离越大。为了使两者有所区别，通常将加热时的实际相变点用 Ac_3、Ac_1 和 Ac_{cm} 表示，冷却时的实际相变点用 Ar_3、Ar_1 和 Ar_{cm} 表示。钢的相变点是制定热处理和热加工工艺的重要依据。碳钢在加热、冷却时相变点在 Fe-Fe₃C 相图上的位置，如图 5.15 所示。

钢在加热时的组织转变实质上是奥氏体的形核和长大的过程。奥氏体转变越彻底，其晶粒度越均匀细小，钢的性能越好。钢加热到相变点以后需保温一段时间，目的是为了使工件内外温度一致，从而获得成分均匀的奥氏体。由于钢加热到奥氏体状态后，起始晶粒总是细小的，但随着加热温度升高和保温时间延长晶粒容易长粗，所以应严格控制加热温度和保温时间。

2．钢的冷却

冷却也是热处理的重要工序。它往往决定钢热处理后的组织和性能。

冷却是将加热到高温奥氏体状态的钢以一定速度冷却到低温，使钢中奥氏体发生预期转变，从而获得所需的组织和性能，以满足加工和使用的需要。如工具钢加工前退火时，需缓慢冷却，目的是降低硬度，便于切削加工；当成品前淬火时，又需急速冷却，目的是提高硬度和耐磨性，延长零件或工具的使用寿命。

常用冷却方式有两种：等温冷却，是将钢加热到奥氏体状态后，以较快的速度冷却到 703℃以下的某一温度，保持一段时间，促使奥氏体转变，然后再冷却到室温的冷却方式，如图 5.16 虚线所示；连续冷却，是将钢加热到奥氏体状态后，以一定的速度连续地冷却到室温的冷却方式，其转变是在一个温度范围内连续进行的，如图 5.16 实线所示。

生产中，因采用连续冷却方式比采用等温冷却方式操作简单，所以使用较广泛。

钢冷却时所发生的转变以及转变后的组织和性能，主要取决于钢的冷却速度和转变温度。

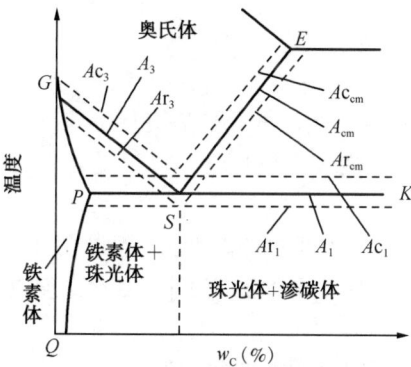

图 5.15　碳钢在加热、冷却时相变点
在铁碳合金相图上的位置

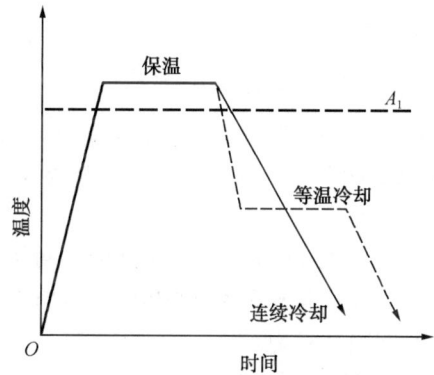

图 5.16　两种冷却方式

5.6.2　钢的退火与正火

机械零件经过铸造、锻压、焊接等工艺后，工件内部会有残余内应力、组织粗大、不均匀、偏析等缺陷，这时经过适当的退火或正火处理，上述缺陷便可以得到改善。退火和正火常被用做预先热处理，以便为后面的加工或最终热处理做好准备。若对工件性能没有特别要求，例如，发动机箱体等，退火或正火就可作为最终热处理。

1．退火

退火是将工件加热到一定温度并保温，然后再随炉缓慢冷却的一种热处理工艺。常用的退火方法有完全退火、球化退火、去应力退火等。

（1）完全退火：将钢加热到 Ac_3 以上 30～50℃，保温一定时间，随炉冷却到 600℃以下，出炉后空冷。完全退火后的组织为珠光体＋铁素体，其目的是消除工件的内应力、降低硬度、细化晶粒、均匀组织，为后续加工做准备。主要适用于亚共析钢的铸、锻、焊接件的毛坯或半成品零件的预先热处理。

（2）球化退火：是将钢加热到 Ac_1 以上 30～50℃，经充分保温后缓冷到 600℃出炉空冷。退火组织为球状珠光体。其目的是降低硬度，提高韧性，改善切削加工性，为后续热处理做组织准备。球化退火主要用于共析、过共析钢。

（3）去应力退火：是将钢加热到 Ac_1 以下某一温度（一般为 600℃），保温后随炉冷却的一种热处理工艺，又称低温退火或人工时效。目的是消除铸、锻、焊、冷成形件以及切削加工件中的残余应力。

2. 正火

正火是将钢加热到 Ac_3 或 Ac_{cm} 以上 50～70℃，保温一定时间，出炉后在空气中冷却的热处理工艺。正火由于冷却速度比退火快，所以得到的组织是以细珠光体为主的非平衡组织。正火后材料的硬度、强度、韧性都高于退火，且操作简便、周期短，故应优先考虑。正火主要有以下几方面的应用。

（1）作为普通结构钢零件的最终热处理。正火可以消除铸造、锻造和焊接过程引起的过热缺陷，细化晶粒，提高硬度，改善切削加工性。对力学性能要求不高或尺寸较大的结构件，可用正火作为最终热处理。

（2）作为低、中碳结构钢零件的预备热处理。正火可消除成形工艺过程中产生的缺陷，保证合适的切削加工硬度，为后续热处理做好组织准备。

5.6.3　钢的淬火与回火

1. 淬火

淬火是将钢加热到 Ac_3 或 Ac_{cm} 以上 30～50℃温度，保温一定时间，然后进行快速冷却的一种热处理工艺。其目的是获得马氏体组织，使钢具有高硬度和高耐磨性。淬火是强化钢材的重要方法。

（1）淬火加热温度：钢的成分不同其淬火加热温度不同。亚共析钢的淬火加热温度在 Ac_3 以上 30～50℃；共析钢及过共析钢淬火加热温度为 Ac_1 以上 30～50℃；合金钢的淬火加热温度应在有关手册中查阅。

（2）淬火介质：理想的淬火介质对在不同温度的工件有不同的冷却速度。理想淬火的冷却速度如图 5.17 所示。但实际应用的水、盐水或碱水、油等任一种淬火介质都满足不了理想淬火速度的要求。所以，可采用双液淬火等方法使之接近理想淬火冷却速度的要求。

（3）淬火方法：常用的淬火方法主要有以下几种。

① 单介质淬火法：是指将工件加热到淬火温度，放入一种淬火介质中连续冷却到室温的淬火，如图 5.18 曲线 a 所示。碳钢在水中淬火、合金钢在油中淬火等都属于单液淬火。单液淬火的操作简便，易于实现机械化和自动化，缺点是易产生淬火缺陷。

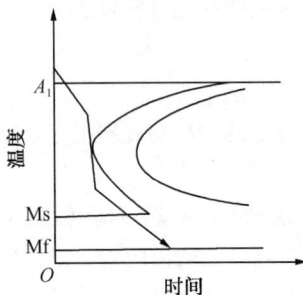

图 5.17　理想的淬火冷却速度

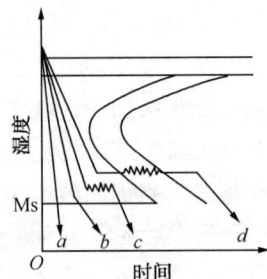

图 5.18　常见淬火方法示意图

② 双介质淬火法：是将加热的工件先投入一种具有较强能力的介质中冷却，冷却曲线在避开 c 曲线"鼻尖"后再立即转入冷却能力较弱的介质中进行淬火，如图 5.18 曲线 b 所示。双介质淬火的优点是淬火工件产生的内应力小，不易变形和开裂。但操作难度大，如果掌握不好则可能失去双介质淬火的意义。

③ 分级淬火法：分级淬火也称为马氏体分级淬火，是将加热的工件先淬入稍高于 Ms 点的盐浴或碱浴槽中，短时保温后取出空冷，以获得马氏体的方法，如图 5.18 曲线 c 所示。分级淬火时，工件内外温差小，内应力小，可有效防止变形和开裂的产生，适合于形状复杂、截面面积小的碳钢及合金钢件的淬火。

④ 等温淬火法：等温淬火又称为贝氏体等温淬火，是将加热后的工件投入略高于 Ms 点的盐浴或碱浴槽中，保温足够时间，使其完成下贝氏体转变，而后出炉空冷到室温，如图 5.17 曲线 d 所示。等温淬火的特点是内应力很小、工件不易变形和开裂，而且有良好的综合力学性能。多数情况下，工件经等温淬火后不再进行回火处理，故等温淬火常用来处理形状复杂、尺寸精度要求高且硬度和韧性要求也较高的工件，如各种冷热模具、成形刀具等。

（4）淬透性和淬硬性。

① 淬透性：指钢在一定的淬火条件下，获得淬硬层深度的能力。淬透性主要由钢的临界冷却速度 v_c 决定。v_c 越小，则钢的淬透性就越好，就越容易淬火。碳和合金元素的含量是影响淬透性的主要因素之一。淬透性是钢重要的热处理工艺性能。淬透性好的钢，经淬火回火后，组织均匀一致，具有良好的综合力学性能，有利于钢材潜力的发挥。同时，淬透性好的钢淬火时可采用较低的冷却速度缓冷，以减少变形与开裂。所以，受力复杂及截面尺寸较大的重要零件都必须采用淬透性好的合金钢制造。

② 淬硬性：指钢在理想条件下淬火所能达到最高硬度的能力。它取决于马氏体中碳的百分含量，即 w_c 越高，淬硬性越好。应当明确，淬透性好的钢，其淬硬性不一定高。两者概念不同，不可混为一谈。

淬火后得到的马氏体，除低碳钢以外都太脆，而且一般方法淬火后工件的内应力也很大，不能直接使用，必须辅以回火工艺改善性能。

2．回火

将淬火钢重新加热到 Ac_1 以下某一温度，保温后以一定的冷却速度冷至室温的工艺称为回火。回火通常是热处理最后一道工序。淬火后必须立即回火，其间隔时间最长也不宜超过 1 小时。回火的目的是消除或减少淬火应力，降低脆性，防止零件变形开裂；稳定组织，从而稳定零件尺寸；调整力学性能，满足零件的性能要求。

常用回火方法有以下几种。

（1）低温回火：回火温度为 150～250℃。回火组织为回火马氏体，基本保持马氏体的高硬度、高耐磨性，同时韧性提高，内应力明显降低。低温回火常用于刀具、模具、量具、滚动轴承、渗碳体、表面淬火件等。在 100～150℃下长时间的低温回火，又称为人工时效，可以消除内应力，稳定尺寸。

（2）中温回火：回火温度为 350～500℃。回火组织为回火托氏体，具有高的弹性极限和屈服强度，一定的韧性，且内应力基本消除，硬度约 35～50HRC。中温回火常用于弹性零件及热锻模等。

（3）高温回火：回火温度为 500～650℃。淬火加高温回火的复合热处理又称为调质处理。回火组织为回火索氏体，具有良好的综合力学性能，硬度为 25～40HRC。高温回火常用于受力复杂的重要结构件，如曲轴、连杆、半轴、齿轮、螺栓等。所以典型的中碳范围的结构钢又称调质钢。

5.6.4　钢的表面热处理

汽车上许多零件如传动齿轮、活塞销、花键轴等，是在各种交变、冲击载荷及摩擦作用下工作的，因此要求零件表面具有高的硬度和耐磨性，心部具有足够的强韧性。这就很难用一般的热处理方法满足其性能要求，生产中的解决办法是选用综合性能良好的材料（中碳钢或中碳合金钢）并对其进行表面热处理。

常用表面热处理方法为表面淬火和化学热处理两类。前者只改变表面组织而不改变表面成分；后者同时改变表面成分和组织。

1. 表面淬火

仅对零件表层进行淬火的工艺称为表面淬火，根据加热方法不同分为感应加热、火焰加热、激光加热、电子束加热表面淬火等。

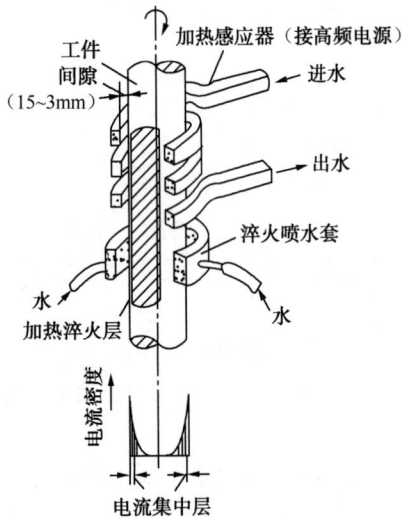

图 5.19　感应加热表面淬火

（1）感应加热表面淬火。利用感应电流通过零件时产生的热效应，使零件表面迅速达到淬火温度，随即快速冷却的淬火工艺称为感应加热表面淬火。

如图 5.19 所示，将零件放入空心铜管绕成的感应器中，感应器中通入一定频率（高频、中频、工频等）的交流电以产生交变磁场，于是在零件内部就会产生频率相同、方向相反的感应电流。分布在零件表层的感应电流密度大，心部密度小，称为"集肤效应"，频率越高，"集肤效应"越明显。电阻热使零件表层迅速升温到淬火温度，而心部温度基本不变，随后快速冷却（水冷），从而达到表面淬火的目的，使零件表层淬硬。

感应加热速度极快、加热时间短，因此晶粒细小均匀、淬火质量好、工件变形小、生产率高、易于机械化、自动化而适于大批生产。但大件、太复杂件难以处理。淬火后仍需进行低温回火。

感应加热表面淬火淬硬层的深浅，主要取决于电流频率的高低。频率越高，淬硬层越浅。因此，感应加热表面淬火又分为高频（200～300）kHz，淬硬深度为（0.5～2）mm，主要适用于要求淬硬层较薄的中小型零件；中频（2.5～8）kHz，淬硬深度为（2～10）mm，主要适用于大模数齿轮及直径较大的轴等；工频（50Hz），淬硬深度为（10～15）mm，主要适用于大直径零件。

（2）火焰加热表面淬火。利用氧-乙炔火焰（或其他可燃气体）对零件表面进行加热，使其快速升温达到淬火温度，然后迅速喷水冷却的热处理工艺称为火焰加热表面淬火。淬硬层深度一般为 2～6mm。

火焰加热表面淬火相对来说操作简单方便、成本低，但因其淬火质量不易控制、生产效率低使应用受到了限制，主要用于单件小批生产或中碳钢、中碳合金钢大型零件或复杂件的局部表面淬火。

2. 化学热处理

经过表面淬火的工件表面硬度只能达到（52～54）HRC，不是很高。若有进一步的要求，则应采用化学热处理。

化学热处理是指将零件放入一定温度的活性介质中，使一种或几种元素渗入零件表面，以改变表层的化学成分、组织和性能的一种表面热处理工艺。

按渗入元素的不同，化学热处理可分为渗碳、渗氮、渗硼、碳氮共渗等，其中前两种最常用。

（1）渗碳。低碳钢的表面渗入碳原子的过程称为渗碳。渗碳介质可以是气态、液态、固态，生产中应用最广的是气体渗碳。即利用煤油、丙酮等液体在高温下气化分解产生活性碳原子而被零件表面吸收，并向钢的内部扩散以形成一定的渗碳层深度，一般为（0.5~2）mm。渗碳后再经淬火加低温回火处理表层硬度可达（58~64）HRC。渗碳处理使零件表面具有高的硬度、耐磨性和疲劳强度，心部具有良好的塑韧性。

渗碳主要用于表面磨损剧烈并承受较大冲击载荷的零件，如汽车传动齿轮、轴颈、活塞销、十字轴等。

（2）渗氮。零件在渗氮介质中（氨气等）加热并保温，使活性氮原子渗入零件表面的化学热处理工艺称为渗氮。渗氮前零件需进行调质处理，以保证心部的综合力学性能。渗氮后不必淬火回火。典型的渗氮钢有 38CrMoAlA、18CrNiW 等。

工件氮化后表面硬度可达（67~72）HRC，比渗碳具有更高的硬度、耐磨性、疲劳强度及更好的耐蚀性、红硬性，且变形小，但生产周期长、成本高，主要用于精密齿轮、精密丝杆、精密机床主轴等零件。

思考与练习

1．解释下列名词：晶体、晶格、晶粒、晶界。

2．纯铁的同素异构转变有何实际意义？

3．绘制铁碳合金相图，简述它的作用。

4．按用途分，碳钢可分为哪几类？主要作用是什么？

5．随着钢中含碳量的增加，钢的力学性能有何变化？为什么？

6．指出 Q235、45、T12 的类型、含义、用途。

7．试比较碳钢与合金钢的优缺点。

8．说明下列材料的牌号、含义。

GCr15、40Cr、9SiCr、W18Cr4V、65Mn、20CrMnTi、60Si2Mn

9．若将 30 钢用来制造锉刀，或将 20 钢当做 60 钢制成弹簧，则使用过程中将会出现什么问题？

10．什么叫渗碳钢？为什么一般渗碳用钢的含碳量都比较低？合金渗碳钢常含有哪些元素？它们对钢的组织与性能有何影响？

11．生产中应用最多的是哪几类铸铁？各有哪些特点？

12．什么是热处理？什么样的材料才能进行热处理？

13．常用退火方法有哪些？分别适用于处理哪一类零件？

14．淬火的目的是什么？淬火加热温度如何选择？常用冷却介质和淬火方式各有哪些？

15．什么叫回火？回火目的是什么？常用回火方法有哪些？分别适于处理哪类零件？

16．什么叫淬透性、淬硬性？影响因素有哪些？有何现实意义？

17．甲、乙两齿轮，甲为低碳钢，乙为中碳钢，各应采用什么热处理才能满足使用性能要求？

第6章 非铁金属与非金属材料

非铁金属因具有质量轻、导电性好等铁碳合金材料所不及的特性，在现代汽车上的用量呈逐年增加的趋势。例如，铝合金材料具有密度低、强度高和耐蚀性好的特性，在轿车的轻量化中占举足轻重的地位。据统计，近10年来，轿车上的铝及其合金用量已从占汽车总量的5%左右上升至10%左右。此外，采用新型镁合金制造的凸轮轴盖、制动器等零部件，可以减轻质量和降低噪声。在轿车制造行业，采用铝、镁、钛等轻金属替代钢铁材料减轻自重，是轿车轻量化的一个重要手段。

非金属材料在汽车中的应用也在逐年提高。在欧洲，20世纪70年代，汽车塑料零部件的质量达到了汽车总质量的5%以上，20世纪80年代则超过了10%。其他如合成纤维、尼龙、聚酯、橡胶、陶瓷、复合材料等在汽车中也有着广泛的应用。

6.1 非铁金属及其合金

非铁合金与铁碳合金相比较，产量低、价格高。但非铁合金具有某些特殊的优越性能，如密度小、比强度高、耐腐蚀性好等，成为现代工业中不可缺少的材料，在汽车中的应用也日益广泛。非铁合金种类繁多，下面介绍最常用的几种。

6.1.1 铝及铝合金

铝及铝合金的密度小，属轻金属，在地球上的储量丰富，可以说居金属元素之首。有关试验说明，若采用铝合金制造汽车的缸体和车身，整个汽车的自重可减轻40%。目前轿车车身材料主要是金属薄钢板，一般厚度在（0.6～2.0）mm。随着现代轿车技术的发展，轿车材料要求强度高而质量轻，采用铝合金的车身是一条出路。但是，铝材的加工成本高，而且冲压及焊接技术要求比较特殊，以目前的技术尚不是一般厂家可以做得到的。因此，除了个别轿车车身全部用铝合金（例如德国奥迪）外，大部分轿车还是部分零部件采用铝合金，如车圈、发动机上盖等。

1. 工业纯铝

工业纯铝呈银白色，纯度为98%～99.7%，熔点较低，只有660℃。其显著特点是：密度小，约2.7g/cm³，仅为铁碳合金的1/3；塑性高，δ为35%～40%，最高可达50%；但强度低（σ_b=80～100 MPa）、硬度低（25～30 HBS），可以经冷变形提高，更主要的是通过合金化使其强化；可以进行冷、热压力加工。

铝导电、导热性良好，仅次于银和铜。常用铝代替铜制作导线和零件，也可以制作电子、电气设备散热片。铝在空气中具有良好的耐腐蚀性，表面可与氧生成一层致密的氧化膜阻止铝的进一步氧化，故在化工、日用品工业广泛使用。但铝不耐酸、碱、盐的腐蚀。按GB/T3190—1996的规定，工业纯铝的牌号有1070A、1060、1050A、1035等（即化学成分近似于旧牌号L1、L2、L3、L4、L5），牌号中数字越大，表示杂质的含量越高，纯度越低。

铝具有面心立方晶格，没有同素异晶转变，因此具有与钢完全不同的热处理强化原理。

工业纯铝按加工方式可分为变形纯铝（可压力加工）和铸造纯铝（非压力加工）两种，主要用途是代替铜制作导线、配制不同的铝合金、制作强度不高的器皿。在汽车上，纯铝主要用于制作空气压缩机垫圈、排气阀垫片、汽车铭牌等。

2. 铝合金

纯铝强度很低，在纯铝中加入 Si、Cu、Mg、Zn、Mn 等金属元素形成铝合金，可使其力学性能提高，而且仍保持其密度小、比强度高、耐腐蚀、导热性好的优点，可以用来制作机器零件，尤其在要求结构质量轻的产品如飞机中应用较多。在轿车日益轻量化的今天，铝及铝合金也得到了日益广泛的应用。

铝合金可通过固溶-时效处理来改变铝合金的力学性能。

含碳量较高的钢，在淬火后其强度、硬度立即提高，而塑性则急剧降低。而热处理可强化的铝合金却不同，当它加热到 α 相区，保温后在水中快冷，其强度、硬度并没有明显升高，而塑性却得到改善，这种热处理称为固溶淬火（或固溶热处理）。淬火后的铝合金，如在室温下停留相当长的时间，它的强度、硬度才显著提高，同时塑性则下降。

固溶热处理后的铝合金所形成的饱和 α 固溶体在常温下不稳定，放置一段时间后将会析出第二相，过渡到稳定的非饱和状态。由于第二相析出会导致晶格畸变，从而使铝合金的强度、硬度提高，而塑性下降，这种现象称为时效强化（或时效）。室温下发生的时效称为自然时效，高于室温进行的时效称为人工时效。

铝合金时效强化效果与加热温度有关，时效温度越高，则时效过程越快，但强化效果越差。若人工时效时间过长，加热温度过高，反而使合金软化，这种现象称为过时效。

根据铝合金的成分及生产工艺特点，可将铝合金分为变形铝合金和铸造铝合金。

（1）变形铝合金。变形铝合金塑性较好，宜于进行压力加工，一般由冶金厂由铝锭加工成各种型材（板、带、管等）产品供应，其合金含量一般小于 5%（高强度铝合金含量在 8%～14%）。按加入元素及主要性能特点分为防锈铝、硬铝、超硬铝和锻铝。常用变形铝合金的牌号、成分、力学性能及用途如表 6.1 所示。

表 6.1　常用变形铝合金的牌号、成分、力学性能及用途

类别	牌号	原代号	主要合金元素质量分数				力学性能		用途举例
			Cu	Mg	Mn	Zn	σ_b/MPa	δ/%	
防锈铝	5A05	LF5	0.1	4.8～5.5	0.3～0.6	0.2	280	20	日用品、铆钉、散热片、中载零件及制品
	3A21	LF21	0.2	0.05	1.0～1.6	0.1	130	20	蒙皮、容器、铆钉、轻载零件及制品
硬铝	2A01	LY1	2.2～3.0	0.2～0.5	0.2	0.1	300	24	工作温度低于 100℃ 的结构用中等强度铆钉
	2A11	LY11	3.8～4.8	0.4	0.4～0.8	0.3	420	15	中等强度的结构零件，如骨架、支柱等
超硬铝	7A04	LC4	1.4～2.0	1.8～2.8	0.2～0.6	5.0～7.0	600	12	主要受力件，如飞机大梁、桁架、起落架
锻铝	2A50	LD2	1.8～2.6	0.4～0.8	0.4～0.8	0.3	420	13	形状复杂、中等强度的锻件
	2A70	LD5	1.9～2.5	1.4～1.8	0.2	0.3	440	12	在高温下工作的复杂锻件，承受重载的锻件

① 防锈铝：是铝—锰系或铝—镁系合金；不能进行时效强化，只能用冷变形来提高强度；具有良好的抗蚀性，故称为防锈铝合金。在常用的防锈铝合金中，铝—镁系铝合金的强度和耐蚀性高于铝—锰系防锈铝合金。

防锈铝合金的特点是强度适中，塑性和焊接性好，常用拉延法制造各种高耐蚀性薄板容器，如油箱。另外制作受力小、质轻的耐蚀制品，如蒙皮、管道、窗框、灯具等。

② 硬铝：是铝—铜—镁系合金；可通过固溶-时效强化处理显著提高强度，淬火、时效后的硬铝，σ_b 可达 470MPa，比强度更与高强度钢（σ_b＝1000～1200 MPa）相近，故名硬铝合金。加入 Cu、Mg 可以在时效过程中产生强化相，故硬铝的强度、耐热性随合金元素含量增加而提高，

塑性下降。

硬铝是一种应用较广的铝合金，常轧制成板材、管材和型材，以制造在较高载荷下工作的铆接件、焊接件。但其显著缺点是耐蚀性远比纯铝差，所以有些硬铝板材在表面上包一层纯铝后使用。

③ 超硬铝：是铝—铜—镁—锌系合金。这类铝合金时效强化处理效果最好，强度最高，其比强度相当于超高强度钢（$\sigma_b > 1400\,MPa$ 的钢），故名超硬铝合金。

超硬铝耐蚀性差，也可以采用包铝法以提高耐蚀性。另外，耐热性也差，当温度高于 120℃会发生软化，主要用于制造质量轻、受力较大、工作温度低的结构件，如飞机大梁、桁架等。

④ 锻铝：多数为铝—铜—镁—硅系合金。其热塑性及耐蚀性较高，更适合于锻造，故称锻铝。锻铝的其他力学性能与硬铝接近，可通过固溶处理及人工时效来强化，主要锻制各种形状复杂、比强度高的零件，如发动机风扇叶片、内燃机活塞、汽缸盖等。

锻铝淬火后要立即进行时效处理，以防降低时效强化效果。

（2）铸造铝合金。铸造铝合金是直接用铸造方法浇注成零件或毛坯的铝合金。其所含合金元素的数量比较高，压力加工性能差，但铸造性能较好，可以制造形状复杂的零件。合金元素总的含量在 8%～25%范围内，以加入元素不同而分为许多类别。

铸造铝合金的代号用"ZL"加三位数字表示。"ZL"是汉语"铸铝"的缩写；第一位数字表示合金类别：1 为铝—硅系，2 为铝—铜系，3 为铝—镁系，4 为铝—锌系；第二、三位数字表示合金顺序号，序号不同化学成分不同，优质在后面加"A"。表 6.2 列举了几种常用铸造铝合金的牌号、成分、力学性能及用途。

表 6.2　几种常用铸造铝合金的牌号、成分、力学性能及用途

类　　别	牌　　号	代　　号	主要成分%（其余为 Al）	力学性能		用　途　举　例
				σ_b/MPa	δ/%	
铝硅合金	ZAlSi12	ZL102	Si11.5	150	3	形状复杂的仪表、气密性薄壁零件等
铝铜合金	ZAlCu10	ZL202	Cu10	140	4.5	工作温度低于 250℃的零件，汽车活塞
铝镁合金	ZAlMg10	ZL301	Mg10.5	280	9	大气、海水中零件，承受振动零件
铝锌合金	ZAlZn11Si7	ZL401	Si7，Zn11，Mn12	220	1.7	形状复杂的汽车、飞机零件

① 铝硅合金。铝硅系铸造合金是目前工程上应用最广泛的铸造合金。合金中仅加入硅称为简单铝硅合金，此外还可以加入 Cu、Mg 等元素，构成复杂铝合金。其中 ZL102 使用最为普遍，又称"硅铝明"。

铸造铝硅合金的特点是流动性好，收缩小，不易产生裂纹，适宜进行铸造。此外，铝硅合金密度小，耐蚀性好，又可以用变质处理来提高其强度，所以常用于浇铸或压铸质量轻、有一定强度和复杂形状的中小型零件，尤其是薄壁零件，如仪器仪表零件、活塞、发动机机壳、汽缸体及工作温度在 200℃以下、要求气密性好的承载零件。高强度的复杂铝合金可以制造形状复杂、强度要求高并可在高温下工作的机器零件，如内燃机汽缸体、汽缸盖、活塞等。

② 铝铜合金。铝铜系铸造合金的特点是耐热性好，具有较高的高温强度，能通过热处理来强化。最大缺点是耐蚀性差，随含铜量增加耐蚀性降低。加入 Ni、Mn 后耐热性大大提高，常用于制造高强度或高温条件下工作的零件，如高速内燃机缸头、活塞等。

③ 铝镁合金。铝镁系铸造合金的特点是密度小，强度高，耐蚀性较好，能耐大气和海水腐蚀。但铸造性能较差，铸件组织疏松，热强性也差，一般仅适用于 200℃以下工作的零件。因此，常用来制造耐腐蚀的铸件，如海轮配件等。在一定场合可以替代不锈钢。

④ 铝锌合金。由于能溶入大量的锌（极限溶解度为 32%），所以铝锌合金的强度显著提高，而且价格比较便宜。在合金中加入适量的 Mn、Fe 和 Mg，可以提高耐热性。缺点是耐蚀性能较差。主要用于制造结构形状复杂的汽车、飞机零件和医疗器械、仪表零件、日常用品等。

6.1.2 铜及铜合金

铜是人类发现和使用最早的金属。铜有优良的导电导热性和良好的化学稳定性，在性能上仅次于金和银。铜的塑性变形能力很高，可采用挤压、压延和拉拔等压力加工方法制成各种型材，工业上得到广泛应用，特别是制作导电器材，其用量占铜总用量的一半以上。在汽车工业所用非铁合金材料中，铜合金用量仅次于铝合金。汽车上各类热交换器、散热器、耐磨减摩零件、电器元件、油管等，均选用了铜合金材料。

1. 工业纯铜

纯铜是用电解法获得的，也称为"电解铜"，外观呈紫红色，故又称紫铜。工业纯铜含铜量 $w_{Cu}=99.5\%\sim99.95\%$。纯铜具有良好的塑性、导电性和耐蚀性，特别是导电性仅次于银而位居第二。其密度为 $8.9g/cm^3$，熔点为 $1083℃$，固态下为面心立方晶格，无同素异构转变。工业纯铜的强度、硬度低（$\sigma_b=230\sim240MPa$，$40\sim50HBS$），不宜制作结构零件，广泛用于制造电线、电缆、铜管以及配制铜合金。

我国工业纯铜常用的有 T1、T2、T3、T4 四种。代号中数字越大，表示杂质含量越高，导电性、塑性越差。如 T1、T2 主要用做导电材料或配制高纯度的铜合金；T3、T4 主要用于一般铜材和配制普通铜合金。

2. 黄铜

黄铜是以锌为主要添加元素的铜合金，分为普通黄铜和特殊黄铜。表 6.3 列举了几种常用黄铜的牌号、成分、力学性能及用途。

表 6.3　几种常用黄铜的牌号、成分、力学性能及用途

类别	名称	牌号	大致成分/%			力学性能		用途举例
			Cu	Zn	其他	σ_b/MPa	δ/%	
压力加工黄铜	普通	H68	68	32		320/660	55/3	汽车散热片、导电零件、弹壳及仪器、仪表零件
		H62	62	38		330/600	49/3	垫圈、弹簧，螺栓、螺钉及小零件
	特殊	HSi80-3	80	17	Si3	300/600	58/4	蒸汽管、水管、船舶零件
		HPb63-3	63	34	Pb3	350/600	55/5	汽车、拖拉机、钟表零件
		HSn62-1	62	37	Sn1	400/700	40/4	冷凝器管、海轮用管材
铸造黄铜		ZCuZn38	62	25.5	Pb2, Al2.5 Mn2, Si3	300/300	30/30	散热器、螺钉、弹簧
		ZCuZn33Pb2	59	28.5		200/250	10/20	切削零件
		ZCuZn31Al2	67	20.5		300/400	12/15	耐蚀零件、海用机械

（1）普通黄铜：是 Cu—Zn 合金，含锌一般不超过 45%，表示方法用"H"加一个二位数（表示含铜量的平均百分含量值）。普通黄铜中，若含锌量小于 32%则塑性、韧性好，能进行冷、热压力加工成形；反之塑韧性显著下降，强度、脆性增加，冷压力加工困难，只能进行热压力加工，故又称为热加工黄铜。

由于黄铜强度比纯铜高，价格便宜，又有较好的耐蚀性，所以得到了广泛的应用。

普通黄铜中铜的含量愈多，延展性越好，切削加工性能越差。此外，通过加工硬化，能改善黄铜的切削加工性能。

（2）特殊黄铜：为了获得某些性能，在黄铜中加入一定数量 Si、Pb、Sn、Al、Mn 等合金元素，形成多元合金，分别称为硅黄铜（HSi80-3）、铅黄铜（HPb63-3）、锡黄铜（HSn62-1）等。

特殊黄铜的牌号表示方法是"H"加主添加元素符号，再加上若干组数字表示。第一组数字表示铜的百分含量，第二组数字表示主添加元素的百分含量，第三组数字表示次添加元素的百分含量，它们都是平均值，数字与数字之间用短横线隔开。

合金元素的加入，提高了材料的硬度和强度、耐磨性、耐腐蚀性，改善了加工工艺性能，因此其综合性能较普通黄铜得到普遍提高。

（3）铸造黄铜：相同牌号的铸造黄铜，其力学性能不如普通或特殊黄铜，但是，铸造方法可获得形状复杂零件，并减少机械加工量，所以仍得到广泛应用。而且铸造黄铜塑性要求不很高，可以加入较多的合金元素以提高其强度和铸造性能。

铸造黄铜牌号用 ZCuZn 及其含量＋其他元素符号及其含量表示。例如，ZCuZnl6Si4 表示铸造硅黄铜，$w_{Zn}＝16\%$、$w_{Si}＝4\%$，其余量为铜。

3. 青铜

青铜原指铜锡合金，因呈青黑色而得名。以后，由于需要发展了不含锡而加入铝、硅、锰、铅等其他元素的青铜，称特殊青铜或无锡青铜。表 6.4 列举了几种常用青铜的牌号、成分、力学性能及用途。

表 6.4　几种常用青铜的牌号、成分、力学性能及用途

类别	名称	牌号	大致成分%			力学性能		用途举例
						σ_b /MPa	δ /%	
压力加工青铜	锡青铜	QSn4-3	Sn4	Zn3	Cu93	350/550	40/4	弹簧、耐磨、抗磁零件
		QSn7-0.2	Sn7	P0.2	Cu92.8	360/550	64/15	弹簧片、轴承、蜗轮
	特殊青铜	QSi3-1	Si3	Mn1	Cu96	359/750	50/1	齿轮、蜗轮、弹簧
		QCd1.0	Cd1.0		Cu99	250/600	40/1.5	整流子、电极材料
		QBe2	Be2		Cu98	500/1250	35/3	重要弹簧、高速高温高压零件
铸造青铜		ZCuSn10Pb5	Sn10	Pb5	Cu85	200/250	10/10	耐磨轴承
		ZCuPb15Sn8	Pb15	Sn8	Cu77	150/200	6/3	高压下工作的重要轴承
		ZcuAl9Mn2	Al9	Mn2	Cu89	400/450	20/20	耐蚀、高强度零件、大型铸件

（1）锡青铜：具有较高的强度和硬度，其塑性和韧性随含锡量的变化而发生明显的改变。若含锡量低于6%，塑性较好，可以进行压力加工；大于6%则只能铸造生产。锡青铜的导热性和耐蚀性较好，不易受大气腐蚀。其铸造性能好，收缩率小，不易形成集中缩孔，宜浇铸外形复杂、尺寸要求严格、壁厚较大的铸件，如青铜器之类的艺术品。但铸件致密度低，故不适合铸造要求组织致密的机器零件。锡青铜具有良好的减摩性，在机械工业中，常用于铸造齿轮、轴套、轴瓦等。

铸造青铜的牌号表示方法为ZCuSn＋质量百分数。例如，ZCuAl10Fe3 表示含铝量为10%，含铁量为3%的铸造铝青铜。压力加工青铜牌号用"QSn"加一组数字（依次表示所添加元素的质量百分数）。例如，QSn6.5-0.4，表示压力加工锡青铜，含锡量6.5%，其他合金元素（P）含量0.4%。压力加工青铜常用来制作弹簧、接触片、振动片及耐磨抗磁零件。

（2）特殊青铜：主要加入铝、铅、铍等，形成不含锡的铜合金。其主要加入元素是什么就叫什么青铜，如铝青铜、铅青铜、铍青铜等。

① 铝青铜：铝青铜是铜铝合金，并含有一定数量的铁、锰、镍等其他元素。特点是提高了

青铜的强度、耐磨性和抗蚀能力，其铸造性能也比较好。常用于制造耐磨、耐蚀的齿轮、蜗轮、轴套等。

② 铍青铜：铍青铜是铜铍合金。铜中加入铍后具有许多优点，如提高了弹性、耐磨性、耐蚀性、耐寒性、耐疲劳性、导电性、导热性等，受冲击时又不产生火花，还能经热处理强化，强度接近中等强度的钢。因此，在航空、航海、钟表、仪器仪表及机械工业中，用于制造重要的弹性元件、齿轮、轴承、防爆电器零件和无磁性的耐磨零件等。但由于铍的价格昂贵，故不便大量推广使用。

6.1.3 滑动轴承合金

用来制造滑动轴承轴瓦或内衬的合金称为滑动轴承合金。

因滑动轴承传动效率不如滚动轴承，目前机器中滚动轴承的应用范围很广。但是滑动轴承承压面积大、噪声小、工作平稳，故常用于高速重载的场合，如汽车发动机的连杆轴承和曲轴轴承等。

常用的轴承合金有锡基、铅基、铜基和铝基轴承合金等。

1．锡基、铅基轴承合金（巴氏合金）

锡基和铅基轴承合金牌号表示方法为 Z＋基本元素符号＋主加元素符号及质量分数＋辅加元素符号及质量分数。例如，ZPbSb15Sn5 为铸造铅基轴承合金，主加元素锑质量分数为 15%，辅加元素锡质量分数为 5%，其余为铅。

锡基和铅基轴承合金强度较低，不能承受高压，故常用离心浇注法将其镶铸在钢制的轴瓦上（08 钢），形成一层薄而均匀的内衬（＜0.1mm）。

（1）锡基轴承合金（锡基巴氏合金）：是以 Sn 为基体，加入 Sb、Cu 等元素组成的合金。这类合金摩擦系数小，塑性和导热性好，并具有良好的耐腐蚀能力。常用做重要轴承，如汽轮机、内燃机、压气机等机器的高速轴承。缺点是价格昂贵，因锡是稀有金属；抗疲劳强度差，工作温度不能超过 150℃。

（2）铅基轴承合金（铅基巴氏合金）：是以 Pb 为基体，加入 Sn、Cu 元素组成的合金。这类合金的强度、硬度、韧性、导热性及耐蚀性均较锡基轴承合金差，且摩擦系数较大，但价格较便宜。因此，铅基轴承合金常用来制造承受中低载荷的中速轴承，如汽车曲轴、连杆轴承、电机轴承等。工作温度不能超过 120℃。

2．铜基、铝基轴承合金

（1）铜基轴承合金。主要有锡青铜和铅青铜。常用的锡青铜有 ZCuSn10Pb1 和 ZCuSn5Pb5Zn5 等。铸态组织中存在着较多的分散缩孔，有利于储存润滑油，这种合金能承受较大的载荷，广泛用于中速重载荷轴承，如电动机、泵、金属切削机床及汽车转向轴承等。锡青铜轴承合金可直接制成轴瓦。

常用铅青铜是 ZCuPb30，与巴氏合金相比，具有较高的导热性、抗疲劳特性和承载能力，较低的摩擦系数，可在高温下（低于 250℃）工作。因此，广泛用于高速、重载轴承，如航空发动机、高速柴油机等的轴承。

（2）铝基轴承合金。铝基轴承合金的基本元素是铝，主添加元素有锑和锡，是一种新型减摩材料，资源丰富，价格低廉，抗疲劳性好，耐热、耐磨、耐蚀。但线膨胀系数大、抗咬合性差。又因本身强度较高，使轴易磨损，故应提高轴的硬度。

汽车上应用较多的是高锡铝基轴承合金。其成分为 $w_{Sn}=20\%$，$w_{Cu}=1\%$，余量为铝。该合金承载能力强（可达 3200MPa），滑动线速度高，工艺简单，寿命长，可代替巴氏合金、铜基轴承合金，适用于制造高速、重载的内燃机轴承，广泛用于汽车和工程机械中。

6.1.4 其他非铁合金

随着社会及科技的发展，人们对汽车提出了更高的要求：轻型、节能、美观、安全、环保等。非铁合金在汽车上的应用也日益增多，钛、镁、锌等合金的应用也越来越受到重视。

1. 钛及钛合金

具有优越的综合性能：比强度高，耐热性好，特别适用于在 300℃～600℃ 温度范围内工作的航空、航天等要求比强度高的器件；优良的耐蚀性，在硫酸、盐酸、硝酸、氢氧化钠及海水中均有优良的稳定性；良好的低温韧性。同时钛的资源丰富，所以有着广泛的应用前景。目前，由于钛及钛合金的加工条件复杂，成本较昂贵，在很大程度上限制了它们的应用。钛在固态下具有同素异构转变，转变温度因纯度的不同而异。

（1）工业纯钛。钛呈银白色，熔点高（1725℃），密度小（4.5g/cm^3），导热性差。工业纯钛的力学性能与其纯度有很大关系，若存在氧、氮、氢、碳等元素则其强度显著增加，塑性下降。按纯度分为 4 个等级：TA0、TA1、TA2、TA3。其中"T"为钛的汉语拼音字首，后面的数字表示纯度，数字越大纯度越低。工业纯钛常用于制造 350℃ 以下工作的低载荷零件，如飞机骨架、发动机部件、耐海水管道及柴油机活塞、连杆等。

（2）钛合金。钛合金按其组织类型不同，可分为 α 型、β 型和 $\alpha+\beta$ 型钛合金，其牌号分别为 TA、TB、TC 加上序号来表示。

α 型钛合金（TA）的组织为单相 α 固溶体，它的主要合金元素是铝，具有很好的强度、韧性、热稳定性、焊接性和铸造性，抗氧化能力较好，塑性较低，热强性很好，可以在 500℃ 左右长期工作，可用来制造飞机蜗轮机壳等。

β 型钛合金（TB）的组织为 β 固溶体，它的主要合金元素为铬、钼、锰、钒、铝等。这种合金强度较高、韧性好，易于进行冲压成形，经淬火和时效处理后析出弥散的 α 相，强度进一步提高，主要用于制造高强度板材和复杂形状零件。

$\alpha+\beta$ 型钛合金（TC）的组织由 α 固溶体和 β 固溶体构成，主要添加铝，也加入锰、铬、钒等，因而它兼有上述两类合金的优点，即塑性好、热强性好（可在 400℃ 长期工作）、抗海水腐蚀能力很强，生产工艺简单，并可通过淬火和时效处理进行强化，主要应用于飞机压气机盘和叶片、舰艇耐压壳体、大尺寸锻件、模锻件等。

钛合金还具有良好的低温工作性能。例如，TC4（Ti-6A1-4V）在 −196℃ 以下仍然具有良好韧性，用于制造低温高压容器，如火箭及导弹的液氢燃料箱等。钛合金应用于高、低温工作条件下的结构材料，其发展前景非常广阔。

2. 镁及镁合金

镁的密度很小（1.74g/cm^3），耐蚀性很差，强度和塑性均不高，一般不直接用做结构材料。和铝合金类似，在镁中加入 Al、Zn、Mn 等合金元素并利用固溶和时效强化后，其合金的强度可达（300～350）MPa，并且，镁合金比强度与铝合金相比更高，能承受较大的冲击载荷和具有更高疲劳极限；耐蚀性好（特别耐煤油、汽油等矿物油和碱类的腐蚀），有良好的切削加工性。因此在航空、无线电通信、仪表等行业获得广泛的应用。特别是近年来手机和笔记本电脑的逐渐普及，使镁合金的应用前景更为广阔。同时，镁合金是最有发展前景的汽车轻量化材料之一，用镁合金替代铝合金制造汽车零部件以减轻汽车自重，在当前世界汽车生产中逐步得以应用。

镁合金根据加工方法分为变形镁合金（压力加工镁合金）和铸造镁合金两类，代号分别以"MB"和"ZM"加序号表示，例如 MB2 称为二号镁合金，ZM6 称为六号铸造镁合金等。

常用的变形镁合金有 MB1、MB2、MB8、MB15。其中应用较多的是 MB15，它具有较高强度和良好的塑性，且热处理工艺简单，热加工后直接进行时效便可强化。常用铸造镁合金有 ZM1、ZM2、ZM5，它们具有较高的常温强度和良好的铸造工艺性，但耐热性较差，工作温度不超过 150℃。

6.2 非金属材料

除金属以外，其他材料均为非金属材料，包括塑料、橡胶、玻璃、陶瓷、合成纤维、胶黏剂、摩擦材料、涂装材料等，它们在汽车上的应用呈逐年增长的趋势。

非金属材料有许多金属材料不具备的特点，如高分子材料质轻、耐蚀、绝缘、减振、价廉等；陶瓷高硬度、耐高温、耐腐蚀等，起着金属材料无法替代的作用，从而成为现代工业中必不可少的门类。

非金属材料种类繁多，本节主要介绍有机高分子材料、陶瓷材料和复合材料。

6.2.1 高分子材料

高分子化合物是相对分子量在 5 000 以上的有机化合物的总称，也称为高聚物或聚合物。高分子化合物分子量很大，如橡胶为 10 万，聚乙烯在几万到几百万。其结构复杂多变，但一般是由一种或几种简单的低分子（也称单体）重复连接而成的。例如，聚乙烯就是由低分子乙烯（CH_2＝＝CH_2）聚合而成的。

在汽车中高分子材料的应用十分广泛。据统计，现代轿车中高分子材料用量占自重的 12%～16%。各种塑料的密度小，价格低。采用塑料代替部分钢铁件，既可减轻车辆自重又可降低成本。例如，近年来用高密度聚乙烯制造轿车汽油箱，可使油箱减重 30%之多。而轿车内部构件已广泛采用塑料来制造。

高分子材料的缺点是强度、刚度不够大，易老化，一般不适于做成重量大的结构件。因此，载货车上铁碳合金的用量较大，占自重的 70%以上。

高分子材料按热性能及成型特点分为热固性和热塑性；按用途分为塑料、合成橡胶、胶黏剂等。这里主要介绍汽车中常用的高分子材料，如塑料、橡胶。

1. 塑料

当前机械工业包括汽车制造业中，塑料是应用最广泛的高分子材料。

（1）塑料的组成。大多数塑料是以合成树脂为基础，再加入一些用来改善使用性能和工艺性能的添加剂而制成。合成树脂是主要组成物，它决定塑料性能，含量一般为 30%～100%（不含添加剂的塑料称为单组分塑料，其余称为多组分塑料）。因此，大多数塑料都是以树脂名称来命名的。例如，聚氯乙烯塑料的树脂就是聚氯乙烯。

填充剂的作用是调整塑料的物理化学性能，提高材料强度，扩大使用范围以及减少合成树脂的用量，降低塑料成本。常见填充剂的作用是：增塑剂可增加塑料制品的可塑性和柔韧性；稳定剂的作用是防止成形过程中高聚物受热分解和长期使用过程中塑料老化；润滑剂是为了防止在成形过程中产生黏膜，并增加成形时的流动性，保证制品表面光洁；固化剂在塑料加工过程中可使树脂硬化，从而达到使用要求；着色剂使塑料呈现五颜六色的缤纷色彩。此外，加入不同的填充剂，可以制成不同性能的塑料，如加入铝粉可提高塑料的光反射能力及防止老化；加入银、铜等金属粉末，可制成导电塑料；加入石棉，可改善塑料的耐热性。

（2）塑料的分类。

① 按树脂的热性能可分为热塑性塑料和热固性塑料两大类。

热塑性塑料通常为线形结构，能溶于有机溶剂，加热可软化，故易于加工成形；冷却后变硬，当再次受热时又软化并能反复使用。常用的有聚氯乙烯、聚苯乙烯、尼龙、ABS等。

热固性塑料通常为网形结构，固化后重复加热不再软化和熔融，也不溶于有机溶剂，不能再成形使用。常用的有酚醛塑料、环氧树脂等。

② 按使用范围可分为通用塑料和工程塑料两大类。

通用塑料是一种非结构材料。它的产量大，价格低，性能一般，可作为日用品、农用及包装材料。目前主要有聚乙烯、聚丙烯、聚氯乙烯、聚苯乙烯、酚醛塑料和氨基塑料。

工程塑料可作为结构材料。一般力学性能较好，且耐高温、耐辐射、耐腐蚀，电绝缘性能好，因而有时可代替金属在汽车、机械、化工等部门用来制造机械零件及工程结构件。主要有聚酰胺（尼龙）、聚碳酸酯、ABS、聚甲醇等。在实际使用中，通用塑料和工程塑料并没有严格的界限。

（3）塑料的特点。

① 质量轻、强度低、刚度低。塑料的密度一般为 0.9～2.0g/cm^3，仅为钢的 1/4～1/7，强度一般为σ_b=30～150MPa，刚度仅为金属的 1/10，所以塑料只能制作承载不大的零件。但由于密度小，所以塑料的比强度、比模量还是很高的。

② 热导率较小。一般为金属的 1/500～1/600，所以具有良好的绝热性，但易摩擦发热。

③ 热膨胀系数大，是钢的 3～10 倍，所以塑料零件的尺寸精度不够稳定。

④ 耐热性差，易老化。大多数只能在小于 100℃时使用，只有高温塑料可在 200℃左右时使用。

⑤ 绝缘性好，因此塑料广泛用于电器、电力工程中。

⑥ 耐蚀性好。化学稳定性很高，耐酸、碱、油、水及大气等物质的侵蚀，特别适合于制作化工机械零件及在腐蚀介质中工作的零件。

⑦ 减摩性能、耐磨性能差异大。大部分塑料的减摩、耐磨性较金属差，但也有些塑料如聚氟乙烯、尼龙等塑料，摩擦系数很小，约为 0.04，而且具有良好的自润性，所以是极好的轴承材料和耐磨材料。因而，大量用来制造密封件、齿轮、轴承等零件。

此外，塑料还具有吸振性能高、易于加工成形等优点。

（4）汽车常用塑料。汽车塑料制品根据其应用部位，可分为内装件、外装件、功能件。目前世界各国的汽车内饰件已基本塑料化，今后主要是发展车身覆盖件、外装件及功能件。

常用工程塑料种类很多，表 6.5 列举部分汽车常用塑料的名称、符号及用途。

表 6.5 汽车常用塑料的名称、符号及用途

名　称	符　号	用 途 举 例
聚乙烯	PE	车厢内饰件、油箱、挡泥板、转向盘、发动机罩、空气导管
聚氯乙烯	PVC	方向盘、坐垫套、车门内板、仪表板、操纵杆盖板等，占车用塑料的 20%～30%
聚丙烯	PP	接线板、转向盘、保险杠、风扇罩、散热器栅格、灯罩、电线覆皮
聚氨酯树脂	PU	为主要内饰材料：仪表板、方向盘、车门扶手、遮阳板、密封条、头枕
ABS 树脂	ABS	仪表盘、控制箱、灯壳、挡泥板、变速杆、散热器护栅
有机玻璃	PMMA	灯罩、油杯、镜片、遮阳板、标牌、油标
聚酰胺（尼龙）	PA	冷却风扇、滤网、把手、钢板弹簧销衬套、散热器副油箱
聚甲醛	POM	各种阀门、转向器衬套、万向节轴承、各种手柄及门销
酚醛塑料	PE	制动衬片、离合器摩擦片、分电器盖
聚碳酸酯	PC	保险杠、刻度板、壳体、水泵叶轮

2．橡胶

橡胶是一种具有极高弹性的高分子材料，其弹性变形量可达 100%～1000%，而且回弹性好。同时，橡胶还有一定的耐磨、吸振、绝缘、隔音特性。它是常用的弹性、密封、减振防振和传动材料。橡胶的主要缺点是易老化，耐油性差。

（1）橡胶的分类。按照原料的来源，橡胶可分为天然橡胶和合成橡胶两大类。天然橡胶是以天然橡胶树上流出的胶乳，经过处理后制成的。由于资源的限制，天然橡胶的产量远远不能满足工业生产的需要，因而发展了用人工方法将单体聚合而成的合成橡胶。

合成橡胶是以石油、天然气、煤等为原料，加入适量的配合剂通过化学合成的方法制成的与天然橡胶性能相似的高分子材料。配合剂的作用是为了提高和改善橡胶的性能。常用配合剂有硫化剂、促进剂、填充剂、防老化剂、发泡剂和着色剂等。

合成橡胶的种类繁多，目前主要有丁苯、顺丁、氯丁、异戊、丁基、乙丙和丁腈橡胶等。

（2）常用橡胶。根据橡胶的应用范围，橡胶可分为通用橡胶和特种橡胶。汽车常用橡胶的种类、代号、性能及用途如表 6.6 所示。

表 6.6　汽车常用橡胶的种类、代号、性能及用途

类　别	品种、代号	性　能	用　途
通用橡胶	天然（NR）	耐磨性好	轮胎，胶带，胶管
	丁苯（SBR）	耐磨、耐候、耐油、耐老化、耐热	轮胎，通用制品，胶板，胶布
	顺丁（BR）	弹性、耐磨性、耐寒性好	电线包皮，减振器，内胎，橡胶弹簧
	氯丁（CR）	物理力学性能好、耐候性好	胶管，胶带，汽车门窗嵌条，密封件
	异戊（IR）	绝缘性好、吸水性低	胶管，胶带
	丁基（JIR）	气密性好、耐酸碱、吸振	内胎，防振件，防水胎
特种橡胶	聚氨酯（UR）	耐磨、耐油性好，强度高	耐油胶管，垫圈，实心轮胎，耐磨制品
	硅橡胶（Q）	绝缘、耐高、低温（−100～300℃）	耐高、低温件，绝缘件
	氟橡胶（FPM）	耐高温、耐蚀、耐辐射、高真空性	耐蚀件，高真空件，高密封件
	丙烯酸酯（ACM）	耐油、耐候、耐老化	油封，皮碗，火花塞护套

6.2.2　陶瓷材料

陶瓷原指硅酸盐材料。目前，陶瓷的概念已广义化了，为所有无机非金属材料的简称，主要指陶瓷、玻璃，还包括搪瓷、石膏、水泥、石英等。金属、工程塑料和陶瓷是现代工业三大支柱材料。

陶瓷的共同特征是：耐热性优良；除绝缘性、半导体性之外，还具有磁性、介电性等多种功能；不易变形，断裂时属于脆性破坏；韧性低。

1．陶瓷

（1）陶瓷的分类。陶瓷大致分为传统陶瓷和特种陶瓷两大类。

传统陶瓷又称为普通陶瓷，主要以天然硅酸盐矿物质（黏土、长石、石英等）为原料，经粉碎、成形、烧结后而成。按用途可分为日用陶瓷、建筑陶瓷、卫生陶瓷、电器陶瓷、化工陶瓷和多孔陶瓷。广泛用于人们的日常生活、建筑、卫生、电力、化工领域，如餐具、卫生洁具、电绝缘器材料、装饰材料等。

特种陶瓷又称为新型陶瓷，以化工原料（氧化物、氮化物、碳化物等）为原料，经配料、成形、烧结而成。按其用途可分为电容陶瓷、压电陶瓷、磁性陶瓷、电光陶瓷、高温陶瓷等。

（2）陶瓷的性能及应用。陶瓷材料种类繁多，其性能差异很大。特种陶瓷除了具有普通陶瓷的共性以外，还具有特殊的物理、化学性能。

① 具有很高的弹性模量和硬度（＞1 500HV），极高的红硬性（可达 1 000℃以上），抗压强度高，但抗拉强度和韧性都很低，脆性大。

② 化学性能非常稳定。耐酸、碱和盐，耐腐蚀，不老化。极好的抗氧化性（在 1 000℃也不会被氧化），因此常用来制作金属切削刀具。

③ 熔点很高。一般在 2 000℃左右，并且具有优良的稳定性，已经被广泛用做耐高温材料，如耐火泥、耐火砖、耐热涂层等。

④ 导热性和膨胀性小。陶瓷的导热率和膨胀率都小于金属材料，因此常作为常温绝热材料。多孔和泡沫陶瓷可用做－120～－240℃的低温隔热材料。

⑤ 电性能。大多是绝缘体，因此大量用来制造隔电的瓷质绝缘器件，尤其是在高温、高电压条件下是唯一绝缘材料，如汽油机的火花塞绝缘体。某些特种陶瓷具有导电性和导磁性，是作为功能材料开发的特殊陶瓷品种。

（3）几种常用的特殊陶瓷。特种陶瓷具有许多优异性能。所有新型无机非金属材料都属于特种陶瓷。

氧化铝陶瓷的主要成分是 Al_2O_3，又称刚玉瓷。它高温强度高、硬度高、耐磨性好，具有良好的绝缘性和化学稳定性。但抗热振性能差，不能承受温度的突变。它由于优异的综合性能，成为应用最广泛的高温陶瓷。主要用于制造刀具、坩埚、热电耦的绝缘套管等。

氧化铝陶瓷在汽车工业中的典型用途为火花塞绝缘体，汽车排气净化器、发动机缸盖底板、缸套、活塞顶等也用到了陶瓷材料。

氮化硅陶瓷（Si_3N_4）的显著特点是抗热振性能好，具有自润滑性、优异的电绝缘性。常用做高温轴承、耐蚀水泵密封环等。

碳化硅陶瓷是目前高温强度最高的陶瓷，它在 1 400℃的高温下仍能保持 500～600 MPa 的抗弯强度。常用于火箭尾喷嘴、燃气轮机的叶片、核燃料的包装材料等，也可制作耐磨密封圈。

2．玻璃

玻璃是一种非晶态固体，它是以石英砂、纯碱、长石、石灰石等为主要原料，并加入某些金属氧化物等辅料在 1 550～1 600℃高温下熔融后经拉制或压制而成的。经过特殊工艺处理，还可制成具有各种不同特殊性能的特殊玻璃。

（1）玻璃的性能。玻璃的力学性能随种类不同差异很大，其共性为硬度高（仅次于陶瓷）、抗压强度高、抗拉弯强度低、塑性小、韧性很差，是典型的脆性材料。

玻璃有良好的化学稳定性，对酸、碱的腐蚀具有较强的抵抗能力。但氢氟酸对玻璃具有较强的腐蚀作用，普通玻璃的耐热性较差，经过热处理后，可提高其耐热性。

固态玻璃具有良好的绝缘性能，可用于制造各种绝缘器材和电学仪器。但液态玻璃却具有良好的导电性。

玻璃最突出的特点是具有良好的光学性质，即透明性和折光性。除此之外，特种玻璃还有吸热、防辐射、防爆等特殊性能。广泛用做透光、透视、隔音、隔热等器件及装饰物。在汽车上，主要用做挡风玻璃和车身玻璃等。

（2）常用玻璃。玻璃的种类繁多，按其化学组成的不同可分为钠玻璃、钾玻璃、铅玻璃、铝镁玻璃、硼硅玻璃和石英玻璃等；按用途的不同还可分为建筑玻璃、工业玻璃、光学玻璃、化学玻璃及玻璃纤维等。最常用的有以下几种。

① 平板玻璃。平板玻璃又称为镜片玻璃，在日常生活中随处可见，主要用于建筑物的门窗

上，或进一步处理形成具有特殊性能的其他玻璃，如磨砂玻璃、夹层玻璃、磨光玻璃等。

② 浮法玻璃。浮法玻璃是经锡槽浮抛成形的高质量平板玻璃。主要特点是表面平整，无波纹，光学性质比一般平板玻璃优良，多用于橱窗的制作及高级建筑的门窗等。

③ 钢化玻璃。钢化玻璃是普通玻璃经过高温淬火处理（钢化处理）的特种玻璃。钢化玻璃除具有平板玻璃同样的硬度和透明度以外，还具有很高的温度急变抵抗性、耐冲击性和强度高（为平板玻璃的 4～6 倍）等特点。钢化玻璃在受到冲击破碎后，碎片小而无棱角，不会造成人体伤害。但这种玻璃在破碎前会产生很多裂纹，由于光线的漫射作用，玻璃会变得模糊不清，所以，钢化玻璃仅作为汽车后窗玻璃和侧窗玻璃。

④ 夹层玻璃。夹层玻璃是将两片或两片以上的平板透明玻璃或钢化玻璃用聚乙烯醇缩丁醛塑料衬片黏合在一起而成的。这种玻璃强度高，即使被击碎后，由于中间有塑料衬片的黏合作用，仅产生辐射状的裂纹而玻璃不致脱落伤人，并且不产生折光现象，透明度仍然良好。各国规定汽车前挡风玻璃必须使用夹层玻璃。

6.2.3 复合材料

在汽车轻量化的进程中，要求其使用的结构材料同时具有高弹性模量、高强度、小密度、高可靠性等特点。普通金属、非金属材料已无法同时满足这些要求。

复合材料是指由两种或两种以上物理和化学性质不同的物质组合起来而得到的一种多相固体材料。例如，钢筋混凝土是钢筋、水泥和沙石组成的人工复合材料；现代汽车中的玻璃纤维挡泥板，就是由脆性玻璃和韧性聚合物相复合而成的。复合材料不仅综合了各组成材料的优点，而且获得了单一材料无法达到的优良综合力学性能，甚至某些性能超过了各组成材料性能的总和。

1. 复合材料的特性

复合材料的比强度（σ_b/ρ）、比模量（E/ρ）比其他材料高得多。碳纤维增强环氧树脂复合材料的比强度是钢的 7 倍，比模量是钢的 4 倍，这对要求减轻自重和高速运转的结构和零件是非常重要的。

复合材料还具有良好的抗疲劳性能。多数金属的疲劳极限是拉伸强度的 40%～50%，而碳纤维增强复合材料可达到 70%～80%。

复合材料每平方厘米面积上有独立纤维几千根甚至几万根，当构件过载并有少量纤维断裂后，会迅速进行应力重新分配，由未断裂的纤维来承载。使构件在短时间内不会失去承载能力，提高了使用安全性。

复合材料熔点一般在 2 000℃以上。例如，铝合金在 400℃时弹性模量接近于零，强度显著下降，而碳（或硼）纤维增强铝合金在此温度下强度和模量基本不变，是高温状态下工作零件的理想材料。

复合材料可以整体成形，减少了零部件紧固和接头数目，材料利用率也高得多。

2. 汽车常用复合材料

（1）高分子基复合材料（FRP）。FRP 是汽车轻量化的最重要的材料。FRP 主要是由三部分组成的：纤维——多为玻璃纤维、碳纤维和陶瓷短纤维等，特别是玻璃纤维在价格、生产和性能等方面有明显的优势，纤维含量在 25%～30%；树脂——包括聚丙烯 PP、聚乙烯 PVC、聚二烯 PE、ABS 等不饱和聚酯和热塑性树脂；填充料——制作过程中，加入适当的硬化剂和增黏剂，使用先进的成形工艺，便可得到成形流动性好的高分子基复合材料。

FRP 早在 20 世纪 50 年代就开始在汽车上使用，现在已得到广泛应用。由于 FRP 的大量应用，使轿车的平均质量大为降低。目前，利用 FRP 制作的汽车部件有车身车顶壳体、发动机部件、仪表盘、阻流板、车灯、前隔栅、夹层板、后闸板等。FRP中较典型的有以下几种。

① 玻璃纤维增强塑料。玻璃纤维增强塑料是指由玻璃纤维与热固性或热塑性树脂复合的材料，通常又称为玻璃钢，它是 20 世纪 40 年代发展起来的第一代复合材料。由于它具有高强度、价格低、来源丰富、工艺性能好等特点，比普通塑料有更高的强度（包括抗拉、抗弯、抗压）和冲击韧度，热膨胀系数减小，尺寸稳定性增加，在汽车行业有广泛的应用。玻璃纤维增强尼龙的强度超过了铝合金而接近于镁合金，可以用来替代这些金属。

在汽车发动机、汽缸盖等部位若采用玻璃纤维强化热塑性树脂（GFRTP），比用铸铁制造质量可减轻 45%；汽车底盘若采用玻璃纤维增强树脂（GFRP），其重量可以比用钢铁材料减轻 80%。从 20 世纪 80 年代起，玻璃纤维增强塑料已被世界各大汽车公司采用，是汽车上应用最广的复合材料。

② 碳纤维增强塑料。碳纤维增强塑料是以碳纤维或其织物为增强相、以树脂为黏结剂而制成的增强塑料。它的抗拉强度和疲劳强度高、密度低、耐磨性耐蚀性好、膨胀系数小、能导电、伸长率小，但抗冲击性差、价格昂贵，碳纤维与树脂的结合力还不够强。

碳纤维增强塑料将是汽车工业大量使用的增强材料。因为汽车要求油耗小、轻量化、发动机高效化、车型阻力小等，都迫切希望有一种质轻和一材多用的轻型结构材料，而碳纤维增强塑料是最理想的选择。它主要的应用有发动机系统中的推杆、连杆、摇杆、水泵叶轮、传动系统中的传动轴、离合器片、加速装置及其罩等，底盘系统中的悬置件、弹簧片、框架、散热器等，车体上的车顶内外衬、地板、侧门等。

（2）金属基复合材料。金属基复合材料的特点是除了比强度、比刚性好，耐热耐磨性好，还具有优良的导热性和导电性。因此，如果零件要求兼有以上的综合性能时，可采用这类材料，如汽车中的活塞、活塞销、气门摇臂、连杆、汽缸体、挺柱等。但由于制造问题，目前金属基复合材料未能得到广泛使用。

（3）陶瓷基复合材料。陶瓷具有耐高温、抗氧化、高弹性模量和高抗压强度等优点。但由于脆性大经不起冲击，因而限制了陶瓷的使用。20 世纪 80 年代以来，通过在陶瓷材料中加入颗粒、晶须及纤维等得到的陶瓷基复合材料，使陶瓷的韧性大大提高。

陶瓷基复合材料具有高强度、高模量、低密度、耐高温、高的耐磨性和良好的韧性，目前已用在高速切削工具和内燃机部件上。汽车工业的研究重点是替代金属制造发动机的零部件乃至整机，用陶瓷材料可以提高热效率、无须水冷，而且比硬质合金的质量轻得多。

6.3 零件的失效与典型汽车零件用材

零件的失效与用材合理与否密切相关。要合理选材，应首先分析零件的失效方式与原因，然后对症下药，根据具体情况选择合适的材料。

6.3.1 零件的失效

失效是指零件在使用过程中，由于尺寸、形状或材料性能发生变化而丧失原设计功能。一般认为有三种情况：一是零件完全不能工作；二是零件虽能工作，但已不能完成规定的功能；三是零件有严重损伤而不能继续安全使用。

零件的失效有达到设计寿命的正常失效，它是允许的，也是安全的。也有远低于预定寿命的早期失效，早期失效可能没有先兆而突然发生，一则带来经济损失，更为严重的是可能造成人身和设备事故。

1．零件的失效形式

一般机械零件常见的失效形式有以下几种。

（1）断裂失效：是最危险的一种，它总是突然发生，包括静载荷或冲击载荷断裂、疲劳破坏以及低应力脆性断裂、蠕变断裂失效等。

（2）表面损伤失效：包括过量的磨损、表面腐蚀、龟裂、麻点剥落等表面损伤失效。

（3）变形失效：包括过量的弹性变形或塑性变形（整体或局部的）、高温蠕变等。

2．零件的失效原因

引起零件失效的因素很多，涉及零件的结构设计，材料选择与使用，加工制造、装配、使用保养等。但就零件失效形式而言，则与其工作条件有关。零件工作条件包括应力情况（应力的种类、大小、分布、残余应力及应力集中情况等）、载荷性质（静载荷、冲击载荷、交变载荷）、温度（低温、常温、高温或交变温度）、环境介质（有无腐蚀性介质、润滑剂），以及摩擦、振动情况等。

6.3.2 典型汽车零件用材

据统计，一部汽车大约有三万个零件，其用材以金属为主，而且非金属材料在汽车零件中的应用上面已有详述，故下面主要总结典型汽车零件的金属用材。

汽车主要结构可分为以下四部分。

（1）发动机：提供动力，由缸体、缸盖、连杆、活塞、曲轴，以及润滑、冷却、配气、燃料供给等系统组成。表 6.7 为其主要零件的用材情况。

表 6.7　汽车发动机主要零件的用材情况

代 表 零 件	材料种类及牌号	使用性能要求	主要失效方式	热处理及其他
缸体、缸盖、飞轮、正时齿轮	灰口铸铁 HT200	强度、刚度、尺寸稳定性	裂纹、翘曲变形、孔臂磨损	不处理或去应力退火。也可用 ZL104 制作缸体、缸盖，固溶处理后时效
缸套、排气门座等	合金铸铁	耐磨性、耐热性	过量磨损	铸造状态
曲轴等	球墨铸铁 QT600-2	刚度、强度、耐磨性、抗疲劳性	过量磨损、断裂	表面淬火、圆角滚压、氮化，也可用锻钢件
活塞销等	渗碳钢 20、20Cr、18CrMnTi、12Cr2Ni4	强度、冲击韧性、耐磨性	磨损、变形、断裂	渗碳、淬火、回火
曲轴、连杆、连杆螺栓等	调质钢 45、40Cr、40MnB	强度、抗疲劳性、冲击韧性	过量变形、断裂	调质、探伤
各种轴承、轴瓦	轴承钢和轴承合金	抗疲劳性、耐磨性	磨损、剥落、烧蚀、破裂	标准件，外购
排气门	高铬耐热钢 4Cr10Si2Mo、4Cr14Ni14W2Mo	耐热性、耐磨性	烧蚀、氧化、起槽、变宽	淬火、回火
气门弹簧	弹簧钢 65Mn、50CrVA	抗疲劳性	变形、断裂	淬火、中温回火
活塞	高硅铝合金 ZL108、ZL110	耐热强度	变形、断裂、烧蚀	固溶处理及时效
支架、盖、罩、挡板、油底壳等	钢板 Q235、08、20、16Mn	刚度、强度	变形	不热处理

（2）底盘：包括传动系（离合器、变速箱、后桥等）、行驶系（车架、车轮等）、转向系（方向盘、转向蜗杆等）和制动系（油泵或气泵、刹车片等）。表6.8为其主要零件的用材情况。

（3）车身：包括驾驶室、货箱等。

（4）电气设备：包括电源、启动、点火、照明、信号、控制等。

表6.8 汽车底盘主要零件的用材情况

代表零件	材料种类及牌号	使用性能要求	主要失效方式	热处理及其他
纵横梁、传动轴（4000r/min）、保险杠、钢圈等	25、16Mn 钢板等	强度、刚度、韧性	弯曲、扭斜松动、断裂	用冲压工艺性能好的钢板
前桥（前轴）转向节臂、半轴等	调质钢 45、40Cr、40MnB	强度、抗疲劳性、韧性	弯曲、扭转变型、断裂	模锻成形、调质处理、圆角滚压、无损探伤
变速箱齿轮、后桥齿轮等	渗碳钢 20CrMnTi、30CrMnTi、20MnTiB、12Cr2Ni4	强度、耐磨性、接触疲劳抗力、断裂抗力	麻点、剥落、齿面过量磨损、变形、断齿	渗碳（0.8mm 以上）淬火、回火，表面硬度58～62HRC
变速器壳、离合器壳	灰口铸铁 HT200	一定强度、刚度、尺寸稳定性	裂纹、轴承孔磨损	去应力退火
后桥壳等	可锻铸铁 KT350-10、球墨铸铁 QT400-10	一定强度、刚度、尺寸稳定性	弯曲、断裂	还可用优质钢板冲压后焊成，或用铸钢
钢板弹簧等	弹簧钢 65Mn、60Si2Mn、50CrMn、55SiMnVB	耐疲劳、冲击和腐蚀	折断、弹性减退、弯度减小	淬火、中温回火、喷丸强化
驾驶室、车厢、罩等	钢板 08、20	刚度、尺寸稳定性	变形、开裂	冲压成形
分泵活塞、油管	非铁合金、铝合金、紫铜	强度、耐磨性	磨损、开裂	

思考与练习

1．非铁合金与铁碳合金相比较，具有哪些优良的性能？

2．汽车常用的非铁合金有哪几种？

3．铝合金分为几类？各类铝合金各自有何强化方法？

4．简述铜合金的分类及应用。

5．滚动轴承合金有哪些？

6．何谓高分子材料？有何特性？

7．什么是工程塑料？工程塑料具有哪些特性？

8．什么是陶瓷？简述它们的性能与应用。

9．什么是复合材料？复合材料有何优异的性能？

10．什么是零件失效？失效分哪几种形式？

第三篇 汽车机构分析

第7章 机构的组成及汽车常用机构

我们通常所说的机械，是人类在生产中用以减轻或代替体力（或脑力）劳动和提高生产率的主要工具。随着科学技术的发展，使用机械进行生产的水平已经成为衡量一个国家技术水平和现代化程度的重要标志之一。

在机械系统中，凡是将其他形式的能量转换为机械能的机器称为原动机，如内燃机、电动机、液压马达等；凡是利用机械能做有用功的机器称为工作机，如金属切削机床、起重机、织布机等；而凡是将机械能转换为其他形式能量的机器称为转换机，如发电机等。机器的种类繁多，形式多样。但从其组成来看，一部完整的机器主要有以下四大部分，如图7.1所示。

（1）原动机部分：是机械的动力的来源，如汽车发动机、电动机等。原动机的作用就是把其他形式的能量转换为机械能以驱动机械的运动。

（2）执行部分：或称工作部分，是直接完成机器预定功能的部分，如汽车的驱动轮、车床的刀架等。

（3）传动部分：是将原动机的运动和动力传递给工作部分的中间环节，它可以改变运动的速度、转换运动的形式等，从而满足执行部分的各种要求。如汽车上的传动系统就是将发动机的高转速变为驱动轮的低转速，发动机的小转矩变为驱动轮的大转矩，或将回转运动变为直线运动等。

（4）控制部分：或称操纵部分，是用来控制机器的其他部分，使操作者能随时实现或终止各自预定的功能，如汽车上的转向系统、刹车系统等。控制部分包括机械机构控制、光、电器装置控制、计算机和液压、气压控制等。

如图7.2所示的工业机器人主要由工件1、机械手2、机械臂3、气动装置4、气电装置5、计算机控制系统6组成。

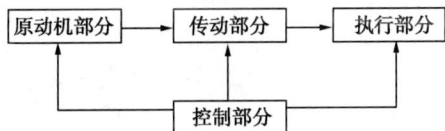

图7.1 机器的组成

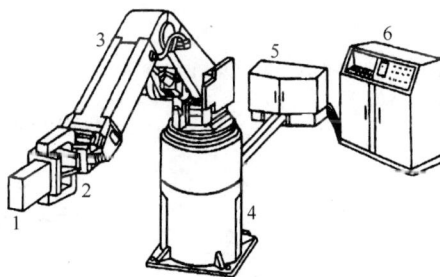

图7.2 工业机器人

1—工件；2—机械手；3—机械臂；

4—气动装置；5—气电装置；6—计算机控制系统

在这部机器中，机械手和机械臂是传递运动和执行任务的装置，是机器的主体部分，气动装置和电力装置提供动力，计算机实施控制。

如图 7.3 所示为单缸内燃机。图中活塞 1、连杆 2、曲柄轴 3 和汽缸体 4 组成曲柄滑块机构，将活塞的直线运动变为曲轴的连续转动；凸轮 5、顶杆 6 和汽缸体 4 组成凸轮机构，将凸轮轴的连续转动变为顶杆有规律的直线移动；曲柄轴 3 和凸轮轴上的齿轮 8 与汽缸体 4 组成齿轮机构。所以，单缸内燃机的主体部分是由曲柄滑块机构、凸轮机构、齿轮机构等若干个机构组成的。

从上述两例可以看出，虽然机器的构造、用途和性能有所不同，但都具有以下几个共同的特征：

（1）机器是人为的多个实体的组合。

（2）各实体之间具有确定的相对运动。

（3）能够变换或传递能量、物料和信息。

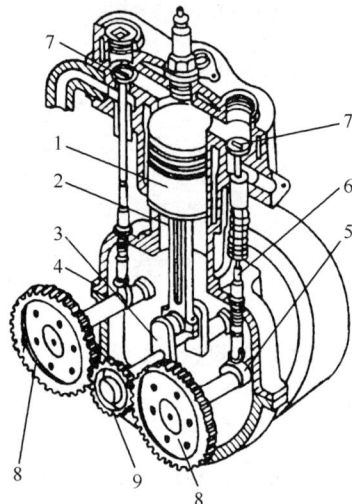

图 7.3 单缸内燃机

1—活塞；2—连杆；3—曲柄轴；4—汽缸体；
5—凸轮；6—顶杆；7—进气、排气阀；8、9—齿轮

7.1 机构的组成与运动简图

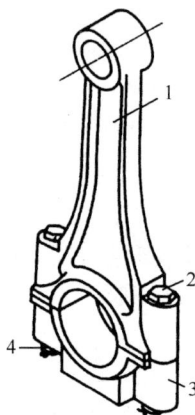

图 7.4 连杆

1—连杆体；2—螺母；3—连杆盖；4—螺栓

前面提过机械是机器与机构的总称，机器是由机构和零件组成的，机构是机器运动的基本组成部分，零件是机器制造的基本组成部分。

从制造角度来分析，机器是若干零件组成的。"零件"是指机器制造单元，如齿轮、曲轴、螺栓、箱体等。

从运动角度来分析，可以把机器看成是由若干构件组成的。"构件"是指机器的运动单元。构件可以是一个零件，也可能是若干零件的刚性组合体。如图 7.4 所示发动机的连杆，就是由连杆体 1、螺母 2、连杆盖 3 和螺栓 4 等零件组成的一个构件整体。

7.1.1 机构的组成

机构是由若干构件组成的，但是若干构件并不一定能组成机构，如图 7.5 所示。

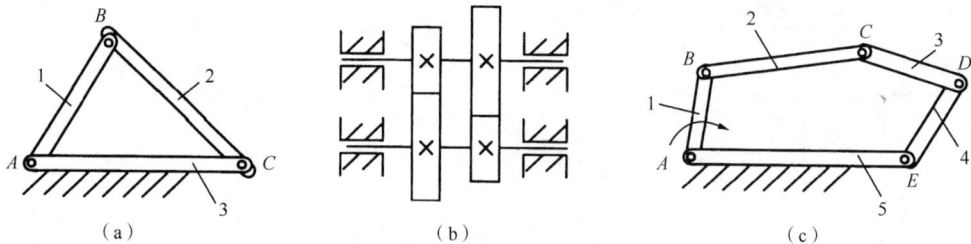

（a）

（b）

（c）

图 7.5 不能成为机构

图 7.5（a）、图 7.5（b）中的机构不能运动，图 7.5（c）中的机构可以运动，但运动不确定。

当构件 1 按 $\varphi(t)$ 的运动规律运动时，构件 2、3、4 的运动并不能完全确定，所以机构的运动不确定。因此，构件的组合必须具有一定的条件才能成为机构。

构件在同一平面或在相互平行的平面内运动的机构，称为平面机构。平面机构应用最广泛，本节主要研究平面机构和平面机构的运动简图。

7.1.2 运动副及其分类

1．构件的自由度、约束与运动副

由前述可知，构件是机构中具有相对运动的单元体，因此它是组成机构的主要要素之一。

自由度是构件可能出现的独立运动。任何一个构件在空间自由运动时皆有六个自由度。它可表达为在直角坐标系内沿着三个坐标轴的移动和绕三个坐标轴的转动。而对于一个做平面运动的构件，则只有三个自由度，如图 7.6 所示，构件 AB 可以在 oxy 平面内绕任一点 A 转动，也可沿 x 轴或 y 轴方向移动。

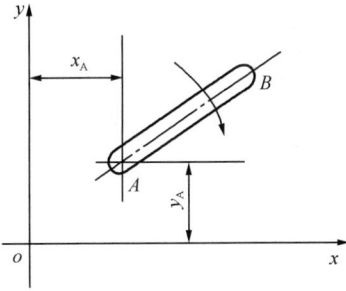

图 7.6　构件的自由度

对物体运动的限制称为约束。机构中的构件由于相互连接，其独立运动受到约束。为此，必然失去一些自由度，但又保留一些自由度。构件失去的自由度与它受到的约束条件数相等。因此，在平面内当若干构件相互连接组成机构时，至少要引入一个约束，但最多只能引入两个约束，这是因为这些构件的自由度皆为 3 的缘故。

当构件组成机构时，每个构件都以一定的形式与其他构件相互连接，且相互连接的两构件间保留着一定的相对运动。这种使两构件直接接触而又彼此有一定的相对运动的连接称为运动副。组成运动副的两构件在相对运动中可能参加接触的点、线、面称为运动副元素。显然，运动副也是组成机构的主要要素。所以，机构是各构件间用运动副连接起来的构件系统。

2．运动副的分类

根据组成运动副两构件之间的接触特性，运动副可分为低副和高副。

（1）低副。两构件之间通过面接触形成的运动副称为低副。根据它们之间的相对运动是转动还是移动，又可分为转动副和移动副。

① 转动副。若组成运动副的两构件之间只能绕某一轴线做相对转动，这种运动副称为转动副。由圆柱销和销孔及其两端面所构成的转动副称为铰链，如图 7.7（a）所示。图中有一构件（如构件 1）是固定的，称为固定铰链。若没有构件固定，则称为活动铰链。如图 7.3 所示单缸内燃机中，曲轴轴颈与缸体轴承座组成固定铰链；活塞与连杆组成活动铰链。它们皆为转动副的一种具体形式。

② 移动副。若组成运动副的两构件只能沿某一轴线做相对直线移动，这种运动副称为移动副，如图 7.7（b）所示。在如图 7.3 所示单缸内燃机中，活塞与汽缸体所组成的运动副即为移动副。

由上述可知，平面机构中的低副引入两个约束，仅保留一个自由度。

（2）高副。两构件之间通过点或线接触组成的运动副称为高副。图 7.8（a）中凸轮 1 与从动件 2，图 7.8（b）中轮齿 1 与轮齿 2 皆在其接触处分别组成高副。在平面机构中两构件组成高副后，平面机构中的高副引入一个约束，而保留两个自由度。

此外，常见的运动副还有螺旋副，如图 7.9（a）所示；球面副，如图 7.9（b）所示。它们皆属于空间运动副，即两构件间的相对运动为空间运动。

（a）转动副　　　　　　（b）移动副

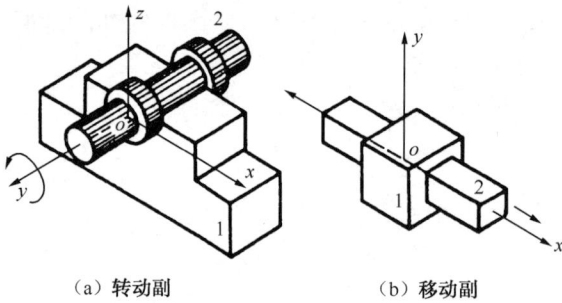

图 7.7　转动副与移动副　　　　　　　　　　图 7.8　高副

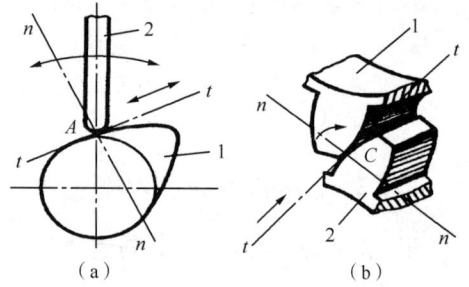

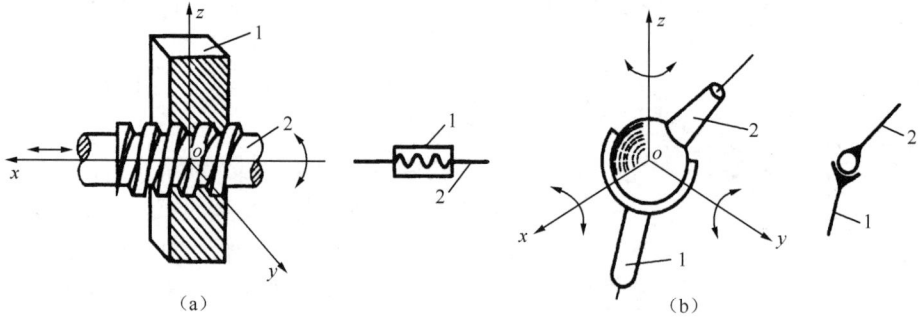

图 7.9　螺旋副与球面副

3. 运动副符号

由于两构件间的相对运动仅与其直接接触部分的几何形状有关，而与构件本身的实际结构无关，为突出运动关系，便于分析、研究，常将构件和运动副用简单的符号来表示。如图 7.10 所示，图 7.10（a）表示转动副，图 7.10（b）表示移动副，图 7.10（c）表示高副（画高副简图时，应将接触部分的外形准确画出），图 7.10（d）表示带有两个或三个运动副的活动构件，图 7.10（e）表示机架或固定件。

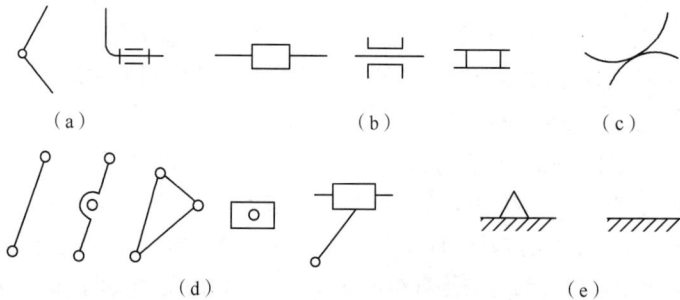

图 7.10　构件与运动副符号

4. 机构中构件的分类及组成

组成机构的构件，根据运动副性质可分为以下三类。

（1）机架。机构中固定于参考系的构件称为机架。它用来支撑机构中的可动构件（机构中相对于机架运动的构件），并以它为参考坐标系，来研究其他可动构件的运动。

（2）主动件（原动件）。机构中作用有驱动力或力矩的构件，或运动规律已知的构件称为主动件或原动件。它是机构中输入运动或动力的构件，故又称为输入构件。

（3）从动件。机构中除了主动件以外，随着主动件的运动而运动的其余可动构件皆称为从动件。

由此可知，机构可由机架、原动件及所有的从动件系统所组成。同一机构，在不同情况下，主、从动件可不相同。如在曲柄滑块机构中的滑块与曲柄，滑块可为主动件；而曲柄也可成为主动件，两者在不同的情况下皆有可能为主动件。

为了便于分析、研究已有的机构或设计新机构，需要首先做出能表明机构运动特征的机构运动简图。下面研究平面机构运动简图。

7.1.3 机构运动简图

由于机构的运动仅与机构中运动副的性质（低副或高副等）、运动副的数目及相对位置（转动副中心、移动副的中心线、高副接触点的位置等）、构件的数目等有关，而与构件的外形、截面尺寸、组成构件的零件数目、运动副的具体构造等因素无关，因此，可按一定的长度比例尺确定运动副的位置，并用特定的构件和运动副符号及线条绘制出图形，这种表示机构运动特征的简单图形称为机构运动简图。机构运动简图简明地表达了实际机构的运动情况，且还可以通过该图进行运动和动力分析。

下面以如图 7.11 所示的内燃机为例，说明其机构运动简图的绘制方法。

由图 7.11 可知，该内燃机是由曲柄连杆机构、凸轮机构和齿轮机构等组成的。其机构运动简图的绘制步骤如下。

（1）确定构件的类型和数目。

① 曲柄连杆机构：活塞 1 为原动件，连杆 2、曲柄轴 3 为从动件，汽缸体 4 为机架。

② 齿轮机构：与曲轴相固连的齿轮 9 为输入构件，齿轮 8 为从动件，汽缸体 4 为机架。

③ 凸轮机构：与齿轮 8 相固连的凸轮 5 为输入件，气阀顶杆 6 为从动件，汽缸体 4 为机架。

以上组成内燃机的三个机构因其运动平面平行，故可视为一个平面机构。此机构共有 6 个构件（齿轮 9 与曲柄轴 3；齿轮 8 与凸轮 5 皆因分别固定连接，可各视为 1 个构件），其中可动构件数为 5，机架数为 1，活塞为原动件，其余为从动件。

（2）确定运动副的种类和数目。根据组成运动副构件相对运动关系可知，活塞 1 与汽缸体 4 组成移动副；活塞 1 与连杆 2 组成转动副；连杆 2 与曲柄轴 3 组成转动副；曲柄轴 3 与小齿轮 9 固连成一个构件，它与汽缸体 4 组成一个转动副；凸轮 5 与大齿轮 8 固连成一个构件，它与汽缸体 4 组成一个转动副；而小齿轮 9 与大齿轮 8 组成齿轮副；凸轮 5 与气阀顶杆 6 组成凸轮副，它们皆为高副；气阀顶杆 6 与汽缸体 4 为移动副。所以内燃机主体机构共有 8 个运动副，其中移动副 2 个，转动副 4 个，高副 2 个。

（3）合理选择视图。因整个主体机构为平面机构，故取连杆运动平面为视图平面。

（4）选定比例尺，绘制机构运动简图。三个机构皆选定相同比例尺，然后以相应构件和运动副符号绘出机构运动简图，如图 7.11 所示。表 7.1 摘录了 GB 4460—84 所规定的部分常用机构运动简图符号。

7.1.4 机构具有确定运动的条件

1. 平面机构的自由度

如上所述，每个做平面运动的构件，在自由状态时都具有 3 个自由度。它们之间每组成 1 个低副时，就引入了 2 个约束条件，失去 2 个自由度；每组成 1 个高副时，就引入 1 个约束条件，失去 1 个自由度。所以，平面机构的自由度应为全部活动构件在自由状态时自由度总数与全部运动副引入的约束总数之差。若以 F 表示平面运动机构的自由度数，n 表示机构的活动构件数，机构中共有低副的个数为 P_L，高副的个数为 P_H，则平面机构自由度的计算公式为：

$$F=3n-2P_L-P_H \qquad\qquad (7.1)$$

例 7.1　试计算如图 7.12 所示的抽水唧筒机构的自由度。

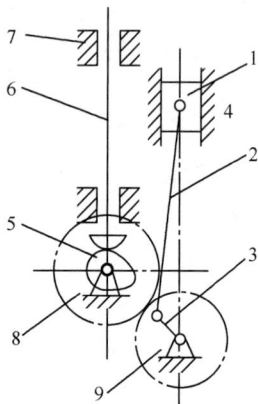

图 7.11　内燃机运动简图

1—活塞；2—连杆；3—曲柄轴；4—汽缸体；
5—凸轮；6—气阀顶杆；7—进气排气阀；8、9—齿轮

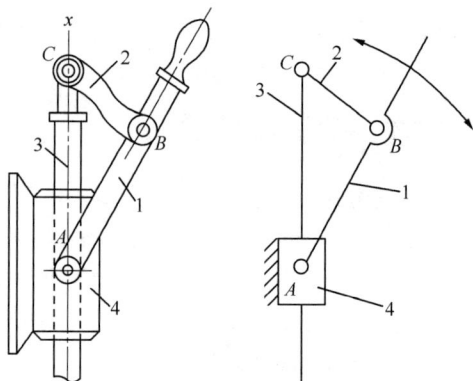

图 7.12　抽水唧筒机构

1—手柄；2—杆件；3—活塞杆；4—抽水筒

解　该机构的活动构件 $n=3$，共组成 4 个低副，没有高副，即 $P_L=4$，$P_H=0$。故由式（7.1）可得该机构的自由度为：

$$F=3n-2P_L-P_H=3\times3-2\times4-0=1$$

2．机构具有确定的相对运动的条件

机构是具有确定的相对运动的构件系统，但不是任何构件系统都能实现确定的相对运动，因此不是任何构件系统都能成为机构。由上所述可知，机构的自由度数目表明机构具有的独立运动的数目。也就是说，机构要运动，其自由度必须大于零。而机构中每个主动构件相对于机架只有一个独立运动。因此，机构具有确定的相对运动的必要条件是机构的自由度 $F>0$，并且主动构件数与机构的自由度数相等。

如图 7.13 所示的四构件系统，$n=3$，$P_L=4$，$P_H=0$，由式（7.1）得其自由度为：

$$F=3n-2P_L-P_H=3\times3-2\times4-0=1$$

当主动构件 1 在任何瞬时位置时，从动构件 2 和从动构件 3 都占有相应的确定位置，这说明从动构件的运动是确定的，故该系统是机构。

表 7.1　常用机构运动简图符号

名称		代表符号		名称	代表符号
杆的固定连接				链传动	
零件与轴的固定					
轴承	向心轴承	普通轴承	滚动轴承	外啮合圆柱齿轮机构	

名称		代 表 符 号	名称	代 表 符 号
轴承	推力轴承	单向推力　双向推力　推力滚动轴承	内啮合圆柱齿轮机构	
	向心推力轴承	单向向心推力　双向向心推力　向心推力滚动轴承	齿轮齿条传动	
联轴器		可移式联轴器　弹性联轴器	圆锥齿轮机构	
离合器		啮合式　摩擦式	蜗杆蜗轮传动	
制动器			凸轮从动件	尖顶　曲面　滚子
在支架上的电动机			螺杆传动整体螺母	
带传动				

如图 7.14 所示的五构件系统，$n=4$，$P_L=5$，$P_H=0$，由式（7.1）得其自由度为：

$$F=3n-2P_L-P_H=3\times4-2\times5-0=2$$

若设只有构件 1 为主动构件，当构件 1 在图示瞬时位置时，则构件 2、3、4 可以占有 BC、CD、DE 位置，也可以占有 BC'、$C'D'$、$D'E'$ 位置或其他位置。这说明从动构件的运动是不确定的，故该构件系统就不是机构。若设构件 1、4 都是主动构件，而该瞬时它们在 AB 和 DE 位置，则构件 2、3 的位置完全确定（只能分别在 BC 和 CD 位置），此时构件系统就成为机构，它的运动是确定的。

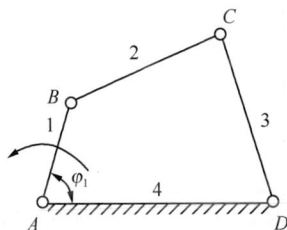

图 7.13　四构件系统

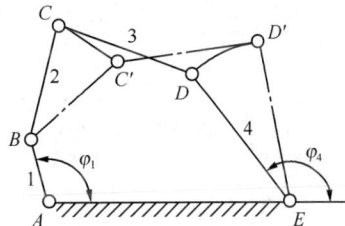

图 7.14　五构件系统

1—主动构件；2、3—从动构件；4—固定构件

如图 7.15（a）和 7.5（b）所示的构件组合 $F=0$，该构件组合的自由度等于零，说明它是不

能产生相对运动的刚性桁架。如图 7.15（c）所示的构件系统，其自由度为 $F=-1$，其自由度 $F<0$，说明该构件系统所受的约束过多，已成为超静定桁架。

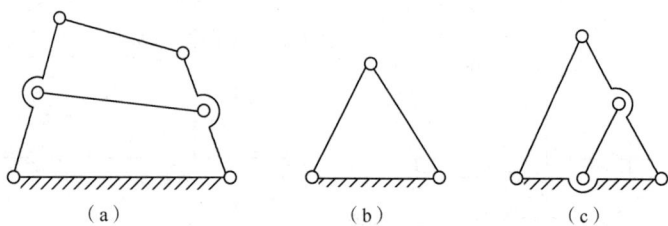

图 7.15　桁架

3. 计算平面机构自由度时的注意事项

利用式（7.1）计算机构自由度时，还必须注意以下几种特殊情况。

（1）复合铰链。由三个或三个以上构件在一处组成的轴线重合的多个转动副称为复合铰链。由 K 个构件构成的复合铰链，转动副数目应为（$K-1$）个。图 7.16 中，有三个构件在 A 处汇交组成转动副，它是由构件 1 分别与构件 2 和构件 3 组成的两个转动副。

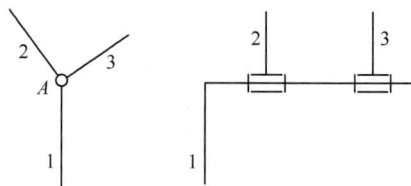

图 7.16　复合铰链

例 7.2　计算如图 7.17 所示钢板剪切机的自由度，并判定其运动是否确定。

解　由图知 $n=5$，$P_L=7$，$P_H=0$。

其中，B 处为复合铰链，含两个转动副。得机构自由度为：

$$F=3n-2P_L-P_H=3\times5-2\times7-0=1$$

机构中原动件只有一个等于机构的自由度数，所以机构运动确定。

（2）局部自由度。如图 7.18（a）所示，由凸轮 1、滚子 2 和杆 3 组成（凸轮机构）。滚子 2 可以绕 B 点做相对转动，但是，该构件的转动对整个机构的运动不产生影响。这种不影响整个机构运动的局部的独立运动，称为局部自由度。

计算机构自由度时，可将局部自由度除去不计。图 7.18（a）机构中，可以设想滚子 2 与杆 3 固接成一体，如图 7.18（b）所示。这样，局部自由度经上述处理后，则机构的自由度为：

$$F=3n-2P_L-P_H=3\times2-2\times2-1=1$$

机构自由度等于原动件数，此时机构具有确定的运动。

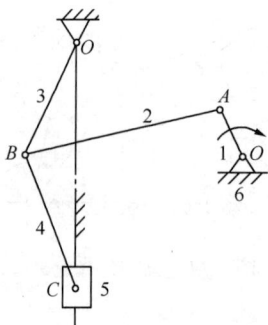

图 7.17　钢板剪切机

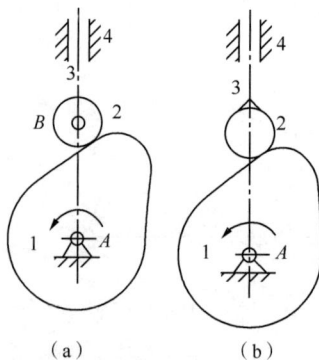

图 7.18　局部自由度

（3）虚约束。在实际机构中，与其他约束重复而不起限制运动作用的约束称为虚约束。计算机构自由度时应将虚约束除去不计。

在平面机构中，虚约束常出现于以下情况：

① 转动副轴线重合的虚约束。当两构件在多处副的轴线重合，则其中只有一个转动副起实际的约束作用，而其余转动副均为虚约束。如图 7.19 所示的齿轮机构中，转动副 A（或 B）、C（或 D）为虚约束。

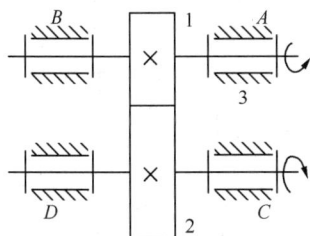

② 移动副导路平行的虚约束。当两构件在多处形成移动副，并且各移动副的导路互则相平行，其中只有一个移动副起实际的约束作用，而其余移动副均为虚约束。如图 7.20 所示（图中序号 1～3 均指构件）曲柄滑块机构中，移动副 D（或 E）为虚约束。

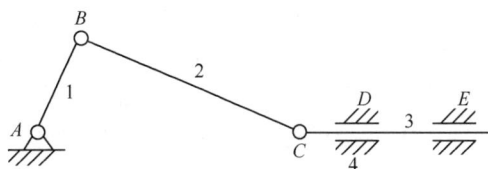

图 7.19　齿轮机构　　　　　　　　图 7.20　曲柄滑块机构

③ 机构对称部分的虚约束。机构中对传递运动不起独立作用的对称部分会形成虚约束。如图 7.21 所示的周转轮系，两个对称布置的行星轮中，只有一个起实际的约束作用，另一个为虚约束。

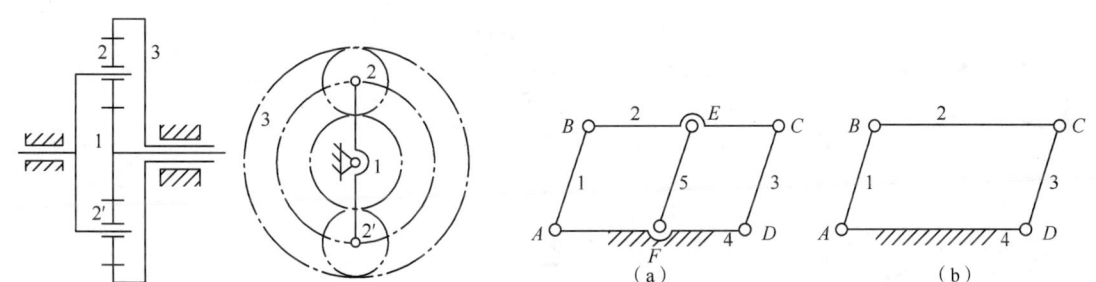

④ 轨迹重合的虚约束。机构中连接构件上点的轨迹和机构上连接点的轨迹重合，会形成虚约束。如图 7.22（a）所示（图中序号 1～5 均指构件）的平行四边形机构中，连接构件 5 上正点的轨迹就与机构连杆 2 上正点的轨迹重合。说明构件 5 和两个转动副 E、F 引入后，并没有起到实际约束连杆 2 上正点轨迹的作用，效果与图 7.22（b）的机构相同，故此两副构件为轨迹重合的虚约束，计算机构自由度时应除去不计。

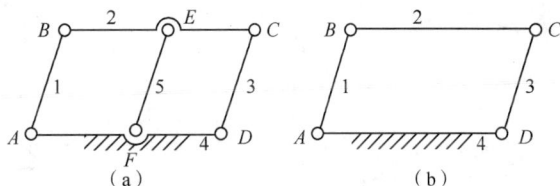

图 7.21　行星轮系　　　　　　　　图 7.22　轨迹重合的虚约束

7.2　平面连杆机构

7.2.1　概述

平面连杆机构是由若干构件以低副（转动副和移动副）连接而成的机构，也称为平面低副机构。其主要特点是：由于低副为面接触，压强低、磨损量少，而且构成运动副的表面为圆柱面或平面，制造方便；又由于这类机构容易实现常见的转动、移动及其转换，所以获得广泛应用。它的缺点是：由于低副中存在着间隙，机构将不可避免地产生运动误差，另外，平面连杆机构不易精确地实现复杂的运动规律。

平面连杆机构常以其所含的构件（杆）数来命名，如四杆机构、五杆机构……常把五杆或五杆以上的平面连杆机构称为多杆机构。最基本、最简单的平面连杆机构是由四个构件组成的平面四杆机构。它不仅应用广泛，而且又是多杆机构的基础。

平面四杆机构可分为铰链四杆机构和滑块四杆机构两大类，前者是平面四杆机构的基本形式，后者由前者演化而来。

7.2.2 铰链四杆机构的基本类型

铰链四杆机构是将 4 个构件以 4 个转动副（铰链）连接而成的平面机构，如图 7.23 所示。机构中与机架 4 相连的构件 1、构件 3，称为连架杆，连架杆能绕机架做整周转动的称为曲柄，若只能绕机架在小于 360° 的范围内做往复摆动的则称为摇杆，与连架杆相连的构件 2 称为连杆。铰链四杆机构有三种类型：曲柄摇杆机构、双曲柄机构和双摇杆机构。

（1）曲柄摇杆机构。铰链四杆机构的两个连架杆，若一杆为曲柄，另一杆为摇杆，则此机构称为曲柄摇杆机构，如图 7.23 所示。如图 7.24 所示为一个雷达天线机构，当原动件曲柄 1 转动时，通过连杆 2，使与摇杆 3 固接的抛物面天线做一定角度的摆动，以调整天线的俯仰角度。曲柄摇杆机构的作用是将转动转换为摆动，或将摆动转换为转动。

（2）双曲柄机构。如图 7.25 所示铰链四杆机构的两个连架杆都是曲柄，则称为双曲柄机构。如图 7.26 所示为惯性筛机构，其中 ABCD 为双曲柄机构。当曲柄 1 做等角速转动时，曲柄 3 做变角速转动，通过构件 5 使筛体 6 做变速往复直线运动，筛面上的物料由于惯性而来回抖动，从而实现筛选。

在双曲柄机构中，常见的还有正平行四边形机构（又称正平行双曲柄机构，如图 7.27 所示）和反平行四边形机构（又称反平行双曲柄机构，如图 7.28 所示）。

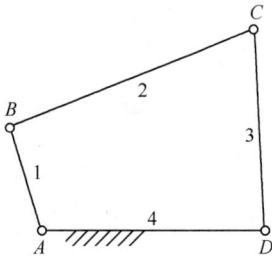

图 7.23　曲柄摇杆机构　　　　图 7.24　雷达天线机构　　　　图 7.25　双曲柄机构

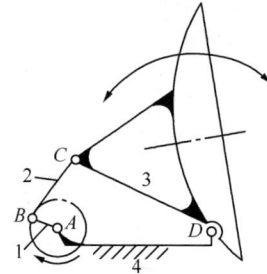

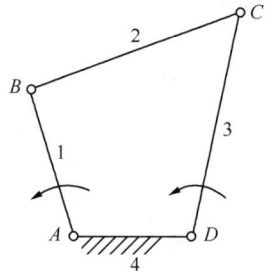

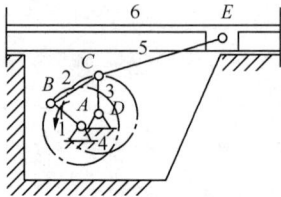

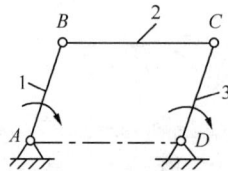

图 7.26　惯性筛机构　　　　图 7.27　正平行四边形机构　　　　图 7.28　反平行四边形机构

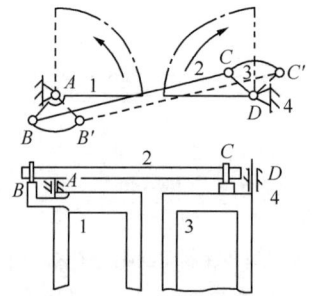

（3）双摇杆机构。两个连架杆均为摇杆的机构，则称为双摇杆机构，如图 7.29 所示。双摇杆机构在实际中的应用有如图 7.30 所示的汽车转向四杆机构，如图 7.31 所示的鹤式起重机等。

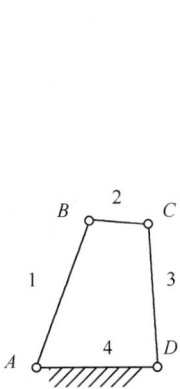

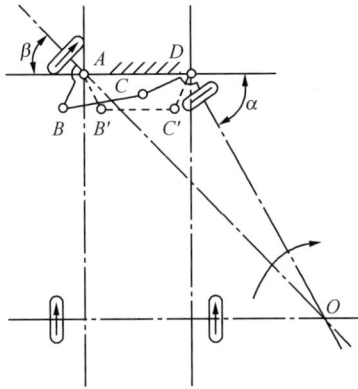

图 7.29　双摇杆机构　　　　　图 7.30　汽车转向四杆机构　　　　　图 7.31　鹤式起重机

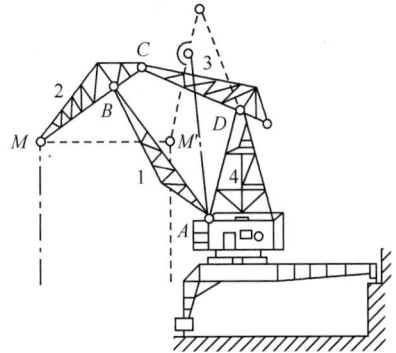

7.2.3　铰链四杆机构的演化机构

（1）曲柄滑块机构。曲柄滑块机构如图 7.32 所示，一个连架杆相对于机架做往复直线移动而成为滑块。图 7.33 和图 7.34 分别为曲柄滑块机构在冲床和内燃机中的应用。

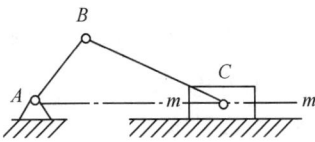

（a）对心曲柄滑块机构　　　　　（b）偏置曲柄滑块机构　　　　　（c）具有偏心轮的对心曲柄滑块机构

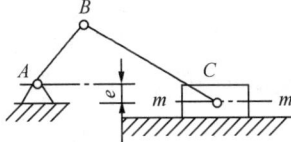

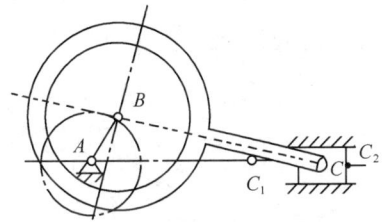

图 7.32　曲柄滑块机构

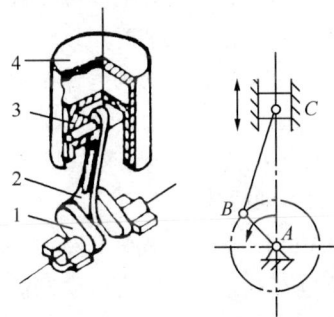

（2）导杆机构。导杆机构是在改变曲柄滑块机构的固定件而演变来的，如图 7.35（a）所示的四连杆机构中，杆件 2 的长度小于机架 1，便可以绕机架 1 做整圆周转动，但导杆 4 只能做摆动，称为曲柄摆动导杆机构。如图 7.35（b）所示的四连杆机构中，杆件 2 的长度大于机架 1，杆件 2 和导杆 4 都可以绕机架 1 做整圆周转动，称为曲柄转动导杆机构。

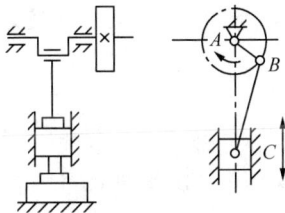

图 7.33　冲床曲柄滑块机构　　　　　图 7.34　内燃机曲柄滑块机构

1—曲柄轴；2—连杆；3—活塞销；4—活塞

（3）曲柄摇块机构。如图7.36（a）所示，杆件1的长度小于机架2，能绕机架2做整圆周转动，杆件4与滑块3组成移动副，滑块3与机架2组成转动副，滑块3只能做定轴转动，所以称为曲柄摇块机构。如图7.36（b）所示为曲柄摇块机构在摆动式液压泵上的应用实例。

（4）移动导杆机构。如图7.37所示的四连杆机构中，杆件1的长度小于杆件2。这种机构一般以杆件1为主动构件，杆件2绕C点摆动，导杆4相对滑块3做往复移动，滑块3为机架，称定块，故称为固定滑块机构或移动导杆机构。如图7.12所示的抽水唧筒机构就是移动导杆机构的应用实例。

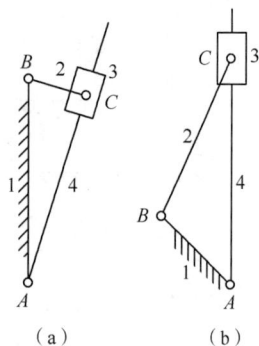

图7.35 曲柄导杆机构　　　图7.36 曲柄摇块机构　　　图7.37 移动导杆机构

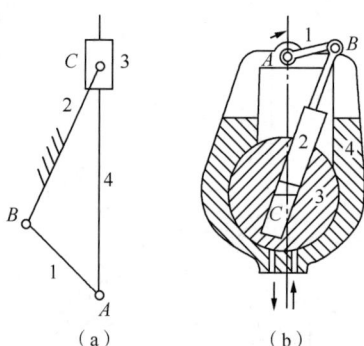

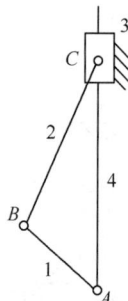

7.2.4 铰链四杆机构的基本性质

1. 曲柄存在的条件

在铰链四连杆机构中是否存在曲柄，取决于机构中各杆的长度关系，即要使连架杆能做整圆周转动而成为曲柄，各杆的长度必须满足一定的条件，这就是所谓曲柄存在的条件。

如图7.38所示为铰链四连杆机构。a、b、c、d分别表示构件AB、BC、CD、AD的长度，若AD为机架，AB为曲柄，在AB转动的过程中，AB与AD拉直共线和重叠共线有两个位置。要使AB成为曲柄，它必须能顺利地通过这两个共线位置。由此可知，在四连杆机构中，要使连架杆成为曲柄，必须同时具备以下两个条件，即：

（1）连架杆与机架中必有一个是最短杆件；

（2）最短杆件与最长杆件长度之和必小于或等于其余两杆件的长度之和。

根据曲柄存在的条件，还可以做出如下推论。如果铰链四连杆机构中，最短杆件与最长杆件的长度之和小于或等于其余两杆件的长度之和，则可有以下三种情况：

（1）以与最短杆件相邻的杆件做机架时，该机构为曲柄摇杆机构；

（2）以最短杆件做机架时，该机构为双曲柄机构；

（3）以与最短杆件相对的杆件做机架时，该机构为双摇杆机构。

如果铰链四连杆机构中，最短杆件与最长杆件的长度之和大于其余两杆件的长度之和，则无论以哪一杆件为机架，均为双摇杆机构。

2. 急回运动特性

如图7.39所示为曲柄摇杆机构，当曲柄AB沿顺时针方向以等角速度ω从与BC共线位置AB_1转到共线位置AB_2时，转过的角度为φ_1（$180°+\theta$），摇杆CD从左极限位置C_1D摆到右极限位置C_2D。设所需时间为t_1，C点平均速度为v_1；当曲柄AB再继续转过角度φ_2（$180°-\theta$），即从AB_2到AB_1，摇杆CD自C_2D摆回到C_1D，设所需时间为t_2，C点的平均速度为v_2。由于$\varphi_1>\varphi_2$，

则 $t_1 > t_2$。又因摇杆 CD 往返的摆角都是 ϕ，而所用的时间却不同，往返的平均速度也不相同，即 $v_1 > v_2$。由此可见，当曲柄等速转动时，摇杆来回摆动的平均速度是不同的，摇杆的这种运动特性称为急回运动特性。

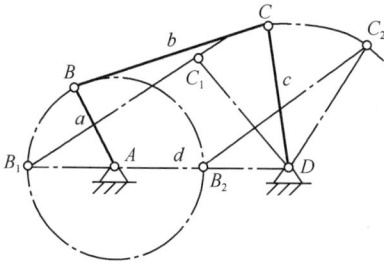

图 7.38 曲柄存在的条件

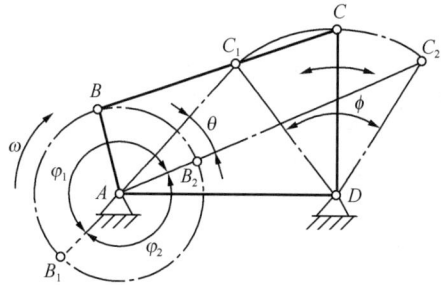

图 7.39 急回运动特性

为了表明摇杆的急回运动特性的程度，通常用行程速比系数 K 来衡量，K 与极位夹角 θ 的关系是

$$K = \frac{v_2}{v_1} = \frac{\overset{\frown}{C_2 C_1} / t_2}{\overset{\frown}{C_1 C_2} / t_1} = \frac{t_1}{t_2} = \frac{\varphi_1}{\varphi_2} = \frac{180° + \theta}{180° - \theta} \tag{7.2}$$

式中，θ 称为极位夹角，即从动摇杆处于左、右两极限位置时，主动曲柄相应两位置所夹的锐角。由式（7.2）可知，行程速比系数与极位夹角 θ 有关，θ 越大，K 越大。当 $\theta = 0$ 时，$K = 1$，说明机构无急回运动。由式（7.2）可得：

$$\theta = \frac{(K-1) \times 180°}{K+1} \tag{7.3}$$

由式（7.3）可知，如果要得到既定的行程速比系数，只要设计出相应的极位夹角 θ 即可。

除曲柄摇杆机构外，具有急回运动特性的四连杆机构还有偏置曲柄滑块机构和曲柄摆动导杆机构。在各种机器中，应用四连杆机构的急回运动特性，可以节省空回行程的时间，以提高生产效率。

3．压力角和传动角

如图 7.40 所示为曲柄摇杆机构，主动曲柄通过连杆 BC 传递到 C 点上的力 F 的方向与从动摇杆受力点 C 的绝对速度 v_C 的方向之间所夹的锐角 α，称为压力角。压力角 α 的余角 γ，称为传动角。力 F 可分解为沿 C 点绝对速度 v_C 方向的分力 F_t，及沿摇杆 CD 方向的分力 F_n，F_n 只能对摇杆 CD 产生径向压力，而 F_t 则是推动摇杆运动的有效分力。α 越小，γ 越大，有效分力 F_t 越大，而 F_n 越小，对机构传动越有利。在机构运动过程中，其传动角 γ 的大小是变化的，为保证机构传动良好，设计时通常要使 $\gamma_{\min} \geqslant 40°$，传动力矩较大时，则要使 $\gamma_{\min} \geqslant 50°$。

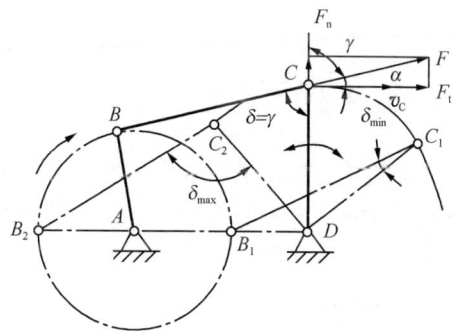

图 7.40 压力角和传动角

4．死点位置

在如图 7.41（a）所示的曲柄摇杆机构中，若摇杆主动，则当摇杆处于两个极限位置（即机构处于两个虚线位置 B_1C_1、B_2C_2）时，连杆与曲柄共线，此时传动角 $\gamma = 0°$。这时，主动件摇杆 CD 通过连杆作用于从动曲柄 AB 上的力，恰好通过曲柄的回转中心 A，所以理论上不论用多大的力，都不

能使曲柄转动，因而产生了"顶死"现象，机构的这种位置状态称为死点位置。如图 7.41（b）所示的偏置曲柄滑块机构，当滑块主动并处于极限位置 B_1C_1、B_2C_2 时；如图 7.41（c）所示曲柄摆动导杆机构当导杆主动并处于极限位置 B_1C_1、B_2C_2 时，都是死点位置。

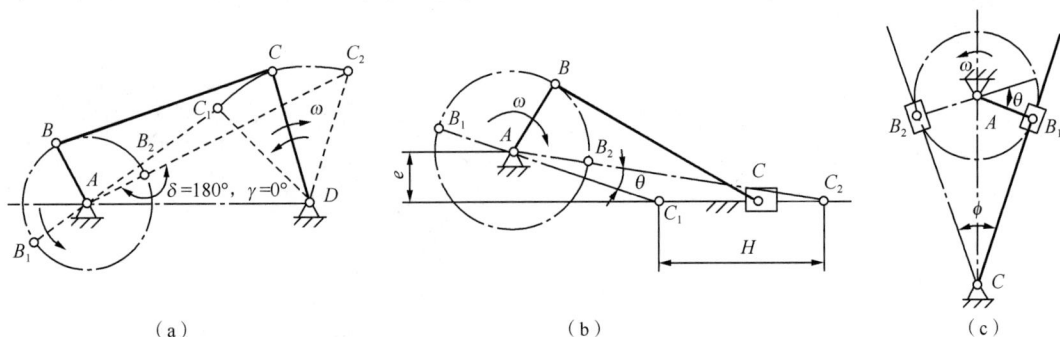

（a）　　　　　　　　　　　　　　（b）　　　　　　　　　　　　　　（c）

图 7.41　四连杆机构的死点位置

为了使机构能顺利通过死点而连续正常运转，曲柄摇杆机构和曲柄滑块机构可以安装飞轮，增大转动惯量（如缝纫机、汽车发动机等）；对曲柄摆动导杆机构和双摇杆机构，则通常是限制其主动构件的摆动角度。

工程上，也常利用机构的死点位置来实现一定的工作要求。如图 7.42 所示为钻床夹紧机构，使机构处于死点位置来夹紧工件。如图 7.43 所示的飞机起落架也是利用双摇杆机构处于死点状态，来保证飞机安全起降的。

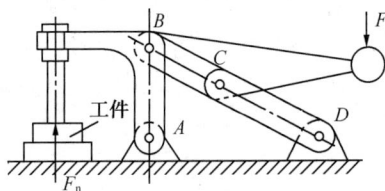

图 7.42　钻床夹紧机构

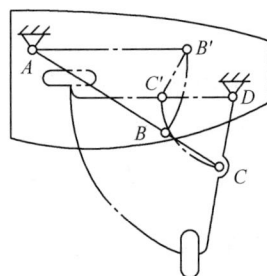

图 7.43　飞机起落架

7.3　凸轮机构

凸轮机构在机械工业中是一种常用机构，例如，汽车发动机的配气机构是通过凸轮机构来控制气门的开闭；柴油机的喷油泵供油、汽油泵的供油、分电器的配电等都要通过凸轮机构来控制；尤其在自动化机械生产中用的更为广泛。凸轮机构是利用凸轮的曲线或凹槽轮廓与推杆接触而得到预定运动规律的一种机构。

7.3.1　凸轮机构的组成与特点

凸轮机构由凸轮、从动杆、机架三个部分组成，凸轮为主动件，做定轴等速转动，使从动件做相应的运动，随凸轮轮廓的变化得到不同运动规律，从动件按一定的规律做往复移动或摆动，如图 7.44 所示内燃机的配气机构，其特点如下：

（1）凸轮机构结构简单紧凑，只需改变凸轮的外廓形状，就可改变推杆的运动规律，容易实现复杂运动的要求，应用较广泛。

（2）凸轮外廓与推杆是点接触或线接触，易于磨损，多用在传递动力不大的场合；凸轮机构可以高速启动，动作准确可靠。

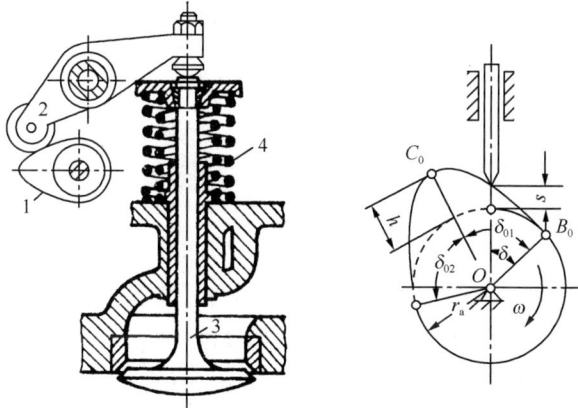

图 7.44　凸轮机构

1—凸轮；2—从动杆；3—机架；4—弹簧

7.3.2　凸轮机构的分类

凸轮机构的类型很多，一般按凸轮形状和从动件的形式分类。

1．按凸轮形状分类

（1）盘形凸轮，如图 7.45（a）所示，结构简单，适用于推杆行程较短的传动中，应用较广。

（2）圆柱凸轮，如图 7.45（b）所示，可用在推杆行程较长的场合。

（3）移动凸轮，如图 7.45（c）所示，凸轮做往复直线运动，推动推杆在同平面做往复运动。

2．按从动件的形式分类

（1）尖顶式从动件，如图 7.46（a）所示，构造简单，但易于磨损，只适用于作用力不大、低速的场合。

（2）滚子式从动件，如图 7.46（b）所示，由于滚子与凸轮轮廓之间为滚动摩擦，所以磨损小，用于传递较大的动力，应用较广。

（3）平底式从动件，如图 7.46（c）所示，由于凸轮对推杆的作用力始终垂直于推杆的底面，所以受力平稳，而且凸轮与平底接触面间容易形成油膜，润滑较好，用于高速传动。

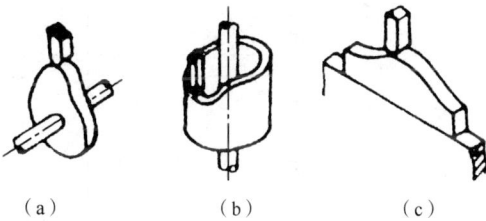

图 7.45　按凸轮形状分类

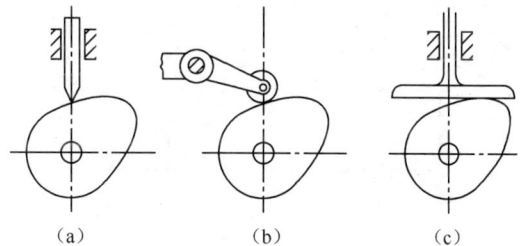

图 7.46　按从动件形式分类

7.3.3　凸轮机构从动件的运动规律

凸轮机构能否按预期的运动规律正常工作，主要取决于凸轮的轮廓曲线，加工凸轮的依据就是确定凸轮的轮廓曲线。

1．凸轮轮廓曲线与从动杆运动的关系

通常，主动凸轮等速转动，从动杆做往复移动或摆动。从动杆的运动直接与凸轮轮廓曲线上各点向径的变化有关，而轮廓曲线上各点向径大小又是随凸轮的转角而变化，这种关系称为从动杆的运动规律。根据运动方程或运动线图，即可绘制出凸轮的轮廓曲线。

在如图 7.47 所示的尖顶移动从动杆盘形凸轮机构中，以凸轮轮廓最小半径 r_b 为半径的圆称为基圆，r_b 称为基圆半径。设计凸轮轮廓曲线时，应首先确定凸轮的基准圆（基圆）。在图示位置，尖顶与凸轮轮廓上的 A 点（基圆与轮廓 AB 的连接点）相接触，此时为从动杆上升的起始位置。当凸轮以 ω 逆时针方向回转一个角度 φ_0 时，从动杆被凸轮轮廓推动，以一定的规律，由起始位置 A 到达最高位置 B，这个过程称为从动杆的升程，它所移动的距离 h 称为行程，而与升程对应的转角 φ_0 称为升程角。凸轮继续回转 φ_s 时，以 O 为中心的圆弧 BC 与尖顶接触，从动杆在最高位置停歇不动，称为远停程，角 φ_s 称为远停程角。凸轮继续回转 φ_h 时，从动杆以一定的规律回到起始位置，这个过程称为回程，角 φ_h 称为回程角。凸轮再回转 φ_s'，时，从动杆在最近位置停歇不动，称为近停程，角 φ_s' 称为近停程角。当凸轮继续回转时，从动杆重复上述运动。

如图 7.47（b）所示，将凸轮的转角 φ 与从动件的位移 s 的关系用曲线表示，此曲线称为从动件的位移曲线，即 s-φ 曲线。从图 7.47（b）中看出，从动件的位移 s 是随凸轮转角 φ 变化的，也是随时间变化的。因此当凸轮以等角速 ω 转动时，从动件的位移 s、速度 v 和加速度 a 的变化规律，都是由凸轮轮廓决定的。

2．等速运动规律（直线运动规律）

当凸轮以等角速度 ω 回转时，从动杆在升程或回程的速度为一常数，这种运动规律称为等速运动规律。

如图 7.48 所示，分别以从动杆的位移 s、速度 v 和加速度 a 为纵坐标，以凸轮转角 φ（或时间 t）为横坐标，作 s-φ、v-φ 及 a-φ 线图。由于速度 v 为常数，所以速度曲线为平行于横坐标轴的直线。位移曲线为斜直线，故这种运动规律又称为直线运动规律。因速度为常数，故加速度为零。然而，在行程开始位置，速度由 0 突变为 v，其加速度为无穷大。同样，在行程终止位置，速度由 v 突变为 0，其加速度也为无穷大。在这两个位置，由加速度产生的惯性力在理论上也突变为无穷大，致使机构发生强烈的冲击，称为刚性冲击（实际上由于材料的弹性变形，加速度和惯性力不会达到无穷大），所以，等速运动规律只能用于低速、轻载和特殊要求的凸轮机构中。

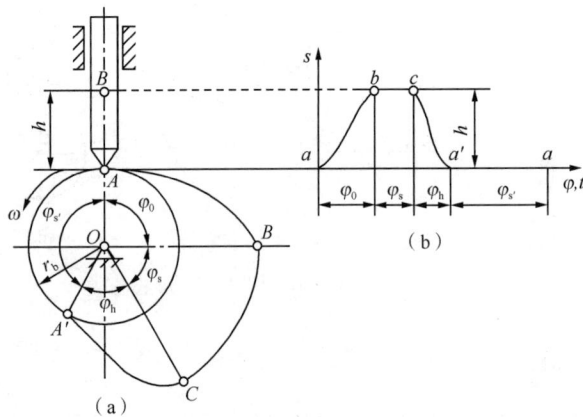

图 7.47　凸轮与从动件的关系

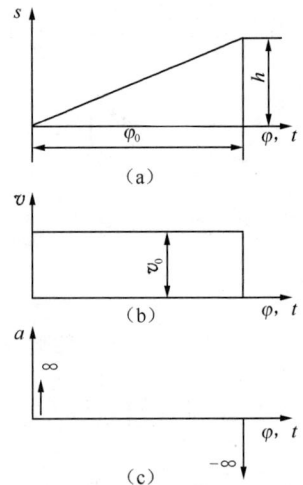

图 7.48　等速运动规律

3．等加速等减速运动规律（抛物线运动规律）

这种运动规律是从动杆在一个升程或回程中，前半段做等加速运动，后半段做等减速运动，通常加速度和减速度的绝对值相等。

如图 7.49 所示，这种运动规律的位移曲线由两段光滑相∞连的抛物线所组成，故这种运动规律又称为抛物线运动规律。由图可见，等加速等减速运动规律当有远停程和近停程时，在升程和回程的两端及中点，其加速度仍存在有限突变，惯性力将为有限值，由此而产生的冲击称为柔性冲击。因此，等加速等减速运动规律只适用于中速、轻载的场合。

4．余弦加速度运动规律（简谐运动规律）

如图 7.50 所示，这种运动规律的加速度是按余弦曲线变化的。加速度曲线是余弦曲线，速度曲线是正弦曲线，而位移曲线是简谐运动曲线，故这种运动规律又称为简谐运动规律（质点在圆周上做等速运动，它在这个圆的直径上的投影所构成的运动为变速运动，称为简谐运动）。由加速度曲线可见，这种运动规律在升程或回程的始点和终点，从动杆有停歇时（停程角不为零），该点才有柔性冲击。如果从动杆做无停歇的往复运动（停程角为零），加速度曲线变成连续的余弦曲线，运动中可以消除柔性冲击，在这种情况下，可用于高速的场合。

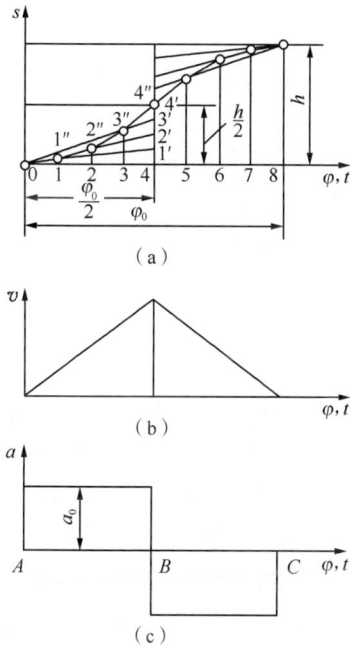

图 7.49　等加速等减速运动规律

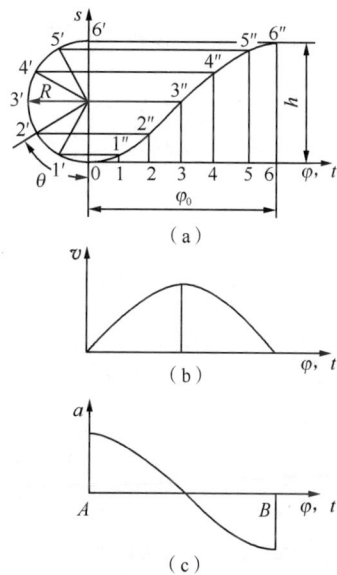

图 7.50　余弦加速运动规律

5．凸轮轮廓曲线的几个参数

（1）凸轮的基圆半径与压力角。

① 压力角的概念。如图 7.51 所示，凸轮机构在升程的某个位置，不计摩擦时，凸轮作用于从动杆上的推力 F_n 将沿接触点 B 的法线方向。作用力 F_n 与从动杆速度 v 所夹的锐角称为凸轮机构在图示位置的压力角。显然，压力角 α 越大，推动从动杆运动的有效分力 $F_y=F_n\cos\alpha$ 越小，分力 $F_x=F_n\sin\alpha$ 越大，由此引起导路中的摩擦力阻力越大。当压力角 α 达到某一数值时，有效分力 F_y 已不能克服由 F_x 所引起的摩擦阻力，于是无论力 F_n 多大，也不能使从动杆运动，从而出现自锁。为了保证凸轮机构正常工作，并具有较高的传动效率，必须限制凸轮的最大压力角不得超过许用值 $[\alpha]$。对于移动从动杆凸轮机构，升程中，$[\alpha]=30°$；回程中，$[\alpha]=70°\sim80°$。

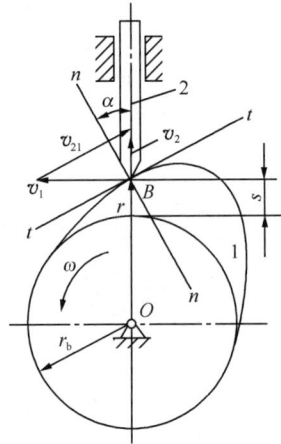

② 凸轮机构的压力角与凸轮基圆半径的关系。在图 7.52 中，凸轮与从动杆在任意点 B 接触时，设从动杆的速度为 v_2，凸轮 B 点的速度为 v_1，则：

$$v_2 = v_1 \tan\alpha = r\omega \tan\alpha$$

而凸轮在 B 的向径 $r = r_b + s$。凸轮机构的最大压力角发生在从动杆速度最大的位置，此时的基圆半径即为最小值。所以设计时的最小基圆半径为：

$$r_{bmin} = \frac{v_{max}}{\omega \tan[\alpha]} - s \quad (\text{mm})$$

为保证凸轮机构正常工作，应取凸轮基圆半径为：

$$r_b \geq \frac{v_{max}}{\omega \tan[\alpha]} - s \quad (\text{mm}) \tag{7.4}$$

式中，s 为从动杆在最大速度时对应的位移，单位为 mm。

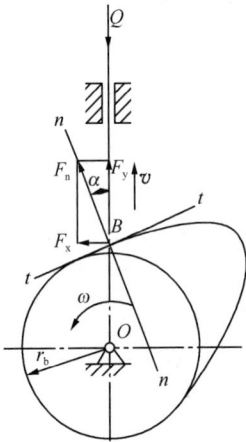

图 7.51　凸轮机构的压力角　　　　图 7.52　压力角与基圆半径的关系

（2）滚子半径的选择。采用滚子从动杆时，凸轮的轮廓曲线形状与滚子半径 r_T 的大小直接相关。设凸轮实际廓线曲率半径为 ρ'，理论廓线曲率半径为 ρ，滚子半径为 r_T。如图 7.53（a）所示，对于凸轮内凹部分，$\rho' = \rho + r_T$，无论 r_T 大小如何，实际廓线总可以画出来；而对于凸轮外凸部分，若 $\rho > r_T$，如图 7.53（b）所示，实际廓线可以画出来；若 $\rho = r_T$，如图 7.53（c）所示，此处实际廓线变尖，凸轮容易磨损；若 $\rho < r_T$，如图 7.53（d）所示，图中阴影部分表示此处实际廓线相交，在加工时将被切去，使从动杆不能与这部分廓线接触，因而从动杆将不能实现预期的运动规律，这种现象称为运动失真。

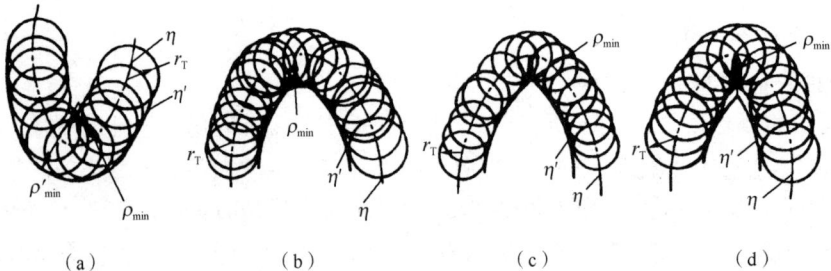

（a）　　　　　　（b）　　　　　　（c）　　　　　　（d）

图 7.53　等加速等减速运动规律

为了避免工作廓线变尖或运动失真，一般要求 $r_T < 0.8\rho_{min}$，凸轮工作廓线的最小曲率半径一

般不小于 3～5mm。

7.4 间歇运动机构与螺旋机构

7.4.1 棘轮机构

某些机器在工作中，要求有些机构的主动件连续转动，而从动件做周期性的间歇运动，即时动时停，如自动机床中的进给、送料、刀架转位、成品输送，电影放映机中胶片的驱动，自动机械和仪器中的制动、步进、擒纵、超越、换向等运动，自动记录仪的打印等，都是间歇性的运动。在机器中完成间歇运动的机构称为间歇运动机构。间歇运动机构的类型很多，本节将主要介绍在机械和仪器中应用较多的棘轮机构。

1. 棘轮机构工作原理及类型

棘轮机构主要由棘轮、棘爪和机架组成。如图 7.54（a）所示，棘轮 1 固连在轴 6 上，而主动摇杆 3 空套在轴 6 上。当主动摇杆 3 顺时针方向摆动时，与它相连接的棘爪 2 便借助弹簧或自重的作用插入棘轮 1 的齿槽内，使棘轮随之转过一定的角度；当主动摇杆 3 逆时针方向摆动时，棘爪 2 便从棘轮 1 齿背上滑过，这时制动棘爪 4 插入棘轮齿槽中，阻止棘轮逆时针方向转动，故棘轮 1 静止不动；扭簧 5 的作用是使制动棘爪 4 与棘轮 1 始终保持接触。当主动摇杆连续地往复摆动时，棘轮做单向间歇运动。

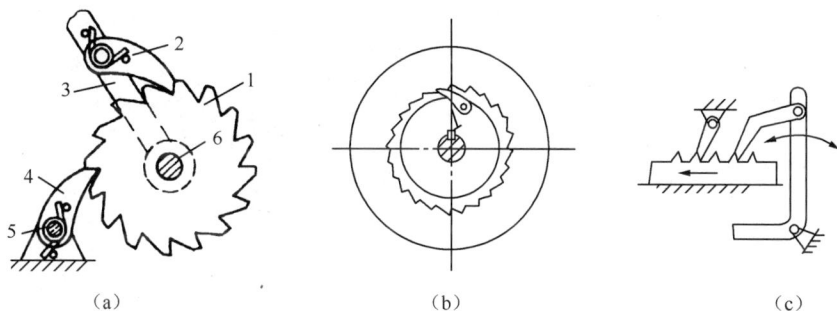

（a）　　　　　　　　　　（b）　　　　　　　　　　（c）

图 7.54　齿式棘轮机构

1—棘轮；2—棘爪；3—主动摇杆；4—制动棘爪；5—扭簧；6—轴

棘轮机构按其工作原理可分为齿式棘轮机构和摩擦式棘轮机构；按其啮合或摩擦情况不同，又可分为外啮合（外接触）式和内啮合（内接触）式。如图 7.54 所示是齿式棘轮机构，其中如图 7.54（a）所示是外啮合齿式棘轮机构，如图 7.54（b）所示是内啮合齿式棘轮机构，如图 7.54（c）所示是棘条机构，棘条做单向间歇移动。

如图 7.55 所示是双动式外啮合棘轮机构，主动构件 1 做往复摆动时，能使两个棘爪（构件 3）交替推动棘轮 2 沿逆时针方向转动。如图 7.55（a）所示的驱动爪是直爪，而如图 7.55（b）所示的驱动爪是带钩头的爪。

当棘轮轮齿制成方形时，成为可变向棘轮机构。如图 7.56（a）所示，当棘爪 1 在实线位置时，棘轮 2 将沿逆时针方向做间歇运动；当棘爪 1 翻转到虚线位置时，棘轮 2 将沿顺时针方向做间歇运动。如图 7.56（b）所示为牛头刨床的进给机构，当棘爪 1 在图示位置时，棘轮 2 将沿逆时针方向做间歇运动；若将棘爪提起并绕其轴线转 180° 后再插入棘轮齿中，则可实现棘轮 2 沿顺时针方向的间歇运动；若将棘爪 1 提起并绕其轴线转 90° 后放下，架在壳体顶部的平台上，使轮与爪脱开，则当棘爪往复摆动时，棘轮静止不动。

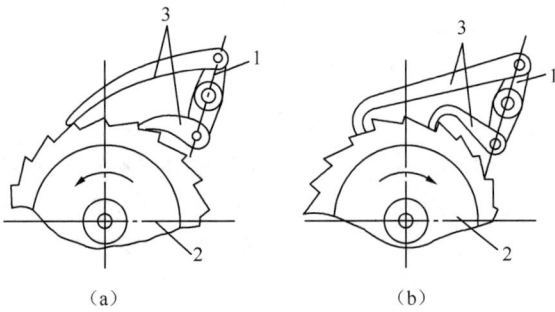

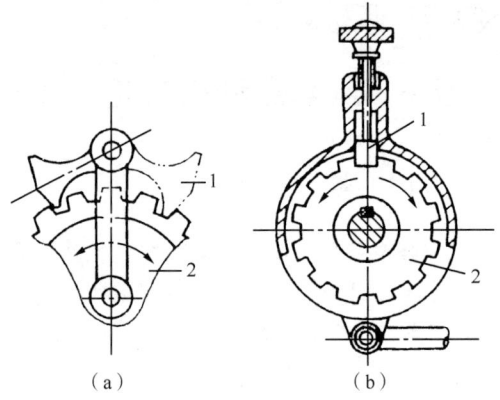

图 7.55　双动式棘轮机构　　　　　　　图 7.56　可变向外啮合式棘轮机构

上述棘轮机构中，棘轮的转角都等于相邻两齿所夹中心角的倍数，即棘轮的转角是有级性改变的。若要实现无级性改变，就需采用无棘齿的摩擦式棘轮机构，如图 7.57 所示。这种机构是通过棘爪与棘轮之间的摩擦力来传递运动的，噪声小，但接触面间易发生滑动。为了增加摩擦力，一般将棘轮做成槽形。如图 7.57（a）所示是外接触摩擦式棘轮机构；如图 7.57（b）所示是内接触摩擦式棘轮机构。

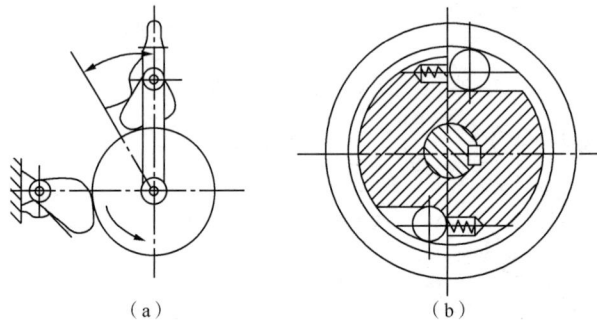

图 7.57　摩擦式棘轮机构

2．棘轮机构的特点及应用

齿式棘轮机构结构简单，制造方便，运动可靠，容易实现小角度的间歇转动，转角大小调节方便。但是棘齿进入啮合和退出啮合的瞬间会发生刚性冲击，故传动的平稳性较差。此外，在摇杆回程时，棘爪在棘轮齿背上滑行时会产生噪声和磨损。因此，齿式棘轮机构常用于低速、转角不太大或转角需要改变的场合，如一般机械和自动机械的进给、送料机构以及自动计数器等。

如图 7.58 所示是一种气动执行机构——棘轮步进机构。汽缸 7 右侧接通气源时，将活塞 6 推向左侧，通过滚子 5 带动构件 4 向左移动，装在构件 4 上的棘爪 2 推动棘轮 1 逆时针转动。当汽缸左侧接通气源时，活塞返回，棘爪 2 沿棘轮齿背滑过，棘轮静止不动。汽缸受脉冲信号控制，有一个脉冲信号，活塞往复运动一次，棘轮带动被控制对象转过某个角度，棘爪 3 为制动爪。

棘轮机构除在生产中可实现间歇进给、制动和转位等运动外，还能实现如图 7.59 所示的自行车后轮轴上的超越运动，即后轮轴 1 在自行车惯性的作用下可以超越主动轮 2 而转动。

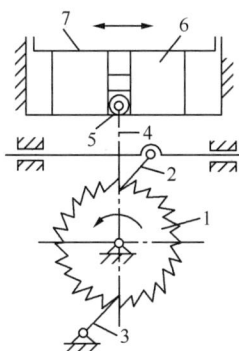

图 7.58　棘轮步进机构

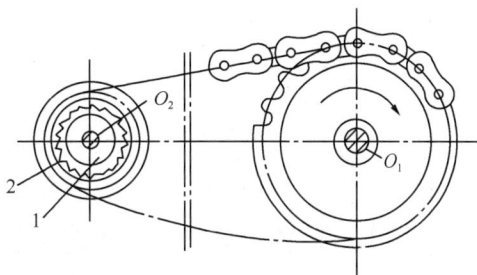

图 7.59　实现超越运动

1—棘轮；2—棘爪；3—制动爪；4—构件；5—滚子；6—活塞；7—汽缸　　　　1—后轮轴；2—超越动轮

7.4.2　螺旋机构

1. 螺纹的种类

螺纹的种类很多，一般按用途分为连接螺纹和传动螺纹两大类；按母体形状分为圆柱螺纹和圆锥螺纹；按螺纹的牙型截面分为三角形螺纹、矩形螺纹、梯形螺纹和锯齿形螺纹。三角形螺纹间的摩擦力大，自锁性能好，连接可靠。后三种螺纹用于传动。按螺纹线向不同可分为逆时针方向旋入的左旋螺纹和顺时针方向旋入的右旋螺纹。螺纹的旋向可用右手定则来判别，即用右手手心对着自己，螺纹旋向与右手大拇指指向相同的为右螺纹，反之为左螺纹，常用右螺纹。按螺旋线的数目，螺纹还可分为单线螺纹（沿一条螺旋线形成的螺纹）和多线螺纹（沿着两条以上周向等距分布的螺旋线形成的螺纹），连接多用单线螺纹。螺纹的旋向和线数如图 7.60 所示。

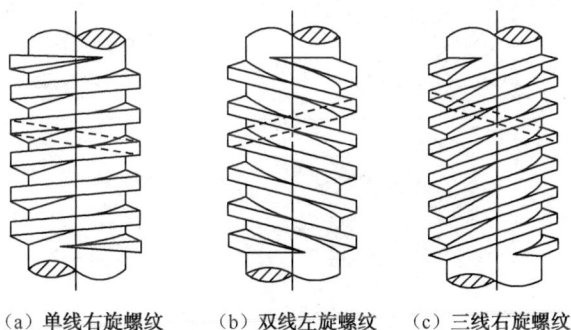

（a）单线右旋螺纹　　　（b）双线左旋螺纹　　　（c）三线右旋螺纹

图 7.60　螺纹的旋向和线数

螺纹已标准化，并对常用螺纹规定了标准牙型、大径和螺距，其牙型截面和用途如表 7.2 所示。

2. 普通螺纹的主要参数

螺纹的主要参数如图 7.61 所示，包括以下几个。

（1）大径（d、D）：螺纹的最大直径，标准中定为公称直径。外螺纹记为 d，内螺纹记为 D。

（2）小径（d_1、D_1）：螺纹的最小直径，常作为强度校核的直径。外螺纹记为 d_1，内螺纹记为 D_1。

（3）中径（d_2、D_2）：螺纹轴向剖面内，牙型上沟槽宽与牙间宽相等处的假想圆柱面直径。外螺纹记为 d_2，内螺纹记为 D_2。

（4）牙型角 α：在轴剖面内螺纹牙型两侧边的夹角。

（5）牙型斜角 β：牙型侧边与螺纹轴线的垂线间的夹角，$\beta = \alpha/2$。

（6）螺距 P：在中径线上，相邻两螺纹牙对应点间的轴向距离。

（7）导程 S：在同一条螺旋线上，相邻两螺纹牙在中径线上对应点间的轴向距离。

由图 7.62 可知，导程 S、螺距 P 及线数 n 的关系是：

$$S = nP \qquad\qquad (7.5)$$

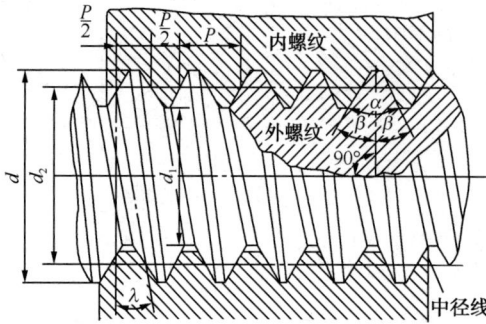

图 7.61　螺纹的主要参数

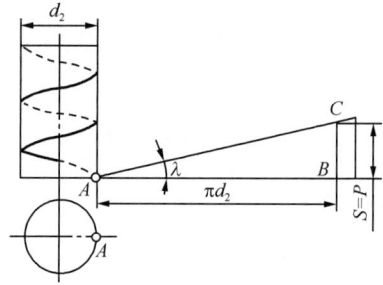

图 7.62　螺纹的升角

表 7.2　常用螺纹

类　型		牙　型　图	特点及应用
用于连接	三角形螺纹 普通螺纹	内螺纹 60° 外螺纹	牙型角 $\alpha=60°$，牙根较厚，牙根强度较高。同一公称直径，按螺距大小分为粗牙和细牙。一般情况下多用粗牙，而细牙用于薄壁零件或受动载的连接，还可用于微调机的调整
	英制螺纹	内螺纹 55° 外螺纹	牙型角 $\alpha=55°$，尺寸单位是 in。螺距以每 in 长度内的牙数表示，也有粗牙、细牙之分。多在修配英、美等国家的机件时使用
	管螺纹	内螺纹 55° 外螺纹 管子	牙型角 $\alpha=55°$，公称直径近似为管子内径，以 in 为单位。是一种螺纹深度较浅的特殊英制细牙螺纹，多用于压力在 1.57MPa 以下的管子连接
用于传动	矩形螺纹	内螺纹 外螺纹	牙型为正方形，牙厚为螺距的一半，牙根强度较低，尚未标准化。传动效率高，但精确制造困难。可用于传动
	梯形螺纹	内螺纹 30° 外螺纹	牙型角 $\alpha=30°$，效率比矩形螺纹低，但工艺性好，牙根强度高，广泛用于传动
	锯齿形螺纹	内螺纹 外螺纹 30° 3°	工作面的牙型斜角为 3°，非工作面的牙型斜角为30°，综合了矩形螺纹效率高和梯形螺纹牙根强度高的特点，但只能用于单向受力的传动

（8）升角 λ：在中径圆柱上，螺旋线切线与端面的夹角。如图 7.68 所示，其计算公式为：

$$\tan\lambda = \frac{S}{\pi d_2} = \frac{nP}{\pi d_2} \qquad\qquad (7.6)$$

3．螺旋传动

螺旋机构在各种机械设备和仪器中得到广泛的应用，主要是用于将旋转运动转变为直线移动。如图 7.63 所示的机床手摇进给机构是应用螺旋机构的一个实例，当摇动手轮使螺杆 2 旋转时，螺母 1 就带动溜板沿导轨面移动。螺旋机构的主要优点是结构简单，制造方便，能将较小的回转力矩转变成较大的轴向力，能达到较高的传动精度，并且工作平稳，易于自锁。它的主要缺点是摩擦损失大，传动效率低，因

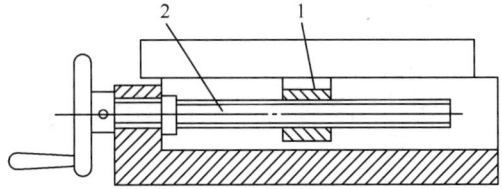

图 7.63　机床手摇进给机构

此一般不用来传递大的功率。螺旋机构中的螺杆常用中碳钢制成，而螺母则需用耐磨性较好的材料（如青铜、耐磨铸铁等）来制造。

（1）普通螺旋传动。根据螺旋的作用分为传递动力、传导运动和调整位置。

① 传递动力——就是用较小的力转动螺杆（螺母），使螺杆（螺母）产生较大的轴向力或轴向运动，如螺旋千斤顶和螺旋压力机。

② 传导运动——要求有较高的运动精度，如移动磨床工作台的丝杆和千分尺。

③ 调整位置——主要调整零件或部件间相对位置，如钣金工上用成型辊子平行调整丝杆、减压器上调整螺旋及各类夹具调整螺旋等。

（2）螺旋传动的运动形式。

① 螺母不动，螺杆转动并做直线运动。常用于螺杆位移台式虎钳、千分尺、螺旋压力机等，如图 7.64 所示。

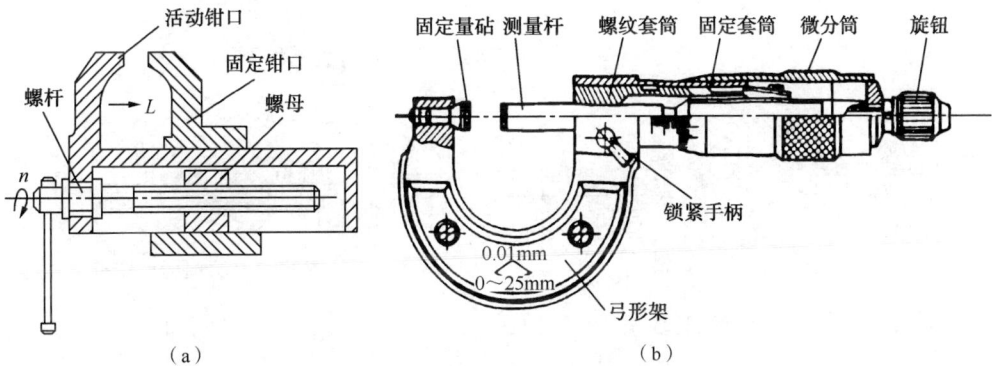

图 7.64　台式虎钳与千分尺螺旋机构

② 螺杆不动，螺母回转并做直线运动。用于螺旋千斤顶、钣金修理的撑拉器，如图 7.65 所示。

③ 螺杆原位转动，螺母做直线运动，如图 7.66 所示摇臂钻丝杆传动。

④ 螺母原位转动，螺杆往复运动。用于游标卡尺的微调装置等。

普通螺旋传动常用螺纹有矩形螺纹、梯形螺纹和锯齿形螺纹，其中梯形螺纹齿根强度较高，磨损后间隙易修复，应用较广。

（3）普通螺旋传动的特点。普通螺旋传动的特点是：结构简单，易自锁，运转平稳，但摩擦阻力大，磨损大，传动效率低（30%～40%），螺纹有间隙，反向有空行程，定位精度和轴向刚度差。

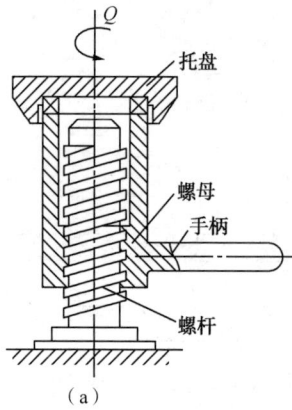

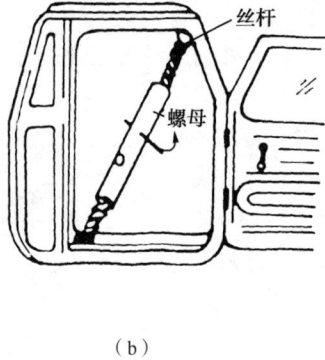

图 7.65　螺旋千斤顶与撑拉器

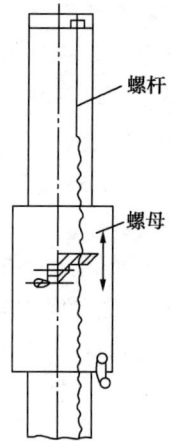

图 7.66　摇臂钻丝杆传动

（4）滚珠螺旋传动。普通螺旋传动是利用螺杆和螺母螺纹面间的相对滑动摩擦传动，磨损大，传动阻力大，效率低。为了减小阻力、提高效率，采用滚珠螺旋传动，就是以滚珠间的滚动摩擦代替了滑动摩擦。如图 7.67 所示为滚珠螺旋传动，由螺母 4、丝杆 3、滚珠 2 和滚珠循环装置 1 组成，它的工作原理是在螺杆和螺母的螺纹滚道间填充钢球，当螺杆（螺母）转动时，钢球沿着螺纹滚道循环地滚动，这就是滚动螺旋传动，它的优点是摩擦阻力小，传动效率高达 90% 以上，运转平稳，动作灵敏，磨损小，具有很高的定位精度和轴向刚度；但结构复杂，制造较困难，外形尺寸大，成本较高，不能自锁，抗冲击能力差。目前广泛应用在要求高效、高精度的场合，如一些现代汽车上的转向机构、数控机床的传动机构等。

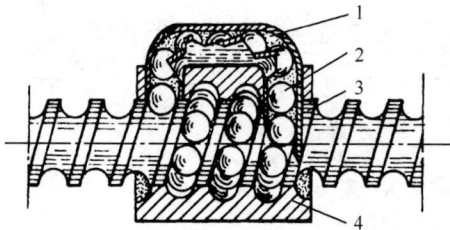

（a）滚动螺旋传动　　　　　　　　（b）汽车转向机构

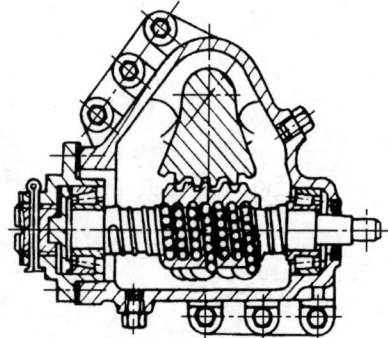

图 7.67　滚珠螺旋传动

1—滚珠循环装置；2—滚珠；3—丝杆；4—螺母

7.5　轮系

用一对齿轮可以传递运动和转矩，并达到减速、增速及改变从动轴转向等目的。但是，在许多机械中，为了获得大的传动比或变换转速、转向，通常需要采用一系列互相啮合的齿轮将主动轴和从动轴连接起来。这种由一系列齿轮组成的传动系统称为轮系（或齿轮系）。

7.5.1 轮系的分类

（1）定轴轮系。如图 7.68（a）所示的轮系中，每个齿轮的几何轴线都是固定的，这种轮系称为定轴轮系或普通轮系。

（2）周转轮系。如图 7.68（b）所示的轮系中，外齿轮 2 除能绕自身的几何轴线 O_2 转动（自转）外，还能随轴线 O_2 绕固定轴线 O_1 转动（公转）。这种至少有一个齿轮的几何轴线绕位置固定的另一齿轮的几何轴线转动的轮系称为周转轮系。

（3）混合轮系。如图 7.68（c）所示的轮系中，齿轮 1 与 2 组成定轴轮系，齿轮 3、4、5 与构件 H 组成周转轮系。这种由定轴轮系和周转轮系或由几个单一的周转轮系组成的轮系称为混合轮系。

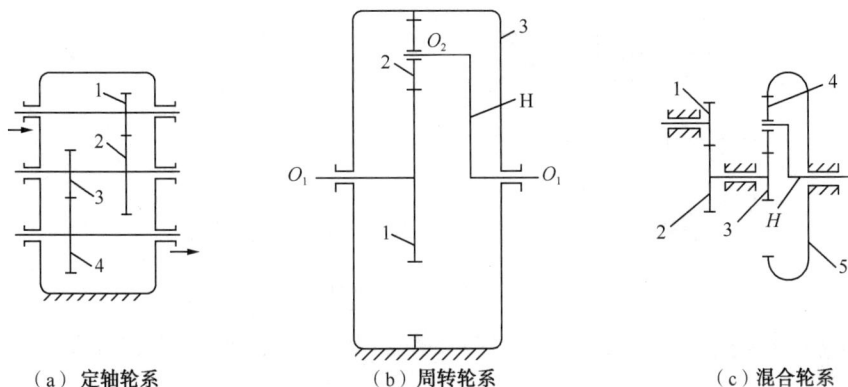

（a）定轴轮系　　　　　　（b）周转轮系　　　　　　（c）混合轮系

图 7.68　轮系的分类

7.5.2 定轴轮系传动比的计算

计算定轴轮系的传动比，不仅要确定传动比数值的大小，而且要确定首末齿轮转向的异同（即它的正负号）。一对平行轴间的圆柱齿轮传动的传动比为：

$$i_{12} = \frac{\omega_1}{\omega_2} = \frac{n_1}{n_2} = \mu \frac{z_2}{z_1}$$

外啮合传动，主动轮与从动轮转向相反，规定 i 取负号，即 $\mu = -1$ 或在图上用反方向箭头来表示，如图 7.69（a）所示；内啮合时，两轮转向相同，i 取正号，即 $\mu = 1$ 或在图上用同方向箭头来表示，如图 7.69（b）所示。

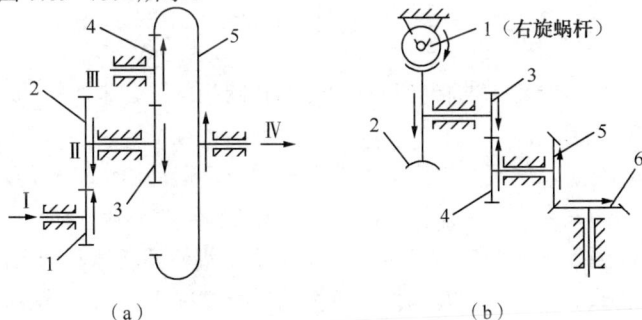

（a）　　　　　　　　　　（b）

图 7.69　定轴轮系传动比分析

注：蜗杆传动旋转方向的判定

蜗杆蜗轮螺旋方向的判定：分左旋齿和右旋齿，蜗杆、蜗轮的螺旋方向用右手法则判定，如图 7.70（a）所示。手心对着自己，四个手指顺蜗杆蜗轮轴线方向摆放，齿向与右手拇指指向一致，为右旋蜗杆或蜗轮，反之为左旋蜗杆或蜗轮。

蜗杆传动旋转方向的判定：如图 7.70（b）所示。蜗轮的旋转方向与蜗杆的旋转方向有关，而且与蜗杆的螺旋方向有关。蜗轮旋转方向判定法：当蜗杆是右旋（或左旋）时，伸出右手（或左手）握拳，用四指顺着螺杆的旋转方向，与大拇指的指向相反，为蜗轮的旋转方向。

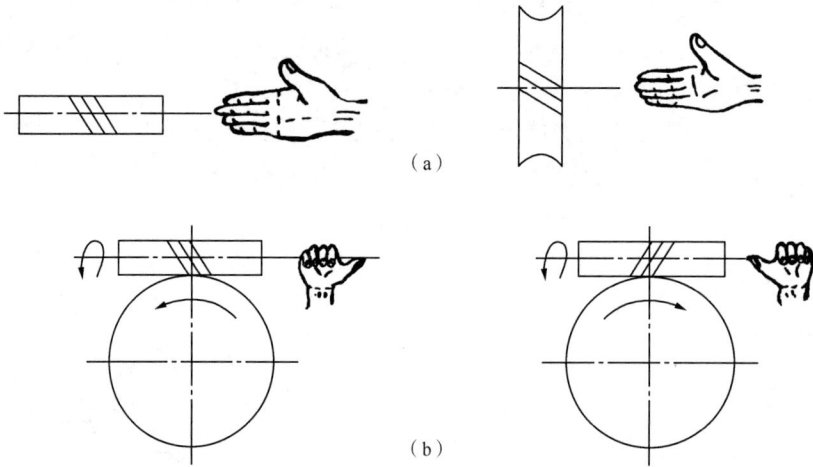

图 7.70　蜗杆蜗轮旋向的判定

轮系传动比为轮系中首末两齿轮的角速度比。若以 1 与 k 分别代表首末两轮的标号，则轮系的传动比为：

$$i_{1k}=\frac{\omega_1}{\omega_k}=\frac{n_1}{n_k}=(-1)^m\frac{\text{所有从动轮齿数乘积}}{\text{所有主动轮齿数乘积}} \tag{7.7}$$

式中，m 为齿轮外啮合次数。

对于有圆锥齿轮、交错轴斜齿轮或蜗杆蜗轮等空间齿轮机构的定轴轮系，其传动比大小仍按式（7.7）计算。但传动比的正负号，各轮的转向不能根据$(-1)^m$确定，而必须用画箭头的办法确定各轮的转向，如图 7.69（b）所示。

例 7.3　在如图 7.71 所示的车床溜板箱进给刻度盘轮系中，运动由齿轮 1 传入，由齿轮 5 传出。各轮齿数 $z_1=18$，$z_2=87$，$z_3=28$，$z_4=20$，$z_5=84$，试计算轮系的传动比。

解　由图 7.71 看出，轮系为定轴轮系，所以轮系传动比为：

$$i_{15}=(-1)^m\frac{z_2}{z_1}\frac{z_4}{z_3}\frac{z_5}{z_4}=(-1)^2\times\frac{87}{18}\times\frac{20}{28}\times\frac{84}{20}=14.5$$

因传动比带正号，所以末轮 5 的转向与首轮 1 的转向相同。首末两轮的转向也可以用画箭头的办法确定，如图 7.71 所示。

例 7.4　在如图 7.72 所示的组合机床动力滑台轮系中，运动由电动机传入，由蜗轮 6 传出。电动机转速 $n=940\text{r/min}$（$n_1=n$），各齿轮齿数、蜗杆头数和蜗轮齿数分别为 $z_1=34$，$z_2=42$，$z_3=21$，$z_4=31$，$z_5=2$（双头），$z_6=38$，蜗杆为右旋，试确定蜗轮的转速和转向。

解　轮系为定轴轮系。因轮系中有蜗杆蜗轮机构，所以按式（7.7）计算传动比大小，用画箭头的办法确定蜗轮转向。传动比：

$$i_{16}=\frac{z_2}{z_1}\frac{z_4}{z_3}\frac{z_6}{z_5}=\frac{42}{34}\times\frac{31}{21}\times\frac{38}{2}=34.65$$

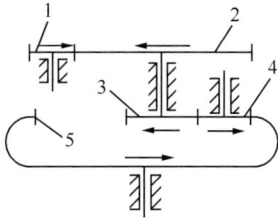

图 7.71 车床溜板箱进给刻度盘轮系

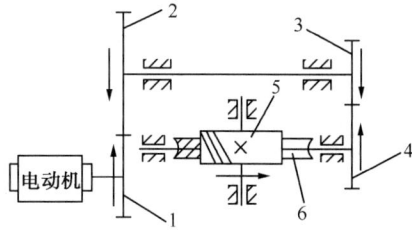

图 7.72 车床动力滑台轮系

因

$$i_{16}=\frac{n_1}{n_6}$$

所以求得蜗轮转速为：

$$n_6=\frac{n_1}{i_{16}}=\frac{940}{34.5}=27.13（\text{r/min}）$$

蜗轮转向如图 7.72 中箭头所示。

例 7.5 在如图 7.73 所示的轮系中，运动由齿轮 1 传入，由齿条 10 传出。各齿轮齿数 $z_1=$ 15，$z_2=25$，$z_3=20$，$z_4=40$，$z_5=12$，$z_6=30$，$z_7=2$（右旋），$z_8=60$，$z_9=20$，齿条模数 $m=4\text{mm}$，齿轮 1 的转速 $n_1=500\text{r/min}$，转向如图 7.73 所示，试确定齿条 10 的移动速度和移动方向。

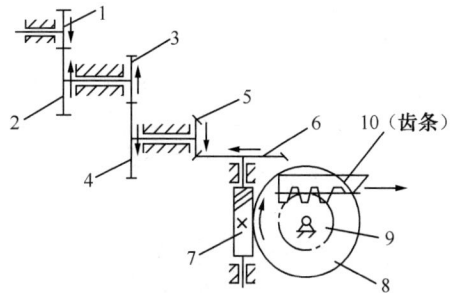

图 7.73 转动变为移动的轮系

解 轮系为定轴轮系。先计算蜗轮转速：

$$n_8=\frac{n_1}{i_{18}}=n_1 i_{81}=n_1\frac{z_1 z_3 z_5 z_7}{z_2 z_4 z_6 z_8}=500\times\frac{15\times20\times12\times2}{25\times40\times30\times60}=2（\text{r/min}）$$

因齿轮 9 与蜗轮转速相同，所以 $n_9=n_8=2$ r/min。

再计算齿条 10 的移动速度。根据齿轮与齿条啮合运动时节圆与节线速度相等的原理求得齿条速度为：

$$v_{10}=2\pi r_9 n_9=2\pi n_9\frac{mz}{2}=2\pi\times2\times\frac{4\times20}{2}=502.6（\text{mm/min}）$$

齿条的移动方向如图 7.73 所示。

7.5.3 周转轮系的组成和分类

1. 周转轮系的组成

在如图 7.68（b）所示的周转轮系中，外齿轮 1 和内齿轮 3 的固定几何轴线均为 O_1，行星齿轮系中几何轴线固定的齿轮称为中心齿轮或太阳轮 K。行星齿轮 2 空套在构件 H 上，构件 H 可以绕固定轴线 O_1 转动，此构件称为行星架（或称为转臂）。行星齿轮 2 既可绕自身几何轴线 O_2 转动，又能绕中心内齿轮的固定几何轴线 O_1 转动，就像行星一样，兼做自转和公转，习惯上称这种齿轮为行星齿轮。

周转轮系中，中心齿轮、行星齿轮和行星架是基本构件。中心齿轮可以都是外齿轮（如图 7.74 所示），也可以兼有外齿轮和内齿轮（如图 7.75 所示）。每一个单一的周转轮系，其中心齿轮的数目不超过 2 个，行星齿轮至少有一个。为了平衡行星齿轮产生的离心惯性力，常采用多个对称分布的行星齿轮，如图 7.74 所示。

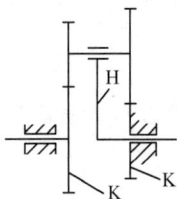

图 7.74　中心轮均为外齿轮的周转轮系

K—中心齿轮；H—行星架

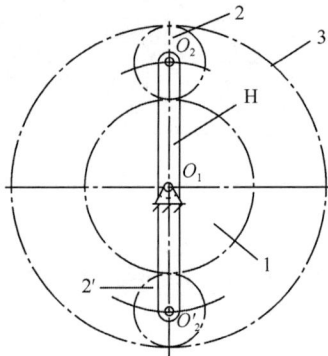

图 7.75　对称分布的行星齿轮

1—内中心齿轮；2、2′—行星齿轮；3—外中心齿轮；H—行星架

2. 周转轮系的分类

周转轮系可以按自由度或基本构件分类。为便于机构分析，仅介绍按自由度的分类方法。

（1）行星轮系。如图 7.76（a）所示的周转轮系中，中心齿轮 3 固定在机架上，所以轮系的活动件数 $n=3$。该轮系有三个转动低副，两个齿轮啮合高副。根据平面机构自由度的计算公式（7.1），可以求得该行星轮系的自由度为：

$$F=3n-2P_\mathrm{L}-P_\mathrm{H}=3\times3-2\times3-2=1$$

凡具有一个自由度的周转轮系，称为行星轮系。对于行星轮系，只需一个活动件的运动确定，则整个行星轮系的运动就确定了。

（2）差动轮系。如图 7.76（b）所示的周转轮系中，若中心齿轮 1 与 3 都不固定，则周转轮系的活动件数 $n=4$，转动低副数 $P_\mathrm{L}=4$，高副数 $P_\mathrm{H}=2$，周转轮系的自由度为：

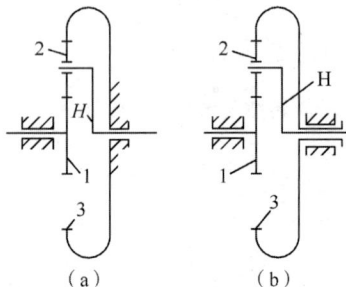

图 7.76　周转轮系的分类

$$F=3n-2P_\mathrm{L}-P_\mathrm{H}=3\times4-2\times4-2=2$$

7.5.4　周转轮系传动比的计算

周转轮系中行星架的转速与转向将影响行星齿轮和中心齿轮的运动，所以不能直接用定轴轮系传动比的计算公式来计算周转轮系的传动比。但是，如果应用相对运动原理将行星轮系转化为定轴轮系后，就可以用推导定轴轮系传动比计算公式的方法推导周转轮系传动比的计算公式。这种经过一定条件转化所得的假想定轴轮系，称为周转轮系的转化轮系，或转化机构。下面根据相对运动原理来推导周转轮系传动比的计算公式。

如图 7.77（a）所示的周转轮系中，行星架、中心齿轮和行星齿轮分别以转速 n_H、n_1、n_2、n_3 做逆时针方向转动。根据相对运动原理，当给整个轮系加上一个大小为 n_H，方向与 n_H 相反的公共转速（$-n_\mathrm{H}$）后，各构件间的相对运动并不改变，而行星架 H 却静止不动了。
这样，齿轮的几何轴线的位置全部固定，原来的周转轮系便转化为如图 7.77（b）所示的定轴轮系了。现将轮系转化前后各构件的转速列表如表 7.3 所示。

转化轮系中齿轮 1 与齿轮 3 的传动比 i_{13}^H 的计算公式，可以根据传动比的定义写出：

$$i_{13}^\mathrm{H}=\frac{n_1^\mathrm{H}}{n_3^\mathrm{H}}=\frac{n_1-n_\mathrm{H}}{n_3-n_\mathrm{H}}$$

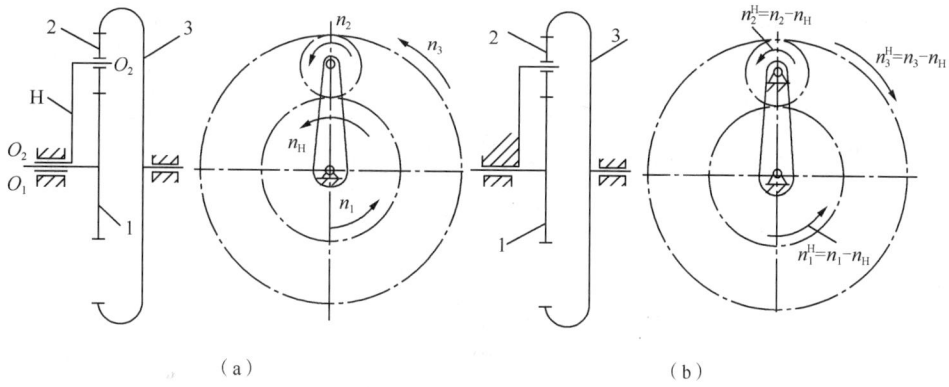

（a）

（b）

图 7.77　周转轮系的转化

表 7.3　轮系转化前后各构件的转速

构件名称及代号	原来的转速	转化后的转速
中心齿轮 1	n_1	$n_1^H = n_1 - n_H$
行星齿轮 2	n_2	$n_2^H = n_2 - n_H$
中心齿轮 3	n_3	$n_3^H = n_3 - n_H$
行星架 H	n_H	$n_H^H = n_H - n_H = 0$

注：表中右上方的角标"H"，表示各构件相对行星架的转速。

由定轴轮系传动比计算公式（7.7）又得：

$$i_{13}^H = (-1)^1 \frac{z_2}{z_1} \frac{z_3}{z_2} = -\frac{z_3}{z_1}$$

所以

$$\frac{n_1 - n_H}{n_3 - n_H} = -\frac{z_3}{z_1}$$

式中，"—"表示齿轮 1 与齿轮 3 的转向在转化轮系中是相反的。

上式表明如图 7.77（a）所示的周转轮系中齿轮 1、齿轮 3 与行星架 H 的转速、齿数及外啮合次数间的关系。对于周转轮系，其中有一个中心齿轮是固定的，转速为零，所以其余两构件中任意构件的转速（包括大小和转向）已知时，可以求出其中另一构件的转速；对于差动轮系，n_1、n_3、n_H 三个转速中必须已知任意两个转速，才能求出第三个转速。当各构件的转速确定后，就可以确定要求的传动比了。

上述结论可以推广到一般情形，可以求得周转轮系传动比的普遍计算公式。设 n_1 和 n_k 为周转轮系中任意两个齿轮 1 和 k 的转速，则两齿轮与行星架 H 的转速间的关系为：

$$\frac{n_1 - n_H}{n_k - n_H} = (-1)^m \frac{齿轮1{\sim}k\ 间所有从动轮齿数乘积}{齿轮1{\sim}k\ 间所有主动轮齿数乘积} \tag{7.8}$$

式中，m 为齿轮 1 至 k 齿轮外啮合次数。

应用式（7.8）时必须注意以下几点：

（1）设齿轮 1 为轮系的主动齿轮（首轮），齿轮 k 为轮系的从动齿轮（末轮），中间各齿轮的主、从动地位必须从齿轮 1 起按传动顺序判定。

（2）将已知转速代入式（7.8）求解未知转速时，要特别注意转速的正负号，当假定某一方向的转动为正时，则相反的转动方向为负。必须将转速大小连同正负号一并代入公式计算。

（3）在推导式（7.8）时，对各构件所加的公共转速（$-n_H$）与各构件原来的转速是代数相加的，所以全部齿轮和行星架的轴线必须互相平行。式（7.8）不仅可以用来计算行星架与中心齿轮、中心齿轮与中心齿轮之间的传动比，而且还可用来计算行星齿轮与其他构件之间的传动比。但不能来求如图 7.78 所示的由圆锥齿轮组成的周转轮系中行星齿轮 2 与其他构件的传动比，因为其行星齿轮 2 与其他构件的轴线不平行，所以其转速不能做代数相加，即：

$$n_2^H \neq n_2 - n_H \qquad i_{12}^H \neq \frac{n_1 - n_H}{n_2 - n_H}$$

即式（7.8）只能用来求中心齿轮与中心齿轮之间和行星架与中心齿轮之间的传动比。

例 7.6 如图 7.79 为某车床尾架传动简图，尾架顶尖有两种移动速度。在一般情况下，齿轮 1 与齿轮 4 啮合，这时手轮与丝杆连为一体，转速相同，尾架顶尖可做快速移动。当在尾架套筒内装有钻头时，需要慢速移动钻头，这时齿轮 1 与齿轮 4 脱开啮合，并与齿轮 2 和齿轮 2′ 啮合（图 7.79 中所示啮合位置），组成周转轮系中齿轮 4 连同丝杆为行星架，齿轮 3 与尾架固连。若已知轮系中各齿轮齿数 $z_1 = 17$，$z_3 = 51$，试确定当轮系为行星轮系时，手轮与丝杆的转速关系。

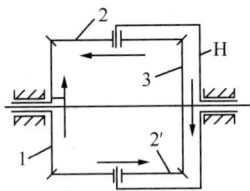

图 7.78 圆锥齿轮组成的周转轮系

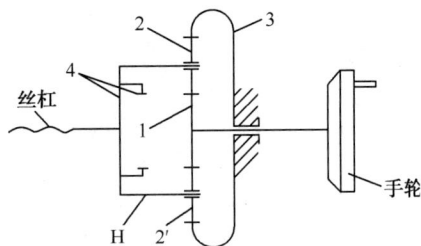

图 7.79 机床尾架中的周转轮系

解 齿轮 1 与手轮转速相同，行星架 H 与丝杆转速相同。求手轮与丝杆的转速关系，就是求齿轮 1 与行星架 H 的转速关系。由式（7.8）得：

$$n_H = \frac{z_1 n_1}{z_1 + z_3}$$

代入给定数据得：

$$n_H = \frac{17 n_1}{17 + 51} = \frac{1}{4} n_1$$

丝杆转速 n_H 为手轮转速 n_1 的 1/4，达到钻头慢速移动的目的。

例 7.7 如图 7.80 所示，某花键磨床的读数机构为一周转轮系，通过刻度盘转过的格数记录手轮的转速，即丝杆转速。已知各齿轮齿数 $z_1 = 60$，$z_2 = 20$，$z_3 = 20$，$z_4 = 59$，齿轮半固定，试计算手轮（即丝杆）与刻度盘（即齿轮 1）的传动比 i_{H1}。

解 由式（7.8）得：

$$n_H = \frac{z_1 z_3}{z_1 z_3 - z_2 z_4} n_1$$

代入给定数据得：

$$n_H = \frac{20 \times 60}{20 \times 60 - 20 \times 59} = 60 n_1$$

求得的传动比为：

$$i_{H1} = \frac{n_H}{n_1} = 60$$

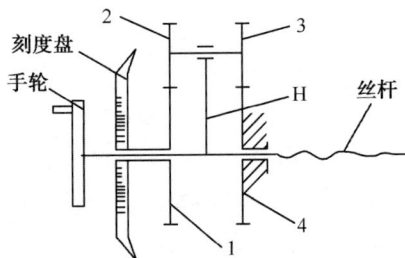

图 7.80 磨床读数机构

若改变上述周转轮系的齿数，令 $z_1 = 100$，$z_2 = 99$，$z_3 = 100$，$z_4 = 101$，则传动比为：

$$i_{H1}=\frac{n_H}{n_1}=\frac{100\times100}{100\times100-101\times99}=10\,000$$

即手轮转 10000 转，刻度盘才转一圈。由此可见，这种齿轮全部为外啮合，齿数差为 1（少齿差）的周转轮系可以获得很大的传动比，这是由少数圆柱齿轮组成的定轴轮系无法做到的。但是可以证明这种周转轮系的机械效率很低，当传动比 $i_{H1}=10000$ 时，机械效率 η_{H1} 仅为 0.25%。因此这种周转轮系虽能获得很大的传动比，但只适用于传递运动，如微调机构，不宜用于传递动力。

思考与练习

1. 说明机器的基本组成，机器的特征，构件与零件的定义。

2. 什么是物体运动的自由度？平面上自由运动物体有几个自由度？它们是怎样的运动形式？

3. 什么是运动副？什么是运动副的约束？转动副、移动副和平面高副分别限制了构件的哪些独立相对运动？它们的约束数各是多少？为什么说运动副也是组成机构的要素？

4. 如图 7.81 所示压力机，已知 $l_{AB}=20mm$，$l_{BC}=265mm$，$l_{CD}=l_{DE}=150mm$，$a=150mm$，$b=300mm$，试按适当比例尺绘出机构运动简图，并计算机构自由度。

5. 如图 7.82 所示为一简易冲床，设计者的思路是：动力由齿轮 1 输入，使轴 A 连续回转，固装在轴 A 上的凸轮 2 与杠杆 5 组成的凸轮机构将使冲头 B 上下运动以达到冲压目的。试按图的比例绘出机构运动简图，分析其运动。

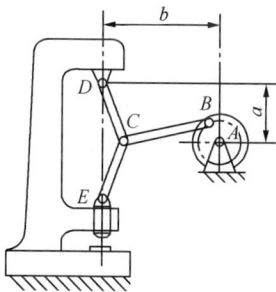

图 7.81　习题 4 图　　　　　　　　图 7.82　习题 5 图

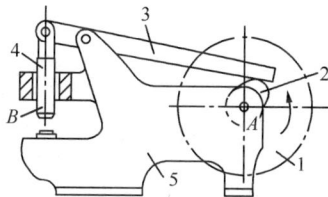

6. 试计算如图 7.83 所示各机构的活动度，并判断该机构的运动是否确定（图中绘有箭头的构件为原动件）。图 7.83（a）康拜因的清除机构；图 7.83（b）推土机机构；图 7.83（c）压缩机的压气机构；图 7.83（d）缝纫机的送布机构；图 7.83（e）平炉的堵塞渣口机构；图 7.83（f）筛料机机构；图 7.83（g）压床机构；图 7.83（h）冲压机构；图 7.83（i）椭圆规机构；图 7.83（j）液压挖掘机构。

7. 铰链四杆机构有哪几种基本类型？它们各有怎样的运动特点？

8. 判断如下论述是否正确，并说明理由：

（1）若铰链四杆机构的最长杆与最短杆长度之和小于或等于其余两杆长度之和，则连架杆必成为曲柄。

（2）若连架杆与机架之一是最短杆，则连架杆必成为曲柄。

9. 哪些机构是由曲柄滑块机构演化形成的？是怎样演变的？

(a)   (b)   (c)   (d)

(e)   (f)   (g)   (h)

$AB-BC-BD$

(i)   (j)

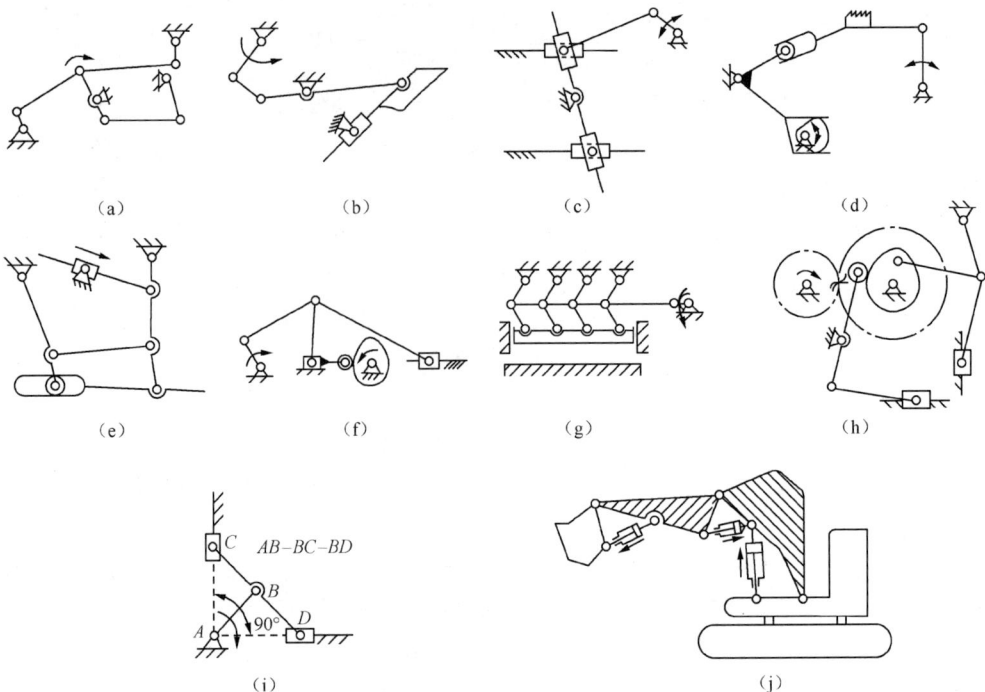

图 7.83 习题 6 图

10．什么是极位夹角？怎样确定一个机构的极位夹角？

11．试结合图 7.39 说明压力角和传动角。

12．机构出现死点位置的条件是什么？一个机构的死点位置与机构中哪个构件是原动件有关吗？有哪些方法可使机构顺利通过死点位置？死点位置一定是有害的吗？

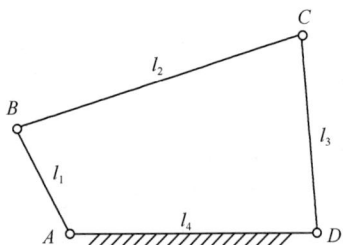

13．如图 7.84 四杆机构中杆长为 $l_2=600mm$，$l_3=400mm$，$l_4=500mm$，并且 $l_1<l_3$。试问：

（1）当取杆 AD 为机架时，若要使杆 AB 为曲柄，l_1 的最大数值是多少？

（2）若取 $l_1=250mm$，能否以选取不同杆为机架的办法获得双曲柄和双摇杆机构？如何获得？

图 7.84 习题 13 图

14．什么叫推程、推程运动角、远停程、远休止角、回程、回程运动角、近休止角？试绘制从动件三种常用运动规律的位移曲线。

15．什么叫凸轮机构的压力角？压力角的大小对凸轮机构的受力和运动有何影响？压力角的大小与基圆半径大小有何关系？

16．棘轮机构有何特点？棘轮机构有哪些类型？各有何特点？

17．常用的螺纹牙型有哪几种？试说明各自的特点及主要用途。螺纹的主要参数有哪些？

18．何谓滚动螺旋？它有什么特点？

19．行星齿轮系与差动齿轮系有何区别？如何判别？

20．为什么要应用齿轮系？试举出几个应用齿轮系的实例。

21．何谓定轴齿轮系？何谓行星齿轮系？行星齿轮系与差动齿轮系有何区别？如何判别？

22．在如图 7.85 所示的齿轮系中，设已知各齿轮齿数 $z_1=20$，$z_2=40$，$z_3=15$，$z_4=60$，z_5

$=18$，$z_6=18$，$z_9=20$，齿轮 9 的模数 $m=3\text{mm}$，蜗杆（左旋）头数 $z_7=1$，蜗轮齿数 $z_8=40$，齿轮 1 的转向如图 7.85 箭头所示，转速 $n_1=100\text{r/min}$。试求齿条 10 的速度和移动方向。

23．在如图 7.86 所示滚齿机工作台的传动系统中，设已知各齿轮齿数 $z_1=15$，$z_2=28$，$z_3=15$，$z_4=35$，被切削的齿轮（毛坯）齿数为 64，分度蜗杆（右旋）8 的头数 $z_8=1$，分度蜗轮 9 的齿数 $z_9=40$。试求传动比 i_{75}。

24．在如图 7.87 所示行星减速器中，设已知各齿轮齿数 $z_1=105$，$z_3=130$，齿轮 1 转速 $n_1=2400\text{r/min}$，试求转臂 H 的转速 n_H。

25．在如图 7.88 所示齿轮系中，设已知各齿轮齿数 $z_1=z_3$，$z_2=z'_2$，$n_\text{H}=50\text{r/min}$（顺时针转动）。试求：

（1）$n_1=0$，n_3 为多少？

（2）$n_1=200\text{r/min}$（逆时针转动），n_3 为多少？

26．如图 7.89 所示为电动三爪卡盘传动齿轮系，设已知各齿轮齿数 $z_1=6$，$z_2=z_4=25$，$z_3=57$，$z_5=56$。试确定传动比 i_{15}。

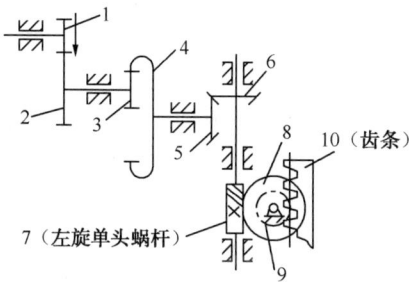

图 7.85　习题 22 图

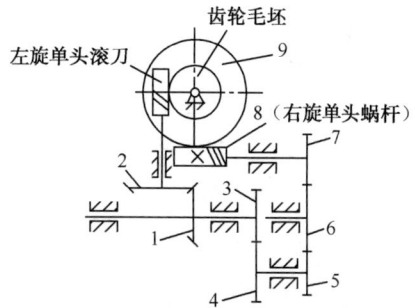

图 7.86　习题 23 图

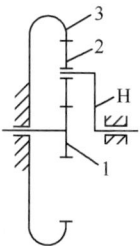

图 7.87　习题 24 图

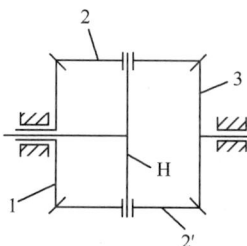

图 7.88　习题 25 图

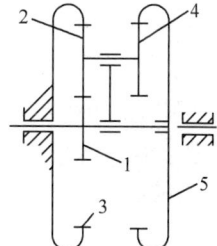

图 7.89　习题 26 图

第8章 物体的受力分析

8.1 基本概念和物体的受力分析

8.1.1 基本概念

1．力

力是物体间的相互作用，力对物体的作用效应使物体的机械运动发生了变化，同时也发生变形。

实践表明，力对物体的作用效应取决于以下三个要素：力的大小、力的方向（包括方位和指向）和力的作用点。

在国际单位制中，以牛顿（N）或千牛顿（kN）为力的单位。

力是矢量。力的图像表示是一个有向线段，线段的长度按选定的比例表示力的大小，线段的方位和箭头指向表示力的方向，线段的始端和末端表示力的作用点，如图 8.1 所示。当用符号表示力矢量时，应用黑体字母 F，一般只代表力的大小。

2．力系

力系是指作用于同一物体的一群力。各力的作用线在同一平面内的力系称为平面力系，不在同一平面内的力系称为空间力系。各力的作用线相交于同一点的力系称为汇交力系（或共点力系）；各力作用线相互平行的力系称为平行力系；各力作用线既不相交于一点又不相互平行力系称为任意力系。

如果作用于物体上的力系可以用另一力系来代替而效果相同，那么这两个力系互称为等效力系。如果物体在某一力系作用下，其运动状态不变，则称此力系为平衡力系。

3．力的性质

（1）二力平衡公理。一刚体在二力作用下处于平衡状态，其必要和充分条件是：此二力大小相等，方向相反，且作用在同一直线上，如图 8.2 所示。这两个力可能是拉力，也可能是压力。工程中常见到只受二力作用而处于平衡的构件称为二力构件，或称二力杆。显然，该二力沿作用点的连线具有等值、反向、共线的特性。

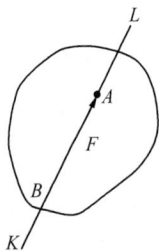

图 8.1 力的图像表示　　　　图 8.2 二力平衡条件

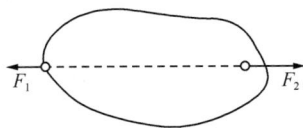

（2）力的可传性。作用于刚体上的力可以沿其作用线移动到刚体内的任意一点，而不改变该力对刚体的作用效应。

（3）力的平行四边形法则。作用在物体上同一点的两个力，可以合成为作用于该点的一个合力，合力的大小和方向由两力为邻边所构成的平行四边形的对角线确定，如图8.3（a）所示，这称为力的平行四边形法则。用矢量式表示为：

$$R = F_1 + F_2 \tag{8.1}$$

由作图求合力时，通常只需画出半个平行四边形，即三角形就足够了。从任一点a开始画矢量$ab = F_1$，再从点b画矢量$bc = F_2$，封闭边矢量ac便代表合力R的大小和方向，如图8.3（b）所示。三角形abc称为力三角形，这种求合力的方法称为力三角形法。

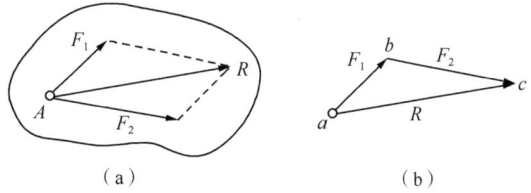

图8.3　力的合成

力的平行四边形法则是力系合成的主要依据，同时，它也是力分解的法则。在实际问题中，常将两力沿互相垂直的方向分解，所得的两个分力称为正交分力。

推论（三力汇交定理）：刚体在受同平面内的三个不平行的力作用而平衡时，此三力的作用线必相交于一点，这一性质称为三力汇交定理。

（4）作用与反作用定律。两物体间的作用力与反作用力总是大小相等，方向相反，沿同一直线，分别作用在这两个物体上。这一性质称为作用与反作用定律或牛顿第三定律。

力总是成对出现，有作用力必然有反作用力，它们同时出现，同时消失。

8.1.2　约束和约束反力

限制物体运动的其他物体称为约束，约束对该物体的作用力称为约束反力。被约束的物体除受约束反力外，同时还承受其他载荷，如重力、气体压力、切削力等，它们称为主动力。约束反力取决于约束本身的特征，同时还与主动力有关，它属于被动力。

下面介绍工程中常见的3种约束类型。

（1）柔性体约束。绳子、链条、皮带、钢丝等柔性物体，只能阻止物体沿柔性体伸长方向的运动而不能阻止其他任何方向的运动，因而这类约束的约束反力必沿柔性体的中心线且背离被约束的物体，如图8.4所示。

（2）光滑面约束。这类约束由表面为理想光滑的物体构成。它只能阻止物体沿接触面的公法线且趋向于约束内部的运动。因此，其约束反力只能是沿接触面的公法线且指向被约束的物体，如图8.5所示。

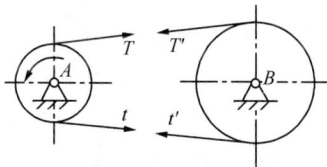

图8.4　力的可传性

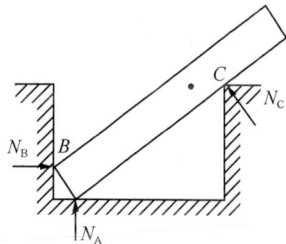

图8.5　光滑面约束

（3）光滑铰链约束。这类约束包括圆柱形铰链约束和球形铰链约束。

① 光滑圆柱形铰链约束。这类约束是由销钉连接两带孔的构件组成的。工程中常见的有中

间铰链约束、固定铰链约束和活动铰链约束三种形式。销钉把具有相同孔径的两物体连接起来，便构成了中间铰链约束，如图8.6（a）所示。当忽略摩擦时，销钉对两物体的约束相当于光滑面约束，因此其约束反力必沿接触面的公法线而指向物体。但物体与销钉的接触点的位置与其受力有关，预先不能确定，所以约束反力的方向亦不能确定，通常用两正交分量来代替。各分矢量的指向可任意假设，如图8.6（b）所示为其力学模型。如果销钉连接的两物体中有一个固定于地面，如图8.7（a）所示这类约束称为固定铰链约束，其约束反力的表示方法与中间铰链约束相同，如图8.7（b）所示为其力学模型。根据工程需要，把固定铰链约束用几个辊轴支撑在光滑面上，便构成了活动铰链约束，如图8.8（a）所示。这种约束是由光滑面和铰链两种约束组合而成的一种复合约束形式，其约束反力的作用线必垂直于支撑面且过铰链中心，如图8.8（b）所示为其力学模型。

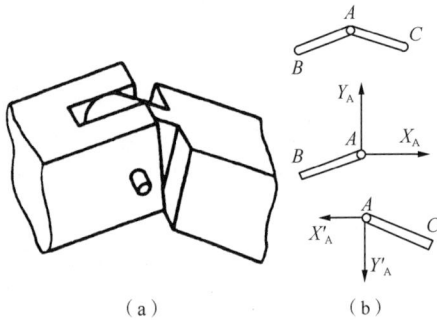

图8.6　中间铰链约束

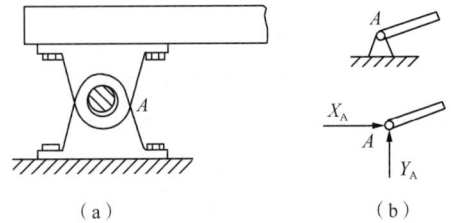

图8.7　固定铰链约束

② 球形铰链约束。这是一种空间约束形式。杆端的球体放在球窝内便构成了球形铰链约束，如图8.9（a）所示。球体可在球窝内任意转动，但不能沿径向移动，因此其约束反力作用于接触点且通过球心。但由于接触点的位置与其受力有关，不能预先确定，故约束反力亦不能预先确定，可用三个正交分量来代替，如图8.9（b）所示为其力学模型。

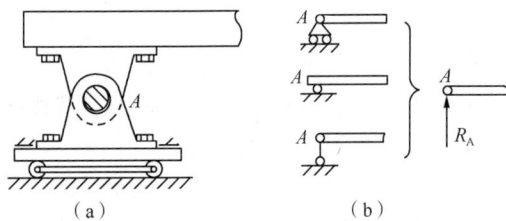

图8.8　活动铰链约束

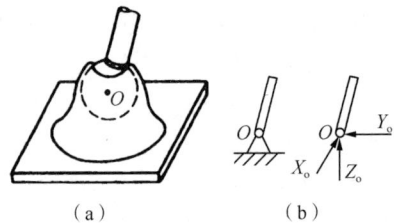

图8.9　球形铰链约束

8.1.3　受力分析——画受力图

在工程实际中，为了求出未知的约束反力，需要根据已知力，应用平衡条件求解。为此，首先要确定研究对象，并分析其受力情况，这个过程称为受力分析。为了清晰地表示物体的受力情况，需要将其从其相联系的周围物体中分离出来，被分离出来的物体称为分离体，然后在分离体上画出作用于其上的所有力（包括主动力和约束反力），这种表示物体受力情况的简明图形称为受力图。

对研究对象进行受力分析并正确地画出其受力图，是解决静力学问题的一个重要步骤。下面通过例子说明受力图的画法。

例8.1　如图8.10（a）所示的三铰拱结构，由左、右两拱铰接而成。设各拱自重不计，在拱 AC 上作用一铅垂载荷 P。试分别画出拱 AC 和 BC 的受力图。

解 （1）取拱 BC 为研究对象，画出其分离体图。由于自重不计，BC 只在 B、C 两处受到铰链约束，因此拱 BC 为二力杆。由二力平衡条件，可确定 B、C 处的约束反力 F_B、F_C，如图 8.10（b）所示。

（2）取拱 AC 为研究对象，画出其分离体图。由于自重不计，主动力只有载荷 P。在铰链 C 处拱受到 BC 给它的反作用力 F'_C。由作用和反作用定律，$F'_C = -F_C$。由于 A 处约束反力方位未定，可用两正交分量 X_A、Y_A 代替，如图 8.10（c）所示。

另外，通过进一步分析可知，拱 AC 在三个共面力作用下处于平衡状态，由三力汇交定理，可确定铰链 A 处约束反力 F_A 的方位，如图 8.10（d）所示。

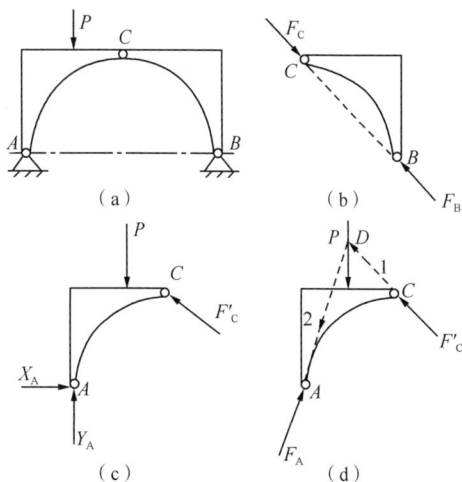

图 8.10　受力图的画法

8.2　平面汇交力系

本节将用两种方法讨论平面汇交力系的合成与平衡问题。

8.2.1　平面汇交力系的合成与平衡——几何法

1. 平面汇交力系的合成

设在刚体上作用一平面汇交力系 F_1、F_2、F_3、F_4，各力作用线汇交于点 A。根据刚体内部力的可传性，将各力沿其作用线移至汇交点 A，如图 8.11（a）所示；然后连续应用力的三角形法将各力依次合成，最后得到一个通过汇交点 A 的合力 R，如图 8.11（b）所示。多边形 $abcde$ 称为此平面汇交力系的力多边形，其封闭边 ae 即表示此平面汇交力系的合力的大小和方向，这种利用几何作图求合力的方法称为几何法。

实际作图时，中间合力矢 R_1、R_2 的虚线不必画出，只要将力系中各矢量依次首尾相接地连成折线，然后用一矢量连接折线的首末两点，即可得一封闭的力多边形，封闭边即为该力系的合力。并且，所得结果与各力矢合成的先后顺序无关。改变合成顺序所得合力矢不变，但力多边形的形状将会改变，如图 8.11（c）所示。合力 R 的矢量表示式为：

$$R = F_1 + F_2 + F_3 + F_4$$

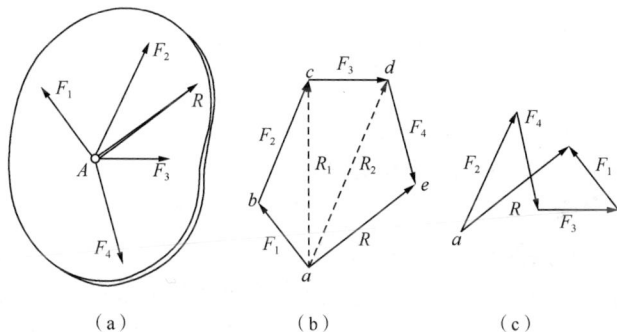

图 8.11　平面汇交力系的合成与平衡——几何法

上述方法可推广到任意个汇交力的情况。此时力系的合成可表示为：

$$R=F_1+F_2+F_3+F_4+\cdots+F_n=\Sigma F \tag{8.2}$$

即平面汇交力系的合成结果是一个合力，它等于该力系中各力的矢量和，其作用线通过原力系的汇交点。

2. 平面汇交力系平衡的几何条件

若用几何法求平面汇交力系的合力时，各力矢所构成的力多边形自行封闭（即第一个力的始端与最后一个力的终端相重合），则合力 R 等于零，该力系为平衡力系。所以平面汇交力系平衡的必要与充分的图解条件是：该力系的力多边形自行封闭。以矢量式表示，平面汇交力系的平衡条件为：

$$R=\Sigma F=0 \tag{8.3}$$

8.2.2 平面汇交力系的合成与平衡——解析法

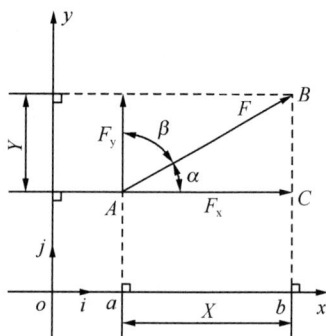

图 8.12 力的投影与力的分解

解析法是通过力在坐标轴上的投影来分析力系的合成及其平衡条件。

1. 力在坐标轴上的投影与力的解析表达式

设有一力 F，它与 x 轴正向之间的夹角为 α，与 y 轴正向之间的夹角为 β，如图 8.12 所示。从力 F 的两端 A 和 B 分别向 x 轴作垂线 Aa 及 Bb，则从垂足 a 到垂足 b 的线段 ab 的长度，冠以适当的正负号，称为力 F 在 x 轴上的投影，用 X 表示。力在轴上的投影是代数量。若投影线段 ab 与 x 轴正向一致，则 X 为正值；相反则为负值。

由直角三角形 ABC 可得

$$X=F\cos\alpha \tag{8.4a}$$

应该注意，式中的 F 代表力矢 F 的模（或大小），一定是正值。因此可以看出，当角 α 是锐角时，$X>0$；当角 α 是钝角时，$X<0$。

同样，设用 Y 代表力 F 在 y 轴上的投影，则：

$$Y=F\cos\beta \tag{8.4b}$$

若已知 α、β 与 F，可通过上式求出力在轴上的投影大小；反之，若已知 X 与 Y，则 F、α 与 β 可通过下式来求出：

$$F=\sqrt{X^2+Y^2}，\quad \cos\alpha=X/F，\quad \cos\beta=Y/F \tag{8.5}$$

由图 8.12 可知，力 F 可沿正交轴 ox、oy 分解为两个分力 F_x 和 F_y，分力与力的投影之间有下列关系：

$$F_x=Xi，\quad F_y=Yj，$$

由此可得到力的解析表达式为：

$$F=Xi+Yj \tag{8.6}$$

其中，i、j 分别为沿 x 轴、y 轴的单位矢量。

2. 平面汇交力系合成

平面汇交力系合成的解析法的理论基础是合力投影定理。

设有平面汇交力系 F_1、F_2、F_3、F_4，该力系的力多边形为 $abcde$，则封闭边 ae 表示该力系的合力 R，如图 8.13 所示。取坐标系 oxy，将所有力矢向 x 轴及 y 轴上投影。由图 8.13 可以看出

$$a_1e_1 = a_1b_1 + b_1c_1 - c_1d_1 + d_1e_1$$
$$a_2e_2 = a_2b_2 - b_2c_2 - c_2d_2 - d_2e_2$$

即
$$X = X_1 + X_2 + X_3 + X_4, \quad Y = Y_1 + Y_2 + Y_3 + Y_4$$

上面的结果可推广到任意个汇交力的情况。

设有一平面汇交力系 $\boldsymbol{F}_1$、$\boldsymbol{F}_2$、$\cdots$、$\boldsymbol{F}_n$。已知各力在 x 轴与 y 轴上的投影分别为 X_1、Y_1，X_2、Y_2，$\cdots$，X_n、Y_n。而合力 $\boldsymbol{R}$ 在 x 轴与 y 轴上的投影分别记为 R_x、R_y。则

$$R_x = X_1 + X_2 + \cdots + X_n = \Sigma X, \quad R_y = Y_1 + Y_2 + \cdots + Y_n = \Sigma Y \tag{8.7}$$

即合力在任意轴上的投影等于各分力在同一轴上投影的代数和。这一结论称为合力投影定理。知道了合力的投影 R_x、R_y，则合力的大小和方向可用下列公式求出

$$R = \sqrt{R_x^2 + R_y^2} = \sqrt{(\Sigma X)^2 + (\Sigma Y)^2}, \quad \cos\alpha = \Sigma X / R, \quad \cos\beta = \Sigma Y / R \tag{8.8}$$

3．平面汇交力系的平衡方程

平面汇交力系平衡的必要与充分条件是：该力系的合力 $\boldsymbol{R}$ 等于零。由式（8.8）

$$R = \sqrt{(\Sigma X)^2 + (\Sigma Y)^2} = 0$$

可得：

$$\Sigma X = 0, \quad \Sigma Y = 0 \tag{8.9}$$

上述方程称为平面汇交力系的平衡方程，即平面汇交力系平衡的解析条件是：各力在两坐标轴上的投影的代数和均等于零。应用这两个独立的方程，可以求解两个未知量。

例 8.2 试求如图 8.14（a）所示的支架中杆 AB 和杆 AC 的受力。各杆自重不计，$AB = 0.7\text{m}$，$AC = 1.7\text{m}$，重物重 $W = 9800\text{N}$。B、C 为固定铰支座，A 为中间铰，且 B、C 两点位于同一铅垂线上。

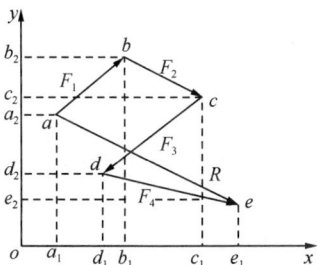

图 8.13 平面汇交力系的合成——解析法

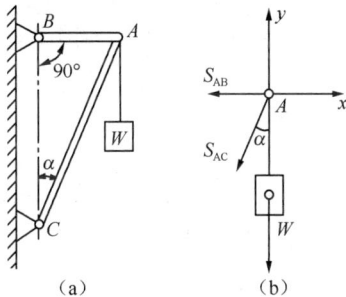

图 8.14 平面汇交力系的平衡举例

解 （1）取铰链 A 及重物为研究对象。

（2）分析受力，杆 AB、AC 均为二力杆，其约束反力 S_{AB} 和 S_{AC} 的指向不能预先确定，在此假设两杆均受拉，它们与重力 W 组成一平面汇交力系，其受力图如图 8.14（b）所示。

（3）建立坐标系 Axy，如图 8.14（b）所示。

（4）列平衡方程并求解

$$\Sigma X = 0, \quad -S_{AC}\sin\alpha - S_{AB} = 0 \tag{a}$$
$$\Sigma Y = 0, \quad -S_{AC}\cos\alpha - W = 0 \tag{b}$$

由式（b）得：

$$S_{AC} = -W/\cos\alpha = -10.75\text{kN}$$

将 S_{AC} 代入（a）得：

$$S_{AB} = -S_{AC}\sin\alpha = W\tan\alpha = 4.43\text{kN}$$

其中，S_{AC} 为负值，说明杆 AC 实际受压；S_{AB} 为正值，说明杆 AB 确实受拉。

8.3 力对点之矩、力偶

8.3.1 力对点之矩（力矩）

如图 8.15 所示，平面上作用一力 F，在同平面内任取一点 O，点 O 称为矩心，矩心 O 至力 F 作用线的垂直距离 h 称为力臂。力 F 的模与力臂 h 的乘积，冠以适当的正负号，称为力 F 对点 O 之矩，用符号 $m_0（F）$ 表示。

$$m_0（F）=\pm F h \tag{8.10}$$

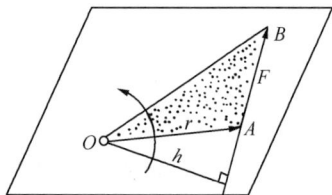

图 8.15　力对点之矩

式中的正负号规定如下：力使物体绕矩心逆时针转向转动时，取为正；反之则取为负。在国际单位制中，力矩的单位是牛顿·米（N·m）。

由图 8.15 可知，力矩的大小亦可以用以力 F 为底边，矩心 O 为顶点所构成的三角形面积的两倍来表示。因此，力矩又可表示为：

$$m_0（F）=\pm 2S_{\triangle OAB}$$

力对点之矩有下述性质：

（1）同一个力 F 的力矩，随矩心位置的改变而改变，选取不同的点为矩心，力矩 $m_0（F）$ 可正可负，可大可小。

（2）力矩 $m_0（F）$ 并不因力 F 的作用点沿作用线的移动而改变。

（3）若力 $F=0$ 或力 F 的作用线通过矩心 O，则 $m_0（F）=0$。

（4）若力 R 为共点二力 F_1 及 F_2 的合力，则合力对于同平面内任一点之矩等于各分力对同一点之矩的代数和，即：

$$m_0（R）=m_0(F_1)+m_0(F_2) \tag{8.11}$$

这一结论称为合力矩定理。这个定理也适用于有合力存在的其他各种关系，这将在后面的有关章节论证。

在计算力矩时，若力臂不易求出，常将力分解为两个易定力臂的分力（通常是正交分解），然后应用合力矩定理求解。

8.3.2 力偶及平面力偶系的合成与平衡

1. 力偶和力偶矩

力学上把大小相等，方向相反，作用线平行且不共线的两个力称为力偶，用符号（F, F'）表示。两力作用线所决定的平面称为力偶作用面，两力作用线之间的垂直距离称为力偶臂，如图 8.16 所示。

力偶是两个具有特殊关系的力的组合，它既不能合成一个力，也不能用一个力来等效替换，并且也不能由一个力来平衡，力偶只能由力偶来平衡，因而力偶是一个基本力学量，它只能使物体产生转动效应。例如，汽车司机双手转动方向盘、拧水龙头等力偶对物体的转动效应是用力偶矩来度量的。力偶中力的大小与力偶臂长度的乘积，冠以适当的正负号，称为力偶矩，如以 $M（F, F'）$ 表示力偶（F, F'）之矩，则

$$M（F, F'）=\pm Fd \tag{8.12}$$

力偶的正负号规定与力矩相同，以逆时针转向为正，反之则为负。在国际单位制中，力偶矩

的单位是 N·m。

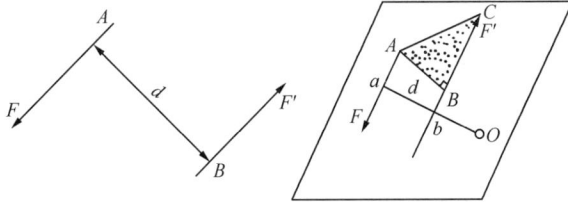

图 8.16 力偶

2.力偶的性质

作用于同一平面内的两个力偶，若其力偶矩相等，则该两力偶彼此等效，这就是力偶的等效定理。

由上述定理可以得到力偶的下面两个性质：

性质 1 力偶可以在其作用面内任意移动，而不改变它对刚体的作用效应。

性质 2 只要保持力偶矩不变，可以任意改变力偶中力的大小和相应地改变力偶臂的长短，而不影响它对刚体的作用效应。

力偶除可以用力与力偶臂表示外，还可直接用力偶矩 M 来表示。如图 8.17 所示列出了力偶的几种常见的表示方法。

3.平面力偶系的合成与平衡条件

作用于同一刚体上的一群力偶称为力偶系。若力偶系中各力偶均位于同一平面内，则称为平面力偶系。

刚体在平面力偶系作用下的作用效应与一个力偶等效。即平面力偶系可以合成为一个力偶，合力偶矩等于原力偶系中各力偶矩的代数和，即：

$$M_R = M_1 + M_2 + \cdots + M_n = \Sigma M \tag{8.13}$$

若平面力偶系的合力偶矩等于零，则物体在该力偶的作用下处于平衡状态。由此可以得出，平面力偶系平衡的必要与充分条件是：力偶系中各力偶矩的代数和等于零，即：

$$\Sigma M = 0 \tag{8.14}$$

例 8.3 横梁 AB 长 l，A 端为固定铰支座，B 端用杆 BC 支撑，如图 8.18（a）所示。梁上作用一力偶，其力偶矩为 M。梁和杆自重均不计。试求铰链 A 的约束反力和杆 BC 的受力。

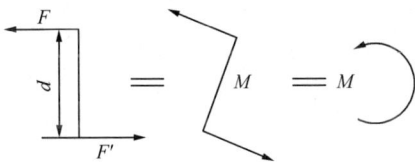

图 8.17 力偶的表示法

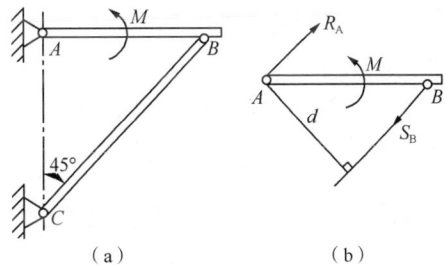

（a） （b）

图 8.18 平面力偶系的举例

解 取梁 AB 为研究对象。梁 AB 上作用有力偶矩为 M 的力偶及铰链 A 处的约束反力 R_A 与杆 BC 的约束反力 S_B 而处于平衡。由于力偶必须由力偶平衡，R_A 与 S_B 必组成一力偶，其转向与 M 相反，由此可确定 R_A、S_B 的指向，如图 8.18 所示。由力偶系平衡条件：

$$\Sigma M = 0, \quad M - S_B \cdot l \cdot \cos 45° = 0$$

得：

$$R_A = S_B = \sqrt{2} \, M/l$$

8.4 平面任意力系

各力的作用线在同一平面内任意分布的力系称为平面任意力系。如图 8.19 所示的载重汽车，它所承受的载荷、风阻力和前后轮的约束反力就可以简化为汽车对称平面中的平面任意力系。

本节将用解析法来研究平面任意力系的简化和平衡问题。在讨论这个问题之前，必须先解决力向一点平移的问题。

8.4.1 力线平移定理

设在刚体上 A 点作用一力 F，如图 8.20（a）所示。在刚体内任取一点 O，并在这一点加上一对平衡力 F'、F''，且使 $F' = -F'' = F$，如图 8.20（b），显然，力 F 与 F'' 组成一力偶，称为附加力偶，其力偶臂为 d，这样，原来作用于点 A 的力 F，可以由作用于点 O 的力 F' 与附加力偶（F，F''）代替，如图 8.20（c）所示。附加力偶矩为：

$$M_0 = \pm Fd = m_0(F) \tag{8.15}$$

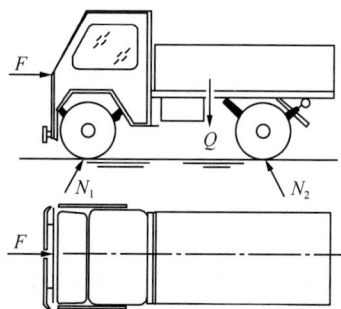

图 8.19 汽车的载荷简化

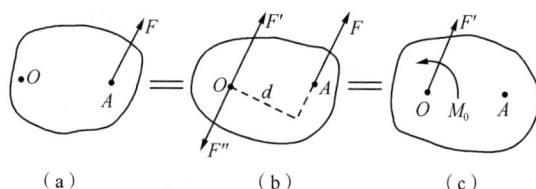

图 8.20 力线平移

由此可得出如下结论：作用于刚体上的力可以平移到刚体内的任一点，但为了保持原力对刚体的作用效应不变，必须附加一力偶，该附加力偶的力偶矩等于原力 F 对新作用点 O 之矩。这一结论称为力线平移定理。

根据力线平移定理，可将一个力化为一个力和一个力偶。反之，也可将同平面内的一个力和一个力偶合成为一个力，即由图 8.20（c）简化为图 8.20（a），这个力 F 与 F'，大小相等，方向相反，作用线平行，作用线间垂直距离 $d = |M_0|/F' = |M_0|/F$。

8.4.2 平面任意力系的平衡方程

平面任意力系平衡的必要和充分条件是力系的主矢和力系对作用面内任一点的主矩皆为零，即：

$$R' = 0, \quad m_0 = 0 \tag{8.16}$$

上述条件可用解析式表示，即：

$$\Sigma X = 0, \quad \Sigma Y = 0, \quad \Sigma m_0(F) = 0 \tag{8.17}$$

式（8.17）即为平面任意力系的平衡方程。平面任意力系共有三个独立的平衡方程，故可求解三个未知量。

式（8.17）是平面任意力系平衡方程的基本形式，平面任意力系平衡方程还有如下两种形式

$$\Sigma X=0, \ \Sigma m_A (F)=0, \ \Sigma m_B (F)=0 \tag{8.18}$$

其中，x 轴与 A、B 两点的连线不垂直。

$$\Sigma m_A(F)=0, \ \Sigma m_B (F)=0, \ \Sigma m_C (F)=0 \tag{8.19}$$

其中，A、B、C 三点不共线。

以上讨论了平面任意力系的三种不同形式的平衡方程，在解决实际问题时可以根据具体条件选取某一种形式。

对于平面平行力系，若选择直角坐标轴时，使 y 轴与各力的作用线平行，则式（8.17）的第一式为恒等式，于是，平面平行力系的独立平衡方程的数目只有两个，即：

$$\Sigma Y=0, \ \Sigma m_A (F)=0 \tag{8.20}$$

$$\Sigma m_A (F)=0, \ \Sigma m_B (F)=0 \tag{8.21}$$

其中，A、B 两点的连线不得与各力平行。

现举例说明。

例 8.4 旋转式起重机如图 8.21（a）所示，起重机自重 $W=10\text{kN}$，其重心 C 至转轴的距离为 1m，被起吊的重物 $Q=40\text{kN}$，其尺寸如图 8.21（a）所示。试求止推轴承 A 和径向轴承 B 的约束反力。

解 （1）取起重机（包括被起吊的重物）为研究对象。

（2）受力分析。起重机除受到其自重 W 与重物重量 Q 的作用外，还有止推轴承 A 的约束反力：铅垂向上的力 Y_A 和水平力 X_A；径向轴承 B 的约束反力只有水平反力 N_B。X_A、Y_A、N_B 指向可任意假设。受力分析如图 8.21（b）所示。

（3）建立坐标系 Axy，如图 8.21（b）所示。

（4）列平衡方程求解。

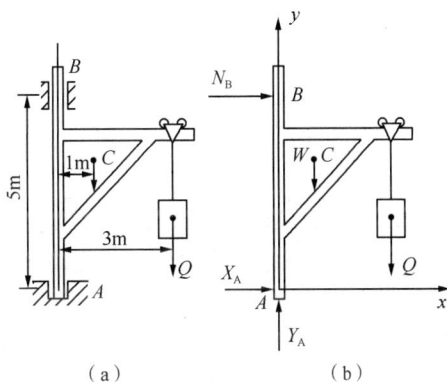

图 8.21 平面任意力系的合力矩定理

$$\Sigma m_A(F)=0, \ -W-3Q-5N_B=0$$
$$N_B=-(W+3Q)/5=-(10+3\times40)/5\text{kN}=-26\text{kN}$$
$$\Sigma X=0, \ X_A+N_B=0$$
$$X_A=-N_B=26\text{kN}$$
$$\Sigma Y=0, \ Y_A-W-Q=0$$
$$Y_A=W+Q=50\text{kN}$$

其中，力 N_B 为负值，说明它的实际指向与假设的指向相反。

8.5 摩擦

前面我们所讨论的物体之间的接触面均视为完全光滑的。但在实际中，完全光滑的接触面是不存在的。当两物体彼此接触并具有相对运动（或相对运动趋势）时，在接触处便产生了对运动的障碍，这种现象称为摩擦。根据两物体间相对运动的形式，可分为滑动摩擦和滚动摩擦。

本节主要讨论静滑动摩擦的情形，重点放在讨论摩擦时的平衡问题，对滚动摩擦仅做简单介绍。

8.5.1 滑动摩擦

当两物体接触面间具有相对滑动（或相对滑动趋势）时，在两物体接触处的切线方向便会产生相互的阻碍，这种现象称为滑动摩擦，此切向阻力称为滑动摩擦力。滑动摩擦又分为静滑动摩擦和动滑动摩擦两种。

1. 静滑动摩擦力

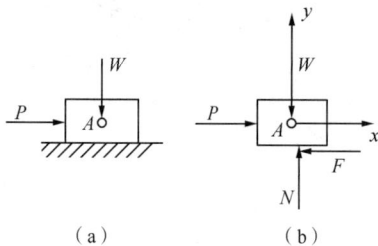

（a）　　　　（b）

图 8.22　静摩擦力

在粗糙的水平面上放置一重为 W 的物块，在该物块上施加一水平向右的力 P，如图 8.22（a）所示。当力 P 的大小由零逐渐增大而又不太大时，物块仍保持静止。

可见，支撑面对物块除作用有法向反力 N 外，在接触处还有一阻碍物体滑动的切向力 F 存在，如图 8.22（b）所示，此力即静滑动摩擦力，简称为静摩擦力。

静摩擦力由平衡条件：

$$\Sigma X = 0, \quad P - F = 0$$

得

$$P = F$$

由上式可见，在物块处于平衡状态下，摩擦力 F 的大小随主动力 P 的增大而增大。但摩擦力 F 并不能无限增大，当力 P 超过某一值时，物体将开始滑动。当 P 增大到使物体将要滑动而又未滑动（即物体处于临界平衡状态）时的静摩擦力称为最大静摩擦力，记做 F_{max}。

综上所述可得如下结论：静摩擦力是一种切向的约束反力，它的方向与物体相对运动趋势的方向相反，其大小随主动力的变化而变化，但介于零与最大值 F_{max} 之间，即：

$$0 \leqslant F \leqslant F_{max} \tag{8.22}$$

实验表明，最大静摩擦力的大小与接触面间的法向反力 N 成正比，即：

$$F_{max} = \mu N \tag{8.23}$$

这称为静滑动摩擦定律或库仑摩擦定律。式中的比例系数 μ 称为静滑动摩擦系数（简称静摩擦系数），它是一个无量纲的量，与相互接触物体的材料及其表面状况（粗糙度、温度及湿度等）有关，而一般情况下与接触面积的大小无关。静摩擦系数的数值可查有关工程手册。

2. 摩擦角和自锁现象

当考虑摩擦时，支撑面对物体的约束反力包含两个分量：法向反力 N 和切向反力 F（即静摩擦力）。这两个力的合力 R 称为全反力。全反力 R 与接触面公法线之间的夹角为 ρ，如图 8.23 所示。显然，全反力 R 及夹角 ρ 随静摩擦力 F 的增大而增大，在临界状态下，全反力达到最大值。

$$R_{max} = F_{max} + N \tag{8.24}$$

这时，最大全反力与接触面法线间的夹角亦达到最大值，以 ρ_m 表示，称为摩擦角。由图 8.26 可知：

$$\tan\rho_m = F_{max}/N = \mu N/N = \mu \tag{8.25}$$

即摩擦角的正切等于静摩擦系数。可见，摩擦角和摩擦系数一样，都是表示材料的表面性质的量。

随着水平力 P 作用方向的改变，F_{max} 与 R_{max} 的方向也将随之改变，这时的 R_{max} 作用线在空间形成一个以接触点为顶点的圆锥，称为摩擦锥。如接触面是各向同性的，则摩擦锥是一个顶角为 $2\rho_m$ 的正圆锥，如图 8.24 所示。

全反力与法向线间的夹角 ρ 具有如下范围

$$0 \leqslant \rho \leqslant \rho_m \tag{8.26}$$

全反力的作用线不可能超出摩擦角。因此，如果作用于物体上的全部主动力的合力的作用线在摩擦锥之内，则不论这个力如何大，必有一全反力与其平衡，使物体保持静止。这种现象在机械理论中称为自锁。

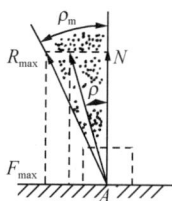

图 8.23　摩擦角的概念

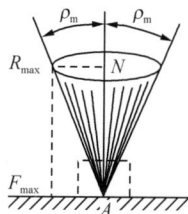

图 8.24　摩擦锥

3. 动滑动摩擦力

当两物体接触面间具有相对滑动时，沿接触面相互产生的切向阻力称为动滑动摩擦力（简称动摩擦力）。

实验证明，动摩擦力 F' 的大小与接触面间的法向约束反力 N 成正比，即：

$$F' = \mu' N \tag{8.27}$$

式中，μ' 称为动摩擦系数，它是一个无量纲的量，其值除与接触物体的材料及其表面状况有关外，通常还随着物体相对滑动速度的增大而略有减小。在一般情况下，动摩擦系数略小于静摩擦系数，即 $\mu' < \mu$。

8.5.2　滚动摩擦的概念

当两物体间具有相对滚动（或相对滚动趋势）时，彼此将相互阻碍其滚动，这种现象称为滚动摩擦。

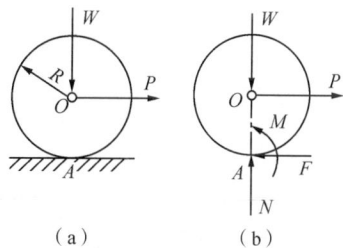

图 8.25　滚动摩擦

设重为 W，半径为 R 的轮子放在水平面上，在其轮心上作用一水平向右的力 P，如图 8.25（a）所示。当 P 较小时，轮子能保持静止。分析轮子的受力，轮子受主动力 P、重力 W、法向约束反力 N 及静摩擦力 F 作用。W 与 N 组成一对平衡力，而 P 与静摩擦力 F 组成一力偶。可见支撑面的反作用，除作用于点 A 的力 N 与 F 之外，还有某一力偶，称为滚阻力偶，它与力偶（P，F）相平衡，其矩用 M 表示，如图 8.25（b）所示。

滚阻力偶与静摩擦力一样，有一定范围，它在零与最大值 M_{max} 之间变化，即：

$$0 \leqslant M \leqslant M_{max} \tag{8.28}$$

由实验可知：滚阻力偶矩的最大值与法向反力 N 的大小成正比，即：

$$M_{max} = \delta N \tag{8.29}$$

式中的比例系数 δ 称为滚动摩擦系数，由量纲齐次性条件可知，它是具有长度单位的系数。其值与接触物体的材料及表面状况（温度、湿度、硬度等）有关，应由实验测定。其参考值可在一般工程手册中查到。

思考与练习

1. 画出下列指定物体的受力图，如图 8.26 所示。未画重力的物体重量均不计，所有接触处均为光滑接触。

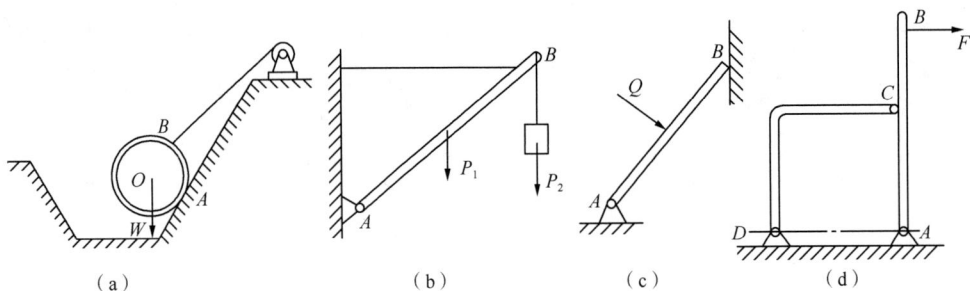

图 8.26 习题 1 图

2. 作用于点 O、位于同一平面内的三个力 F_1、F_2、F_3，其方向如图 8.27 所示。各力的大小分别为 $F_1=150N$、$F_2=200N$、$F_3=300N$，试求这三个力的合力。

3. 刚架的尺寸和受力如图 8.28 所示，试求 A、B 两处的约束反力，刚架自重不计。

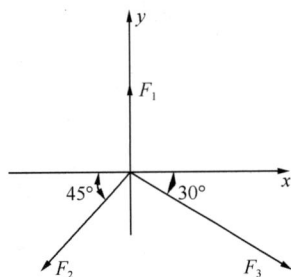

图 8.27 习题 2 图

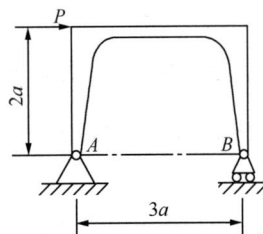

图 8.28 习题 3 图

4. 试计算图 8.29 中力 P 对点 O 之矩。

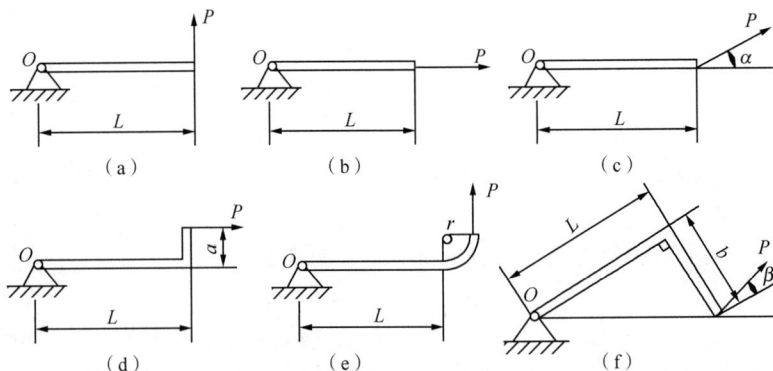

图 8.29 习题 4 图

5. 在如图 8.30 所示结构中，各构件自重均不计。在构件 AB 上作用一力偶矩为 M 的力偶，求铰链 A 和 C 的约束反力。

6. 高炉送料小车如图 8.31 所示，车和料共重 $F=240kN$，重心在点 C，已知：$a=1m$，$b=1.4m$，$e=1m$，$d=1.4m$，$\alpha=55°$，料车处于匀速运动状态。求钢索的拉力 F 和轨道的支撑反力。

7. 如图 8.32 所示，行动式起重机不计平衡锤的重量为 $F=500kN$，其重心在离右轨 1.5m 处。起重机的起重量为 $P_1=250kN$，突臂伸出离右轨 10m。跑车本身重量略去不计，欲使跑车满载和空载时起重机均不致翻倒，求平衡锤的最小重量 P_2 以及平衡锤到左轨的最大距离 x。

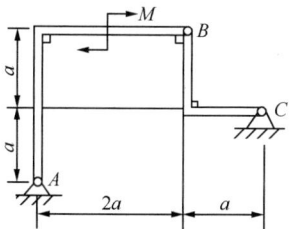

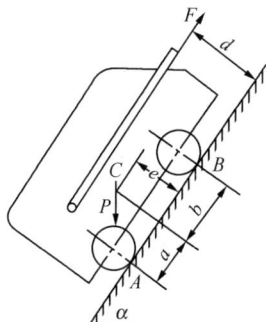

图 8.30　习题 5 图　　　图 8.31　习题 6 图　　　图 8.32　习题 7 图

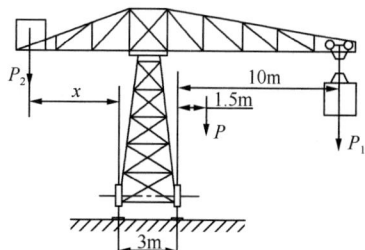

8. 重为 P 的物体放在倾角为 α 的斜面上，物体与斜面间的摩擦角为 ρ，如图 8.33 所示。在物体上作用一力 F，此力与斜面的夹角为 θ，求拉动物体时的 F 值，并问当角 θ 为何值时，此力为最小？

9. 重为 $G=50N$、高为 $h=100mm$ 的物块 M 放于粗糙水平面上，如图 8.34 所示。设摩擦系数 $\mu=0.6$，试求在水平力 P 的作用下，使物体同时开始滑动和倾倒的宽度 b，及此时力 P 的大小。

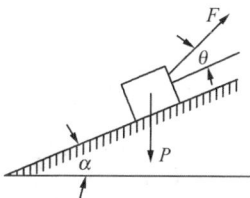

图 8.33　习题 8 图　　　图 8.34　习题 9 图

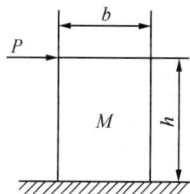

＊ 第 9 章　平面机构运动分析与回转零件平衡

9.1　平面机构运动分析

平面机构中的构件的运动一般都为平面运动，平面运动是工程上常见的一种运动。本节将以刚体的平动和定轴转动概念为基础，通过运动合成的方法将平面运动分解为上述两种基本运动，然后应用合成运动的概念，阐明平面运动刚体上各点的速度分析方法。

9.1.1　平面运动的概念

在不少机构中，有些构件的运动比较复杂，例如，图 9.1 曲柄滑块机构中连杆 *AB* 的运动；图 9.2 行星齿轮机构中行星轮 *B* 的运动，及沿固定齿条滚动的齿轮和沿直线轨道滚动的车轮的运动等。这些刚体的运动既不是平动，也不是定轴转动，它们的运动具有一个共同的特点，即在运动过程中，刚体内所有的点至某一固定平面的距离始终保持不变，也就是说刚体内的各个点都在平行于这固定平面的某一平面内运动。我们把具有这种特征的运动称为刚体的平面运动。

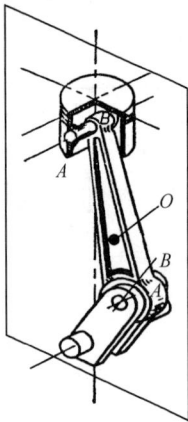

图 9.1　曲柄连杆机构

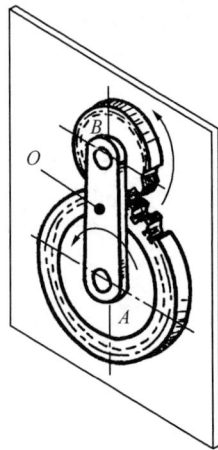

图 9.2　行星齿轮机构

现在进一步分析如图 9.3（a）所示连杆的运动。过其上任意点 *O* 作垂直于固定平面 $O_1x_1y_1$ 的直线 CC_1，由于在连杆运动过程中它始终垂直于固定平面（即做平动），因此该直线上各点的运动都是相同的，*O* 点的运动代表了该直线上所有点的运动，而 *O* 点必在平行于固定平面的 *Oxy* 平面中运动。由此可以推论，连杆在此平面内的截面上各点的运动相应地代表了刚体内所有点的运动。因此，对于连杆所做的平面运动的研究，就可以不必考虑它的厚度，而简化为以一个截面代表的平面图形在其本身平面内的运动，如图 9.3（b）所示。这种抽象简化的方法适用于做平面运动的任何形状的刚体。研究刚体的平面运动，就是要确定代表刚体的平面图形的运动，确定图形上各点的速度和加速度。

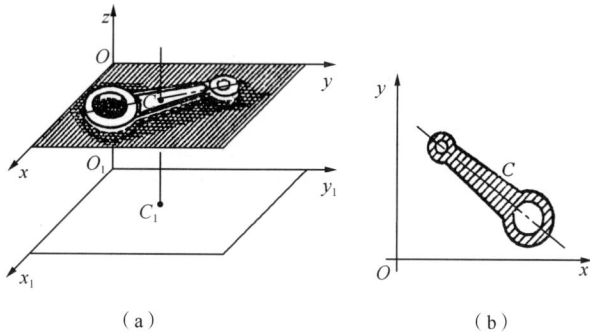

（a）   （b）

图 9.3　刚体的平面图形

9.1.2　平面运动的分解

为了确定代表刚体的平面图形的位置，我们只需确定平面图形内任意线段的位置。如图 9.4 所示为一平面图形 S，其上任意线段 $O'M$ 的位置可用点 O' 的坐标 $x_{O'}$、$y_{O'}$ 和 $O'M$ 与 x 轴的夹角 φ 来表示。也就是说，图形 S 的位置取决于三个独立参变量 $x_{O'}$、$y_{O'}$ 及 φ。当图形运动时，$x_{O'}$、$y_{O'}$ 和 φ 角都随时间而变化，且都是时间 t 的单值连续函数，可表示为：

$$x_{O'}=f_1(t),\ y_{O'}=f_2(t),\ \varphi=f_3(t) \tag{9.1}$$

如函数 $f_1(t)$、$f_2(t)$、$f_3(t)$ 都已知，则对于每个瞬时 t，都可以求出 $x_{O'}$、$y_{O'}$ 及角 φ，图形 S 在该瞬时的位置也就确定了。这一组方程称为刚体平面运动方程。

可以看出：如果平面图形上点 O 固定不动，则刚体做定轴转动；如果平面图形上 φ 角保持不变，则刚体做平动。故刚体平面运动可以看成是平动和转动的合成运动。

为了说明平面运动可以分解为平动和转动，下面以沿直线轨道滚动的车轮为例来分析。车轮沿直线轨道滚动是平面运动，如图 9.5 所示。如果在车厢观察，则车轮相对于车厢做定轴转动，而车厢相对于地面做平动。这样，车轮的平面运动可以看成是车轮随同车厢的平动和相对于车厢的转动的合成；反过来说，车轮的平面运动可以分解为随同车厢的平动和相对于车厢的转动。

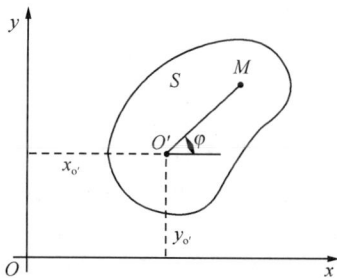

图 9.4　平面图形运动分析

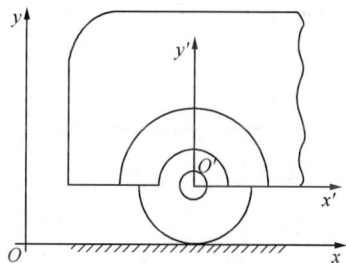

图 9.5　平面运动的分解

为了将上述分解的方法推广至所有平面运动问题，我们从这里抽象出平动坐标系的重要概念。显然，我们若做一动坐标系 $O'x'y'$，想象地使它与车厢一起做平动，其原点取在车厢与轮轴的连接点 O' 上，则在任意瞬时，车轮对于静系的平面运动（绝对运动）就可以被分解为随此动系的平动（牵连运动）和相对于此动系的转动（相对运动）。即使这里没有车厢，只要有这一平动坐标系，上述结论仍然成立。故这一方法适用于所有平面运动问题。我们通常称这一平动坐标系的原点 O' 为基点。于是平面运动的分解可以这样来描述，即刚体的平面运动可以分解为随同基点的平动和相对于基点的转动。

现在我们再进一步来说明上述分解的具体过程。再来分析曲柄滑块机构中连杆的运动。设在时间间隔Δt内，连杆由AB位置运动到A_1B_1位置，如图9.6（a）所示。若取A点为基点，则连杆的运动可视为随同基点A平动到A_1B_2位置，如图9.6（b）所示，加上绕A_1点转过$\Delta\varphi$角到A_1B_1位置，如图9.6（c）所示。若取B点为基点，则连杆由AB位置运动到A_1B_1位置可视为它随同B点平动A_2B_1到位置，加上绕B_1点转动$\Delta\varphi_1$角到A_1B_1位置，如图9.7所示。两种分解方法都不改变连杆原来的运动情况。可见，平面运动分解为平动和转动，基点的选取可以是任意的。但是，由于平面运动刚体上各点的运动情况是不同的，例如图9.6和图9.7中连杆上A点做圆周运动，B点做直线运动。因此，选取不同的基点，其平动部分的运动规律也就不同，所以平动部分与基点的选取有关。至于相对转动部分则与基点的选取无关（$A_1B_2 \parallel AB \parallel A_2B_1$，所以$\Delta\varphi = \Delta\varphi_1$）。

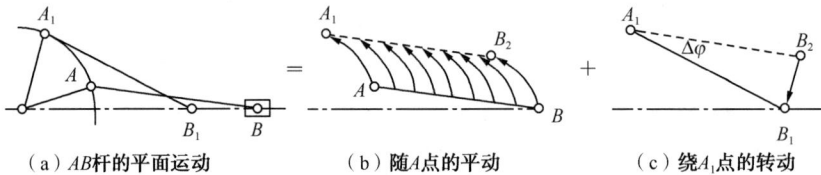

| （a）AB杆的平面运动 | （b）随A点的平动 | （c）绕A_1点的转动 |

图9.6 AB杆随基点A平动

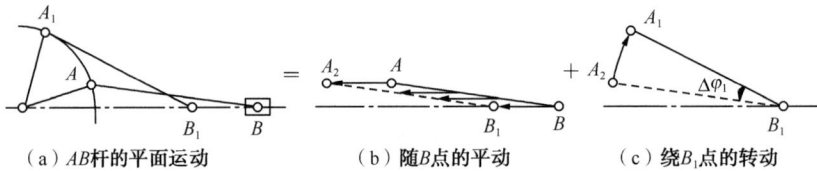

| （a）AB杆的平面运动 | （b）随B点的平动 | （c）绕B_1点的转动 |

图9.7 AB杆随基点B平动

综上分析可得出结论：刚体平面运动分解为平动与转动时，其平动部分与基点的选取有关，而转动部分与基点选取无关。

9.2 回转零件的平衡

由于回转零件结构不对称、材质不均匀、制造和安装误差等原因，均会引起偏心（质心偏离形心）。由于偏心将导致回转零件运转时产生离心惯性力，从而使回转零件处于不平衡状态。

在回转零件上加、减配重，以改善回转零件的质量分布，从而保证回转零件在运转时由不平衡而引起的振动或振动力减小到允许范围内的措施称为回转零件平衡。

根据回转零件不平衡质量的分布情况，回转零件的平衡可分为静平衡和动平衡。

（1）静平衡。在一般机械中，当回转零件的直径与宽度之比 $D/L \geqslant 5$，且转速较低时，可近似认为其质量分布在同一回转面内，如图9.8（a）所示。对于这类宽度不大的回转零件（如齿轮、盘形凸轮、飞轮、带轮等），因其离心惯性力矩近似为零，故仅只消除离心惯性力即可达到平衡。为此可采取改善回转零件的质量分布，使其质心位于旋转轴线上的措施来达到平衡。这称为回转零件的静平衡（亦称为单面平衡）。

（2）动平衡。对于宽度较大的一类回转零件 $D/L < 5$，如多缸发动机曲轴、机床主轴、电机的回转零件等，或回转零件的转速很高时，其质量分布不能认为在同一回转面内，而可看做分布在沿轴向互相平行的若干回转面内，如图9.8（b）所示。在此情况下，即使回转零件质心S在其轴线上，也会形成惯性力矩，如图9.8（b）中F_1与F_2形成的力矩，使回转零件处于不平衡状态。

此种不平衡状态，可通过在垂直于回转零件轴线的两个平面（校正平面）内，加（减）平衡配重，而达到平衡。这种改善回转零件质量分布，使其惯性力和惯性力矩均被平衡的措施，称为回转零件的动平衡（也称为双面平衡）。

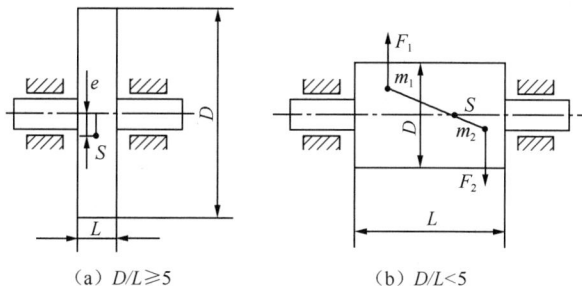

（a）D/L≥5　　　　　　（b）D/L<5

图 9.8　静、动平衡构件

由于动平衡同时满足了静平衡的条件，故经动平衡的回转零件一定能保证静平衡，但经静平衡的回转零件却不一定能保证动平衡。

1. 回转零件的平衡试验

对于以回转轴为对称轴的回转零件，或已经过平衡计算并加装了平衡配重的回转零件，从理论上讲，它们应该是完全平衡的。但实际上，由于计算与制造和装配上的误差，以及材料的不均匀性等因素，还会存在不平衡现象。这种不平衡现象的随机性很大，只能通过试验的方法才能加以解决。平衡试验法也相应有静平衡试验法和动平衡试验法之分。

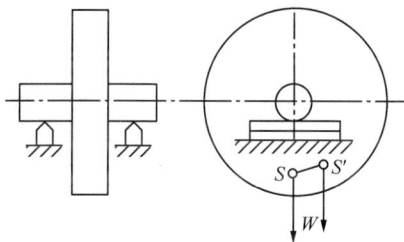

图 9.9　静平衡试验

（1）回转零件的静平衡试验法。由前述静平衡可知，对于 D/L≥5 的回转零件，通常只需进行静平衡试验。如图 9.9 所示为刀口式静平衡试验装置。试验时将欲平衡的回转零件的轴放在两条相互平行的刀口形的导轨上。由于其重心 S' 有位于最低位置的趋势，所以如轻轻转动此回转零件，使其在刀口上滚动，则当滚动停止时，重心 S' 必位于轴心的正下方。此时可在轴心的正上方加平衡配重，然后再重复试验，加、减配重，直至回转零件在任何位置都能保持静止为止。

至此，即表明重心已移至轴心线上，回转零件达到静平衡。

这种刀口式静平衡设备简单、可靠，平衡精度也较高，但安装调整要求较高。除刀口式外还有圆盘式等。

（2）回转零件的动平衡试验法。由前述动平衡可知，对于 D/L<5 的回转零件或有特殊要求的重要转子，一般都要进行动平衡试验。动平衡试验必须在动平衡试验机上进行。

动平衡试验机的种类较多，除机械式外，由于电子技术和激光技术的发展和应用，近代动平衡机已采用电测技术测量校正面内的不平衡量和用激光技术自动去掉不平衡质量。这些都大大提高了平衡精度和平衡试验的自动化程度。有关各种形式的动平衡试验机的结构、工作原理、操作过程等详细内容，可参阅相应产品样本或实验指导书等有关资料。

2. 平衡精度简介

对任一转子而言，即使经过高精度的平衡机平衡后，也总剩有不平衡量。因而不平衡是绝对的，平衡是相对的。在实际生产中也没有必要把转子的不平衡量完全消除，只要使被平衡转子达到一定的平衡精度即可。

平衡精度是衡量转子平衡的优良程度。平衡精度常以两种方法表示：一种是以残存的不平衡量的绝对值（质径积）表示；另一种则是以残存的不平衡量的相对值（质心偏移量）表示。一般采用后者，转子的平衡精度 A 是用校正平面的许用质心偏移量 e（μm）与回转角速 ω 的乘积（$e\omega$）来表示的，即：

$$A = e\omega/1\ 000 \tag{9.2}$$

式中，A 的单位为 mm/s。

国际标准化协会规定了各种典型转子的平衡精度和许用不平衡量（ISO 1940），可参照 ISO 标准及有关推荐值选定其平衡精度。

思考与练习

1．简述刚体的平面运动和刚体平面运动的分解。

2．何谓静平衡？何谓动平衡？两者有何关系？

3．为什么设计时进行了平衡计算，在构件制成后还要进行平衡试验？什么叫机构的静平衡？

第四篇　汽车常用传动机构及零件的强度计算

第 10 章　构件受力变形及其应力分析

机械零件受力后，都会发生一定程度的变形。零件变形过大时，会丧失工作精度，产生噪声，降低使用寿命，甚至发生破坏。为了保证机器安全可靠地工作，要求每一个零件在外力作用下，应具有足够抵抗变形的能力（刚度）、抵抗破坏的能力（强度）和维持原有形态平衡的能力（稳定性）。强度、刚度和稳定性决定了零件的承载能力，它们是材料力学研究的主要内容。本章主要讨论零件的变形及强度计算问题。

10.1　基本概念

10.1.1　强度、刚度与稳定性的概念

工程结构或机械的每一构件均承受一定的外力。在外力的作用下，其尺寸及形状总会有不同程度的改变，这种改变一般称为变形。

变形可分为弹性变形和塑性变形。随外力去除而消失的变形称为弹性变形。实验证明，当外力不超过某一限度时出现弹性变形。若外力超过此限度，即使外力去除后构件的形状和尺寸也不能完全恢复原状。外力去除后无法恢复的变形称为塑性变形。

构件在外力的作用下，不仅使构件产生变形，而且随着外力的增大，超过某一限度时，构件将被破坏。为保证机械或工程构件的正常工作，构件应满足强度、刚度和稳定性的要求。强度是指构件抵抗破坏的能力；刚度是指构件抵抗变形的能力；而稳定性则是构件保持原有平衡状态的能力。

10.1.2　构件受力和变形的种类

1. 构件受力的种类

工程结构或机械工作时，其各部分均受到力的作用，并将其互相传递。这些作用在构件上的力称为载荷。

按照载荷作用的特征，可分为集中载荷和分布载荷两类。经由极小的面积（与构件本身相比）传递给构件的力，称为集中载荷。在计算时，一般认为集中载荷作用于一点。连续作用于构件某段长度或面积上的外力称为分布载荷。若分布在整个面积上的力处处相等，称为均匀分布载荷。反之，则称为不均匀分布载荷。

按照载荷作用的性质可分为静载荷和动载荷两类。静载荷的大小不随时间变化或很少变化。动载荷的大小随时间迅速改变。

2. 变形的形式

在机械构件中，要求和允许的变形一般属于弹性变形。按照变形的特征，可分为拉伸及压缩，

如图 10.1（a）所示；剪切，如图 10.1（b）所示；扭转，如图 10.1（c）所示；弯曲，如图 10.1（d）所示，四种基本形式。实际构件的变形经常是由两种或两种以上基本变形组合的情况，称为组合变形。

在这里我们仅讨论机械结构中各横截面相同，而且各横截面形心的连线为直线的构件（即等直杆）在静载荷作用下的强度和刚度问题。

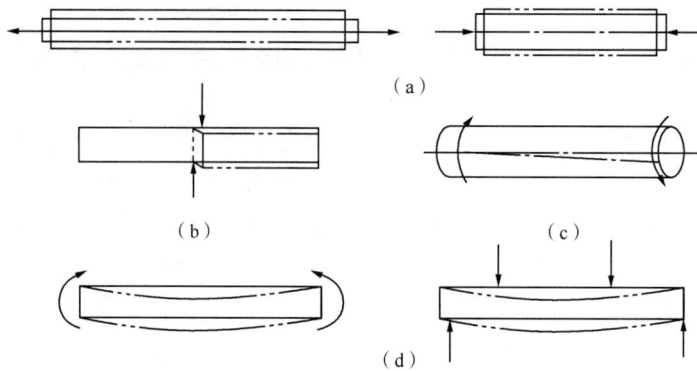

图 10.1　基本变形形式

10.2　轴向拉伸和压缩

工程实际中，经常遇到受拉伸或压缩的构件，如起重机钢索受拉，千斤顶的螺杆受压。这些构件大多数都是等直杆，杆件在大小相等、方向相反、作用线与轴线重合的一对力作用下，变形表现为沿轴线方向的伸长或缩短，如图 10.1（a）所示。

10.2.1　轴向拉伸和压缩时的内力与应力

构件受外力作用发生变形时，构件内部分子间因相对位置的改变而引起的相互作用力称为内力。如图 10.2（a）所示的受拉杆件，为了显示和求得其内力，假想以横截面 *m-m* 把杆件分为两部分，任取一部分为研究对象，根据平衡方程 $\Sigma x=0$，容易求得 $N=F$。由于内力 N 的作用线与杆件轴线重合，故称为轴力，用 N 表示。一般把拉伸的轴力规定为正，压缩的轴力规定为负。这种假想用一平面把杆件截开，任取一部分为分离体，根据平衡方程，找出内力与外力的关系，从而确定截面内力的方法称为截面法。

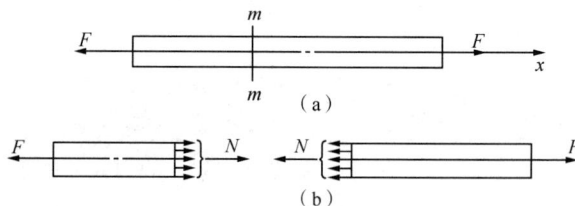

图 10.2　杆件受拉时的计算简图

求得拉（压）杆横截面上的轴力后，并不能判断它是否有足够的强度，应进一步讨论横截面上的应力。单位面积上的内力称为应力，其国际单位通常采用 MPa，$1MPa=10^6Pa$。

根据实验，若外力与杆件轴线相重合，则受拉、压杆件横截面上的应力均匀分布，其作用线垂直于横截面，如图 10.2（b）所示。这种垂直于横截面的应力称为正应力，用 σ 表示，于是：

$$\sigma = N/S \tag{10.1}$$

式中，N 为横截面上的内力；S 为横截面面积。当杆件受拉伸时，σ 称为拉应力，规定取"＋"号。当杆件受压缩时，σ 称为压应力，规定取"－"号。

直杆在轴向拉伸（压缩）时，将引起轴向尺寸的伸长（缩短）和横向尺寸的缩小（增大）。等直杆各处的伸缩是均匀的。单位长度上的轴向尺寸的变化称为纵向线应变，用 ε 表示；单位长度上的横向尺寸的变化称为横向线应变，用 ε' 表示。

根据实验，材料在弹性限度内则应力 σ 与应变 ε 成正比，即胡克定律：

$$\sigma = E\varepsilon \tag{10.2}$$

式中，E 为比例常数，称为材料的弹性模量，单位为 GPa，1 GPa＝10^9Pa。由于 $\sigma = E\varepsilon$，$\varepsilon = \Delta l / l$，于是

$$\Delta l = \frac{Nl}{ES} \tag{10.3}$$

上式说明，材料在弹性限度内，杆件的绝对伸长（或缩短）与内力 N 及杆长 l 成正比，与杆件横截面面积 S 及材料的弹性模量成反比，这是胡克定律的另一种表达形式。

实验结果表明，在弹性限度内，横向应变与轴向应变之比的绝对值为一个常数。即

$$-\varepsilon'/\varepsilon = \mu$$

μ 称为泊松比，它是一个无量纲的量。

E 和 μ 反映了材料的弹性性能，几种材料的 E、μ 值已列入表 10.1 中。

表 10.1　几种材料的 E、μ

材料名称	E/GPa	μ	材料名称	E/GPa	μ
碳钢	196～216	0.24～0.28	钢及其合金	72.6～128	0.31～0.42
合金钢	186～206	0.25～0.30	铝合金	70	0.33
灰铸铁	78.5～157	0.23～0.27			

10.2.2　材料在拉伸和压缩时的力学性能

构件的强度和变形不仅与构件的尺寸和所承受的载荷有关，而且还与构件所用材料的力学性能（又称材料的力学性能）有关。材料的力学性能是指在外力的作用下，材料在变形和破坏方面表现出的特性，它由实验来确定。本节讨论材料在常温静载下的力学性能。

1. 材料拉伸时的力学性能

常用工程材料品种很多，现以低碳钢代表塑性材料和铸铁代表脆性材料，介绍材料拉伸时的力学性能。低碳钢拉伸实验见 4.1 节，其拉伸时的力学性能变化如图 4.3 所示.

2. 压缩时材料的力学性能

金属的压缩试样一般制成很短的圆柱，以免被压弯，圆柱高度约为直径的 1.5～3 倍。如图 10.3 所示为低碳钢压缩时的 σ-ε 曲线。实验表明，压缩时低碳钢的弹性模量 E 和屈服极限 σ_s 都与拉伸时大致相同。屈服阶段以后，试样越压越扁，横截面不断增大，试样抗压能力也继续提高，所以得不到压缩时的强度极限。

铸铁压缩时的 σ-ε 曲线如图 10.4 所示，试样在较小的变形下突然破坏，破坏断面的法线与轴线大致成 45°～55° 的倾角。铸铁的抗压强度比抗拉强度高 4～5 倍。

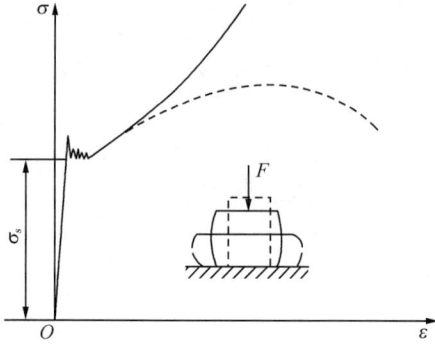

图 10.3　低碳钢压缩时的应力应变曲线

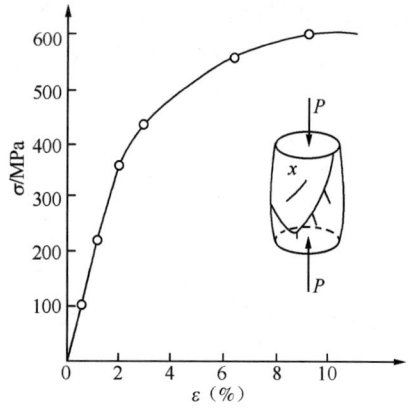

图 10.4　铸铁压缩时的应力应变曲线

10.2.3　拉伸与压缩时的强度条件

要保证构件工作时不被破坏，必须使工作应力小于材料的极限应力。为了给构件一定的安全储备，以保证构件在载荷作用下能安全可靠地工作，一般把极限应力除以一个大于 1 的系数，所得的结果称为许用应力，用 $[\sigma]$ 表示。

对于塑性材料，其许用应力为：

$$[\sigma] = \frac{\sigma_s}{n_s} \tag{10.4}$$

对于脆性材料，其许用应力为：

$$[\sigma] = \frac{\sigma_b}{n_b} \tag{10.5}$$

式中，n_s 或 n_b 称为安全系数。于是，构件受轴向拉伸或压缩时的强度条件为：

$$\sigma = \frac{N}{S} \leqslant [\sigma] \tag{10.6}$$

10.3　剪切和挤压

10.3.1　剪切的实用计算

剪切的特点是：杆件受到大小相等、方向相反且作用线靠近的一对力的作用，如图 10.5（a）所示，变形表现为杆件两部分沿力的作用线方向的相对错动，如图 10.5（b）所示。使杆件两部分产生相对错动的内力称为剪切力。产生相对错动的平面称为剪切面。剪切面上内力的集度称为切应力。

切应力可由截面法求得，如图 10.6（a）所示的铆钉连接。由截面法，容易求得：

$$Q = F$$

剪切面上的切应力分布较复杂，实用计算通常假定切

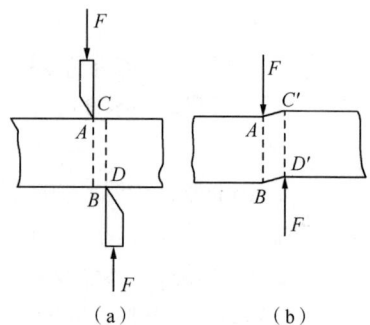

图 10.5　剪切作用的特点

应力均匀地分布在剪切面上，于是：

$$\tau = \frac{Q}{S}$$

式中，S 为剪切面的面积，τ 为切应力。

剪切强度条件为：

$$\tau = \frac{Q}{A} \leqslant [\tau] \tag{10.7}$$

式中，$[\tau]$ 为材料的许用切应力。

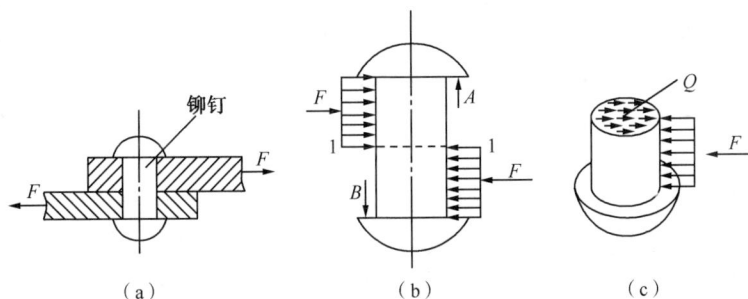

图 10.6 铆钉受剪时的计算简图

10.3.2 挤压的实用计算

在外力作用下，连接件与被连接件在其接触面上发生的相互压紧现象称为挤压。挤压面上应力的分布一般也较复杂，实用计算中通常也是假定挤压应力均匀地分布在挤压面上。于是：

$$\sigma_{bc} = \frac{F}{S_{bc}}$$

式中，σ_{bs} 为挤压应力，F 为挤压面上传递的总压力，S_{bs} 为挤压面的面积。在实用计算中，当连接件与被连接件的接触面为平面时，S_{bs} 为接触面的面积；当连接件与被连接件的接触面为圆柱面时，S_{bs} 为直径平面的面积。

相应的挤压强度条件为：

$$\sigma_{bc} = \frac{F}{S_{bc}} \leqslant [\sigma_{bs}] \tag{10.8}$$

式中，$[\sigma_{bs}]$ 为材料的许用挤压应力。

10.4 扭转

10.4.1 扭转的概念、外力偶矩和扭矩的计算

扭转是杆件变形的另一种基本形式，其受力表现为在垂直于杆件轴线的两个平面内，分别作用有大小相等、方向相反的两个力偶矩，变形表现为任意两个横截面发生绕轴线的相对转动，如图 10.7 所示。工程中通常把以扭转为主要变形形式的杆件称为轴。本节仅讨论圆截面轴扭转时的强度、刚度计算问题。

使杆件产生扭转变形的外力偶矩用 M 表示。它一般可通过力的平移并利用平衡条件确定，也可由轴所传递的功率 P（单位：kW）和轴的转速 n（单位：r/min）计算，其计算公式为：

$$M=9549\frac{P}{n}\ (\text{N}\cdot\text{m}) \tag{10.9}$$

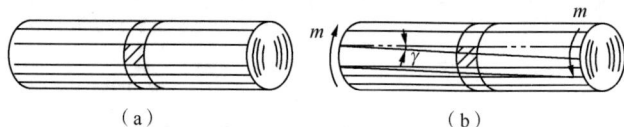

（a）　　　　　　　（b）

图 10.7　圆柱扭转变形特点

现以受两外力偶矩 M 作用下的圆轴为例，如图 10.8（a）所示，分析扭转时的内力。由截面法，在 $n\text{-}n$ 处假想地将轴分为两部分，取左段 I 为研究对象，如图 10.8（b）所示。根据平衡条件，可知截面上存在一个与外力偶矩 M 大小相等、方向相反的力偶矩，这个力偶矩就是杆件受扭转时横截面的内力，称为扭矩，用 T 表示。即

$$T=M$$

如考察右段 II 的平衡，如图 10.8（c）所示，仍可得到 $T=M$ 的结果，但 T 的方向与由左段 I 求出的相反。为使取轴段 I 或 II 为研究对象所得的同一截面上的扭矩不仅数值相等而且符号相同，将扭矩 T 的符号规定为：若按右手螺旋法则把 T 表示为矢量，当矢量方向与截面的外法线方向一致时，T 为正；反之为负。按照这一规定，在图 10.8 中，无论对轴段 I 或 II，截面 $n\text{-}n$ 上的扭矩都是正的。

当作用于轴上的外力偶多于两个时，可用图线表示沿轴线各截面上扭矩的变化情况，这种图线称为扭矩图。下面举例说明扭矩图的画法。

例 10.1　传动轴如图 10.9（a）所示。主动轮 A 输入功率 $P_A=36\text{kW}$，从动轮 B、C、D 输出功率分别为 $P_B=P_C=11\text{kW}$、$P_D=14\text{kW}$，轴的转速为 $n=300\text{r/min}$，试作轴的扭矩图。

解　由式（10.9）算出作用于各轮上的外力偶矩分别为：

$$M_A=9549\frac{P_A}{n}=9549\times\frac{36}{300}=1146\text{N}\cdot\text{m}$$

$$M_B=M_C=9549\frac{P_B}{n}=9549\times\frac{11}{300}=350\text{N}\cdot\text{m}$$

$$M_D=9549\frac{P_D}{n}=9549\times\frac{14}{300}=446\text{N}\cdot\text{m}$$

由截面法，在图 10.9（b）中，由 $\sum m=0$ 知：

$$T_1+M_B=0,\ \ 即\ \ T_1=-M_B=-350\text{N}\cdot\text{m}$$

在图 10.9（c）中，由 $\sum M=0$ 知：

$$T_2+M_B+M_C=0,\ \ 即\ \ T_2=-M_C-M_B=-700\text{N}\cdot\text{m}$$

在图 10.9（d）中，由 $\sum M=0$ 知：

$$T_3=M_D=446\text{N}\cdot\text{m}$$

轴的扭矩图如图 10.9（e）所示。

10.4.2　圆轴扭转时的应力

为了掌握圆轴扭转变形的规律和横截面上应力的分布，如图 10.10（a）所示。图中为一段等截面直轴，在其表面上的纵向线和圆周线形成若干矩形格子。

当它左右两端各作用一对旋向方向相反的外力偶时，轴产生了扭转变形，如图 10.10（b）所示。其特点如下：

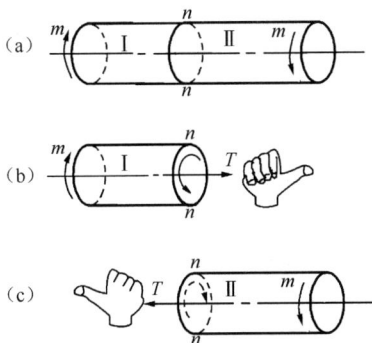

图 10.8　圆轴扭转时的计算简图

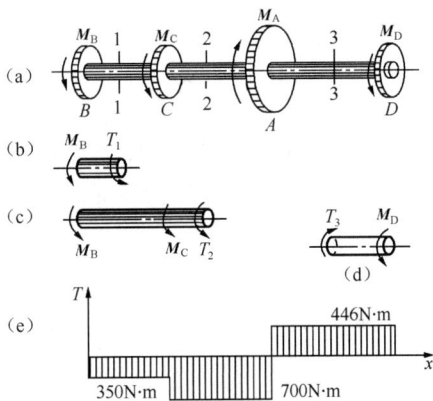

图 10.9　传动轴的内力计算

（1）所有圆周线的形状、大小以及间距均无变化，只是绕轴线旋转了一定的角度；

（2）所有纵向线都倾斜了同一角度，致使原来的矩形格子变成了平行四边形。

由此看出，各横截面仍为垂直于轴线的平面，只是绕轴线旋转做了相对的转动，横截面的半径仍然是直线，并且其长度不变。所以圆轴扭转变形时，截面上只有剪应力存在，而无正应力。如图 10.11 所示，剪应力的分布规律为截面上某点的剪应力大小与该点到圆心的距离成正比，圆心处的剪应力为零，圆周上剪应力最大。即：

$$\tau_\rho = \frac{T\rho}{I_p} \tag{10.10}$$

此式说明，若截面形状、尺寸一定，当 $\rho = R$ 时，切应力达到最大值。可见圆轴扭转时的危险点在圆截面的边缘上。其计算公式为：

$$\tau_{max} = \frac{T}{I_p / R} = \frac{T}{W_n} \tag{10.11}$$

式中，$W_n = I_p / R$，称为抗扭截面系数，单位为 m^3。对于实心圆截面 $W_n = \pi D^3 / 16$；对于空心圆截面 $W_n = \pi D^3(1 - \alpha^4) / 16$，$\alpha = d/D$，其中，$d$ 为空心圆截面内径，D 为空心圆截面外径。

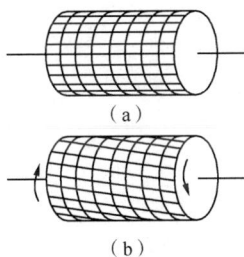

图 10.10　圆轴扭转应变分析

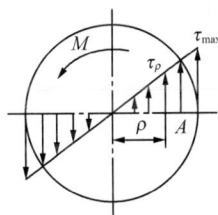

图 10.11　横截面上切应力的分布

10.4.3　扭转强度条件和刚度条件

1. 扭转强度条件

圆轴扭转时，要保证其正常工作，必须使其最大切应力不超过许用切应力[τ]，即扭转强度条件为：

$$\tau_{max} = \frac{T_{max}}{W_n} \leqslant [\tau] \tag{10.12}$$

对于变截面圆轴，如阶梯轴，W_n 各段不同，τ_{max} 不一定发生在 T_{max} 所在的截面上，因此须综合考虑 W_n 及 T_{max} 两个因素来确定 τ_{max}。

2. 扭转刚度条件

扭转变形的标志是两个横截面之间绕轴线的相对转角即扭转角。

对于两端受外力偶作用的等截面圆轴，在轴长 l 范围内，T 与 I_P 都是常量，其扭转角为：

$$\phi = \frac{Tl}{GI_p} \tag{10.13}$$

式中，I_P 为截面极惯性矩。对于实心圆截面 $I_P = \pi D^4/32$；对于空心圆截面 $I_P = \pi D^4(1-\alpha^4)/32$，$\alpha = d/D$，$GI_P$ 称为截面的抗扭刚度。

轴除应满足强度条件外，还要满足扭转刚度条件，即实际扭转角不能超过许用扭转角。工程中常用单位长度的扭转角 θ 来表示。

$$\theta = \frac{\varphi}{l} \leqslant [\theta] \tag{10.14}$$

工程中以度每米($^\circ$/m)作为$[\theta]$的单位，则应把式（10.14）左端的弧度换算成度，故有：

$$\theta = \frac{\varphi}{l} \times \frac{180}{\pi} \leqslant [\theta] \tag{10.15}$$

各种轴类零件的$[\theta]$值可从有关规范或手册中查到。

例 10.2 某传动轴，横截面上的最大扭矩为 $T = 1.5\text{kN} \cdot \text{m}$，许用切应力$[\tau] = 50\text{MPa}$，$G = 80\text{MPa}$，许用扭转角$[\theta] = 0.3^\circ$/m，试分别根据强度条件和刚度条件设计轴的直径。

解：（1）根据式（10.12）和实心圆截面 W_n 的计算公式可知实心圆轴的强度条件为：

$$\frac{16T}{\pi D^3} \leqslant [\tau]$$

由此得

$$D \geqslant \sqrt[3]{\frac{16T}{\pi[\tau]}}$$

将有关数据代入上式，得

$$D \geqslant \sqrt[3]{\frac{16 \times 1.5 \times 10^3}{\pi \times 50 \times 10^5}} = 0.054 = 54\text{mm}$$

（2）根据公式（10.14）、（14.15）可知实心圆轴的刚度条件为

$$\frac{32T}{G\pi D^4} \times \frac{180}{\pi} \leqslant [\theta]$$

由此得

$$D \geqslant \sqrt[4]{\frac{32T}{G\pi[\theta]} \times \frac{180}{\pi}}$$

将有关数据代入上式，得

$$D \geqslant \sqrt[4]{\frac{32 \times 1.5 \times 10^3}{\pi \times 80 \times 10^9 \times 0.3} \times \frac{180}{\pi}} = 0.078 = 78\text{mm}$$

10.5 梁的对称弯曲

10.5.1 对称弯曲的特点和梁的基本类型

机械结构中最常遇到的弯曲形式是对称弯曲，其特点是绝大多数受弯杆件的横截面都有一根对

称轴，它与杆件轴线形成整个杆件的纵向对称面。外力或外力的合力作用在杆件的纵向对称面内（如图 10.12 所示），杆件变形后的轴线是位于纵向对称面内的一条平面直线。工程上对于以弯曲为主的杆件，一般称为梁。截面大小不变，轴线为直线的梁称为等直梁。本节只讨论等直梁的对称弯曲。

根据梁的支撑情况，如图 10.13 所示，梁的基本类型可分为简支梁、悬臂梁和外伸梁。这些梁的支反力都可由静力学平衡方程确定，统称为静定梁。

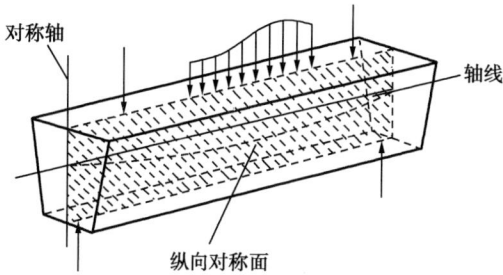

图 10.12　对称弯曲的特点

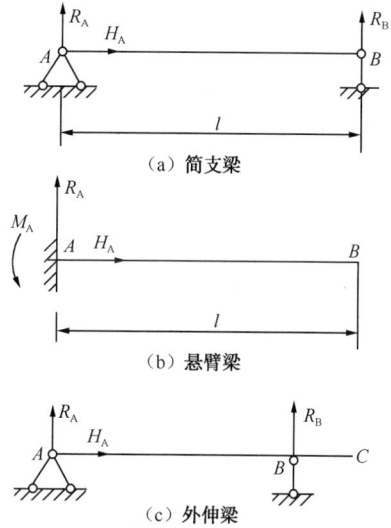

（a）简支梁

（b）悬臂梁

（c）外伸梁

图 10.13　梁的基本类型

10.5.2　弯曲内力

现以图 10.14（a）所示的吊车横梁为例，分析梁弯曲时的内力。梁的约束情况和计算简图分别如图 10.14（b）和图 10.14（c）所示。

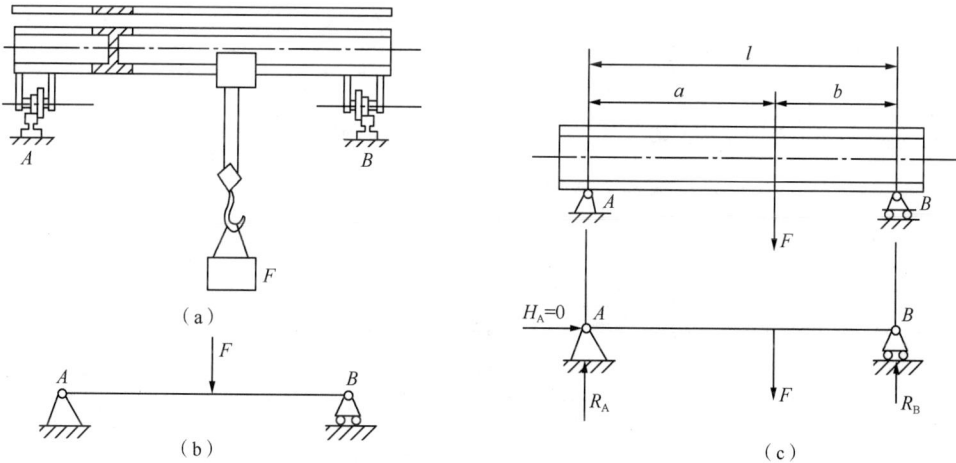

图 10.14　吊车横梁计算简图

首先，由静力学平衡方程

$$\Sigma m_B = 0,\; Fb - R_A l = 0;\; \Sigma m_A = 0,\; R_B l - Fa = 0$$

得：

$$R_A = \frac{Fb}{l},\; R_B = \frac{Fa}{l}$$

然后运用截面法，求梁任意横截面上的内力。若求距左端支撑点 A 的距离为 x $(x<a)$ 处的内力，假想用截面，$m\text{-}m$ 将梁垂直于轴线截分为二，如图 10.15 所示，取左段为分离体，以 Q 和 M 代替右段对左段的作用，由静力学平衡方程：

$$\Sigma F_y = 0, \quad Q = R_A = \frac{Fb}{l}$$

$$\Sigma m_{0'} = 0, \quad M = R_A x = \frac{Fb}{l} x$$

Q 称为 $m\text{-}m$ 横截面上的剪力，它是与横截面相切的分布内力系的合力；M 称为横截面 $m\text{-}m$ 上的弯矩，它是与横截面垂直的分布内力系的合力偶。一般地，规定使梁凸向下的弯矩为正；反之为负，如图 10.16 所示。

一般情况下，梁横截面上的内力随截面位置的变化而变化。若以坐标 x 表示横截面在梁轴线上的位置，则横截面上的弯矩都可表示为的函数，即 $M = M(x)$，称为梁的弯矩方程。根据弯矩方程画出的图形称为弯矩图。

对于上面吊车梁的例子（图 10.14），其弯矩方程为：

$$M(x) = \frac{Fb}{l} x, \quad (0 \leqslant x \leqslant a)$$

$$M(x) = \frac{Fb}{l} x - F(x-a) = \frac{Fa}{l}-(l-x) \quad (a \leqslant x \leqslant l)$$

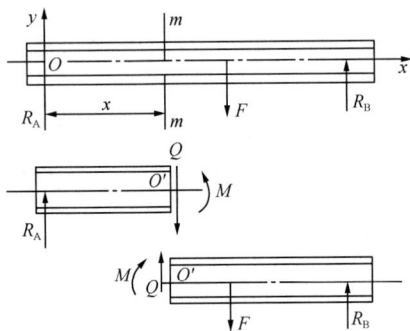

图 10.15　吊车横梁内力分析　　　　图 10.16　弯矩的符号规定

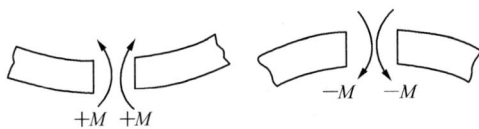

其弯矩图如图 10.17 所示，其最大弯矩为 $M_{max} = \dfrac{Fab}{l}$。

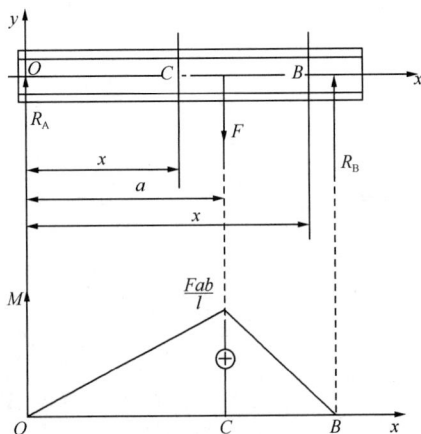

图 10.17　弯矩图

10.5.3　弯曲时的正应力

一般地说，在某一梁段内，若梁横截面上既有弯矩又有剪力，则称为横力弯曲；若梁横截面上只有弯矩没有剪力，则称为纯弯曲。在纯弯曲矩形截面梁的侧面上画出一些纵向线和横向线，如图 10.18（a）所示。然后在梁的两端加上力偶矩，其弯曲变形特点如图 10.18（b）所示。由此可作如下假设：变形前为平面的横截面，变形后仍为平面，且仍垂直于变形后的梁轴线，这个假设称为平面假设。横截面围绕转动的轴称为中性轴，而且可以证明中性轴是通过截面形心的；由梁的轴线和中性轴所构成的平面称为中性层，如图 10.18（c）所示。根据平面假设可知，中性层上的材料既不伸长，也不缩短。另外，通常还假设梁的各纵向纤维间无相互作用的正应力。

中性层是梁上拉伸区与压缩区的分界面，其与横截面的交线称为中性轴。如图 10.18（c）所示，变形时横截面是绕中性轴旋转的。中性轴是横截面上各点正应力为零的直线，其下方为压应力，其上方为拉应力。

在梁的任意处截断后，由于两截面保持平面，沿横截面高度的不同位置上，纵向纤维从缩短到伸长都是线性变化的，如图 10.19（a）所示。因此，横截面上的正应力也是成线性分布的，在离中性轴距离为 y 的各点处，其正应力 σ 是相等的。根据弹性定律，横截面上的正应力的分布规律如图 10.19（b）所示。

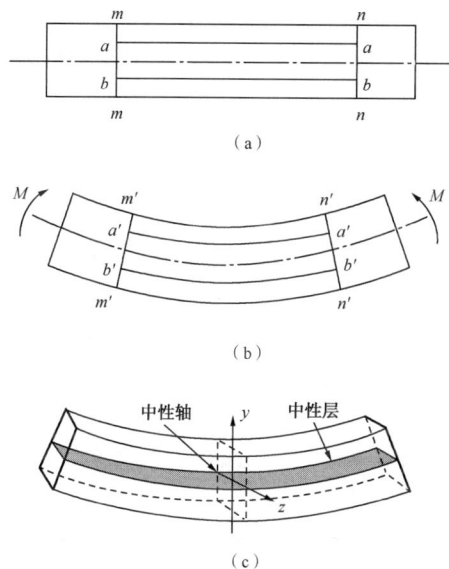

图 10.18　纯弯曲的变形

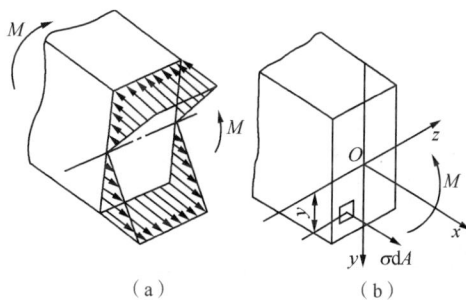

图 10.19　梁横截面应力分布情况

可以推导出纯弯曲时横截面上任意一点止应力为：

$$\sigma = \frac{My}{I_z} \qquad (10.16)$$

这就是纯弯曲时正应力的计算公式。

式中，I_z 称为截面对 z 轴的惯性矩，其单位为 m^4。对于矩形截面：$I_z = bh^3/12$；对于实心圆截面：$I_z = \pi D^4/64$；对于空心圆截面：$I_z = \pi (D^4 - d^4)/64$；其他截面类型的惯性矩可参阅有关设计手册。

工程中一般也可将它用于横力弯曲时的正应力计算。横力弯曲时，弯矩随截面位置的变化而变化。一般地，最大正应力发生在危险截面上的距中性层最远的点上。即当 y 为最大值时，正应力 σ 取得最大值：

$$\sigma_{max} = \frac{M_{max} y_{max}}{I_z} \qquad (10.17)$$

式中，I_z/y_{max} 可用符号 W 表示，称为抗弯截面系数，其单位为 m^3。矩形截面 $W = bh^2/6$；实心圆截面 $W = \pi D^3/32$；空心圆截面 $W = \pi D^3 (1-\alpha^4)/32$。式中，$b$ 和 h 分别为宽和高，$\alpha = d/D$，d 和 D 分别为内径和外径。于是，梁的最大弯曲正应力可表示为：

$$\sigma_{max} = \frac{M_{max}}{W} \qquad (10.18)$$

10.5.4 弯曲正应力强度条件

为使受弯构件能安全、可靠地工作，必须使危险截面上的最大弯曲正应力小于或等于材料抗弯的许用应力，在工程计算中，常近似取材料抗拉、压时的许用应力为其抗弯的许用应力。即弯曲强度条件为：

$$\sigma_{max} = \frac{M_{max}}{W} \leqslant [\sigma] \qquad (10.19)$$

对抗拉、压强度相同的材料（如碳钢），只要绝对值最大的正应力不超过许用应力即可；对抗拉、压强度不同的材料（如铸铁），则拉、压的最大的正应力都应不超过各自的许用应力。

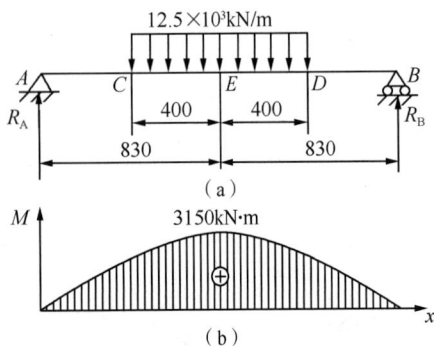

图 10.20 轧辊的计算简图和内力图

例 10.3 图 10.20（a）为薄板轧机轧辊的计算简图，轧制力均匀分布，其集度为 $q = 12.5 \times 103 kN/m$。若薄板轧机的轧辊直径为 $D = 760mm$，许用应力为 $[\sigma] = 800MPa$。试校核轧辊的强度。

解： 由于梁上载荷和支反力对跨度中点对称，容易求出支反力为：

$$R_A = R_B = 5 \times 10^3 kN$$

其弯矩方程为：

AC 段：$M(x) = R_A x \qquad (0 \leqslant x \leqslant 0.43)$

CD 段：$M(x) = R_A x - \dfrac{1}{2} q (x-0.43)^2$

$$(0.43 \leqslant x \leqslant 1.23)$$

DB 段：$M(x) = R_B (1.66 - x)$

$$(1.23 \leqslant x \leqslant 1.66)$$

其弯矩图如图 10.21（b）所示，由弯矩图可知截面 E 为危险截面，且 $M_{max} = 3150 kN \cdot m$。轧辊的抗弯截面系数为：

$$W = \frac{\pi (760 \times 10^{-3})^3}{32} m^3 = 4.31 \times 10^{-2} m^3$$

于是有：

$$\sigma_{max} = \frac{M_{max}}{W} = \frac{3150 \times 10^3}{4.31 \times 10^{-2}} = 73.1 MPa < [\sigma]$$

故轧辊满足强度要求。

10.5.5 弯曲刚度条件

对某些受弯构件除强度要求外，往往还有刚度要求。工程中常用挠度和转角来衡量梁的弯曲变形。如图 10.21 所

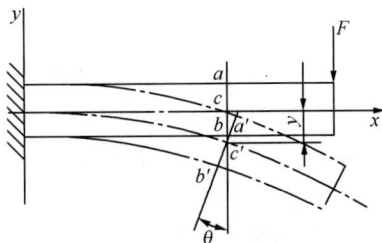

图 10.21 挠度和转角

示，在原轴线的垂直方向上的线位移称为梁在该点的挠度，用 y 表示；横截面绕中性轴的转角称为该截面的转角，用 θ 表示。

对于最常见的简支梁和悬臂梁，在简单载荷作用下的变形的计算可查相关的材料力学教材。

由于梁有两个变形量，相应的刚度条件也有两个。

一方面，梁的转角 θ 要小于许用转角 $[\theta]$；另一方面，梁的挠度 y 要小于许用挠度 $[y]$，于是，梁的刚度条件为：

$$\theta \leqslant [\theta]$$

$$y \leqslant [y]$$

*10.6　组合变形时的强度计算

以上所讨论过的构件变形，仅限于一种基本变形，即直杆轴向拉伸或压缩、剪切、圆轴扭转、梁的对称弯曲。工程实际中构件由外力所引起的变形中常常同时包含两种或两种以上的基本变形，称为组合变形。在小变形、线弹性条件下，处理这类问题时往往采用叠加法，即分别计算每一种基本变形所对应的应力，然后进行叠加，求得构件在组合变形下的应力，进而建立强度条件。

10.6.1　拉伸（压缩）与弯曲的组合变形

如果作用在杆上的外力除了横向力外，还有轴向拉力或压力，则杆将同时发生拉伸（压缩）变形与弯曲两种基本变形，称为拉伸（压缩）与弯曲的组合变形，简称拉（压）弯组合。下面以承受均布横向力 q 和轴向力 F 的两端铰支杆为例，如图 10.22（a），建立杆件在拉（压）弯组合变形时的强度条件。

根据前述的内力分析方法可知，梁各横截面上的轴力均为 $N=F$；在杆件中点处的 C 截面上，弯矩达到最大，其值为 $M_{max}=ql^2/8$。所以 C 截面为危险截面，在该截面上同时作用有轴力和最大弯矩，如图 10.22（b）所示。

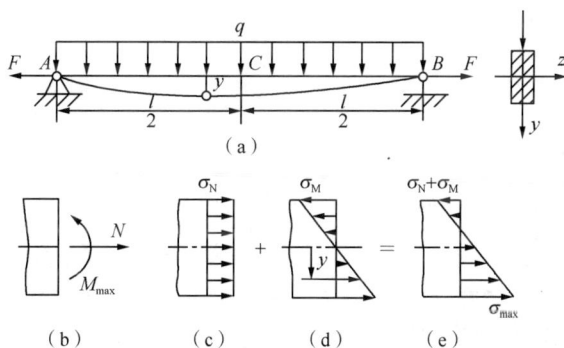

图 10.22　拉伸与弯曲组合变形的强度计算

在 C 截面上，与轴力相应的拉伸应力 σ_N 均匀分布，如图 10.22（c）所示，其值为：

$$\sigma_N = \frac{N}{A}$$

与最大弯矩 M_{max} 相应的弯曲正应力沿截面高度按线性规律变化，如图 10.22（d）所示，其最大弯曲正应力 σ_M 在 C 截面的上下边缘处，其值为：

$$\sigma_M = \frac{M_{max}}{W}$$

将拉伸应力σ_N与最大弯曲正应力σ_M叠加后，其正应力的分布规律如图 10.22（e）所示，由该图可知，最大正应力的值为：

$$\sigma_{max} = \frac{N}{A} + \frac{M_{max}}{W}$$

最大正应力确定以后，将其与许用应力比较，即可建立杆件在拉（压）弯组合变形时的强度条件

$$\sigma_{max} = \frac{N}{A} + \frac{M_{max}}{W} \leqslant [\sigma] \tag{10.20}$$

如果材料的许用拉应力和许用压应力不同而且横截面上的部分区域受拉，部分区域受压，则应分别计算出最大拉应力和最大压应力进行强度计算。

10.6.2 弯曲与扭转的组合变形

一般在汽车上的轴在发生扭转时常伴随着弯曲。在弯曲较小的情况下，轴只按扭转问题来处理。但当弯曲不能忽略时，就成为弯曲与扭转的组合变形，简称弯扭组合。下面以一端固定的实心圆轴，如图 10.23（a）所示为例建立弯扭组合条件下的强度条件。

将 F 力向 AB 杆端截面的形心 B 简化后，即可将外力分为两组，一组是作用于杆上的横向力，另一组是在杆端截面内的力偶；这两组力将分别使杆发生弯曲和扭转，如图 10.23（b）所示。根据 AB 杆的弯矩图，如图 10.23（c）所示和扭矩图如图 10.23（d）所示，可知此杆的固定端截面是危险截面。

由于在危险截面的铅垂直径上两端点 a 和 b 处，如图 10.23（e）有最大弯曲正应力σ_{max}，而在该截面的周边上各点处都有最大扭转切应力τ_{max}。因此，对于许用拉、压应力相等的塑性材料杆上 a 和 b 点都是危险点，所以只需取其中的一点 a 来研究。由于该点处于二向应力状态，所以要利用适用于塑性材料的强度理论来得到相当应力并列出强度条件。

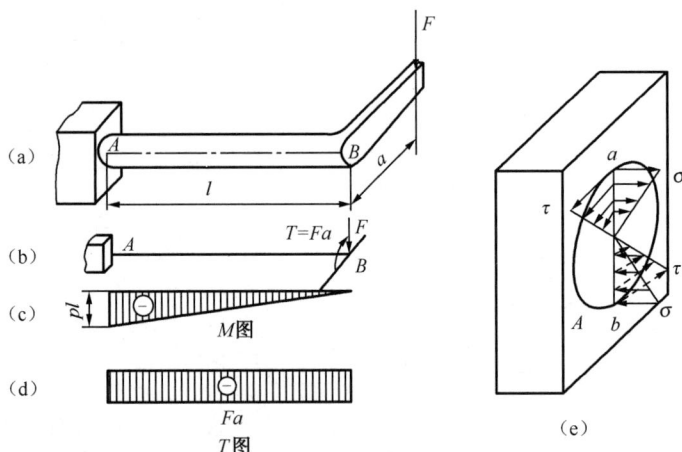

图 10.23　扭转与弯曲组合变形的强度计算

1. 受力情况

在力 F 的作用下，圆轴产生了弯矩为 M（$M = Fl$）的内力；在力偶 Fa 的作用下产生了扭矩 T（$T = Fa$）。如图 10.23（c）和（d）所示，A 为危险截面。

2. 应力分析

在危险截面 A 上，同时有弯矩和扭矩作用，因而也有了弯曲正应力和扭转切应力，如图 10.23（e）所示。在该危险截面垂直直径的两个端点 a 和 b 为危险点，同时存在有最大弯曲正应力 $\sigma_{\max} = \dfrac{M_{\max}}{W_z}$ 和最大扭转切应力 $\tau_{\max} = \dfrac{T}{W_n}$

3. 强度条件

弯曲正应力和扭转切应力的总和称为当量应力，用 σ_v 表示，根据适用于塑性材料的第三强度理论即最大切应力理论，认为最大切应力是引起屈服的主要因素，即认为无论什么应力状态，只要最大切应力达到该材料在轴向拉伸屈服状态时的最大切应力值，就会出现显著的塑性变形，使构件失去正常工作能力。所以根据第三强度理论其强度条件为：

$$\sqrt{\sigma^2 + 4\tau^2} \leqslant [\sigma] \tag{10.21}$$

式（10.21）称为第三强度理论的强度条件。若将 σ 和 τ 用 $\sigma = M/W$ 和 $\tau = T/W$，两式代入，并考虑到 $W_n = 2W$；则式(10.21)可化为：

$$\frac{1}{W}\sqrt{M^2 + T^2} \leqslant [\sigma] \tag{10.22}$$

它是第三强度理论强度条件的另一种表达形式。

例 10.4 如图 10.24(a)所示的齿轮轴，齿轮 1、2 的节圆直径分别为 $D_1 = 50\text{mm}$，$D_2 = 130\text{mm}$，在齿轮 1 上，作用有切向力 $F_y = 3.83\text{kN}$，径向力 $F_z = 1393\text{kN}$，在齿轮 2 上，作用有切向力 $F_y' = 1.473\text{kN}$，径向力 $F_z' = 0.536\text{kN}$，轴的直径为 $d = 22\text{mm}$，许用应力为 $[\sigma] = 180\text{MPa}$，试用第三强度理论校核轴的强度。

解：（1）画轴的计算简图。将 F_y、F_z、F_y' 和 F_z' 三向轴线简化，得轴的计算简图如图 10.24（b）所示。图中，

$$m_1 = \frac{F_y D_1}{2} = \frac{3.83 \times 10^3 \times 50 \times 10^{-3}}{2}$$
$$= 95.8\text{ N} \cdot \text{m}$$

$$m_2 = \frac{F_y' D_2}{2} = \frac{1.473 \times 10^3 \times 130 \times 10^{-3}}{2}$$
$$= 95.8\text{N} \cdot \text{m}$$

（2）画轴的内力图。m_1、m_2 使轴扭转，F_y、F_y'，使轴在 xy 平面内弯曲，F_z 和 F_z' 使轴在 xz 平面内弯曲，分别画出轴的扭矩图，如图 10.24（c）和弯矩 M_z 图如图 10.24（e）所示，M_y 图如图 10.24（g）所示。

对于圆截面轴，任一直径均可看做截面的对称轴。因此，在两个方向的弯曲的情况下，横截面上的弯曲正应力可通过计算合成弯矩 $M = \sqrt{M_y^2 + M_z^2}$ 并按对称弯曲正应力公式进行计算。

由图 10.24（e）与 10.24（g）可知，截面 A、B、C、E 的合成弯矩分别为：

$$M_A = M_B = 0$$
$$M_C = \sqrt{37.5^2 + 152.3^2} = 156.8\text{N} \cdot \text{m}$$
$$M_E = \sqrt{5.35^2 + 112.9^2} = 113.0\text{N} \cdot \text{m}$$

根据上述 M 值，合成弯矩 M 图，如图 10.24（h）所示。

（3）强度校核。从合成弯矩图可以看出，截面 C 为危险截面，截面的合成弯矩和扭矩分别为 $M_C = 156.8\text{N} \cdot \text{m}$ 和 $T = 95.8\text{N} \cdot \text{m}$，将它们代入式（10.22），得：

$$\frac{1}{W}\sqrt{M_y^2+M_z^2}=\frac{32\sqrt{M_C^2+T^2}}{\pi d^3}=\frac{32\sqrt{165.8^2+95.8^2}}{\pi\times22\times10^{-3}}$$

$$=176\times10^6=176\text{MPa}\leqslant[\sigma]=180\text{MPa}$$

故 AB 轴满足强度要求。

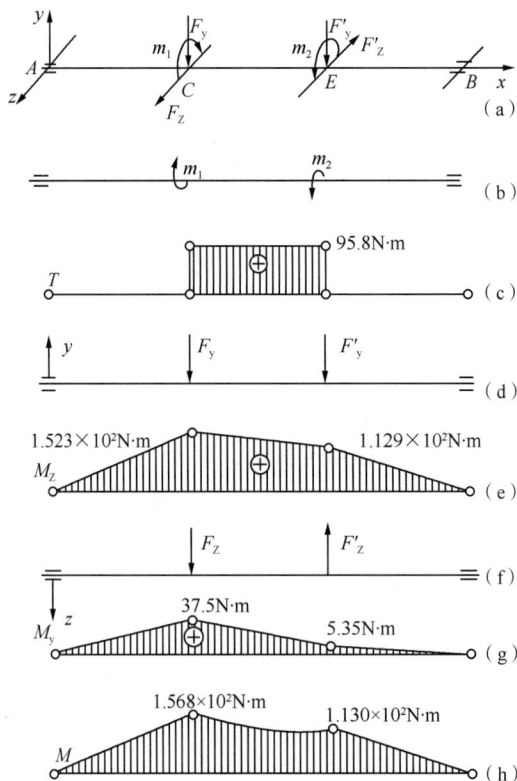

图 10.24　齿轮轴计算简图和内力图

思考与练习

1. 如图 10.25 所示阶梯杆受力 $F=40\text{kN}$。若 $E=200\text{GPa}$（即 $200\times10^9\text{N/m}^2$），试求杆的最大应力和伸长。

2. 直径 $d=20\text{mm}$，长 $L=200\text{mm}$ 的钢杆，受拉力 $F=4\text{kN}$ 的作用，已知 $E=200\text{GPa}$，泊松比 $\mu=0.3$，试求杆的应力、总伸长、单位长度伸长及直径变化。

3. 试指出如图 10.26 所示的剪切面和挤压面（在图上标出位置并说明形状）。

4. 如图 10.27 所示，拉杆受力 $F=40\text{kN}$，其材料的许用应力 $[\sigma]=100\text{MPa}$，横截面为矩形，且 $b=20$。试确定 a、b 的尺寸。

5. 测定材料剪切强度的剪切器的示意图如图 10.28 所示。设圆试样的直径 $d=15\text{mm}$，当 $F=31.5\text{kN}$ 时，试样被剪断，试求材料的名义剪切极限应力。若取许用切应力 $[\tau]=80\text{MPa}$，试问安全系数等于多大？

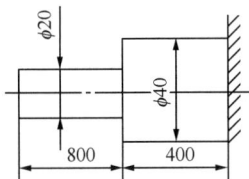

图 10.25 习题 1 图

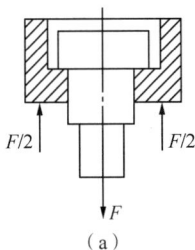

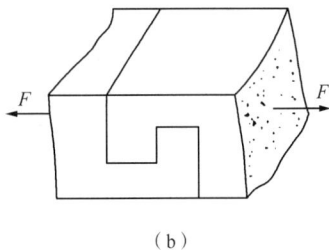

图 10.26 习题 3 图

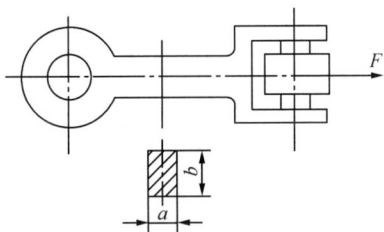

图 10.27 习题 4 图

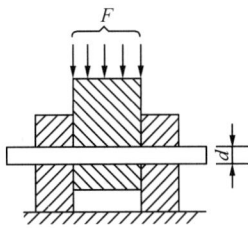

图 10.28 习题 5 图

6. 如图 10.29 所示的轴以 $n=200r/min$ 的速度旋转，轴上带有 5 个皮带轮，其中轮 2 为主动轮。其余为从动轮。传递到主动轮上的功率 $P=80kW$，且分别以 25、15、30 和 10kW 分配到轮 1、3、4、5 上。试画出此轴的扭矩图。图中尺寸：$a=1.75m$，$b=d=1.5m$，$c=2.5m$。

7. 如图 10.30 所示实心轴、两端受外力偶矩 MT$=14kN\cdot m$，轴的直径 $d=10cm$，长度 $L=100cm$，$G=78GPa$。试计算：

（1）横截面上的最大切应力。

（2）轴的扭转角。

（3）横截面上 A 点处的切应力。

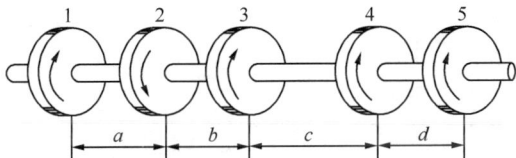

图 10.29 习题 6 图

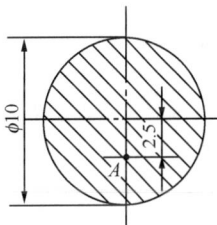

图 10.30 习题 7 图

8. 如图 10.31 所示的机床变速箱第 1 轴传递的功率为 $P=5.5kW$，转速 $n=200r/min$，材料为 45 钢，$[\tau]=40MPa$。试按强度条件初步确定轴的直径。

9. 车轮轴如图 10.32 所示，试画出轮轴的弯矩图。

10. 长度为 5m，直径为 4cm 的轴，材料的 $G=75\times10^3MPa$，传递的功率为 25kW，若许用单位长度内的扭转角$[\theta]=1.5°/m$，试求此轴的最低转速 n。

11. 如图 10.33 所示割刀在切割工件时，受到 $F=1kN$ 的切削力作用。割刀尺寸如图 10.33 所示。试求割刀内的最大弯曲正应力。

12. 某齿轮的轮齿尺寸如图 10.34 所示，假设 $F=1500N$ 作用于齿顶，材料的许用应力$[\sigma]=140MPa$，试校核轮齿的强度。

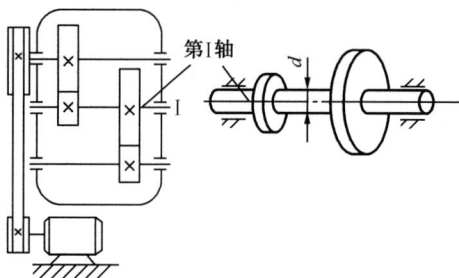

图 10.31　习题 8 图

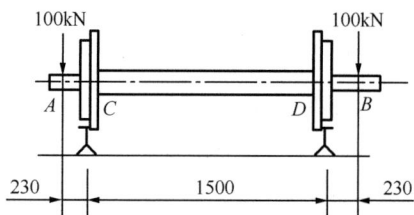

图 10.32　习题 9 图

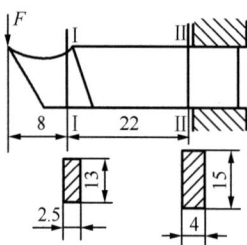

图 10.33　习题 11 图

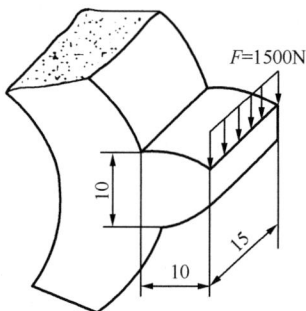

图 10.34　习题 12 图

13．如图 10.35 所示钻床的立柱由铸铁制成，$F=15kN$，许用拉应力$[\sigma_t]=35MPa$。试确定立柱所需直径 d。

14．如图 10.36 所示电动机带动一胶带轮轴，轴直径 $d=40mm$，胶带轮直径 $D=300mm$，轮重 $G=600N$。若电动机功率 $P=14kW$，转速 $n=987r/min$，胶带紧边与松边拉力之比为 $T/t=2$，轴的$[\sigma]=120MPa$。试按第三强度理论校核轴的强度。

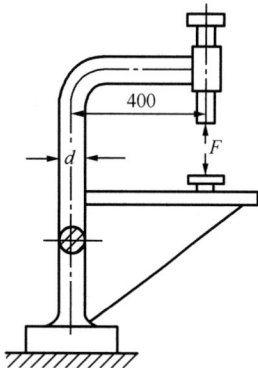

图 10.35　习题 13 图

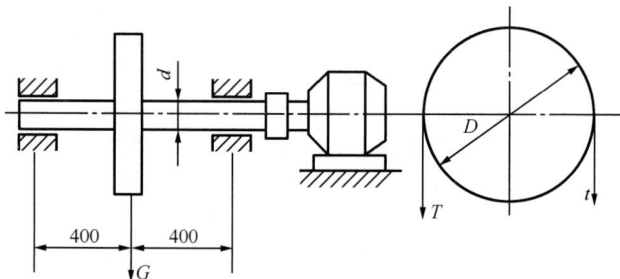

图 10.36　习题 14 图

15．如图 10.37 所示功率 $P=8.8kW$ 的电动机轴以转速 $n=798r/min$ 旋转着，胶带传动轮的直径 $D=250mm$，胶带轮重量 $G=700N$；轴可看成长度 $l=120mm$ 的悬臂梁，其许用应力$[\sigma]=100MPa$。试按第三强度理论求直径 d。

16．操纵装置水平杆如图 10.38 所示。杆的截面为空心圆，内径 $d=24mm$，外径 $D=30mm$。材料为 Q235 钢，$[\sigma]=100MPa$。控制片受力 $F_1=600N$。试用第三强度理论校核杆的强度。

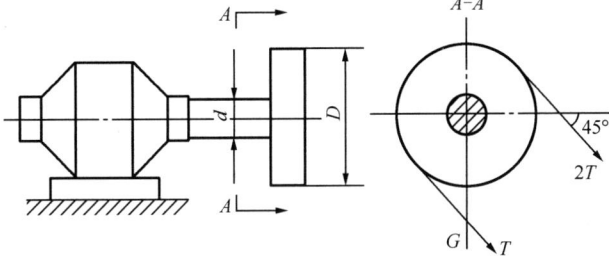

图 10.37　习题 15 图

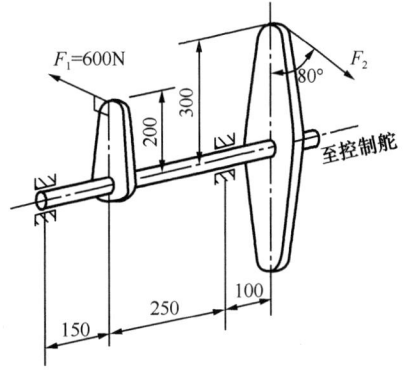

图 10.38　习题 16 图

第 11 章　带传动与齿轮传动

带传动与齿轮传动在汽车等各类机械传动中是最基本的传动方式，带传动是摩擦传动的一种形式，齿轮传动是啮合传动的一种形式。本章主要介绍带传动与齿轮传动的工作原理、计算方法和应用。

11.1　带传动

带传动是利用挠性带张紧在主、从动轮上，依靠带与带轮间的摩擦力来传递运动和动力的传动装置。

11.1.1　V 带传动的类型和特点

带传动主要由主动带轮 1、从动带轮 2 和传动带 3 等组成，如图 11.1 所示，常用于减速传动。

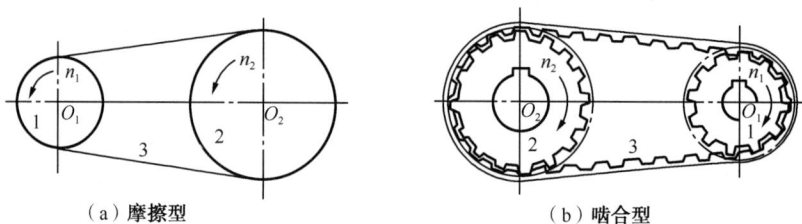

（a）摩擦型　　　　　　　　　　（b）啮合型

图 11.1　带传动

1—主动带轮；2—从动带轮；3—传动带

1. 带传动的类型

根据工作原理的不同，带传动分为摩擦型和啮合型两大类。如图 11.1（a）所示为摩擦型带传动。传动带套紧在两个带轮上，使带与带轮的接触面间产生正压力。当主动轮回转时，依靠摩擦力使带运行，并驱动从动轮转动，从而将主动轴 O_1 的运动和动力传递给从动轴 O_2。如图 11.1（b）所示为啮合型带传动，它具有啮合传动和摩擦传动的优点（如汽车发动机正时传动机构常用同步齿形带）。

常见带传动形式有平带传动和 V 带传动两种，如图 11.2 所示。

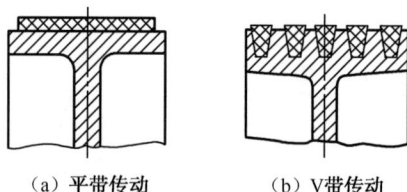

（a）平带传动　　　　　　（b）V带传动

图 11.2　常见带传动的形式

（1）平带传动。如图 11.2（a）所示，平带的横截面为扁平矩形，带内面与带轮接触。平带有普通平带、编织平带和高速环形平带等多种，常用普通平带。

平带传动结构简单，带轮制造方便，平带质轻且挠曲性好，故多用于高速和中心距较大的传动。

（2）V 带传动。如图 11.2（b）所示，V 带的横截面为等腰梯形，两侧面为工作面。根据楔面摩擦原理，在初拉力相同时，V 带传动所产生的摩擦力比平带传动约大 70%，而且允许的传动比较大，结构紧凑，故在一般机械中已取代平带传动。

V 带有普通 V 带、窄 V 带、宽 V 带、联组 V 带、接头 V 带、汽车 V 带等十余种，一般机械多用普通 V 带。

2．带传动的特点和应用

摩擦型带传动为具有中间挠性体的摩擦传动，特点为：带富有弹性，能缓冲吸振，传动平稳，无噪声；过载时，传动带会在带轮上打滑，可防止其他零件损坏；结构简单，维护方便，无须润滑，且制造和安装精度要求不高；单级可实现较大中心距的传动。但传动比不准确；传动效率较低（V 带传动效率为 0.96 左右），带的寿命较短；外廓尺寸、带作用于轴的力等均较大；不宜用在高温、易燃及有油、水的场合。

摩擦型带传动一般适用于功率不大和无须保证准确传动比的场合。在多级减速传动装置中，带传动通常置于与电动机相连的高速级。

带传动的主要失效形式是打滑和带的疲劳破坏。因此，对带传动的要求是：在保证不打滑的前提下，具有足够的疲劳强度和使用寿命。

11.1.2 普通 V 带与带轮的结构、型号

1．普通 V 带的结构、型号

普通 V 带为无接头环形带。带两侧工作面的夹角 α 称为带的楔角（通常 $\alpha = 40°$）。V 带由包布、顶胶、抗拉体和底胶四部分组成，其结构如图 11.3 所示。包布用胶帆布，顶胶和底胶材料为橡胶。抗拉体是 V 带工作时的主要承载部分，结构有绳芯和帘布芯两种。帘布芯结构的 V 带抗拉强度较高，制造方便；绳芯结构的 V 带柔韧性好，抗弯强度高，适用于转速较高、带轮直径较小的场合。现在，生产中越来越多地采用绳芯结构的 V 带。

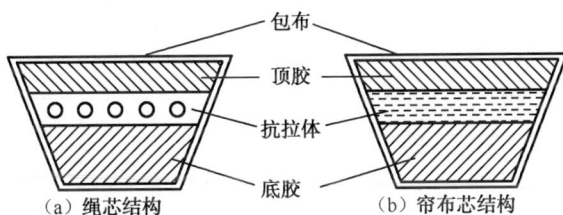

图 11.3　摩擦型带传动的分类

普通 V 带的尺寸已标准化，按截面尺寸自小至大分为 Y、Z、A、B、C、D、E 七种型号，如表 11.1 所示。

V 带绕在带轮上产生弯曲，外层受拉伸长，内面受压缩短，必有一长度不变的中性层。中性层面称为节面，节面的宽度称为节宽 b_p，见表 11.1 中的图。在 V 带轮上，与配用 V 带节面处于同一位置的槽形轮廓宽度称为基准宽度 b_d。基准宽度处的带轮直径称为基准直径 d_d。在规定的张紧力下，V 带位于带轮基准直径上的周线长度作为带的基准长度 L_d。基准长度 L_d 的标准系列值和每种型号带的长度范围如表 11.2 所示。

表 11.1 普通 V 带的截面尺寸、V 带轮槽尺寸

尺寸参数			普通 V 带型号						
			Y	Z	A	B	C	D	E
普通 V 带	节宽 b_p/mm		5.3	8.5	11.0	14.0	19.0	27.0	32.0
	顶宽 b/mm		6.0	10.0	13.0	17.0	22.0	32.0	38.0
	高度 h/mm		4.0	6.0	8.0	11.0	14.0	19.0	25.0
	楔角 α		40°						
	截面面积 A/mm²			47	81	138	230	476	692
	每米带长质量 q/(kg/m)		0.02	0.06	0.10	0.17	0.30	0.62	0.90
普通 V 带轮	基准宽度 b_d/mm		5.3	8.5	11.0	14.0	19.0	27.0	32.0
	槽顶宽 b/mm		≈6.3	≈10.1	≈13.2	≈17.2	≈23.0	≈32.7	≈38.7
	基准线至槽顶高度 h_{amin}/mm		1.6	2.0	2.75	3.5	4.8	8.1	9.6
	基准线至槽底深度 h_{fmin}/mm		4.7	7.0	8.7	10.8	14.3	19.9	23.4
	第一槽对称线至端面距离 f/mm		7±1	8±1	10^{+2}_{-1}	12.5^{+2}_{-1}	17^{+2}_{-1}	23^{+3}_{-1}	29^{+4}_{-1}
	槽间距 e/mm		8±0.3	12±0.3	15±0.3	19±0.4	25.5±0.5	37±0.6	45.5±0.7
	最小轮缘厚度 δ/mm		5	5.5	6	7.5	10	12	15
	轮缘宽 B/mm		按 $B=(z-1)e+2f$ 计算，或查 GB 10412—89						
	轮缘外径 d_a/mm		$d_a=d_d+2h_a$						
	轮缘内径 d_2/mm		$d_2=d_d-2(h_f+\delta)$						
	轮槽数 z 范围		1~3	1~4	1~5	1~6	3~10	3~10	3~10
	槽角 φ	32° 对应的 d_d	≤60	—	—	—	—	—	—
		34°	—	≤80	≤118	≤190	≤315	—	—
		36°	>60	—	—	—	—	≤475	≤600
		38°	—	>80	>118	>190	>315	>475	>600
基准直径系列			28 31.5 40 50 56 63 71 75 80 90 100 106 112 118 125 132 140 150 160 180 200 212 224 250 280 315 355 375 400 450 500 560 630…						

　　普通 V 带的标记由截型、基准长度和标准编号等组成。例如，B2000 GB11544—1989，表示为 B 型普通 V 带，L_d =2 000mm。每根普通 V 带顶面应有水洗不掉的标志，包括制造厂名或商标、标记、配组代号和制造年月等。

226

表 11.2　普通 V 带基准长度系列值和带长修正系数 K_L（摘自 GB/T1375.1—1992）

基准长度 L_d/mm	带长公差/mm		带长修正系数 K_L						
基 本 尺 寸	极限偏差	配组公差	Y	Z	A	B	C	D	E
200～500	略，可参看 GB/T13575.1—92								
560	＋13			0.94					
630	－6			0.96	0.81				
710	＋15			0.99	0.83				
800	－7	2		1.00	0.85				
900	＋17			1.03	0.87	0.82			
1 000	－8			1.06	0.89	0.84			
1 120	＋19			1.08	0.91	0.86			
1 250	－10			1.11	0.93	0.88			
1 400	＋23			1.14	0.96	0.90			
1 600	－11	4		1.16	0.99	0.92	0.83		
1 800	＋27			1.18	1.01	0.95	0.86		
2 000	－13				1.03	0.98	0.88		
2 240	＋31				1.06	1.00	0.91		
2 500	－16	8			1.09	1.03	0.93		
2 800	＋37				1.11	1.05	0.95	0.83	
3 150	－18				1.13	1.07	0.97	0.86	
3 550	＋44				1.17	1.09	0.99	0.89	
4 000	－22	12			1.19	1.13	1.02	0.91	
4 500	＋52					1.15	1.04	0.93	0.90
5 000	－26					1.18	1.07	0.96	0.92
5 600	＋63						1.09	0.98	0.95
6 300	－32	20					1.12	1.00	0.97
7 100	＋77						1.15	1.03	1.00
8 000	－38						1.18	1.06	1.02
9 000～16 000	略，参看如上标准								

2．普通 V 带轮的典型结构

V 带轮由轮缘（用于安装 V 带轮的部分）、轮毂（带轮与轴相连接的部分）、轮辐（轮缘与轮毂相连接的部分）三部分组成，轮缘尺寸如表 11.1 所示。根据带轮直径的大小，普通 V 带轮有实心轮、辐板轮、孔板轮和椭圆辐轮 4 种典型结构，如图 11.4 所示。

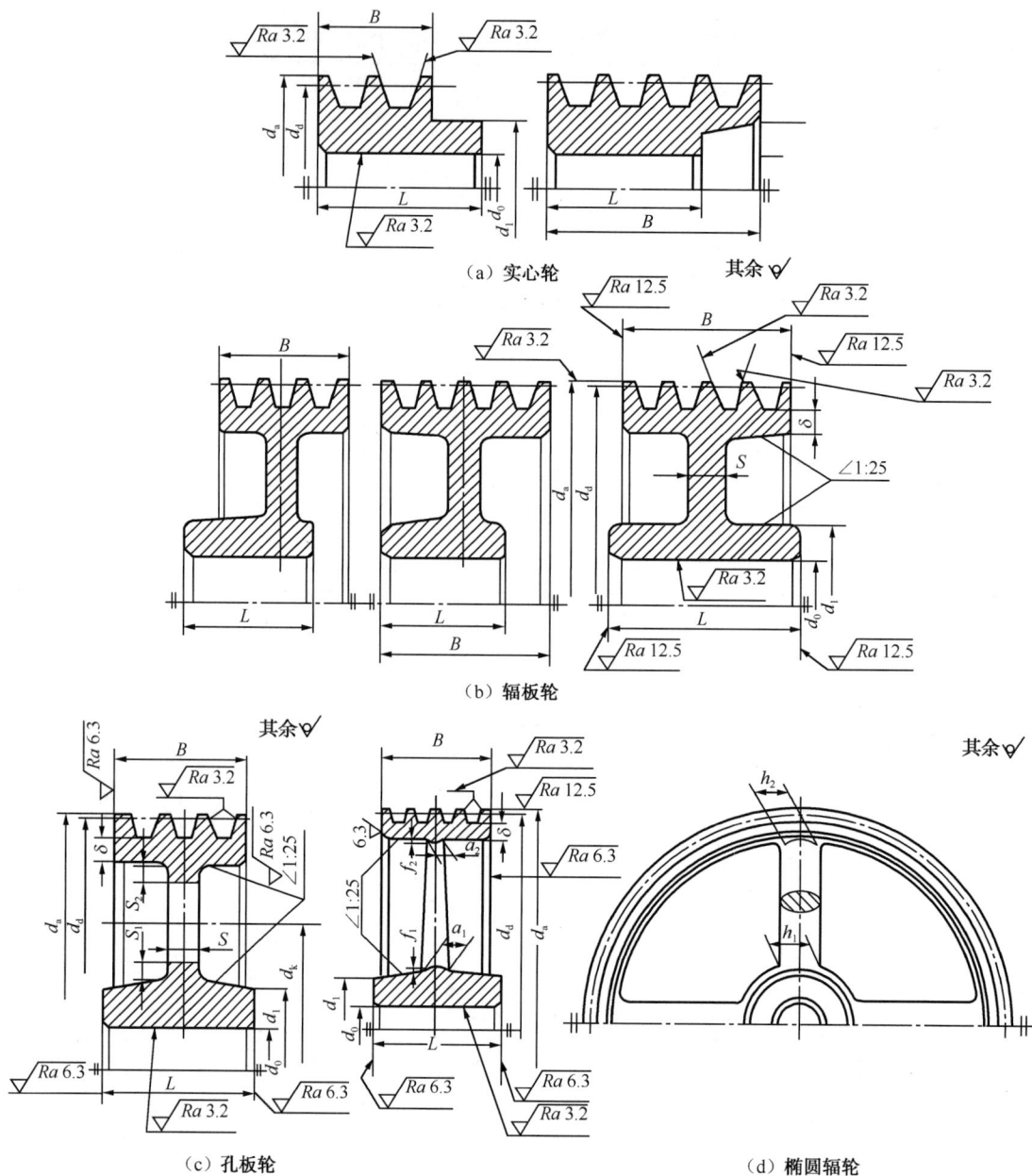

（a）实心轮

（b）辐板轮

（c）孔板轮

（d）椭圆辐轮

$h_1 = 290 \sqrt[3]{\dfrac{P}{nA}}$ ；式中，P 为传递的功率，单位为 kW；n 为带轮转速，单位为 r/min；A 为轮辐数；

h_1 的单位为 mm。$h_2 = 0.8 h_1$，$a_1 = 0.40 h_1$，$a_2 = 0.8 h_1$，$f_1 = 0.2 h_1$，$f_2 = 0.2 h_2$，$d_1 = （1.8～2）d_0$，

$L = （1.5～2）d_0$，$S_1 \geqslant 1.5 S$，$S_2 \geqslant 0.5 S$，S 查有关表可得

图 11.4　V 带轮的典型结构

11.1.3　带传动的弹性滑动及其传动比

　　带是弹性体，受力后将会产生弹性变形。由于紧边拉力 F_1 大于松边拉力 F_2，因此紧边的伸长量大于松边的伸长量，如图 11.5 所示。当传动带的紧边在 a 点进入主动轮 1 时，带的速度和轮 1 的圆周速度 v_1 相等，但在传动带随轮 1 由 a 点旋转至 b 点的过程中，带所受的拉力由 F_1 逐渐降

到 F_2，其弹性伸长量亦将逐渐减小，这时带在带轮上必向后产生微小滑动，造成带的速度小于主动轮的圆周速度，至凸点处带速已由 v_1 降为 v_2 了。

同理，传动带在从动轮 2 上由 c 点旋转至 d 点的过程中，由于拉力逐渐增大，其弹性伸长量也将逐渐增加，这时带在带轮上必向前产生滑动，致使带的速度领先于从动轮的圆周速度，至 d 点处带的速度又增加到 v_1。

由于带两边拉力不相等致使两边弹性变形不相同，由此引起的带与带轮间的滑动称为带传动的弹性滑动。它在摩擦带传动中是不可避免的，是带传动不能保证准确传动比的原因。

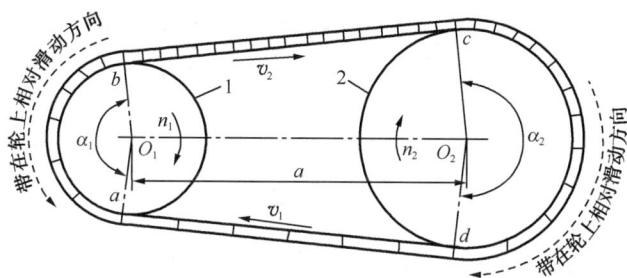

图 11.5　带的弹性滑动

1—主动轮；2—从动轮

由于弹性滑动引起的从动轮圆周速度的降低率（相对滑动率）称为带传动的滑动系数，用 ε 表示，即：

$$\varepsilon = \frac{v_1 - v_2}{v_1} = 1 - \frac{d_{d_2} n_2}{d_{d_1} n_1} \tag{11.1}$$

从动轮转速的计算式为：

$$n_2 = \frac{n_1 d_{d_1}}{d_{d_2}}(1 - \varepsilon) \tag{11.2}$$

通常带传动的滑动系数 $\varepsilon = 0.01 \sim 0.02$，因 ε 值较小，非精确计算时可忽略不计。

11.1.4　V 带的安装与张紧装置

1．V 带的正确安装与使用

（1）保证 V 带的截面在轮槽中的正确位置，如图 11.6（a）中（1）所示。其中（2）、（3）为不正确位置。

（2）V 带轮轴的中心线保持平行（误差不超过 $20'$），如图 11.6（b）中（1）所示。否则，会使 V 带传动时扭曲和早期磨损，如图 11.6（b）中（2）、（3）所示。

（3）V 带紧度要合适，一般在中等中心距的情况下，以大拇指能压下 15mm 左右即为合适，如图 11.6（b）中（3）所示。

（4）要定期检查调整 V 带传动，必要时更换 V 带，新、旧带不能混合使用。各根 V 带长度应一致，使传动时受力均匀。

2．V 带传动的张紧装置

由于 V 带传动长期在拉力作用下，带的长度会增加，张紧力随之减小，传动能力降低，为了保证带传动正常工作能力，必须调整带的张紧度。带传动张紧装置采用调整中心距和张紧轮的方法。

（1）调整中心距的方法。一般水平或垂直以及接近水平（垂直）传动，利用调整螺钉调整中心距离，如图 11.7（a）中（1）、（2）所示。如图 11.7（a）中（3）所示为重力自动张紧方法。

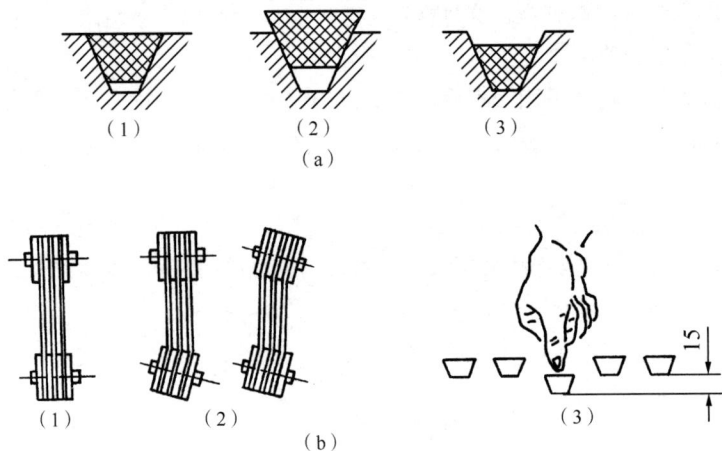

图 11.6　V 带的正确安装

（2）安装张紧轮的方法。中心距不能调的情况才采用此法，如图 11.7（b）中（1）所示为平带传动，是利用重锤使张紧轮张紧平带，将它安放在松边外侧，并靠近小带轮处，使平带张紧还可增大小带轮包角，提高了传动能力；V 带将张紧轮安放在松边内侧，靠近大带轮，如图 11.7（b）中（2）所示。

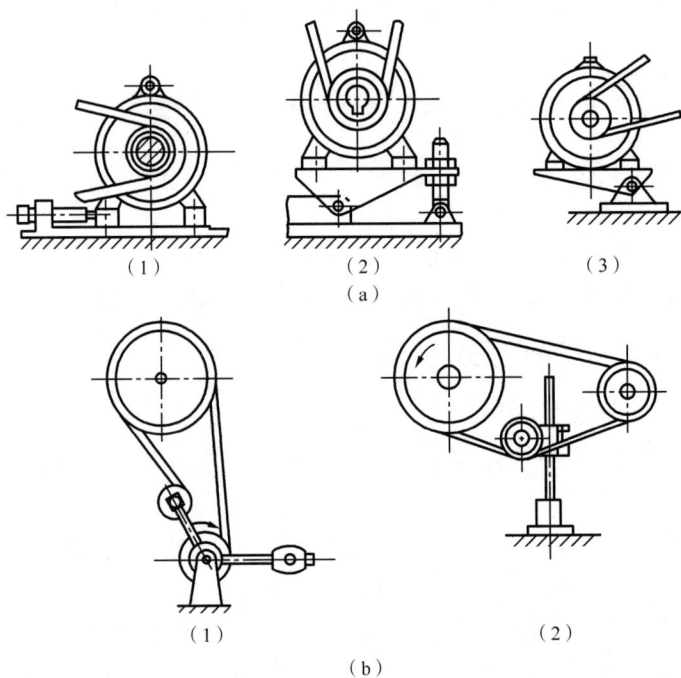

图 11.7　V 带传动的张紧方法

11.2　齿轮传动

齿轮传动由主动轮、从动轮和支撑件等组成，是通过轮齿间直接啮合来实现的一种机械传动，主要用来传递运动和动力，在机械中应用非常广泛。

11.2.1 齿轮传动的特点与分类

1. 齿轮传动的特点

齿轮传动与其他传动比较，具有瞬时传动比恒定、结构紧凑、工作可靠、寿命长、效率高（传动效率为 0.96～0.99）等优点，可实现平行轴、任意两相交轴和任意两交错轴之间的传动，适应的圆周速度和传递功率范围大。但齿轮传动的制造成本较高，低精度齿轮传动时噪声和振动较大，不适宜于两轴间距离较大的传动。

2. 齿轮传动的分类

齿轮传动的类型很多，按齿轮轴线间的位置和齿向的不同，常用齿轮传动的分类方法如图11.8所示。

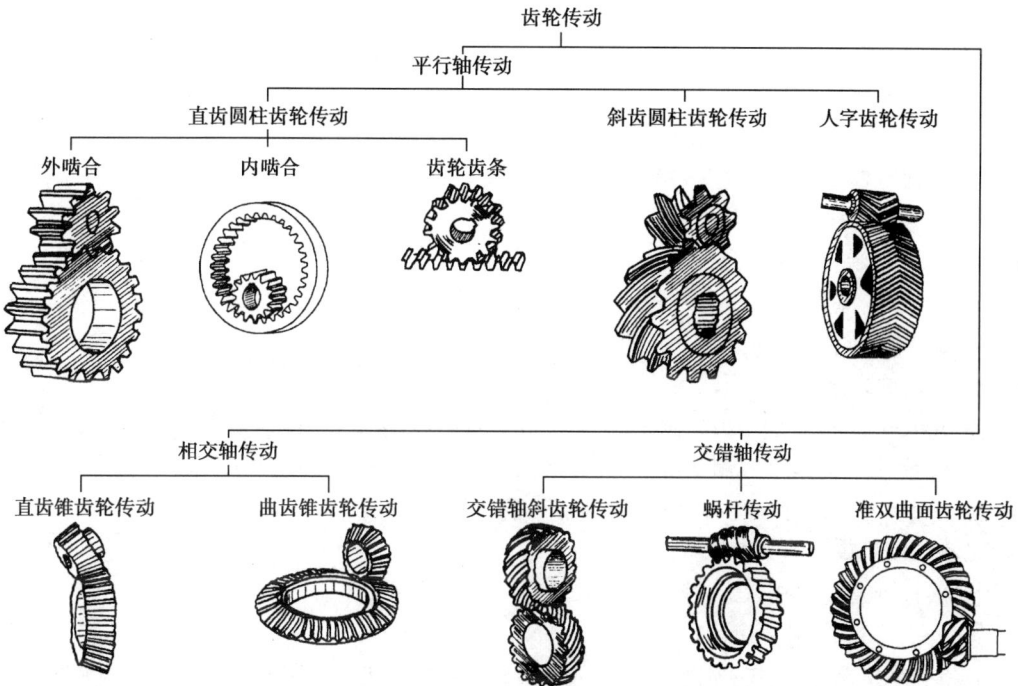

图 11.8　齿轮传动的种类

11.2.2　渐开线齿轮

1. 渐开线的形成及基本性质

齿轮齿廓有渐开线、摆线和圆弧三种，其中渐开线齿廓的齿轮应用最广泛。本节主要介绍渐开线齿轮。如图 11.9 所示，当直线 $\overline{NK}$ 沿着一固定的圆做纯滚动时，此直线上任一点 K 的轨迹称为该圆的渐开线。这个圆称为渐开线的基圆，直线 $\overline{NK}$ 称为渐开线的发生线。

由渐开线形成的过程可知，渐开线具有下列性质：

（1）发生线沿基圆滚过的长度 $\overline{NK}$，等于基圆上被滚过的圆弧长 $\overarc{AN}$，即 $\overline{NK} = \overarc{AN}$。

（2）发生线 KN 是渐开线在任意点 K 的法线。由图 11.9 可知，形成渐开线时，K 点附近的渐开线可看成是以 N 为圆心、以 $\overline{NK}$ 为

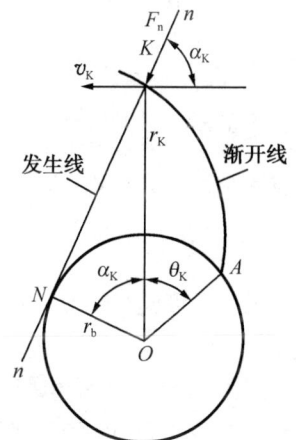

图 11.9　渐开线的形成

半径的一段圆弧。因此，N 点是渐开线在 K 点的曲率中心，NK 是渐开线上 K 点的法线。又由于发生线在各个位置与基圆相切，因此，渐开线上任意点的法线必与基圆相切。

（3）图 11.9 中的 α_K 是渐开线上 K 点的法线与该点的速度方向线所夹的锐角，称为该点的压力角。渐开线各点处的压力角不等，r_K 越大（即 K 点离圆心 O 越远），其压力角越大；反之越小。基圆上的压力角等于零。

（4）渐开线形状决定于基圆的大小。基圆半径越小，渐开线越弯曲；基圆半径越大，渐开线越平直；基圆半径无穷大时，渐开线为一条斜直线（齿条齿廓）。

（5）基圆以内无渐开线。

2. 标准直齿圆柱齿轮的各部分名称和符号

如图 11.10 所示为渐开线直齿圆柱齿轮的一部分，齿轮轮齿两侧均为渐开线，整个轮缘由轮齿与齿槽组成。图中半径 r_a 所在的圆是齿顶圆，其直径用 d_a 表示；半径 r_f 所在的圆是齿根圆，其直径用 d_f 表示；齿轮齿廓渐开线所在的基圆直径用 d_b 表示。为了设计、制造方便，将作为度量齿轮上某个圆尺寸的基准，这个圆称为分度圆。分度圆半径和直径分别用 r 和 d 表示。分度圆上，一个齿槽两侧齿廓间的弧长称为齿槽宽，用 e 表示；一个轮齿两侧齿廓间的弧长称为齿厚，用 s 表示；相邻两齿同侧齿廓之间的弧长称为分度圆齿距，用 p 表示，显然

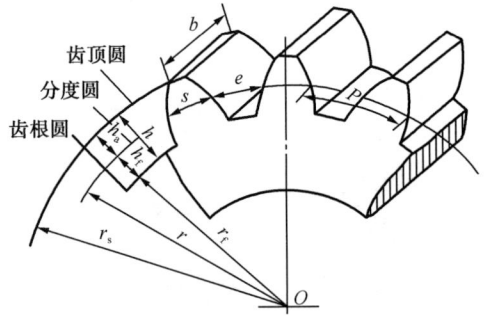

图 11.10　直齿轮各部分的名称和符号

轮的齿距 $p=e+s$。分度圆与齿顶圆之间的径向高度称为齿顶高，用 h_a 表示；分度圆与齿根圆之间的径向高度称为齿根高，用 h_f 表示；齿顶圆和齿根圆之间的径向高度称为全齿高，用 h 表示，显然 $h=h_a+h_f$。齿轮几何尺寸均取决于齿轮的基本参数。

3. 直齿圆柱齿轮的基本参数

渐开线标准直齿圆柱齿轮的基本参数有齿数 z、模数 m、压力角 α、齿顶高系数 h_a^*、顶隙系数 c^* 等。

（1）齿数 z。在齿轮整个圆周上齿的总数称为该齿轮的齿数，用符号 z 表示，齿数由设计计算确定。

（2）模数 m。分度圆的周长为：

$$\pi d=zp \text{ 或 } d=\frac{zp}{\pi}$$

式中的 π 为无理数，为便于设计、制造和检验，把 $\frac{p}{\pi}$ 比值制定成标准值，称为模数，用 m 表示，即：

$$m=\frac{p}{\pi}$$

因此，分度圆直径为：

$$d=mz \tag{11.3}$$

模数 m 是齿轮几何尺寸计算的重要参数。齿数相同的齿轮，模数越大，其径向尺寸越大，轮齿所能承受的载荷也越大，如图 11.11 所示。齿轮的模数已标准化，表 11.3 为国家标准中的模

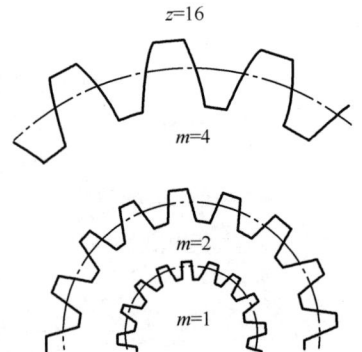

图 11.11　模数与齿轮尺寸的关系

数系列，设计时应选择标准模数。

表 11.3　标准模数系列表（摘自 GB/T 1357—2008）

第一	1	1.25	1.5	2	2.5	3	4	5	6	8
系列	10	12	16	20	25	32	40	50	…	
第二	1.125	1.375	1.75	2.25	2.75	3.5	4.5	5.5	(6.5)	7
系列	9	11	14	18	22	28	35	45	…	

注：1．本表用于渐开线圆柱齿轮，对斜齿轮是指法向模数。

　　2．选用模数时，应优先采用第一系列，其次是第二系列，括号内的模数尽可能不用。

（3）压力角 α。如图 11.9 所示，渐开线 K 点的压力角 α_K 可用 $\cos\alpha_K = r_b/r_K$ 表示，因此，渐开线齿轮分度圆上的压力角可用下式表示：

$$\cos\alpha = \frac{r_b}{r} \tag{11.4}$$

式中，r_b 为基圆半径，单位为 mm；r 为分度圆半径，单位为 mm。国家标准规定，标准齿轮的压力角 $\alpha = 20°$。

（4）齿顶高系数 $h_a{}^*$ 和顶隙系数 c^*：

齿顶高　　　$h_a = h_a{}^* m$

齿根高　　　$h_f = (h_a{}^* + c^*) m$

以上各式中，$h_a{}^*$ 为齿顶高系数，c^* 为顶隙系数。国家标准中规定 $h_a{}^*$、c^* 的标准值：

正常齿　　　　　　　　$h_a{}^* = 1$，$c^* = 0.25$

短齿　　　　　　　　　$h_a{}^* = 0.8$，$c^* = 0.3$

4．渐开线直齿圆柱齿轮几何尺寸计算

标准渐开线直齿圆柱齿轮几何尺寸计算公式列于表 11.4。

表 11.4　标准渐开线直齿圆柱齿轮几何尺寸的计算公式

名　称	符　号	外　齿　轮	内　齿　轮	齿　条
模数	m	经设计计算后取 17.4 标准值		
压力角	α	$\alpha = 20°$		
顶隙	c	$c = c^* m$		
齿顶高	h_a	$h_a = h_a{}^* m$		
齿根高	h_f	$h_f = (h_a{}^* + c^*)m$		
全齿高	h	$h = h_a + h_f$		
齿距	p	$p = \pi m$		
基圆齿距	p_b	$p_b = p\cos\alpha = \pi m\cos\alpha$		
齿厚	s	$s = \dfrac{\pi m}{2}$		
齿槽宽	e	$e = \dfrac{\pi m}{2}$		
分度圆直径	d	$d = mz$		$d = \infty$
基圆直径	d_b	$d_b = d\cos\alpha$		$d_b = \infty$
齿顶圆直径	d_a	$d_a = d + 2h_a$	$d_a = d - 2h_a$	$d_a = \infty$
齿根圆直径	d_f	$d_f = d - 2h_f$	$d_f = d + 2h_f$	$d_f = \infty$

5．内齿轮与齿条

如图 11.12（a）所示为一圆柱内齿轮，内齿轮的齿廓是内凹的渐开线。其特点是：齿厚相当

于外齿轮的齿槽宽，而齿槽相当于外齿轮的齿厚；内齿轮的齿顶圆小于分度圆，齿根圆大于分度圆。由于上述特点，内齿轮的齿顶圆直径与齿根圆直径的计算也不同于外齿轮，其计算公式见表 11.4。

如图 11.12（b）所示为一齿条，当外齿轮的齿数增加到无穷多时，齿轮上的圆变为互相平行的直线，渐开线齿廓就变成直线齿廓。这种齿轮的一部分就是齿条。齿条不论在分度线或与其平行的其他直线上，齿距 p 均相等，即 $p=\pi m$；分度线上 $s=e$，其他直线上不相等；齿廓上各点处的压力角均相等，标准值为 20°。

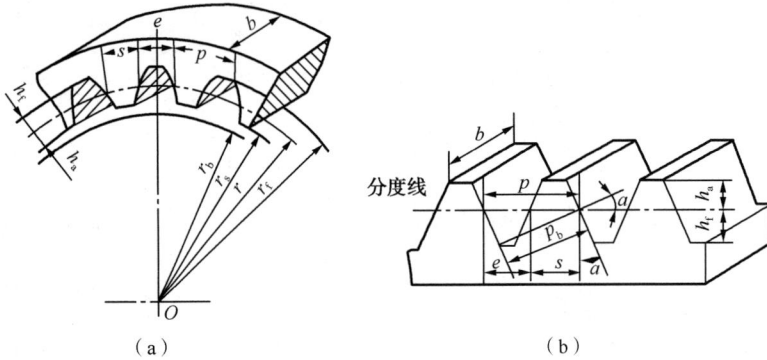

（a）　　　　　　　　　　　　（b）

图 11.12　内齿轮与齿条

6. 标准齿轮的公法线长度

在设计、制造和检验齿轮时，经常需要知道齿轮的齿厚（如控制齿侧间隙、控制进刀量和检验加工精度等），因无法直接测量弧齿厚，故常需测量齿轮的公法线长度。所谓公法线长度，是指齿轮卡尺跨过几个齿所量得的齿廓间的法向距离。

如图 11.13 所示，卡尺的卡脚与齿廓相切于 A、B 两点（图中卡脚跨 3 个齿），设跨齿数为 k，卡脚与齿廓切点 A、B 的距离 AB 即为所测的公法线长度，用 W 表示。由图 11.13 可知：

$$W=(k-1)p_n+s_b=(k-1)p_b+s_b$$

经推导可得标准齿轮的公法线长度计算公式：

$$W=m\cos\alpha[(k-0.5)\pi+z(\tan\alpha-\alpha)]$$

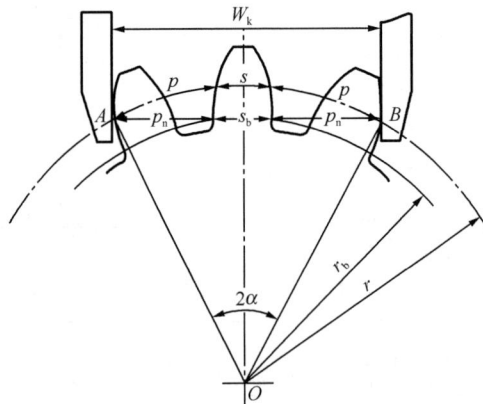

图 11.13　齿轮公法线长度的测量

当 $\alpha = 20°$ 时

$$W = m[2.9521(k-0.5)+0.014z] \qquad (11.5)$$

为保证测量准确,应使卡脚与齿廓分度圆附近相切。此时,跨齿数 k 由下式确定:

$$k = \frac{z}{9}+0.5$$

计算得到的跨齿数应圆整为整数。公法线长度 W 和跨齿数 k 也可直接从机械设计手册中查得。

11.2.3 直齿圆柱齿轮的结构

齿轮的结构与毛坯种类、所选材料、几何尺寸、制造工艺及经济性等因素有关。通常是先按齿轮直径和材料选定合适的结构形式,然后再由经验公式或有关数据确定各部分尺寸。

齿轮常用的结构形式有以下几种。

(1)齿轮轴。对于直径较小的齿轮,齿根圆直径与轴径相差很小,应将齿轮与轴做成一体,称为齿轮轴。通常是齿轮键槽底部与齿根圆之间的径向尺寸 $x<2.5$mm 时,可将齿轮和轴做成一体,如图 11.14 所示。

(2)实心式齿轮。若齿根圆到键槽底部的径向尺寸 $x>2.5$mm,直径 $d_a \leqslant 200$mm 时,做成实心齿轮,如图 11.15 所示。

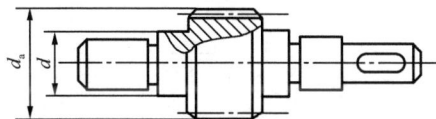

图 11.14　齿轮轴

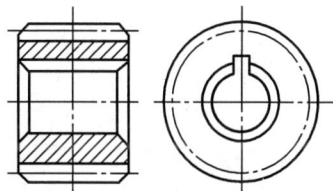

图 11.15　实心式齿轮

(3)腹板式齿轮。当齿轮直径较大时,$d_a>200\sim500$mm 时,为节约材料及减轻质量,通常做成腹板式,如图 11.16 所示。

(4)轮辐式齿轮。当 $d_a>500$mm 时,齿轮毛坯锻造不便,往往改用铸铁或铸钢浇注。铸造齿轮常做成轮辐式结构,如图 11.17 所示。

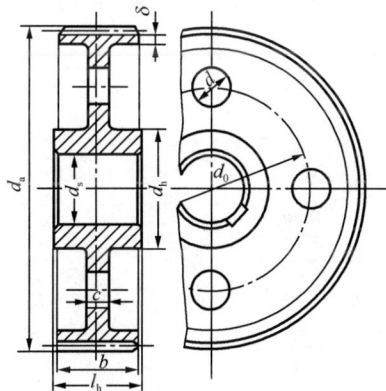

$d_h = 1.6d_s$;$l_h = (1.2\sim1.5)d_s$,并使 $l_h \geqslant b$;$c = 0.3b$;$\delta = (2.5\sim4)m$,$l_h \geqslant b$;但不小于 8 mm;d_0 和 d 按结构取定,当 d 较小时可不开孔

图 11.16　腹板式齿轮

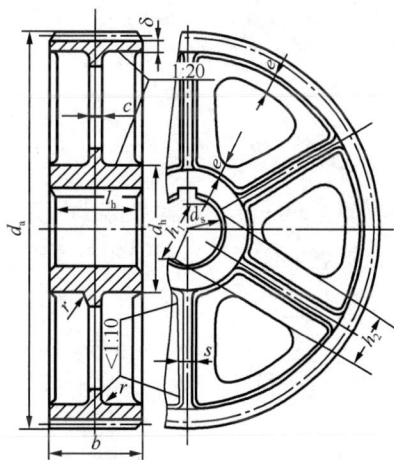

$d_h = 1.6d_s$(铸钢);$d_h = 1.8d_s$(铸铁);$l_h = (1.2\sim1.5)d_s$,并使 $c = 0.2b$,但不小于 10 mm;3 $=(2.5\sim4)$mm,但不小于 8 mm;$h_1 = 0.8d_s$;$h_2 = 0.8h_1$;$s = 0.15h_1$,但不小于 10 mm;$e = 0.8\delta$

图 11.17　轮辐式齿轮

11.2.4　渐开线标准直齿圆柱齿轮啮合传动

前面所讨论的是单个渐开线齿轮，而机器上所使用的齿轮总是成对的，下面介绍一对齿轮啮合传动的情况。

1. 渐开线齿轮的啮合过程

如图 11.18 所示，一对渐开线齿轮相啮合，由渐开线性质可知，N_1N_2 是两齿廓在啮合点的公法线，也是两基圆的内公切线，所以渐开线齿轮啮合时，各啮合点始终沿着两基圆的内公切线 N_1N_2 移动，N_1N_2 称为啮合线。设齿轮 1 为主动轮，齿轮 2 为从动轮。当一对齿轮开始啮合时，先以主动轮的齿根部分推动从动轮的齿顶，因此起始啮合是从动轮的齿顶圆与啮合线的交点 B_2。当两轮继续转动时，主动轮轮齿上的啮合点向齿顶移动，而从动轮轮齿上的啮合点向齿根部移动。终止啮合点是主动轮的齿顶圆与啮合线的交点 B_1，此时两轮齿将脱离接触。线段 B_2B_1 为齿轮啮合点的实际轨迹，称为实际啮合线段。若将两齿顶圆加大，则 B_1B_2 就越接近点 N_1 和 N_2。但因基圆内无渐开线，故线段 N_1N_2 称为理论最大的啮合线段，称为理论啮合线段。

2. 渐开线齿轮啮合传动特点

（1）传动比（瞬时传动比）恒定。齿轮的传动比是指主、从动轮的角速度之比，习惯上也用主、从动轮的转速之比表示，即：

$$i_{12}=\frac{\omega_1}{\omega_2}=\frac{n_1}{n_2}$$

由渐开线的性质可知，渐开线齿轮啮合时，同一方向的啮合线只有一条，所以它与两轮连心线的交点 C 必为一固定点，如图 11.18 所示。可以证明，一对齿轮啮合传动过程中，无论齿廓在何处接触，过接触点所做的公法线与两轮连心线始终交于一固定点，则两轮的传动比为一恒定值，且有：

$$i_{12}=\frac{\omega_1}{\omega_2}=\frac{n_1}{n_2}=\frac{O_2C}{O_1C}=\frac{r_2}{r_1}=\frac{r_{b2}}{r_{b1}} \tag{11.6}$$

从式（11.6）可知，由于 C 点为固定点，两分度圆半径之比 r_2/r_1 为定值，故瞬时传动比 i_{12} 固定不变。这就保证了齿轮传动的平稳性。O_1O_2 中心线交一固定点 C，C 点称为节点。分别以 O_1 与 O_2 为圆心，过节点 C 所作的两个相切圆称为节圆，O_1C、O_2C 分别称为主、从动轮的节圆半径。由式（11.6）可知，一对齿轮传动时，两齿轮在节点处的速度相等，即 $v_1=\omega_1\,O_1C$，$v_2=\omega_2O_2C$，因此一对齿轮的啮合可以看做是两个节圆的纯滚动（$r_1=O_1C$，$r_2=O_2C$）。

（2）中心距具有可分性。由上面的分析可知，渐开线齿轮传动比还取决于基圆半径的大小。当一对齿轮制成后，其基圆半径已确定，因而传动比确定。在齿轮安装以后，中心距的微小变化不会改变瞬时传动比，这就给制造、安装、调试都提供了便利。

（3）传动的作用力方向不变。由前述可知，两齿廓无论在何点啮合，齿廓间作用的压力方向沿着法线方向，即啮合线方向。由于啮合线为与两轮基圆相切的固定直线，所以齿廓间作用的压

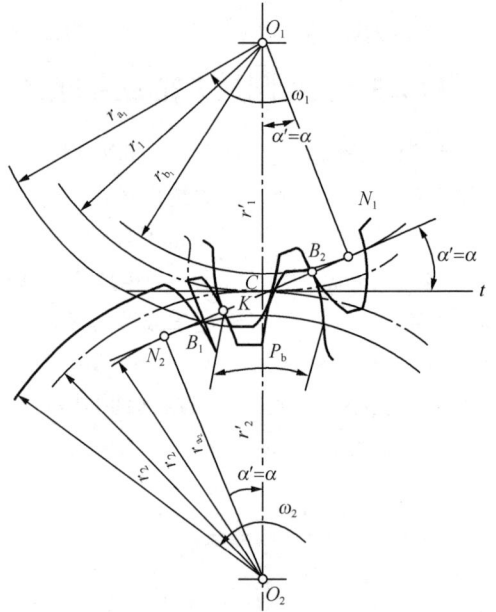

图 11.18　渐开线齿轮的啮合过程

力方向不变，这对齿轮传动的平稳性是很有利的。

啮合线 N_1-N_2 与两节圆的公切线 t-t 所夹的锐角称为啮合角，用 α' 表示。

3．渐开线齿轮啮合传动的条件

（1）正确啮合的条件。一对渐开线齿轮要实现啮合传动，必须满足正确啮合条件。下面对如图 11.19 所示的一对齿轮进行分析。

齿轮传动时，每一对轮齿仅啮合一段时间便要分离，而由后一对轮齿接替。为了保证每对轮齿都能正确地进入啮合，要求前一对轮齿在 K 点接触时，后一对轮齿能在啮合线上另一点 K'，正常接触。而 KK' 恰为齿轮 1 和齿轮 2 的法向齿距，$p_{n1}=p_{n2}$。由渐开线性质可知，法向齿距 p_n 与基圆齿距 p_b 相等，因此：

$$p_{b1}=p_{b2}$$

而

$$p_b=p\cos\alpha=\pi m\cos\alpha$$

得到：

$$m_1\cos\alpha_1=m_2\cos\alpha_2$$

式中，m_1、m_2、α_1、α_2 分别为两轮的模数和分度圆压力角。由于 m、α 均已标准化，所以，得到正确啮合条件为：

$$\left.\begin{array}{l} m_1=m_2=m \\ \alpha_1=\alpha_2=\alpha \end{array}\right\} \qquad (11.7)$$

图 11.19　渐开线齿轮正确啮合条件

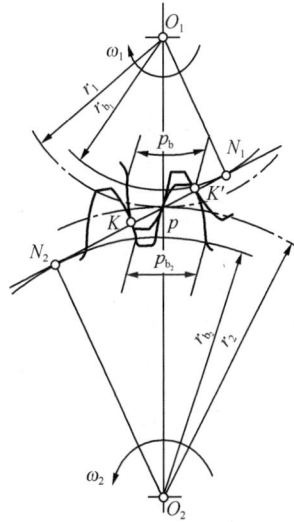

可见直齿圆柱齿轮正确啮合的条件是：两轮的模数和压力角必须分别相等并为标准值。

（2）连续传动条件。如图 11.19 所示，由齿轮啮合过程可知，为使齿轮连续的进行传动，就必须使前一对轮齿尚未脱离啮合时，后一对轮齿已经进入啮合。这就要求实际啮合线必须大于或等于基圆齿距，即：

$$\overline{B_2B_1}\geqslant p_b$$

此式称为连续传动条件。

上式可写成：

$$\varepsilon=\frac{\overline{B_2B_1}}{p_b}=\frac{1}{2\pi}[Z_1(\tan\alpha_{a1}-\tan\alpha')+Z_2(\tan\alpha_{a2}-\tan\alpha')]\geqslant 1 \qquad (11.8)$$

式中，ε 称为重合度。α' 为啮合角，α_{a1}、α_{a2} 分别为齿轮 1、齿轮 2 的齿顶圆压力角。重合度 ε 越大，表明齿轮传动的连续性和平稳性越好。直齿圆柱齿轮的重合度应 $\varepsilon\geqslant1.1\sim1.4$。重合度的大小，可通过作图法在啮合线 N_1N_2 上确定 B_2、B_1 点，量取 $\overline{B_2B_1}$，与 p_b 相比而得。

（3）标准安装的条件。一对标准齿轮节圆与分度圆相重合的安装称为标准安装，标准安装时的中心距称为标准中心距，以 a 表示。一对齿轮标准安装时，两个齿轮的传动可以看做是两个分度圆的纯滚动。在满足正确啮合的条件下，存在 $s_1=e_2$，$e_1=s_2$，此时，两轮可实现无侧隙啮合。这对避免传动的反向空程冲击是有实际意义的。

标准安装时，对于外啮合传动，如图 11.20 所示。

$$a=r_1'+r_2'=r_1+r_2=\frac{m}{2}(z_1+z_2) \qquad (11.9)$$

图 11.21 表示一内啮合标准齿轮传动，当按标准中心距安装时，两轮的各分度圆与各自的节圆重合相切，其标准中心距：

$$a = r_1 - r_2 = \frac{m}{2}(z_1 - z_2) \tag{11.10}$$

需要指出的是，分度圆和压力角是单个齿轮所具有的参数，节圆和啮合角是一对齿轮啮合时才出现的几何参数。单个齿轮不存在节圆和啮合角。标准齿轮标准安装时，节圆与分度圆才重合，此时啮合角与压力角相等，即 $\alpha' = \alpha$。

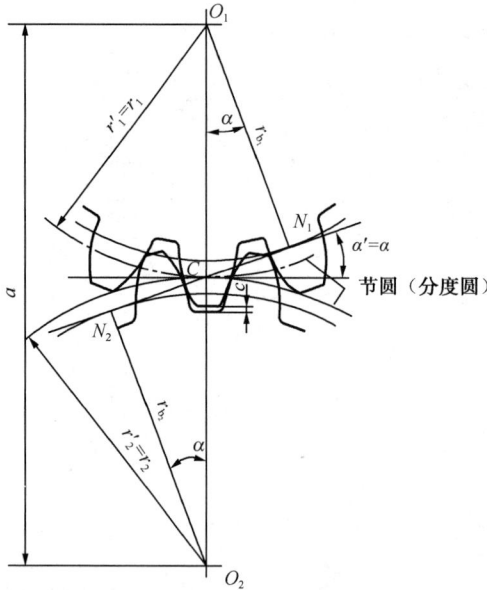

图 11.20　外啮合齿轮传动　　　　　　　　　图 11.21　内啮合齿轮传动

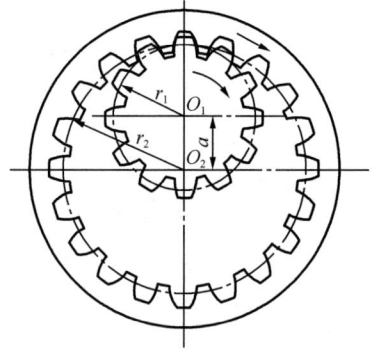

11.2.5　渐开线齿轮的切齿原理与根切现象

1. 渐开线齿轮的切齿原理

齿轮的切齿方法就其原理来说可分为仿形法和展成法两种。

（1）仿形法。这种方法的特点是所采用的成形刀具，在其轴向剖面内，刀刃的形状和被切齿轮齿槽的形状相同。常用的有盘状铣刀和指状铣刀。

如图 11.22（a）所示为用盘状铣刀切制齿轮的情况。切制时，铣刀转动，同时齿轮毛坯随铣床工作台沿平行于齿轮轴线的方向直线移动，切出一个齿槽后，由分度机构将轮坯转过 $360°/z$ 再切制第二个齿槽，直至整个齿轮加工结束。

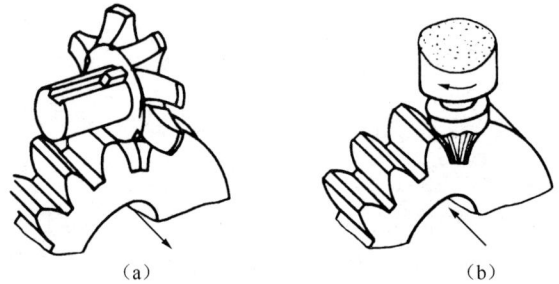

图 11.22　仿形法切齿

如图 11.22（b）所示为用指状铣刀加工齿轮的情况。加工方法与用盘状铣刀时相似。指状铣刀常用于加工大模数（如 $m > 20$ mm）的齿轮，并可以切制人字齿轮。

仿形法的优点是加工方法简单，不需要专门的齿轮加工设备。缺点是：由于铣制相同模数不同齿数的齿轮是用一组有限数目的齿轮铣刀来完成的，因此所选铣刀不可能与要求齿形准确吻合，加工出的齿形不够准确，轮齿的分度有误差，制造精度较低；由于切削是断续的，生产效率低。所以仿形法常用于单件、修配或少量生产及齿轮精度要求不高的齿轮加工。

（2）展成法。展成法是目前齿轮加工中最常用的一种方法。用展成法加工齿轮，常用的刀具有：齿轮形加工刀具，如图 11.23 所示为齿轮插刀；齿条形加工刀具，如图 11.24 所示为齿条插刀、如图 11.25 所示为滚刀，共两大类。

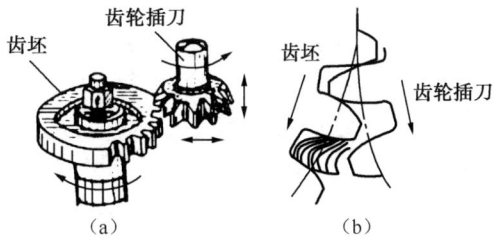

图 11.23　齿轮插刀加工齿轮

齿轮插刀加工齿轮：齿轮插刀是一个具有刀刃的渐开线外齿轮。加工时，插刀与轮坯严格地按定比传动做展成运动，即啮合传动，同时插刀沿轮坯轴线方向做上下往复的切削运动。为了防止插刀退刀时擦伤已加工的齿廓表面，在退刀时，轮坯还须做小距离的让刀运动。另外，为了切出轮齿的整个高度，插刀还需要向轮坯中心移动，做径向进给运动。

齿条插刀加工齿轮：刀具与轮坯的展成运动相当于齿条与齿轮啮合传动，其切齿原理与用齿轮插刀加工齿轮的原理相同。

齿轮滚刀加工：插齿加工其切削是不连续的，不仅影响生产率的提高，还限制了加工精度。因此，在生产中更广泛地采用齿轮滚刀加工齿轮。如图 11.25 所示为用齿轮滚刀加工齿轮的情况。滚刀形状像一螺旋，它的轴向剖面为一齿条。当滚刀转动时，相当于齿条做轴向移动，滚刀转一周，齿条移动一个导程的距离。所以用滚刀切制齿轮的原理和齿条插刀切制齿轮的原理基本相同。滚刀除了旋转之外，还沿着轮坯的轴线缓慢地进给，以便切出整个齿宽。

用展成法加工齿轮时，只要刀具和被加工齿轮的模数 m 和压力角 α 相同，则不管加工齿轮的齿数多少，都可以用同一把齿轮刀具加工，而且生产效率较高。所以在大批生产中多采用展成法。

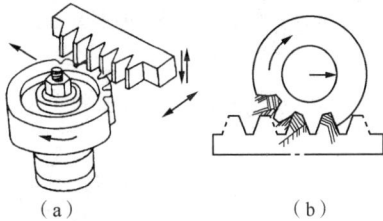

图 11.24　齿条插刀加工齿轮

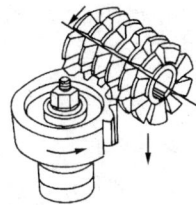

图 11.25　齿轮滚刀加工齿轮

2．根切现象与不发生根切的最少齿数 z_{min}

（1）根切现象。用展成法加工标准齿轮时，如果刀具的齿顶线超过了极限啮合点 N_1，轮齿根部的渐开线齿廓将会被刀具切去一部分，这种现象称为切齿干涉，又称根切，如图 11.26 所示。

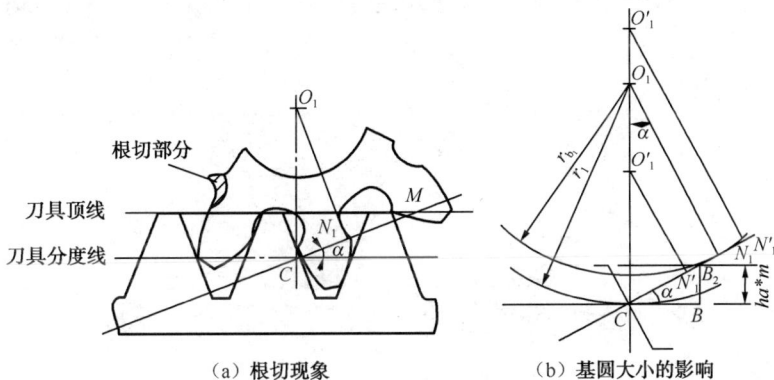

（a）根切现象　　　　（b）基圆大小的影响

图 11.26　轮齿根切及其原理

产生严重根切的齿轮，会使轮齿的抗弯强度降低，并使重合度减小，影响传动的平稳性，对传动十分不利，因此应避免根切现象的产生。

（2）最少齿数 z_{min}。要避免根切，就必须使刀具的顶线不超过 N_1 点。刀具模数确定后，刀具齿顶高也为一定值。由于标准齿轮在分度圆上的齿厚 s 与齿槽宽 e 相等，为此加工时刀具的分度中线必须与轮坯分度圆相切。这样，齿顶线位置也就确定下来。当轮坯基圆半径越小，齿数越少，N_1 点就越接近 C，产生根切的可能性就越大。

如图 11.26 所示，按不根切条件，应使 $CB_2 \leq CN_1$。由 $\triangle O_1 N_1 C$ 得：

$$CN_1 = r_1 \sin \alpha = \frac{mz}{2} \sin \alpha$$

由 $\triangle CB_2 B$，得：

$$CB_2 = \frac{ha^* m}{\sin \alpha}$$

$$\frac{ha^* m}{\sin \alpha} \leq \frac{mz}{2} \sin \alpha$$

故有：

$$z \geq \frac{2ha^*}{\sin^2 \alpha}$$

上述即为切制标准齿轮不发生根切的条件。

令

$$z_{min} = \frac{2ha^*}{\sin^2 \alpha} \tag{11.11}$$

z_{min} 为标准齿轮不发生根切的最少齿数。对于正常齿 $z_{min} = 17$，允许少量根切时 $z_{min} = 14$；对于短齿 $z_{min} = 14$。

由上述可知，标准齿轮避免根切的措施是使齿轮齿数大于或等于最少齿数。

3. 变位及变位齿轮

标准齿轮设计计算简单，互换性好，因而被广泛应用。但标准齿轮传动仍存在着一些局限性：① 受根切限制，齿数不得少于 z_{min}，使传动结构不够紧凑；② 不适合于安装中心距 a' 不等于标准中心距 a 的场合。当 $a' < a$ 时无法安装，当 $a' > a$ 时，虽然可以安装，但会产生过大的侧隙而引起冲击振动，影响传动的平稳性；③ 一对标准齿轮传动时，小齿轮的齿根厚度小而啮合次数又较多，故小齿轮的强度较低，齿根部分磨损也较严重，因此小齿轮容易损坏，同时也限制了大齿轮的承载能力。

为了改善齿轮传动的性能，出现了变位齿轮。如图 11.27 所示。若将齿条插刀远离轮心 O_1 一段距离（xm），齿顶线不再超过极限点 N_1，则切出来的齿轮不会发生根切，但此时齿条的分度线与齿轮的分度圆不再相切。这种改变刀具与齿坯相对位置后切制出来的齿轮称为变位齿轮，刀具移动的距离 xm 称为变位量，x 称为变位系数。

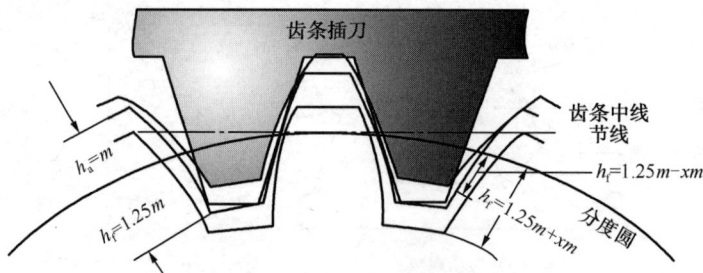

图 11.27　齿轮变位原理

刀具远离轮心的变位称为正变位，此时 $x>0$；

刀具移近轮心的变位称为负变位，此时 $x<0$。

标准齿轮就是变位系数 $x=0$ 的齿轮。

变位齿轮的设计计算请读者参考有关设计手册。

11.2.6　齿轮传动的失效形式

齿轮在传动过程中，常见失效形式有轮齿折断、齿面点蚀、齿面磨损、齿面胶合及塑性变形 5 种形式。

（1）轮齿折断。轮齿折断形式有两种：一种是在交变载荷作用下，齿根弯曲应力超过允许限度时，齿根处产生微小裂纹，随后裂纹不断扩展，最终导致轮齿疲劳折断；另外一种是短时过载或受冲击载荷发生突然折断，如图 11.28 所示。

防止轮齿折断的措施有：限制齿根上的弯曲应力；降低齿根处的应力集中；选用合适的齿轮参数和几何尺寸；强化处理（如喷丸、碾压）和良好热处理工艺等。

（2）齿面点蚀。轮齿齿面在载荷的反复交变作用下，当轮齿表面接触应力超过允许限度时，表面发生微小裂纹，以致小颗粒的金属剥落形成麻坑，如图 11.29 所示，称为齿面疲劳点蚀。点蚀的产生破坏了渐开线的完整性，从而引起振动和噪声，继而恶性循环，以致传动不能正常进行。

图 11.28　轮齿折断　　　　　　　图 11.29　齿面疲劳点蚀

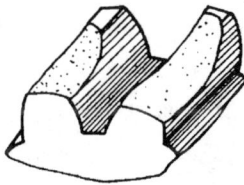

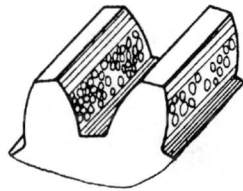

在润滑防护良好的闭式（有箱体防护）传动中，软齿面齿轮（硬度≤350HBS），易发生齿面点蚀。在开式（无箱体防护）齿轮传动中，齿面磨损大，看不到点蚀现象。

防止齿面点蚀的措施有：限制齿面接触应力；提高齿面硬度；降低齿面的粗糙度值；采用黏度高的润滑油等。

（3）齿面磨损。在开式传动中，轮齿工作面间进入灰尘杂物时，会引起齿面磨损。齿面磨损后，齿厚变薄，渐开线齿廓被破坏，引起冲击、振动和噪声，最后导致轮齿因强度不足而折断，如图 11.30 所示。

防止磨损的措施有：提高齿面硬度；降低表面粗糙度值；改善工作条件；采用适当的防尘罩；在润滑油中加入减磨剂并保持润滑油的清洁等。

（4）齿面胶合。高速、重载传动中，由于齿面的压力大、相对滑动速度高，造成局部温度过高，使齿面油膜破裂，产生接触齿面金属黏着，随着齿面的相对运动，使金属从齿面上撕落。这种现象称为齿面胶合，如图 11.31 所示。

防止胶合的措施有：提高齿面硬度；采用黏度较大或抗胶合性能好的润滑油；降低齿面粗糙度值等。

（5）齿面塑性变形。硬度不高的齿面在重载荷作用下，可能产生局部的塑性变形。这种失效常在过载严重和启动频繁的传动中出现。

防止的措施有：保证良好的润滑；减小表面粗糙度值；选用屈服强度较高的材料等。

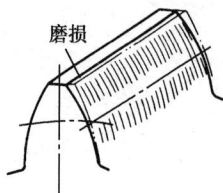

图 11.30　齿面磨损　　　　　　　　　　图 11.31　齿面胶合

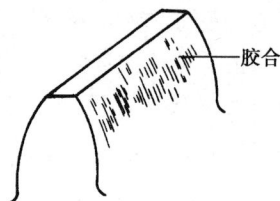

11.2.7　齿轮材料选择

选择齿轮材料的要求是：应使齿轮的齿面具有较高的抗磨损、抗点蚀、抗胶合及抗塑性变形的能力，而齿根应有足够的抗折断能力。因此，对齿轮材料性能总的要求为齿面硬、齿心韧，同时应具有良好的加工和热处理的工艺性。

齿轮一般应选用具有良好力学性能的中碳结构钢和中碳合金结构钢；承受较大冲击载荷的齿轮，可选用合金渗碳钢；一些低速或中速低应力、低冲击载荷条件下工作的齿轮，可选用铸钢、灰铸铁或球墨铸铁；一些受力不大或在无润滑条件下工作的齿轮，可选用有色金属和非金属材料。

（1）调质钢齿轮。调质钢主要用于制造对硬度和耐磨性要求不很高，对冲击韧度要求一般的中、低速和载荷不大的中、小型传动齿轮，如金属切削加工机床的变速箱齿轮、挂轮齿轮等，通常采用 45、40Cr、40MnB、35SiMn、45Mn2 等钢制造。一般常用的热处理工艺是经调质或正火处理后，再进行表面淬火（即硬齿面），有时经调质和正火处理后也可直接使用（软齿面）。对于精度要求高、转速快的齿轮，可选用渗氮用钢（38CrMoAlA），经调质处理和渗氮处理后使用。

（2）渗碳钢齿轮。渗碳钢主要用于制造高速、重载、冲击较大的重要齿轮，如汽车变速箱齿轮、驱动桥齿轮、立式车床的重要齿轮等，通常采用 20CrMnTi、20CrMo、20Cr、18Cr2Ni4WA、20CrMnMo 等钢制造，经渗碳淬火和低温回火处理后（硬齿面），表面硬度高，耐磨性好，心部韧性好，耐冲击。为了增加齿面的残余压应力，进一步提高齿轮的疲劳强度，还可进行喷丸处理。

（3）铸钢和铸铁齿轮。形状复杂、难以锻造成型的大型齿轮采用铸钢和铸铁等材料制造。对于工作载荷大、韧性要求较高的齿轮，如起重机齿轮等，选用 ZG270—500、ZG310—570、ZG340—640 等铸钢制造；对于耐磨性、疲劳强度要求较高，但冲击载荷较小的齿轮，如机油泵齿轮等，可选用球墨铸铁制造，如 QT500—7、QT600—3 等；对于冲击载荷很小的低精度、低速齿轮，可选用灰铸铁制造，如 HT200、HT250、HT300 等。

（4）有色金属齿轮和塑料齿轮。仪器、仪表中的齿轮以及某些在腐蚀介质中工作的轻载齿轮，常选用耐蚀、耐磨的有色金属制造，如黄铜、铝青铜、锡青铜、硅青铜等。塑料齿轮主要用于制造轻载、低速、耐蚀、无润滑或少润滑条件下工作的齿轮，如仪表齿轮、无声齿轮，常用材料如尼龙、ABS、聚甲醛、聚碳酸酯等。

常用齿轮材料及其力学性能如表 11.5 所示。由表可见，相同牌号的材料采用硬齿面时其许用应力值显著提高。所以条件许可时，选用硬齿面可使传动结构更紧凑。

表 11.5　齿轮常用材料和力学性能

材　　料	热处理方法	强度极强 σ_b/MPa	屈服点 σ_s/MPa	齿面硬度 HBS	许用接触应力 $[\sigma_H]$/MPa	许用弯曲应力 $[\sigma_{bb}]$[①]/MPa
HT300		300		187～255	290～347	80～105
QT600—3	正火	600		190～270	436～535	262～315

材　料	热处理方法	强度极强 σ_b/MPa	屈服点 σ_s/MPa	齿面硬度 HBS	许用接触应力 $[\sigma_H]$/MPa	许用弯曲应力 $[\sigma_{bb}]^①$/MPa
ZG310—570	正火	580	320	163～197	270～301	171～189
ZG340—640		650	350	179～207	288～306	182～196
45		580	290	162～217	468～513	280～301
ZG340—640	调质	700	380	241～269	468～490	248～259
45		650	360	217～255	513～545	301～315
35SiMn		750	450	217～269	585～648	388～420
40Cr		700	500	241～286	612～675	399～427
45	调质后 表面淬火			40～50HRC	972～1053	427～504
40Cr				48～55HRC	1035～1098	483～518
20Cr	渗碳后淬火	650	400	56～62HRC	1350	645
20CrMnTi		1100	850	56～62HRC	1350	645

① $[\sigma_{bb}]$ 为轮齿单向受载的试验条件下得到的，若轮齿的工作条件为双向受载，则应将表中数值乘以 0.7。

11.2.8　齿轮传动精度等级的选择

国家标准中将渐开线圆柱齿轮、锥齿轮精度分为 12 级。1 级最高，12 级最低。常用的是 6～9 级。齿轮每个精度等级的公差又根据对运动准确性、传动平稳性和载荷分布均匀性三方面要求，分成三个公差组，即第 Ⅰ 公差组、第 Ⅱ 公差组、第 Ⅲ 公差组。第 Ⅱ 公差组精度等级可按表 11.6 确定，第 Ⅰ 公差组和第 Ⅲ 公差组的精度等级可根据工作要求参照确定。

表 11.6　齿轮常用精度等级及应用范围

精度 等级	圆周速度 $v/m \cdot s^{-1}$			应 用 举 例
	直齿圆柱齿轮	斜齿圆柱齿轮	直齿锥齿轮	
6	≤15	≤30	≤9	精密机器、仪表、飞机、汽车、机床中的重要齿轮
7	≤10	≤20	≤6	一般机械中的重要齿轮；标准系列减速器；飞机、汽车、机床中的齿轮
8	≤5	≤9	≤3	一般机械中的齿轮；飞机、汽车、机床中不重要的齿轮；农业机械中的重要齿轮
9	≤3	≤6	≤2.5	工作要求不高的齿轮

齿轮传动的侧隙是指一对齿轮在啮合传动中，工作齿廓相互接触时，在两个非工作齿廓之间的最小距离 j_n。规定侧隙可避免因制造误差、热膨胀或承载变形等原因而导致轮齿卡住。侧隙可通过适当的齿厚极限偏差和中心距极限偏差来保证。GB/T10095—1988 中规定齿厚偏差有 C、D、E、F、G、H、J、K、L、M、N、P、R、S 共 14 种。具体选用可根据第 Ⅱ 公差组的精度等级及齿轮的主要参数查阅设计表格完成。齿轮工作图上应标注齿轮的精度等级和齿厚极限偏差代号，示例如下：

齿厚下偏差
齿厚上偏差
第Ⅲ公差组精度等级
第Ⅱ公差组精度等级
第Ⅰ公差组精度等级

11.2.9　直齿圆柱齿轮受力分析与强度计算

1. 直齿圆柱齿轮的受力分析

（1）受力分析。齿轮传动是靠轮齿间作用力传递功率的。为便于分析计算，现以节点作为计算简化点且忽略摩擦力的影响。如图 11.32 所示，齿廓间的总作用力 F_n 沿啮合线方向，F_n 称为法向力。在分度圆上 F_n 可分解成两个相互垂直的分力：指向轮心的径向力 F_r 和与分度圆相切的圆周力 F_t。

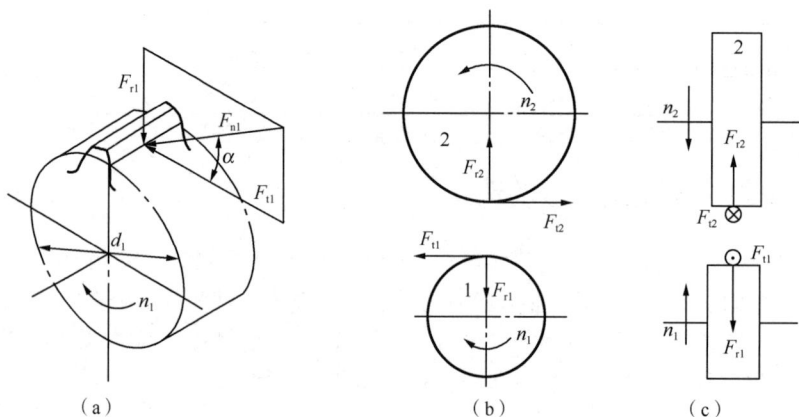

图 11.32　直齿圆柱齿轮的受力分析

一般主动轮 1 传递的功率 P_1（kW）及转速 n_1（r/min）通常是已知的，为此，主动轮上的转矩 T_1（N·mm）可由下式求得：

$$T_1 = 9.55 \times 10^6 \times \frac{P_1}{n_1} \quad (\text{N·mm}) \tag{11.12}$$

F_t、F_r 和 F_n 分别为：

$$\left. \begin{aligned} F_{t1} &= \frac{2T_1}{d_1} = -F_{t2}(\text{N}) \\ F_{r1} &= F_{t1} \tan \alpha = F_{r2} \\ F_{n1} &= \frac{F_t}{\cos \alpha} = \frac{2T_1}{d_1 \cos \alpha} = -F_{n2} \end{aligned} \right\} \tag{11.13}$$

式中，d_1 为主动轮分度圆直径，单位为 mm；α 为分度圆压力角，$\alpha = 20°$。

各力的方向：F_{t1} 是主动轮上的工作阻力，故其方向与主动轮的转向相反；F_{t2} 是从动轮上的驱动力，其方向与从动轮的转向相同；F_{r1} 与 F_{r2} 指向各自的回转中心，如图 11.32 所示。

（2）计算载荷。按式（11.13）计算的 F_t、F_r、F_n 均是作用在轮齿上的名义载荷。在实际传动中受到很多因素的影响，如原动机和工作机的工作特性；轴与联轴器系统在运动中所产生的附加动载荷；齿轮受载后，由于轴的弯曲变形，使作用在齿面上的载荷沿接触线分布不均等。所以进行齿轮的强度计算时，应按计算载荷进行。计算载荷按下式确定：

$$F_{nc}=KF_n \tag{11.14}$$

式中，K 为载荷系数，按表 11.7 查取。

表 11.7　载荷系数 K

原　动　机	工作机械的载荷特性		
	平稳和比较平稳	中　等　冲　击	大　的　冲　击
电动机、汽轮机	1～1.2	1.2～1.6	1.6～1.8
多缸内燃机	1.2～1.6	1.6～1.8	1.9～2.1
单缸内燃机	1.6～1.8	1.8～2.0	2.2～2.4

2. 直齿圆柱齿轮的强度计算

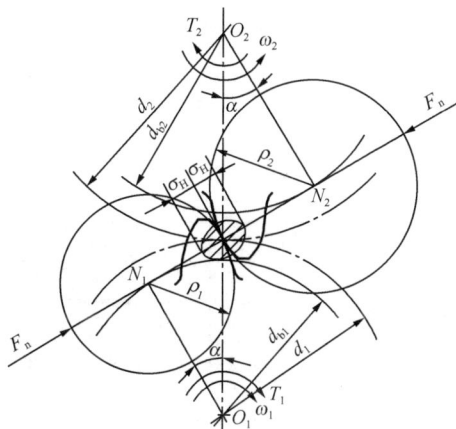

图 11.33　齿面的接触应力

（1）齿面接触疲劳强度计算。如图 11.33 所示，齿面接触疲劳强度计算是以两齿廓曲面曲率半径为 ρ_1、ρ_2 的两圆柱体接触，在载荷 F 的作用下，为保证不产生点蚀，由弹性力学，得到接触区的强度校核公式为：

$$\sigma_H=671\sqrt{\frac{KT_1}{\psi_d d_1^3}\frac{u\pm1}{u}}\leqslant[\sigma_H] \tag{11.15}$$

设计公式为：

$$d_1\geqslant\sqrt[3]{(\frac{671}{[\sigma_H]})^2\frac{KT_1}{\psi_d}\frac{u\pm1}{u}} \tag{11.16}$$

式中，σ_H 为齿面接触应力，单位为 MPa；d_1 为小齿轮分度圆直径，单位为 mm；u 为齿数比，$u=\dfrac{大齿轮齿数}{小齿轮齿数}$，"+"用于外啮合，"−"用于内啮合，$[\sigma_H]$ 为许用接触应力，单位为 MPa，见表 11.5；ψ_d 为齿宽系数，见表 11.8，$\psi_d=b/d_1$，其中 b 为齿宽，单位为 mm。

上述接触强度计算公式仅适用于齿轮材料为钢对钢的情况，对于钢对灰铸铁或灰铸铁对灰铸铁的传动，要将式中的系数 671 分别乘以 0.85 或 0.76。

表 11.8　圆柱齿轮齿宽系数 ψ_d

齿轮相对轴承的位置	轮齿表面硬度≤350HBS	两轮齿面硬度＞350HBS
对称布置	0.8～1.4	0.4～0.9
不对称布置	0.6～1.2	0.3～0.6
悬臂布置	0.3～0.4	0.2～0.5

设计时应注意：一对齿轮啮合时，根据作用力与反作用力原理，两齿面的接触应力是相等的，即 $\sigma_{H1}=\sigma_{H2}$；而两轮材料或热处理不同，其许用接触应力不相等，即 $[\sigma_{H1}]\neq[\sigma_{H2}]$，在强度计算时应将 $[\sigma_{H1}]$ 与 $[\sigma_{H2}]$ 中的较小值代入公式计算。

（2）齿轮弯曲疲劳强度计算。对齿根弯曲疲劳强度计算时，为使问题简化，将轮齿看做一悬臂梁，全部载荷由一对齿承担；齿根处为危险截面。可用 30°切线法确定，即作与轮齿对称中心线成30°夹角并与齿根过渡圆角相切的斜线，两切点的连线为危险截面，如图11.34所示。

如将作用于齿顶的法向力 F_n 分解为 $F_n\cos\alpha_F$ 和 $F_n\sin\alpha_F$ 两个分力，则弯矩 $M=(F_n\cos\alpha_F)l$，危险剖面处的抗弯截面模量为 W，从而求得最大弯曲应力为 $\sigma_{max}=\dfrac{M_{max}}{W}$，由此得到齿根弯曲疲劳强度计算公式为：

$$\sigma_{bb1}=\frac{2KT_1}{\psi_d z_1^2 m^3}Y_{FS}\leqslant[\sigma_{bb1}] \qquad (11.17)$$

$$\sigma_{bb2}=\sigma_{bb1}\frac{Y_{FS2}}{Y_{FS1}}\leqslant[\sigma_{bb2}]$$

设计公式为：

$$m\geqslant\sqrt[3]{\frac{2KT_1}{z_1^2\psi_d}\frac{Y_{FS}}{[\sigma_{bb}]}} \qquad (11.18)$$

式中，σ_{bb} 为齿根弯曲应力，单位为 MPa；z_1 为小齿轮齿数；m 为齿轮模数，单位为 mm；$[\sigma_{bb}]$ 为许用弯曲应力，单位为 MPa（见表11.5）；Y_{FS} 为齿形系数，决定于轮齿形状，如表11.9所示。

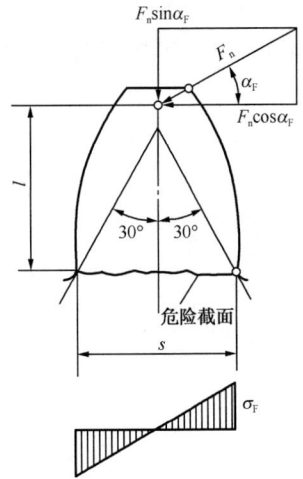

图11.34 轮齿弯曲应力分析

表11.9 齿形系数 Y_{FS}

$z(z_V)$	17	18	19	20	21	22	23	24	25	26	27	28	29
Y_{FS}	4.51	4.45	4.41	4.36	4.33	4.30	4.27	4.24	4.21	4.19	4.17	4.15	4.13
$z(z_V)$	30	35	40	45	50	60	70	80	90	100	150	200	∞
Y_{FS}	4.12	4.06	4.04	4.02	4.01	4.00	3.99	3.98	3.97	3.96	4.00	4.03	4.06

注：斜齿轮按当量齿数 z_V 查表。

设计时应注意：一对齿轮相啮合时，两齿轮模数相等，齿形不同，即 $Y_{FS1}\neq Y_{FS2}$，所以齿根弯曲应力不相等，即 $\sigma_{bb1}\neq\sigma_{bb2}$；同时，由于两轮的许用应力不等，即 $[\sigma_{bb1}]\neq[\sigma_{bb2}]$，所以设计计算时应将 $\dfrac{Y_{FS1}}{[\sigma_{bb1}]}$ 和 $\dfrac{Y_{FS2}}{[\sigma_{bb2}]}$ 中的较大者代入设计公式计算，算得的模数再圆整成标准值。

3. 渐开线直齿圆柱齿轮传动的参数选择

（1）齿数 z。一般取 $z_1=20\sim40$。中心距一定时，适当增加齿数，能提高传动的平稳性。对于闭式硬齿面传动和开式传动，为了提高弯曲强度，可取较小值，但应 $z_1\geqslant17$。

（2）模数 m。对于传递动力的齿轮，应保证 $m\geqslant2$mm 并圆整。

（3）齿宽系数 ψ_d。按表11.7选取 ψ_d。$b=\psi_d d_1$ 算得的齿宽加以圆整作为 b_2，为防止两轮因装配后轴向错位减少啮合宽度，小齿轮齿宽应在 b_2 的基础上增大，即 $b_1=b_2+(5\sim10)$mm。

（4）齿数比 u。u 值不宜过大，以免大齿轮直径增大而使整个传动的外廓尺寸过大。通常 $u<7$。当 $u>7$ 时可采用多级传动。

11.2.10 应用举例

例11.1 某带式输送机单级圆柱齿轮减速器圆柱齿轮传动。已知 $i=4.6$，$n_1=1440$ r/min，传递功率 $P=5$kW，单班制工作，单向运转，载荷平稳。试设计该齿轮传动。

解 （1）选择材料及热处理。该传动是闭式齿轮传动，属于转速不高、载荷不大、要求一般的小型传动，为了简化制造，降低成本，可采用软齿面钢制齿轮，查表11.5，选择小齿轮材料为45钢，调质处理，硬度为260HBS；大齿轮材料也为45钢，正火处理，硬度为215HBS。

（2）选择精度等级。运输机为一般机械，速度不高，故选择 8 级精度。

（3）按齿面接触疲劳强度设计。软齿面闭式传动主要的失效形式为齿面点蚀。根据齿面接触疲劳强度，按式（11.16）确定尺寸：

$$d_1 \geqslant \sqrt[3]{\left(\frac{671}{[\sigma_H]}\right)^2 \frac{KT_1}{\psi_d} \frac{u \pm 1}{u}}$$

式中，K 为载荷系数，按表 11.7 选 $K=1.2$；T 为转矩，按式（11.12）得 $T=33159.7\mathrm{N \cdot mm}$；$[\sigma_H]$ 为许用接触应力，查表 11.5，$[\sigma_{H1}]=610\mathrm{MPa}$，$[\sigma_{H2}]=500\mathrm{MPa}$；$\psi_d$ 为齿宽系数，由表 11.8，取 $\psi_d=1.1$；u 为齿数比，$u=i=4.6$。

代入后计算小齿轮分度圆直径 d_1：

$$d_1 \geqslant \sqrt[3]{\left(\frac{671}{[500]}\right)^2 \times \frac{1.2 \times 33159.7}{1.1} \times \frac{4.6+1}{4.6}} = 42.96\mathrm{mm}$$

（4）计算圆周速度 v：

$$v = \frac{\pi d_1 n_1}{60 \times 1000} = \frac{3.14 \times 42.96 \times 1440}{60 \times 1000} = 3.24\mathrm{m/s}$$

因 $v<6\mathrm{m/s}$，取 8 级精度合适。

（5）确定主要参数，计算主要几何尺寸。

① 齿数。取 $z_1=22$，则 $z_2=z_1u=22 \times 4.6=101$

② 模数。$m=\dfrac{d_1}{z_1}=\dfrac{42.96}{22}=1.953\mathrm{mm}$

由表 11.3 取标准模数，$m=2\mathrm{mm}$。实际传动比 $i=4.59$，$\Delta i=\dfrac{4.6-4.59}{4.6} \approx 0.2\%$，传动比误差小于允许范围 $\pm5\%$。

③ 分度圆直径。$d_1=m z_1=2 \times 22=44\mathrm{mm}$

$\qquad\qquad\qquad\quad d_2=m z_2=2 \times 101=202\mathrm{mm}$

④ 中心距。$a=\dfrac{m}{2}(z_1+z_2)=\dfrac{2}{2}(22+101)=123\mathrm{mm}$

⑤ 齿宽。$b=\psi_d d_1=1.1 \times 44=48\mathrm{mm}$，取 $b_2=48\mathrm{mm}$，$b_1=b_2+5=53\mathrm{mm}$

（6）校核弯曲疲劳强度。

① 齿形系数 Y_{FS}。Y_{FS} 由表 11.9，$Y_{FS1}=4.30$，$Y_{FS2}=3.960$

② 弯曲疲劳许用应力 $[\sigma_{bb}]$。查表 11.5，得 $[\sigma_{bb1}]=301\mathrm{MPa}$，$[\sigma_{bb2}]=280\mathrm{MPa}$

③ 校核计算：

$$\sigma_{bb1} = \frac{2KT_1}{\psi_d z_1^2 m^3} Y_{FS1} = \frac{2 \times 1.2 \times 33159.7}{1.1 \times 22^2 \times 2^3} \times 4.30 = 80.35\mathrm{MPa}$$

$$\sigma_{bb2} = \sigma_{bb1} \frac{Y_{FS2}}{Y_{FS1}} = 80.35 \times \frac{3.96}{4.30} = 73.99\mathrm{MPa}$$

计算应力小于许用应力，所以齿轮弯曲强度足够。

（7）结构设计与工作图。如图 11.35 所示为大齿轮工作图（小齿轮工作图略）。

法向模数	m	2
齿数	z	101
压力角	α	$20°$
齿顶高系数	h_a^*	1
螺旋角方向		
精度等级		8-8-7 HL (GB/T10095—2008)
齿轮副中心距及其极限偏差	$a \pm f_a$	123 ± 0.027
配对齿轮	图号	
	齿数	22
公差检验项目	代号	公差值
I 齿圈径向圆跳动公差	F_r	0.063
公法线长度变动公差	F_w	0.050
II 齿距极限偏差	f_{pt}	± 0.022
齿形公差	f_f	0.018
III 齿向公差	F_β	0.016
公法线平均长度及其偏差	W	$70.726_{-0.331}^{-0.165}$
跨齿数	k	12

其余 $\sqrt{\dfrac{12.5}{}}$

$\sqrt{Ra\ 12.5}\ (\sqrt{})$

标题栏

技术要求
1. 45钢正火处理162~217HBS
2. 未注圆角 $R5$
3. 未注圆角 $C2$

图 11.35 大轮齿工作图

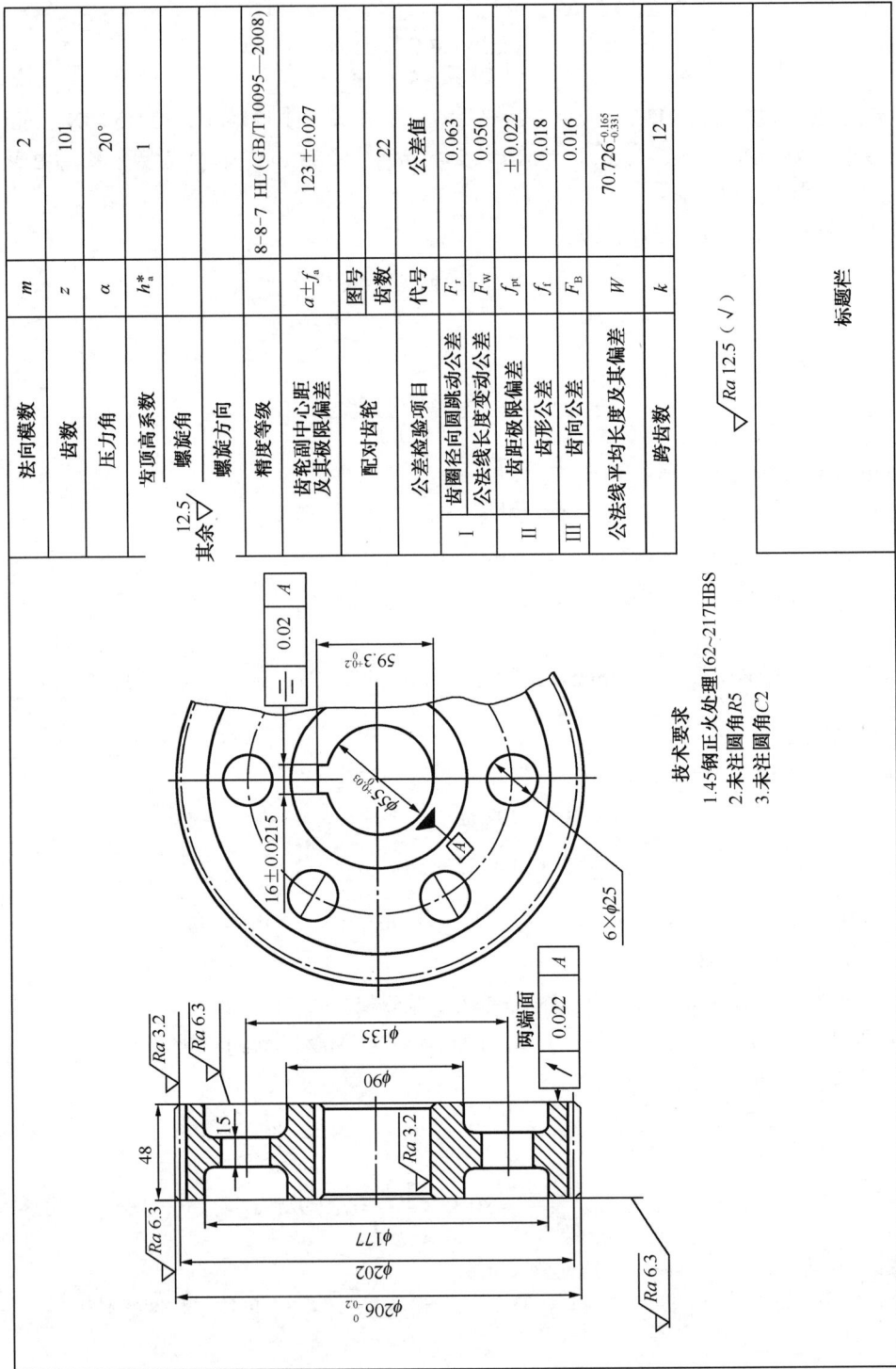

11.3 其他齿轮传动简介

11.3.1 斜齿圆柱齿轮传动简介

1. 斜齿圆柱齿轮传动特点

如图 11.36 所示为直齿轮特点，直齿圆柱齿轮在啮合传动过程中，齿面接触线是一条与轴线平行的直线。啮合传动时，在齿宽方向上是同时开始啮合又同时脱离啮合，轮齿上所受的力也是突然产生和突然卸去，传动不稳定。

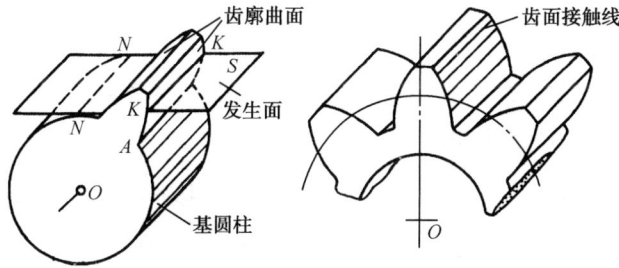

图 11.36　直齿轮的齿面形成与接触线

斜齿圆柱齿轮在啮合传动过程中，齿面接触线是一条与轴线交成一个角度的斜直线，各条接触线的长短是变化的，开始啮合到脱离啮合，接触线长度是由"零→最大→零"，同时啮合的轮齿对数较多（重合度 ε 大），故传动平稳，承载能力高，如图 11.37 所示。所以在高速、大功率传动中应用较广泛。为克服存在轴向力 F_a，常采用人字齿轮可消除轴向力，但人字齿轮加工困难、精度较低，多在传递大功率的重载机械中使用。

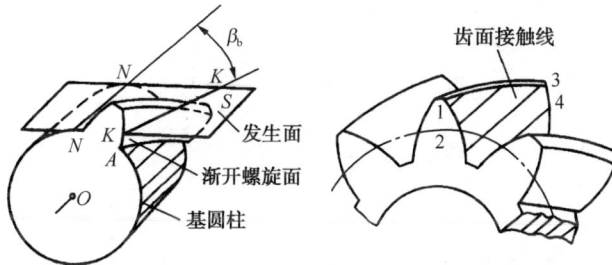

图 11.37　斜齿轮的齿面形成与接触线

2. 标准斜齿圆柱齿轮传动的几何尺寸

一对斜齿圆柱齿轮在分度圆上的轮齿螺旋角 β 大小相等、方向相反，如图 11.38 所示。齿轮为右旋齿，大齿轮是左旋齿。由于有螺旋角，斜齿工作中产生轴向力 F_a，螺旋角越大，轴向力越大。一对斜齿轮轮齿的螺旋角一般控制在 $\beta = 8° \sim 20°$，常用 $\beta = 8° \sim 15°$ 之间，β 角太大，工作中轴向力过大，使轴承容易损坏；β 角太小，不能发挥斜齿轮的优点。

斜齿圆柱齿轮的模数，垂直于轮齿面的模数为法面模数，用 m_n（法面模数）表示，垂直于轴线平面的端面模数用 m_t 表示，它们的关系为 $m_n = m_t \cos\beta$，以法面模数 m_n 为标准值，如图 11.39 所示。斜齿圆柱齿轮的压力角规定以法面压力角为标准值，即 $\alpha_n = 20°$。

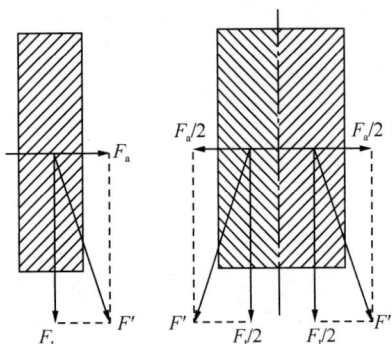

图 11.38　斜齿轮上的轴向力

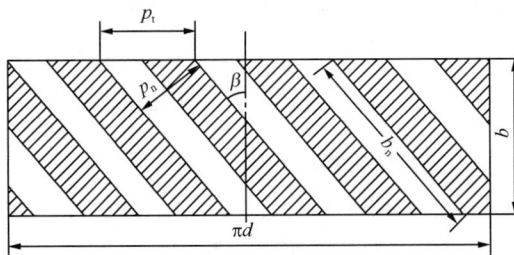

图 11.39　法面齿距与端面齿距

标准斜齿圆柱齿轮传动尺寸计算公式列于表 11.10 中。

例 11.2　一对斜齿圆柱齿轮 $z_1=21$，$z_2=76$，$m_n=4.5$mm，轮齿螺旋角 $\beta=28°11'52''$，求这对斜齿圆柱齿轮的中心距和齿顶圆直径。

解：中心距

$$a=\frac{m_n}{2\cos\beta}(z_1+z_2)$$

$$=\frac{4.5}{2\times0.88}(21+76)$$

$$=248\ mm$$

齿顶圆直径

$$d_{a1}=m_n\left(\frac{z_1}{\cos\beta}+2\right)$$

$$=4.5\times\left(\frac{21}{0.88}+2\right)$$

$$=116\ mm$$

$$d_{a2}=m_n\left(\frac{z_2}{\cos\beta}+2\right)$$

$$=4.5\times\left(\frac{76}{0.88}+2\right)$$

$$=398\ mm$$

表 11.10　标准斜齿圆柱齿轮传动尺寸计算公式

名　　称	符号	公　　式
齿顶高	h_a	$h_a=h_{an}=h_{an}^{*}m_n=m_n$
齿根高	h_f	$h_f=(h_{an}^{*}+c_n^{*})m_n=1.25m_n$
全齿高	h	$h=h_a+h_f=2.25m_n$
顶隙	c	$c=c_n^{*}m_n=0.25m_n$
分度圆直径	d	$d=\dfrac{m_n z}{\cos\beta}$
齿顶圆直径	d_a	$d_a=d+2m_n$
齿根圆直径	d_f	$d_f=d-2h_f=d-2.5m_n$
基圆直径	d_b	$d_b=d\cos a_t$
中心距	a	$a=\dfrac{1}{2}(d_1+d_2)=\dfrac{m_n}{2\cos\beta}(z_1+z_2)$

3. 斜齿圆柱齿轮传动的正确啮合条件和重合度

（1）正确啮合条件。如图 11.40 所示，一对标准的斜齿圆柱齿轮正确啮合条件是：

$$\left.\begin{array}{l}m_{n1}=m_{n2}=m\\ \alpha_{n1}=\alpha_{n2}=20°\\ \beta_1=-\beta_2\end{array}\right\}\qquad(11.19)$$

（2）重合度。对于斜齿圆柱齿轮传动，其重合度受螺旋角 β 的影响，如图 11.41 所示，其值按下式计算：

$$\varepsilon=\varepsilon_t+\varepsilon_\beta\qquad(11.20)$$

式中，ε_t 为端面重合度；ε_β 为轴端面重合度。

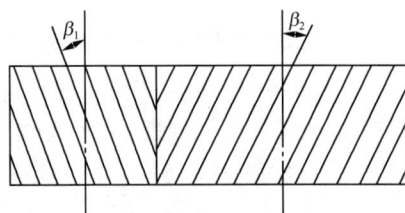

图 11.40　正确啮合

其中，$\varepsilon_\beta=\dfrac{b}{p_b}\tan\beta$。由此可见，斜齿轮传动的重合度 ε 随齿宽 b 和螺旋角 β 的增大而增大，其值比直齿轮传动大得多，这是斜齿轮传动平稳，承载能力较高的主要原因。

4．斜齿圆柱齿轮的当量齿数

用刀具加工斜齿轮时，盘状铣刀是沿着齿向方向进刀的。这样加工出来的斜齿，其法向模数、法向压力角与刀具的模数和压力角相同，所以必须按照与斜齿轮法面齿形相当的直齿轮的齿数来选择铣刀。如图 11.42 所示，法向截面 *n-n* 截斜齿轮的分度圆柱为一椭圆，椭圆 *C* 点处齿槽两侧渐开线齿形与标准刀具外廓形状相同。当量齿轮是一个假想的直齿圆柱齿轮，其端面齿形与斜齿轮法面齿形相当。如图 11.42 所示，其分度圆半径等于 *C* 处曲率半径 ρ_c，模数和压力角分别为 m_n、α_n。当量齿轮的齿数为：

$$z_v = \frac{z}{\cos^3 \beta} \tag{11.21}$$

式中，*z* 为斜齿圆柱齿轮的实际齿数。当量齿数 z_v 不一定是整数，也不必圆整，只要按照这个数值选取刀号即可。另外，在斜齿圆柱齿轮强度计算时，也要用到当量齿数的概念。

标准斜齿圆柱齿轮不发生根切的最少齿数为：

$$z_{min} = z_v \cos^3 \beta \tag{11.22}$$

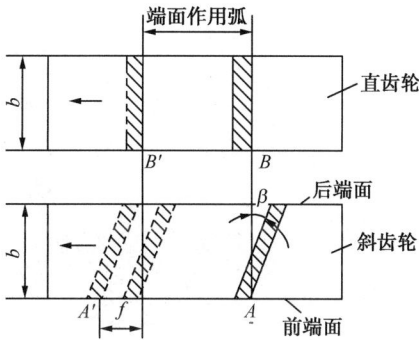

图 11.41　斜齿圆柱齿轮的重合度

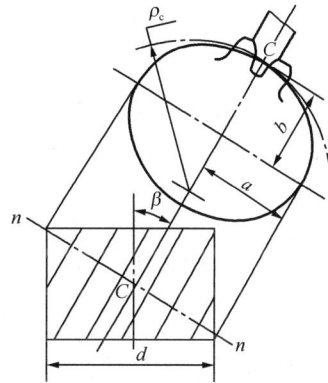

图 11.42　斜齿齿轮的当量齿轮

5．斜齿与直齿圆柱齿轮传动的比较

斜齿圆柱齿轮传动与直齿圆柱齿轮传动相比，主要有下列优点：

（1）重合度大，啮合性能好。$\alpha = 20°$ 和 h_a^* 标准直齿圆柱齿轮的最大重合度为 1.981，而斜齿圆柱齿轮的重合度可以达到 10 以上，通常能保证有两对以上的轮齿同时啮合。

此外，由于轮齿倾斜，在啮合过程中，每对轮齿是逐渐进入啮合和逐渐退出啮合，因而传动平稳，冲击噪声小。

（2）承载能力高。斜齿圆柱齿轮的承载能力是按当量直齿圆柱齿轮考虑的，因此节点处的曲率半径增大。同时，由于重合度增加，一对轮齿受力减小。这些都将降低齿面接触应力，从而提高了齿面承载能力。在齿根弯曲强度方面，由于齿根厚度增大，而且轮齿接触线倾斜又减小了弯曲力臂，降低了弯曲应力，因此斜齿轮的弯曲强度也比直齿轮的高。

（3）不发生根切的最少齿数比直齿轮的少。比较式（11.11）和式（11.22）可以看出，斜齿圆柱齿轮传动不发生根切的最少齿数比直齿圆柱齿轮传动的小。因而在其他条件相同的情况下，斜齿圆柱齿轮传动的结构尺寸比直齿圆柱齿轮传动的小。

（4）对制造误差的敏感性小。由于轮齿倾斜，位于同一圆柱面上的各点不同时参加啮合，这在一定程度上分散了制造误差对传动的影响。

（5）可以凑配中心距。在齿数、模数相同的情况下，由于 *β* 的不同，可以得到不同的中心

距 a。

6．螺旋圆柱齿轮传动特点

螺旋圆柱齿轮（螺旋$\beta=45°$的斜齿圆柱齿轮）传动是用来传递空间两交叉轴间的运动和转矩。例如，汽车发动机中机油泵驱动齿轮就是由配气机构凸轮轴和机油泵轴上一对螺旋圆柱齿轮来传动的，如图 11.43 所示。

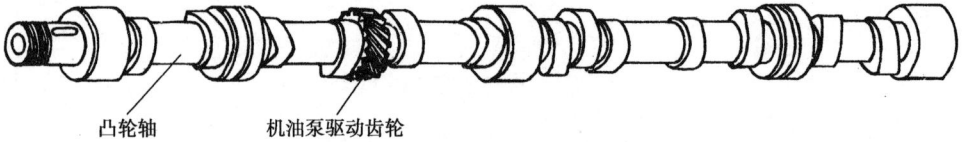

凸轮轴　　　机油泵驱动齿轮

图 11.43　发动机中的螺旋齿轮

从单个的螺旋圆柱齿轮与斜齿圆柱齿轮比较没有什么区别，而螺旋圆柱齿轮传动的两轮轴线是相互交错的；斜齿圆柱齿轮传动是两轴线相互平行的。

螺旋圆柱齿轮传动的特点是：两个齿轮的发生面相交，齿廓间为点接触。受载后，齿廓接触部分便形成一小块面积接触，由于接触面小，接触应力大，易于磨损，所以不能传递大功率；螺旋圆柱齿轮齿廓间沿高度方向有相对滑动，在齿廓公切线方向也有相对滑动，所以齿廓磨损更快，传动效率低；中心距稍有改变，对传动质量影响很大，引起振动和噪声；改变两轮的螺旋角的大小和方向，会使从动轮转向改变；传动比与齿轮分度圆和螺旋有关；传动中轴向力大。

11.3.2　圆锥齿轮传动特点简介

圆锥齿轮是用来传递两轴相交的旋转运动，在汽车的驱动桥中常用圆锥齿轮将动力旋转平面改变 90°，使其与驱动轮转动方向一致。如图 11.44（a）所示为圆锥齿轮传动。它的轮齿分布在圆锥面上，所以锥齿轮的轮齿从大端渐渐向锥顶缩小，沿齿宽各截面尺寸都不相等，大端尺寸最大。

圆锥齿轮种类较多，在汽车、汽车修理与钣金生产中常见的有直齿、斜齿和曲齿圆锥齿轮。

1．直齿圆锥齿轮传动

如图 11.44（a）所示为一对标准直齿圆锥齿轮传动，两轮的分度圆锥面与节圆锥面重合。直齿圆锥齿轮以大端几何参数为标准值，它的正确啮合条件是两齿轮大端的模数和压力角分别相等，即：

$$m_1 = m_2$$

$$\alpha_1 = \alpha_2$$

直齿圆柱齿轮的真实齿形就是端面上的齿形，而直齿圆锥齿轮的真实齿形是节圆锥在垂直面上投影

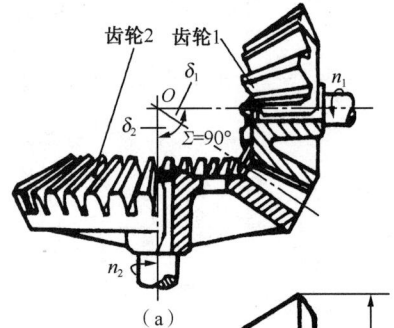

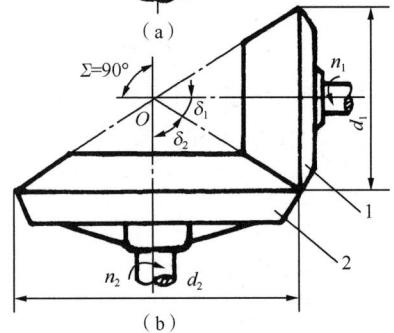

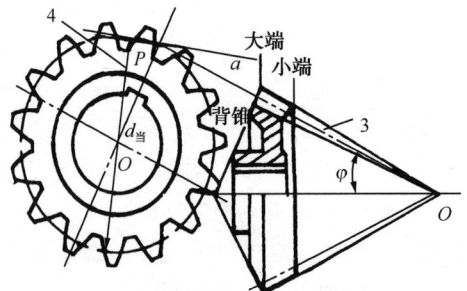

（a）

（b）

（c）圆锥齿轮背锥展开图

图 11.44　圆锥齿轮传动

的"背锥"齿形，如图 11.44（c）所示。背锥展开为一个不完整的齿轮，若将它补足为一个完整的齿轮，就成了圆锥齿轮的"当量圆柱齿轮"。它的齿形就是该直齿圆锥齿轮的齿形。当量齿轮的齿数 z_v 为：

$$z_v = \frac{z}{\cos \delta} \tag{11.23}$$

式中，δ 为锥齿轮分度圆锥角。

例如，一个直齿圆锥齿轮的齿数为 24，分度圆锥角 $\delta = 35°$，则 $z_v = \dfrac{24}{\cos 35°} = 29$，意思就是 24 个齿的直齿锥齿轮与 29 个齿的圆柱直齿轮的齿形相同。z_v 称为直齿圆锥齿轮的当量齿数。

圆锥齿轮加工和安装较难，而且有轴向力，使结构复杂化，会降低啮合传动精度和承载能力。所以圆锥齿轮传动一般用做汽车的驱动桥齿轮传动，而且广泛地用做差速器齿轮传动。

2．螺旋圆锥齿轮传动特点

螺旋圆锥齿轮传动是克服了直齿圆锥齿轮传动中重叠系数小，传动不平稳，承载能力低的缺点，现代汽车的主减速器广泛采用螺旋圆锥齿轮传动（如解放 CA1092 汽车等）。螺旋圆锥齿轮的轮齿是弯曲的，按齿面线（齿面与分度圆锥面的交线）的形状分为以下几种。

（1）圆弧齿圆锥齿轮。它的齿面为圆弧状，如图 11.45（a）和图 11.45（b）所示。过圆弧齿轮分度圆锥上的齿宽中点作齿面线的切线 t-t，与分度圆锥母线间的夹角 β 称为平均螺旋角（简称螺旋角）。按螺旋角的不同，圆弧齿圆锥齿轮又分为普通圆弧齿圆锥齿轮和零度圆弧齿圆锥齿轮。

普通圆弧齿圆锥齿轮的螺旋角 $\beta \neq 0$，如图 11.45（a）所示，其特点是加工容易，又易磨削，能适合高速高精度传动的要求。参与啮合齿数较多，所以齿轮强度较大，传动平稳。

零度圆弧齿圆锥齿轮，它的螺旋角，$\beta = 0$，如图 11.45（b）所示，它的优点是没有附加轴向力，传动的平稳性和齿轮强度比直齿圆锥齿轮好，但比普通圆弧齿圆锥齿轮差。

（2）延伸外摆线圆锥齿轮。它的齿面线为一段延伸外摆线，又称准摆线齿圆锥齿轮，主要特点与普通圆弧齿圆锥齿轮相似，如图 11.45（c）所示。

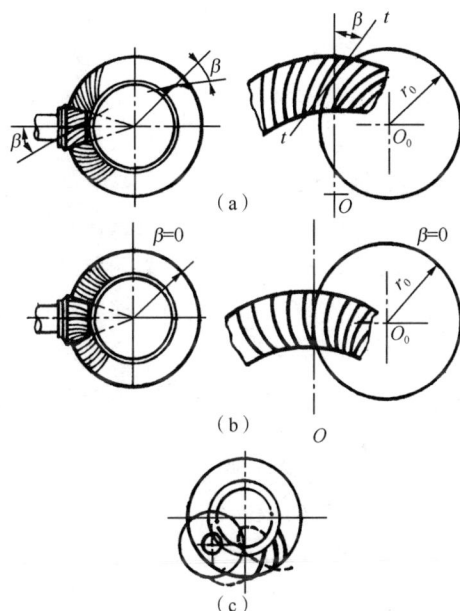

图 11.45　圆弧齿圆锥齿轮

3．螺旋圆锥齿轮的旋向

螺旋圆锥齿轮分为左螺旋和右螺旋圆锥齿轮，从锥顶向齿轮看时，轮齿由小端到大端逆时针方向倾斜为左螺纹；反之为右螺纹。一对相啮合的圆弧齿圆锥齿轮，它们的螺旋角大小应相等，旋向应相反。

11.3.3　双曲面齿轮传动的特点

1．双曲面齿轮的特征

双曲面齿轮是在交叉的两轴上相啮合的圆锥状的齿轮，如图 11.46 所示为双曲面齿轮传动。双曲面齿轮传动的节面是两个单叶双曲线回转体交叉形成的，取其"喇叭口"部分作为双曲面齿轮的节面，将节面上的双曲线部分取为直线，称为"准双曲面齿轮"。与螺旋圆锥齿轮相比，一般是大齿轮的螺旋角小，小齿轮的螺旋角大，所以小齿轮的外形尺寸比螺旋圆锥齿轮小齿轮大，强度高，运转平稳，噪声小。

2．双曲面小齿轮的偏移距

在双曲面齿轮传动中，小齿轮偏移距 E 是一项重要参数。E 过小不能充分发挥双曲面齿轮传动的特点，E 过大会导致纵向滑动增大，引起齿面的早期磨损。主减速器齿轮的载荷小，可取较大 E，载荷大宜取较小 E。一般讲主减速比越大，E 应越大。如 BJ1041 型汽车主减器中的一对双曲面齿轮偏置 30mm。

3．双曲面小齿轮的偏置方向

双曲面齿轮传动的小齿轮偏置方向有上偏置和下偏置两种。判断偏置方向时，面向大齿轮齿面，并使小齿轮处于右侧，小齿轮在大齿轮中心线上方者为上偏移，如图 11.46（c）和图 11.46（d）所示。在下方者为下偏置，如图 11.46（a）和图 11.46（b）所示。上偏置时小齿轮的螺旋方向总是右旋，大齿轮为左旋。下偏置时小齿轮总是左旋，大齿轮为右旋。

4．双曲面齿轮的优、缺点及应用

同螺旋齿轮相比，其主、从动锥齿轮轴线不相交，传动比较大，啮合平稳，工作噪声小；同时，主动齿轮轴线低（可采用下偏移），可以缩小汽车的最小离地间隙，降低传动轴位置，从而改善汽车行驶的稳定性。有些越野车的驱动桥主减速器采用上偏置双曲面齿轮，可提高通过性。缺点是：对安装精度和维护调整要求严格，工作齿面间有较大的相对滑动，且齿面间压力很大，工作温度较高，齿面油膜易被破坏。为了减小摩擦，提高效率，必须采用含防刮伤添加剂且耐高温的双曲面齿轮油，绝不允许用普通齿轮油代替，否则将使齿面迅速擦伤和磨损，大大降低使用寿命。

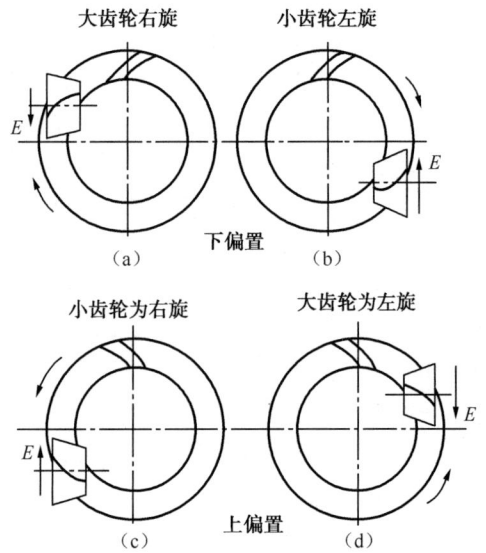

图 11.46　双曲面齿轮的偏移与螺旋方向

双曲面齿轮目前在轿车、轻型货车、中型货车上得到了广泛应用，如东风 EQ1090E、上海桑塔纳型汽车的主减速齿轮采用的是双曲面齿轮。

11.3.4　齿轮齿条传动的特点

如图 11.47 所示，当齿轮的基圆半径增大到无穷大时，渐开线变成一条直线，这时的齿轮就变成了齿条。这时分度圆、齿顶圆、齿根圆和基圆变成了相互平行的直线，即分度线、齿顶线、齿根线、基准线，齿数分布在这些线上称为齿条。

齿轮齿条啮合传动时，把齿条的直线往复运动变为齿轮的回转运动或将齿轮的回转运动变为齿条的直线往复运动，齿条上各点速度大小和方向都是一致的。齿廓上各点的压力角相等，如果是标准齿

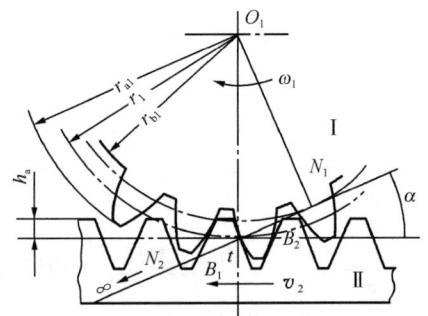

图 11.47　齿轮齿条传动

条，压力角 $\alpha=20°$，齿条上各齿同侧齿廓线是平行且齿距相等。其大小为：

$$p=\pi m$$

齿条的基本尺寸：齿条的齿顶高 $h_a=m$；齿条的齿根高 $h_f=1.25m$；齿条的齿厚 $s=\dfrac{1}{2}p=\dfrac{1}{2}\pi m$；齿条的齿槽宽 $e=s$。

当齿轮的转速为 n_1（r/min）；齿轮的模数 m（mm）；齿轮的齿数 z_1，齿条的移动速度为 $v=n_1\pi d_1=n_1\pi m z_1$（mm/min）；当齿轮转一圈 $n_1=1$ 时，齿条移动的距离 $L=\pi d_1=\pi m z_1$（mm）。齿条齿轮传动应用在汽车的转向器上，是以齿轮为主动件，齿条为从动件的转向器，它的结构简单，传动比不可变而且较小，在微型汽车上应用较多（如长安奥拓等）。采用带有转向加力器后，齿轮齿条转向器使用增多。

11.3.5 蜗杆传动

1．蜗杆传动概述

蜗杆传动的特点及应用。蜗杆传动主要由蜗杆和蜗轮组成，如图 11.48 所示，用于传递空间两交错轴之间的回转运动和动力，通常两轴交错角为 90°，一般蜗杆是主动件。蜗杆传动工作平稳，噪声低，结构紧凑，传动比大（单级传动比 8～80，在分度机构中可达到 1 000）；但传动效率低，一般效率为 $\eta=0.7\sim0.9$，自锁时其效率低于 50%（$\eta=0.45$ 左右），易磨损、发热，制造成本高，轴向力较大。常用于传动比较大，结构要求紧凑，传动功率不大的场合。蜗杆与蜗轮不能任意互换啮合，蜗杆传动应用也很广泛，尤其在汽车的转向器上各种类型蜗杆传动较多，汽车修理和钣金工设备中采用的减速器中广泛应用蜗杆蜗轮传动。

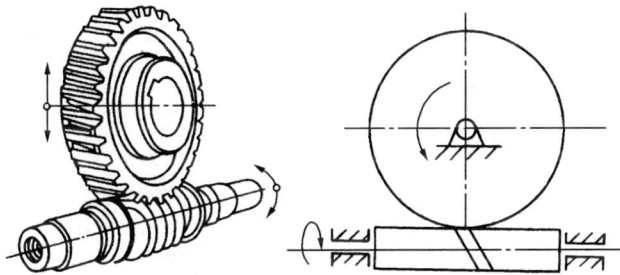

图 11.48　蜗杆传动

根据蜗杆形状的不同，蜗杆传动可分为圆柱蜗杆传动，如图 11.49（a）所示，环形面蜗杆传动，如图 11.49（b）所示，锥蜗杆传动等。按加工方法的不同，圆柱蜗杆又分为阿基米德蜗杆和渐开线蜗杆。阿基米德蜗杆螺旋面的形成与螺纹的形成相同，如图 11.50 所示在垂直于蜗杆轴线的截面上，齿廓为阿基米德螺旋线。由于阿基米德蜗杆制造简便，故应用较广。

2．蜗杆传动的主要参数

如图 11.51 所示，过蜗杆轴线与蜗轮轴线相垂直的平面称为中间平面。在中间平面上，蜗杆和蜗轮的啮合可看做齿条与渐开线齿轮的啮合。因此，蜗杆传动的参数和几何尺寸计算与齿轮传动相似，设计和加工都以中间平面上的参数和尺寸为基准。

（1）模数 m 和压力角 α。标准规定蜗杆、蜗轮在中间平面内的模数和压力角为标准值。标准模数 m 见表 11.3，压力角 $\alpha=20°$。蜗轮的端面模数为 m_{t2}，蜗杆的轴向模数为 m_{a1}，蜗轮的端面压力角为 α_{t2}；蜗杆的轴向压力角为 α_{a1}。

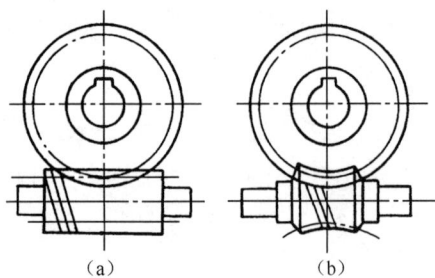

（a）　　　　　　（b）

图 11.49　蜗杆传动的类型

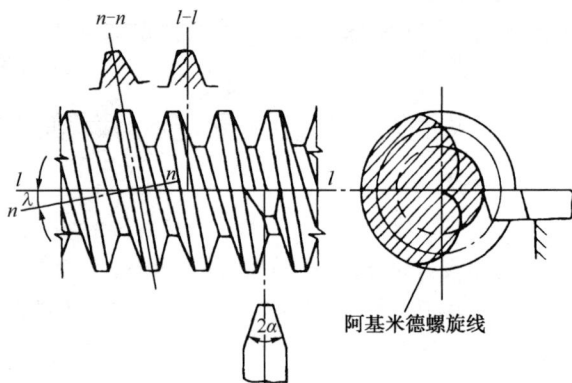

阿基米德螺旋线

图 11.50　阿基米德圆柱蜗杆

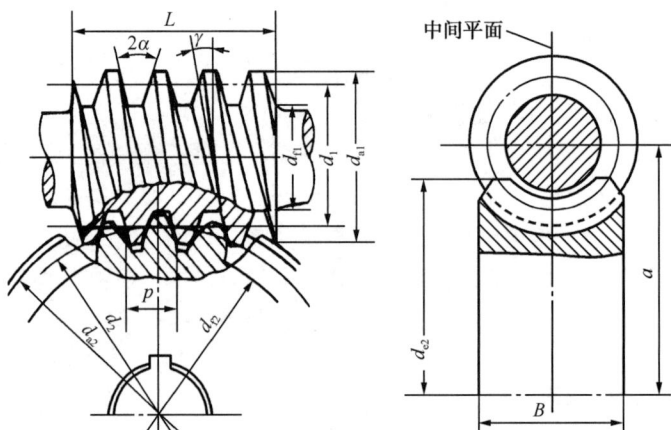

图 11.51　蜗杆传动的几何尺寸

（2）蜗杆分度圆直径 d_1。由于加工蜗轮所用的刀具是与蜗杆分度圆相同的蜗轮滚刀，因此加工同一模数的蜗轮，不同的蜗杆分度圆直径，就需要有不同的滚刀。为了限制刀具的数目和便于刀具的标准化，标准规定了蜗杆分度圆直径的标准系列，并与标准模数相匹配，如表 11.11 所示。

表 11.11　蜗杆传动标准模数和直径（部分）　（摘自 GB/T10085—1988）

m/mm	d_1/mm	z_1	q	$m^2 d_1$/mm³	m/mm	d_1/mm	z_1	q	$m^2 d_1$/mm³
2	（18）	1,2,4	9.000	72	6.3	（50）	1,2,4	7.936	1 985
	22.4	1,2,4,6	11.200	89.6		63	1,2,4,6	10.000	2 500
	（28）	1,2,4	14.000	112		（80）	1,2,4	12.698	3 175
	35.5	1	17.750	142		112	1	17.778	4 445
2.5	（22.4）	1,2,4	8.960	140	8	（63）	1,2,4	7.875	4 032
	28	1,2,4,6	11.200	175		80	1,2,4,6	10.000	5 120
	（35.5）	1,2,4	14.200	221.9		（100）	1,2,4	12.500	6 400
	45	1	18.000	281		140	1	17.500	8 960
3.15	（28）	1,2,4	8.889	278	10	（71）	1,2,4	7.100	7 100
	35.5	1,2,4,6	11.270	352		90	1,2,4,6	9.000	9 000
	（45）	1,2,4	14.286	447.5		（112）	1,2,4	11.200	11 200
	56	1	17.778	556		160	1	16.000	16 000

m/mm	d_1/mm	z_1	q	$m^2 d_1/\text{mm}^3$	m/mm	d_1/mm	z_1	q	$m^2 d_1/\text{mm}^3$
4	（31.5）	1,2,4	7.875	504	12.5	（90）	1,2,4	7.200	14 062
	40	1,2,4,6	10.000	640		112	1,2,4	8.960	17 500
	（50）	1,2,4	12.500	800		（140）	1,2,4	11.200	21 875
	71	1	17.750	1 136		200	1	16.000	31 250
5	（40）	1,2,4	8.000	1 000	16	（112）	1,2,4	7.000	28 672
	50	1,2,4,6	10.000	1 250		140	1,2,4	8.750	35 840
	（63）	1,2,4	12.600	1 575		（180）	1,2,4	11.250	46 080
	90	1	18.000	2 250		250	1	15.625	64 000

注：1. 括号中的数据尽可能不采用。

2. q 为蜗杆直径系数。

与螺杆相同，蜗杆的旋向也分为左旋与右旋。如图 11.52 所示，将蜗杆的分度圆柱面展开成平面。蜗杆的导程角 γ 可由下式确定：

$$\tan\gamma = \frac{z_1 p_{a1}}{\pi d_1} = \frac{z_1 \pi m}{\pi d_1} = \frac{z_1 m}{d_1}$$

若令 $q = \dfrac{z_1}{\tan\gamma}$ ，称为蜗杆直径系数。由此蜗杆直径也可表示为：

$$d_1 = mq \qquad\qquad （11.24）$$

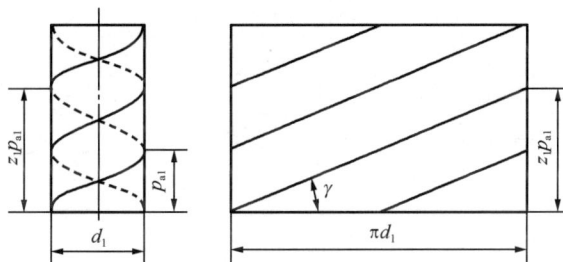

图 11.52 蜗杆导程角

（3）蜗轮分度圆 d_2 和中心距 a。

蜗轮分度圆直径为：

$$d_2 = m z_2$$

由于蜗杆分度圆直径为 $d_1 = mq$，所以蜗杆传动的中心距为：

$$a = \frac{1}{2}(d_1 + d_2) = \frac{1}{2}m(q + d_2) \qquad\qquad （11.25）$$

（4）蜗杆头数 z_1 和蜗轮齿数 z_2 蜗杆传动的传动比为：

$$i = \frac{n_1}{n_2} = \frac{z_2}{z_1}$$

蜗杆头数通常为 $z_1 = 1$、2、4、6。头数多，加工困难。要求传动比大或传递转矩大时，z_1 取小值；要求自锁时，z_1 取 1；要求传递功率大、效率高、传动速度大时，z_1 取大值。蜗轮齿数 $z_2 = iz_1$，蜗轮齿数取值过少会产生根切，z_2 应大于 26，但不宜大于 80。若 z_2 过多会使结构尺寸过大，蜗杆刚度下降。z_1、z_2 的推荐值如表 11.12 所示。

表 11.12　蜗杆传动 z_1、z_2 推荐值

传动比 i	7～13	14～27	28～40	>40
z_1	4	3	2～1	1
z_2	28～52	28～54	28～80	>40

（5）螺旋角与导程角。蜗轮的轮齿与斜齿轮相似，把齿的旋向与轴线间的夹角称为螺旋角，用 β 表示。并规定当轴交错角 $\Sigma = 90°$ 时，蜗杆分度圆柱面上的导程角 γ 等于蜗轮分度圆柱面上的螺旋角 β_2，两者的旋向相同，大小相等，即 $\gamma = \beta_2$。

（6）蜗杆传动的正确啮合条件。为了正确啮合，在中间平面内蜗杆蜗轮的模数、压力角应分别相等，即蜗杆蜗轮正确啮合条件表示为：

$$\left. \begin{array}{l} m_{t2} = m_{a1} = m \\ \alpha_{t2} = \alpha_{a1} = \alpha \\ \beta_2 = \gamma \end{array} \right\} \tag{11.26}$$

3. 蜗杆传动的几何尺寸计算

蜗杆和蜗轮的几何尺寸除上述蜗杆分度圆直径 d_1 和中心距 a 外，其余尺寸均可参照直齿圆柱齿轮的公式计算，但需注意，其顶隙系数有所不同，$c^* = 0.2$，标准阿基米德蜗杆传动的几何尺寸计算公式列于表 11.13 中。

表 11.13　标准阿基米德蜗杆传动的几何尺寸计算公式

名　称	符号	蜗　杆	蜗轮	名　称	符号	蜗　杆	蜗　轮
齿顶高	h_a	$h_a = h_a^* m$		齿根圆直径	d_f	$d_{f1} = d_1 - 2h_f$	$d_{f2} = d_2 - 2h_f$
齿根高	h_f	$h_f = (h_a^* + c^*)m$		蜗杆导程角	γ	$\gamma = \arctan(z_1/q)$	
全齿高	h	$h = (2h_a^* + c^*)m$		蜗轮螺旋角	β_2		$\beta_2 = \gamma$
分度圆直径	d	$d_1 = mq$	$d_2 = mz_2$	径向间隙	c	$c = c^* m = 0.2m$	
齿顶圆直径	d_a	$d_{a1} = d_1 + 2h_a$	$d_{a2} = d_2 + 2h_a$	中心距	a	$a = \dfrac{1}{2}m(q+z_2)$	

思考与练习

1. 带传动有什么特点？适用于什么场合？普通 V 带传动有何优、缺点？摩擦带传动有哪些失效形式？

2. 何谓带的弹性滑动和打滑？何谓相对滑动率？

3. V 带楔角 α 和带轮槽角 φ 是否相等？为什么？

4. 安装传动带时，为什么要张紧？常用带的张紧装置有哪几种？

5. 如图 11.53 所示的 V 带在轮槽中的三种安装情况，哪种正确？为什么？

图 11.53　习题 7 图

6. 齿轮传动有何特点？

7. 何谓齿轮模数？为什么要规定模数的标准系列？在直齿圆柱齿轮、斜齿圆柱齿轮、直齿圆锥齿轮和蜗杆蜗轮上，何处的模数为标准值？

8. 渐开线齿廓的压力角是怎样确定的？渐开线齿廓各点的压力角是变化的还是一个定值？所谓标准压力角是指何处的压力角？

9. 渐开线齿轮有哪些基本参数？其中哪些是标准的？

10. 何谓齿轮的分度圆？何谓节圆？两者有何区别？在什么条件下节圆与分度圆重合？

11. 何谓标准齿轮？一个标准齿轮有哪些参数标准化了？

12. 一对齿轮的正确啮合条件和传动连续条件是什么？

13. 重合度的物理意义是什么？影响重合度的主要参数是什么？提高重合度的有效途径有哪些？增大齿轮模数对提高重合度是否有利？

14. 何谓齿廓根切现象？在什么情况下会发生根切现象？齿廓根切有什么危害？怎样避免根切？

15. 何谓变位齿轮？为什么要对齿轮采用变位修正？

16. 采用斜齿圆柱齿轮传动与直齿圆柱齿轮比较有什么优、缺点？

17. 斜齿轮的螺旋角 β 对传动有何影响？它的常用数值范围是多少？

18. 斜齿轮传动的正确啮合条件是什么？

19. 蜗杆的头数 z_1 一般为多少？它对传动有何影响？

20. 今测得一标准直齿圆柱齿轮的齿顶圆直径 $d_a=208$mm，齿数 $z=24$，试求该齿轮的模数 m。

21. 已知一对外啮合标准直齿圆柱齿轮机构的传动比 $i=2.5$，$z_1=40$，$h_a*=1$，$c*=0.25$，$m=10$mm，$\alpha=20°$，试求这对齿轮的主要尺寸 d_1、d_2、d_{a1}、d_{a2}、a、W_1、W_2。

22. 已知一对标准斜齿圆柱齿轮机构的齿数 $z_1=21$，$z_2=22$，$m_n=2$mm，$\alpha_n=20°$，$a'=55$ mm，要求不用变位而凑配中心距离时，试问这对斜齿轮的螺旋角应为多少？

23. 齿轮传动有哪些失效形式？各种失效原因是什么？采取哪些措施来防止或减缓失效的发生？

24. 一单级闭式直齿圆柱齿轮减速器，小齿轮材料为 45 钢，调质处理，大齿轮材料为 45 钢，正火处理。传动功率 $P=5$kW，$n_1=960$r/min，$m=3$mm，$z_1=24$，$z_2=81$，$b_1=60$mm，$b_2=55$mm，电动机驱动，单向运转，载荷平稳。验算齿轮的接触疲劳强度和弯曲疲劳强度。

第 12 章　轴、轴承、联轴器与离合器

轴和轴承的主要功能是将传动零件可靠地支撑在机架上，以传递动力和转矩。联轴器与离合器的作用是轴与轴之间的连接，以传递动力和转矩。

12.1　轴

轴的主要功用是支撑旋转零件（如齿轮、带轮、联轴器等），以传递运动和动力，是组成机器的重要零件之一。本节主要介绍轴的结构特点、强度计算及基本选用方法。

12.1.1　轴的分类

根据承载情况不同，轴可分为心轴、传动轴和转轴三类。各类轴的承载情况及特点如表 12.1 所示。

表 12.1　心轴、传动轴和转轴的承载情况及特点

种类		举　例	受力简图	特　点
心轴	固定心轴			只承受弯矩，不承受转矩起支撑作用	截面上的弯曲应力 σ_W 为静应力 $$\sigma_W = \frac{M}{W}$$ M——截面上的弯矩 W——抗弯截面系数
	转动心轴				截面上的弯曲应力 σ_W 为变应力 $$\sigma_W = \frac{M}{W}$$
传动轴					主要承受转矩，不承受弯矩或承受很小弯矩；仅起传递动力的作用；截面上的扭转切应力 $$\tau_T = \frac{T}{W_T}$$ T——截面上的转矩 W_T——抗扭截面系数
转轴					既承受弯矩又承受转矩；是机械中最常用的一种轴；截面上受弯曲应力 σ_W 和扭转切应力 τ_T 的复合应力，其当量应力 $$\sigma_e = \frac{M_e}{W}$$ M_e——截面上的当量弯矩 W——抗弯截面系数

根据轴线形状，轴又可分为直轴（如图 12.1 所示）、曲轴（如图 12.2 所示）、挠性钢丝轴（如图 12.3 所示）。直轴应用较广，根据外形，分为直径无变化的光轴［如图 12.1（a）所示］和直径有变化的阶梯轴［如图 12.1（b）所示］。为了提高刚度或减轻质量，有时制成空心轴［如图 12.1（c）所示］。

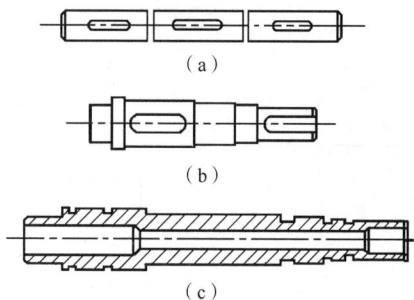

（a）

（b）

（c）

图 12.1　直轴

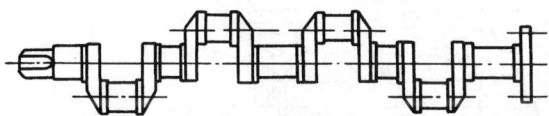

图 12.2　曲轴

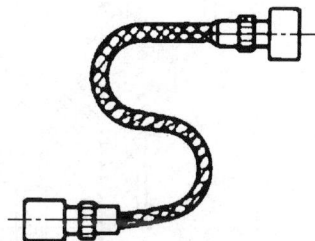

图 12.3　挠性钢丝轴

12.1.2　轴的材料

轴的主要失效形式为疲劳破坏，轴的材料应具有较好的强度、韧性及耐磨性。一般用途的轴常用优质碳素结构钢，如 35、45、50 牌号的钢；轻载或不重要的轴可采用 Q235、Q275 等普通碳素钢；重载重要的轴可选用合金结构钢，其力学性能高，但价格较昂贵，选用时应综合考虑。轴的常用材料及其力学性能如表 12.2 所示。

表 12.2　轴的常用材料及其力学性能

<table>
<tr><th colspan="2">材　料</th><th rowspan="2">热处理</th><th rowspan="2">毛坯直径 /mm</th><th colspan="6">力 学 性 能</th><th rowspan="2">备　注</th></tr>
<tr><th>类别</th><th>牌号</th><th>硬度 HBS</th><th>强度极限 σ_b/MPa</th><th>屈服点 σ_s/MPa</th><th>弯曲疲劳极限 σ_{-1}/MPa</th><th>剪切疲劳极限 τ_{-1}/MPa</th><th>ϕ_σ</th><th>ϕ_τ</th></tr>
<tr><td rowspan="6">碳素结构钢</td><td rowspan="2">Q235</td><td rowspan="2"></td><td>≤16</td><td>—</td><td>460</td><td>235</td><td rowspan="2">200</td><td rowspan="2">105</td><td rowspan="2">0.2</td><td rowspan="2">0.1</td><td rowspan="2">用于不重要或承载不大的轴</td></tr>
<tr><td>≤40</td><td>—</td><td>440</td><td>225</td></tr>
<tr><td rowspan="2">45</td><td>正火</td><td>≤100</td><td>170～217</td><td>600</td><td>300</td><td>275</td><td>140</td><td rowspan="2">0.2</td><td rowspan="2">0.1</td><td rowspan="2">应用最广</td></tr>
<tr><td>调质</td><td>≤200</td><td>217～255</td><td>650</td><td>360</td><td>300</td><td>155</td></tr>
<tr><td rowspan="2">合金钢</td><td rowspan="2">40Cr</td><td rowspan="2">调质</td><td>≤100</td><td>241～266</td><td>750</td><td>550</td><td>350</td><td>200</td><td rowspan="2">0.25</td><td rowspan="2">0.15</td><td rowspan="2">用于承载较大而无很大冲击的重要轴</td></tr>
<tr><td>>100～300</td><td>241～266</td><td>700</td><td>550</td><td>340</td><td>185</td></tr>
<tr><td>35SiMn (42SiMn)</td><td>调质</td><td>≤100</td><td>229～286</td><td>800</td><td>520</td><td>400</td><td>205</td><td rowspan="2">0.25</td><td rowspan="2">0.15</td><td rowspan="2">性能接近 40Cr，用于中小型轴</td></tr>
<tr><td></td><td></td><td>>100～300</td><td>217～269</td><td>750</td><td>450</td><td>350</td><td>185</td></tr>
</table>

材　料		热处理	毛坯直径/mm	力 学 性 能							备　注
类别	牌号			硬度 HBS	强度极限 σ_b/MPa	屈服点 σ_s/MPa	弯曲疲劳极限 σ_{-1}/MPa	剪切疲劳极限 τ_{-1}/MPa	ϕ_σ	ϕ_τ	
合金钢	40MnB	调质	25		1000	800	485	280	0.25	0.15	性能接近 40Cr，用于重要轴
			≤200	241～286	750	500	335	195			
	20Cr	渗碳淬火回火	15	表面	850	550	375	215	0.25	0.15	用于要求强度和韧性均较高的轴
			≤60	50～60HRC	650	400	280	160			
	20CrMnTi		15	表面 50～62HRC	1100	850	525	300			

*12.1.3　轴的结构设计

如图 12.4 所示为单级圆柱齿轮减速器的输出轴，该轴由联轴器、轴、轴承盖、轴承、套筒、齿轮等组成。对轴的要求是：根据受力情况设计合理的尺寸，以满足强度和刚度需要；还必须使轴上零件可靠地定位和紧固；同时便于加工制造、装拆和调整。

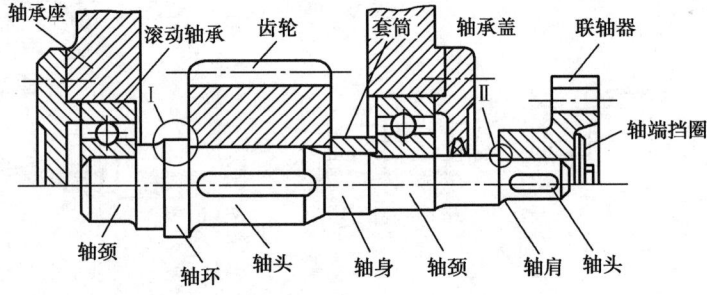

（a）轴的组成

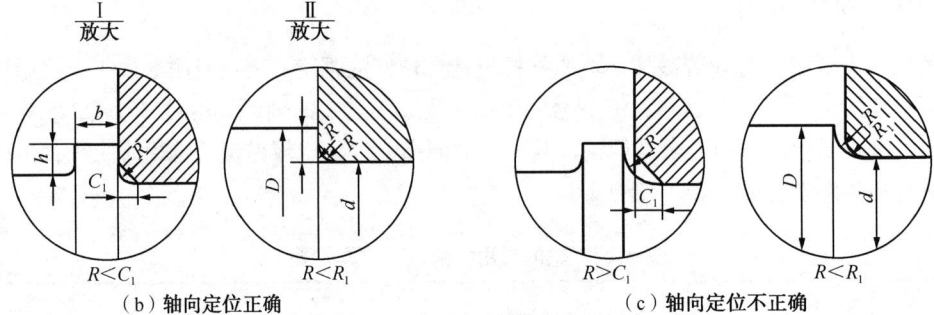

（b）轴向定位正确　　　　　　　　　　　（c）轴向定位不正确

图 12.4　减速器输出轴

1．零件在轴上的定位和固定

零件在轴上的轴向定位和固定可采用轴环、轴肩［如图 12.4（b）所示］、套筒、螺母、轴端挡圈及圆锥表面等方法，如图 12.5 所示。

零件在轴上的周向定位和固定可采用键连接、花键连接、螺钉、销钉连接、过盈配合等方法，如图 12.7 所示。

2．结构工艺要求

一般将轴设计成阶梯形，目的是增加强度和刚度，便于装拆，易于轴上零件的固定，区别不同轴段的精度及表面光洁度等满足不同的需要。

（a）

（b）

$L-l=\Delta>0$

（c）

$\Delta>0$

（d）

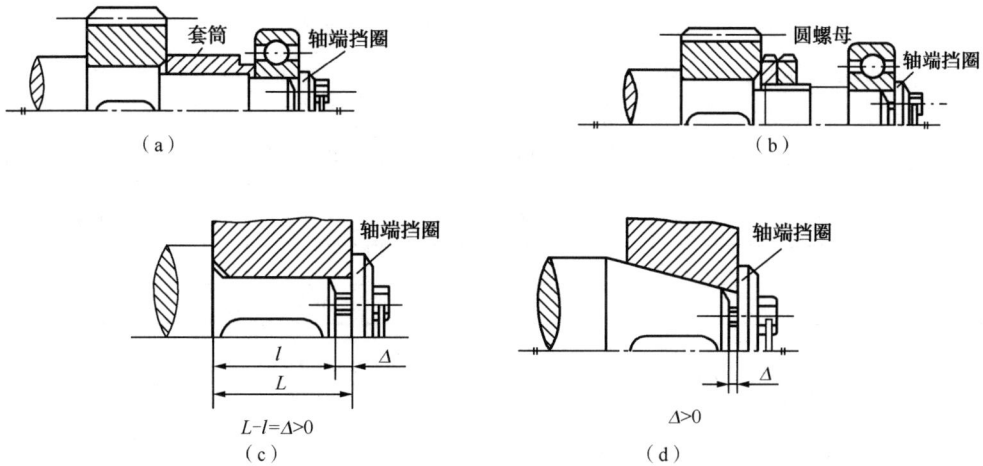

图 12.5　轴上零件的定位和固定方式

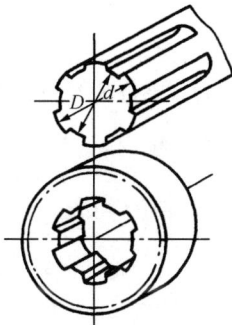

图 12.6　花键连接

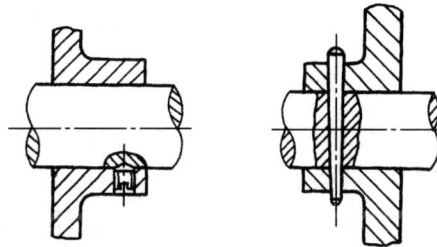

图 12.7　螺钉、销钉连接

考虑到轴上零件的轮毂端面贴紧轴肩定位面，在切螺纹或磨削轴段的轴肩处，应留有螺纹退刀槽和砂轮越程槽，如图 12.8 所示。

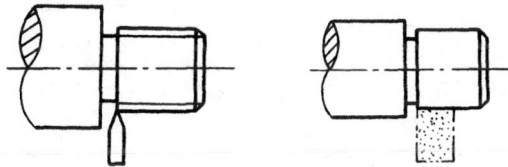

图 12.8　螺纹退刀槽和砂轮越程槽

为了减少应力集中，轴肩、轴环过渡要缓和，并做成圆角，但这种圆角必须小于零件轮毂孔端面的圆角半径或倒角，如图 12.4 所示，轴环、轴肩尺寸 b、h 及零件孔端圆角半径 R_1 和倒角 C_1 的数值如表 12.3 所示。

表 12.3　轴环与轴肩尺寸 R、b、h 及零件孔端圆角半径 R_1、C_1　　　　（单位：mm）

轴径 d	>10~18	>18~30	>30~50	>50~80	>80~100
R	0.8	1.0	1.6	1.0	2.5
R_1、C_1	0.6	1.0	1.0	1.0	3.0
h_{min}	1.0	1.5	1.5	4.5	5.5
b	$b=(0.1\sim0.15)d$　　或 $b=1.4h$				

当轴上有多个键槽时，应尽可能安排在同一条直线上，使加工键槽时无须多次装夹换位。轴两端、轴环和轴肩端部要倒角，以免划伤人手及相配零件。

轴直径尽量采用标准系列，在滚动轴承、联轴器配合处的直径，必须符合滚动轴承、联轴器内径的标准系列；螺纹处的直径应符合螺纹标准系列。轴的标准直径如表 12.4 所示。

表 12.4　轴的标准直径　　　　　　（单位：mm）

10	11	12	14	16	18	20	22	25	28	30	32	36
40	45	50	56	60	63	71	75	80	85	90	95	100

*12.1.4　轴的强度计算

1. 传动轴的强度计算（只承受扭矩的轴）

对于圆截面的传动轴，根据材料力学的转强度条件公式：

$$\tau_{max}=\frac{T_{max}}{W_t}\leqslant[\tau]$$

式中，τ_{max} 为最大扭转切应力，单位为 MPa；$[\tau]$ 为许用扭转切应力，单位为 MPa；T 为轴传递的转矩，单位为 N·mm，$T=9.55\times10^6\times\dfrac{P}{n}$；$W_t$ 为抗扭截面系数（mm³），实心圆轴，$W_t=\pi d^3/16\approx0.2d^3$；$P$ 为传递的功率，单位为 kW；n 为轴的转速，单位为 r/min；d 为轴的直径，单位为 mm。选定轴的材料后，许用切应力 $[\tau]$ 已确定。轴直径为：

$$d\geqslant\sqrt[3]{\frac{9.55\times10^6}{0.2[\tau]}\frac{P}{n}}=C\sqrt[3]{\frac{P}{n}} \tag{12.1}$$

式中，C 为与轴的材料和载荷有关的因数，可由表 12.5 查取。

表 12.5　许用切应力[τ]及 C 值

轴 的 材 料	Q235，20	35	45	40Cr，35SiMn
[τ]/MPa	12～20	20～30	30～40	40～52
C	160～135	135～118	118～106	106～97

注：1. 轴上所受弯矩较小或只受转矩时，C 取较小值；否则取较大值。

2. 用 Q235、35SiMn 时，取较大的 C 值。

3. 轴上有一个键槽时 C 值增大 4%～5%，有两个键槽时 C 值增大 7%～10%。

2. 转轴的强度计算

由于转轴承受弯扭组合作用，同时轴上零件的位置与轴承和轴承支撑间的距离通常尚未确定，所以对转轴的设计，只能先按扭转强度初步估算轴的最小直径，待轴系结构确定后，轴上所受载荷大小、方向、作用点及支撑跨距已确定，再按弯扭组合强度校核。

强度校核公式为：

$$\sigma_e=\frac{M_e}{W}=\frac{\sqrt{M^2+(\alpha T)^2}}{0.1d^3}\leqslant[\sigma_{-1}]_{bb} \tag{12.2}$$

式中，σ_e 为当量应力，单位为 MPa；M_e 为当量弯矩，单位为 N·mm，$M_e=\sqrt{M^2+(\alpha T)^2}$；$M$ 为合成弯矩，单位为 N·mm，$M=\sqrt{M_Y^2+M_Z^2}$；M_Y 为水平面弯矩，单位 N·mm；M_Z 为垂直面弯矩，单位 N·mm；T 为轴传递的扭矩，单位为 N·mm；W 为轴危险截面的抗弯截面系数，$W=0.1d^3$；

α 为由转矩性质而定的折合因数，转矩不变时 $\alpha=0.3$，转矩为脉动循环变化时 $\alpha=0.6$，对频繁正反转的轴，转矩可认为对称循环变化 $\alpha=1$；$[\sigma_{-1}]_{bb}$ 为对称循环状态下的许用弯曲应力，如表 12.6 所示。

表 12.6 轴的许用弯曲应力　　　　　　　　　　　（单位：MPa）

材　　料	σ_b	$[\sigma_{-1}]_{bb}$	$[\sigma_{+1}]_{bb}$	$[\sigma_0]_{bb}$
碳钢	400	40	130	70
	500	45	170	75
	600	55	200	95
	700	65	230	110
合金钢	800	75	270	130
	900	80	300	140
	1000	90	330	150
	1200	110	400	180

计算轴的直径时，可将式（12.2）改为：

$$d \geqslant \sqrt[3]{\frac{M_e}{0.1[\sigma_{-1}]_{bb}}} \qquad (12.3)$$

当轴上开有一个键槽时轴径应增大 3%左右，有两个键槽时轴径应增大 7%左右，然后按表 12.4 圆整成标准值。

由式（12.3）求得的直径如小于或等于由结构确定的轴径，则说明原轴径强度足够；否则应加大各轴段的直径。

例 12.1　如图 12.9 所示，设计带式输送机减速器的输出轴，已知该轴传递功率为 $P=5kW$，转速 $n=140r/min$，齿轮分度圆直径 $d=280mm$，螺旋角 $\beta=14°$，法向压力角 $\alpha_n=20°$。作用在右端联轴器上的力 $F=380N$。$L_1=200mm$，$L_2=150mm$（如图 12.10 所示），载荷平稳，单向运转。轴的材料为 45 钢调质处理。

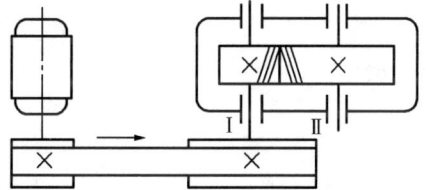

图 12.9　带式输送机减速器

解　（1）确定许用应力。查表 12.2 查得 $\sigma_b=650MPa$，由表 12.6 用插入法可得 $[\sigma_{-1}]_{bb}=60MPa$。

（2）按扭转强度估算轴的最小直径。按式（12.1）估算输出端最小直径为：

$$d_{min} \geqslant C\sqrt[3]{\frac{P}{n}}$$

查表 12.5，45 钢取 $C=118$，则：

$$d_{min} \geqslant 118\sqrt[3]{\frac{5}{140}}=38.85mm$$

考虑键槽的影响，取 $d_{min}=38.85\times1.03=39.665mm$，圆整后取标准直径 $d_{min}=40mm$（根据轴系结构确定轴 C 处直径 $d_c=55mm$）。

（3）齿轮上作用力的计算。

齿轮所受的扭矩为：

$$T=9.55\times10^6\frac{P}{n}=9.55\times10^6\times\frac{5}{140}=341\,071N\cdot mm$$

齿轮作用力：

圆周力

$$F_t = \frac{2T}{d} = \frac{2 \times 341\,071}{280} = 2\,436\text{N}$$

径向力

$$F_r = \frac{F_t \tan \alpha_n}{\cos \beta} = \frac{2\,436 \times \tan 20°}{\cos 14°} = 858\text{N}$$

轴向力

$$F_a = F_t \tan \beta = 2\,436 \times \tan 14° = 833\text{N}$$

（4）画出轴的空间受力图，如图 12.10 所示。

（5）求水平支反力，画水平弯矩图水平支反力。

$$F_{Ay} = F_{By} = \frac{F_t}{2} = \frac{2\,436}{2} = 1\,218\text{N}$$

水平弯矩

$$M_{Cy} = F_{Ay} \frac{L_1}{2} 10^{-3} = 1\,218 \times \frac{200}{2} \times 10^{-3} = 121.8\text{N·m}$$

（6）求垂直支反力，画垂直弯矩图。

垂直面支反力

$$F_r \frac{L_1}{2} - F_a \frac{d}{2} - F_{Az} L_1 = 0$$

$$F_{Az} = \frac{F_r \frac{L_1}{2} - F_a \frac{d}{2}}{L_1} = \frac{858 \times \frac{200}{2} - 833 \times \frac{280}{2}}{200} = -154\text{N} \quad （方向向下）$$

$$F_{Bz} = F_r + F_{Az} = 858 + 154 = 1\,012\text{N}$$

垂直弯矩

$$M_{Cz1} = F_{Az} \frac{L_1}{2} = 154 \times \frac{200}{2} \times 10^{-3} = 15.4\text{N·m}$$

$$M_{Cz2} = F_{Bz} \frac{L_1}{2} 10^{-3} = 1\,012 \times \frac{200}{2} \times 10^{-3} = 101.2\text{N·m}$$

（7）求 F 力在支撑点的反力及弯矩。

$$F_{1F} = \frac{FL_2}{L_1} = \frac{380 \times 150}{200} = 285\,\text{N·m}$$

F 力在 B 点产生的弯矩

$$M_{BF} = FL_2 \times 10^{-3} = 380 \times 150 \times 10^{-3} = 57\text{N·m}$$

F 力在 C 点产生的弯矩

$$M_{CF} = F_{1F} \frac{L_1}{2} 10^{-3} = 285 \times \frac{200}{2} \times 10^{-3} = 28.5\text{N·m}$$

（8）求合成弯矩，并画合成弯矩图。

按最不利因素考虑，将联轴器所产生的附加弯矩直接相加，得

$$M_{C1} = \sqrt{M_{Cy}^2 + M_{Cz1}^2} + M_{CF} = \sqrt{121.8^2 + 15.4^2} + 28.5 = 150\text{N·m}$$

$$M_{C2} = \sqrt{M_{Cy}^2 + M_{Cz2}^2} + M_{CF} = \sqrt{121.8^2 + 101.2^2} + 28.5 = 186.8\text{N·m}$$

（9）画扭矩图。

$$T=341\ 071\times10^{-3}=341\text{N}\cdot\text{m}$$

由图 12.10 可知，C—C 截面最危险，求当量弯矩：

$$M_\text{e}=\sqrt{M_\text{C}^2+(\alpha T)^2}$$

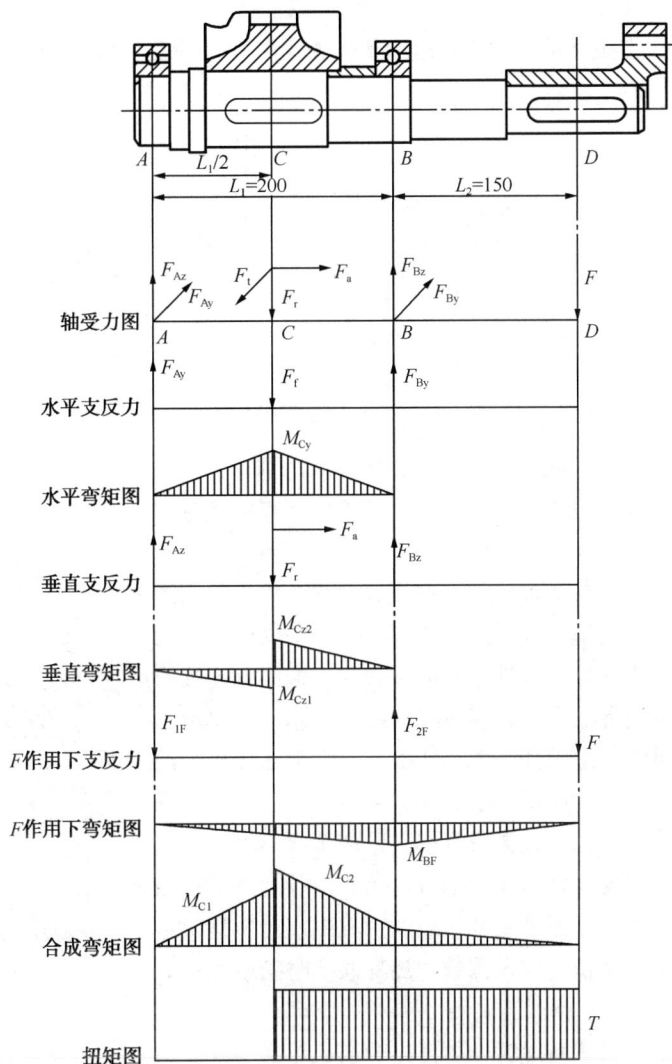

图 12.10　轴系受力及弯矩、扭矩图

由于轴的应力为脉动循环应力取 $\alpha=0.6$

得：

$$M_\text{e}=\sqrt{186.8^2+(0.6\times341)^2}=227\text{N}\cdot\text{m}$$

则：

$$d_\text{C}\geqslant\sqrt[3]{\frac{M_\text{e}}{0.1[\sigma_{-1}]_\text{bb}}}=\sqrt[3]{\frac{277\times10^3}{0.1\times60}}=35.87\text{mm}$$

考虑 C 截面处键槽的影响，直径增加 3%。$d_\text{C}=1.03\times35.8=37\text{mm}$，结构设计确定 C 处直径为 55mm，强度足够。

12.2　滑动轴承

滑动轴承主要用于高速、精密机械（如汽轮发电机、内燃机和高精密机床等）和低速、重载或冲击载荷较大的一般机械（如铁路机车、冲压机械、农业机械和起重设备等）中的支撑。按受载方向，滑动轴承分为受径向载荷的径向滑动轴承和受轴向载荷的止推轴承。

12.2.1 滑动轴承的润滑状态

由于润滑条件和工作条件不同，相对运动工作表面之间可以处于如图 12.11 所示的 4 种润滑状态。

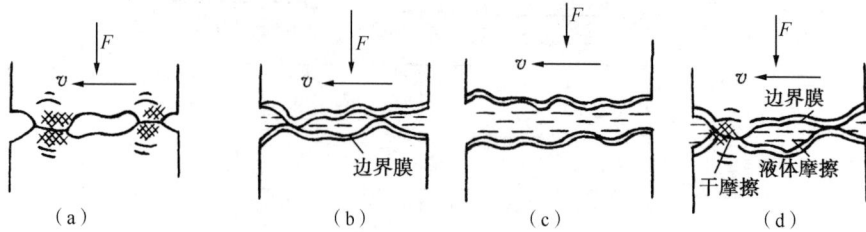

图 12.11 相对运动表面四种润滑状态

（1）无润滑状态——干摩擦。摩擦表面无任何润滑剂存在，如图 12.11（a）所示，两表面发生相对运动时，摩擦表面直接接触。干摩擦的摩擦系数 f 较大，为 $0.1\sim1.5$。

（2）边界润滑状态——边界摩擦。当摩擦表面间加入少量润滑油，润滑剂中与界面亲合力强的极性分子（即油性剂，如图 12.12（a）所示的符号表示，小圈表示极性基）的极性基一端因物理吸附作用吸附在界面上形成边界油膜，如图 12.11（b）所示，其厚度为 $0.1\sim0.4\mu m$。边界油膜内，由于分子之间的引力，吸附在边界上的分子形成定向排列的分子栅，如图 12.12（b）所示。由于分子定向紧密排列，分子之间的内聚力使边界膜具有一定的承载能力。离界面越远，吸附力越弱，因此当摩擦副运动时，第一层吸附分子牢固地吸附在界面上随界面移动，而外层分子之间则发生相对位移，这就取代了边界直接摩擦，降低了摩擦系数。边界润滑时的摩擦系数 f 为 $0.05\sim0.5$。

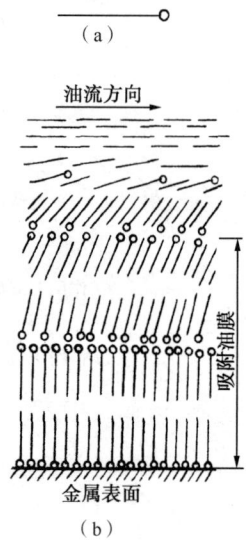

图 12.12 边界油膜的形成

（3）流体润滑状态——流体摩擦。摩擦副表面被边界膜和流体膜组成的流体润滑剂完全隔开，界面之间的摩擦被流动膜内的流体分子间的内摩擦所取代，因而摩擦系数显著降低，如图 12.11（c）所示。其中，流体动压润滑是利用表面相对运动使流体自然产生内压承受外载以隔开表面；流体静压润滑是利用压力油把接触面隔开承受外载。流体润滑包括液体润滑和气体润滑。液体动压润滑的摩擦系数 f 为 $0.001\sim0.01$；液体静压润滑的摩擦系数 $f<0.001$。

（4）混合润滑状态——混合摩擦。半干摩擦和半流体摩擦都属于混合摩擦。半干摩擦是指摩擦表面间同时存在着干摩擦和边界摩擦的润滑状态；半流体摩擦是指摩擦表面间同时存在着流体摩擦和边界摩擦的润滑状态，如图 12.11（d）所示。

对于滑动轴承，摩擦表面之间最低限度应维持边界润滑或混合润滑状态。根据需要，有的应实现流体润滑。不允许存在无润滑状态。

12.2.2　向心滑动轴承

1. 整体式滑动轴承

如图 12.13 所示为典型整体式滑动轴承，在机体上、箱体上或整体的轴承座 1 上直接镗出的轴承孔，再在孔内镶入轴套 2 或用骑缝螺钉 3 将轴套固定，顶部设有润滑油杯 4。如图 12.13 所示的整体式轴承，安装时用螺栓连接在机架上，这种轴承形式较多，大都已标准化。它的优点是结构简单、成本低；缺点是轴颈只能从端部装入，安装和检修不便，而且轴承磨损后不能调整间隙，只能更换轴套，所以只能用在轻载、低速及间歇性工作的机器上。

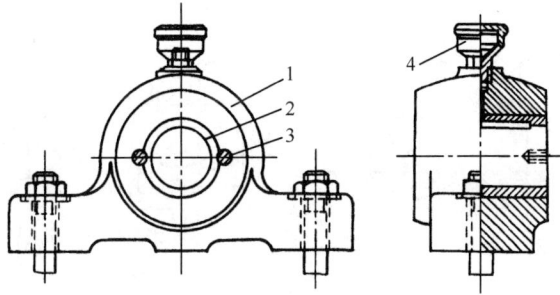

图 12.13　整体式向心滑动轴承

1—轴承座；2—轴套；3—骑缝螺钉；4—润滑油杯

2. 剖分式滑动轴承

剖分式滑动轴承如图 12.14（a）所示，由轴承座 1、轴承盖 3、剖分的上下轴瓦 2 组成，上、下两部分由螺栓 4 连接，轴承盖上装有润滑油杯 5。当载荷方向有较大偏斜时，轴承的剖分面应做相应偏斜，如图 12.14（b）所示。为了防止轴瓦转动，在轴承座和轴承盖的剖分面做成阶梯形的配合止口，便于定位。还在剖分面间放置调整垫片，以便安装时或磨损时调整轴承间隙。轴瓦磨损后，可用更换剖分面垫片来调整轴承间隙。这种轴承装拆方便，又能调整间隙，克服了整体式轴承的缺点，得到广泛的应用，汽车的曲轴轴承就采用了这种形式。

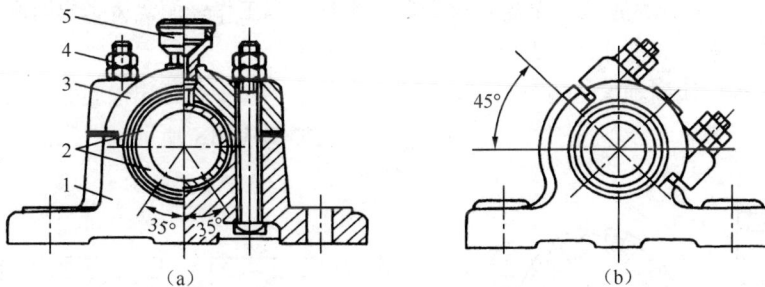

图 12.14　剖分式向心滑动轴承

1—轴承座；2—轴瓦；3—轴承盖；4—螺栓；5—润滑油杯

3. 自动调心式滑动轴承

对于轴颈较长（$L/d > 1.5$）的滑动轴承，为避免因轴的挠曲或轴承孔的同轴度较低而造成轴与轴瓦端部边缘产生局部接触而磨损，可采用自动调心式滑动轴承，如图 12.15 所示。其轴瓦外表面制成球面，当轴颈倾斜时轴瓦自动调心。

12.2.3 推力滑动轴承的结构类型

推力滑动轴承用来承受轴向载荷，且能防止轴的轴向移动，按支撑面的结构，可分为实心、空心、单环和多环四种。如图 12.16（a）所示为实心式，当轴回转时，端面边缘磨损很大，而中心磨损很轻，使轴颈与轴瓦相互之间压力分布不均，故很少采用，而多采用如图 12.16（b）所示的空心式；如图 12.16（c）所示为单环式，只能承受较小的轴向载荷，但端面压力分布明显改善；如图 12.16（d）所示为多环式，可用来承受较大的轴向载荷。

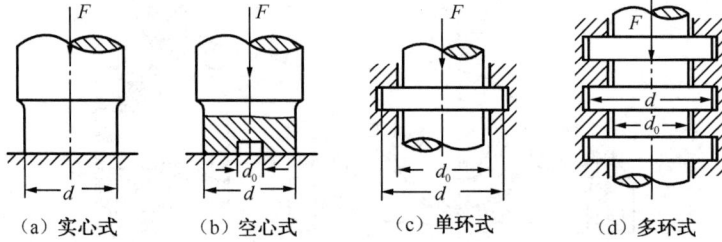

图 12.15 自动调心式滑动轴承

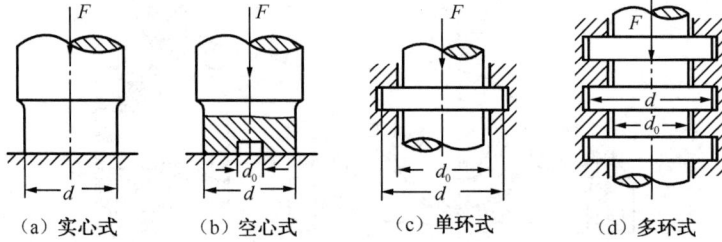

（a）实心式　　（b）空心式　　（c）单环式　　（d）多环式

图 12.16 推力滑动轴承

12.2.4 轴瓦结构和材料

轴瓦（包括轴套、轴承衬）直接与轴颈接触，它的结构和材料对于轴承的性能有直接影响，必须十分重视。

1. 轴瓦结构

轴瓦有整体式和剖分式两种。整体式轴瓦又称轴套，又分为有油沟和无油沟轴套两种，与轴承座一般采用过盈配合。为连接可靠，可在配合表面的端部用紧定螺钉固定。剖分式轴瓦（又称对开式轴瓦）应用广泛，其结构如图 12.17 所示。轴瓦厚度 b，轴颈直径为 d，一般取 $b/d > 0.05$。其厚度约为十分之几毫米到 6 毫米。轴瓦与轴颈直接接触，一般需要用耐磨性、减摩性好的材料制造。为了提高轴瓦的承载能力，节省贵重金属，常在轴瓦工作表面浇铸一层耐磨性、减摩性等更好的金属材料，称为轴承衬。

为了使润滑油能流到轴承的整个工作表面上，轴瓦的内表面需开出油孔和油沟。油孔用于注入润滑油，油沟用来输送分布润滑油。常用的油沟形式如图 12.18 所示。油沟的长度一般为轴承长度的 80%。

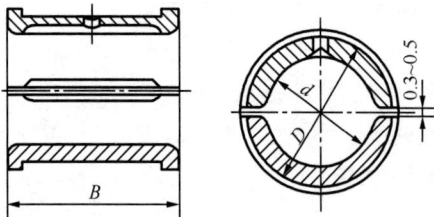

图 12.17 轴瓦结构

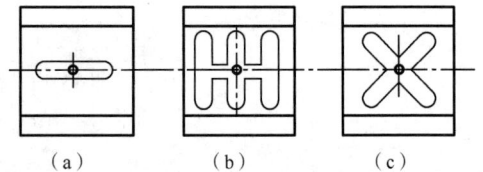

（a）　　　　（b）　　　　（c）

图 12.18 油沟形式

轴瓦宽度与轴颈直径之比 b/d 称为宽径比，它是径向滑动轴承中一个重要的参数。对于液体摩擦的滑动轴承，常取 $b/d = 0.5 \sim 1$；对于非液体摩擦的滑动轴承，常取 $b/d = 0.8 \sim 1.5$，有时可以更大。

2. 轴瓦材料

滑动轴承材料是指轴瓦（轴套）和减摩层材料。轴瓦的主要失效形式是磨损，由于强度不够出现疲劳损坏，或由于工艺原因出现减摩层脱落。

对轴承材料的主要要求是：应具有良好的减摩性和耐磨性；对润滑油的吸附性好；跑合性、顺应性和嵌藏性好；耐腐蚀性、热传导性好及热膨胀小；应具有必要的冲击强度、抗压强度和疲劳强度；工艺性好。常用轴瓦材料的性能及许用值[p]、[v]、[pv]如表 12.7 所示。

表 12.7　常用轴瓦材料的性能及许用值[p]、[v]、[pv]

轴承材料		最大许用值			t/℃	轴颈最小硬度 HBS	性能比较②				备　注
		$[p]$/MPa	$[v]$/m·s⁻¹	$[pv]$①/MPa·m·s⁻¹			抗胶合性	顺应性嵌藏性	耐蚀性	疲劳强度	
锡锑合金轴承	ZChSnSb 11-6	平稳载荷			50	150	1	1	1	5	用于高速、重载下工作的重要轴承。变载荷下易于疲劳。价格较贵
		25	80	20							
	ZChSnSb 8-4	冲击载荷									
		20	60	15							
铅锑轴承合金	ZChPbSb 16-16-2	15	12	10	150	150	1	1	3	5	用于中速、中等载荷的轴承，不宜受显著的冲击载荷，可作为锡锑轴承合金的代用品
	ZChPbSb 15-15-3	5	6	5							
锡青铜	ZQSn 10-5	15	10	15	280	300~400	5	5	2	1	用于中速、重载及受变载荷的轴承
	ZQSn 5-5-5	8	3	12							用于中速、中等载荷的轴承
	ZQSn 6-6-3	5	3	10							
铅青铜	ZQPb 30	21~28	12	30	250~280	300	3	4	4	2	用于高速、重载轴承，能受变载荷及冲击载荷
铝青铜	ZQAl 9-4	15	4	12	280	280	5	5	5	2	最宜用于润滑充分的低速重载轴承
黄铜	ZHSi 80-3-3	12	2	10	200	200	5	5	1	1	用于低速、中等载荷的轴承
	ZHMn 58-2-2	10	1	10							
三层金属	（镀轴承合金）	14~35			170	200~300	1	2	2	2	以低碳钢为瓦背，铜、青铜、铝或银为中间层，上镀轴承合金组成，疲劳强度显著提高
	减摩铸铁	0.1~6	3~0.75	0.3~4.5	150	200~250	5	5	1		用于低速、轻载的不重要轴承，价廉
	酚醛塑料	40	12	0.5	110						抗胶合性好，强度好，能耐水、酸、碱，导热性差。重载时需要水或油充分润滑，易膨胀，间隙应大些
	聚四氟乙烯	3.5	0.25	0.035	280						摩擦系数低，自润滑性好，耐腐蚀
	铁-石墨	4	12	0.5	420						有自润滑性，耐化学腐蚀，常用于要求清洁工作的机器中

① [pv]值为混合摩擦下的许用值。

② 性能比较：1—最佳，5—最差。

12.2.5　滑动轴承的润滑

轴承润滑的主要目的是减小摩擦，减轻磨损；同时还起到冷却、吸振和防锈的作用。为了保证轴承润滑良好，应恰当地选择润滑剂及润滑装置。

1．润滑剂

最常用的润滑剂有润滑油及润滑脂两类。另外还有石墨、二硫化钼、聚四氟乙烯、空气和水等。

（1）润滑油。润滑油为液体状，是滑动轴承中应用最广的润滑剂。润滑油分矿物油、植物油和动物油三种，其中矿物油资源丰富，价格便宜，适用范围广且不易变质，应用最广。

润滑油最重要的物理性能指标是黏度，它表示润滑油流动时内部摩擦阻力的大小，黏度的大小可用动力黏度、运动黏度和相对黏度来表示。黏度越大，润滑油内摩擦阻力也越大，油也越稠，流动性也越差。选择润滑油时，以黏度为主要指标。原则上当转速低、载荷大时，应选用黏度大的润滑油；反之，应选用黏度小的润滑油。机械中常用润滑油的性能如表 12.8 所示。

表 12.8　常用润滑油的性能

润滑油名称	代号	运动黏度/mm² · s⁻¹		应 用 范 围
		50℃	100℃	
高速机械油	HJ-5	4.0～5.1		适用于高速低载（$n>1\ 000$r/min、$p>500$kPa 以下）的机械及纺锭机械
	HJ-7	6.0～8.0		
机械油	HJ-10	7～13		1 000r/min 的高速轻载及小型电机轴承
	HJ-20	17～23		中型电机轴承
	HJ-30	27～33		机床主轴轴承
	HJ-40	37～43		重型机床的进刀部分及轻型机床的蜗杆传动
	HJ-50	47～53		低速重载或间歇运动的机械
汽轮机油（透平油）	HU-22	20～23		$n>3\ 000$r/min 的汽轮机、水轮机及发电机轴承
	HU-30	28～32		$n<3\ 000$r/min 的汽轮机及水轮机的主、轴机
	HU-45	43～47		用于船舰汽轮机主机
	HU-55	53～57		用于船舰闭式蒸汽机的曲柄箱
齿轮油	HL-20		17.9～22.1	汽车传动及转向机构、变速器、减速器中齿轮及其他摩擦部件，
	HL-30		28.4～32.3	冬用 HL-20，夏用 HL-30，不适用于一般机械，特别是精密机械

（2）润滑脂。润滑脂是用矿物油、金属皂调制而成的膏状润滑剂。金属皂是碱金属（如钙、钠、锂、铝等）与各种脂肪酸反应而成的。根据金属皂不同，分别称为钙基、钠基、锂基、铝基润滑脂。润滑脂的主要性能指标是针入度、滴点和耐水性。针入度是指用质量为 150g 的标准锥形针，在 5s 内沉入到温度为 25℃的润滑脂中的深度（以 0.1mm 为单位）。它标志着润滑脂的黏稠程度。滴点是指在规定的条件下加热，当润滑脂熔化滴下第一滴时的温度，滴点表示润滑脂的耐热能力。耐水性是指润滑脂与水接触时，其特性的保持程度。

润滑脂稠度大，不易流失，故使轴承的密封简单，但其物理、化学性质不如润滑油稳定，摩擦损失也较大，故多用于低速、重载或摆动轴承中。钙基润滑脂耐水性好，但不耐热，常用于工作在 60～80℃的机械上，尤其适用于露天工作的机械上。钠基润滑脂的耐热性好，但不耐水，常用于 100～150℃且不与水直接接触或潮湿处工作的机械上。锂基润滑脂既耐水又耐热，可在 20～120℃范围内工作。常用润滑脂的性能列于表 12.9 中。

表 12.9　常用润滑脂的性能

润滑脂名称	主 要 性 能		应 用 举 例
	针入度（25℃，0.1mm）	滴点不低于/℃	
1 号钙基润滑脂	310～340	75	自动给脂系统汽车底盘摩擦槽
2 号钙基润滑脂	265～295	80	温度不高于 55℃的高速轻载机械
3 号钙基润滑脂	220～250	85	电动机、发电机及其他温度在 60℃以下的中载机械
4 号钙基润滑脂	175～205	90	汽车水泵、发电机、纺织机及其他温度在 80℃以下的重载低速机械
1 号钠基润滑脂	230～270	130	温度低于 115℃的工农业机械
2 号钠基润滑脂	180～220	150	温度低于 135℃的工农业机械
1 号钙钠基润滑脂	250～290	120	机车导杆、滚动轴承、小型电动机和发电机轴承及高温下工作的轴承
2 号钙钠基润滑脂	200～240	135	
锂基润滑脂		175	温度低于 145℃的摩擦副及滚动轴承

2．润滑方法及润滑装置

润滑油与润滑脂的供油方法不同，下面分别进行叙述。

（1）润滑油。润滑油的供给方式分为间歇和连续两种。间歇供油用于小型、低速或间歇运转的不重要轴承；连续供油用于重要轴承。它们的润滑装置主要有以下几种。

① 压配式压注油杯。如图 12.19 所示，平时弹簧顶住钢球将油孔封闭，避免污物进入轴承。加油时，用油壶嘴将钢球压下，同时注入适当的润滑油。它为间歇润滑，适用于低速、轻载及不重要的轴承。

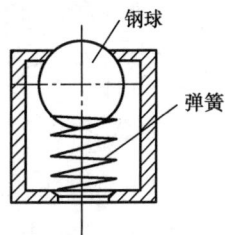

图 12.19　压配式压注油杯

② 油绳式油杯。如图 12.20 所示，用毛线或棉线做成油绳，油绳的一端浸在杯中的油内，另一端放在管内。这种装置能连续供油，并可通过改变油面高度调节供油量。当机器停车时，若不将油绳提起，将继续供油，耗油量较大。该装置不适用于高速轴承。

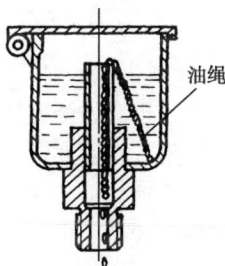

图 12.20　油绳式油杯

③ 针阀式滴油杯。如图 12.21 所示，当手柄竖立时，针阀被提起，油孔打开，杯内的油通过导油管的侧孔连续不断地流入轴承，当手柄横卧时，针阀被弹簧拉下，油孔封闭，供油停止，供油量的大小可通过螺母来调节。该装置使用可靠，适用于要求供油可靠的轴承。

④ 油环润滑。如图 12.22 所示，在轴颈上套一油环，油环的下部浸在油中，当轴颈回转时，靠摩擦力带动油环转动而将润滑油带到摩擦面上。该润滑装置适用于水平位置、运转稳定且要求轴颈的圆周速度不小于 0.5m/s 的轴承。

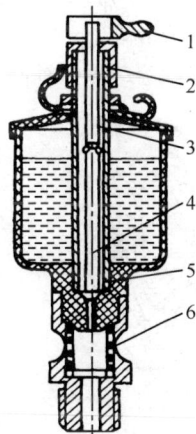

图 12.21　针阀式滴油杯

1—手柄；2—调节螺母；3—弹簧；
4—针阀；5—导油管；6—观察窗孔

⑤ 飞溅润滑。利用密封壳体中转动的、浸入油池适当深度的零件，使油飞溅到摩擦表面上，或在轴承座上制有油沟，以便聚集飞溅的油流入摩擦面。该润滑方式适用于速度中等的机械。

⑥ 压力润滑。利用油泵将润滑油经过油管输送到各轴承中去进行润滑。该润滑方式适用于高速、重载或变载的重要轴承上。

（2）润滑脂。润滑脂只能间歇供应。它既可在机械装配时填入轴承，也可用供油装置挤入轴承摩擦面。其供油装置主要有旋盖油杯（图 12.23）和压注油嘴（图 12.24）。旋盖油杯内充满润滑脂，旋转杯盖可将润滑脂挤压到摩擦面上，压注油嘴必须定期用油枪压入润滑脂，这些装置不能控制供脂量。

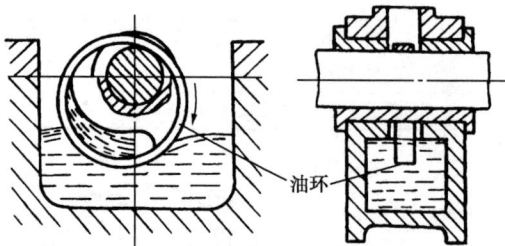

图 12.22　油环润滑　　　　图 12.23　旋盖油杯　　　图 12.24　压注油嘴

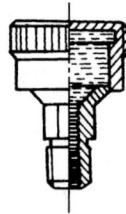

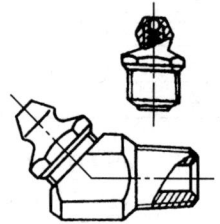

12.3　滚动轴承

滚动轴承是各类机器中广泛应用的重要部件，它是依靠主要元件间的滚动接触来支撑转动零件的，具有摩擦阻力小、易启动、对转速及工作温度的适用范围宽、轴向尺寸小、润滑及维修保养方便、有较好的互换性等优点。滚动轴承是一种标准件。

12.3.1　滚动轴承的结构

滚动轴承的基本结构如图 12.25 所示，它由内圈 1、外圈 2、滚动体 3 和保持架 4 四个部分组成。内圈常与轴一起旋转，外圈装在轴承座中起支撑作用。也有外圈旋转、内圈固定或内外圈都旋转的。常用的滚动体如图 12.26 所示，有球、短圆柱滚子、长圆柱滚子、空心螺旋滚子、圆锥滚子、鼓形滚子、滚针 7 种。当内、外圈做相对回转时，滚动体沿着内、外圈上的滚道滚动，滚道可限制滚动体的轴向位移，有的能使轴承承受一定的轴向载荷。

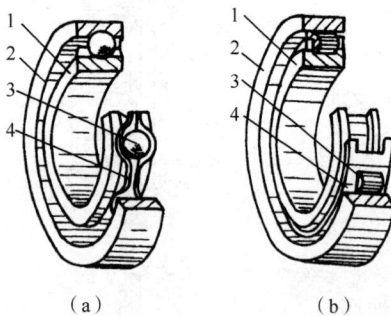

（a）　　　　　　　（b）　　　　　　　　（a）　　（b）　　（c）　　（d）

（e）　　（f）　　（g）

图 12.25　滚动轴承结构　　　　　　　图 12.26　滚动体
1—内圈；2—外圈；3—滚动体；4—保持架

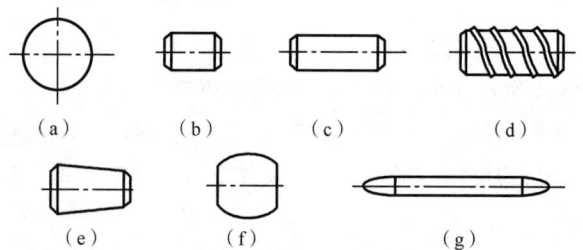

保持架的作用是使滚动体等距分布，避免滚动体相互接触，改善轴承内部的负荷分配。如图 12.27（a）所示为冲压式保持架，如图 12.27（b）所示为整体式保持架。为减小径向尺寸，实施密封或易于装配等特殊情况下，有些滚动轴承可以没有内圈或外圈，既无内圈又无外圈，无保持架（如滚针轴承）；有些特殊滚动轴承也可以附设密封装置、防尘盖等元件。

滚动轴承的内、外圈和滚动体一般采用 GCr15、GCr15SiMn、GCr6、GCr9 等铬轴承钢制造，淬火硬度达到 HRC61～65，做表面经过磨削抛光。保持架多用低碳钢冲压成型方法制造，也可采用黄铜和塑料等材料制造。

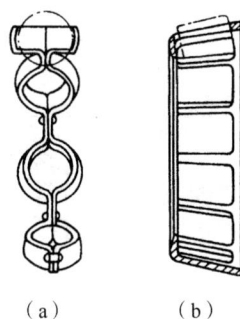

（a）　　　（b）

图 12.27　保持架结构

12.3.2　滚动轴承的类型

按滚动体的形状，轴承可分为球轴承和滚子轴承两种类型。球轴承的滚动体与套圈滚道为点接触，负荷能力低、耐冲击差，但摩擦阻力小，极限转速高，价格低廉。滚子轴承的滚动体与套圈滚道为线接触，负荷能力高、耐冲击，但摩擦阻力大，价格较高。按滚动体的列数，可分为单列、双列及多列；按工作时能否自动调心，可分为刚性轴承和调心轴承；按所能承受负荷的方向或接触角的不同，可分为向心轴承和推力轴承。

常用滚动轴承的类型、主要性能和特点如表 12.10 所示。

表 12.10　常用滚动轴承的类型、主要性能和特点

轴承类型	类型代号	简　图	承载方向	主要性能及应用	标准号
双列角接触球轴承	0		F_r ↑　F_a　F_a	具有相当于一对角接触球轴承背靠背安装的特性	GB/T 296—1994
调心球轴承	1		F_r ↑　F_a　F_a	主要承受径向载荷，也可以承受不大的轴向载荷；能自动调心，允许角偏差＜2°～3°；适用于多支点传动轴、刚性较小的轴以及难以对中的轴	GB/T 281—1994
调心滚子轴承	2		F_r ↑　F_n　F_n	与调心球轴承特性基本相同，允许角偏差＜1°～2.5°，承载能力比前者大；常用于其他种类轴承不能胜任的重载情况，如轧钢机、大功率减速器、吊车车轮等	GB/T 288—1994
推力调心滚子轴承	2		F_r →　F_a ↓	主要承受轴向载荷；承载能力比推力球轴承大得多，并能承受一定的径向载荷；能自动调心，允许角偏差＜2°～3°；极限转速较推力球轴承高；适用于重型机床、大型立式电动机轴的支撑等	GB/T 5859—1994

轴承 类型	类型 代号	简　图	承载方向	主要性能及应用	标　准　号
圆锥滚子轴承	3		F_r F_a	可同时承受径向载荷和单向轴向载荷，承载能力高；内、外圆可以分离，轴向和径向间隙容易调整；常用于斜齿轮轴、锥齿轮轴和蜗杆减速器轴以及机床主轴的支撑等；允许角偏差 2′，一般成对使用	GB/T 297—1994
双列深沟球轴承	4		F_r F_a　F_a	除了具有深沟球轴承的特性，还具有承受双向载荷更大、刚性更大的特性，可用于比深沟球轴承要求更高的场合	GB/T 296—1994
推力球轴承	5		$\downarrow F_a$	只能承受轴向载荷，51 000 用于承受单向轴向载荷，52 000 用于承受双向轴向载荷；不宜在高速下工作，常用于起重机吊钩、蜗杆轴和立式车床主轴的支撑等	GB/T 301—1995
双向推力球轴承	5		F_a F_a		
深沟球轴承	6		F_r F_a　F_a	主要承受径向载荷，也能承受一定的轴向载荷；极限转速较高，当量摩擦因数最小；高转速时可用来承受不大的纯轴向载荷；允许角偏差<2′～10′；承受冲击能力差；适用于刚性较大的轴，常用于机床齿轮箱、小功率电机等	GB/T 276—1994
角接触球轴承	7		F_r F_a	可承受径向和单向轴向载荷；接触角α越大，承受轴向载荷的能力也越大，通常应成对使用；高速时用它代替推力球轴承较好；适用于刚性较大、跨距较小的轴，如斜齿轮减速器和蜗杆减速器中轴的支撑等；允许角偏差<2′～10′	GB/T 292—1994
推力圆柱滚子轴承	8		$\downarrow F_a$	只能承受单向轴向载荷，承载能力比推力球轴承大得多，不允许有角偏差，常用于承受轴向载荷大而又不需调心的场合	GB/T 4663—1994
圆柱滚子轴承（外圈无挡边）	N		F_r	内、外圈可以分离，内、外圈允许少量轴向移动，允许角偏差很小，<2′～4′；能承受较大的冲击载荷；承载能力比深沟球轴承大；适用于刚性较大、对中良好的轴，常用于大功率电机、人字齿轮减速器	GB/T 283—1994

12.3.3　滚动轴承的代号

　　滚动轴承的类型很多，每种类型又有不同的结构、尺寸、精度和技术要求，为了便于组织生产、设计和选用，GB/T 272—1993 规定了滚动轴承代号的结构及表示方法。滚动轴承代号由前置代号、基本代号和后置代号构成，其代表内容和排列顺序如表 12.11 所示。

表 12.11　滚动轴承的代号

前 置 代 号	基 本 代 号				后 置 代 号
字母	类型代号	宽度代号	直径系列代号	内径代号	字母符号，数字
	数字或字母	一位数字	一位数字	二位数字	

1. 基本代号

基本代号表示轴承的基本类型、结构和尺寸，是轴承代号的基础。除滚针轴承外，基本代号由轴承类型代号、尺寸系列代号及内径代号构成。

（1）类型代号。类型代号由基本代号右起第五位数字或字母表示，如表 12.10 所示。

（2）尺寸系列代号。尺寸系列代号由轴承的直径系列代号（基本代号右起第三位数字）和宽（高）度系列代号（右起第四位数字）组合而成，如表 12.12 所示。

表 12.12　轴承宽（高）度系列和直径系列代号

直径系列代号	向 心 轴 承								推 力 轴 承			
	宽度系列代号								高度系列代号			
	8	0	1	2	3	4	5	6	7	9	1	2
	尺寸系列代号											
7	—	—	17	—	37	—	—	—	—	—	—	—
8	—	08	18	28	38	48	58	68	—	—	—	—
9	—	09	19	29	39	49	59	69	—	—	—	—
0	—	00	10	20	30	40	50	60	70	90	10	—
1	—	01	11	21	31	41	51	61	71	91	11	—
2	82	02	12	22	32	42	52	62	72	92	12	22
3	83	03	13	23	33	—	—	—	73	93	13	23
4	—	04	—	24	—	—	—	—	74	94	14	24
5	—	—	—	—	—	—	—	—	—	95	—	—

（3）内径代号。用两位数字来表示轴承的内径，如表 12.13 所示。

表 12.13　滚动轴承的内径代号

内 径 代 号	00	01	02	03	04～96	/22, /28, /32
轴承内径/mm	10	12	15	17	代号数×5	22, 28, 32

2. 前置代号

前置代号用字母表示，是用以说明成套轴承的分部件特点的补充代号。例如，K 表示滚子和保持架组件，L 表示可分离轴承的内圈或外圈。一般轴承无前置代号。需要时请查阅 GB/T 272—1993。

3. 后置代号

后置代号用字母或字母加数字的组合表示轴承的结构、公差以及材料特殊要求等，后置代号的内容很多，下面介绍几种常用的代号。

（1）内部结构代号。内部结构代号表示同一类型轴承的不同内部结构，用字母在后置代号左起第一位表示。例如，角接触球轴承的公称接触角 α 有 15°、25° 和 40°，分别用 C、AC 和 B 表示；同一类型轴承的加强型用 E 表示。

（2）公差等级代号。轴承的公差等级为 2 级、4 级、5 级、6 级、6x 级（仅适用于圆锥滚子轴承）和 0 级，其代号分别为 /P2、/P4、/P5、/P6、/P6x、/P0，其精度等级依次降低，0 级为普通级，在轴承代号中不标注。

（3）游隙代号。常用轴承径向游隙系列分为 1 组、2 组、0 组、3 组、4 组、5 组，径向游隙依次增大；其中 0 组为基本游隙组，在轴承代号中不标注，其余组别的代号分别为 /C1、/C2、/C3、/C4、/C5。

后置代号中的其他内容不再介绍，可参见 GB/T 272—1993。

例 12.2 试说明代号为 6203、30310/P6x 的滚动轴承的意义。

解

```
6     2     0  3
│     │     │  │
│     │     │  └── 公差等级为0级（代号/P0，省略）
│     │     └───── 轴承内径 d=15mm
│     └─────────── 直径系列为轻系列
│                  宽度系列代号为0，省略
└───────────────── 深沟球轴承
```

```
3     0     3     1  0     /P6x
│     │     │     │  │       │
│     │     │     │  │       └── 公差等级为6x级
│     │     │     │  └────────── 轴承内径 d=50mm
│     │     │     └───────────── 直径系列为中系列
│     │     └─────────────────── 宽度系列代号为0
│     └───────────────────────── 圆锥滚子轴承
```

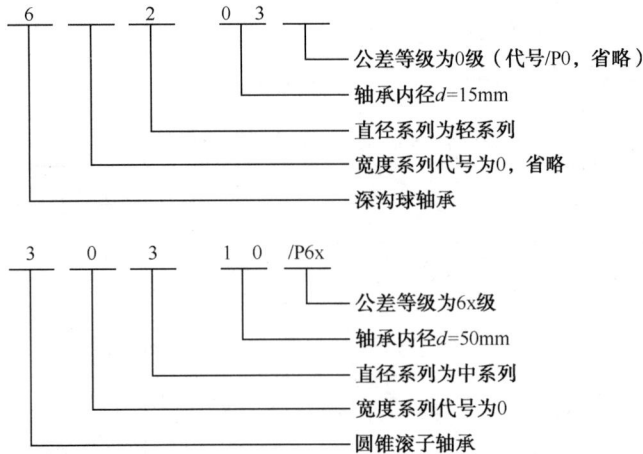

12.3.4　滚动轴承类型的选择

轴承类型的正确选择是在了解各类轴承特点的基础上，综合考虑轴承的具体工作条件和使用要求进行的。

1. 滚动轴承类型的选择原则

选择滚动轴承类型时主要考虑如下原则。

（1）轴承所受的载荷。轴承所受载荷的大小、方向和性质是选择轴承类型的主要依据。轻载和中等载荷时应选用球轴承；重载或有冲击载荷时，应选用滚子轴承。纯径向负荷时，可选深沟球轴承、圆柱滚子轴承或滚针轴承；纯轴向载荷时，可选用推力轴承；既有径向载荷又有轴向载荷时，若轴向载荷不太大时，可选用深沟球轴承或接触角较小的角接触球轴承、圆锥滚子轴承，若轴向载荷较大时，可选用接触角较大的这两类轴承，若轴向载荷很大而径向载荷较小时，可选用推力角接触轴承，也可以采用向心轴承和推力轴承组合在一起的支撑结构。

（2）轴承的转速。高速时应优先选用球轴承。内径相同时，外径越小，离心力也越小。故在高速时，宜选用超轻、特轻系列的球轴承。推力轴承的极限转速都很低，高速运转或轴向载荷不十分大时，可采用角接触球轴承或深沟球轴承来承受纯轴向力。

（3）轴承调心性能。当由于制造和安装误差等因素致使轴的中心线与轴承中心线不重合时，或当轴受力弯曲造成轴承内外圈轴线发生偏斜时，宜选用调心球轴承或调心滚子轴承。

（4）轴承尺寸。当径向尺寸受到限制时，可选用滚针轴承或特轻、超轻直径系列的轴承。轴向尺寸受限制时，可选用宽度尺寸较小的，如窄或特窄宽度系列的轴承。

（5）轴承刚性。滚子轴承的刚性较好，而球轴承刚性较差。在轴承座不是剖分而必须沿轴向装拆轴承以及需要频繁装拆轴承的机械中，应优先选用外圈可分离的轴承（如 3 类、N 类等）；当轴承在长轴上安装时，为便于装拆可选用内圈为圆锥孔的轴承（后置代号第 2 项为 K）。

（6）经济性。选择滚动轴承的类型时，在满足使用要求的条件下，还必须考虑其经济性，为了降低成本，应尽量选用球轴承和普通级（0 级公差）的轴承。对于大多数机械而言，0 级公差的轴承足以满足要求，但对于旋转精度有严格要求的机床主轴、精密机械、仪表以及高速旋转的轴，应选用高精度的轴承。

2. 选择滚动轴承类型时要注意的问题

选择轴承类型时，除了考虑前述的原则外，还应当注意以下三个问题。

（1）成对使用圆锥滚子轴承（30 000 型）和角接触球轴承（70 000 型）。这两类轴承成对使用的目的是抵消轴承的部分内部轴向力。它们可布置在轴的两个支点上，如图 12.28（a）所示，也可以布置在轴的同一个支点上，如图 12.28（b）所示。如图 12.28 所示的结构中，轴的上半图表示角接触球轴承，下半图表示圆锥滚子轴承。

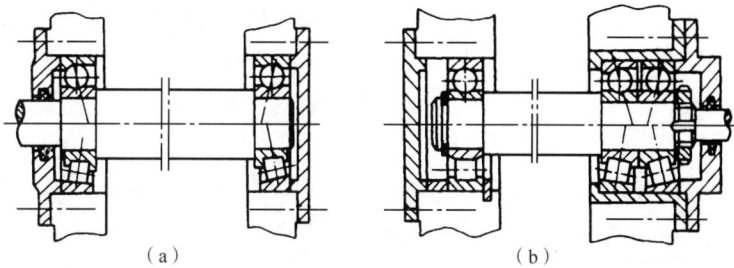

图 12.28　圆锥滚子轴承和角接触球轴承的布置

（2）成对使用自动调心轴承（10 000 型、2 000 型）。在轴的一个支点采用自动调心轴承，则在轴的另一个支点上也采用自动调心轴承，否则轴承就不能起调心作用。

（3）多支点细长轴。对于多支点上的细长轴，各支点都应采用自动调心轴承。这主要是考虑轴的各支点上的轴承孔与轴的同轴度不易保证，否则轴容易被卡住。

12.3.5　滚动轴承的受力分析和失效形式

1. 滚动轴承元件受力情况分析

如图 12.29 所示的向心球轴承，在径向载荷 F_r 作用下，由于各接触点上产生弹性变形，使轴承内圈沿 F_r 方向下沉一距离 δ。显然，上半圈滚动体不受载荷，下半圈滚动体各接触点所承受的载荷是不同的，处于 F_r 作用线最下方的滚动体受载最大（Q_{max}），而邻近的各滚动体受载逐渐减小。

轴承工作时，由于轴承承载区内各位置上滚动体承受的载荷大小是不同的，因而各位置的滚动体与内、外圈之间的接触应力是不同的。轴承在运转时，滚动体与内、外圈的相对位置也不断变化。实验证明，滚动轴承各元件受载后所产生的应力都是脉动循环变化的接触应力。

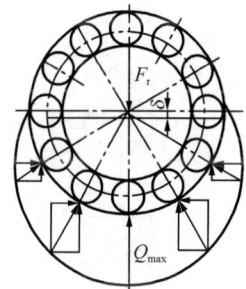

图 12.29　滚动轴承的受力分析

2. 滚动轴承的失效形式

（1）疲劳点蚀。轴承以 $n > 10\text{r/min}$ 的转速运转时，在载荷作用下，经过长时间周期性脉动循环接触应力的作用，就会在内、外圈滚道表面上或滚动体表面上产生疲劳点蚀。轴承出现疲劳点蚀后，将引起噪声和振动，旋转精度明显降低，从而使轴承不能正常工作。

（2）塑性变形。对于转速很低（$n < 10r/min$）或做间歇转动的轴承，通常不会发生疲劳点蚀。但在很大的静载荷或冲击载荷作用下，会使轴承的滚动体和滚道接触处的局部应力超过材料的屈服极限，使轴承元件表面出现塑性变形（凹坑），导致轴承丧失工作能力。

（3）磨损。润滑不良或杂物和灰尘的侵入都会引起轴承早期磨损，从而使轴承旋转精度降低、噪声增大、温度升高，最终导致轴承失效。此外，由于设计、安装、使用中某些非正常的原因，可能导致轴承的破裂、保持架损坏及回火、腐蚀等现象，使轴承失效。

*12.3.6 滚动轴承的组合设计

为了保证轴承的正常工作，除了合理地选择轴承类型、尺寸外，还应正确地解决轴承的固定、装拆、配合等问题，同时处理好轴承与相邻零件之间的关系。

1. 轴承的支撑结构形式

（1）两端单向固定。如图 12.30 所示，每个轴承都靠轴肩和轴承盖做单向固定，两个轴承合起来限制了轴的轴向移动。考虑到轴工作时有少量热膨胀，在一端轴承的外圈端面与轴承盖之间留有 $c = 0.25 \sim 0.4mm$ 间隙，间隙大小通过调整垫片组的厚度来实现。这种支撑结构简单，便于安装适用于温差不大，跨距较小的场合。

（2）一端固定、一端游动。如图 12.31 所示，一端轴承的内、外圈双向固定，如图 12.31（a）所示的右端和如图 12.31（b）所示的左端，限制了轴的双向移动。另一端外圈两侧均不固定（游动）。游动支撑与轴承盖之间应留有足够大的间隙，一般 $c = 3 \sim 8mm$。对于角接触轴承和圆锥滚子轴承，不可能留有很大的内部间隙，应将两个角接触轴承装在一端做双向固定，另一端采用深沟球轴承或圆柱滚子轴承做滚动支撑，如图 12.31（b）所示。这种结构比较复杂，但工作稳定性好，适用于轴较长或温度变化较大的场合。

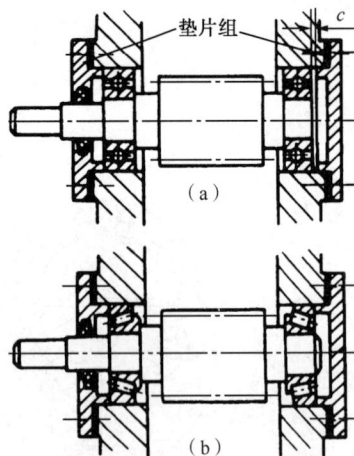

图 12.30 两端单向固定支撑

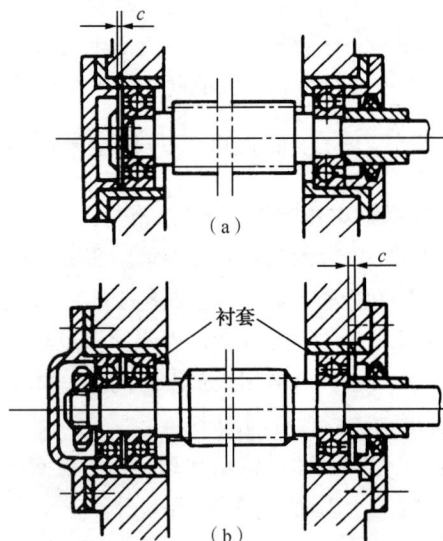

图 12.31 一端固定、一端游动

2. 滚动轴承组合结构的调整

（1）轴承间隙的调整。

① 调整垫片：靠加、减轴承端盖与箱体间垫片厚度进行调整，如图 12.32（a）所示。

② 调整螺钉：利用调整螺钉移动压盖进行调整，如图 12.32（b）所示。

③ 调整端盖：利用调整端盖与座孔内的螺纹连接进行调整，如图 12.32（c）所示。

（2）轴的轴向位置调整。为了保证机器能正常工作，装配时轴上零件必须有准确的位置。如图 12.33（a）所示的主、从动锥齿轮轴承应能按图示方向调整位置，使之两轮分度圆锥顶点重合，才能正确啮合。蜗杆蜗轮传动的轴承应按图 12.33（b）图示方向调整位置。

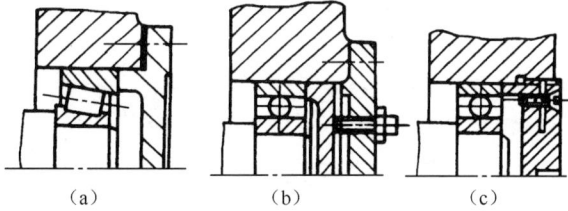

图 12.32 轴承间隙调整

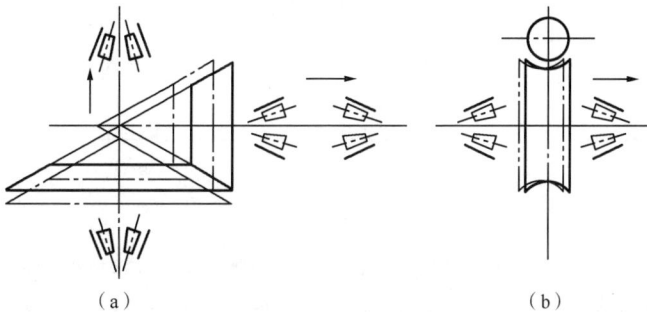

图 12.33 轴上零件轴向位置调整

12.4 联轴器与离合器

12.4.1 概述

联轴器和离合器是机械传动中的常用部件，其主要功用是用来连接轴与轴或轴与其他回转零件，以传递运动和转矩，有时也用来作为传动系统中的安全装置。联轴器只能在机器停止运转后才能将两轴接合或分离；离合器在机器运转过程中可随时将两轴接合或分离，以便操纵机械传动系统运转、停车、变速和换向等。

如图 12.34 所示卷扬机传动系统，电动机与减速器输入轴用联轴器相连，通过电动机与电源的接通或切断，可以控制减速器的运转或停车；由于工作需要，要求在电动机连续运转的情况下，卷扬机随时可以转动或停转，所以减速器输出轴与卷筒之间用离合器连接。

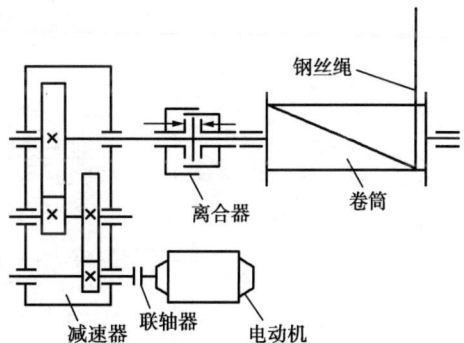

图 12.34 卷扬机传动系统简图

联轴器和离合器的类型很多，其中大多数已标准化。设计时，根据要求从标准中选择合适的类型，再按轴径、计算转矩和转速来确定联轴器或联合器的型号和结构尺寸，必要时对主要零件进行强度验算。

联轴器和离合器的计算转矩，主要取决于工作机的工作情况和原动机的类型。计算转矩 T_e 的计算公式为：

$$T_e = KT \text{（N·mm）} \tag{12.4}$$

式中，T 为联轴器或离合器的名义转矩，单位是 N·mm；K 为工作情况系数，如表 12.14 所示。

表 12.14　工作情况系数 K

工作机		K			
		原动机			
分类	载荷特性和机器实例	电动机、汽轮机	四缸及四缸以上内燃机	双缸内燃机	单缸内燃机
Ⅰ	转矩变化很小，如发电机、小型通风机、小型离心泵等	1.3	1.5	1.8	2.2
Ⅱ	转矩变化小，如透平压缩机、木工机械、输送机等	1.5	1.7	2.0	2.4
Ⅲ	转矩中等变化，如搅拌机、增压泵、有飞轮的压缩机、冲床等	1.7	1.9	2.2	2.6
Ⅳ	转矩变化和中等冲击载荷，如织布机、水泥搅拌机、拖拉机等	1.9	2.0	2.4	2.8
Ⅴ	转矩变化和大冲击载荷，如造纸机、挖掘机、起重机等	2.3	2.5	2.8	3.2
Ⅵ	转矩变化大且有极强烈冲击载荷，如压延机、无飞轮的活塞泵、重型初轧机等	3.1	3.3	3.6	4.0

12.4.2　常用联轴器

联轴器分为刚性和弹性两大类。刚性联轴器又分为固定式和可移式两类。固定式刚性联轴器不能补偿两轴的相对位移；可移式刚性联轴器能补偿两轴的相对位移。弹性联轴器有弹性元件，能补偿两轴的相对位移，并具有吸收振动和缓和冲击的能力。

联轴器所连接的两根轴通常是两台不同机器或两个不同部件。由于制造和安装误差以及承载后的变形和热变形影响，往往不能保证两轴线对中（两轴线重合），再加上其他原因造成机座的变形或下沉，两轴线将产生如图 12.35 所示的某种相对位移。因此，要求联轴器在结构上具有补偿一定范围位移的性能。

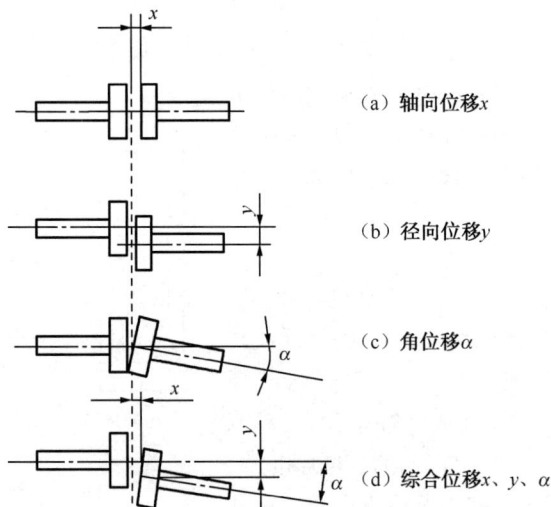

（a）轴向位移 x
（b）径向位移 y
（c）角位移 α
（d）综合位移 x、y、α

图 12.35　两轴线相对位移形式

1．固定式刚性联轴器

凸缘联轴器是应用最广泛的固定式刚性联轴器，如图 12.36 所示。凸缘联轴器的结构简单、成本低、使用方便、可传递的转矩较大，但不能缓冲减振及不能补偿两轴线位移，常用于载荷较平稳的两轴连接。

2．可移式刚性联轴器

可移式刚性联轴器的组成零件间构成的动连接，具有某一方向或几个方向的活动度，因此能补偿两轴的相对位移。常用的可移式刚性联轴器有以下几种。

（1）齿式联轴器。如图 12.37（a）所示，齿式联轴器是由两个有内齿的外壳 1 和两个有外齿的套筒 2 所组成的。联轴器的内齿轮齿数和外齿轮齿数相等，通常采用压力角为 20°的渐开线齿廓。工作时靠啮合的轮齿传递扭矩。由于轮齿间留有较大的间隙和外齿轮的齿顶制成球形，如图 12.37（b）所示，所以能补偿两轴的不同心和偏斜。齿式联轴器能传递很大的扭矩和补偿适量的综合位移，因此常用于重型机械中。

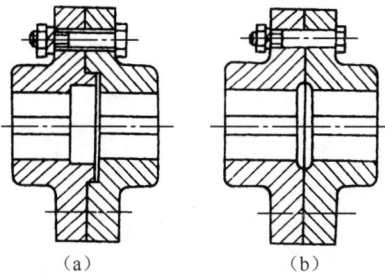

（a）　　　　　（b）

图 12.36　刚性凸缘联轴器

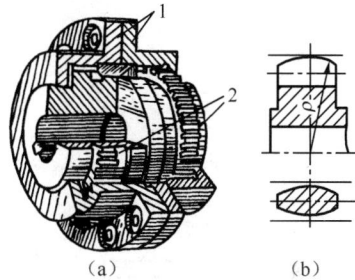

（a）　　　　　（b）

图 12.37　齿式联轴器

1—外壳；2—套筒

（2）十字滑块联轴器。如图 12.38 所示，十字滑块联轴器是由两个端面开有径向凹槽的半联轴器和两端各具凸榫的中间滑块所组成的。十字滑块联轴器允许的径向位移（即偏心距）$y \leqslant 0.04d$（d 为轴的直径），轴的转速一般不超过 300r/min。

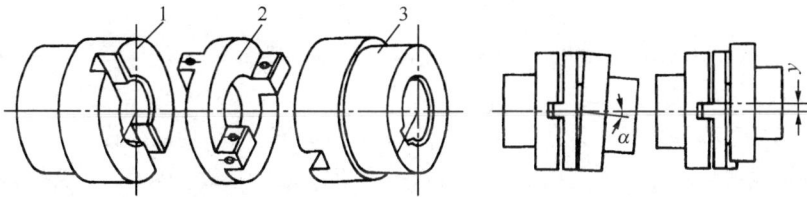

图 12.38　十字滑块联轴器

1、3—半联轴器；2—中间滑块

（3）万向联轴器。万向联轴器结构如图 12.39 所示，十字形零件的四端用铰链分别与轴 1 和轴 2 上的柱形接头相连接。因此，当轴的位置固定后，另一轴可以在任意方向偏斜 α 角，角位移 α 可达 40°～50°。

十字轴式刚性万向节为汽车上广泛使用的不等速万向节，允许相邻两轴的最大交角为 15°～20°。该万向节具有结构简单，传动效率高的优点，但在两轴夹角 α 不为零的情况下，不能传递等角速转动。如图 12.40 所示，设主动叉由初始位置转过 φ_1 角，从动叉相应转过 φ_2 角，由机械原理分析可以得出如下关系式：

$$\tan\varphi_1 = \tan\varphi_2 \cdot \cos\alpha$$

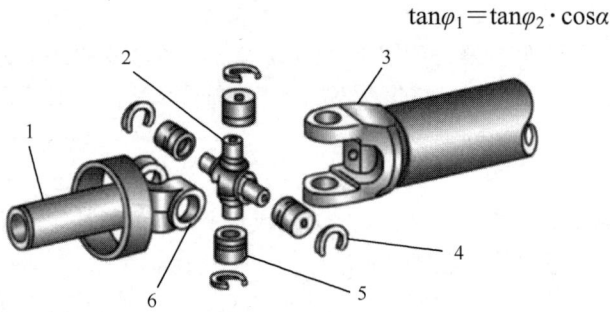

图 12.39　万向联轴器

1—套筒；2—十字轴；3—传动轴叉；

4—卡环；5—轴承外圈；6—套筒叉

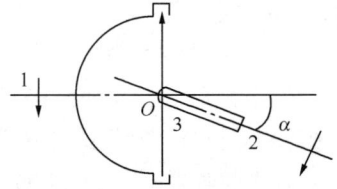

图 12.40　十字轴式刚性万向节示意图

1—主动叉；2—从动叉；3—十字轴

由于单个十字轴式刚性万向节不能传递等角速转动，所以双万向节等速传动布置如图 12.41 所示。

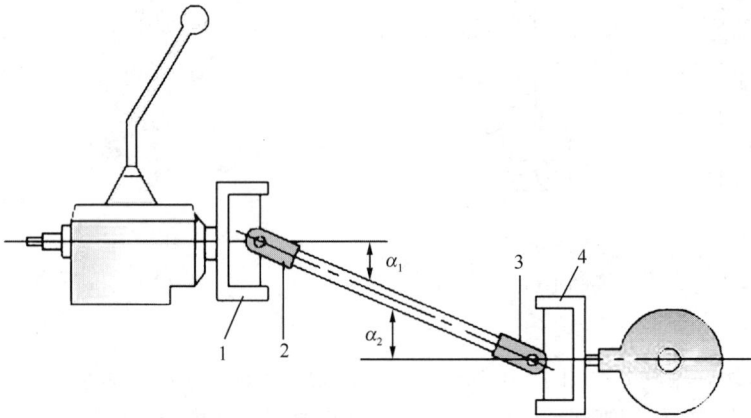

图 12.41　双万向节等速传动布置图

1、3—主动叉　2、4—从动叉

$\tan\varphi_1 = \tan\varphi_2 \cdot \cos\alpha_1$；$\tan\varphi_4 = \tan\varphi_2 \cdot \cos\alpha_2$；若有 $\alpha_1 = \alpha_2$，则有 $\varphi_4 = \varphi_1$ 只要满足上述条件，利用双万向节可以实现输出轴和输入轴的等速旋转。

等速万向节的工作原理简单地说，就是当万向节主动轴与从动轴之间传力点一直处于主动轴轴线和从动轴轴线夹角平分线上（或者说传力点距这两轴线的距离相等）时，必然能实现等角速传动。

3. 弹性联轴器

弹性联轴器是利用联轴器中弹性元件的变形来补偿两轴间的相对位移并缓和冲击和吸收振动的。

（1）弹性套柱销联轴器。如图 12.42 所示，弹性套柱销联轴器的结构类似凸缘联轴器，只是不用螺栓，而用 4～12 个带有橡胶（或皮革）套 2 的柱销 1 将两半联轴器连接起来。它适用于载荷平衡、正反转变化频繁、传递中小扭矩的场合。使用温度在 −20～50℃ 的范围内。

（2）弹性柱销联轴器。弹性柱销联轴器与弹性套柱销联轴器很相似，如图 12.43 所示，只是用尼龙柱销代替弹性套柱销，较弹性套柱销联轴器传递扭矩的能力高，耐久性好，也有一定的缓冲和减振能力，允许被连接的两轴有一定的轴向位移。适用于轴向窜动较大、正反转变动频繁的场合。使用温度在-20～70℃之间。

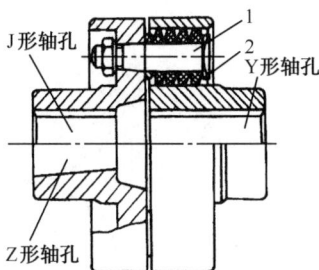

图 12.42　弹性套柱销联轴器

1—柱销；2—橡胶套

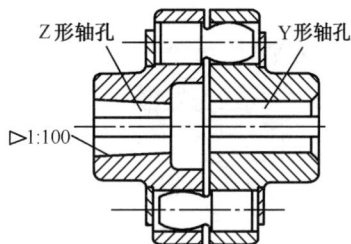

图 12.43　弹性柱销联轴器

12.4.3　常用离合器

按离合器接合元件传动的工作原理不同，离合器可分为嵌合式离合器和摩擦式离合器；按离合器的操纵方式不同，可分为机械式离合器、气压式离合器、液压式离合器和电磁式离合器。对离合器的主要要求如下：

（1）离合迅速，平稳无冲击，分离彻底，动作准确可靠。

（2）接合元件耐磨性高，使用寿命长，散热条件好。

（3）惯性小，工作安全。

（4）操纵方便，调整方便。

下面介绍几种常用离合器的结构。

1. 牙嵌离合器

牙嵌离合器如图 12.44 所示，是由两个端面上有牙的半离合器组成的，半离合器 1 用键固定在主动轴上，半离合器 3 用导向键或花键与从动轴连接，并通过操纵系统拨动滑环 4 使其做轴向移动，使离合器接合。为了保证两轴能很好地对中，在主动轴上的半离合器内装有对中环 2，从动轴可在对中环内自由转动。

2. 摩擦离合器

摩擦离合器靠接触面的摩擦力来传递扭矩，它有以下优点：一是可以在任何转速下进行接合；二是可以用改变摩擦面间压力的方法来调节从动轴的加速时间，保证启动平衡没有冲击；三是过载时摩擦面发生打滑，可以防止损坏其他零件。其缺点是在接合过程中，相对滑动会引起摩擦面的发热与磨损，并损耗能量。摩擦离合器的类型很多，常用的是圆盘摩擦离合器，它又分为单盘式和多盘式两种。下面分别介绍几种摩擦离合器。

（1）单盘式摩擦离合器。单盘式摩擦离合器如图 12.45 所示，摩擦圆盘 2 固定在主动轴 1 上，摩擦圆盘 3 安装在从动轴 5 上，通过操纵拨动滑环 4 使两摩擦盘在轴向力的作用下压紧，利用产生的摩擦力将扭矩和运动传递给从动轴。这种装置结构最简单，但摩擦力受到限制，一般很少使用。

（2）多盘式摩擦离合器。多盘式摩擦离合器如图 12.46 所示。如图 12.46（a）所示是多盘式摩擦离合器的结构，图 12.46（b）是外摩擦盘，图 12.46（c）是内摩擦盘，其中一组外摩擦片 4 和外套 2 为花键连接，另组内摩擦片 5 和内套 9 也为花键连接，外套 2、内套 9 则分别固定在主动轴 1 及从动轴 10 上，两组摩擦片交错排列。图示为离合器处于接合状态的情况，此时摩擦片相互紧压在一起，随同主动轴和外套一起旋转的外摩擦片通过摩擦力将扭矩和运动传递给内摩擦片，使内套和从动轴旋转。将操纵滑环 7 向右拨动，曲柄压杆 8 在弹簧的作用下将摩擦片放松，则可分离两轴。螺母 6 用来调节摩擦片间的压力。

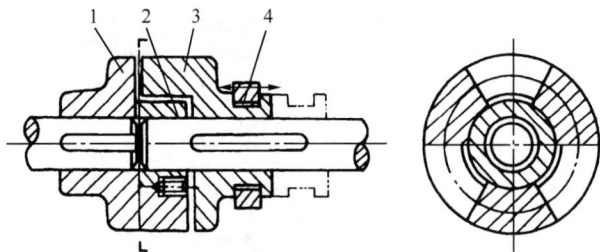

图 12.44　牙嵌离合器

1、3—半离合器；2—对中环；4—滑环

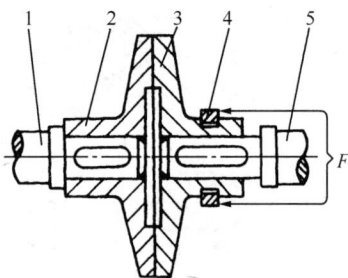

图 12.45　单盘式摩擦离合器

1—主动轴；2、3—摩擦圆盘；4—滑环；5—从动轴

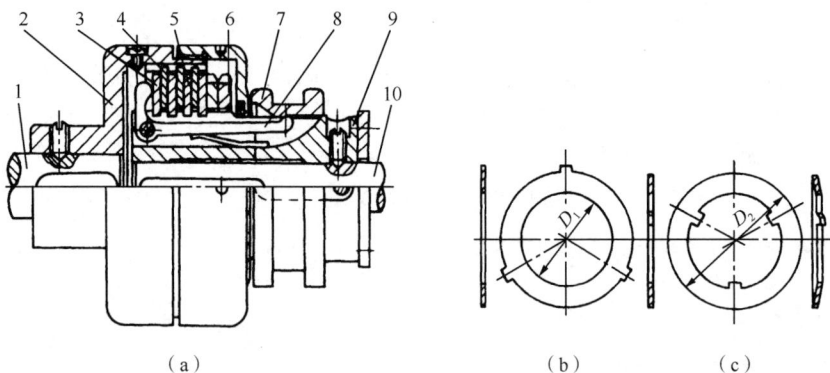

（a）　　　　　　　　　（b）　　　　　（c）

图 12.46　多盘式摩擦离合器

多盘式摩擦离合器摩擦片对数不宜过多，否则摩擦片之间的间距减小，影响结合、分离的可靠性。摩擦片对数一般为 $m \leqslant 25 \sim 30$。

（3）定向离合器。如图 12.47 所示为应用较广的滚柱式定向离合器。它主要由星轮 1、外圈 2、滚柱 3 和弹簧顶杆 4 组成。弹簧顶杆 4 的作用是将滚柱压向星轮的楔形槽内与星轮、外圈相接触。星轮和外圈均可作为主动件。当星轮为主动件并按顺时针方向旋转时，滚柱受摩擦力的作用被楔紧在槽内，因而带动外圈一起转动，这时离合器处于接合状态。当星轮反转时，滚柱受摩擦力的作用，被推到楔槽较宽的部分，这时离合器处于分离状态，故可在机械中用来防止逆转并完成单向传动。当星轮和外圈按顺时针方向做同向旋转时，若外圈转速不大于星轮转速，则离合器处于接合状态；反之，若外圈转速大于星轮转速，则离合器处于分离状态，此时两者以各自的转速旋转，即从动件的转速超越主动件转速。因此，也称这种离合器为超越离合器。

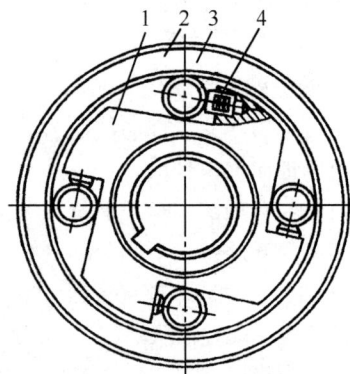

图 12.47　定向离合器

1—星轮；2—外圈；3—滚柱；4—弹簧顶杆

思考与练习

1. 轴的主要功能是什么？直轴分哪几种？各承受什么载荷？各使用什么场合？

2．轴的常用材料有哪些牌号？各适用于什么场合？如何选择？

3．轴上零件的周向固定和轴向固定方法有哪几种？

4．指出图 12.48 中结构的不合理之处，并画出改正图。

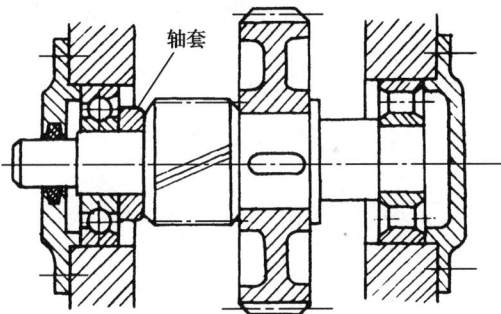

图 12.48　习题 4 图

5．圆柱直齿轮减速器如图 12.49 所示，传递功率 $P=15.8\text{kW}$，主动轮转速 $n_1=980\text{r/min}$，从动轮转速 $n_2=215\text{r/min}$，从动轮齿数 $z_2=82$，主动轮齿数 $z_1=18$，模数 $m=5\text{mm}$，轮毂宽度 $B=80\text{mm}$，试设计从动轴的结构和尺寸（轴承用深沟球轴承）。

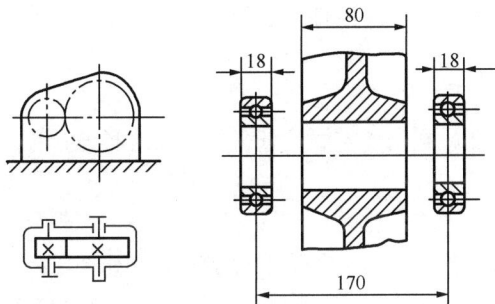

图 12.49　习题 5 图

6．滑动轴承有什么特点？主要用在什么场合？

7．滑动轴承的润滑状态有几种？

8．试叙述整体式与剖分式滑动轴承的结构特点和应用。

9．滑动轴承为什么要开油孔和油槽？

10．与滑动轴承比较，滚动轴承有哪些优、缺点？

11．试说明下列型号滚动轴承的类型、内径尺寸、精度、宽度系列、结构特点及适用场合：
6212，30202，7207C，N210，51208，1209。

12．滚动轴承有哪些主要失效形式？

13．滚动轴承的内圈与轴的配合，外圈与机座孔的配合是采用基孔制还是基轴制？

14．联轴器和离合器的主要功能是什么？其功能有何异同？

15．常用联轴器有哪些主要类型？各有何特点？

16．对离合器的主要要求有哪些？

17．摩擦式离合器有何优、缺点？

18．为什么要限制多盘摩擦离合器的接合面数（即 $m\leqslant25\sim30$）？

第 13 章　连　接

连接是将两个或两个以上的零件联合成一体的结构。为了便于机器的制造、安装、维修等，常采用不同的连接方法将零部件合成一整体。连接分为三大类。

1. 不可拆连接

当拆开连接时，至少要破坏或损伤连接中的一个零件，这种连接称为不可拆连接，如焊连接、铆钉连接、胶接等。

（1）焊连接。焊连接是用局部加热（有时还要加压）使两个以上金属元件在连接处形成原子或分子间的结合而构成的不可拆连接，简称焊接。焊接的优点是结构轻、密封性好、强度高、工艺简便、单件生产成本低周期短，故应用日趋广泛。

（2）铆钉连接。铆钉连接是将铆钉穿过被连接件上的预制钉孔，经铆合而成的不可拆连接，简称铆接。铆接的优点是工艺设备简单、牢固可靠、耐冲击等；缺点是结构笨重、密封性较差、生产率低，目前已逐渐被焊接取代。

（3）胶接。胶接是用胶黏剂将被连接件联合成一体的不可拆连接。胶接的优点是耐腐蚀、密封性好，缺点是强度低。

2. 可拆连接

当拆开连接时，无须破坏或损伤连接中的任何零件，这种连接称为可拆连接，如键连接、销连接和螺纹连接等。

3. 过盈配合连接

过盈配合连接是利用包容件和被包容件间的过盈量，将两个零件连成一体的结构，是介于可拆连接和不可拆连接之间的一种连接。过盈配合连接的优点是结构简单，缺点是配合表面要求加工精度高、表面粗糙度参数值低，成本高。

13.1　键连接

键是一种标准件，主要用于轴和轴上零件之间的轴向固定，有的还能实现轴零件的轴向固定或轴向滑动。

13.1.1　键连接的类型和应用

键连接可分为平键连接、半圆键连接、楔键连接、切向键连接和花键连接。

1. 平键连接

平键的两侧面为工作面，上表面与轮毂槽底之间留有间隙，如图 13.1 所示。平键连接对中性好、装拆方便、结构简单。平键连接分为普通平键连接、导向平键连接和滑键连接。

普通平键根据头部的形状，可分为圆头（A 型）、方头（B 型）和单圆头（C 型）三种，如图 13.2 所示。A 型平键键槽由立式键槽铣刀加工，键在槽中轴向固定较好，但键的头部侧面与轮毂上的键槽并

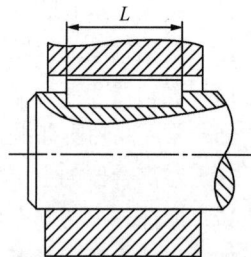

图 13.1　普通平键的连接

不接触，因而键的圆头部分不能充分利用，而且轴上键槽端部的应力集中较大。B 型平键键槽用卧式键槽铣刀加工，避免了上述缺点，但对于尺寸较大的键，宜用紧定螺钉固定在轴上的键槽中，以防松动。C 型平键一般用于轴端。

当轴上零件需沿轴向滑动时，可采用导向平键或滑键连接。导向平键用螺钉固定在轴上，工作时，键对轴上的移动零件起导向作用。为了使键拆卸方便，在键的中部配有起键螺孔，其他特点与普通平键相同，如图 13.3（a）所示。当轴上零件的轴向移动距离较大时，则采用滑键连接，滑键与轮毂装在一起，移动时轮毂与键一起沿轴上的槽滑动，以免采用过长的导向平键，如图 13.3（b）所示。某些汽车变速箱内的换挡齿轮与轴的连接就是采用的滑键连接。

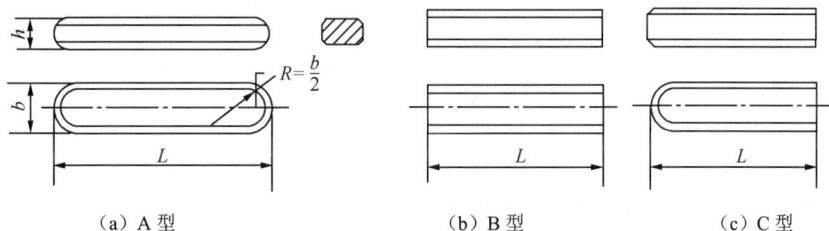

（a）A 型　　　　　　　（b）B 型　　　　　　　（c）C 型

图 13.2　普通平键的类型

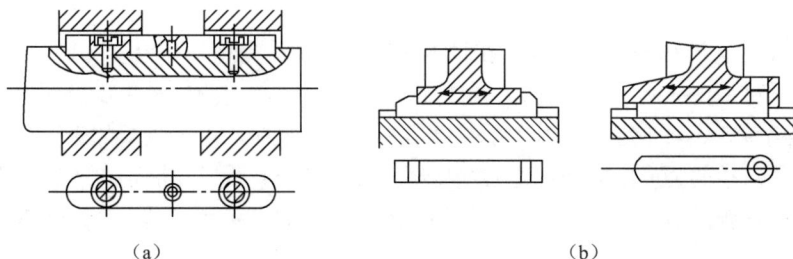

（a）　　　　　　　　　　　　（b）

图 13.3　导向平键连接和滑键连接

2．半圆键连接

半圆键连接如图 13.4 所示。工作面为两侧面，因此与平键一样有对中性好的优点。键在键槽中能绕其几何中心摆动，以适应轮毂上键槽的斜度，且安装方便，结构紧凑，尤其适用于锥形轴端与轮毂的连接，缺点是由于轴上的键槽较深，对轴的强度削弱较大，故一般只用于轻载或辅助连接。

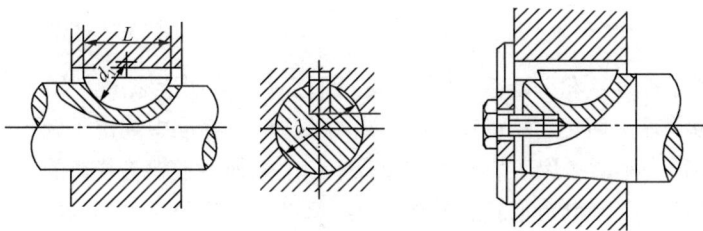

图 13.4　半圆键连接

3．楔键连接

楔键分为普通楔键和钩头楔键，如图 13.5 所示。普通楔键也有圆头、方头和单圆头三种类型，工作面是上、下表面，其上表面和轮毂键槽底面均有 1∶100 的斜度。键楔入键槽后，工作时靠工作表面的摩擦力传递扭矩，同时还能承受单方向的轴向力，但键在楔紧时破坏了轴与轮毂的同轴度。故普通楔键连接多用于在传递扭矩的同时有单方向轴向力，而对中性要求不高的地方。钩头楔键的钩头是为装拆用的，用于不能从毂槽的另一端将键打出的场合。钩头楔键安装在轴端时，应加防护罩。

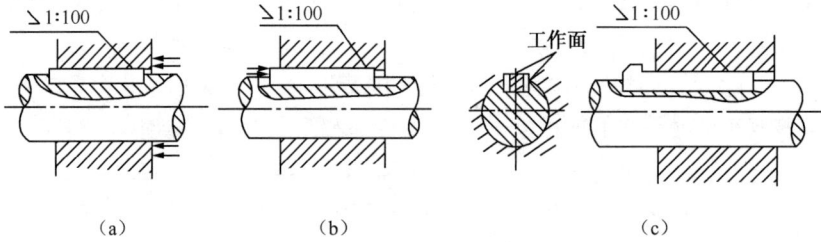

图 13.5　楔键连接

4．切向键连接

切向键连接如图 13.6 所示，由两个普通楔键组成。装配时两个键分别自轮毂两端楔入。装配后两个相互平行的窄面是工作面，单个切向键只能传递单向转矩。若传递双向转矩，应装两个互成 120°的切向键。由于键槽对轴的强度削弱较大，故主要用于 $d>100mm$ 的轴上。

5．花键连接

花键连接由内花键和外花键组成，在轴上加工出多个键齿称外花键（花键轴），在轮毂孔上加工出多个键槽称为内花键（花键孔），如图 13.7 所示。花键的侧面是工作表面，靠轴与毂齿侧面的挤压来传递转矩。与平键相比，由于花键是多齿传递载荷，可承受大的工作载荷；齿浅，齿根应力集中小，对轴的强度削弱轻；定心精度高，导向性好。所以花键连接一般用于载荷较大、定心性要求高的场合。但花键轴和花键孔的加工需要专门的设备和工具，加工成本较高。

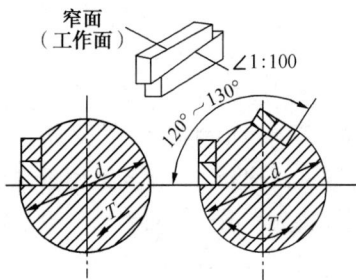

图 13.6　切向键连接　　　　　　图 13.7　花键

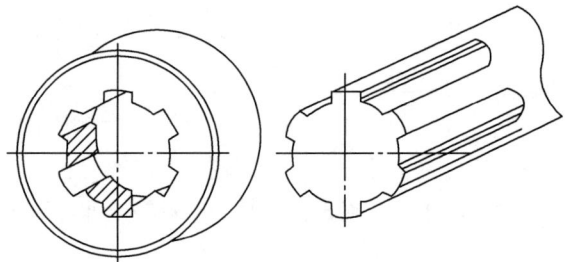

花键连接可用于静连接和动连接。按齿形的不同，可分为矩形花键（如图 13.8 所示）和渐开线花键（如图 13.9 所示）两类。矩形花键按齿高的不同，在标准中规定了轻系列和中系列两个系列，轻系列的承载能力小，多用于静连接或轻载中；中系列用于中等载荷的连接。矩形花键的定心方式是小径定心。主要特点是承载能力高，定心精度高，应力集中小，能用磨削的方法获得较高的精度，广泛用于汽车、机床、飞机及一般机械传动装置中。

渐开线花键的齿廓是渐开线，按分度圆压力角的不同，分 30°渐开线花键和 45°渐开线花键两种。渐开线花键的定心方式为齿形定心，具有自动定心的作用。可用制造齿轮的方法来加工，工艺性好，加工精度高，应力集中小。当传递的转矩较大且轴径也较大时，宜采用 30°渐开线花键；45°渐开线花键齿的工作高度小，承载能力较低，多用于薄壁零件的轴毂连接。

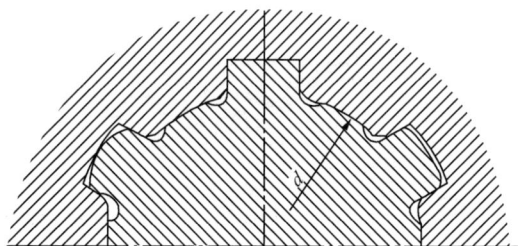

图 13.8 矩形花键

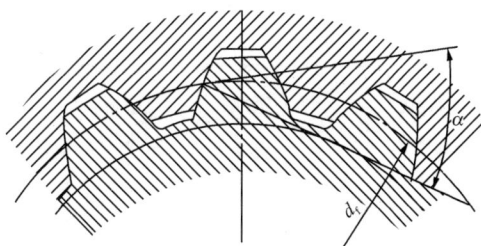

图 13.9 渐开线花键

13.1.2 平键的尺寸选择和键连接的强度校核

平键是标准件，一般先根据轴的直径，由标准中选取尺寸，然后进行强度校核。

1. 平键的尺寸选择

根据轴的直径 d 从标准（表 13.1）中选择平键宽度 b（高度 h），键的长度 L 应略小于轮毂长度，并与标准中规定的长度系列相符。

表 13.1 平键和键槽的尺寸（GB/T 1095—2003）

GB/T 1095—2003 普通平键型式尺寸

A型　　　　　　　B型　　　　　　　C型

标记示例

平头普通平键、B 型、b＝16mm、h＝10mm、L＝100mm：键 B16×100 GB/T 1096　　（单位：mm）

轴的公称直径 d	键的公称尺寸 $b \times h$	键槽宽度尺寸 b	轴上键槽深度 t	毂上键槽深度 t_1	轴的公称直径 d	键的公称尺寸 $b \times h$	键槽宽度尺寸 b	轴上键槽深度 t	毂上键槽深度 t_1
自 6～8	2×2	2	1.2	1	＞44～50	14×9	14	5.5	3.8
＞8～10	3×3	3	1.8	1.4	＞50～58	16×10	16	6.0	4.3
＞10～12	4×4	4	2.5	1.8	＞58～65	18×11	18	7.0	4.4
＞12～17	5×5	5	3.0	2.3	＞65～75	20×12	20	7.5	4.9
＞17～22	6×6	6	3.5	2.8	＞75～85	22×14	22	9.0	5.4
＞22～30	8×7	8	4.0	3.3	＞85～95	25×14	25	9.0	5.4

轴的公称直径 d	键的公称尺寸 $b \times h$	键槽宽度尺寸 b	轴上键槽深度 t	毂上键槽深度 t_1	轴的公称直径 d	键的公称尺寸 $b \times h$	键槽宽度尺寸 b	轴上键槽深度 t	毂上键槽深度 t_1
>30~38	10×8	10	5.0	3.3	>95~110	28×16	28	10.0	6.4
>38~44	12×8	12	5.0	3.3					
键的长度系列：6, 8, 10, 12, 14, 16, 18, 20, 22, 25, 28, 32, 36, 40, 45, 50, 56, 63, 70, 80, 90, 100, 110, 125, 140, 160, 180, 200, 220, 250, 280, 320, 360									

2. 键连接的失效形式及强度校核

平键连接工作时的受力情况如图 13.10 所示。普通平键连接属于静连接，其主要失效形式是连接中强度较弱零件的工作面被压溃。导向平键和滑键连接属于动连接，其主要失效形式是工作面过度磨损。故强度计算时，静连接校核挤压强度，动连接校核压力强度。若取轮毂键槽深 $t_1 \approx \dfrac{h}{2}$，则静连接（普通平键连接）的挤压强度条件为：

$$\sigma_p = \frac{4T}{hld} \leqslant [\sigma]_p \quad \text{（MPa）} \tag{13.1}$$

动连接（导向平键连接和滑键连接）的压力强度条件为：

$$p = \frac{4T}{hld} \leqslant [p] \quad \text{（MPa）} \tag{13.2}$$

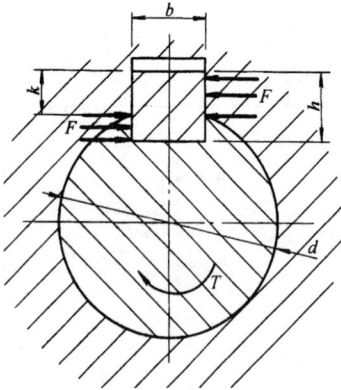

图 13.10　平键连接的受力分析

式中，T 为键连接所传递的转矩，单位是 N·mm；d 为轴的直径，单位是 mm；h 为键的高度，单位是 mm；l 为键的工作长度，A 型键 $l = L - b$，B 型键 $l = L$，C 型键 $l = L - b/2$，单位是 mm；$[\sigma]_p$、$[p]$ 分别为连接最薄弱材料的许用挤压应力和许用压强，单位是 MPa，如表 13.2 所示。

表 13.2　键连接的许用挤压应力$[\sigma]_p$和许用压强$[p]$　　　（单位：MPa）

许用应力	连接方式	零件材料	载荷性质		
			静载荷	轻微冲击	冲击
$[\sigma]_p$	静连接	钢	120~150	100~120	60~90
		铸铁	70~80	50~60	30~45
$[p]$	动连接	钢	50	40	30

如果校核后键连接的强度不够，在不超过轮毂宽度的条件下，可适当增加键的长度，但键的长度一般不应超过 2.25d，否则载荷沿键长方向的分布将很不均匀；或者相隔 180° 布置两个平键，因考虑制造误差引起的载荷分布不均，只能按 1.5 个键做强度校核。

13.2　销连接

销连接主要有三个方面的用途：一是用来固定零件之间的相互位置，其销称为定位销，它是组合加工和装配时的重要辅助零件；二是用于轴与轮毂或其他零件的连接，并传递不大的载荷[如

图 13.11 所示]，其销称为连接销；三是用做安全装置中的过载剪断元件，其销称为安全销。大多数销是标准零件，一般用强度极限$\sigma_b>500\sim600\text{MPa}$的钢（如 35 和 45 号钢）制造。

销的主要类型有圆柱销［如图 13.11 所示］，圆锥销［如图 13.12 所示］，槽销［如图 13.13（a）所示］；弹性圆柱销［如图 13.13（b）所示］。除槽销外其他均已标准化。圆柱销利用微量过盈固定在铰制的销孔中，如果多次装拆就会松动，失去定位的精确性和连接的紧固性。圆锥销具有 1∶50 的锥度，在受横向力时能自锁；靠锥的挤压作用固定在铰光的锥孔中，定位精度比圆柱销高，且多次拆装对定位精度影响较小，故圆锥销较圆柱销应用广泛。内螺纹圆锥销如图 13.12（a）所示，螺尾圆锥销如图 13.12（b）所示，可用于销孔没有开通或装拆困难的场合。开尾圆锥销如图 13.12（c）所示，可保证销在冲击、振动或变载荷情况下不松脱。槽销沿其圆柱或圆锥的母线方向开有沟槽，通常开三条沟，用弹簧钢滚压或模锻而成，槽销压入销孔后，其凹槽压缩变形，故可借材料的弹性而固定在销孔中，安装槽销的孔不需精确加工，槽销制造简单，可多次装拆，并适用于受振动载荷的连接。弹性圆柱销是由弹簧钢带制成的纵向开缝的圆管，借弹性均匀地挤紧在销孔中。

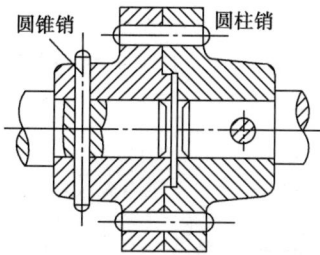

图 13.11　联轴器上的销连接

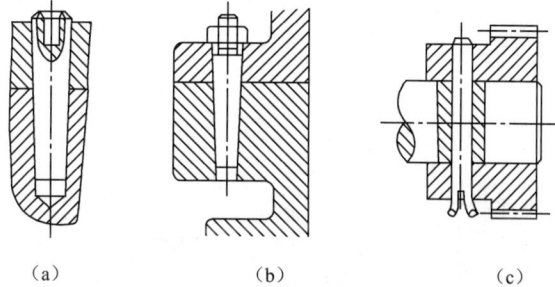

图 13.12　圆锥销的类型

定位销通常不承受载荷或承受很小的载荷，根据经验从标准中选取类型和尺寸即可，但要注意，同一接合面上的定位销数目不得少于两个，否则不起定位作用。连接销要承受载荷（如承受剪切和挤压等作用），一般先根据使用和结构要求选择其类型和尺寸，然后校核其强度。安全销是安全装置中的重要元件，其尺寸需

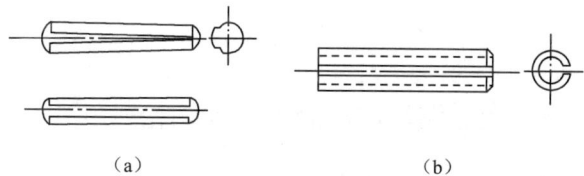

图 13.13　槽销和弹性圆柱销

按过载时被剪断的条件决定。连接销和安全销的有关计算可按照前面所述内容进行计算。

13.3　螺纹连接

前面已介绍过了螺纹的形成、分类及螺纹的主要参数，本节主要介绍螺纹连接的有关知识。

13.3.1　螺纹连接的类型

螺纹连接是一种可拆卸、结构简单、拆装方便、连接可靠、成本低廉的连接方式。所以被广泛应用。螺纹连接有四种基本类型，即螺栓连接、双头螺柱连接、螺钉连接和紧定螺钉连接。

1. 螺栓连接

螺栓连接的结构特点是螺栓穿过被连接件的通孔后并配有螺母。它可分为以下两种类型。

（1）普通螺栓连接。如图 13.14（a）所示，螺栓杆与孔之间有间隙，杆与孔的加工精度要求低，使用时需拧紧螺母。普通螺栓连接装拆方便，应用最广泛。

（2）铰制孔用螺栓连接。如图 13.14（b）所示，螺栓杆与孔之间没有间隙，能承受与螺栓轴线方向垂直的横向载荷并起定位作用。

2. 双头螺柱连接

双头螺柱连接如图 13.14（c）所示，螺柱两头都制有螺纹，一头与螺母配合，一头与被连接件配合。这种连接适用于被连接件之一较厚难以穿孔并经常拆装的场合，拆卸时，只需拧下螺母。

3. 螺钉连接

螺钉连接如图 13.14（d）所示，在螺纹连接中只有螺钉，不需用螺母，直接拧入被连接件体内的螺纹孔中，结构简单，但不宜经常装拆，以免损坏孔内螺纹。

4. 紧定螺钉连接

紧定螺钉连接如图 13.14（e）所示，常用以固定两零件间的位置，并可传递不大的力或扭矩，它的末端与被连接件表面顶紧，所以末端要具备一定的硬度。紧定螺钉直径是根据轴的直径 D 确定的，$d \approx （0.2 \sim 0.3）D$。

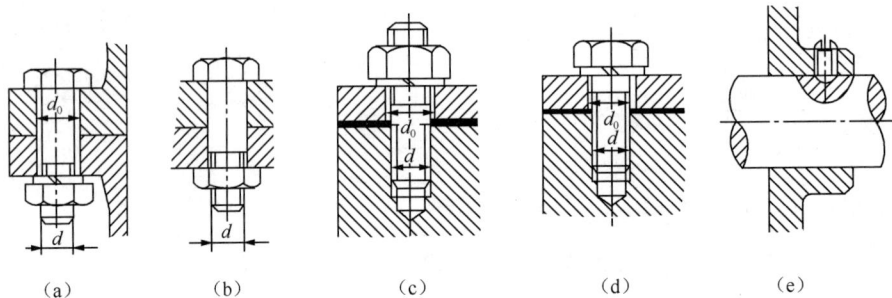

| (a) | (b) | (c) | (d) | (e) |

图 13.14　螺纹连接

13.3.2　螺纹连接的预紧和防松

1. 螺纹连接的预紧

螺纹连接在装配时要拧紧，起到预紧作用，工作时可防止松动。预紧的目的是防止工作时连接出现缝隙和滑移，以保证连接的紧密性和可靠性。通常，拧紧力矩 T（N·mm）和螺栓轴向预紧力 F_0 间的关系为：

$$T \approx 0.2F_0d \quad （N \cdot mm） \tag{13.3}$$

式中，d 为螺纹大径，单位是 mm。

通常拧紧力矩由操作者手感决定，不易控制，可能将直径小的螺栓拧断，故承载螺栓的直径不宜小于 M12。对于重要连接，需按式（13.3）计算拧紧力矩，并由测力矩扳手或定力矩扳手来控制其大小，如图 13.15 所示。

2. 螺纹连接和防松

在静载荷和恒温条件下，对于 M10～M64 的普通螺纹连接，螺纹升角 $\gamma = 1.5° \sim 3.5°$，当量摩擦角 $\rho_v \approx 9.8°$，因此满足自锁条件 $\gamma < \rho_v$，自锁可靠，一般不会松动。但如有冲击、振动、

变载或温度变化，会使螺旋副间的预紧力瞬时减小或消失，使连接失效。因此，为了确保螺纹连接的可靠性，必须采取防松措施。螺纹连接的防松方法（如图 13.16 所示）有以下几种。

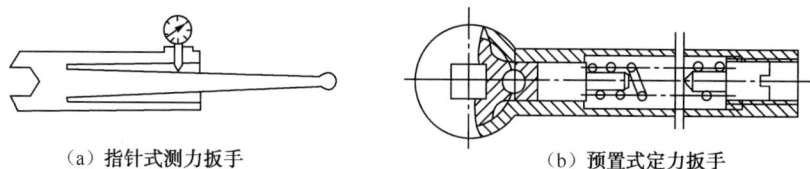

（a）指针式测力扳手　　　　　　　　　（b）预置式定力扳手

图 13.15　力矩扳手

（1）摩擦力防松。连接件连接时，利用增大螺纹连接件间的摩擦，而不是随外力或外力矩的增大来增大摩擦力。

如图 13.16（a）所示是利用弹簧垫圈的弹性力增大摩擦力防松。例如发动机缸盖连接。又如图 13.16（b）所示是利用双母相互压紧增大摩擦力防松。图 13.16（c）所示是利用弹簧螺母增大摩擦力防松。

（2）机械防松。利用附件加零件的形状或改变螺纹连接形状，使被连接件不能相对运动。

如图 13.16（d）所示采用六角槽螺母配开口销防松。如图 13.16（e）所示采用单耳止推垫圈防松（一边弯起贴在螺母侧边上，另一边弯下贴被连接件的侧边）。如图 13.16（f）所示采用三联止推圈防松。如图 13.16（g）所示采用串联钢丝防松。如图 13.16（h）所示采用六角螺母端面冲点防松。

（3）利用附加材料防松。将螺母焊死在螺杆上，如图 13.16（i）所示。还可用黏合剂涂在旋合螺纹表面，待黏合剂硬化后固连零件，还可起密封作用，此法适合不拆卸防松用。

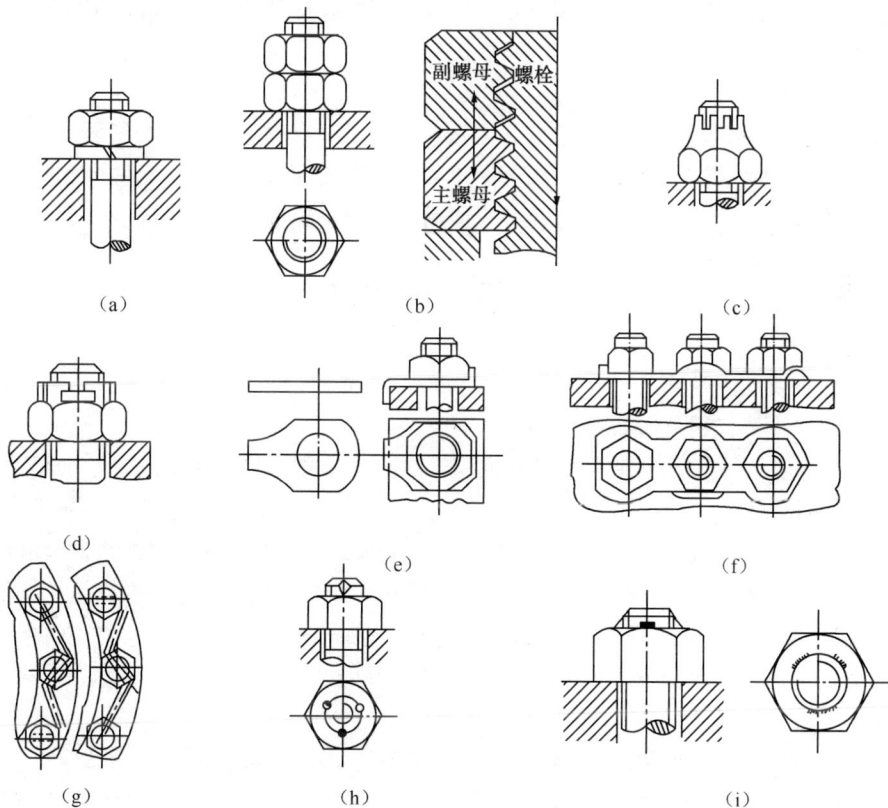

图 13.16　防松装置

13.3.3 提高螺栓连接强度的措施

要提高螺栓连接的强度，主要在于提高螺栓的强度，特别是疲劳强度。但影响螺栓强度的因素很多，如结构、材料、载荷和应力的特性，制造和装配的质量等。下面介绍一些提高螺栓强度的常用措施。

1. 避免附加弯曲应力

要尽量避免制造和装配误差以及结构的不合理而使螺栓产生附加弯曲应力。例如，螺母或螺栓头部支撑面偏斜或未加工时，将引起附加弯曲应力。为此，在结构上可采用斜垫圈或球面垫圈 [如图 13.17 (a) 和图 13.17 (b) 所示]；在铸件或锻件等未加工表面上安装螺栓时，通常采用凸台 [如图 13.17 (c) 所示] 或沉头座 [如图 13.17 (d) 所示] 等结构，经局部加工后可获得平整的支撑面以减小附加弯曲的影响。

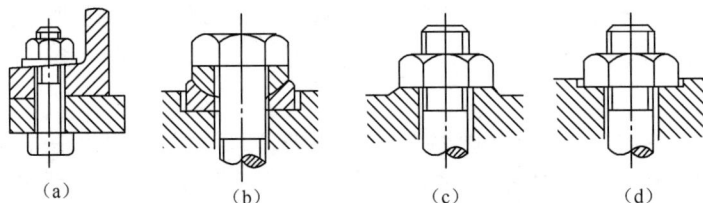

（a）　　　　　　（b）　　　　　　（c）　　　　　　（d）

图 13.17　避免附加弯曲应力的结构

2. 减小应力集中

螺纹的牙根和收尾、螺栓头部到栓杆的过渡处、螺栓杆的截面变化处，都是产生应力集中的部位。因此，在这些地方采用较大的圆角半径以及使螺纹收尾部分平缓过渡，都能减小应力集中以提高螺栓的疲劳强度。

3. 改进工艺措施

首先，制造螺栓应尽量采用碾压方法，因碾压螺纹是通过材料的塑性变形而形成的，金属纤维不像车削时那样被切断；其次，冷镦头部因冷作硬化而使螺纹表面层留有残余压应力，故螺纹的强度比车削的高。此外，螺栓经过氮化等表面硬化处理，也能提高其强度。

思考与练习

1. 连接的主要作用是什么？分为哪几种方法？

2. 键连接的主要作用是什么？

3. 圆头、方头及单圆头普通平键各有何优、缺点？分别适用于什么场合？轴和轮毂孔上键槽是怎样加工的？

4. 如何选取普通平键的尺寸 $b \times h \times L$？它的公称长度与工作长度之间有什么关系？

5. 普通平键连接有哪些失效形式？主要失效形式是什么？怎样进行强度校核？如强度不够，可采取哪些措施？普通平键连接在什么工作情况下按压强计算？

6. 花键与平键比较有哪些优、缺点？矩形花键与渐开线花键各有哪些特点？

7. 销的主要用途是什么？

8. 如图 13.18 所示减速器的低速轴与凸缘联轴器及圆柱齿轮分别用平键连接。已知轴传递的转矩 $T = 1000\text{N} \cdot \text{m}$，齿轮材料为锻钢，凸缘联轴器材料为 HT250，工作时有轻微冲击，连接处轴及轮毂尺寸如图 13.18 所示。试选择键的类型和尺寸，校核连接强度，并绘出轴槽和轮毂槽剖面图。

9. 如图 13.19 所示为平键连接。已知齿轮材料为锻钢，轴伸直径 $d=80\text{mm}$，轮毂长度 $L=1.5d$，工作时有轻微冲击。试选择平键连接尺寸，并确定其能传递的最大转矩 T。

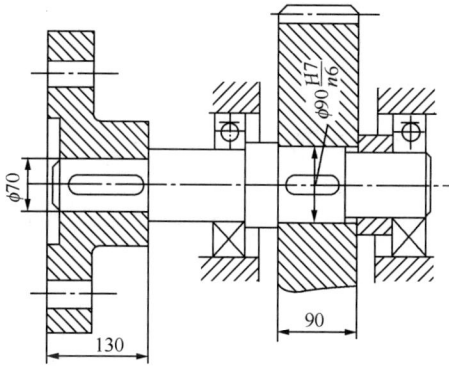

图 13.18　习题 10 图　　　　　　　　图 13.19　习题 11 图

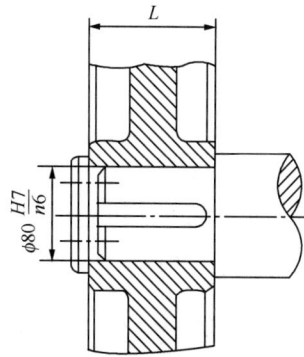

10. 螺纹连接有哪些主要类型？各适用在什么场合？试说明各自的特点及主要用途。

11. 为什么螺纹连接大多数要预紧？常用什么方法来控制预紧力？

12. 螺纹连接为什么要防松？防松原理是什么？有哪些防松方法？各有什么特点？

13. 螺栓连接中的附加应力是怎样产生的？为了避免产生附加应力，在结构和工艺上应采取哪些措施？

第五篇 液 压 传 动

第 14 章　液压传动概论

液压传动是以受压的流体液压油作为工作介质，利用液体的压力能传递运动和动力的一种传动方式。它与机械传动相比具有许多优点，在现代工业中得到了广泛的应用。

14.1　液压传动工作原理及组成

14.1.1　液压传动工作原理

下面以液压千斤顶来说明液压传动的工作原理。

如图 14.1 所示为一常见的手动液压千斤顶原理图。大液压缸 9 为起重缸，杠杆 1 操纵的小液压缸 2 为动力缸（即液压泵），两缸通过管道 6 相连接，加之单向阀 4、7 和放油阀 11 的共同作用，在大、小活塞下便形成了两个密封腔体。当操纵杠杆 1 上下运动时，小活塞 3 在小液压缸 2 内随之运动。当小活塞 3 上行时，小液压缸 2 下腔的容积变大，腔内压力降低，形成局部真空，油箱 12 中的液体在大气压力作用下，通过吸油管 5 推开单向阀 4，流入小活塞的下腔，并填满空间，完成了吸油动作；当小活塞下行时，小液压缸 2 下腔容积变小，在小活塞作用下，腔内油液受到挤压作

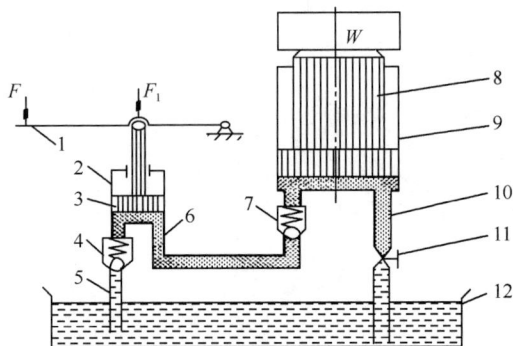

图 14.1　手动液压千斤顶

1—杠杆；2—小液压缸；3—小活塞；4，7—单向阀；
5—吸油管；6，10—管道；8—大活塞；9—大液压缸；
11—放油阀；12—油箱

用，压力升高，这时单向阀 4 关闭，防止下腔的油液向油箱倒流，而单向阀 7 则被推开，小活塞下腔的油液经管道 6 被压入大活塞下腔，推动大活塞 8 向上移动，顶起重物 W（负载）。如此反复地提、压杠杆 1，便可使重物不断升高，达到起重的目的。适当地选择大、小活塞面积和杠杆比，就能以很小的外力升起很重的负载 W。千斤顶工作时，放油阀 11 是关闭的。当需要将大活塞（重物）放下时，打开放油阀 11，大缸中的油液在重力作用下经此阀流回油箱，大活塞下降到原位。

14.1.2　液压传动的图形符号

如图 14.1 所示的元件基本上都是用结构（或半结构）式的图形画出的示意图，称为结构原理图。它较直观，易为初学者接受，但图形复杂。目前广泛采用元件的图形符号来绘制液压系统图，这种图简单明了，便于阅读。本书末尾的附录 A 摘录了常用元件的图形符号。

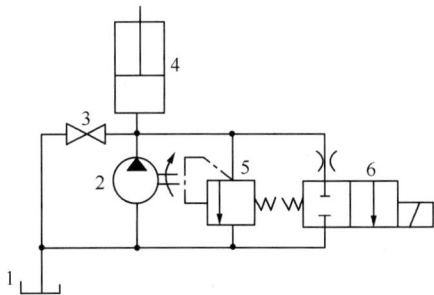

图 14.2　汽车举升机构
1—油箱；2—液压泵；3—开关阀；4—举升缸；
5—安全阀；6—电磁换向阀

如图 14.2 所示便是用图形符号来绘制的汽车举升机构的液压系统图。图中液压泵 2 由发动机驱动，当电磁换向阀 6 断电时阀关闭，来自液压泵 2 的油不经过开关阀 3 直接进入举升缸 4，并使举升缸 4 中活塞杆伸出，顶车厢升起卸货。当开关阀 3 打开时，来自液压泵 2 的油通过开关阀 3 回油箱 1，车厢靠自重下降，举升缸排出的油也经过开关阀 3 与油箱相通。

当车厢过载或系统压力突然升高时，安全阀 5 开启，使高压油溢流返回油箱，防止了系统过载。当车厢举升到设计所要求的翻转角度时，举升缸的倾斜角触动限位开关时，使电磁换向阀 6 通电，阀门开启，使高压腔与低压腔相通，液压泵 2 的来油经电磁换向阀 6 返回油箱，不再往举升缸内供油，使举升缸停止伸长而达到限位目的。

本系统的液压缸常用多级伸缩缸，一般用在车厢倾角小于 45° 的场合。液压缸为单作用的，需靠车厢自重回程。若最大倾角需达到 60°～70° 时，就不能靠自重回程了，则需要用双作用液压缸，强制其回程。

14.1.3　液压传动系统的组成

由图 14.1 和图 14.2 可以看出，液压传动系统一般由五部分组成。

（1）动力装置：是将电动机或发动机输出的机械能转换为油液的液压能的装置，常为液压泵。

（2）执行元件：是将油液的液压能转换为驱动工作部件的机械能的装置。实现直线运动的执行元件叫液压缸；实现旋转运动的执行元件叫做液压马达。

（3）控制调节装置：用以控制调节液压系统中油液的流动方向、压力和流量的装置，如方向控制阀、压力控制阀、流量控制阀等。

（4）辅助装置：包括油箱、滤油器、蓄能器、热交换器、压力表、管件和密封装置等。

（5）工作介质：液压油。用于实现动力和运动的传递。

14.1.4　液压传动系统的优、缺点

1．液压传动的优点

（1）可以在大范围内实现无级调速，而且调速性能良好；

（2）传动装置工作平稳、反应速度快、冲击小，能快速启动、制动和频繁换向；

（3）在相同输出功率的情况下质量轻、体积小、结构紧凑；

（4）易于实现自动化，特别是电、液联合应用时，易于实现复杂的自动工作循环；

（5）液压传动工作安全性好，易于实现过载保护，同时因采用油液为工作介质，相对运动表面间能自行润滑，故使用寿命较长；

（6）液压元件已标准化、系列化和通用化，便于设计、制造、维修和推广使用。

2．液压传动的缺点

（1）由于泄漏及流体的可压缩性，无法保证严格的传动比；

（2）当油温变化时，往往不易保持运动速度的稳定；

（3）液压元件制造精度要求高，使用维护比较严格；

（4）系统的故障原因有时不易查明；

（5）压力损失大，不宜远距离传输动力。

*14.2 液压传动基本知识

14.2.1 液压油及其主要性能

液压油有石油型、乳化型和合成型三类。目前 90% 以上应用的是石油型，下面简要介绍其主要特性。

1. 可压缩性

液体受压力后其容积发生变化的性质称为液体的可压缩性。尽管矿物油的可压缩性约比钢大 100～150 倍，但是对一般的中、低压系统而言，这个数值仍可以忽略。而在大于 10MPa 的高压系统中这种影响很大，特别是当液体中混入空气时，其可压缩性将显著增加，并严重影响液压系统的工作性能，因此应使液压油中的空气含量尽量减少。

2. 黏性

液体在流动中，液体与容器内壁的摩擦力称为外摩擦力；液体内部各点由于运动速度不等，也会产生内摩擦力，以阻止液层间的相对滑动，液体的这种性质称为黏性。液体黏性大小用黏度来表示，它可分为动力黏度、运动黏度和相对黏度。ISO 规定液压油的牌号用 40℃时的运动黏度的平均值来表示。

影响液体黏度的主要因素是温度和压力。液压油黏度对温度的变化十分敏感，温度升高，黏度下降，液压油的黏度随温度变化的性质称为黏温特性。当液体所受的压力增加时，其内摩擦力增加，黏度也将随之增大，但在中、低压液压系统中压力变化很小，对黏度的影响可以忽略。

3. 液压油的选用

液压油既是液压传动与控制的工作介质，又是各种液压元件的润滑剂，故应合理选用，主要是选择牌号。液压油牌号的选择主要是根据工作条件选用适当的黏度。

当环境温度较高或系统工作压力较大时，黏度要取得较大些，以防止系统中泄漏增大。而工作部件运动速度较高时，为减少由于与液体摩擦而造成的能量损失，宜选用黏度较低的液压油。表 14.1 为液压泵用油推荐表。

表 14.1　液压泵用油推荐表

泵　型		黏度（40℃，mm²/s）		推荐牌号（温度高时选后者）
		5～40℃	40～80℃	
叶片泵	7MPa 以下	30～50	40～75	N32、N46、N68
	14MPa 以上	50～70	55～90	YA—N32、N46、N68
齿轮泵	12.5MPa 以下	30～70	95～165	YA—N32、N46、N68
	10～20MPa			YA—N46、N68 ；YB—N46、N68
	16～32MPa			YB—N32、N46、N68
柱塞泵	径向	30～50	65～240	YB—N32、N46、N68
	轴向	40	70～150	YB—N32、N46、N68、N100

注：5～40℃、40～80℃系指液压系统温度。

14.2.2　液体静力学简介

1．液体静压力

液体静压力是指液体处于静止状态时，单位面积上所受的法向作用力，由两部分组成：质量力和表面力。质量力是作用在液体的所有质点上的力，它的大小与液体的质量成正比，如重力和惯性力等。表面力是其他物体作用在液体上的力，也可以是一部分液体作用于另一部分液体上的力。静压力在物理学中称压强。

压力的单位为帕斯卡（Pa 即 N/m^2），简称帕。由于此单位太小，在工程上常采用千帕（kPa）和兆帕（MPa）。

2．压力的表示方法

压力的表示方法有两种：一种是以绝对真空作为基准所表示的压力，称为绝对压力。另一种是以大气压力作为基准所表示的压力，称为相对压力。由于大多数测压仪表所测得的压力都是相对压力，所以相对压力也称为表压力。它们的关系如下：

$$相对压力＝绝对压力-大气压力$$

当绝对压力小于大气压力时，比大气压力小的那部分数值称为真空度。

$$真空度＝大气压力-绝对压力$$

3．压力的传递（帕斯卡原理）

在密闭的容器内施加于静止液体上的压力，将等值传递到液体内的各点。这就是静压传递的基本原理，即帕斯卡原理。它表明在一个较小的面积上作用较小力可以在较大的面积上得到较大的作用力。

如图 14.3 所示，外界负载为 G，由帕斯卡原理：

$$\frac{F}{\pi d^2 / 4} = \frac{G}{\pi D^2 / 4}$$

即：

$$\frac{G}{F} = \frac{D^2}{d^2} \tag{14.1}$$

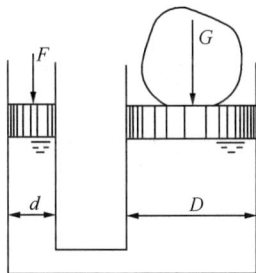

图 14.3　帕斯卡原理应用实例

上式表明，只要 G/F 足够大，用很小的力 F，就可推动很大的负载 G，液压千斤顶和水压机就是按此原理制成的。

14.2.3　液体动力学基础

1．基本概念

（1）理想液体和稳定流动。

理想液体：在研究流动液体时，将既无黏性又不可压缩的液体称为理想液体，而把事实上的既有黏性又具有可压缩性的液体称为实际液体。

稳定流动：若液体中任一点的压力、流速和密度都不随时间变化而变化，这种流动称为稳定流动，反之就称为非稳定流动。

（2）流量和流速。流量和流速是描述液流的两个主要参数。通常将垂直于液体流动方向的截面称为过流断面（或通流截面 A）。流量 q 是单位时间内流过通流截面的液体体积，单位为 m^3/s 或 L/min。流速 v 是液体流过某通流面积截面的平均速度，即 $v＝q/A$。因为黏性的作用，流体流经某通流面积截面时在每一点上的速度是不相等的，平均流速只是一个假想的均布流速。

2．伯努利方程

伯努利方程是能量守恒定律在流体力学中的一种表达形式。

（1）理想液体的伯努利方程。当液体（密度为ρ）在如图 14.4 所示管道流动时，取两个通流截面 A_1、A_2，它们距基准水平坐标距离分别为 h_1、h_2，流速分别为 v_1、v_2，压力分别为 p_1、p_2。根据能量守恒定律有：

$$p_1+\frac{1}{2}\rho v_1^2+\rho g h_1=p_2+\frac{1}{2}\rho v_2^2+\rho g h_2 \qquad (14.2)$$

以上称理想液体的伯努利方程。

理想液体的伯努利方程的物理意义为：在管道内做稳定流动的理想液体具有三种形式的能量，即压力能、位能和动能（又分别称压力水头、位置水头和速度水头），它们之间是可以互相转化的，但在任一通流截面上这三种能量的总和是保持不变的。

（2）实际液体的伯努利方程。实际液体具有黏性，在管路中流动时，为克服摩擦阻力需消耗一部分能量，所以实际液体的伯努利方程为：

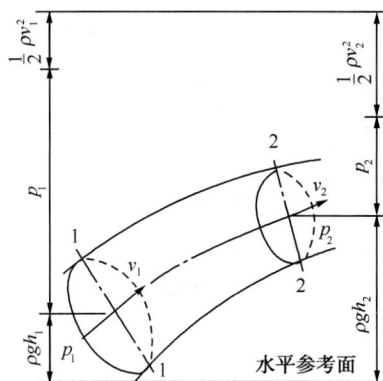

图 14.4　理想流体伯努利方程示意图

$$p_1+\frac{1}{2}\rho v_1^2+\rho g h_1=p_2+\frac{1}{2}\rho v_2^2+\rho g h_2+\Delta p \qquad (14.3)$$

式中，Δp 为压力损失。

3．压力损失

实际液体具有黏性，在管道中流动时会产生阻力，为了克服阻力就会造成压力损失。压力损失有沿程压力损失和局部压力损失两种。

（1）沿程压力损失：是指液体沿等截面直管流动时造成的压力损失。沿程压力损失可用达西公式计算：

$$\Delta p_y=\lambda\frac{l\rho v^2}{2d} \qquad (14.4)$$

式中，λ 为沿程阻力系数；l 为直管长度。

（2）局部压力损失：是液流流经管道截面突然变化的弯管、管接头以及阀口等局部障碍处时的压力损失。局部压力损失可用下式计算：

$$\Delta p_j=\xi\frac{\rho v^2}{2} \qquad (14.5)$$

式中，ξ 为局部阻力系数，可查液压传动设计计算手册。

整个管路系统的压力损失等于所有直管沿程压力损失之和加上局部压力损失之和。

在液压传动系统中，管路一般都不长，而控制阀、弯头、管接头的局部阻力则较大，局部压力损失比沿程压力损失大得多。所以，大多数情况下总的压力损失以局部损失为主。

思考与练习

1．什么叫液压传动？试叙述液压传动的工作原理。

2．试叙述液压系统的组成。

3．液压有哪些优、缺点？

4．液压油的主要性质是什么？黏性的物理意义是什么？

5．液体静压力如何形成？常用的压力单位是什么？

6．理想液体的伯努利方程的物理意义是什么？

7．液体流动中为什么会有压力损失？压力损失有哪几种？其值与哪些因素有关？

第15章 液压基本元件

液压系统由液压缸、液压泵、控制阀，以及各种辅件等组成。下面分别介绍这些液压基本元件。

15.1 液压泵与液压马达

液压泵和液压马达是液压系统的重要元件。液压泵是将电动机（或其他原动机）输入的机械能转化为液压能的能量转换装置，在液压系统中，作为动力源，向液压系统供给液压油。液压马达是将液压能转化为机械能的能量转换装置，作为执行元件来使用。液压泵和液压马达都是容积式的。

15.1.1 概述

1. 液压泵的工作原理

如图 15.1 所示，偏心轮 6 旋转时，柱塞 5 在偏心轮 6 和弹簧 2 作用下在缸体 4 中上下移动。柱塞下移时，缸体中的油腔（密封工作腔）a 容积变大，产生真空，油液便通过单向阀 1 吸入；柱塞上移时，缸体中的油腔容积 a 变小，单向阀 1 关闭，已吸入的油液便通过单向阀 3 输出到系统中去。由此可见，泵是靠密封工作腔的容积变化进行工作的，而输出油量的大小是由密封工作腔的容积变化大小来决定的，因而称为容积泵。

液压泵种类很多。若按泵的结构形式，可分为齿轮泵、叶片泵、柱塞泵等；若按输出流量能否调节，可分为定量泵和变量泵；若按额定压力的高低，又可分为低压泵、中压泵和高压泵。

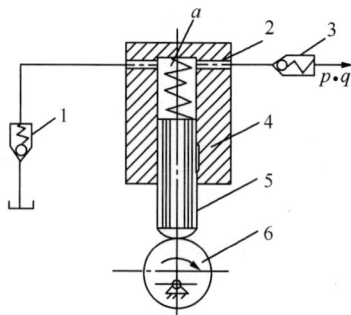

图 15.1 液压泵工作原理
1—单向阀；2—弹簧；3—单向阀；
4—缸体；5—柱塞；6—偏心轮

2. 液压泵的主要技术参数

（1）压力。液压泵的工作压力 P 是指实际工作时的输出压力，也就是油液为了克服阻力所必须建立起来的压力，其大小由工作负载决定。液压泵的额定压力是指泵在使用中按标准条件连续运转所允许达到的最大工作压力，超过此值就是过载。泵的最高允许压力是指泵短时间内所允许超载使用的极限压力。

由于液压传动的用途不同，系统所需的压力也不相同。液压泵的压力分为几个等级，如表 15.1 所示。

表 15.1 压力分级

压 力 等 级	低 压	中 压	中 高 压	高 压	超 高 压
压力/（MPa）	2.5	>2.5～8	>8～16	>16～32	>32

（2）排量和流量。

① 排量 V：是指在不考虑泄漏的情况下，轴旋转一周时所能输出的油液体积。排量的大小取

决于泵的密封容积的变化值（而与转速无关）。

② 理论流量 q_t：是指根据泵的几何尺寸计算出单位时间内泵排出液体的体积 V。如泵轴转速为 n，则泵的理论流量为：

$$q_t = V \cdot n \tag{15.1}$$

③ 实际流量 q：是指泵在某一工作压力下实际排出的流量。由于泵存在内泄漏，所以有容积效率 η_V 问题，即：

$$q = q_t \cdot \eta_V \tag{15.2}$$

④ 额定流量 q_n：是指在额定转速和额定压力下泵输出的流量。

（3）功率和效率。

① 液压泵的功率：是指单位时间内所做的功。液压泵由电动机（或其他原动机）驱动，输入量是转矩和转速（角速度），输出量是液体的压力和流量。输出功率 P_t 就等于：

$$P_t = pq_t = pVn = \omega T_t = 2\pi n T_t \tag{15.3}$$

式中，T_t 为液压泵的理论转矩；ω 为液压泵的角速度。

② 液压泵的效率：液压泵在能量转换和传递过程中，必然存在着能量损失。由于泵的泄漏会引起流量损失，我们将实际流量与理论流量之比称为容积效率。即：

$$\eta_V = q / q_t$$

由于机械运动副之间的摩擦及液体黏度会引起摩擦损失，我们将这种损失用机械效率 η_m 来衡量。因此，液压泵的总效率 $\eta = \eta_V \cdot \eta_m$。在额定工作压力下，各类液压泵的效率如表 15.2 所示。

表 15.2 液压泵的效率

	齿 轮 泵	叶 片 泵	柱 塞 泵
容 积 效 率	0.7～0.9	0.8～0.95	0.85～0.98
总 效 率	0.6～0.8	0.75～0.85	0.75～0.9

按照泵的输出功率和总效率 η 就可计算出所配套的液压泵电动机（或其他原动机）的功率 P_m

$$P_m = P_t / \eta = 2\pi n T_t / \eta \tag{15.4}$$

15.1.2 常用液压泵

1. 齿轮泵

齿轮泵是液压系统中常用的液压泵，其结构最简单，可分为外啮合式和内啮合式两类。

（1）外啮合齿轮泵。

① 工作原理和结构，如图 15.2 所示，在泵的壳体内有一对模数相同、齿数相等的外啮合齿轮，齿轮两侧有端盖罩住（图中未示出）。壳体、端盖和齿轮的各个齿槽组成了许多密封工作腔。当齿轮按图 15.2 中所示方向旋转时，右侧吸油腔由于相互啮合的轮齿逐渐脱开，密封工作腔容积逐渐增大，形成部分真空，油箱中的油液被吸进来，将齿槽充满，并随着齿轮旋转，把油液带到左侧压油腔去。在压油区一侧，由于轮齿在这里逐渐进入啮合，密封工作腔容积不断减小，油液便被挤出去。吸油区和压油区是由相互啮合的轮齿以及泵体分隔开的。

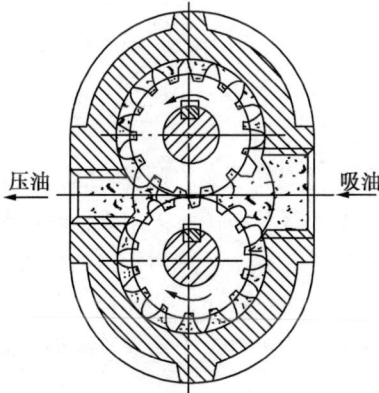

图 15.2 外啮合齿轮泵工作原理图

② 排量、流量计算。外啮合齿轮泵排量的精确计算应依据啮合原理来进行，近似计算时可认为排量等于它的两个齿轮的齿间槽容积之和。设齿间槽的容积等于轮齿的体积，则当齿轮齿数为 z、节圆直径为 D、齿高为 h（应为扣除顶隙部分后的有效齿高）、模数为 m、齿宽为 b、转速为 n 时，泵的实际输出流量为：

$$q = \pi Dhbn\eta_v = 2\pi zm^2 bn\eta_v \tag{15.5}$$

考虑到齿间槽容积比轮齿的体积稍大些，所以通常取：

$$q = \pi Dhbn\eta_v = 6.66zm^2 bn\eta_v \tag{15.6}$$

式中所表示的 q 是齿轮泵的平均流量。实际上齿轮泵瞬时流量是脉动的。

③ 结构特点和优、缺点。齿轮泵要平稳工作，齿轮啮合的重叠系数必须大于 1，于是总会出现两对轮齿同时啮合，并有一部分油液被围困在两对轮齿所形成的封闭空腔之间，这就是所谓困油现象。

外啮合齿轮泵高压腔的压力油会泄漏到低压腔中去，尤其是端面间隙的泄漏量较大。因此，普通齿轮泵的容积效率较低，输出压力也不容易提高。

在齿轮泵中，液体压力作用力是不相等的，相当于给齿轮一个径向不平衡力。它能使轴弯曲，加速轴承磨损，降低轴承使用寿命。

外啮合齿轮泵的优点是结构简单、尺寸小、质量轻、制造方便、价格低廉、工作可靠、自吸能力强（容许的吸油真空度大）、对油液污染不敏感、维护容易。它的缺点是一些机件承受不平衡径向力、磨损严重、泄漏大、工作压力的提高受到限制。此外，它的流量脉动大，因而压力脉动和噪声都较大。

④ 提高外啮合齿轮泵压力的措施。要提高齿轮泵的压力，必须要减小端面泄漏，一般采用齿轮端面间隙自动补偿的方法。如图 15.3 所示为端面间隙的补偿原理图，它利用泵的出口压力油，引入到浮动轴套 1 的外侧 A 腔，在液体压力的作用下，使轴套紧贴齿轮 3 的侧面，从而消除了端面间隙。在泵启动时，靠弹簧 4 来产生预紧力，保证了启动时的端面密封。

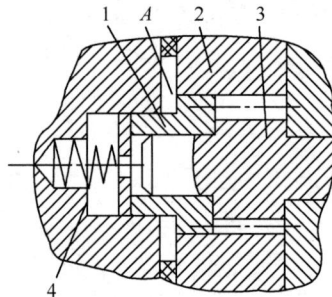

图 15.3　端面间隙的补偿原理

1—轴套；2—泵体；3—齿轮；4—弹簧

（2）内啮合齿轮泵。内啮合齿轮泵有渐开线齿形和摆线齿形（又名转子泵）两种，它们的工作原理和主要特点与外啮合齿轮泵完全相同（如图 15.4 所示）。当小齿轮按图示方向旋转时，轮齿退出啮合，密闭容积增大而吸油；进入啮合，密闭容积减小而压油。在渐开线齿形内啮合齿轮泵腔中，小齿轮和内齿轮之间要装一块月牙隔板，以便把吸油腔和压油腔隔开，如图 15.4（a）所示。摆线齿形内啮合泵又称摆线转子泵，由于小齿轮和内齿轮相差一齿，因而不需设置隔板，如图 15.4（b）所示。

内啮合齿轮泵结构紧凑、体积小、流量脉动小、噪声小，而且无困油现象，在高速下工作的容积效率较高。但是制造工艺较复杂，价格较贵。

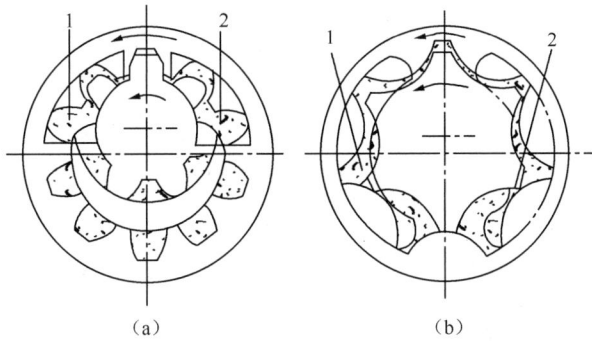

图 15.4　内啮合齿轮泵

1—吸油腔；2—压油腔

2. 叶片泵

叶片泵有单作用式和双作用式两大类，前者又称为非卸荷式叶片泵或变量叶片泵，后者又称为卸荷式叶片泵或定量叶片泵。

（1）双作用叶片泵。

① 工作原理。如图 15.5 所示为双作用叶片泵的工作原理图。定子内表面是由两段长半径圆弧 R、两段短半径圆弧 r 和四段过渡曲线组成的，且定子 2 和转子 1 是同心的。转子顺时针旋转时，密封工作腔的容积在左下角和右上角处逐渐减小而压油，为压油区；在左上角和右下角处逐渐增大，为吸油区；吸油区和压油区之间有一段封油区把它们隔开。这种泵的转子每转一周，每个密封工作腔完成吸油和压油动作各两次，所以称为双作用叶片泵。泵的两个吸油区是径向对称的，因而作用在转子上的径向液压力平衡，所以又称为卸荷式叶片泵。

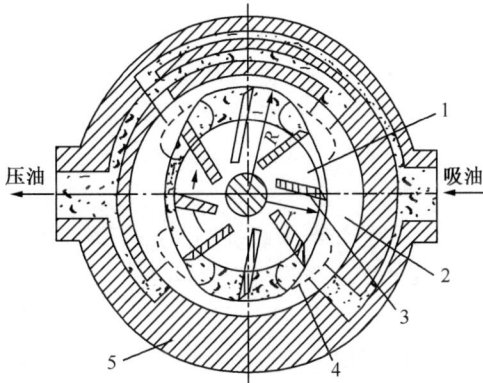

图 15.5　双作用叶片泵工作原理图

1—转子；2—定子；3—叶片；4—配油盘；5—泵体

② 特点。双作用叶片泵不仅作用在转子上的径向力平衡，且运转平稳、输油量均匀、噪声小。但它的结构较复杂，吸油特性差，对油液的污染较敏感，一般用于中压系统。

（2）变量叶片泵。变量叶片泵的流量可以根据液压系统工作要求而改变——手动调节或自动调节。根据调节后泵的压力流量特性的不同，又可分为限压式、恒流量式和恒压式三类。下面介绍常用的限压式变量泵。

限压式变量泵可以根据液压系统的要求调定限定工作压力，通过自动调节定子与转子的偏心量从而调节输出流量，即流量改变是利用压力的反馈作用实现的。它有外反馈和内反馈两种。

① 外反馈限压式变量叶片泵的工作原理。如图 15.6 所示为外反馈限压式变量叶片泵的工作原理图。转子 1 绕中心 O_1 顺时针旋转，定子 2 可以左右移动，若柱塞 6 左端的液压推力小于限压弹簧 3 的作用力，定子被推向最左端，这时定子中心 O_2 和转子中心 O_1 之间的偏心量 e_0 最大，它决定了泵的最大流量。e_0 的大小可用调节螺钉 7 调节。泵的限定压力 p_B 可由调节弹簧 3 来调节。

当泵的工作压力大于弹簧限定压力 P_B 时，定子被推向右移，偏心量减小，泵的流量也减小。泵的工作压力越高，偏心量就越小，泵的流量也就越小。当压力大到泵内偏心所产生的流量全部用于补偿泄漏时，泵的输出流量为零，不管外负载再怎样加大，泵的输出压力不会再升高，所以这种泵被称为限压式变量叶片泵。

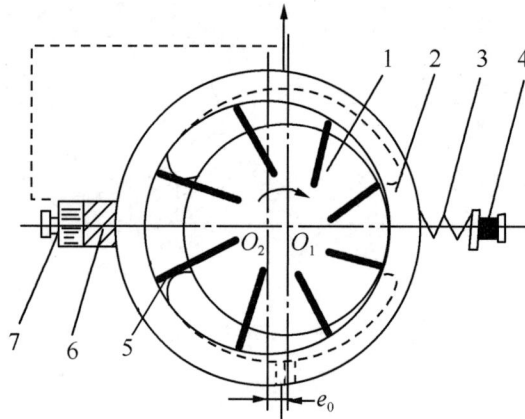

图 15.6　外反馈限压式变量叶片泵工作原理图

1— 转子；2—定子；3—限压弹簧；4、7—调节螺钉；5—叶片；6—柱塞

限压式变量泵的流量压力特性曲线如图 15.7 所示。AB 段是泵的定量段，由于 e_0 是常数，输出的理论流量为定值，但由于压力增加时泄漏量增加，所以实际输出流量减小；BC 段是泵的变量段，这一区段内泵的实际流量随着压力的增大迅速下降，直到 C 点为止，这时流量为零，压力为 P_C，这是因为随着压力的增加，偏心距开始减小因此流量下降。图中的 B 点叫做拐点，拐点处的压力 P_B 值由弹簧预紧力确定。调节预紧力便可改变 P_B 和 P_C 的值，使 BC 线左右平移。如更换不同刚度的弹簧，便可改变 BC 段的斜率。

限压式变量叶片泵对既要实现快速运动，又要实现工作进给（慢速移动）的执行元件来说是一种合适的油源：快速运动时需要大的流量，负载压力较低，正好使用 AB 段曲线；工作进给时负载压力升高，需要流量减小，正好使用 BC 段曲线。

② 内反馈限压式变量叶片泵的工作原理。这种泵的工作原理与外反馈式相似，只是定子 3 与转子 2 的偏心量的改变是靠配油盘上吸、压油窗口偏转一个角度 θ，这时液压力对定子 3 内壁的作用力 F 在 x 轴方向有一分力 F_x，如图 15.8 所示。当此分力超过限压弹簧 5 的限定压力时，则定子 3 向右移动，偏心量 e_0 减小，从而使流量得到改变。泵的最大流量由调节螺钉 1 调节，泵的限定压力由调节螺钉 4 调节。

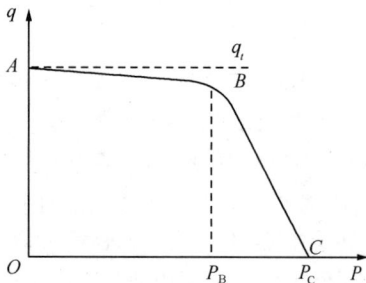

图 15.7　限压式变量叶片泵的特性曲线

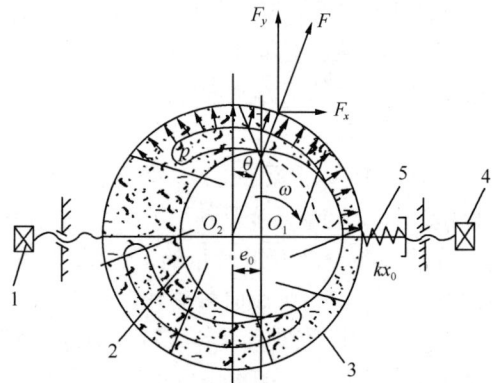

图 15.8　内反馈限压式变量叶片泵工作原理图

1、4—调节螺钉；2—转子；3—定子；5—弹簧

3. 柱塞泵

柱塞泵是靠柱塞在缸体中做往复运动，使密封容积发生变化来实现吸油与压油的液压泵。与齿轮泵和叶片泵相比，这种泵有许多优点，例如：

① 柱塞与缸体内孔均为圆柱表面，因此加工方便，配合精度高，密封性能好，容积效率高。

② 只需改变柱塞的工作行程就能改变流量，易于实现变量。

③ 柱塞泵主要零件均受压应力，材料强度性能可得以充分利用。所以柱塞泵具有压力高、结构紧凑、效率高、流量能调节等优点。

柱塞泵在需要高压、大流量、大功率的系统中和流量需要调节的场合，如龙门刨床、拉床、液压机、工程机械、船舶上得到广泛的应用。

柱塞泵按柱塞的排列和运动方向不同，可分为径向柱塞泵和轴向柱塞泵。径向柱塞泵径向尺寸大，结构较复杂，自吸能力差，且配油轴受到不平衡液压力的作用，容易磨损，这些都限制了它的转速和压力的提高，因此目前已应用不多。下面主要介绍轴向柱塞泵。

轴向柱塞泵的柱塞平行于缸体轴心线，沿缸体圆周均匀分布。泵的工作原理如图 15.9 所示。缸体 7 上均布了若干个轴向柱塞孔，孔内装有柱塞 5，缸体由轴 9 带动旋转。套筒 4 在弹簧 6 作用下，通过压板 3 而使柱塞头部的滑履 2 紧压在斜盘上。同时，套筒 8 则使缸体 7 和配油盘 10 紧密接触，起密封作用。当缸体按图示方向转动时，由于斜盘和压板的作用，迫使柱塞在缸体内做往复运动，使各柱塞与缸体间的密封容积发生变化，通过配油盘进行吸油和压油。当缸孔自最低位置向前上方转动（前面半周）时，柱塞在转角 $0 \sim \pi$ 范围内逐渐向左伸出，柱塞端部的缸孔内密封容积增大，经配油盘吸油窗口吸油；柱塞在转角 $\pi \sim 2\pi$（里面半周）范围内，柱塞被斜盘逐步压入缸体，柱塞端部密封容积减小，经配油盘排油窗口而压油。缸体每转一转，柱塞吸、压油各一次。

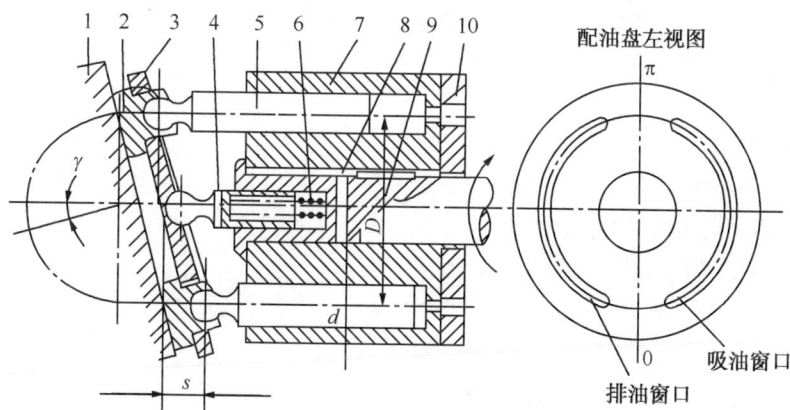

图 15.9 轴向柱塞泵工作原理图

1—斜盘；2—滑履；3—压板；4、8—套筒；5—柱塞；6—弹簧；7—缸体；9—轴；10—配油盘

改变斜盘倾角 γ 的大小，就改变了柱塞的行程长度，也就改变了泵的排量。而改变斜盘倾角的方向，就能改变泵的吸压油方向，从而使其成为双向变量轴向柱塞泵。

由于柱塞在缸体孔中运动的速度不是恒定的，因而输出流量是有脉动的，当柱塞数为奇数时，脉动较小，因而一般柱塞泵的柱塞个数为 7、9 或 11。

15.1.3　液压泵的选用

在选择液压泵时，在满足系统工作要求的前提下，应对液压泵的类型、基本参数和主要性能等进行全面考虑，合理选择使用，以优化系统工作参数，达到较佳或最佳工作效益。表 15.3 为常用液压泵的一般性能比较。

表 15.3　常用液压泵的一般性能比较

性能＼类别	外啮合齿轮泵	双作用叶片泵	限压式变量叶片泵	螺杆泵	轴向柱塞泵
工作压力/MPa	<20	6.3～21	7	<10	20～35
流量调节	不能	不能	能	能	能
容积效率	0.7～0.95	0.8～0.95	0.8～0.9	0.75～0.95	0.9～0.98
输出流量脉动	很大	很小	中等	很小	中等
自吸特性	好	较差	较差	好	差
对油污染敏感性	不敏感	较敏感	较敏感	不敏感	很敏感
噪声	大	小	较大	很小	大

一般在负载小、功率小的液压设备上，可用齿轮泵、双作用叶片泵；精度较高的机械设备上（如磨床），可选用双作用叶片泵、螺杆泵；在负载较大并有快速和慢速工作行程的机械设备上（如组合机床），可选用限压式变量叶片泵和双联叶片泵；负载大、功率大的设备（刨床、拉床、压力机等）可选用柱塞泵；机械设备的辅助装置或在工作环境较恶劣的条件下，可选用价格低廉的齿轮泵。

15.1.4　液压马达

液压马达和液压泵在结构上是基本相同的，从原理上看是可逆的，因而液压马达按结构也可分为齿轮式、叶片式和柱塞式三大类。实际上二者之间在结构上有着微小区别，故一般液压泵不能作为液压马达用。

1. 叶片式马达

如图 15.10 所示为叶片式马达的工作原理图。当压力油经配油盘的配油口进入压油腔后，位于进油腔的叶片 4 和 8，两面均受油压力作用，处于平衡状态，位于回油腔的叶片 2 和 6 也处于平衡状态，不产生扭矩。而叶片 1、3、5、7 则由于两侧受力不平衡，因此对转子轴会产生扭矩。由图 15.10 中看出，位于长半径圆弧上的叶片 1、5 作用面积大于短半径圆弧上的叶片 3、7 作用面积，因此作用于叶片 1、5 上的总液压力大于作用于叶片 3、7 上的总液压力，压力差使叶片带动转子沿顺时针方向转动，通过输出轴输出。

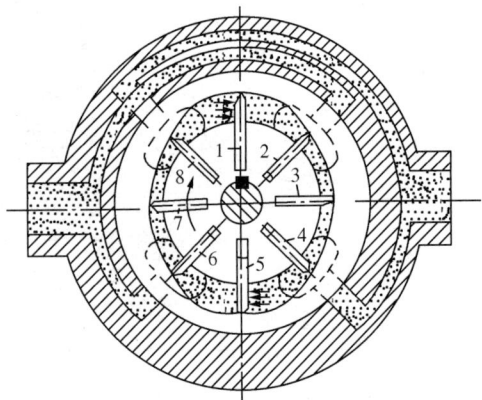

图 15.10　叶片式马达

液压马达一般要求能正、反转，所以叶片式液压马达的叶片要径向放置，在正转或反转时，为了保证叶片根部始终通有压力油，在吸、压油腔通入叶片根部的通路上设置了单向阀。为了确保叶片式液压马达在压力油通入后能正常启动，必须使叶片顶部一直和定子内表面紧密接触，密封良好，因此在叶片根部应设置预紧弹簧。

叶片液压马达的体积小、惯性小、动作灵敏，但容积效率低，泄漏量较大，低速工作时不稳定。适用于高转速、低转矩而又要求换向频繁的场合。

2. 轴向柱塞液压马达

轴向柱塞马达与轴向柱塞泵的结构基本相同，通常具有可逆性。如图 15.11 所示为斜盘式轴向柱塞液压马达工作原理图。

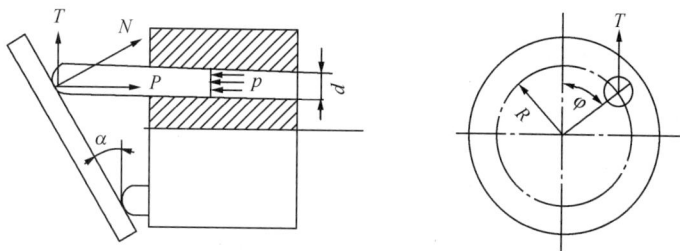

图 15.11　斜盘式轴向柱塞液压马达工作原理

当压力油经配油盘通入柱塞底部缸孔时，柱塞受油压力作用向左移动，从而紧紧压在倾斜角为 α 的斜盘上，斜盘对柱塞的反作用力 N 可以分解为两个分力：轴向分力 P，与作用在柱塞底部的液压力 p 相平衡；另一个垂直于柱塞轴线的分力 T，它对缸体轴线产生一个转矩，带动缸体旋转，通过输出轴输出转矩和转速。若改变进出油口，则液压马达反转。

3. 液压马达的主要参数

液压马达的主要参数有转速 n、转矩 T 和效率 η。

（1）转速 n。若液压马达的排量为 V，实际流量为 q，容积效率为 η_V，则：

$$n=\frac{q}{V}\eta_V \tag{15.7}$$

（2）总效率 η。为输出功率和输入功率之比，它等于机械效率 η_m 与容积效率 η_V 的乘积。

（3）转矩 T。液压马达输入为液压能（入口压力与输入流量乘积），输出为机械能（转矩 T 与角速度 ω 的乘积），在转一转时，若输入流量为 q_r，并考虑机械效率与容积效率，则：

$$pq_r\eta=T\cdot2\pi$$

得：

$$T=\frac{pV}{2\pi}\eta_m \tag{15.8}$$

15.2　液压缸

液压缸亦称油缸，是液压系统中的执行元件，它把输入的液体压力能转换成机械能输出。液压缸输入的压力能表现为液体的流量和压力；输出的机械能表现为速度和力。液压缸用来驱动工作机构实现直线往复运动或摆动。液压缸结构简单，工作可靠，做直线往复运动时，可省去减速机构，且没有传动间隙，传动平稳，因此此液压系统中被广泛应用。

液压缸的结构形式有活塞式、柱塞式和摆动式三类。

15.2.1　活塞缸

活塞缸可分为单杆式和双杆式两种，其固定方式有缸体固定和活塞固定两种。

1. 单杆活塞缸

如图 15.12 所示为单杆活塞缸原理图，其活塞的一侧有伸出杆，因此两腔的有效工作面积不相等。当无杆腔进压力油，有杆腔回油如图 15.12（a）所示时，运动速度 v_1 和活塞推力 F_1 分别为：

$$v_1=\frac{q}{A_1}=\frac{4q}{\pi D^2}; \qquad F_1=A_1p=\frac{\pi}{4}D^2p \tag{15.9}$$

式中，A_1 为液压缸无杆腔有效工作面积；p 为进油压力；q 为进入液压缸的流量；D 为液压缸内径。

当有杆腔进压力油，无杆腔回油如图 15.12（b）所示时，运动速度 v_2 和活塞推力 F_2 分别为：

$$v_2 = \frac{q}{A_2} = \frac{4q}{\pi(D^2 - d^2)} \; ; \quad F_2 = A_2 p = \frac{\pi}{4}(D^2 - d^2) p \qquad (15.10)$$

式中，A_2 为液压缸有杆腔有效工作面积；d 为活塞杆直径。

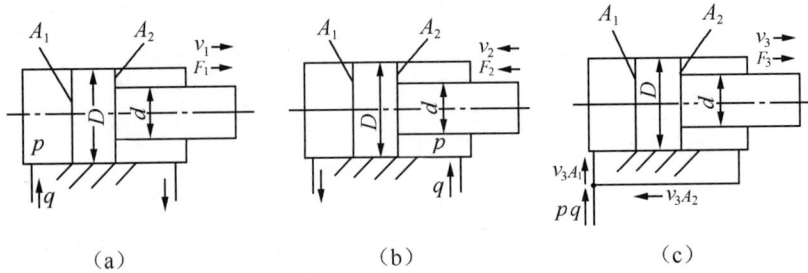

图 15.12　单杆活塞缸原理图

当压力油同时进入液压缸的左、右两腔如图 15.12（c）所示，由于无杆腔推力大于有杆腔，活塞以一定速度向右移动，此时有杆腔排出的油液与泵供给的油液汇合后进入无杆腔，实现活塞向右快速移动。这种方式称为液压缸的差动连接，做差动连接的单杆活塞缸简称为差动缸。

差动连接时，移动速度 v_3 和活塞的推力 F_3 为：

$$v_3 = \frac{q}{A_1 - A_2} = \frac{q}{A_3} = \frac{4q}{\pi d^2} \; ; \quad F_3 = (A_1 - A_2) p = A_3 p = \frac{\pi d^2}{4} p \qquad (15.11)$$

单活塞杆缸常用于一个方向负载但运行速度较低，另一个方向空载、快速退回运动的设备。例如，各种金属切削机床、压力机、注塑机、起重机的液压系统。差动缸常用于在需要实现"快进（差动连接）—工进（无杆腔进油）—快退（有杆腔进油）"工作循环的组合机床等设备的液压系统中。

2．双杆活塞缸

如图 15.13 所示为双杆活塞缸原理图，其活塞的两侧都有伸出杆。如图 15.13（a）所示为缸体固定式结构简图。缸体两端设有进出油口，当压力油从进、出油口交替输入液压缸左、右工作腔时，压力油作用于活塞端面，驱动活塞（或缸体）运动，并通过活塞杆（或缸体）带动工作台做直线往复运动。其工作台的运动范围约等于活塞杆有效行程的 3 倍，占地面积较大，一般用于行程短或小型液压设备上。如图 15.13（b）所示为活塞固定式结构简图，其工作台的运动范围约等于活塞杆有效行程的 2 倍，所以工作台运动时所占空间面积较小，适用于行程长的大、中型液压设备。

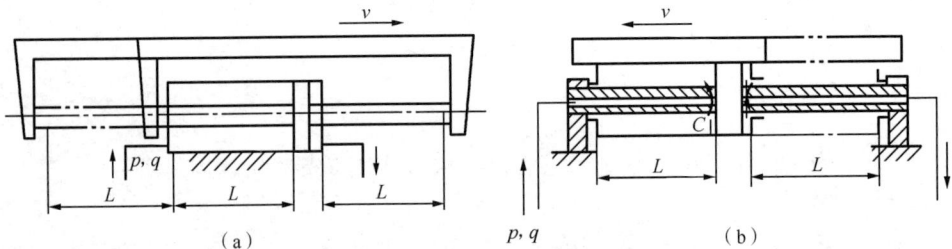

图 15.13　双杆活塞缸原理图

当两活塞杆直径相同、缸两腔的供油压力和流量都相等时，活塞（或缸体）两个方向的运动速度和推力也都相等，因此，这种液压缸常用于要求往复运动速度和负载相同的场合，如各种磨床。

双杆活塞杆的推力和速度可按下式计算：

$$F = Ap = \frac{\pi}{4}(D^2 - d^2)p \; ; \quad v = \frac{q}{A} = \frac{4q}{\pi(D^2 - d^2)} \tag{15.12}$$

15.2.2 其他液压缸

1. 伸缩缸

如图 15.14 所示为伸缩式液压缸的结构图，由两套活塞缸套装而成，缸体（活塞）2 对缸体 3 是活塞，对活塞 1 是缸体，当压力油从 A 口通入，按活塞的有效工作面积大小依次动作，有效面积大的先动，小的后动，伸出时的推力和速度是分级变化的，缸体（活塞）2 有效面积大，伸出时推力大速度低，第二级活塞 1 伸出时推力小速度高。

这种油缸的特点是，在各级活塞依次伸出时可以获得很长的行程，而收缩后轴向尺寸很小。伸缩式液压缸常用于自卸汽车起重机和挖掘机等工程机械上。

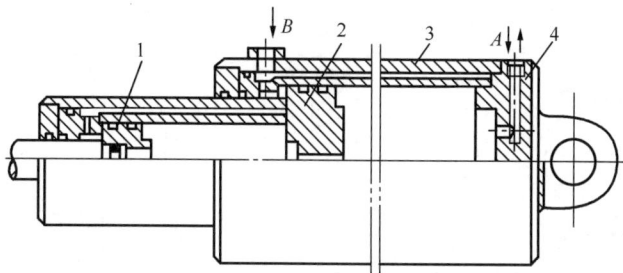

图 15.14　伸缩式液压缸结构图

1—活塞；2—缸体（活塞）；3—缸体；4—缸盖

2. 柱塞缸

活塞缸的缸体内孔与活塞有配合要求，故加工精度要求很高，当缸体较长时，加工就困难，因而常采用柱塞缸代替，其工作原理如图 15.15 所示。柱塞与缸筒无配合要求，缸筒内孔不需精加工，甚至可以不加工。当压力油进入缸筒时，推动柱塞带动运动部件向右运动。

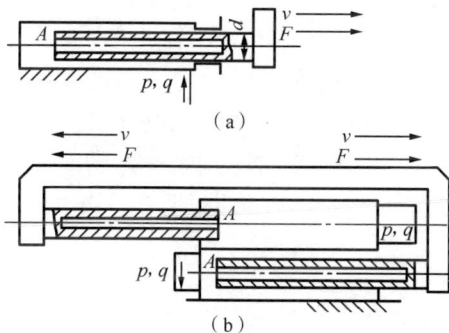

图 15.15　柱塞式液压缸

柱塞缸只能实现单向运动，它的回程需借助自重（立式缸）或其他外力（如弹簧力）来实现。在龙门刨床、导轨磨床、大型拉床等大行程设备的液压系统中，为了使工作台得到双向运动，柱塞缸常成对使用 [图 15.15（b）]。柱塞缸的主要特点是运动时由缸盖上的导向套来导向，所以它特别适用在行程较长的场合。

15.2.3 液压缸的结构

1. 液压缸的密封

液压缸的密封是指活塞、活塞杆、端盖等处的密封，用以防止油液的泄漏。常见的密封方法有间隙密封和用橡胶密封圈密封。

（1）间隙密封。间隙密封是依靠相对运动零件配合面之间的微小间隙来防止泄漏的，如图15.16所示，是一种简单的密封方法。适用于直径较小、压力较低的液压缸。

为了提高密封效果，常在活塞上开几条环形小槽（尺寸0.5×0.5，槽间距$3 \sim 4$mm），以增大油液从高压腔p_1向低压腔p_2泄漏的阻力。这种密封的缺点是在受到磨损后不能自动补偿。

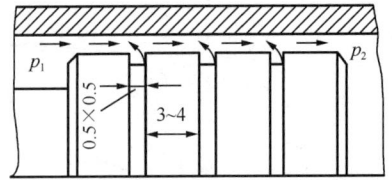

图 15.16　间隙密封

（2）密封圈密封。密封圈密封是液压系统中应用最广泛的密封方法，密封圈常用耐油橡胶、尼龙制成，截面呈"O"形、"Y"形、"V"形等如图15.17所示。"O"形密封圈结构简单、密封性能好，但当压力较高（>10MPa）或沟槽尺寸选择不当时，密封圈容易被挤出而造成剧烈磨损，所以适当时候应在侧面放置挡圈。"Y"形密封圈密封可靠、寿命长，一般用于运动速度较高的液压缸密封。"V"形密封圈由多层夹织物制成如图15.17（c）所示，它耐高压、性能好，但结构复杂，密封处摩擦力较大，所以在中、低速液压缸中应用较多。

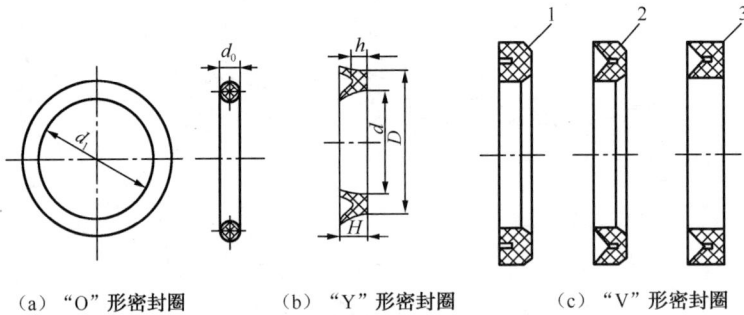

（a）"O"形密封圈　　（b）"Y"形密封圈　　（c）"V"形密封圈

图 15.17　常用橡胶密封圈

1—支撑环；2—密封环；3—压环

2. 液压缸的缓冲

液压缸的缓冲结构是为了防止活塞在行程终了时和缸盖发生撞击。常用的缓冲结构如图 15.18 所示。图 15.18（a）为环状间隙缓冲装置。当活塞上的圆柱或圆锥形凸台进入内孔时，封闭在液压缸腔内的油液必须经间隙排出，这时活塞受到很大阻力而速度降低，起到缓冲作用。这种缓冲装置结构简单。为使缓冲作用均衡，可将圆柱形柱塞上开设三角形槽，如图 15.18（b）所示，这种缓冲装置通流截面随着缓冲行程增大而减小，缓冲压力均衡，冲击小，定位精度高。当缓冲柱塞进入配合孔后，液压油必须经节流阀排出，节流阀可调，缓冲作用也可以调节，如图15.18（c）所示。

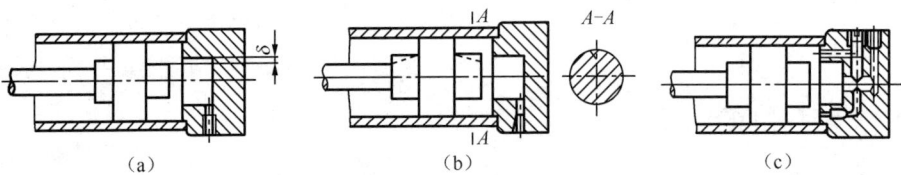

（a）　　　　　　　　（b）　　　　　　　　（c）

图 15.18　液压缸的缓冲装置

3. 液压缸的排气

如果液压缸中有空气或液压系统中的油液混有空气将会严重地影响工作部件的平稳性，因此，系统在工作前应排除积留的空气，可在液压缸的最高点（为空气聚集的地方）设置排气装置。对运动平稳性要求较高的液压缸，在两端装有排气塞。如图 15.19 所示为排气塞结构。工作前拧开排气塞，使活塞全行程空载往返几次，空气即可通过排气塞排出。空气排净后，需把排气塞拧紧后再进行工作。

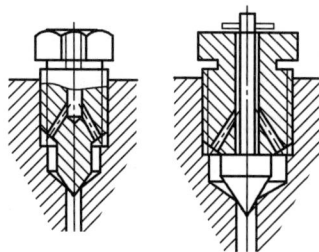

图 15.19　排气塞结构

15.3　控制阀

液压控制阀用来控制油液的压力、流量和流向，从而控制液压执行元件的启动、停止、运动方向、速度、作用力等，满足液压设备对各工况的要求。液压阀的种类繁多、功能各异，常根据用途分为方向控制阀（如单向阀、换向阀等）、压力控制阀（如溢流阀、减压阀、顺序阀等）和流量控制阀（如节流阀、调速阀等）。这三类阀可以相互组合，成为复合阀，以减少管路连接，使结构紧凑，如单向顺序阀等。

15.3.1　方向控制阀

方向控制阀用来控制液压系统中液流的方向。其原理是利用阀芯和阀体间相对位置的改变，实现油路与油路间的接通或断开，以满足系统对油流方向的要求。可分为单向阀和换向阀两类。

1. 单向阀

（1）普通单向阀。普通单向阀（简称单向阀）的作用是仅允许液流沿一个方向通过，而反向液流则截止，要求其正向液流通过时压力损失小，反向截止时密封性能好，如图 15.20 所示。

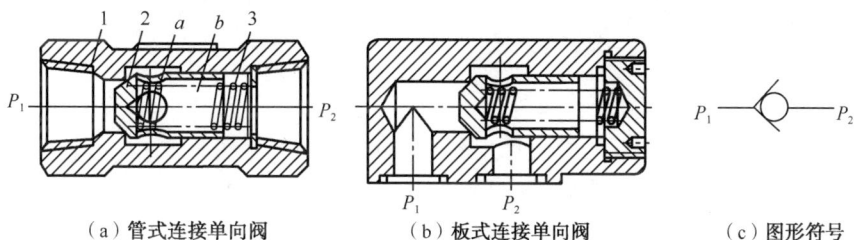

（a）管式连接单向阀　　　（b）板式连接单向阀　　　（c）图形符号

图 15.20　单向阀结构及符号

1—阀体；2—阀芯；3—弹簧

单向阀常被安装在泵的出口，既可防止系统的压力冲击影响泵的正常工作，又可防止当泵不工作时油液倒流。单向阀还被用来分隔油路以防止干扰等。当更换硬弹簧，使单向阀的开启压力达到 0.3～0.6MPa，可作为背压阀使用。

（2）液控单向阀。如图 15.21 所示为液控单向阀的典型结构图。它与普通单向阀的区别是在一定的控制条件下可反向流通。其工作原理是：控制口 K 无压力油通入时，它的工作原理与普通单向阀相同，压力油只能从 P_1 流向 P_2，不能反向流通；当控制口 K 有控制压力油，活塞受油压作用推动顶杆顶开阀芯，使油口 P_1 与 P_2 接通，油液可双向自由流通。注意控制口 K 通入的控制压力一般至少取主油路的 30%～40%。液控单向阀常用于液压系统的保压、锁紧和平衡回路。

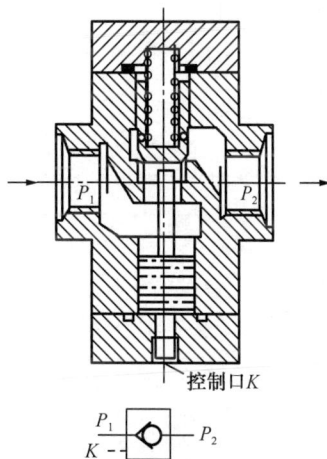

图 15.21　液控单向阀结构及符号

2. 换向阀

换向阀是利用改变阀芯与阀体的相对位置，控制相应油路接通、切断或变换油液的方向，从而实现对执行元件运动方向的控制。换向阀阀芯的结构形式有滑阀式、转阀式和锥阀式等，其中以滑阀式应用最多。

（1）换向原理。滑阀式换向阀是利用阀芯在阀体内做轴向滑动来实现换向作用的。如图 15.22 所示滑阀阀芯是一个具有多段环形槽的圆柱体（图示阀芯有 3 个台肩，阀体孔内有 5 个沉割槽）。每条槽都通过相应的孔道与外部相通，其中 P 口为进油口，T 口为回油口，A 口和 B 口通执行元件的两腔。当阀芯处于如图 15.22（b）所示工作位置时，4 个油口互不相通，液压缸两腔不通压力油，处于停机状态。若使换向阀的阀芯右移，如图 15.22（a）所示，阀体上的油口 P 和 A 相通，B 和 T 相通，压力油经 P、A 油口进入液压缸左腔，活塞右移，液压缸右腔油液经 B、T 油口回油箱。反之，若使阀芯左移，如图 15.22（c）所示，则 P 和 B 相通，A 和 T 相通，活塞左移。

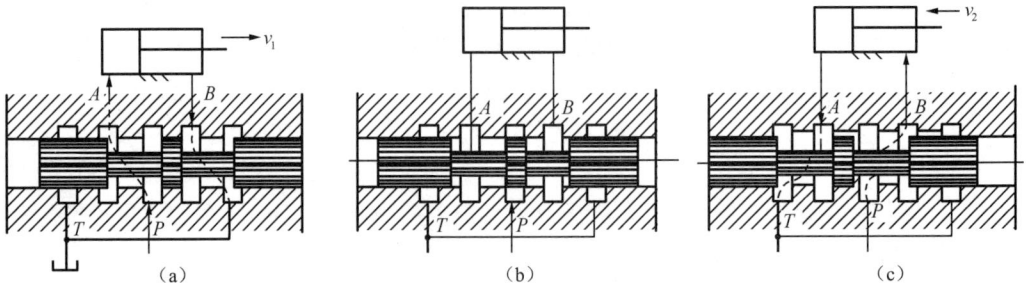

图 15.22　滑阀式换向阀的换向原理

（2）换向阀的分类及图形符号。按阀芯在阀体内的工作位置数和换向阀所控制的油口通路数分，换向阀有二位二通、二位三通、二位四通、二位五通等类型，如表 15.4 所示。其图形符号的含义如下：

① 方框表示阀的工作位置，换向阀有几个工作位置就相应有几个方框（位数）；

② 靠近弹簧的方框为二位阀的常态位置，三位滑阀中间方框为常态位置；

③ 方框内的箭头表示在这一位置上油路处于接通状态；

④ 方框的箭头首尾或堵塞符号与方框的交点表示阀的接出通路，交点数即为通路数；

⑤ 一般阀的进油口用 P 表示，回油口用 T 或 O 表示，阀与执行元件相连的油口用 A、B 等表示，L 为泄油口。

按阀芯换位的控制方式，换向阀有手动、机动、电动、液动和电液动等类型（符号见书末附表 A）。

表 15.4　常用换向阀的结构原理和图形符号

类　　型	结构原理图	图形符号
二位二通		
二位三通		

类　　型	结构原理图	图形符号
二位四通		
二位五通		
三位四通		
三位五通		

（3）三位四通换向阀的中位机能。三位换向阀的阀芯处于中间位置时（即常态位置），其油口 P、A、B、T 间的通路有各种不同的连接形式，以适应各种不同的工作要求。这种常态时内部通路形式称为滑阀机能（或称中位机能）。

常见的三位四通换向阀的滑阀机能及其作用如表 15.5 所示。

表 15.5　三位四通换向阀的滑阀机能

机能代号	结　构　原　理	中间位置的图形符号		机能特点和作用
		三位四通	三位五通	
O				各油口全部封闭，液压缸两腔闭锁，液压泵不卸荷，液压缸充满油，从静止到启动平稳；在换向过程中，由于运动惯性引起的冲击较大；换向位置精度高；可用于多个换向阀并联工作
H				各油口互通，液压泵卸荷，缸成浮动状态，液压缸两腔接油箱，从静止到启动有冲击，在换向过程中，由于油口互通，故换向较"O"形平稳；但换向位置变动大
Y				液压泵不卸荷，缸两腔通回油，缸成浮动状态，从静止到启动有冲击，制动性能介于"O"形与"H"形之间
P				回油口关闭，压力油与缸两腔连通，可实现液压缸差动回路，从静止到启动较平衡；制动时缸两腔均通压力油，故制动平稳；换向位置变动比"H"形的小

机能代号	结构原理	中间位置的图形符号		机能特点和作用
		三位四通	三位五通	
K	$T(T_1)$ A P B $T(T_2)$	A B P T	A B T_1 P T_2	液压泵卸荷,液压缸一腔封闭,一腔接回油,两个方向换向时性能不同;不能用于多个换向阀并联工作
M	$T(T_1)$ A P B $T(T_2)$	A B P T	A B T_1 P T_2	液压泵卸荷,缸两腔封闭,从静止到启动较平稳;换向时与"O"形相同,可用于泵卸荷液压缸锁紧的液压回路中
J	$T(T_1)$ A P B $T(T_2)$	A B P T	A B T_1 P T_2	液压泵不卸荷,从静止到启动有冲击,换向过程也有冲击,可以和其他换向阀并联使用
X	$T(T_1)$ A P B $T(T_2)$	A B P T	A B T_1 P T_2	各油口半开启接通,P口保持一定的压力;换向性能介于"O"形和"H"形之间

15.3.2　压力控制阀

在液压系统中,控制液体压力或利用压力作为信号来控制其他元件动作的阀统称为压力控制阀。常用的有溢流阀、减压阀、顺序阀和压力继电器等。

1. 溢流阀

溢流阀有多种用途,主要是在溢流的同时使液压泵的供油压力得到调整并保持基本恒定。溢流阀按其工作原理分为直动式和先导式两种。一般前者用于低压系统,后者用于中、高压系统。

(1)直动式溢流阀。直动式溢流阀是依靠系统中的压力油直接作用在阀芯上与弹簧力等相平衡,以控制阀芯的启闭动作,如图15.23所示是一种低压直动式溢流阀,P是进油口,T是回油口,进口压力油经阀芯3中间的阻尼孔 a 作用在阀芯的底部端面上,当进油压力较小时,阀芯在弹簧2的作用下处于下端位置,将 P 和 T 两油口隔开。当进油压力升高,在阀芯下端所产生的作用力超过弹簧的压紧力 F_s 时,阀芯上升,阀口被打开,将多余的油液排回油箱,阀芯上的阻尼孔 a 用来对阀芯的动作产生阻尼,以提高阀的工作平稳性,调节螺母1可以改变弹簧的压紧力,这样也就调节了溢流阀进口处的油液压力 P。如图15.23(b)所示为直动式溢流阀的图形符号。

(2)先导式溢流阀。直动式溢流阀通常用于小流量系统,大流量系统应采用先导式溢流阀。其常见结构如图15.24所示。下部是主阀,上部是先导调压阀。先导阀的结构和工作原理与直动式溢流阀相同,是一个小规格锥阀,先导阀内的弹簧用来调定主阀的溢流压力。主阀控制溢流量,主阀弹簧不起调压

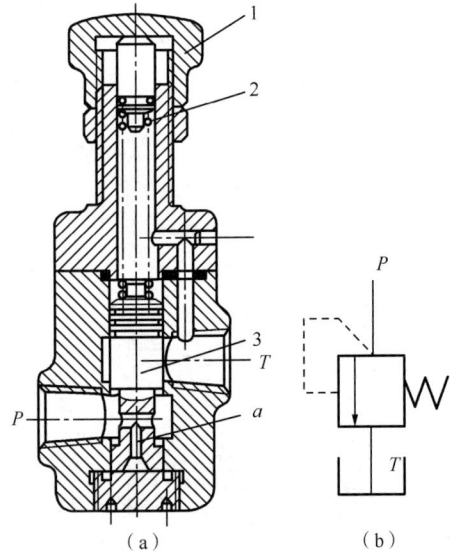

图15.23　直动式溢流阀的结构及符号

1—调节螺母;2—弹簧;3—阀芯

作用，仅用于克服摩擦力使主阀芯及时复位，该弹簧又称稳压弹簧。

当系统压力油从进油口进入主阀芯下腔时，压力油经主阀芯大直径圆柱上的阻尼孔 5 进入主阀芯上腔，再经过通道进入先导阀右腔，作用在先导锥阀 1 右端。由于先导阀关闭，此时主阀芯上腔与下腔间压力相等。

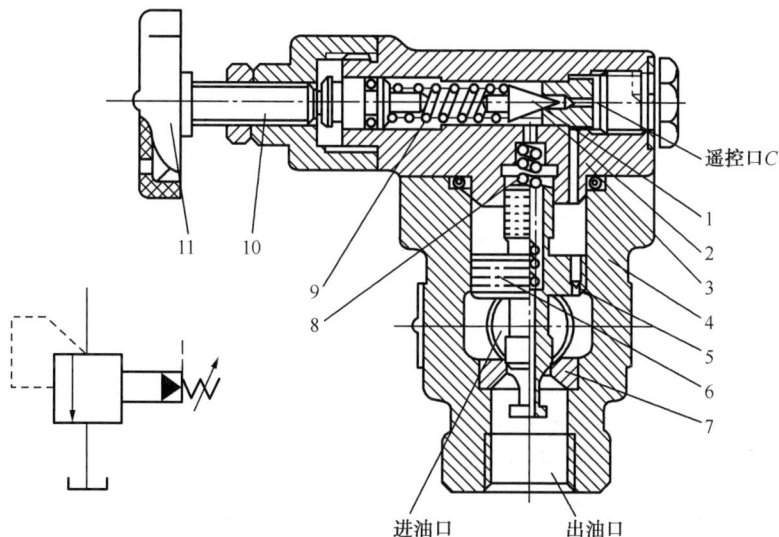

图 15.24　YF 形先导式溢流阀的结构及符号

1—先导锥阀；2—先导阀座；3—阀盖；4—阀体；5—阻尼孔；6—主阀芯；7—主阀座；

8—主阀稳压弹簧；9—调压弹簧（先导阀弹簧）；10—调节螺钉；11—调压手轮

当系统压力低于先导阀的调定压力时，先导阀芯闭合，主阀芯在主阀稳压弹簧 8 的作用下紧压在主阀座 7 上。将溢流口封闭。当系统压力升高，压力油在先导锥阀 1 上的作用力大于先导阀的调定压力时，先导阀被打开，主阀上腔的压力油经先导阀开口、主阀芯的中心孔到出油口而流回油箱。这时由于主阀芯上阻尼孔 5 的作用而产生了压力降，使主阀芯上部的压力 p_1 小于下部的压力 p。当此压力差对阀芯所形成的作用力超过弹簧力 F_s 时，阀芯被抬起，进油腔和回油腔相通，实现了溢流作用。调压手轮 11 可调节调压弹簧 9 的压紧力，从而调定了液压系统的压力。

（3）溢流阀的应用。

① 作为溢流阀用。如图 15.25（a）所示，在采用定量泵节流调速的液压系统中，溢流阀可使泵多余的油液溢回油箱，从而使系统的压力基本保持恒定。

② 作为安全阀用。如图 15.25（b）所示为变量泵的液压系统，用溢流阀限制系统压力不超过最大允许值，以防止系统过载。正常情况下阀口关闭，当系统超载时阀口打开，压力油经阀返回油箱。

③ 作为背压阀用。如图 15.25（c）所示液压系统中，将溢流阀串联在回油路上，可以产生背压，使运动部件运动平稳。此时宜选用直动式低压溢流阀。

④ 作为卸荷阀用。用换向阀将溢流阀的遥控口（卸荷口）和油箱连接，可使油路卸荷（相当于电磁溢流阀）。

2. 顺序阀

顺序阀是以压力为控制信号以实现油路的自动接通或断开的液压阀。其结构和工作原理与溢流阀相似。顺序阀可以控制执行元件按设计顺序动作。

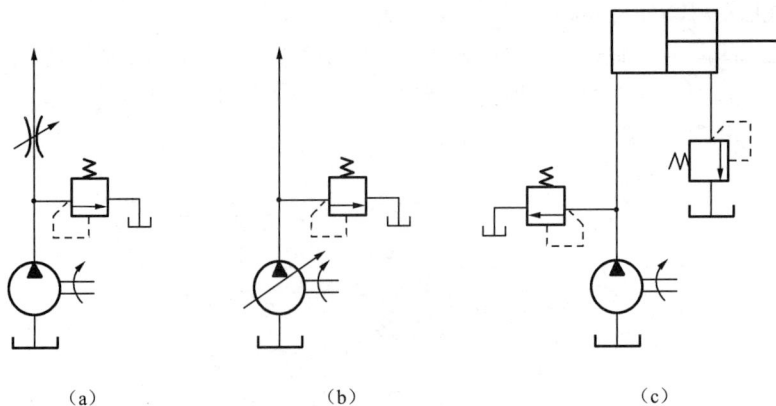

图 15.25　溢流阀的应用

　　顺序阀按其调压方式不同，可分为直控式顺序阀和液控式顺序阀。前者直接利用阀的进口压力控制阀的启闭，也简称为顺序阀；后者利用外来的压力油控制阀的启闭，也称为外控顺序阀。按其结构不同，又可分为直动式顺序阀和先导式顺序阀。

　　如图 15.26 所示为先导式顺序阀结构原理及图形符号。该阀由主阀与先导阀组成。压力油从进油口 P_1 进入，经通道 a 进入先导阀下端，经阻尼孔和先导阀后由外泄漏口 L 流回油箱。当进口压力低于调定压力时，先导阀关闭，主阀芯两端压力相等，复位弹簧将阀芯推向下端，顺序阀关闭；当压力达到调定值时，先导阀打开，压力油经过阻尼孔时产生压力损失，在主阀芯两端形成压差，此压力差大于弹簧力，使主阀芯抬起，顺序阀打开。调整弹簧的预紧力，即能调节打开顺序阀所需的压力。

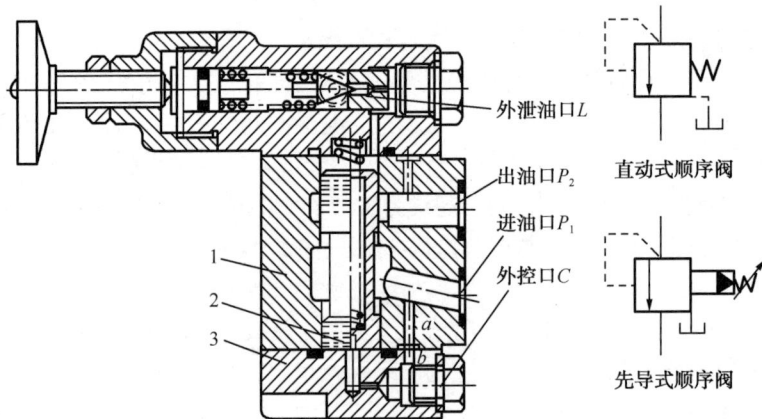

图 15.26　先导式顺序阀结构原理及符号

1—阀体；2—阻尼孔；3—阀盖

　　由此可见，顺序阀与溢流阀虽外形与结构很相似，但在功能上区别较大：溢流阀有自动恒压调节作用，其出口接油箱，而顺序阀只有开启和关闭两种状态，其出口接下一级液压元件；溢流阀采取内泄漏，顺序阀一般为外泄漏；溢流阀打开时阀处于半打开状态，主阀芯开口处节流作用强，顺序阀打开时阀芯处于全打开状态，主通道节流作用弱，其出口油路的压力由负载决定。

　　顺序阀常用于实现执行元件的顺序动作，其中内控式顺序阀用在系统中作为平衡阀或背压阀，串联在垂直运动的执行元件上，用于平衡执行元件以及所带运动部件的重力；外控式顺序阀一般用做卸荷阀。先导式顺序阀也可与单向阀组成单向顺序阀。

3．减压阀

（1）结构及工作原理。减压阀是用来降低系统某部分支路压力的压力控制阀。它利用液流流过缝隙产生压降的原理，使出口压力低于进口压力。它分为定值减压阀（又称定压减压阀）、定差减压阀和定比减压阀，其中定值减压阀应用最广。

定值减压阀简称减压阀，能保持出口压力近似恒定，又分为直动式和先导式，其中后者应用较广。如图 15.27 所示是一种常用的先导式减压阀结构原理图和图形符号。它也由先导阀和主阀两部分组成，由先导阀调压，主阀减压。压力为 p_1 的压力油从进油口流入，经节流口减压后压力降为 p_2 并从出油口流出。出油口油液通过小孔流入阀芯底部，并通过阻尼孔 9 流入阀芯上腔，作用在调压锥阀 3 上。当出口压力小于调压锥阀的调定压力时，锥阀 3 关闭。由于阻尼孔中没有油液流动，所以主阀芯上、下两端的油压相等。这时主阀芯在主阀弹簧作用下处于最下端位置，减压口全部打开，减压阀不起减压作用。当出油口的压力超过调压弹簧的调定压力时，锥阀被打开，出油口的油液经阻尼孔到主阀芯上腔的先导阀阀口，再经泄油口流回油箱。因阻尼孔的降压作用，主阀上腔压力 $p_3 < p_2$，主阀芯在上下两端压力差的作用下，克服上端弹簧力向上移动，主阀阀口（减压口）减小，节流作用增大，使出口压力 p_2 低于进口压力 p_1，并保持在调定值上。调节调压弹簧的预紧力即可调节阀的出口压力。

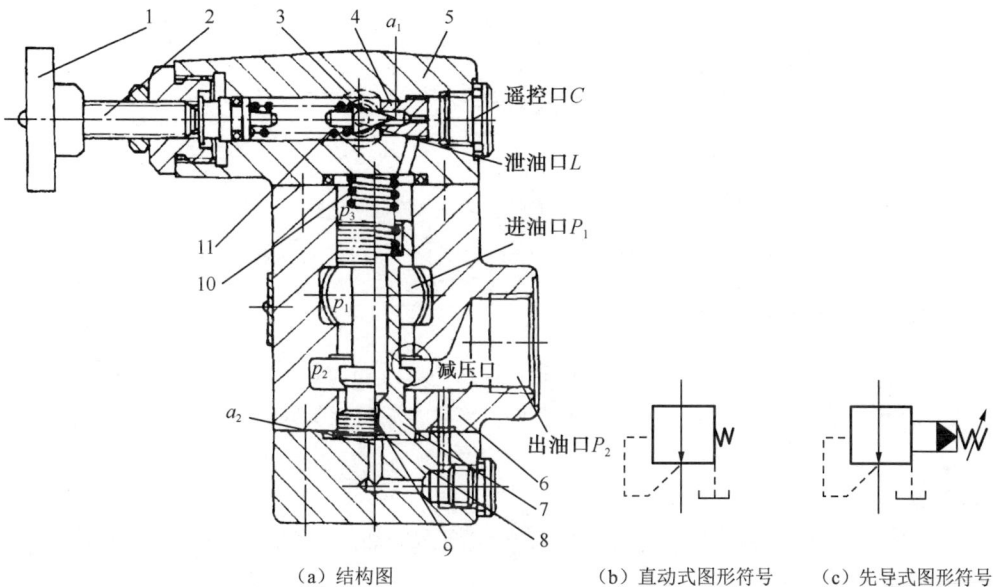

图 15.27　先导减压阀结构原理及符号

1—调压手轮；2—调节螺钉；3—锥阀；4—锥阀座；5—阀盖；6—阀体；

7—主阀芯；8—端盖；9—阻尼孔；10—主阀弹簧；11—调压弹簧

比较减压阀和溢流阀可知，两者的结构相似，调节原理也相似，其主要差别在于：

① 减压阀为出口压力控制，保证出口压力为定值；溢流阀为进口压力控制，保证进口压力恒定。

② 常态时减压阀阀口常开，溢流阀阀口常闭。

③ 减压阀串联在系统中，其出口油液通执行元件，因此泄漏油需单独引回油箱（外泄）；溢流阀的出口直接接油箱，它是并联在系统中的，因此其泄漏油引至出口（内泄）。

（2）减压阀的应用。减压阀常用于降低系统某一支路的油液压力，使该支油路的压力稳定且低于系统的调定压力，如夹紧油路、润滑油路和控制油路。必须说明的是，减压阀出口压力还与出口的负载有关，若因负载建立的压力低于调定压力，则出口压力由负载决定，此时减压阀不起减压作用。

与溢流阀相同的是，减压阀也可以在先导阀的遥控口接远程调压阀实现远程控制或多级调压。

4. 压力继电器

压力继电器是液压系统中将压力信号转换为电信号的转换装置，以便通过油压控制有关电磁开关，从而实现程序控制或安全保护。

压力继电器分为柱塞式与薄膜式，它们的原理基本相同，都是利用油压力克服弹簧力来控制开关动作。如图 15.28 所示为 HED4 型柱塞式压力继电器的结构原理图及图形符号。压力油作用在柱塞 2 上，使其顶在弹簧座 6 上。只要压力足够，大于弹簧 3 的弹性力，则推动柱塞 2、弹簧座 6 向右移动，并通过弹簧座 6 将移动传递到微动开关 5 上，使其触点闭合或断开，发出电信号。调节件 4 可调节弹簧 3 的预紧力，即可调节发出电信号时的油压值。

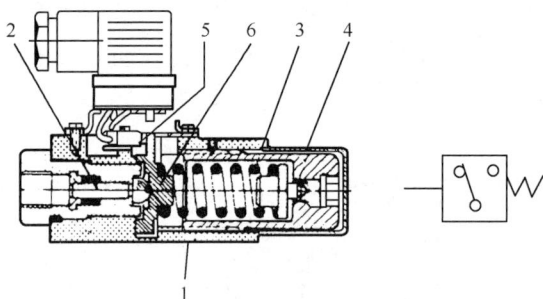

图 15.28　压力继电器的结构原理图及符号

1—壳体；2—柱塞；3—弹簧；4—调节件；5—微动开关；6—弹簧座

15.3.3　流量控制阀

流量控制阀是液压系统用于控制液体流量的阀，是靠改变控制口（过流断面）的大小来调节通过阀口的流量，从而改变执行元件的运动速度。常见的流量控制阀有节流阀、调速阀、溢流节流阀等。

1. 节流阀

如图 15.29 所示为一种典型的节流阀结构和图形符号。油液从进油口 P_1 进入，经阀芯上的三角槽节流口，从出油口 P_2 流出。若转动手柄使阀芯做轴向移动，则节流口的通流面积减小，流量减小；反之增大。节流阀结构简单，制造容易，体积小，但流量的稳定性较差，受负载和温度的变化影响较大，因此只适用于负载和温度变化不大，或速度稳定性要求较低的液压系统。

2. 调速阀

调速阀是由定差减压阀与节流阀串联而成的。定差减压阀能使节流阀阀口前、后的压力差自动保持不变，从而使通过节流阀的流量不受负载变化的影响。

如图 15.30 所示，压力为 p_1 的油液流经减压阀节流口后降为 p_2，然后经节流阀节流口流出，其压力降为 p_3。当出油压 p_3 由于负载变化而增加时，作用在阀芯左端的力 F_s 也随之增加，阀芯右移于是开口 h 增大，液阻减小使 p_2 也增大，直至阀芯在新的位置上得到平衡。反之 p_3 减小原理也一样。当进油压 p_1 增加时，开始瞬间阀芯来不及运动，减压阀液阻无变化则 p_2 增大，使阀芯失去平衡而左移，h 减小液阻增加而使 p_2 减小，故（p_2-p_3）仍保持不变。因此不管 p_1、p_3 怎样变化，由于减压阀可自动调节液流阻力使（p_2-p_3）始终不变，从而保持流量稳定。

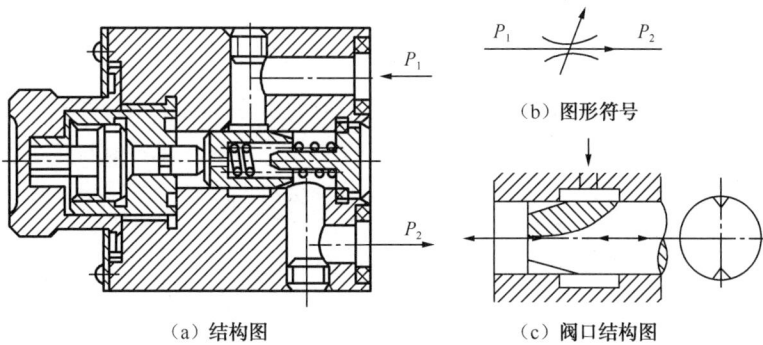

（a）结构图   （c）阀口结构图

图 15.29　节流阀结构和图形符号

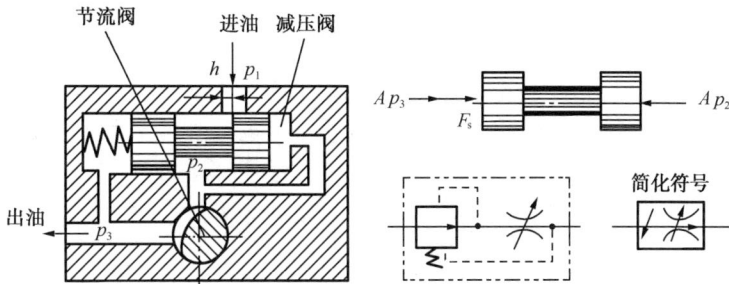

图 15.30　调速阀结构和简化符号

3. 溢流节流阀

溢流节流阀只能安装在执行元件的进油路上，由压差式溢流阀和节流阀并联而成。它也能保持节流阀前、后压差基本不变，从而稳定地控制流量。如图 15.31 所示，液压泵输出的油液压力为 p_1，进入阀后，一部分经节流阀进入执行元件（压力 p_2）；另一部分经溢流阀的溢流口流回油箱。溢流阀的 b 腔和 c 腔与节流阀进口压力相通。若负载增大即 p_2 增加，a 腔的压力也相应增加，则阀芯 3 向下移动，溢流口开度 h 减小，溢流阻力增加，泵的供油压力 p_1 也随着增大，从而使节流阀两端压差 $p＝p_1-p_2$ 基本保持不变。反之亦然。图中安全阀阀芯 2 平时关闭，只有当负载增加到使 p_2 超过安全阀弹簧的调整压力时才打开，溢流阀阀芯上腔经安全阀通油箱，阀芯向上移动而阀口开大，液压泵的油液经溢流阀全部溢回油箱，以防止系统过载。如图 15.31（b）和图 15.31（c）所示为溢流节流阀的图形符号。

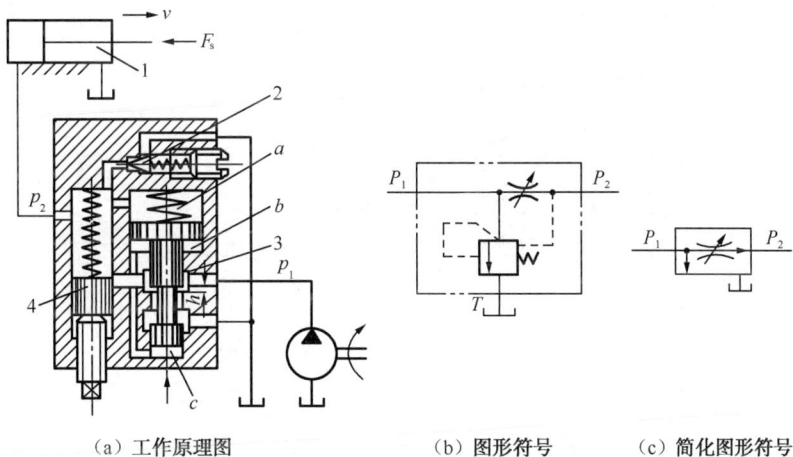

（a）工作原理图　　　　（b）图形符号　　　（c）简化图形符号

图 15.31　溢流节流阀工作原理图及符号

1—液压缸；2—安全阀阀芯；3—溢流阀阀芯；4—节流阀阀芯

15.3.4 比例控制阀

前述各种阀的特点是手动调节和开关式控制，其输出参数不可动态适时调节，这类阀不能满足自动化连续控制和远程控制的要求。而电液比例阀可以根据输入的电信号大小连续按比例地调节液压系统的压力、流量和方向，数字阀可以利用计算机对液压系统直接进行数字式控制，因此广泛应用于现代工业数控自动化系统中。

（1）电液比例压力阀。电液比例阀是在普通控制阀的基础上，用直流比例电磁铁（电磁马达）代替原有的控制部分。与普通溢流阀、减压阀、顺序阀的主阀组合，分别构成电液比例溢流阀、电液比例减压阀和电液比例顺序阀。如图 15.32 所示为电液比例压力先导阀，与普通先导压力阀的工作原理相同，只是用一个直流比例电磁铁 1 取代原有的手调装置。这样与阀芯上液压力进行比较的是比例电磁铁的电磁吸力，而不是弹簧力。弹簧 3 是传力弹簧，只起传递电磁吸力的作用。比例电磁铁电磁吸力与输入电流成比例，只要连续地按比例调节输入电流，就能连续地按比例控制锥阀的开启压力 p_s。这种阀可作为直动式压力阀使用，也可作为压力先导阀。

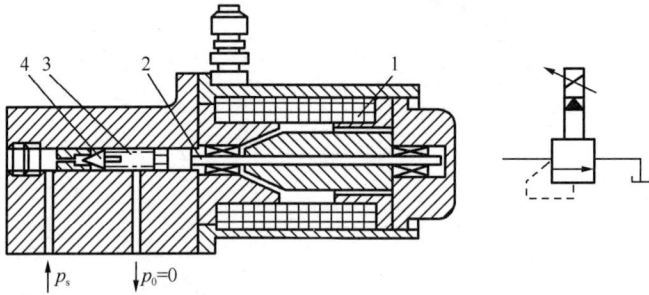

图 15.32　电液比例压力先导阀

1—比例电磁铁；2—推杆；3—传力弹簧；4—阀芯

（2）电液数字阀。电液比例阀或伺服阀只能提供连续变化的模拟信号，要用计算机控制必须进行数/模、模/数转换，这就使得设备复杂，成本增加，可靠性降低。数字阀的出现为计算机在液压领域的应用开拓了一个新的途径。

数字阀可直接响应计算机信号控制阀口的启闭，从而控制液流的压力、流量和方向。如图 15.33 所示为数字式流量控制阀。

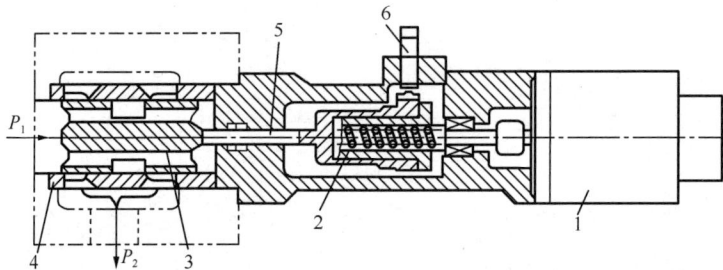

图 15.33　数字式流量控制阀

1—步进电机；2—滚珠丝杆；3—阀芯；4—阀套；5—连杆；6—传感器

计算机发出信号后，步进电机 1 转动，通过滚珠丝杆 2 将角度转化为轴向位移，带动阀芯 3 移动，开启阀口。步进电机转过一定步数，即控制阀口的一定开度。该阀有两个节流口，其中，右节流口为非圆周通流，阀口较小；左节流口为全圆周通流，阀口较大。阀芯移动首先打开小节流口，继续移动则打开大节流口，两级调节可改善小流量时的调节性能。该阀无反馈功能，为开环控制，但装有零位移传感器 6，它使得阀芯在每个控制周期结束前自动回零。这样就保证了每个周期都是在相同的零位开始，使阀的重复精度比较高。

15.4 液压辅件

液压辅件包括油管和管接头、蓄能器、滤油器、油箱和压力表、密封元件等。它们的合理设计与使用对整个液压系统的工作可靠性、经济性等性能有着重大的影响。

15.4.1 油管与管接头

1. 油管

油管是液压系统中用来输送液压油的。因此要求耐腐蚀、耐老化、质轻而价低，能够承受足够的压力并有足够的通流面积。常用的油管有钢管、铜管、橡胶管、不锈钢管、尼龙管和塑料管等。

钢管强度高、刚性好、价格低廉、耐高压、耐油耐腐蚀，但装配时弯曲比较困难，因此常用于装配方便的压力管道处。高中压系统中可采用无缝钢管，低压系统可采用焊接钢管。

紫铜管最大优点是易弯曲成形，但承压能力较低（6～10MPa），一般只用于低压与小型液压设备中。黄铜管可承高压 25MPa，但不如紫铜管易成型。铜管的缺点是价格昂贵，抗震能力较差，又易使油液氧化，所以一般只用于配接不便之处。

耐油橡胶软管可以弯曲，故可用于有相对运动的部件间的连接。它可以分为高压和低压两种。高压橡胶管可耐压 40MPa，低压软管适用于工作压力低于 10MPa 的油路。橡胶软管有吸收液压冲击、防震和装配方便等优点。

不锈钢管强度高、抗腐蚀性好。它可以用在采用特殊工作液的液压系统中。使用不锈钢管能使系统的质量相对减轻，但价格较昂贵，因此只有在特殊需要时才采用。

尼龙管耐压低（<2.5MPa），使用寿命短。但加热后易弯曲，冷却后固定成型，安装方便，一般用于低压系统及回油路。

塑料管价格便宜，装配方便，但耐压能力低，只适用于低于 0.5MPa 的回油或泄油路中。

油管安装应合理布置位置，尽量减少弯曲。尽量固定油管减少震动，回油管应入油池。

2. 管接头

管接头是油管与油管、油管与液压元件之间的可拆式连接件。它应便于加工装拆、连接牢固、密封可靠、结构紧凑、液阻小、抗震性能好、压力损失小等。

管接头的种类很多。按接头的通路数量和方向可分为直通、弯头、三通、四通等；按油管与管接头的连接方式可分为焊接式、管端扩口式、卡套式等；按接头与机体的连接方式可分为螺纹式、法兰式等；此外还有各种满足特殊用途需要的结构形式。

15.4.2 蓄能器

蓄能器是用于储存和释放液压能的装置。它可以均衡功率分配、减小压力波动。

1. 蓄能器的类型

蓄能器有重锤式、弹簧式和充气式等多种，其中最常用的是充气式中的活塞式和皮囊式。

（1）活塞式蓄能器。如图 15.34 所示，这种蓄能器由活塞 1、缸体 2 组成，活塞将气液分开。使用前经气门 3 给上腔充入压缩空气，使用时下腔油孔通压力油，推动活塞上升至平衡状态，使系统达到所要求压力。该结构简单，工作平稳可靠，安装维护方便，使用寿命长。缺点是加工要求高、有摩擦损失，有少量气液混合。主要用于蓄能，不能吸收压力脉动。常用于中高压系统。

（2）皮囊式蓄能器。如图 15.35 所示，由气阀 1、两端为球形的圆柱壳体 2、固定在壳体上端的气囊 3 组成。充气阀平时关闭，工作前向气囊内充压力气。壳体下部有菌形阀 4，在工作时，系统压力油经菌形阀进入蓄能器，当油液排空时菌形阀可以防止气囊被挤出容器之外。该蓄能器气体与油液完全隔开，质量轻、惯性小、反应灵敏、容易维护。缺点是容量小，制造困难。该蓄能器是目前应用较广的一种。

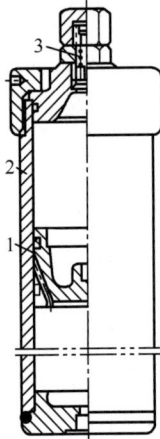

图 15.34　活塞式蓄能器

1—活塞；2—缸体；3—气门

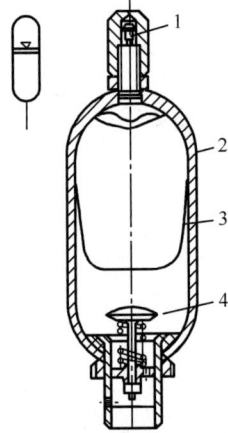

图 15.35　皮囊式蓄能器

1—气阀；2—壳体；3—气囊；4—菌形阀

2．蓄能器的安装使用

（1）皮囊式蓄能器原则上应垂直安装，油口向下，只有在空间位置受限时才考虑倾斜或水平安装；装在管路上的蓄能器，必须用支持板或支架固定。

（2）用于吸收冲击压力和脉动压力的蓄能器应尽可能安装在靠近震源处。

（3）蓄能器与管路系统之间应安装截止阀，便于充气、检修。蓄能器与油泵之间应安装单向阀，防止油泵停转或卸荷时蓄能器中的压力油倒流回油泵。

（4）蓄能器应定期检修、保养。

15.4.3　滤油器

液压设备的故障经常是由油液中的杂质造成的，因此滤油装置的配置非常必要。

1．滤油器的过滤精度

过滤精度是指过滤下来的杂质颗粒的大小 d。根据液压系统的不同要求过滤精度有四类：粗过滤器（$d \geqslant 0.1\text{mm}$），普通过滤器（$d \geqslant 0.01\text{mm}$）；精过滤器（$d \geqslant 0.005\text{mm}$）；特精过滤器（$d \geqslant 0.001\text{mm}$）。

2．常用滤油器的类型

常用的滤油器有网式、线隙式、纸芯式等多种。

（1）网式滤油器。如图 15.36 所示结构最简单，一般在金属或塑料圆筒形骨架上包一层或两层铜丝网即成。结构简单、清洗方便、过油能力强但过滤精度不高，压力损失小于 0.04MPa。一般装在液压泵的吸油口处。安装时网的底面不宜太靠近油管的吸入口，以免吸油不畅，一般油管吸入口至网底的距离为整个网高的 2/3。吸油时应使整个滤油器浸入油面以下。

（2）线隙式滤油器。滤芯是以铜丝或铝丝绕在特殊的骨架上构成的，依靠线与线之间的间隙来通油并进行过滤。线隙式滤油器可用于吸油管道中，也可以用于压力管道中。它的常见结构如图 15.37 所示。常用的线径为 0.02～0.2mm，过滤精度小于 0.1mm，额定流量下的压力损失小于 0.05MPa。这种滤油器结构简单，过滤效果好，但过滤材料强度较低，堵塞后清洗困难。

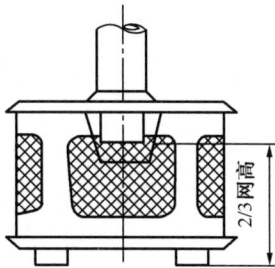

图 15.36　网式滤油器

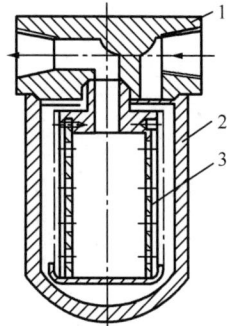

图 15.37　线隙式滤油器

1—端盖；2—壳体；3—滤芯

（3）纸芯式滤油器。滤芯部分一般采用机油微孔滤纸，纸芯内部有带孔的镀锡铁皮制成的骨架，用来增加强度，纸芯部分的构造如图 15.38 所示。为了增加过滤面积，纸芯一般制成折叠形。油液从滤芯外面进入纸芯，然后从内孔流出。纸芯滤油器的过滤精度高，但易堵塞，无法清洗，需常换纸芯，一般用做油的精过滤（$d=0.03～0.05$mm）

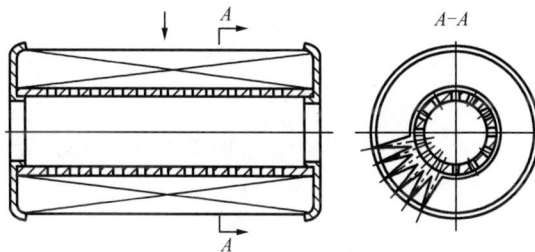

图 15.38　纸芯式滤油器

3．滤油器的安装

滤油器可以根据需要安装在液压泵的吸油路如图 15.39（a）所示、压油路如图 15.39（b）和图 15.39（c）所示，以及回油路如图 15.39（d）所示，重要元件之前也应安装。

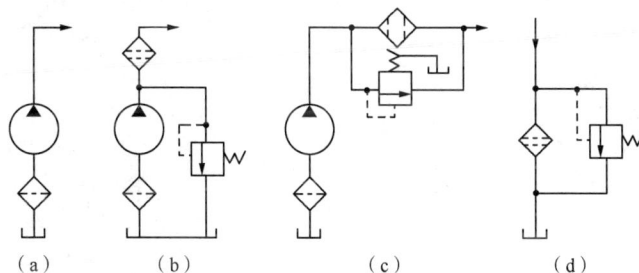

（a）　　　　（b）　　　　（c）　　　　（d）

图 15.39　滤油器的安装位置

15.4.4　油箱

1．油箱的种类与一般要求

油箱是液压系统中用来储油、散热、沉淀和过滤油中固体杂质、逸出渗入油中空气的一个重要部件。对油箱的一般要求是：有足够的容积，有足够的散热面积或散热措施，应有合理的结构，方便清洗、加油、放油等。

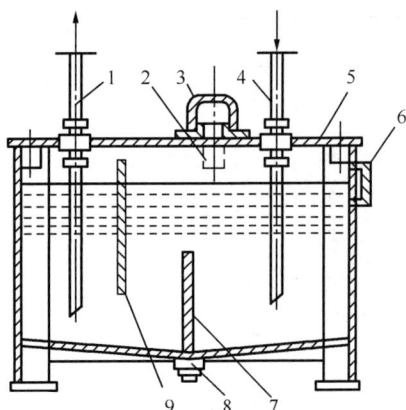

图 15.40　油箱的结构

1—吸油管；2—滤网；3—盖；4—回油管；5—上盖；
6—油位指示器；7、9—隔板；8—放油阀

2．油箱的结构

油箱一般用 3～6mm 的钢板焊接成，油箱底脚高度为 150～200mm。如图 15.40 所示为开式油箱结构简图。液压泵通过吸油管 1 吸油，液压系统的油液经回油管 4 流回油箱，隔板 7 可阻挡沉淀杂物进入吸油管，隔板 9 阻挡气泡进入吸油管；放油阀 8 供排放油箱中沉淀杂物和油液用；注油口内装有滤网 2 起滤油作用，盖 3 有通气孔使油箱与大气相通，以保证液压泵能够正常吸油；油位指示器 6 供观察油箱中油面高度使用，上盖 5 防止外界的污染。

15.4.5　压力表

液压系统各工作点的压力可通过压力表观测，以便调整和控制。压力表的种类很多，最常用的是弹簧管式压力表，其原理如图 15.41 所示。压力油进入弹簧弯管 1 时管端产生变形，通过杠杆 4 使扇形齿轮 5 摆动，扇形齿轮与小齿轮 6 啮合，小齿轮带动指针 2 旋转，从刻度盘 3 上读出压力值。压力表的精度等级以其误差占量程的百分数表示。选用压力表时，系统最高压力约为其量程的 3/4 比较合理。压力表必须直立安装，并在压力表与压力管道间设置阻尼器，以防止被测压力突然升高而将表损坏。

压力表开关用于接通或断开压力表与测量点的通路，如图 15.42 所示。它实际上是一个小型的截止阀，用于接通或切断压力表与油路的通道。压力表开关有一点、三点、六点等。多点压力表可与几个被测油路相通，以便一个压力表可检测多点压力。

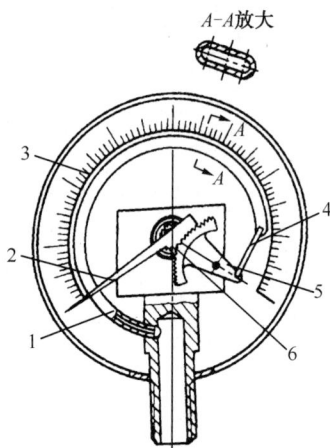

图 15.41　弹簧管式压力表

1—弹簧弯管；2—指针；3—刻度盘；4—杠杆；5—扇形齿轮；6—小齿轮

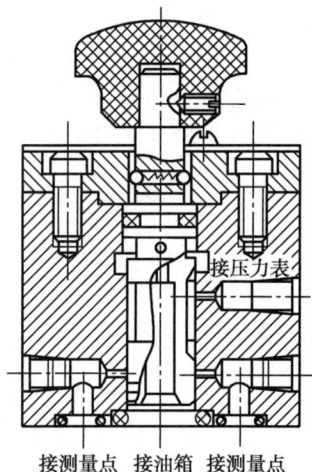

图 15.42　压力表开关

思考与练习

1. 液压泵为什么可统称为容积泵？

2. 什么是液压泵的工作压力、最高压力和额定压力？三者有何关系？

3. 何谓液压泵的排量、理论流量和实际流量？它们的关系怎样？

4. 叙述外啮合齿轮泵的工作原理。

5. 叙述双作用式叶片泵的工作原理。

6. 试说明限压式变量叶片泵的流量压力特性曲线的物理意义？曲线如何调节？

7. 某液压泵的输出油压 $p=6MPa$，排量 $V=100cm^3/r$，转速 $n=1450r/min$，容积效率 $\eta_V=0.94$，总效率 $\eta=0.9$，求泵的输出功率和电动机的驱动功率。

8. 柱塞式液压泵有哪些特点？适用于什么场合？

9. 试简述液压泵的选用方法。

10. 如果要求某设备往复运动速度相同，应采用什么类型的液压缸？

11. 液压缸有何功用？是怎样分类的？

12. 什么是液压马达的工作压力、额定压力、排量和流量？

13. 缸体与端盖是怎样连接的？

14. 液压缸中为什么要设有缓冲装置？常见的缓冲装置有哪几种？

15. 三位换向阀常用中位机能有哪几种？它们的主要特点是什么？

16. 什么是换向阀的"位"和"通"？什么是换向阀的"滑阀机能"？

17. 电液换向阀的先导阀为什么选用 Y 形中位机能？改用其他型机能是否可以？为什么？

18. 溢流阀、顺序阀、减压阀各有什么作用？它们在原理上有何异同？顺序阀能否当溢流阀用？

19. 哪些阀可以做背压阀用？单向阀作为背压阀使用时，需采取什么措施？

20. 若把先导式溢流阀的远程控制口当成泄漏口接油箱，这时液压系统会产生什么问题？

21. 若将减压阀的进出油口反接，会出现什么现象？

22. 常用油管有哪几种？它们的适用范围有何不同？

23. 常用的滤油器有哪几种？它们各适用于什么场合？

24. 蓄能器有哪些功用？

25. 油箱的功用是什么？

第16章　液压基本回路与汽车典型液压系统

液压传动的机器设备，无论它的液压系统多么复杂，总是由一些基本回路所组成的。这些基本回路具有各种功能，如调整系统的工作压力，调节执行机构的运动速度，使油泵卸荷，以及改变运动方向等。掌握这些基本回路的组成及功能，对于分析各种机器的液压系统包括汽车液压系统将大有帮助。

一般液压回路主要元件的动力传递关系如下：

电动机（或发动机）→液压泵→液压阀→液压缸（液压马达）→负载

电动机（或发动机）将机械能输入液压系统，由液压动力元件——液压泵转变为油液的压力能，通过控制元件——液压阀控制油液的流动方向、流量和压力的大小，然后传递给执行元件——液压缸或液压马达，使其具有一定的动力，按照一定的方向和速度带动负载工作，构成液压回路。

液压阀、液压泵和液压缸等互相配合构成各种基本类型的控制回路，根据作用的不同主要可分为方向控制回路、压力控制回路和速度控制回路。

另外，本章还介绍几种汽车典型液压系统。

16.1　方向控制回路

液压系统中控制执行元件的启动、停止和换向并且能在换向过程中平稳准确地制动、锁紧的回路称为方向控制回路。

1．锁紧回路

液压缸或液压马达在任意位置停止运动时，为防止因外界作用力的影响而发生漂移或窜动，可采用锁紧回路。锁紧回路一般利用单向阀、液控单向阀或 O 形、M 形换向阀来实现。

（1）换向阀锁紧回路。如图 16.1 所示，当三位换向阀处于中位时，缸的进出油路均被切断，使活塞在其行程的任意位置上锁紧。由于换向阀芯存在泄漏会产生漂移，因此执行元件锁紧时间不长，所以只适用于要求不高的场合。

（2）液控单向阀锁紧回路。如图 16.2 所示，在油缸的两条油路上，分别装有液控单向阀。当有压力油进入时，回油路单向阀被打开。但当三位四通阀处于中位或泵停止供油时，两个液控单向阀把液压缸内的液体封闭在里面使液压缸锁住。液控单向阀一般采用锥形阀，密封性能好，锁紧精度高，能保证执行元件长时间锁紧，主要用于汽车起重机的支腿油路中。

2．换向回路

液压系统运动部件的换向一般都是采用各种换向阀，其中电磁换向阀应用最广，特别是在自动化程度要求较高的液压系统中。换向回路比较简单，下面介绍几种。

（1）电磁阀换向回路。如图 16.3 所示是用限位开关控制电磁阀动作的换向回路。液压缸启动向右运动，当到限位开关 2 时，电磁铁 2YA 通电，换向阀切换到右端工作位置，压力油进入液压缸右腔，活塞向左运动，碰到限位开关 1 时，电磁铁 2YA 断电，电磁铁 1YA 通电，换向阀切换到左端的工作位置，压力油进入液压缸左腔，活塞向右运动，这样进行往复循环自动换向。

如图 16.4 所示是用压力继电器控制的电磁阀换向回路。当活塞运动到终点时，系统压力升高，达到压力继电器调定值，压力继电器发出信号，控制电磁阀换向。只是电磁阀换向阀动作快，换向时易产生冲击，故不宜用于频繁换向。

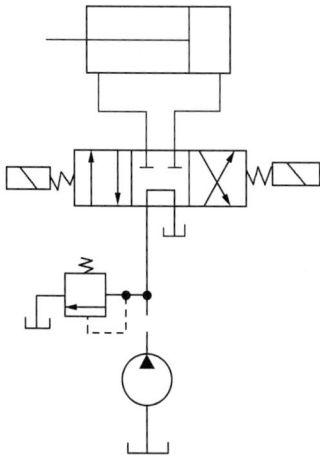

图 16.1 换向阀锁紧回路

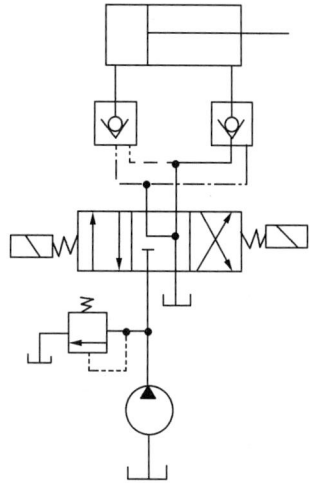

图 16.2 液控单向阀锁紧回路

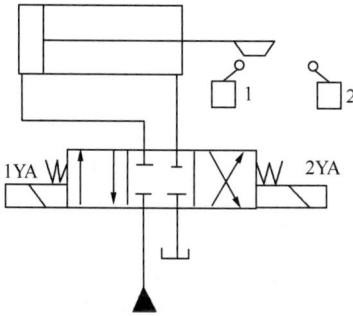

图 16.3 电磁换向阀换向回路

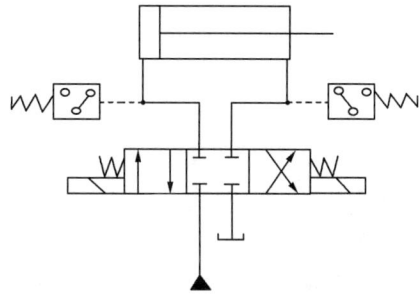

图 16.4 压力继电器控制电磁阀换向回路

（2）双向变量泵换向回路。除了采用换向阀换向外，还可以采用双向变量泵换向，如图 16.5 所示，通过改变输出压力油的流向来控制执行元件的运动方向，它换向比普通换向阀平稳，多用于大功率的液压系统中，如龙门刨床液压系统中，一般用于闭式回路。

16.2 压力控制回路

压力控制回路是利用压力控制阀来控制整个液压系统或局部回路的工作压力，实现调压、稳压、减压、增压、卸荷和多级调压等目的，以满足执行元件对力或转矩的要求。

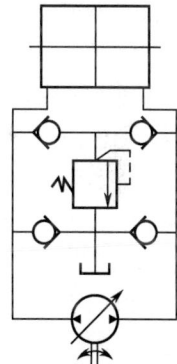

图 16.5 双向变量泵换向回路

1. 调压回路

调压回路可使液压系统整体或部分的压力保持在某一范围内。在定量泵系统中，液压泵的供油压力可以通过溢流阀来调节；在变量泵系统中，用安全阀来限定系统的最高压力，防止系统过载；当系统需要两种以上压力时，则可采用多级调压回路。

（1）单级调压回路。如图 16.6 所示，在液压泵出口处设置并联的溢流阀 1，即可组成单级调压回路，从而控制了液压系统的最高压力。

（2）远程调压回路。当系统需要随时调整压力时，可采用远程调压回路，如图 16.7 所示。将远程调压阀 2 接在先导式溢流阀 1 的远程控制口上，液压泵的压力即可由远程调压阀 2 做远程调节。这里远程调压阀 2 仅做调节系统压力用，绝大部分油液仍从主溢流阀 1 流走。应注意，主溢流阀 1 的调定压力必须大于远程调压阀 2 的调定压力。

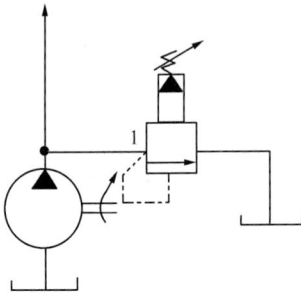

图 16.6　单级调压回路

1—主溢流阀

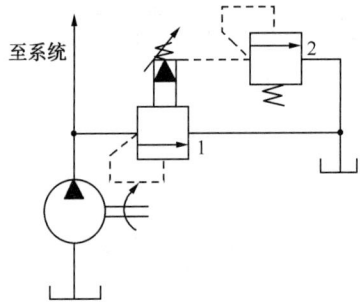

图 16.7　远程调压回路

1—主溢流阀；2—远程调压阀

（3）多级调压回路。如图 16.8 所示为三级调压回路。当系统需多级压力控制时，可将主溢流阀 1 的遥控口通过三位四通换向阀 4 分别接具有不同调定压力的调压阀 2 和 3，使系统获得三种压力调定值：换向阀左位工作时，系统压力由调压阀 2 调定；换向阀右位工作时，系统压力由调压阀 3 调定；中位时为系统的最高压力，由主溢流阀 1 来调定。

2．减压回路

某些液压系统同时需要几个不同的压力，这可以用几个泵来实现，但烦琐且不经济。因此常用一个泵再利用减压回路使系统中某一支路得到比较低的工作压力，如液压系统的控制油路常采用减压回路。最常见的减压回路是通过定值减压阀与主回路相连，如图 16.9（a）所示。泵 1 的供油压力根据主回路上负载的大小由溢流阀 2 来调节，支

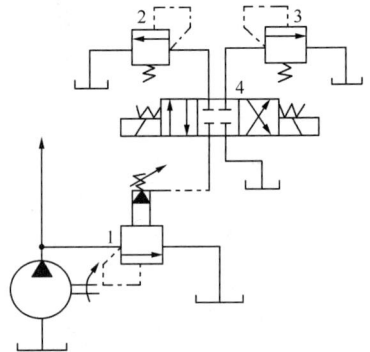

图 16.8　多级调压回路

1—主溢流阀；2、3—调压阀；
4—换向阀

路回路所需的低压油由减压阀 3 来调节。单向阀 4 的作用是在支路回路的压力低到减压阀 3 调整压力时，使支路回路和主回路隔开，实现短时间保压。

如图 16.9（b）所示为一种二级减压回路。它是在先导式减压阀 5 的远程控制口上接入电磁换向阀 3 和调压阀 2 来使减压回路获得两种预定压力。在常态下，减压阀出口处的压力由先导式减压阀 5 控制；当电磁换向阀 3 电磁铁通电时，减压阀 5 出口处的压力改由调压阀 2 所调定的较低的压力值控制。

3．卸荷回路

液压回路工作循环中，在液压系统执行机构不工作时，使液压泵在无负荷情况下运转，这就是卸荷。卸荷可以降低功率损耗，减少发热，延长泵和电机的使用寿命。常见的卸荷回路有以下几种。

（1）用三位换向阀的卸荷回路。当滑阀中位机能为 M 形、H 形或 K 形的三位换向阀处于中位时，油泵通过换向阀连通油箱，使油泵的油直接流回油箱，泵即卸荷，如图 16.10 所示。这种卸荷方法最简单，但只适用于单执行元件系统和流量较小的场合，且换向阀切换时压力冲击较大。

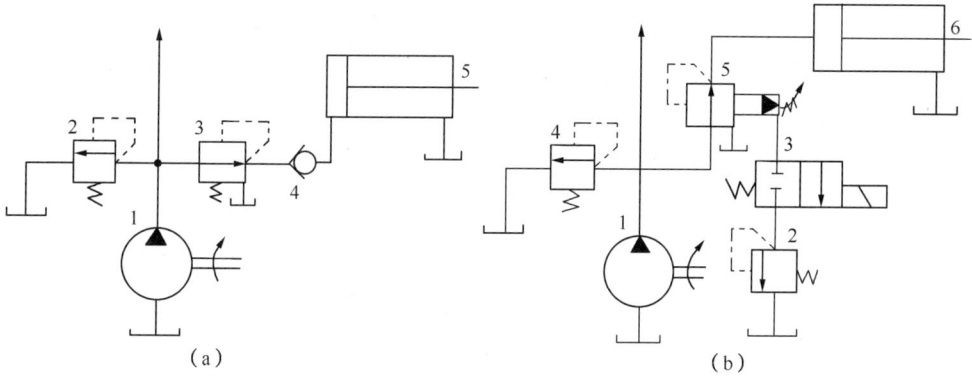

（a） （b）

图 16.9　减压回路

1—泵；2—溢流阀；3—减压阀；　　　　1—泵；2—调压阀；3—电磁换向阀；

4—单向阀；5—油缸　　　　　　　　　4—溢流阀；5—减压阀；6—油缸

（2）用二位二通滑阀的卸荷回路。如图 16.11 所示为用二位二通电磁滑阀使液压泵卸荷的回路。系统工作时滑阀通电，油路打开，泵的压力油进入系统；反之断电，油路关闭，油直接流回油箱。图中电磁阀的流量规格必须与液压泵的流量相匹配。由于受电磁铁吸力的限制，仅适用于流量小于 40L/min 的场合。

（3）用溢流阀的卸荷回路。如图 16.12 所示为用先导式溢流阀的卸荷回路。用二位二通换向阀将先导式溢流阀的遥控口和油箱接通，当电磁铁通电时，溢流阀遥控口通油箱，这时溢流阀阀口全开，泵输出的油液全部回油箱，使液压泵卸荷。在实际应用中，常采用电磁溢流阀组成卸荷回路，此时管路连接可更简便。

4．平衡回路

为了防止立式放置的液压缸或垂直运动的工作部件因自重而下滑，可以采用平衡回路。

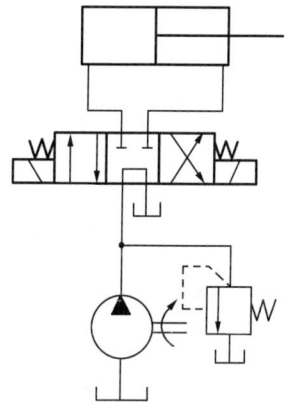

图 16.10　"M"形中位机能电磁换向阀卸荷回路

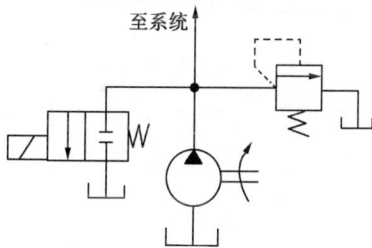

图 16.11　二位二通滑阀卸荷回路

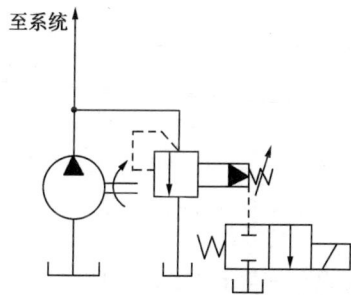

图 16.12　先导式溢流阀卸荷回路

如图 16.13（a）所示是采用单向顺序阀的平衡回路。顺序阀的开启压力要大于活塞下滑的重力，即可防止活塞下滑。这种平衡回路在活塞下行时，回油腔有一定的背压，运动平稳。但顺序阀开启压力调定后，若工作负载减小，系统的功率损失将增大。因顺序阀存在泄漏，悬停时运动部件总会缓缓下降，故对要求停位准确或停留时间较长的液压系统应采用液控单向阀平衡回路，如图 16.13（b）所示。

由于液控单向阀是锥面密封，泄漏极小，因此其闭锁性能好。回油路上串联单向节流阀 2，用于防止活塞下行时产生振动和冲击，也可控制流量，起到调速作用。

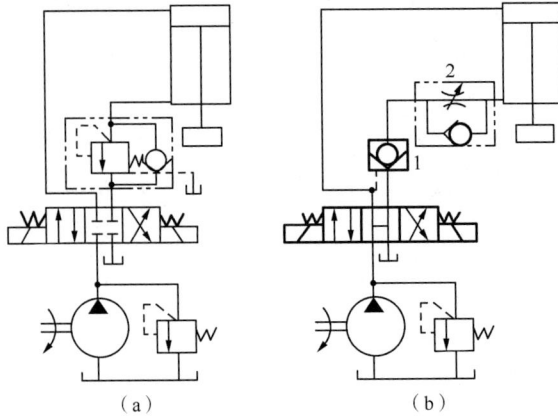

图 16.13　平衡回路

1—液控单向阀；2—单向节流阀

5. 安全回路

液压系统过载时，如不采取预防措施往往会发生破坏事故，产生不必要的损失。为了防止过载，可以采用安全措施，使系统卸荷。

（1）溢流阀安全回路。如图 16.14 所示，当液压缸下行，如顺序阀 1 发生故障没有打开，就会使液压缸下腔产生很高压力，很容易发生损坏事故，加设溢流阀 2 就可以将过载产生的高压卸荷，保证系统的安全。

（2）压力继电器安全回路。如图 16.15 所示，它的调定压力较高，当系统过载时，压力继电器才发出信号，使液压系统卸荷或使液压泵停止运转。

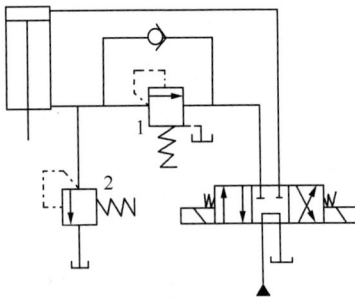

图 16.14　溢流阀安全回路

1—顺序阀；2—溢流阀

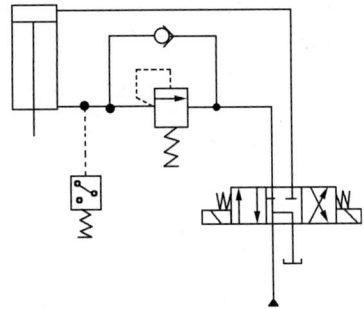

图 16.15　压力继电器安全回路

16.3　速度控制回路

速度控制回路是用来控制执行元件的运动速度。它包括调速回路、快速运动回路和速度换接回路。

1. 调速回路

调速回路是用来调节执行元件的运动速度。因为液压缸的速度 $v = q/A$、液压马达的转速 $n = q/V_m$ 可知，改变输入液压执行元件的流量 q 或液压执行元件的技术参数（液压缸的面积 A 或液压马达的排量 V_m），都可以调节液压执行元件的速度。

但是液压缸在工作中改变面积比较困难，因此，只能通过改变输入流量来调节速度；而液压马达既可以通过改变输入流量又可以通过改变其排量来实现调速。按此方式，调速回路可分为节流调速、容积调速和容积节流调速三类。

（1）节流调速回路。节流调速回路是利用流量阀控制流入或流出液压执行元件的流量来实现对执行元件速度的调节。根据流量阀在回路中的位置不同，节流调速回路可分为进口节流调速、出口节流调速和旁路节流调速三种基本回路，如图 16.16 所示。

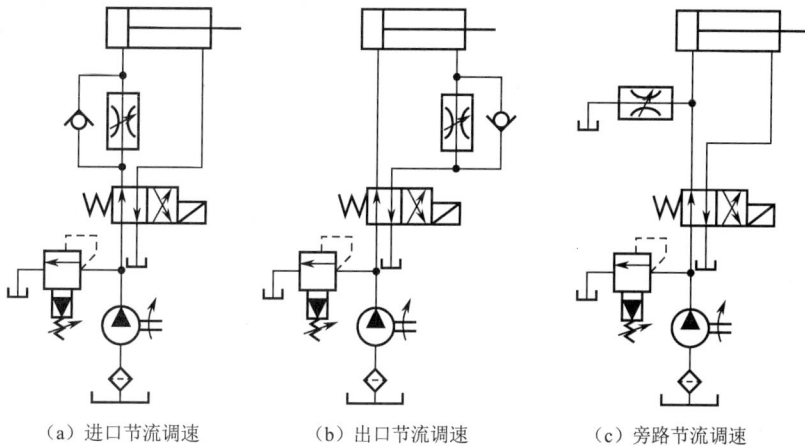

（a）进口节流调速　　　　（b）出口节流调速　　　　（c）旁路节流调速

图 16.16　三种节流调速回路

进口节流调速回路如图 16.16（a）所示，该回路是把流量阀安装在液压缸进口油路上，调节流量阀阀口的大小，便可以控制进入液压缸的流量，从而达到调速的目的。来自定量液压泵多余的流量经溢流阀返回油箱，液压泵始终是在溢流阀的设定压力下工作。

出口节流调速回路如图 16.16（b）所示，该回路是把流量阀安装在液压缸出口油路上，调节流量阀阀口的大小，便可以控制流出液压缸的流量，也就是控制了进入液压缸的流量，从而达到调速的目的。来自液压泵的供油流量中，除了液压缸所需流量外，多余的流量经溢流阀返回油箱。所以，出口节流调速和进口节流调速回路一样，液压泵始终是在溢流阀的设定压力下工作。出口节流调速回路是调节从执行元件流出的流量，所以不仅适合于正值负载而且也适合于负值负载，同时还能用于低速控制场合，但是回路效率低。执行元件进口侧压力为溢流阀的设定压力，执行元件出口压力（背压）随负载的变化而变化，如果负载很小或为负值负载时，执行元件出口压力有时比液压泵的输出压力还要高，对此应给予重视。

旁路节流调速回路如图 16.16（c）所示，该回路是把流量阀安装在与执行元件并联的支路上，用流量阀调节流回油箱的流量，从而调节进入液压缸的流量，达到节流调速的目的。回路中的溢流阀作为安全阀使用，起过载保护作用。正常工作时溢流阀关闭，液压泵输出油压随负载变化，回路效率高。一般液压泵输出油压低于溢流阀的设定压力，而且流量控制阀也可选较小容量的阀。但是液压泵的供油流量发生变化时，执行元件的速度受影响。由于无背压，不宜用在负值负载的场合，旁路节流调速回路可用于负载变化较小而且速度较高的场合。

上述三种节流调速回路均可用节流阀代替调速阀。但是，当负载变化时速度的稳定性会受到影响，故速度负载特性较差，一般用于负载变化不大的液压系统中。

（2）容积调速回路。节流调速回路存在着节流和溢流损失，回路效率低、发热量大，只适用于小功率调速系统。容积调速回路中液压泵输出的液压油全部直接进入液压缸或液压马达，故无溢流和节流损失，且液压泵的工作压力随负载的变化而变化，所以这种回路效率高，发热量小，多用于矿山机械、农业机械和大型机床等大功率液压系统中。

容积调速回路是指通过改变液压泵或液压马达的排量来实现调速的。容积调速回路通常可分为三种形式：变量泵和定量马达容积调速回路，定量泵和变量马达容积调速回路，变量泵和变量马达容积调速回路。

① 变量泵—定量马达容积调速回路。如图 16.17 所示，这里液压泵的转速 n_p 和液压马达的排量 V_m 视为常量，改变马达的排量 V_p 可使马达转速 n_m 和输出功率 P_m 与 V_p 成正比变化。马达的输出转矩 T_m 和回路的工作压力 Δp 取决于负载转矩，不会因调速而发生变化，所以这种回路常被称为恒转矩调速回路。

② 定量泵-变量马达容积调速回路。如图 16.18 所示，这里液压泵的转速 n_p 和排量 V_p 都是常量，当负载功率恒定时，改变液压马达的排量 V_m，可使输出转矩与 V_m 成正比，马达转速 n_m 与 V_m 成反比，马达的输出功率 P_m 和回路的工作压力 p 都恒定不变。所以这种回路称为恒功率调速回路。

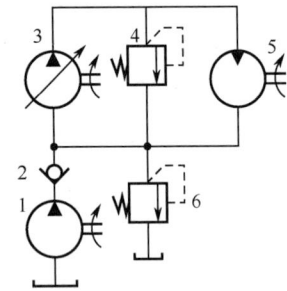

图 16.17　变量泵—定量马达容积调速回路

1—辅助泵；2—单向阀；3—主泵；

4—安全阀；5—马达；6—溢流阀

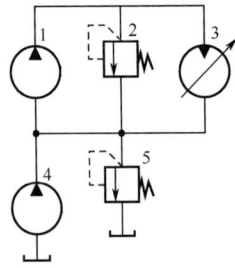

图 16.18　定量泵—变量马达容积调速回路

1—泵；2，5—溢流阀；

3—变量马达；4—补油泵

③ 变量泵-变量马达容积调速回路

如图 16.19 所示，调节双向变量泵或变量马达的排量均可改变马达的转速。

第一阶段，保持马达排量最大不变，通过调节变量泵的排量来调节马达转速，即恒转矩调速；第二阶段，保持泵排量最大不变，通过调节马达的排量来调节马达转速，即恒功率调速。此调速回路的调速范围大。

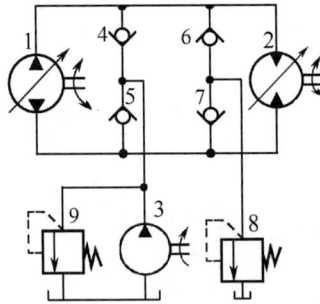

图 16.19　变量泵-变量马达容积调速回路

1—双向变量泵；2—双向定量马达；3—辅助泵；4,4,6,7—单向阀；8,9—溢流阀

（3）容积节流调速回路。容积节流调速回路是利用变量液压泵和调速阀的组合来调节执行元件的速度，其特点是变量液压泵的供油量能自动接受流量阀调节并与之吻合，无溢流损失，效率高。

同时，变量液压泵的泄漏由于压力反馈作用而得到补偿，进入执行元件的流量由调速阀控制、故速度稳定性比容积式调速好，因此适用于要求速度稳定、效率高的液压系统。

如图 16.20 所示为机床上常用的限压式变量液压泵的容积节流调速回路。该回路由限压式变量液压泵 1、调速阀 2 和液压缸等元件组成。对单杆液压缸而言，为获得更低的稳定速度，调速阀装在进油路上，调节调速阀节流口的大小，便可改变进入液压缸的流量，实现液压缸工作速度的调节。空载时，液压泵以最大流量进入液压缸使其快进。进入工进时，电磁换向阀 3 通电，左位进入工作状态，使其所在油路断开，使液压泵输出的压力油经过调速阀 2 进入液压缸，液压缸的运动速度由调速阀来控制。变量液压泵的输出流量 q_p 和液压缸所需的流量 q_1 能自适应。若 $q_p > q_1$ 时，泵的出油口压力便上升，通过压力反馈作用，使泵的流量自动减小，直到 $q_p = q_1$ 为止。工进结束后，压力继电器 5 发出信号，使电磁换向阀 3 和电磁换向阀 4 都处于右位，调速阀再次被短接，液压缸实现快退。

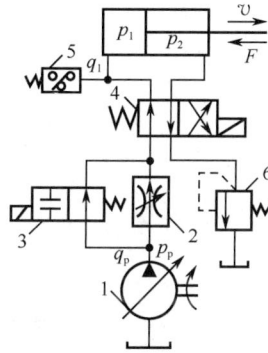

图 16.20　容积节流调速回路

1—液压泵；2—调速阀；3—电磁换向阀；4—电磁换向阀；5—压力继电器；6—溢流阀

2. 快速运动回路

快速运动回路的功能在于使执行元件获得尽可能大的工作速度，以提高生产率或充分利用功率。一般采用差动缸或双泵供油来实现。

（1）液压缸差动连接快速运动回路。如图 16.21 所示的换向阀处于原位时，液压缸有杆腔的回油和液压泵供油合在一起进入液压缸无杆腔，使活塞快速向右运动。

（2）双泵供油快速运动回路。如图 16.22 所示，低压大流量泵 1 和高压小流量泵 2 组成的双联泵作动力源。外控顺序阀 3（卸载阀）和溢流阀 5 分别限制双泵供油和小流量泵供油时系统的最高工作压力。电磁换向阀 6 处于图示位置，系统压力低于卸载阀 3 调定压力时，两个泵同时向系统供油，活塞快速向右运动；换向阀 6 处于右位，系统压力达到或超过卸载阀 3 的调定压力，大流量泵 1 通过阀 3 卸载，单向阀 4 自动关闭，只有小流量泵向系统供油，活塞慢速向右运动。大流量泵 1 卸载减少了动力消耗，回路效率较高。

3. 速度换接回路

速度换接回路用于执行元件实现速度的切换，因切换前后速度的不同，有快速—慢速、慢速—慢速的换接。这种回路应该具有较高的换接平稳性和换接精度。

（1）快、慢速换接回路。用行程阀（或电磁阀）的速度换接回路如图 16.23 所示，换向阀处于图示位置，液压缸活塞快进到预定位置，活塞杆上挡块压下行程阀 1，行程阀关闭，液压缸右腔油液必须通过节流阀 2 才能流回油箱，活塞运动转为慢速工进。换向阀左位接入回路时，压力油经单向阀 3 进入液压缸右腔，活塞快速向左返回。

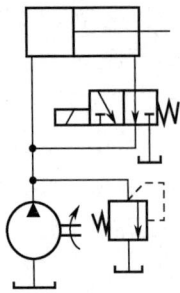

图 16.21 液压缸差动连接快速运动回路

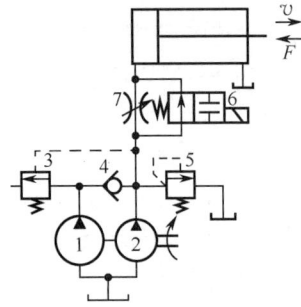

图 16.22 双泵供油快速运动回路

1—低压大流量泵；2—高压小流量泵；3—外控顺序阀；

4—单向阀；5—溢流阀；6—电磁换向阀

（2）两种慢速的换接回路。某些机床要求工作行程有两种进给速度，一般第一进给速度大于第二进给速度，为实现两次工进速度，常用两个调速阀串联或并联在油路中，用换向阀进行切换。图 16.24（a）为两个调速阀串联来实现两次进给速度的换接回路，它只能用于第二进给速度小于第一进给速度的场合。图 16.24（b）为两个调速阀并联来实现两次进给速度的换接回路，这里两个进给速度可以分别调整，互不影响。

执行元件还可以通过电液比例流量阀来实现速度的无级变换，切换过程平稳。

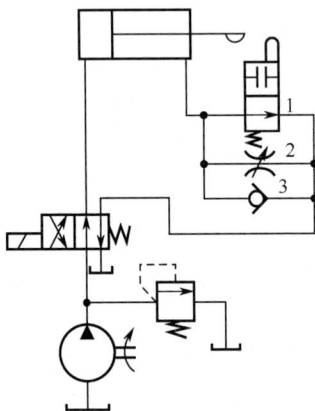

图 16.23 用行程阀（或电磁阀）的速度换接回路

1—行程阀；2—节流阀；3—单向阀

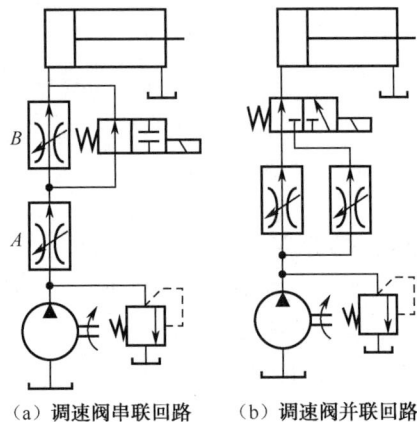

（a）调速阀串联回路　（b）调速阀并联回路

图 16.24 两种慢速的换接回路

16.4 汽车典型液压系统

汽车液压系统是根据汽车的工作要求，选用合适的液压基本回路构成的。

16.4.1 汽车液压转向系统

转向系统的功能是保持汽车稳定的直线行驶和根据需要改变行驶方向。为保证行车安全，重型汽车、大型客车、越野车普遍采用动力转向装置。高速轿车为使驾驶更加舒适、安全，也采用助力转向。动力转向可分为液压式和气动式，其中前者结构紧凑、工作灵敏度较高而应用广泛。

1. 对动力转向的要求

（1）安全可靠。应保证汽车在行驶或原地转向时灵活自如，助力系统应有足够的助力作用。

如万一转向泵失效，应能够用机械系统手动操纵汽车转向。

（2）转向灵敏。转向系统应响应及时，转向滞后时间要短。

（3）要有"路感"。转向时随着车速和路面上的阻力应给驾驶员适当的手感并能成比例地反应到方向盘上。

（4）自动回正能力。转向后易于自动回正，以保证汽车直线行驶的稳定性。

2．助力转向液压系统

如图 16.25 所示，当汽车直线行驶或等半径转向行驶时，方向盘 6 不动。转向控制滑阀 15 在定位弹簧张力作用下保持中位，液压缸 7 的两腔均与回油路相通，液压缸活塞处于平衡状态，对转向节臂不施加作用力，不起助力作用。

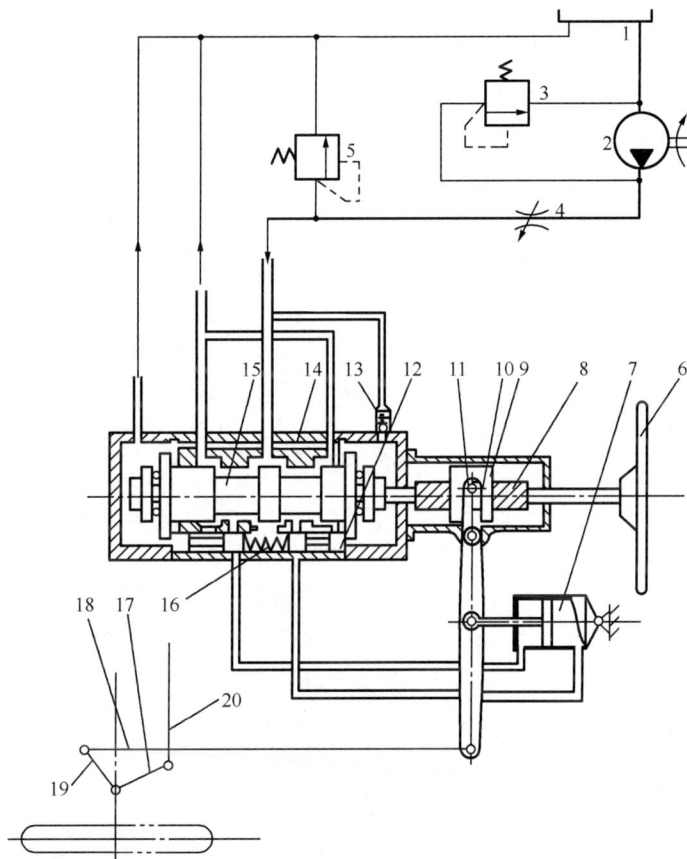

图 16.25　动力转向液压系统示意图

1—油箱；2—液压泵；3—溢流阀；4—节流阀；5—安全阀；6—方向盘；7—液压缸；8—螺杆；9—螺母；

10—摇臂；11—摇臂轴；12—反作用柱塞；13—单向阀；14—阀体；15—滑阀；16—回位弹簧；

17—梯形臂；18—直拉杆；19—转向节臂；20—横拉杆

左转方向盘 6，螺杆 8 随之向左转动。因转向螺母经过转向节臂、直拉杆等与车轮相连，开始由于车轮偏转阻力较大螺母 9 暂不动，因此螺母对螺杆产生一个向左的轴向反作用力，迫使滑阀 15 相对阀体 14 向左移动，改变油路通道。这时从泵来的压力油只经转向控制阀进入液压缸 7 的右腔，推动活塞向左移动，通过转向摇臂 10、直拉杆 18、转向节臂 19、梯形臂 17、横拉杆 20 使车轮左转，实现助力转向。同理，当向右转方向盘时，滑阀 15 右移，从泵来的压力油经控制阀进入液压缸 7 的左腔，活塞右移，通过机械装置作用使车轮右转。放松方向盘，滑阀在中位弹簧的作用下恢复到中间位置,助力作用消失。

泵由发动机带动,若泵转数增高时,流过节流阀 4 的阻力增加,节流阀上游压力增加,可使溢流阀 3 打开,泵出口的油可经溢流阀 3 回油箱。若因负载加大,节流阀 4 下游压力增加时,安全阀 5 打开限制了系统压力的进一步升高。

当转向液压泵出故障不能向系统供油时,这时进油道压力低、回油道压力高,压力差使单向阀 13 打开从而使进油道、回油道相通,以便减少液压油的阻力,从而可实现手动强行转向。

16.4.2 汽车液压制动系统

汽车制动系统的作用就是按驾驶员意图减速或停车。驾驶员踩制动踏板,通过传动装置将力放大后传至制动器,推动制动蹄片产生摩擦力矩,从而产生制动作用使车轮停转。

制动系统工作的可靠性很大程度上取决于传动装置的结构与性能。现代汽车的制动传动装置有液压式、气压式和气—液联合式三种。液压式最简单,但制动力不大,故原则上适用于自重小于 5 吨的小汽车。气压式则需要空压机等辅助设备,比较复杂,但制动力较大,适用于重型汽车。气—液联合式介于两者之间。

除此之外,液压式还有下列优点:介质压力高,可达(8~9)MPa(气压式一般不超过 1MPa),故结构紧凑;因液体不可压缩,故压力建立快,动作灵敏;不需要特别的润滑装置。但它也有缺点:散热效果较差;对制动液的沸点、凝点、黏温特性等要求较严。

现代汽车上多采用双回路的液压制动系统,即系统由前、后轮两个独立的封闭回路组成。若一个回路发生故障或漏油,另一回路仍能继续发挥作用,这就大大提高了汽车制动的可靠性和行驶的安全性。这种系统主缸分为两部分(称为双腔主缸),各管一个回路,两回路互不相通。双腔主缸又分为串列式和并列式两种。

如图 16.26 所示是一种串列式双腔主缸的结构示意图。主缸内的前后两个活塞 1、2 将主缸分隔成两个储液腔 9(即活塞周围的环形空间)和两个工作腔 10(内有回位弹簧)。在缸壁上有两个较大的旁通孔 7 和两个较小的补偿孔 8。主缸处于非工作状态时,大孔、小孔、储液腔和工作腔与主缸制动液杯相通,使系统任何部分的渗漏损失能及时从制动液杯得到补偿。

正常制动时,推杆推动后活塞,后活塞前腔的工作液再推动前活塞,直到皮碗唇部盖住补偿孔 8 之后,两个工作腔均被封住,前、后轮两系统基本上在等压力下制动。放松踏板时,前、后活塞在各自回位弹簧的作用下复位,制动液从轮缸流回主缸,压力下降、制动解除。

如迅速放开制动踏板,前、后活塞也随之迅速复位。但制动液由于本身黏性及管路阻力的影响,不能及时流回主缸,这就在两工作腔内形成一定的负压,制动液杯中的制动液便从补偿孔 8 进入工作腔,以保证需连续制动时的需要。若后制动回路失效,活塞 1 向左移动直到和活塞 2 的左端面接触,前活塞工作腔 12 中的压力上升,完成前轮制动。若前制动回路失效,则活塞 2 右移直到右端和缸体端盖接触,工作腔 10 中的压力增高,完成后轮制动。

前、后轮制动压力对汽车的制动性能有很大影响。如制动力矩过大,车轮就会停止转动而由于惯性仍在向前滑移,称为车轮"抱死"现象。这会大大降低制动效果并使汽车偏向、侧翻引发事故,应尽量避免,这时可利用下面介绍的汽车防抱死制动装置。研究表明,后轮先抱死的可能性最大,危害性也最大。因此,应防止后轮先抱死而至少使前、后轮同时抱死。

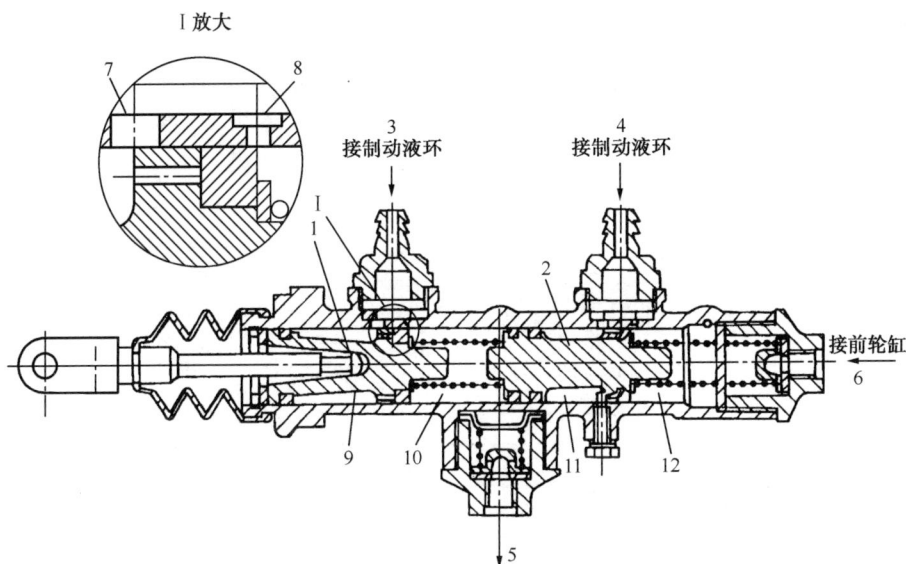

图 16.26　串列式双腔主缸结构图

1—后活塞；2—前活塞；3、4—油口（均接制动油液杯）；5—油口（接后轮缸）；6—油口（接前轮缸）；

7—旁通孔；8—补偿孔；9—后活塞储油腔；10—后活塞工作腔；11—前活塞储液腔；12—前活塞工作腔

16.4.3　汽车防抱死制动装置

汽车防抱死装置分后二轮控制方式与四轮控制方式。后二轮控制方式可预防急刹车时后轮抱死所引起的车辆偏向，保证车辆的稳定性。四轮控制方式同时控制四轮，在保证车辆的稳定性同时还可保证转向性。

如图 16.27 所示是典型的汽车四轮控制防滑制动装置示意图。该防抱死装置为前轮左右分别控制、后轮同时控制，带诊断和安全功能。其驱动源为动力转向泵，执行器为 4 个电磁阀，速度传感器在左、右前轮与后轮（传动系输出轴）共计设置 3 个，由 8 位微机收集、处理、计算、控制制动装置的运行。

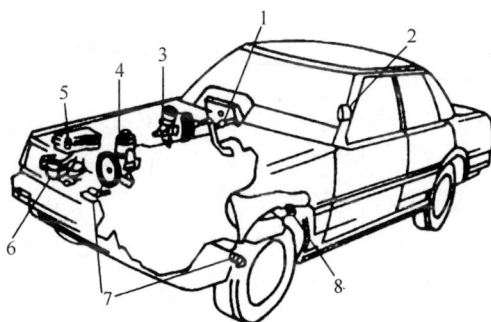

图 16.27　汽车防滑制动装置示意图

1—防滑制动装置计算机；2—停车尾灯开关；3—制动总泵；4—动力转向叶片泵；

5—主继电器；6—执行器；7—前车速传感器；8—后车速传感器

如图 16.28 所示，正常运行时装置不工作。当踏下制动踏板，制动总泵油压升高，使调节活塞左移，其左腔的油压升高，系统的油路被节流。减压活塞和旁通活塞即使其右腔作用的制动总泵的油液压力升高，于是各活塞左腔作用的动力转向油液压力也升高，因而被压靠在右侧。所以，

制动总泵的油压经 Ⅰ—Ⅱ—Ⅲ—Ⅳ 而分别作用于车辆各个制动分泵上。

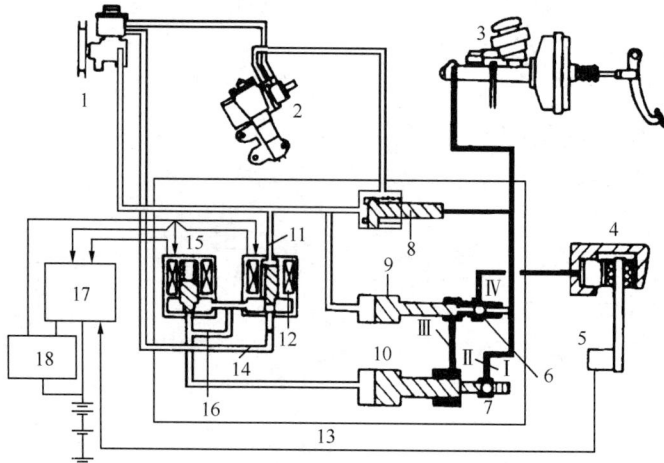

图 16.28　防滑制动装置系统图

1—动力转向叶片泵；2—动力转向器；3—制动总泵；4—车轮制动分泵；5—速度传感器；6—切断阀 B；

7—切断阀 A；8—调节活塞；9—旁通活塞；10—减压活塞；11—节流孔 A；12—主电磁阀；13—执行器；

14—节流孔 C；15—副电磁阀；16—节流孔 B；17—防滑制动装置计算机；18—主继电器

　　紧急制动时，计算机根据三个传感器分别测出右前轮、左前轮及后轮的车轮速度。如果车轮速度大大落后于车速，计算机就向执行器上的电磁铁发出信号，及时、准确地控制各个车轮分泵的油压，防止车轮抱死。

　　当主电磁阀通电时，减压活塞的左腔与调节活塞腔的油路被切断，同时与动力转向油箱的油路接通大气。由于减压活塞右腔油压高，活塞移向左方，关闭切断阀 A，切断制动总泵与车轮制动分泵的油路。如"减压"信号继续存在，则减压活塞继续左移，将左腔的油液经节流孔 B、C 排向动力转向油箱，因此车轮制动分泵与切断阀 A 间的容积增加，车轮制动分泵的油压相应地缓慢下降，这就是缓减压模式。

　　当主电磁阀通电时如果副电磁阀也通电，则情况变成减压活塞左腔的油液仅经节流孔 C 快速排出。因此，车轮制动分泵的减压速度提高，这就是急减压模式。

　　如继续减压，车轮的转速将恢复到车速，计算机经检测、判断后发出"增压"指令。

　　控制方式的选择是计算机由三个车速传感器信号算出车轮平均速度，作为判定抱死前兆的基准。设与平均车速相差很小 ΔV 值为基准速度 V_s，三种车轮速度中有一个低于基准速度就开始控制，针对抱死的车轮向执行器发出缓和信号。开始控制后，不仅根据基准速度的缓和输出，还由车轮加速度值选择 4 种输出模式，对各轮进行独立控制。根据 ΔV 值和车轮加速度的输出模式选择基准，因路面状态的不同而有不同的适当值，由微机判断车轮速度的变化，进行自动切换。

　　该装置具有诊断及安全功能，当系统发生异常时，制动危险警告灯闪亮，这时由计算机切断主继电器，停止向执行器的电磁铁通电，恢复正常制动功能。

思考与练习

　　1. 调速回路有几种？各适用于什么场合？

　　2. 常用的快速回路有几种？各适用于什么场合？

3．快慢速转换回路有几种？各有什么优、缺点？

4．卸荷回路的作用是什么？常采用的卸荷方式有哪些？

5．用二位二通电磁阀使泵直接卸荷与用先导式溢流阀卸荷的两种回路有什么不同？试比较各自特点。

6．试说明如图 16.29 所示容积调速回路中单向阀 A 和 B 的功用。在缸正反向移动时，为给系统提供过载保护，安全阀应如何接？试作图表示。

7．如图 16.30 所示为专用钻镗床液压系统，能实现"快进—Ⅰ工进—Ⅱ工进—快退—原位停止"工作循环。试填写其电磁铁动作顺序表（表 16.1）。

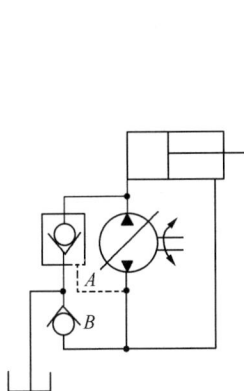

图 16.29　习题 6 图

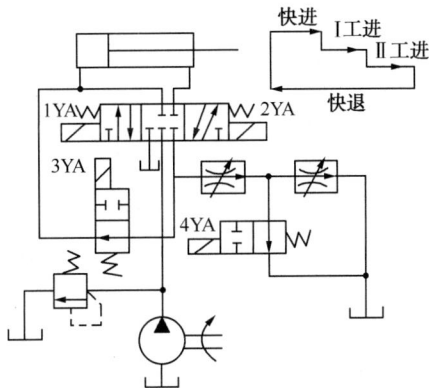

图 16.30　习题 7 图

表 16.1　电磁铁动作顺序表

动 作 顺 序	1YA	2YA	3YA	4YA
快进				
Ⅰ工进				
Ⅱ工进				
快退				
原位停止				

8．在液压试验台上搭接给定要求的基本液压回路。

附录 A 液压图形符号（摘自 GB/T786.1—1993）

表 A1 管路及连接

名　称	符　号	名　称	符　号
工作管路	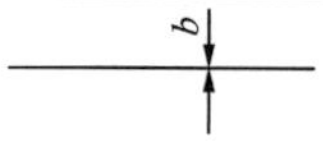	柔性管路	
控制管路	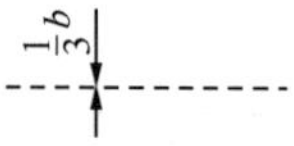	管口在液面以上的油箱	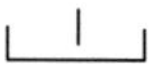
连接管路	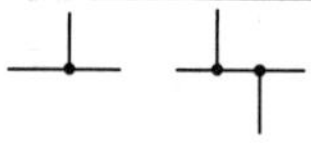	管口在液面以下的油箱	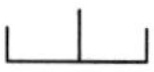
交叉管路	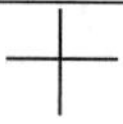	单通路旋转接头	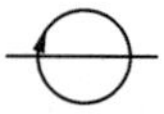

表 A2 控制方法

名　称	符　号	名　称	符　号
按钮式人力控制	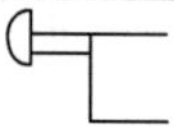	顶杆式机械控制	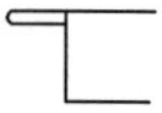
手柄式人力控制	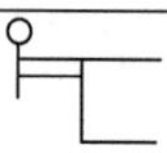	弹簧控制	
踏板式人力控制	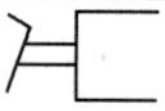	滚轮式机械控制	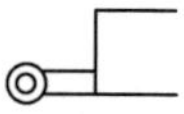
单向滚轮式机械控制	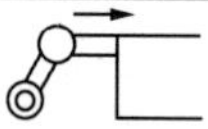	单作用电磁控制	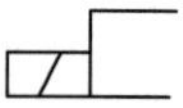
双作用电磁控制	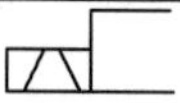	液压先导控制	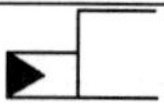
加压或泄压控制	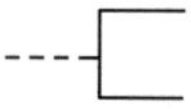	气液先导控制	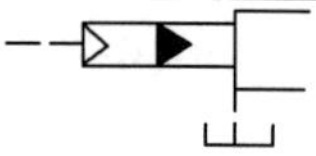
差动控制	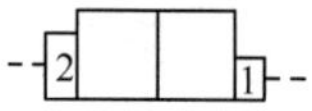	电液先导控制	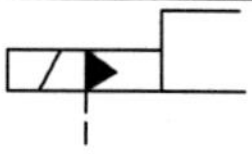
内部压力控制	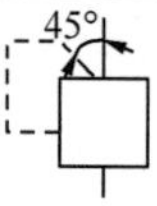	液压先导泄压控制	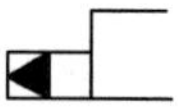
外部压力控制	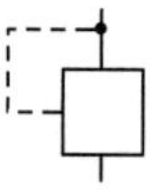	电反馈控制	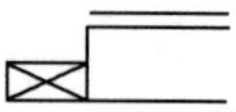

表 A3 泵、马达和缸

名　　称	符　号	名　　称	符　号
单向定量液压泵		单向变量液压泵	
双向定量液压泵		双向变量液压泵	
单向定量马达		单向变量马达	
双向定量马达		双向变量马达	
直动型顺序阀		液控单向阀	
先导型顺序阀		二位二通换向阀	
直动型卸荷阀		二位三通换向阀	
可调节流阀		二位四通换向阀	
不可调节流阀		二位五通换向阀	
调速阀		三位四通换向阀	
温度补偿调速阀		三位五通换向阀	
分流阀		三位六通换向阀	
单向阀		四通电液伺服阀	
摆动马达		不可调单向缓冲缸	

名　称	符　号	名　称	符　号
单作用弹簧复位缸	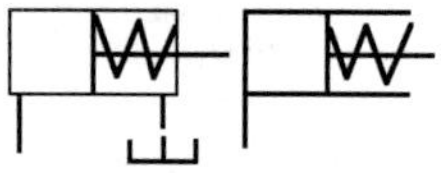	可调双向缓冲缸	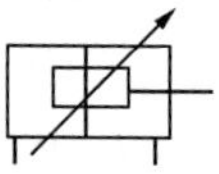
双作用单活塞杆缸	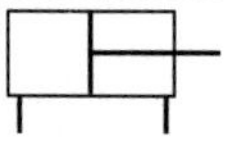	气液转换器	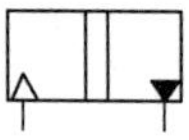
双作用双活塞杆缸	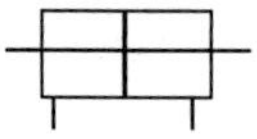	增压器	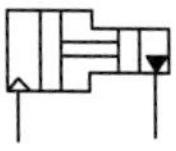

表 A4　控制元件

名　称	符　号	名　称	符　号
直动型溢流阀	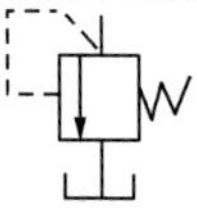	先导型比例电磁溢流阀	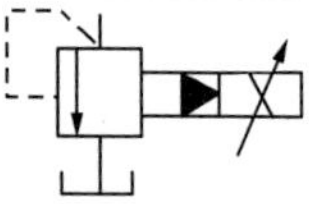
先导型溢流阀	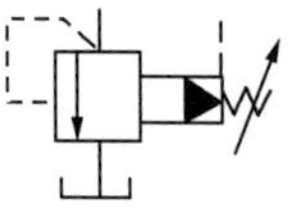	双向溢流阀	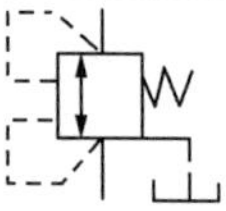
直动型减压阀	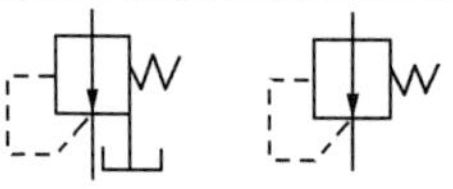	溢流减压阀	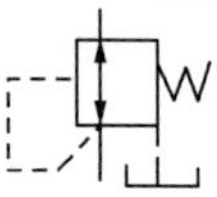
先导型减压阀	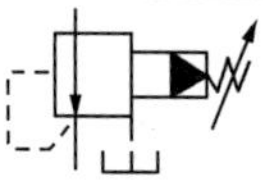	定差减压阀	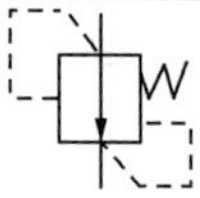

表 A5　辅助元件

名　称	符　号	名　称	符　号
过滤器	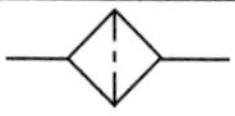	原动机	
污染指示过滤器	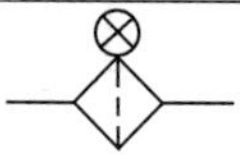	压力计	
分水排水器	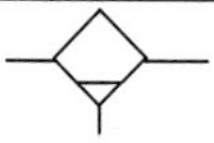	液面计	
空气过滤器	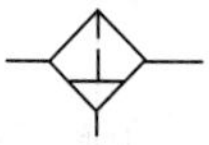	流量计	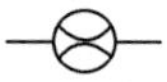
加热器	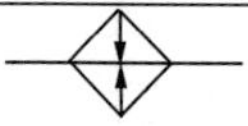	消声器	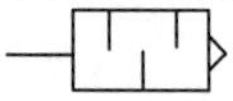
蓄能器		报警器	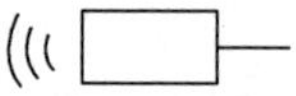
液压源		压力继电器	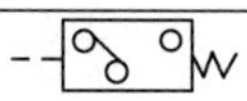
电动机	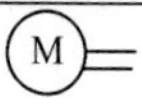		

附录 B 《汽车机械基础》建议开设试验

（1）长度尺寸测量：了解长度尺寸测量工具；掌握长度尺寸测量方法。

（2）形状与位置误差测量：了解形状与位置误差测量原理；掌握形状与位置误差测量方法。

（3）表面粗糙度测量：进一步理解表面粗糙度测量原理，掌握表面粗糙度测量方法。

（4）机构的组成与工作原理：通过参观或模型演示了解常用机构的组成与工作原理。

（5）静平衡实验：了解静平衡架的工作原理及静平衡实验的基本方法；在圆盘上用加重法做静平衡实验。

（6）金属材料拉伸和压缩的机械性能测定：具备正确使用、操作材料试验机的技能，了解误差分析和处理实验数据的方法，掌握实验数据的图示方法；观察试件变形及破坏过程，断面形状及尺寸，绘制拉伸图、应力应变图，测定强度、塑性指标和弹性模量 E。

（7）材料扭转机械性能测定：了解扭转试验机的构造、工作原理和操作方法；观察试件变形及破坏时的断面形状，测定材料的剪切弹性模量 G。

（8）弯曲正应力测定：简述电测技术、电阻应变片和静态电阻应变仪的基本原理，测定纯弯曲时梁横截面上正应力的分布，验证纯弯曲时的正应力公式。

（9）渐开线直齿圆柱齿轮参数的测定：初步掌握测定齿轮参数的基本方法；测量渐开线直齿圆柱齿轮，并通过计算确定渐开线直齿圆柱齿轮主要参数和基本尺寸，判别标准齿轮和变位齿轮。

（10）硬度试验：了解布氏、洛氏硬度计的结构、工作原理及操作方法；学会布氏、洛氏硬度的测量方法；掌握布氏、洛氏硬度的应用范围。

（11）冲击试验：了解冲击试验机的结构及工作原理；了解金属材料在常温下冲击韧性的测定方法。

（12）铁碳合金平衡组织观察：进一步熟悉 $Fe-Fe_3C$ 相图，了解不同成分的合金在平衡状态下的显微组织特征；了解碳的质量分数对铁碳合金的显微组织的影响，从而加深理解成分、组织与性能之间的相互关系；了解金相试样的制作过程及金相显微镜的使用方法。

（13）碳钢热处理试验：了解普通热处理退火、正火、淬火、回火的方法；分析碳钢的热处理、加热温度、冷却速度及回火温度对其常温下组织与性能的影响；了解碳钢含碳量对淬火后硬度的影响；了解热处理常用的工艺装备。

（14）液压泵性能试验：了解实验装置的原理及使用方法；了解被试液压泵的主要性能；掌握液压泵主要性能的测试方法。

（15）液压基本回路试验：了解试验台的工作原理及适用范围；验证自己所设计的基本回路的可行性。

参 考 文 献

[1] 刘玉梅. 几何量公差与测量技术实验指导. 沈阳：东北大学出版社，2008

[2] 卢志珍. 互换性与测量技术实验指导. 西安：电子科技大学出版社，2008

[3] 张玉. 几何量公差与测量技术. 沈阳：东北大学出版社，2006

[4] 陈宏杰. 公差与测量技术基础. 北京：科学技术文献出版社，1991.

[5] 郑风琴. 互换性及测量技术. 南京：东南大学出版社，2000.

[6] 修树东，赵清华. 互换性与测量技术基础. 哈尔滨：哈尔滨工程大学出版社，1998.

[7] 范德梁. 公差与技术测量. 辽宁：辽宁科学技术出版社，1983.

[8] 田克华. 互换性与测量技术基础. 哈尔滨：哈尔滨工业大学出版社，1996.

[9] 苗泽青，刘振楼. 汽车维修行业技术工人岗位培训教材. 北京：人民交通出版社，2003.

[10] 孙桓，陈作模. 机械原理. 北京：高等教育出版社，1996.

[11] 董玉平. 机械设计基础. 北京：机械工业出版社，1999.

[12] 杨黎明. 机械设计基础. 北京：高等教育出版社，1998.

[13] 陈长生，霍振生. 机械基础. 北京：机械工业出版社，2003.

[14] 朱张校. 工程材料. 北京：清华大学出版社，2002.

[15] 王运炎，叶尚川. 机械工程材料. 北京：机械工业出版社，1999.

[16] 颜景平. 机械制造基础. 北京：中央广播电视大学出版社，1991.

[17] 羊秋林. 汽车用轻量化材料. 北京：机械工业出版社，1991.

[18] 王利贤. 汽车材料. 北京：电子工业出版社，2002.

[19] 丁树模，姚如一. 液压传动. 北京：机械工业出版社，1991.

[20] 王新兰. 液压与气动. 北京：电子工业出版社，2002.

[21] 赫贵成. 液压传动. 北京：冶金工业出版社，1989.

[22] 杨培元，薛忠良. 液压传动. 上海：上海科学技术文献出版社，1987.

[23] 周士昌. 液压系统设计图集. 北京：机械工业出版社，2003.

[24] 徐永生. 液压与气动. 北京：高等教育出版社，1997.

[25] 陈家瑞. 汽车构造. 北京：机械工业出版社，2001.

[26] 《汽车工程手册》编委会. 汽车工程手册：制造篇. 北京：人民交通出版社，2001.

[27] 黎启柏. 液压元件手册. 北京：冶金工业出版社，2000.

[28] 李明惠. 汽车材料. 北京：机械工业出版社，2002.

[29] 胡世超，姜晶. 液压与气动技术. 上海：上海科学技术出版社，2011.

[30] 崔占全，王昆林，吴润. 金属学与热处理. 北京：北京大学出版社. 2010

[31] 徐小东. 液压与气动应用技术. 北京：电子工业出版社，2012.